Schriften zur politischen Landeskunde
Baden-Württembergs

Band 9

Herausgegeben von der
Landeszentrale für politische Bildung
Baden-Württemberg

Die Religionsgemeinschaften in Baden-Württemberg

Herausgegeben von

Heinz Sproll

Jörg Thierfelder

Verlag W. Kohlhammer

Stuttgart Berlin Köln Mainz

CIP-Kurztitelaufnahme der Deutschen Bibliothek

Die Religionsgemeinschaften in Baden-Württemberg /
hrsg. von Heinz Sproll; Jörg Thierfelder. –
Stuttgart; Berlin; Köln; Mainz: Kohlhammer, 1984
   (Schriften zur politischen Landeskunde Baden-Württembergs; Bd. 9)
   ISBN 3-17-008151-9
NE: Sproll, Heinz [Hrsg.]; GT

Alle Rechte vorbehalten
© 1984 Verlag W. Kohlhammer GmbH
Stuttgart Berlin Köln Mainz
Verlagsort: Stuttgart
in Verbindung mit der
Landeszentrale für politische Bildung
Baden-Württemberg
Stuttgart
Umschlag: hace
Gesamtherstellung:
W. Kohlhammer Druckerei GmbH + Co. Stuttgart
Printed in Germany

Vorwort

In jeder Hinsicht ist Deutschland ein Land von großer Vielgestaltigkeit: in seinen Landschaften und seinen Menschen, in seinen ökonomischen und politischen Gegenwartsstrukturen wie in seinen recht verschiedenartigen historisch-politischen Traditionen.

Um diese Unterschiede zu verdeutlichen und besser verstehen zu lernen, hat es sich die Landeszentrale für politische Bildung Baden-Württemberg zur Aufgabe gemacht, die politische Landeskunde dieses Bundeslandes zu fördern. Gründliche wissenschaftliche Untersuchungen, Regionalstudien, sollen hier angestoßen werden, die Ergebnisse solcher Arbeit in einer auch dem interessierten Laien zugänglichen Form veröffentlicht werden. Am Ende soll ein möglichst facettenreiches Bild unseres Bundeslandes Baden-Württemberg stehen.

Die Konzeption der »Schriften zur politischen Landeskunde Baden-Württembergs« ist vom Fachreferat Publikationen der Landeszentrale für politische Bildung entworfen worden. Für die Zusammenarbeit mit dem W. Kohlhammer Verlag haben wir uns entschieden, damit auch der gesamten Öffentlichkeit diese Schriftenreihe zugänglich sein kann.

Landeszentrale für politische Bildung
Baden-Württemberg

Siegfried Schiele
Direktor

Hans-Georg Wehling
Fachreferat Publikationen

Inhalt

Heinz Sproll und *Jörg Thierfelder*

Einführung 13

I. Teil

Das Selbstverständnis der Religionsgemeinschaften

1. Kapitel

Bruno Schmid

Das Selbstverständnis der katholischen Kirche 20

2. Kapitel

Gerhard Stephan

Das Selbstverständnis der evangelischen Kirche 29

3. Kapitel

Schalom Ben-Chorin

Das Selbstverständnis des Judentums 43

II. Teil

Die historischen Voraussetzungen

1. Kapitel

Wolfgang Hug

Das Erzbistum Freiburg von der Gründung bis zur Zeit nach
dem Zweiten Weltkrieg 58

2. Kapitel

Joachim Köhler

Das Bistum Rottenburg von der Gründung bis zur Zeit nach
dem Zweiten Weltkrieg   89

3. Kapitel

Gustav Adolf Benrath

Die Evangelische Landeskirche in Baden von den Anfängen
bis zur Zeit nach dem Zweiten Weltkrieg 115

4. Kapitel

Gerhard Schäfer

Die Evangelische Landeskirche in Württemberg von den
Anfängen bis zur Zeit nach dem Zweiten Weltkrieg 136

5. Kapitel

Hans Jakob Reimers

Die evangelischen Freikirchen von den Anfängen bis zur
Gegenwart 158

6. Kapitel

Sigisbert Kraft/Hans Mayr

Die Alt-Katholische und die Orthodoxe Kirche in Baden-
Württemberg 171

7. Kapitel

Gerhard Taddey

Die jüdischen Gemeinden in Baden von der Emanzipation bis
1933 174

8. Kapitel

Heinz Sproll

Die jüdischen Gemeinden in Württemberg von der Emanzipation bis 1933 181

9. Kapitel

Paul Sauer

Die jüdischen Gemeinden in Baden und Württemberg von 1933 bis zum Wiederaufbau nach 1945 189

III. Teil

Karl Schmitt

Die Mitgliedschaft der Religionsgemeinschaften – Entwicklung und soziales Profil 207

IV. Teil

Der Aufbau der Religionsgemeinschaften und ihre Verbände

1. Kapitel

Karl Schmitt

Die römisch-katholische Kirche und ihre Verbände 232

2. Kapitel

Gerhard Rau

Die evangelischen Landeskirchen und ihre Verbände 248

9

V. Teil

Pastorale, sozial-karitative und kulturelle Aufgaben und Leistungen der Religionsgemeinschaften

1. Kapitel

Bruno Schmid

Die pastoralen und sozial-karitativen Aufgaben und Leistungen der beiden katholischen Bistümer...................... 266

2. Kapitel

Franz Enz

Der Beitrag der katholischen Bistümer zum Bildungswesen .. 270

3. Kapitel

Bernhard Maurer

Die pastoralen und sozial-karitativen Aufgaben der beiden evangelischen Landeskirchen............................. 274

4. Kapitel

Wilhelm Epting

Der Beitrag der evangelischen Landeskirchen zum Bildungswesen 281

VI. Teil

Herbert Schweizer

Die Religionsgemeinschaften im Verhältnis zu Staat, Parteien und Verbänden...................... 290

VII. Teil

Die ökumenische Bewegung

1. Kapitel

Hans Mayr

Die Arbeitsgemeinschaft christlicher Kirchen in Baden-Württemberg 326

2. Kapitel

Heinz Sproll

Der christlich-jüdische Dialog 330

VIII. Teil

Die Verantwortung der Religionsgemeinschaften für die Dritte Welt

1. Kapitel

Franz Enz

Die katholischen Bistümer 332

2. Kapitel

Gunther J. Hermann

Die evangelischen Landeskirchen 335

IX. Teil

Anhang (Inhaltsverzeichnis siehe Seite) 340

Heinz Sproll und *Jörg Thierfelder*

Einleitung

Die sich ausweitende Orientierungs- und Sinnkrise sowie das Versagen
moderner Ideologien von der Steuerungsfähigkeit sozialer und politischer
Verhältnisse lassen die überlieferten und neuen Religionen wieder ins
Zentrum des privaten und öffentlichen Interesses rücken. Meist verkür-
zend werden sie daraufhin überprüft, ob sie Lösungswege zur Überwindung sozialer und kultureller Krisen hätten; ihre ethischen Zielforderun-
gen werden dabei immer wieder als Maßstab öffentlichen Handelns in
Fragen der sozialen Gerechtigkeit, der internationalen Machtverteilung
und des Weltfriedens postuliert. Bei solchen Erwartungen und ohne
Wissen um ihre spirituelle Dimension und um ihren historischen Wandel
laufen religiöse Inhalte und Institutionen Gefahr, im Dienste eines oft
überstürzten Aktionismus oder gar heteronomer Ziele instrumentalisiert
und verfälscht zu werden, eine Entwicklung, die ihrem Selbstverständnis
widerspräche. Nötig ist daher eine wissenschaftliche Analyse diverser
Religionsgemeinschaften in Vergangenheit und Gegenwart. Das neu erwachte Interesse an Landesgeschichte kommt einer solchen Aufgabe
entgegen, insofern Religion nicht nur als spirituelles Phänomen, sondern
in ihren lebensweltlichen Bezügen in sozialen Gruppen und Institutionen
auf lokaler und regionaler Ebene »verortet« ist. Vor allem kann in ihrer
historischen Dimension Wandel und Entwicklung deutlich gemacht werden. Darüber hinaus ist zu betonen, daß Kirche durch die Beschreibung
ihres äußeren Erscheinungsbildes nicht hinlänglich erfaßt werden kann.
»Die Kirche existiert nur in der Spannung zwischen erfahrener und
geglaubter Kirche; diese Spannung gehört zu ihrem Wesen« (W. *Huber*).
Da zwar eine Anzahl konfessionsbezogener Darstellungen zur Geschichte
einzelner religiöser Institutionen im Südwesten vorliegt, eine Gesamtdar-
stellung aber fehlt, ergibt sich die Notwendigkeit, den Beitrag der Religionsgemeinschaften zur geschichtlichen und kulturellen Entwicklung der
beiden Landesteile Baden und Württemberg aufzuzeigen. Ziel einer solchen Studie ist es, für einen größeren Leserkreis in Schule, Hochschule,
Kirchengemeinden und Verbänden geschichtliches Werden und sozio-
kulturelle Gegenwart religiöser Gruppen und Institutionen in diesem geographischen Raum mit seinen geschichtlichen Spezifika aufzuarbeiten.
Maßgebend dabei ist ein interdisziplinärer Ansatz, der theologische,
historische und sozialwissenschaftliche Fragestellungen und Methoden
gleichermaßen berücksichtigt und verknüpft.
Die Intention der Herausgeber und Autoren ist es, weniger zusätzliche
Forschungsleistungen für die einzelnen Beiträge zu erbringen – mag dies

auch stellenweise nötig sein –, sondern auf der Basis des neuesten Kenntnisstandes eine Darstellung zu liefern, die mehr als ein Überblick sein soll: Ihre einzelnen Beiträge sind so angelegt, daß sie über gesichertes Wissen hinaus ein Problembewußtsein für noch unerforschte Aspekte wie auch ein Orientierungswissen für qualifizierte Diskussionen zu gegenwärtigen Problemkreisen liefern sollen.

Daher wird sowohl der Typus des Handbuchs als auch der der hochspezialisierten Forschungsmonographie zugunsten einer problemorientierten, diskussionsoffenen Darstellung aufgegeben, die auch kontrovers interpretierten Themen in Vergangenheit und Gegenwart nicht ausweicht. Nicht zuletzt ein auf die grundlegende Literatur reduzierter Anmerkungsapparat, eine Auswahlbibliographie, Statistiken und Kartenmaterial sollen über die wissenschaftliche Absicherung und Konkretisierung hinaus zu eigenständiger Weiterbeschäftigung mit den behandelten Themen und zu Diskussionen über sie hinaus anregen.

Gegenstand der Untersuchung sind die beiden christlichen Großkirchen, die Freikirchen sowie die jüdischen Gemeinden – religiöse Gruppierungen also, die die Kultur des deutschen Südwestens in der Vergangenheit maßgebend mitprägten und heute noch einen bedeutenden Beitrag zu seinem sozio-kulturellen Profil leisten. Das Interesse an der geschichtlich-kulturellen Ausprägung von Religion läßt andererseits inzwischen statistisch bedeutsamen Gruppen, wie der der Muslims, keinen Raum, da sie nicht als integraler Bestandteil badischer, württembergischer, auch nicht baden-württembergischer Geschichte, Gesellschaft und Kultur betrachtet werden können. Dies bedeutet nicht, daß nicht auch von ihnen einmal evtl. Impulse zur Gestaltung des privaten und öffentlichen Lebens ausgehen können; schon gar nicht wird eine Diskriminierung beabsichtigt.

Die zeitliche Abgrenzung für die christlichen Kirchen wird so getroffen, daß der Schwerpunkt ihrer Darstellung im 19. und 20. Jahrhundert liegt. Die Verbindungslinien zu früheren Zeiträumen (vor allem Reformation und Pietismus für die evangelische, napoleonische Ära für die katholische Kirche) sollen verdeutlichen, daß beide Institutionen grundlegende Ausprägungen bereits vor dem behandelten Zeitraum und stellenweise außerhalb der südwestdeutschen Region erfuhren (II. Teil, 1. bis 4. Kapitel). Dabei sind die Autoren bemüht, die Ereignisgeschichte so weit wie möglich in die Gegenwart hinein zu führen, um so die Verbindung zum sozialwissenschaftlich-systematischen Teil der Studie (III. bis VIII. Teil) herzustellen.

In diesem Part werden die Religionsgemeinschaften der christlichen Kirchen nach Kriterien der sozialstrukturellen Analyse dargestellt: Die Mitglieder- und Organisationsstrukturen der Religionsgemeinschaften und ihrer Verbände (III. und IV. Teil), pastorale, sozial-karitative und kulturelle Aufgaben (V. Teil), die Außenbeziehungen zu Staat, Parteien und Verbänden (VI. Teil) und zur ökumenischen Bewegung (VII. Teil) sowie zur Dritten Welt (VIII. Teil) bilden die für diese Studie relevanten

Aspekte. Auch hier werden Verbindungslinien über den Rahmen Baden-Württembergs hinaus gezogen (VII. und VIII. Teil), da ja beide christliche Konfessionen Teil universaler Kirchen bzw. Kirchenbünde sind.

Der Schwerpunkt der Darstellung zur Geschichte des Judentums wird eingegrenzt von den ersten Emanzipationsbemühungen des aufgeklärten spätabsolutistischen Staates bis zur Verfolgung und Vernichtung der Juden durch das NS-Regime und zum Wiederaufbau einiger jüdischer Gemeinden nach 1945. Da diese Institutionen nur eine statistisch geringe Population umfassen und ihr Kontinuitätsstrang zur jüdischen Bevölkerung vor 1941 kaum besteht, wird auf eine sozialwissenschaftliche Analyse heutiger jüdischer Gemeinden verzichtet.

Ergänzt wird die historisch-sozialwissenschaftliche Perspektive durch theologisch-ekklesiologische Erörterungen, die die transepochale Dimension im Selbstverständnis dieser Institutionen, wenn auch partiell und auf die südwestdeutschen Gegebenheiten bezogen, vermitteln sollen.

Für beide Kirchen gilt, daß die Frage nach dem Selbstverständnis eine theologische Frage ist. So geht der katholische Beitrag auf Grund und Ursprung, Wesen und Auftrag sowie Einheit und Vielfalt der Kirche ein und behandelt der evangelische Beitrag die Grundlegung dieses Selbstverständnisses in der Heiligen Schrift, seine Ausrichtung am Zeugnis der Reformation und seine Bewährung in der Gegenwart. Dabei werden die Unterschiede im Kirchenverständnis nicht verwischt, insofern der evangelische Beitrag Kirche als creatura verbi, als Geschöpf des verkündigten Wortes versteht, der katholische Beitrag von der Kirche als Grundsakrament spricht, das selbst wieder im Ursakrament Christus gründet. Der jüdische Beitrag will das Judentum, das als »Vorschule des Christentums« bezeichnet wird, in seiner Eigenständigkeit herausstellen. Wiewohl das Judentum fest im alttestamentlichen Erbe gründet, ist es nicht mit dem Alten Testament identisch. Das Judentum lebt in einer langen Traditionslinie, die mit Mose beginnt und sich bis zum heutigen Tage fortsetzt. Es ist keinesfalls eine monolithische Größe, sondern umfaßt wie das Christentum mehrere Glaubensrichtungen. Charakteristisch für das Judentum ist die Einheit von Volk, Land und Gott (I. Teil).

Der II. Teil beschreibt die Geschichte der in Baden-Württemberg bestehenden Diözesen, Landeskirchen, Freikirchen und jüdischen Gemeinden. Die Erzdiözese Freiburg sowie die Diözese Rottenburg-Stuttgart verdanken ihre Entstehung der Neuordnung der politischen und kirchlichen Verhältnisse nach dem Zusammenbruch des alten Deutschen Reiches und dem Ende der geistlichen Fürstentümer zu Beginn des 19. Jahrhunderts. Bezeichnend für die Geschichte dieser Bistümer ist die früh beginnende Auseinandersetzung mit den staatskirchlichen Ansprüchen des Königreichs Württemberg und des Großherzogtums Baden. Der Schulkampf und der Kulturkampf festigten den Zusammenhalt der badischen Katholiken; freilich haben sie oft auch das politische Interesse vieler Katholiken auf die Wahrung kirchen- und kulturpolitischer Positionen verengt.

15

Dadurch, daß das Zentrum staatstragende Partei in Baden und Württemberg in der Zeit der Weimarer Republik war, wurde den Katholiken der Weg in die Republik erleichtert. In bezug auf das Dritte Reich wird dargestellt, wie die katholische Kirche einerseits – vor allem nach Hitlers Regierungserklärung vom 23. März 1933 mit seinen kirchenfreundlichen Äußerungen – versuchte, ein erträgliches Verhältnis zum neuen Staat zu finden, andererseits sehr bald – bei der zunehmenden Kirchenfeindschaft des NS-Staates – dazu überging, sich für die Wahrung der kirchlichen Rechte einzusetzen.

Die Geschichte der beiden evangelischen Landeskirchen beginnt mit der Reformation. Die badische Landeskirche kann auf eine wechselvollere Geschichte zurückblicken als die württembergische. Sie umfaßt ursprünglich reformierte und lutherische Landesteile. 1821 kam es zur Union der beiden evangelischen Konfessionen. Prägend für die württembergische Landeskirche wurde neben dem Lutheraner Johannes Brenz, auf dessen hauptsächlichen Einfluß die Ausgestaltung der Landeskirche zurückgeht, vor allem der Pietismus, besonders durch seine Hauptgestalten, den schwäbischen »Vätern« Johann Albrecht Bengel u.a.

Mit dem Ende der Monarchie war für beide Landeskirchen auch das Ende des landesherrlichen Kirchenregiments gekommen. Die beiden Kirchen wurden zum ersten Mal wirklich selbständig. Die überwiegend national eingestellten evangelischen Christen Südwestdeutschlands begrüßten in ihrer Mehrheit das Dritte Reich. Schon bald nach 1933 kam es, vor allem in Württemberg, zu Konflikten mit den nationalsozialistisch ausgerichteten »Deutschen Christen«, an einigen Punkten auch mit dem NS-Staat. In Baden fand kein offener Kirchenkampf statt. Konfrontationen wurden vermieden. Die badische Landeskirche hatte vor allem unter der 1938 eingerichteten, vom Staat gelenkten Finanzabteilung zu leiden; ihre Versuche, das gesamte kirchliche Leben zu kontrollieren, wurden nicht widerspruchslos hingenommen. 1958 erhielt die badische Landeskirche eine neue Grundordnung (Kirchenverfassung).

Neben den evangelischen Landeskirchen bestehen in Baden-Württemberg eine ganze Reihe von Freikirchen wie die Evangelisch-methodistische Kirche, die Baptisten u.v.m. Sie wurden zu einem größeren Teil im letzten Jahrhundert von England und Amerika her gegründet und stehen stärker in der angelsächsisch-reformierten Tradition als der lutherischen. Auch die Alt-Katholische Kirche, nach dem 1. Vatikanischen Konzil entstanden, und die Orthodoxe Kirche, sind in Baden-Württemberg vertreten. Sie gehören mit den meisten Freikirchen, den Landeskirchen und Diözesen zur Arbeitsgemeinschaft christlicher Kirchen in Baden-Württemberg.

Obwohl heute – verglichen mit früher – nur noch wenige Juden in Baden-Württemberg leben, darf nicht vergessen werden, daß es vor 1933 viele blühende Gemeinden in Baden und Württemberg gab. Zwei Beiträge beschäftigen sich mit der Geschichte der jüdischen Gemeinden in den beiden Ländern von der Emanzipation bis 1933. Dargestellt wird der mühsame und schmerzvolle Weg, bis den Juden endlich in der Weimarer Republik die volle Gleichberechtigung zugestanden wurde. Schließlich dokumentiert ein Beitrag den Leidensweg der jüdischen Gemeinden in den beiden Ländern von 1933 an. Während etwa zwei Drittel der jüdischen Bevölkerung ihr Leben durch Emigration retten konnten oder auf andere Weise überlebten, verloren nahezu ein Viertel der jüdischen Bevölkerung ihr Leben durch die nationalsozialistischen Gewaltmaßnahmen.

Der Beitrag über die Mitgliederschaft und Sozialstruktur der beiden Großkirchen (III. Teil) weist nach, daß Baden-Württemberg ein ausgeglichenes Stärkeverhältnis hat, wobei seit Mitte der 60er Jahre die Katholiken ein leichtes Übergewicht haben. Seit 1945 sind – vor allem durch die Flüchtlingsbewegung – die bis dahin konfessionell geschlossenen Räume in Auflösung begriffen. In bezug auf die sozialstrukturelle Gliederung ist der Anteil der Evangelischen bei den Selbständigen, den Beamten und Angestellten überrepräsentiert, bei den Arbeitern hingegen der katholische Anteil. Auch heute noch zeigt sich, wenn auch in abgeschwächter Form, ein katholisches Bildungsdefizit. Der Gottesdienstbesuch ist in beiden Kirchen in den letzten Jahrzehnten stark zurückgegangen.

Teil IV beschäftigt sich mit dem Aufbau der Religionsgemeinschaften und ihrer Verbände. Der katholische Beitrag stellt drei Ebenen der organisatorischen Gliederung heraus: Bistümer, Dekanate und Religionen und Pfarrgemeinden und zeigt, wie das Zweite Vatikanische Konzil die synodalen Elemente der Mitverantwortung auf allen Ebenen der Kirchenleitung gestärkt hat. Der Beitrag stellt auch den Caritas-Verband sowie die katholischen Erwachsenen- und Jugendverbände vor, auch unter dem Hinweis des Wandels von Bedeutung und Funktion in den letzten Jahrzehnten.

Der Beitrag über den Aufbau der evangelischen Landeskirchen erschließt zunächst am Vergleich der kirchlichen Aufbauorganisation mit anderen Organisationsformen die Komplexität kirchlicher Ordnungen überhaupt. Dann werden Aufbauelemente der beiden Landeskirchen im einzelnen aufgezeigt und die Spannung zwischen Verfassungsnorm und Verfassungswirklichkeit dargestellt.

Hinsichtlich der pastoralen und sozial-karitativen Aufgaben und Leistungen der beiden katholischen Bistümer werden als Schwerpunkte seit Kriegsende der Aufbau äußerer Voraussetzungen für das Gemeindeleben, die Erneuerung des Kirchenbewußtseins und eine Besinnung auf die innere, spirituelle Dimension des Glaubens herausgestellt, wobei diese Schwerpunkte um die drei wesentlichen Aufgaben der Kirche: Wortverkündigung, Sakramentsvollzug und den Dienst der helfenden Liebe kreisen. Das Kapitel über den Beitrag der katholischen Kirche zum Bildungswesen zeigt am Beispiel der Erzdiözese Freiburg die Vielfalt kirchlicher Bildungseinrichtungen und Bildungsangebote, nimmt Stellung zur Begründung und Zielsetzung kirchlicher Bildungsarbeit und gibt einen Einblick in die Strukturen und Organisationsformen kirchlicher Bildungsarbeit.

Bei den pastoralen und sozial-karitativen Aufgaben und Leistungen der beiden evangelischen Landeskirchen werden an erster Stelle die christlichen Feste und die Feier des sonntäglichen Gottesdienstes, dann die heute nicht nur auf den einzelnen, sondern auch auf Gruppen gerichtete Seelsorge und schließlich die auf der örtlichen, der regionalen und der weltweiten Ebene sich vollziehende Diakonie genannt. Betont wird, daß im Gottesdienst Zeugnis und Dienst der Kirche in der Welt ihre Wurzel haben. Das Ringen um die Schulform in Baden-Württemberg, das 1967 mit dem Verfassungskompromiß endete, und die konkrete Verantwortung und Mitwirkung der evangelischen Landeskirchen im Schul- und Bildungswesen Baden-Württembergs sind die Schwerpunkte des Kapitels, das den Beitrag der evangelischen Landeskirchen zum Bildungswesen behandelt (V. Teil).

Der VI. Teil befaßt sich mit dem komplexen Beziehungsgeflecht von Staat, Kirche, politischen Parteien und Verbänden. Hier wird kritisch gefragt, welches Verhältnis die Kirchen zur modernen Demokratie und zu den mächtigen Interessengruppen haben. Wegen der schwierigen Quellen- und Forschungslage haftet vielen Aussagen der Charakter des Hypothetischen und Vorläufigen an. Detaillierte Forschungen zu diesem Thema auf Landesebene sind ein Desiderat.

Die Arbeitsgemeinschaft Christlicher Kirchen in Baden-Württemberg mit ihren 11 Mitgliedern, unter Einschluß der römisch-katholischen Kirche, wird als Beispiel für die wachsenden ökumenischen Aktivitäten in unserem Bundesland vorgestellt. Sie will Vertrauen zwischen den Mitgliedskirchen schaffen, ökumenisches Bewußtsein bilden und gemeinsame Verantwortung wahrnehmen. Der christlich-jüdische Dialog, vor 1933 nur die Sache einzelner Persönlichkeiten aus Christentum und Judentum, erfuhr nach dem Versagen vieler Christen angesichts des Holocausts eine ziemliche Ausweitung. Auch in Baden-Württemberg wird dieser Dialog von einzelnen Gruppen intensiv gepflegt (VII. Teil).

Beide Beiträge zur Verantwortung der Kirchen für die Dritte Welt (VIII. Teil) gehen von einem ganzheitlichen Missionsverständnis aus, das die früher oft vertretenen Alternativen: Mission oder Entwicklungshilfe hinter sich gelassen hat. Sie beschreiben die vielfältigen Aktivitäten von der Ortsgemeinde bis zur Diözese bzw. Landeskirche. Der Beitrag über die evangelischen Kirchen geht darüber hinaus noch auf offene Fragen und weiterführende Überlegungen ein, die auch kritische Rückfragen an die eigene Gesellschaft einschließen.

In diesem vielfältigen Spektrum von Intentionen, Aktivitäten, Organisationen und Resultaten erweisen sich Geschichte und Präsenz der Religionsgemeinschaften als ein heute noch integraler Bestandteil des Landes Baden-Württemberg und seiner vielschichtigen, lebendigen Kultur.

Der Anhang enthält eine Zeittafel, die mit dem Beginn des 19. Jahrhunderts einsetzt. Die einzelnen Karten geben Auskunft über die Verteilung der Religionsgemeinschaften vom 18. bis zum 20. Jahrhundert sowie die Untergliederung der Landeskirchen und Diözesen in Kirchenkreise und Regionen. Die Statistik geht von 1900 bis zum Jahr 1970, dem Jahr der letzten Volkszählung. Neuere Zahlen liegen noch nicht vollständig vor. Das detaillierte Orts- und Personenregister gibt eine Hilfe zur schnelleren Orientierung.

Dem Evangelischen Oberkirchenrat der Evangelischen Landeskirche in Baden, dem Evangelischen Oberkirchenrat der Evangelischen Landeskirche in Württemberg, dem Erzbischöflichen Ordinariat Freiburg, dem Bischöflichen Ordinariat Rottenburg-Stuttgart, dem Generallandesarchiv Karlsruhe, dem Hauptstaatsarchiv Stuttgart, dem Statistischen Landesamt Baden-Württemberg und der Bibliothek der Pädagogischen Hochschule Ludwigsburg danken wir für freundliche Unterstützung, Direktor Schiele und Prof. Dr. Wehling von der Landeszentrale für politische Bildung Baden-Württemberg sowie Herrn Dr. Schweickert vom Kohlhammer-Verlag für die gute Zusammenarbeit und Frau Annemarie Sproll für die große Hilfe bei den Korrekturen und bei der Anfertigung des Registers.

I. Teil

Das Selbstverständnis der Religionsgemeinschaften

1. Kapitel

Bruno Schmid

Das Selbstverständnis der katholischen Kirche

Die Frage nach dem Selbstverständnis der Kirche ist eine theologische Frage: sie erhält ihre Antwort nicht aus historischer oder soziologischer Analyse, sondern letztlich aus der Überzeugung dieser Glaubensgemeinschaft von ihrem *Grund und Ursprung,* ihrem *Wesen und Auftrag,* von der *Einheit und Vielfalt ihrer Lebensvollzüge.* Doch ist die Antwort, die die Kirche sich selbst auf diese Fragen gibt in Form der Ekklesiologie, der Lehre von der Kirche, mitbestimmt von der geistigen »Großwetterlage« einer Zeit; sie wird also nur verständlich im Blick auf die *religiöse Situation der Gegenwart.*

Die religiöse Situation der Gegenwart als Herausforderung

»Jesus ja – Kirche nein!« Die in diesem Slogan unserer Tage zum Ausdruck kommenden Vorbehalte sind symptomatisch für das gestörte Verhältnis zahlreicher Zeitgenossen zur christlichen – und häufig gerade zur katholischen – Religionsgemeinschaft. Diese Vorbehalte entstammen nicht nur dem möglicherweise als entwicklungsbedingt zu relativierenden Jugendprotest gegenüber Institutionen, die gesellschaftliche Tradition repräsentieren, sie finden sich auch bei Erwachsenen, die theologisch und soziographisch betrachtet dieser Kirche angehören: fast 24 Prozent der in einer Repräsentativbefragung interviewten Katholiken zwischen 30 und 39 Jahren gaben zu Protokoll, »die katholische Kirche bedeute . . . ihnen gar nichts« oder wenig (Synode 6/1971, S. 15); bei den 16- bis 20jährigen waren es sogar 35 Prozent. Seit im 18. Jahrhundert Hermann Samuel Reimarus zwischen dem »Zwecke Jesu« und dem »seiner Jünger« unterschied und damit der Kirchenkritik der Aufklärung das historische Fundament gab, schreitet der »Prozeß der kirchlichen Entfremdung ständig fort« und wird heute auch von Vertretern der Kirchenleitung als Ausdruck »einer schweren religiösen Krise« interpretiert (*Höffner*, 1979, S. 43). Die besondere Herausforderung dieses Prozesses für das Selbstverständnis der Kirche liegt darin, daß die Distanzierung von der kirchlichen Gemeinschaft häufig mit deren Versagen gegenüber Geist und Handeln Jesu begründet wird.

Im Zweiten Vatikanischen Konzil (1962–1965) hat die katholische Kirche sich dieser Herausforderung zu stellen versucht. Die Frage nach der Glaubwürdigkeit und Überzeugungskraft der kirchlichen Gemeinschaft stellt sich explizit oder implizit immer dort, wo das Konzil über sein zentrales Thema nachdenkt, die »Aufgabe der Kirche in der Welt von heute«, den Beitrag der Kirche »zu einer humaneren Gestaltung der Menschenfamilie und ihrer Geschichte« (Pastoralkonstitution über die Kirche in der Welt von heute »Gaudium et spes«, Art. 40, in: *Rahner/Vorgrimler*, 1966, S. 486 f.). Die differenzierte Betrachtung etwa der unterschiedlichen Formen und Wurzeln des Atheismus, für dessen Entstehen »die Gläubigen selbst ... eine gewisse Verantwortung« tragen (a. a. O., Art. 19, S. 465), oder die Anerkennung der »Autonomie der irdischen Wirklichkeiten« (a. a. O., Art. 36, S. 482) sind Ausdruck dieser Reflexion.

Die Entfremdung von der Kirche akzentuierte sich jedoch in den zwei Jahrzehnten nach dem Konzil in neuer Weise. An die Stelle der von vielen (Religionssoziologen wie Theologen) prognostizierten Säkularisierung, d. h. des zunehmenden Verzichts auf religiöse Deutung und Bewältigung von Existenz und Welt, trat eine Renaissance des Religiösen, die sich vor allem außerhalb oder am Rande der etablierten religiösen Institutionen vollzieht. Indizien sind das Interesse an östlichen Meditationsformen, einzelne der sog. Jugendreligionen, aber auch charismatische Erneuerungsgruppen innerhalb der Kirche, Basisgemeinden, das »Konzil der Jugend« in Taizé, die »Initiative Kirche von unten«. Die unterschiedlichen Intentionen dieser aktuellen religiösen Bewegungen lassen es problematisch erscheinen, sie in einem Atemzug zu nennen; was sie freilich verbindet, ist das ihnen eigene Spannungsverhältnis zu den etablierten religiösen Institutionen. Es ist nicht möglich, die teilweise gegensätzlichen Motive dieses Spannungsverhältnisses hier im einzelnen zu analysieren. Wenn jedoch, gerade bei den im Horizont der katholischen Kirche angesiedelten Strömungen – läßt man traditionalistische Gruppen wie die Anhänger des Erzbischofs Lefebvre einmal außer acht –, häufig der Vorwurf einer in Anonymität und Routine erstarrten »Amtskirche« begegnet, so verweist dies auf ein von dem amerikanischen Religionssoziologen Thomas F. O'Dea formuliertes »fundamentale(s) Paradoxon« institutionalisierter Religion: »Die Religion braucht die Institutionalisierung, aber sie leidet auch darunter« (*O'Dea*, 1964, S. 208). Aus diesem

Paradoxon entspringt nach O'Dea ein fünffaches Dilemma: in der Motivation der Anhänger, in der kultischen Symbolisierung der Glaubensinhalte, in der Verwaltungsordnung, in der definierenden Abgrenzung der Glaubenslehre und im Verhältnis zur Macht. Das Dilemma besteht jeweils darin, daß der ursprünglich spontane, charismatische Charakter der religiösen Gemeinschaft mit fortschreitender Institutionalisierung abgelöst wird durch objektivierende, rational-legalistische Strukturen.

In diesem von Soziologen konstatierten Widerspruch zwischen Ursprung und historischer Ausformung der Religion liegt die eigentliche Herausforderung an die Kirche. Sie kann dieses Dilemma weder *traditionalistisch* – von der auf Tradition(en) verwiesenen Geschichtlichkeit des Menschen her – noch *funktionalistisch* – von der Entlastungs- oder Darstellungsfunktion der Religion her – legitimieren, sondern allein dadurch, daß sie sich als Institution der Freiheit erweist, die innerhalb der geschichtlichen Entfremdung des Menschen die Hoffnung auf eine nicht entfremdete Zukunft zeichenhaft zum Vorschein bringt. Die Frage, ob die Kirche ein solches Zeichen zu sein vermag, zwingt dazu, nach ihrer Herkunft und ihrem Ursprung zu fragen.

Grund und Ursprung der Kirche

Die christliche Kirche, unabhängig von aller Verschiedenheit der Einzelkirchen und Konfessionen, versteht sich als »Stiftung Jesu Christi« (*Rahner, 1976, S. 317*). Sie beantwortet die Frage nach ihrem Grund und Ursprung mit der »Überzeugung, von Jesus herkünftig zu sein«, mit der These also, daß sie »nicht autonom und von sich aus eine Beziehung zu Jesus setzt, sondern diese von dem Gekreuzigten und Auferstandenen selber herkommt und gesetzt ist« (*Rahner, 1976, S. 319*).

Dieses Selbstverständnis der Kirche steht in Spannung zu dem Bild, das die Evangelien von Jesus zeichnen. Im Mittelpunkt des Wirkens Jesu steht bei den Synoptikern nicht die Errichtung einer neuen »Glaubensgemeinschaft neben dem israelitischen Glaubensvolk« (*Blank, 1972, S. 146*), sondern die Verkündigung der nahe gekommenen Gottesherrschaft. Der Satz, mit dem Markus das erste Auftreten Jesu in Galiläa umschreibt, kann als Schlüsselmotiv der Predigt Jesu überhaupt gelten: »Die Zeit ist erfüllt, das Reich Gottes ist nahe. Kehrt um, und glaubt an das Evangelium!« (Mk 1,15; vgl. Mt 4,12.17; Lk 4,14 f.).

Bestätigt wird dies durch den sprachlichen Befund. Das Wort »Kirche« (griech. ekklesia = die einberufene Versammlung) kommt in den Evangelien – Johannes eingeschlossen – nur zweimal vor, und zwar beide Male bei Matthäus, an Stellen (16,18; 18,17), deren Auslegung »von mancherlei Schwierigkeiten belastet« ist, »einerlei ob man sich mit dem jetzt vorliegenden griechischen Wortlaut oder mit dem Urwortlaut in der Muttersprache Jesu beschäftigt« (*Schmidt, 1938, S. 522*). Demgegenüber findet sich das Wort Gottesherrschaft (basileia tou theou) bei den Synoptikern etwa hundertmal.

Nicht erst seit Albert Schweitzer und Johannes Weiß, die Anfang unseres Jahrhunderts den eschatologischen Charakter der Botschaft Jesu neu bewußt machten, werden deshalb Bedenken laut, ob sich die Intention dieser Botschaft mit der Gründung einer Kirche vereinbaren lasse. So konstatierte der französische Theologe Alfred Loisy schon 1902: »Jesus kündigte das Gottesreich an, und was kam, war die Kirche« (zit. bei *Küng*, 1977, S. 57).

Die in den vergangenen Jahrzehnten entwickelten und auch vom Zweiten Vatikanischen Konzil zustimmend aufgegriffenen Methoden der formgeschichtlichen Forschung erlauben es heute, die vom Trienter Konzil definierte Lehre von der Gründung der Kirche durch Jesus in differenzierter Weise darzustellen. Das Zweite Vatikanische Konzil unterscheidet sehr genau, wenn es sagt, daß Jesus »den Anfang seiner Kirche . . . machte . . ., indem er frohe Botschaft verkündigte, die Ankunft nämlich des Reiches Gottes«, und daß vom *Kreuzestod*, von den *Ostererscheinungen* und von der *Geistausgießung* her die Kirche die Sendung empfängt, »das Reich Christi und Gottes anzukündigen und in allen Völkern zu begründen« (Dogmatische Konstitution über die Kirche »Lumen gentium«, Art. 5, in: *Rahner/Vorgrimler*, 1966, S. 125 f.). Wenn die Apostel nach Ostern das, was Jesus »selbst gesagt und getan hatte, ihren Hörern mit jenem volleren Verständnis überliefert« haben, das ihnen aus der österlichen und pfingstlichen Erfahrung zufloß (Dogmatische Konstitution über die göttliche Offenbarung »Dei verbum«, Art. 19, in: *Rahner/Vorgrimler*, 1966, S. 378), dann besteht zwischen der Botschaft Jesu vom universalen Heilswillen Gottes und der Bildung der Urgemeinde nach Ablehnung dieser Botschaft durch die Mehrheit des jüdischen Volkes durchaus eine sachliche Kontinuität, auch wenn man deshalb noch nicht sagen darf, »daß die Kirchenbildung in der Intention Jesu lag« (*Blank*, 1972, S. 141).

So wird in der katholischen Ekklesiologie heute unter Berufung auf Exegeten wie Josef Blank, Rudolf Schnackenburg und Anton Vögtle die These vertreten, der vorösterliche Jesus habe »zu seinen Lebzeiten *keine Kirche gegründet*« (*Küng*, 1977, S. 90); Kirche gebe es vielmehr erst mit dem Beginn des Auferstehungsglaubens, nämlich »seit sich Menschen im Glauben an die Auferstehung des gekreuzigten Jesus von Nazareth zusammenfanden und die verheißene Vollendung der Gottesherrschaft und die Erscheinung des Auferstandenen in Herrlichkeit erwarteten« (*Küng*, 1977, S. 94). Diese These impliziert jedoch auch, daß es ohne den vorösterlichen Jesus keine Kirche gäbe, insofern dieser »durch seine Predigt und Wirksamkeit für das Erscheinen einer nachösterlichen Kirche die *Grundlagen geschaffen*« hat (*Küng*, 1977, S. 93). Zusammenfassend kann Küng deshalb sagen: »Die Kirche hat . . . ihren *Ursprung* nicht einfach in Absicht und Auftrag des vorösterlichen Jesus, sondern *im ganzen Christusgeschehen:* also im ganzen Handeln Gottes in Jesus Christus, von Jesu Geburt, Wirken und Jüngerberufung an bis zu Tod und Auferstehung Jesu und zur Gabe des Geistes an die Zeugen des Auferstandenen« *(Küng,* 1977, S. 95).

Gegen Küngs Argumentation kann eingewandt werden, daß sie die schon beim vorösterlichen Jesus vorhandenen Ansatzpunkte für die Bildung einer neuen, vom Judentum abgesonderten Gemeinschaft nicht genügend beachte. Joseph Ratzinger etwa weist darauf hin, daß Jesus durch die Auswahl der Zwölf (Mk 3,13 f.) »den Grund zu einem neuen Israel« legte und so »alles Tun Jesu im Kreise dieser Zwölf immer zugleich kirchengründend« war, »sofern alles darauf abgestellt war, sie dazu zu befähigen, geistige Väter des neuen Gottesvolkes zu werden« *(Ratzinger,* 1970, S. 77). Konzentrationspunkte der kirchenstiftenden Absicht Jesu seien z. B. die Verleihung der Binde- und Lösegewalt an Petrus (Mt 16,18 f., Joh 21,15–17) und die Apostel (Mt 18,18) – wobei Ratzinger offensichtlich diese exegetisch sehr umstrittenen Stellen als ursprüngliche Worte Jesu wertet –, vor allem aber das Abendmahl, das durch die Analogie zur ersten Passahnacht die Geburtsstunde eines neuen Israel symbolisiere und so »den eigentlichen Kirchengründungsakt Jesu« darstelle *(Ratzinger,* 1970, S. 78). Ratzingers Fazit lautet daher: »Jesus hat eine ›Kirche‹, d. h. eine neue sichtbare Heilsgemeinschaft geschaffen. Er versteht sie als ein neues Israel, ein neues Gottesvolk« *(Ratzinger,* 1970, S. 80).

Bei allen Unterschieden zu den Thesen Küngs schließen jedoch auch Ratzingers Überlegungen nicht aus, daß die Entstehung dieser neuen Heilsgemeinschaft mit dem Nein der Mehrheit Israels zur Botschaft Jesu zu tun hat (vgl. *Ratzinger,* 1970, S. 373), daß also der Auftrag Israels und der Ursprung der Kirche eng zusammenhängen. Konsens besteht zwischen den verschiedenen Positionen auch darüber, daß die von Jesus gepredigte Gottesherrschaft mit der Kirche nicht identisch ist, daß es also falsch ist, »die Kirche als das schon vollendete Reich Gottes auszugeben und so praktisch ihre eschatologisch große Zukunft, die Verwandlung in Gericht und Ende, zu leugnen« *(Ratzinger,* 1970, S. 256; vgl. *Küng,* 1977, S. 108–127). Aus dieser Dialektik »zwischen Schon und Noch-nicht« *(Küng,* 1977, S. 76), zwischen der schon Israel gegebenen, durch Jesus radikalisierten Zusage der Nähe Gottes und der von Gott allein heraufzuführenden Vollendung seines Reiches, lassen sich Wesen und Auftrag der Kirche erschließen.

Wesen und Auftrag der Kirche

Unter den verschiedenen Begriffen, mit denen die theologische Reflexion im Laufe der Geschichte versucht hat, das Wesen der Kirche zu umschreiben, ist der des *»Mysteriums«* einer der grundlegenden. Formal gesehen bringt er zum Ausdruck, daß sich entscheidende Wesensdimensionen dieser Kirche dem Zugriff wissenschaftlicher Reflexion entziehen, weil sie im menschlichen Erkennen »nur rätselhaft« (1 Kor 13,12) zugänglichen Geheimnis des Handelns Gottes gründet. Inhaltlich betrachtet verweist er einerseits auf die enge Bindung der Kirche an Jesus Christus, das »Geheimnis Gottes« (Kol 2,2; vgl. 1 Kor 2,7), andererseits auf den Auftrag der Kirche, das Zeugnis von Gottes Handeln weiterzutragen (1 Kor 2,1) in der Verkündigung des Evangeliums und der Feier der Sakramente. (»Sacramentum« ist ja der in der lateinischen Theologie gewählte Terminus zur Übersetzung des neutestamentlichen »mysterium«.) Was sich in den einzelnen Sakramenten auf je verschiedene Lebenssituationen des Menschen hin vollzieht, ist verankert im »Grundsakrament« Kirche, die selbst wieder im »Ursakrament« Christus gründet. »Die Kirche ist ja in Christus gleichsam das Sakrament, das heißt Zeichen und Werkzeug für die innigste Vereinigung mit Gott wie für die Einheit der ganzen Menschheit« (Dogmatische Konstitution über die Kirche »Lumen gentium«, Art. 1, in: *Rahner/Vorgrimler*, S. 123). Die Verbindung von sichtbarem Zeichen und unsichtbarem Wesen, die Augustinus zum Kennzeichen der Sakramente erklärt und die im Geheimnis der Person Jesu Christi ihre Analogie hat, ist also auch konstitutiv für die Kirche.

Schon die Bibel versucht, das geheimnisvolle Wesen dieser Kirche in verschiedenen Bildern zu erschließen. Die dogmatische Konstitution über die Kirche »Lumen gentium« des Zweiten Vatikanischen Konzils nennt in diesem Zusammenhang (Art. 6, in: *Rahner/Vorgrimler*, S. 126−128) u. a. die Metaphern vom *Schafstall* (Joh 10,1−10) und von der *Herde*, deren guter Hirte Christus ist (Joh 10,11; 1 Petr 5,4), vom *Acker* oder *Weinberg Gottes* (1 Kor 3,9; Mt 21,33−43 par), von den *Zweigen des Weinstocks* (Joh 15,1−5), vom *Haus* oder der *Familie Gottes* (1 Kor 3,9; 1 Tim 3,15; Eph 2,19−22), von der *heiligen Stadt*, dem *neuen Jerusalem* (Offb 21,2; Gal 4,26).

Von besonderer Bedeutung gerade für die katholische Ekklesiologie ist das paulinische Bild von der Kirche als *Leib Christi* geworden. Paulus greift in seinem Brief an die zerstrittene Gemeinde in Korinth das der Antike geläufige Bild vom einen Leib und den vielen Gliedern auf, um die Einheit der Gemeinde zu beschwören. Diese Einheit hat ihren Grund nach Paulus jedoch nicht in einem sozialen Imperativ, vielmehr in einem christologischen Indikativ: Christus selbst ist der Leib, den die vielen Glieder der Gemeinde bilden (1 Kor 12,12). Durch Taufe und Eucharistie verwirklicht sich diese Einheit: »Durch den einen Geist wurden wir in der Taufe alle in einen einzigen Leib aufgenommen« (1 Kor 12,13) und »das Brot, das wir brechen«, ist »Teilhabe am Leib Christi« (1 Kor 10,16); »so sind wir, die vielen, *ein* Leib in Christus, als einzelne aber sind wir Glieder, die zueinander gehören« (Röm 12,5). Während die eben zitierten Stellen vor allem die Ortsgemeinde im Blick haben, geben die deuteropaulinischen Briefe dem Leib-Christi-Motiv kosmische Dimensionen (Kol 1,15−20 und Eph 2,11−22; 4,3−6). Auch in der theologischen Tradition wurde das Bild von der Kirche als Leib Christi aufgegriffen und entfaltet, in unserem Jahrhundert etwa durch die Enzyklika »Mystici corporis Christi« Papst Pius' XII. von 1943. Die ekklesiologische Reflexion zeigt jedoch andererseits die in dieser Metapher liegende Gefahr auf, das Bild vom Leib juridisch oder organologisch zu mißdeuten und dadurch in die Nähe einer Identifikation von Christus und Kirche zu geraten.

Bei Paulus ist dieser Gefahr gewehrt und das Gegenüber von Christus und Kirche betont durch die Sicht der Gemeinde als einer *Schöpfung des Geistes Gottes*. Für Paulus besteht das Leben der Gemeinde im Zusammenwirken und gegenseitigen Dienst der den einzelnen Christen vom Geist geschenkten Gaben (Charismen): »Wißt ihr nicht, daß ... der Geist Gottes in euch wohnt? ... Es gibt verschiedene Gnadengaben, aber nur den einen Geist. Es gibt verschiedene Dienste, aber nur den einen Herrn. Es gibt verschiedene Kräfte, die wirken, aber nur den einen Gott: Er bewirkt alles in allen. Jedem aber wird die Offenbarung des Geistes geschenkt, damit sie anderen nützt« (1 Kor 3,16; 12,4−7).

Ein ebenfalls biblischer Begriff zur Kennzeichnung der Kirche ist der des *Volkes Gottes*. Im ersten Petrusbrief werden die Gläubigen »ein auserwähltes Geschlecht, eine königliche Priesterschaft, ein heiliger Stamm« genannt, »ein Volk, das [Gottes] besonderes Eigentum wurde, damit ihr die großen Taten dessen verkündet, der euch aus der Finsternis in sein wunderbares Licht gerufen hat« (1 Petr 2,9). Das Zweite Vatikanische Konzil hat diesen Gedanken in den Mittelpunkt seiner Ekklesiologie gerückt und spricht von Gottes Absicht, »die Menschen nicht einzeln, unabhängig von aller wechselseitigen Verbindung, zu heiligen und zu retten, sondern sie zu einem Volke zu machen, das ihn in Wahrheit anerkennen und ihm in Heiligkeit dienen soll« (Dogmatische Konstitution über die Kirche »Lumen gentium«, Art. 9, in: *Rahner/Vorgrimler, 1966, S. 132*). Gegenüber dem Bild des Leibes Christi hebt dieser Begriff einerseits die Differenz zwischen Christus und seiner Gemeinde, andererseits den sozialen und geschichtlichen Charakter der Kirche hervor. »Gott hat die Versammlung derer, die zu Christus als dem Urheber des Heils und dem Ursprung der Einheit und des Friedens glaubend aufschauen, als seine Kirche zusammengerufen. ... Bestimmt zur Verbreitung über alle Länder, tritt sie in die menschliche Geschichte ein und übersteigt doch zugleich Zeiten und Grenzen der Völker« (a.a.O., S.133f.). Da auch Israel sich als »Volk Gottes« versteht (Ex 6,6f.; 19,4f.; Lev 26,12), wird durch diesen Begriff die Kontinuität zwischen der Glaubensgemeinschaft des alten und des neuen Bundes sichtbar. Die ekklesiologische Bedeutung jener Glaubenden, die – wie Maria, die Apostel oder die späteren Heiligen der Kirchengeschichte – die Nachfolge Jesu exemplarisch lebten, zeigt sich. Und schließlich eröffnet der Begriff die Chance, unserer Zeit den Auftrag der Kirche zu verdeutlichen, als Gemeinschaft der an Christus Glaubenden das in Christus gegenwärtige Heil, den Sinn und die Erfüllung des Daseins, den Menschen zu vermitteln.

Die katholische Kirche versteht sich als Gesellschaft, in der die Kirche Christi »verwirklicht ist« (»Lumen gentium«, Art. 8, a.a.O., S.131). Dieses »Verwirklicht-Sein« bedeutet nicht totale Identifikation (das Wort »subsistit« in der endgültigen Fassung des Konzilstextes ersetzt ein ursprüngliches »est«), sondern soziale und institutionelle Vergegenwärtigung. Das Konzil bekundet seine Wertschätzung für das, was sich außerhalb der verfaßten Kirche »an Gutem und Wahrem« findet (Art. 16, a.a.O., S.141), und weiß andererseits, daß manche Glieder der Kirche »zwar ›dem Leibe‹, aber nicht ›dem Herzen‹ nach« angehören (Art. 14, a.a.O., S.140). Auch die nicht-katholischen Kirchen werden als solche anerkannt und die vielfältigen Gemeinsamkeiten im Zeugnis für Christus hervorgehoben. Der häufig zitierte und mißverständliche Satz »Außerhalb der Kirche kein Heil« besagt also nur die generelle Heilsbedeutung und -notwendigkeit der Kirche in ihrer Sendung für alle Menschen, er fordert nicht die faktische Zugehörigkeit zur Kirche als Voraussetzung des Heils. Von dieser veränderten Einstellung gegenüber anderen Religionen und Konfessionen, besonders von dem Wunsch nach Wiederherstellung der getrennten Einheit der Christen (vgl. Dekret über den Ökumenismus »Unitatis redintegratio«, in: *Rahner/Vorgrimler*, 1966, S.217– 250), gingen für das Selbstverständnis der Kirche in den vergangenen zwei Jahrzehnten nachhaltige Impulse aus.
Der Respektierung des Pluralismus nach außen entsprach die Einsicht in die legitime Vielfalt des inneren Lebens der Kirche. Die Strukturen, in denen sich kirchliches Leben vollzieht, waren offenbar schon in den Gemeinden der neutestamentlichen Zeit unterschiedlich geprägt. Neben der stärker charismatisch bestimmten Gestalt von Gemeinde, wie sie uns in den großen Paulusbriefen (etwa Röm, 1 und 2 Kor) entgegentritt, findet sich die Betonung des Amtes, von der die Apostelgeschichte oder die Pastoralbriefe zeugen. Nach katholischem Verständnis ist es falsch, diese Akzentuierungen gegeneinander auszuspielen. Nicht allein aus der Anerkennung der Charismen, der unterschiedlichen vom Geist Gottes den Gemeindegliedern verliehenen Gaben – Paulus nennt das prophetische Reden, das gegenseitige Dienen, das Lehren, das Trösten und Ermahnen, das Geben, das Vorsteher-Sein und das Barmherzigkeit-Üben (Röm 12,6–8) – lebt das Zeugnis der Gemeinde, sondern ebenso aus der Anerkennung des Amtes.
Das Zweite Vatikanum unterscheidet das besondere Amt, »das Priestertum des Dienstes«, vom »gemeinsame(n) Priestertum« aller Gläubigen, wie es der erste Petrusbrief kennt (s. o. 1 Petr 2,9). Beide nehmen auf »je besondere Weise am Priestertum Christi teil« (Dogmatische Konstitution über die Kirche »Lumen gentium«, Art. 10, in: *Rahner/Vorgrimler*, 1966, S.134), der im Verständnis des Neuen Testament der eigentliche Priester (vgl. Hebr 7ff. u.a.), der »einzige Mittler zwischen Gott und den

Menschen« (1 Tim 2,5) ist. Das besondere Priestertum oder Amtspriestertum übt laut »Lumen gentium« seine Aufgabe, die Gemeinde aufzubauen und zu leiten, genuin aus im Vollzug der Eucharistie (Art. 10, a. a. O., S. 134). Diese Aufgabe hat ihren Ort im Rahmen der laut »Lumen gentium« von Christus eingesetzten »Dienstämter . . ., die auf das Wohl des ganzen Leibes ausgerichtet sind« (Art. 18, a. a. O., S. 143). Das Konzil unterstreicht insbesondere die Bedeutung der Bischöfe, die das von Christus den Aposteln übertragene Amt »zusammen mit ihren Helfern, den Priestern und den Diakonen, übernommen« haben. »An Gottes Stelle stehen sie der Herde vor, deren Hirten sie sind, als Lehrer in der Unterweisung, als Priester im heiligen Kult, als Diener in der Leitung« (Art. 20, a. a. O., S. 145 f.).

In der Leitung der Kirche kommt dem Bischof von Rom eine besondere Stellung zu. Als Nachfolger des Petrus ist er das Haupt des Bischofskollegiums und hat so »kraft seines Amtes als Stellvertreter Christi und Hirt der ganzen Kirche volle, höchste und universale Gewalt über die Kirche« (Art. 22, a. a. O. S. 148). Das jüngste Konzil hat diesen vom Ersten Vatikanum (1869/70) definierten Jurisdiktions- und Lehrprimat des Papstes – auch seine Unfehlbarkeit, wenn er »eine Glaubens- oder Sittenlehre in einem endgültigen Akt verkündet« (Art. 25, a. a. O., S. 153) – bestätigt und durch die Betonung der Autorität des Bischofskollegiums ergänzt. Indem es beider Autorität als Dienst an der Verkündigung des Evangeliums und als Dienst an der Einheit der Kirche präzisiert, unterstellt es sie dem der ganzen Kirche verliehenen Auftrag.

Literaturhinweise

Blank, Josef: Jesus von Nazareth. Geschichte und Relevanz. Freiburg 1972
Höffner, Joseph: Pastoral der Kirchenfremden. Eröffnungsreferat bei der Herbstvollversammlung der Deutschen Bischofskonferenz 1979 in Fulda. Bonn (1979)
Küng, Hans: Die Kirche. (Freiburg 1967) München 1977
O'Dea, Thomas F.: Die fünf Dilemmas der Institutionalisierung der Religion, in: Friedrich *Fürstenberg* (Hrsg.): Religionssoziologie. Neuwied 1964, S. 207–213
Rahner, Karl: Grundkurs des Glaubens. Freiburg 1976
Rahner, Karl, und *Vorgrimler*, Herbert: Kleines Konzilskompendium. Freiburg 1966
Ratzinger, Joseph: Das neue Volk Gottes. Düsseldorf (1969), 2. Aufl. 1970
Schmidt, Karl-Ludwig: Art. ekklesia, in: Gerhard *Kittel* (Hrsg.): Theologisches Wörterbuch zum Neuen Testament, Band III, Stuttgart 1938, S. 502–539

2. Kapitel

Gerhard Stephan

Das Selbstverständnis der evangelischen Kirche

Bei der Darlegung des Selbstverständnisses der evangelischen Kirche gehen wir aus von grundlegenden Selbstaussagen der beiden evangelischen Landeskirchen in Württemberg und in Baden. Danach versteht sich die evangelische Kirche selbst als Kirche Jesu Christi, die sich auf das in der Heiligen Schrift gegebene und in den Bekenntnissen der Reformation bezeugte Evangelium von Jesus Christus gründet. Diese Grundbestimmung ihres Selbstverständnisses als evangelische Kirche bringen beide Landeskirchen, die evangelisch-lutherische Kirche in Württemberg in ihrer Kirchenverfassung von 1924 und die evangelisch-unierte Kirche in Baden in der Präambel zu ihrer Grundordnung von 1958, zwar nicht in gleichlautender Formulierung, wohl aber der Sache nach in gleicher Weise zum Ausdruck. Es ist in diesen grundlegenden Dokumenten der beiden Landeskirchen keine ausführliche Lehre von der Kirche enthalten, aber es werden Orientierungsmarken abgesteckt, an die sich eine Entfaltung des Selbstverständnisses der evangelischen Kirche bei aller Berücksichtigung der geschichtlichen Eigenart der jeweiligen Kirche gewiesen sieht.
In § 1 der württembergischen Kirchenverfassung heißt es: »Die evangelisch-lutherische Kirche in Württemberg, getreu dem Erbe der Väter, steht auf dem in der Heiligen Schrift gegebenen, in den Bekenntnissen der Reformation bezeugten Evangelium von Jesus Christus, unserem Herrn. Dieses Evangelium ist für die Arbeit und Gemeinschaft der Kirche unantastbare Grundlage.«
Zum »Erbe der Väter« gehört als unverwechselbare geschichtliche Prägung der württembergischen Landeskirche dreierlei:
– einmal das unbedingte *Hören auf das Evangelium der Schrift* als Maßstab für das gesamte Leben der Kirche. Es verdient in diesem Zusammenhang erwähnt zu werden, daß die Confessio Virtembergica von 1551 als einzige lutherische Bekenntnisschrift des 16. Jahrhunderts einen Artikel von der Heiligen Schrift enthält und darin über den reformatorischen Schriftgebrauch theologisch Rechenschaft gibt.
– zum andern ein »*mildes Luthertum*«: in der Lehre lutherisch, in der Gottesdienstform jedoch oberdeutschen Einflüssen gegenüber offen. Den Stempel eines »milden Luthertums« hat der württembergischen Kirche vor allem ihr eigentlicher Reformator, der Lutherschüler Johannes Brenz, aufgedrückt.

– schließlich ein *eigener kirchlicher Pietismus,* der in vielen Gemeinden der württembergischen Kirche bis heute lebendig ist.

In der Präambel zu ihrer Grundordnung von 1958 erklärt die badische Landeskirche: »(1) Die Evangelische Landeskirche in Baden glaubt und bekennt Jesus Christus als ihren Herrn und als alleiniges Haupt der Christenheit.

(2) Sie gründet sich als Kirche der Reformation auf das in der Heiligen Schrift Alten und Neuen Testaments bezeugte Wort Gottes, die alleinige Quelle und oberste Richtschnur ihres Glaubens, ihrer Lehre und ihres Lebens und bekennt, daß das Heil allein aus Gnaden, allein im Glauben an Jesus Christus empfangen wird.

(3) Sie bezeugt ihren Glauben durch die drei altkirchlichen Glaubensbekenntnisse: Apostolicum, Nicaenum und Athanasianum.

(4) Sie anerkennt, gebunden an die Unionsurkunde von 1821 und ihre gesetzliche Erläuterung von 1855, namentlich und ausdrücklich das Augsburger Bekenntnis als das gemeinsame Grundbekenntnis der Kirchen der Reformation wie den Kleinen Katechismus Luthers und den Heidelberger Katechismus nebeneinander, abgesehen von den Katechismusstücken, die zur Sakramentsauffassung der Unionsurkunde in Widerspruch stehen.

(5) Sie bejaht die Theologische Erklärung von Barmen als schriftgemäße Bezeugung des Evangeliums gegenüber Irrlehren und Eingriffen totalitärer Gewalt.

(6) Sie weiß sich verpflichtet, ihr Bekenntnis immer wieder an der Heiligen Schrift zu prüfen und es in Lehre und Ordnung zu bezeugen und lebendig zu halten.«

Auch die badische Landeskirche bekennt sich zu ihrer konkreten Gestalt und Geschichte als unierte evangelische Kirche (Abs. 4). Deshalb erwähnt sie die Unionsurkunde von 1821, durch die die Einigungsbestrebungen der Augsburgischen Religionsverwandten (Lutheraner und Reformierte) im Großherzogtum Baden, mitbedingt durch die territorialen Veränderungen zu Beginn des 19. Jahrhunderts, besiegelt wurden. Darüber hinaus nimmt sie das im Kirchenkampf der Nazizeit neu gewonnene Verständnis von Kirche auf, indem sie die Barmer Theologische Erklärung von 1934 als für sich verbindlich erklärt (Abs. 5). Sie läßt jedoch keinen Zweifel daran, daß es allein Jesus Christus, der Herr der Kirche ist, der die Kirche zur Kirche macht (Abs. 1), und daß sie sich als Kirche der Reformation auf das in der Heiligen Schrift bezeugte Wort Gottes als »die alleinige Quelle und oberste Richtschnur ihres Glaubens, ihrer Lehre und ihres Lebens« gründet (Abs. 2).

Auch wenn sich beide Kirchen in ihren Selbstaussagen mit Recht zu ihrer besonderen Tradition und geschichtlich geprägten Eigenart bekennen, weil sich Kirche nicht anders als im Raum der Geschichte an konkretem Ort und mit konkreten Menschen vollzieht und ereignet, so lassen sich doch beiden Dokumenten drei grundlegende Merkmale entnehmen, die für das Selbstverständnis der evangelischen Kirche konstitutiv sind. Es sind dies: die *Grundlegung* des Selbstverständnisses der ev. Kirche in der Schrift, die *Ausrichtung* des Selbstverständnisses der ev. Kirche am Zeugnis der Reformation und die *Verlebendigung* bzw. *Bewährung* des Selbstverständnisses der ev. Kirche in der Gegenwart als Aufgabe.

1. *Die Grundlegung des Selbstverständnisses der evangelischen Kirche in der Heiligen Schrift*

Das Selbstverständnis der evangelischen Kirche gründet sich auf das Zeugnis der Heiligen Schrift von der Kirche. Im NT liegt uns jedoch noch keine umfassende dogmatische Definition der Lehre von der Kirche vor. Überhaupt ist das NT, was die Lehre, die Ordnung und die Ämter der Kirche betrifft, in seinen Aussagen noch sehr offen und variabel. Die Kirche ist für das NT »in erster Linie ein *Faktum,* ein *Geschehen,* ein geschichtliches *Ereignis*; und erst in zweiter Linie – innerhalb des NT noch sehr am Rande – entwickelt sich eine *Lehre* von der Kirche als der Versuch ihrer Glieder, sich selbst und ihrer Umwelt über dieses Geschehen der Kirche und ihre Teilhabe an demselben Rechenschaft zu geben« (*Diem,* 1963, S. 11). Diese Rechenschaftsablage ist aber höchst aufschlußreich und die Grundlinien des neutestamentlichen Verständnisses der Kirche sind und bleiben wegweisend auch für das Kirchenverständnis heute.

Jesus selbst hat noch keine Kirche gegründet. Nach dem berühmt gewordenen Wort von Alfred Loisy verkündigte Jesus das Reich Gottes, aber was kam, war die Kirche, und die – so setzen heutige Kritiker der Kirche hinzu – wird wohl niemand angesichts der dunklen Seiten ihrer Geschichte mit dem Reich Gottes verwechseln wollen. Dieses Wort ist jedoch durchaus nicht einseitig kirchenkritisch gemeint, sondern will seiner Intention nach im Sinne einer positiven Zuordnung beider Größen interpretiert werden. Ohne Jesu Verkündigung vom Reich Gottes, ohne die Sammlung und Sendung des Jüngerkreises, ohne Nachfolge und ohne Regeln der Jüngerschaft gäbe es so wenig eine nachösterliche Gemeinde wie ohne die Ereignisse von Tod und Auferstehung Jesu und deren Deutung. Man hat die zeichenhaften Anfänge der Kirche vor Ostern als »implizite Ekklesiologie« bezeichnet, die über sich hinausweist auf die »explizite Ekklesiologie« nach Ostern, nämlich auf die Sammlung und Sendung der Gemeinde Jesu Christi als Versammlung Gottes, die in Jesus Christus durch den Heiligen Geist geschieht. Um der Identität des Auferstandenen mit dem Gekreuzigten willen bemüht sich umgekehrt die nachösterliche Gemeinde ihrerseits, ihre Kontinuität zurück zum vorösterlichen Jesus, seiner Botschaft, seinen Taten und seinem Geschick einsichtig werden zu lassen. Aus diesem Interesse erklärt sich z.B. auch die Entstehung der Evangelien innerhalb der urchristlichen Überlieferung.

Ihr Selbstverständnis als Gemeinde Jesu Christi, die sich zu dem Gekreuzigten und Auferstandenen als ihrem Herrn bekennt, drückt die nachösterliche urchristliche Gemeinde in vielfältigen, einander ergänzenden Bildern, Begriffen und Namen aus wie z. B. »Haus Gottes« (1 Tim 3,15), »Tempel Gottes« (1 Ptr 2,5; Eph 2,21 f.), »Braut Christi« (Offg 19; Eph 5,26), »Volk Gottes«, »Auserwählte«, »Herde«, »Berufene«, »Heilige« (an mehreren Stellen). Unter ihnen nehmen zwei eine besondere Stellung ein: die Selbstbezeichnung der neutestamentlichen Gemeinde als *»Gemeinde Gottes«* bzw. Versammlung Gottes, oder *»Gemeinde Jesu Christi«* (griech.: ekklesia) und der vor allem von Paulus und Paulusschülern verwendete Begriff *»Leib Christi«* (griech.: soma Christou). Schließlich weiß und erfährt sich die Schar der »Herausgerufenen« als eine *»Gemeinschaft der Glaubenden«*, die in der Gemeinschaft des Heiligen Geistes stehen, d. h. am Heiligen Geist und seinen Wirkungen Anteil haben und dadurch auch untereinander zu einer Dienstgemeinschaft zusammengeschlossen sind. Dies bringen je auf ihre Weise die beiden wichtigsten Selbstbezeichnungen der urchristlichen Gemeinde zum Ausdruck.

Kirche als Versammlung Gottes. Diese im NT am häufigsten verwendete Selbstbezeichnung der urchristlichen Gemeinde ist schon von ihrer sprachlichen Herkunft her in zweifacher Weise aufschlußreich. Einmal enthält sie das ursprünglich aus dem Profangriechischen stammende Wort »ekklesia«. Es bezeichnet dort die rechtsgültige Versammlung der politischen Gemeinde der freien Bürger. Wenn sich die christliche Gemeinde im hellenistischen Raum ekklesia nennt, dann schwingt dort immer etwas von dem profanen Charakter dieses Begriffes mit. Zum andern aber bezeichnet sich die christliche Gemeinde betont als »Gemeinde Gottes« (griech.: ekklesia theou), weil sie versammelt und konstituiert wird durch die Verkündigung des Wortes Gottes. Sie will also nicht mit einer politischen Versammlung verwechselt werden. Zu dem Begriff »Gemeinde Gottes« gibt es nun aber ein direktes hebräisches Äquivalent, den »Kahal Jahwe«, die Versammlung des Volkes Gottes, der alttestamentlichen Bundesgemeinde. Wenn die christliche Gemeinde diese Selbstbezeichnung der alttestamentlichen Bundesgemeinde für sich in Anspruch nimmt, dann bringt sie damit zum Ausdruck, daß sie sich als eschatologische Entsprechung zu der einstigen Versammlung des Volkes Gottes am Sinai versteht. Sie steht als Gemeinde Gottes in Kontinuität mit der alttestamentlichen Bundesgemeinde (Hebr 1,1 f.). Deshalb können auch deren Prädikate auf sie übertragen werden (1 Petr 2,9). Zugleich weiß sie sich aber auch in Diskontinuität zu Israel, insofern das Kommen Jesu eine entscheidende Zäsur bedeutet. Denn nun haben nicht mehr nur die Nachkommen Abrahams, sondern auch die aus den Völkern (Heiden) Berufenen Zutritt zur Versammlung Gottes. Kirche als Gemeinde Gottes und Christi ist offen für Juden und Heiden. Während zur alttestamentlichen Bundesgemeinde nur die Söhne Israels gehörten und zur griechischen Volksversammlung nur die freien Bürger, heißt es bei Paulus im

Blick auf die christliche »Versammlung Gottes«: »Da gilt nicht mehr: Jude oder Grieche, nicht mehr: Sklave oder Freier, nicht mehr: Mann oder Frau« (Gal 3,28). Das Geschehen der Versammlung Gottes, das die christliche Gemeinde konstituiert, ist also an keine politischen oder soziologischen Voraussetzungen gebunden. Es durchbricht vielmehr alle sozialen Bindungen, auch wenn es freilich immer konkrete Menschen trifft, die an einem bestimmten Ort, in einer bestimmten Zeit und in bestimmten sozialen Bezügen leben. Kirche kann in empirischer Hinsicht sehr wohl mit Hilfe von soziologischen Begriffen und Kategorien beschrieben werden, insofern sie immer auch eine soziale Realität ist. Deshalb haben empirische Forschungen zu Geschichte und Gestalt der Kirche ihr bleibendes Recht. Um das Wesen der Kirche als »Gemeinde Gottes« erfassen zu können, reichen sie jedoch nicht aus. Sie müssen theologisch hintergriffen werden.

Der urchristlichen Selbstbezeichnung ist noch ein weiterer wichtiger Gesichtspunkt zu entnehmen. Im Blick auf die alttestamentliche Herkunft des Begriffs käme streng genommen nur seine singularische Verwendung in Betracht. Denn es gibt nur *eine* Gemeinde Gottes. Das Neue Testament gebraucht nun aber den Singular und den Plural wechselseitig und macht damit deutlich, daß jede einzelne Gemeinde *die* Versammlung Gottes ist, so wie das von jeder anderen Gemeinde, wo auch immer sie sich versammelt, ob in Jerusalem, in Korinth oder in Rom, auch gesagt werden kann. Jede Einzelgemeinde ist im vollen Sinne Gemeinde Gottes. Sie ist es nicht erst als Teil eines Ganzen, etwa als Filiale einer übergeordneten Gesamtkirche (sei es einer Landeskirche oder der römischen Weltkirche). »Jede bestimmte ekklesia repräsentiert konkret die eschatologische ekklesia. Es gibt keine darüber hinausgehende Aufstockung zur ekklesia Gottes als ganzer« (*Ebeling*, Bd. III, 1979, S. 337). Das hat auch Konsequenzen für die Frage nach der Einheit der Kirche: Diese muß nicht erst hergestellt werden durch eine übergeordnete Organisation oder durch ein alle Gemeinden überwachendes Lehramt. Denn es ist allemal der eine Herr, der hier wie dort wirkt und so auch die Gemeinden miteinander in einen Lebenszusammenhang bringt.

Kirche als Leib Christi. Bei Paulus und den Deuteropaulinen (Kol und Eph) findet sich als Selbstbezeichnung der Gemeinde neben dem Begriff »ekklesia« der Begriff »Leib Christi« (griech.: soma Christou). Mit Hilfe dieses Begriffs beginnen bei Paulus und seinen Schülern erste Ansätze zu einer umfassenderen Reflexion über die Kirche, auch wenn es sich dabei noch keineswegs um eine durchgebildete Lehre von der Kirche handelt. Der Begriff »Leib Christi« erlaubt es, die vielfältigen Zusammenhänge, die beim Nachdenken über die Kirche zu berücksichtigen sind, wie z. B. das Verhältnis der Kirche zu Christus, zum Wirken des Heiligen Geistes und zu den einzelnen Gliedern der Gemeinde, zusammenzubinden. Die Kirche als »Leib Christi« – das ist bei Paulus und seinen Schülern nicht im Sinne eines Vergleichs gemeint, vielmehr ist die Gemeinde wirklicher Leib

Christi. Durch Taufe und Abendmahl stehen die »Glieder am Leib Christi« in einer realen Lebensgemeinschaft mit ihrem Herrn (1 Kor 12,13; 1 Kor 10,16–17). Mit dem Begriff »Leib Christi« kann Paulus beides zum Ausdruck bringen: die *Einheit der Kirche* und die *Vielgestaltigkeit ihres Lebens:* »Ein Leib – viele Glieder.« Die Kirche wird verstanden als ein Gesamtleben, an dem der einzelne partizipiert und durch das Christus in der Welt wirksam ist. Weil der Leib Christi wesenhaft einer ist, duldet er keine Teilung. Zugleich aber besteht dieser Leib aus vielen Gliedern. Daraus ergibt sich die innere Vielgestaltigkeit des Leibes. Jedes Glied am Leibe Christi hat seine verschiedenen Gaben und Aufgaben. Paulus verbindet mit diesem Gedanken seine Anschauung von den Charismen, den Gnadengaben, die der Geist jedem verleiht, der zum Leibe Christi gehört. Die natürlichen Schöpfungsgaben, die jeder mitbekommen hat, werden unter dem Wirken des Geistes zu Gnadengaben. Sie ermöglichen die Dienste, die einer dem anderen leistet. Bei aller Vielfalt und Differenzierung der Dienste im einzelnen gibt es grundsätzlich keine persönlichen Rangunterschiede. Sie dürfen weder Geltungsansprüche noch Minderwertigkeitsgefühle begründen. Auch der kleinste und unscheinbarste Dienst behält sein Recht und wird gewürdigt (Röm 12; 1 Kor 12).

Die Verbindung der Anschauung vom Leib Christi mit dem Gedanken der Charismen ist für die Beschreibung des Lebens der Kirche und ihrer Lebensfunktionen von größter Bedeutung. Paulus hat damit eine Basis gewonnen, von der aus er die Aufgaben, Ämter und Dienste in der Gemeinde erklären und einander zuordnen und den inneren Zusammenhang zwischen Christus und der Gemeinde sowie der Gemeindeglieder untereinander verdeutlichen kann. Von dieser Basis aus kann er auch konkrete Mißstände in den Gemeinden aufdecken und die Gemeindeglieder ermahnen, einander anzunehmen und füreinander da zu sein in der Liebe Christi. Da der Begriff des Leibes Christi dazu anleitet, die konkreten Existenzprobleme der Kirche vom Gesichtspunkt des Lebens der Kirche her zu reflektieren und ekklesiologisch fruchtbar zu machen, erweist er sich auch über das NT hinaus als bleibende Wegweisung für das Kirchenverständnis.

2. Ausrichtung des Selbstverständnisses der evangelischen Kirche am Zeugnis der Reformation

Wenn die evangelische Kirche ihr Selbstverständnis am Zeugnis der Reformation ausrichtet, dann geschieht das in der Überzeugung, daß sich die reformatorische Erkenntnis der biblischen Wahrheit und das reformatorische Selbstverständnis als Kirche auch heute, trotz veränderter geschichtlicher Situation und neuen Problemstellungen, als zutreffender Ausdruck des an der Schrift orientierten Selbst- und Weltverständnisses der christlichen Kirche erweist. Ausrichtung am Zeugnis der Reformation, insbesondere an den reformatorischen Bekenntnisschriften bedeutet nicht, daß die in der evangelischen Kirche allein maßgebende Autorität der Heiligen Schrift durch die Autorität des Bekenntnisses ersetzt, noch daß dieses gleichgewichtig neben die Schrift oder gar über sie gestellt würde, – auch wenn solche Abwege im Laufe der Entwicklung der Reformationskirchen zu territorial abgegrenzten Konfessionskirchen nicht immer vermieden wurden. Das Zeugnis der Reformation will vielmehr verstanden werden als Wegweisung in die Schrift, bzw. zum gepredigten Wort der Schrift als dem kritischen Maßstab, dem alle Predigt und Lehre der Kirche unterworfen bleibt, die reformatorischen Bekenntnisschriften nicht ausgenommen.

Nach reformatorischer Überzeugung entscheidet das rechte Verständnis der Rechtfertigung des Sünders allein aus Gnade über das Ganze des christlichen Glaubens und Lebens. Sie stellt »Mitte und Grenze der reformatorischen Theologie« dar und bestimmt deshalb auch das Nachdenken über die Kirche. Dabei kommt den Reformatoren alles darauf an, daß im Handeln der Kirche der Raum frei gehalten wird für die freie Verkündigung der Schrift, in der Christus selbst als Subjekt handeln kann, damit die Rechtfertigung des Sünders allein aus Gnade nicht nur gelehrt wird, sondern *geschieht* (vgl. *Diem*, 1951, S. 269). Dies ist und bleibt auch heute die Richtschnur evangelischen Kirchenverständnisses.

Wir fragen im folgenden nach dem Selbstverständnis der Reformation als Kirche und nach der theologischen Rechenschaft darüber in zwei maßgeblichen reformatorischen Bekenntnisschriften.

Das Selbstverständnis der Reformation als Kirche

Im Lichte ihrer Rechtfertigungserkenntnis verstehen die Reformatoren die Kirche als *creatura verbi*, als Geschöpf des verkündigten Wortes Gottes. Kirche geschieht, bzw. wird geschaffen überall dort, wo das Evangelium Christi in Wort und Sakrament recht verkündigt wird und Glauben findet. Als creatura verbi bleibt die Kirche konstitutiv auf die Verkündigung des Wortes Gottes angewiesen. Sie ist wahre Kirche nicht kraft ihrer heiligen Ordnung oder sakramentalen Struktur als Heilsanstalt, sondern allein kraft des in ihr wirksamen gepredigten Wortes Gottes, durch das der freie, souveräne Gott Menschen herausruft, sammelt und ihnen Gemeinschaft mit sich und untereinander schenkt. Ihr Auftrag besteht darin, das Evangelium als rettende Botschaft jedermann weiterzusagen. An diesem Auftrag hat sie ihre Ordnung und Aktivität auszurichten. Sie ist deshalb immer zugleich auch *ecclesia semper reformanda* (immer neu zu reformierende Kirche), insofern sie ihre Verkündigung, ihre Ordnung und ihr diakonisches Handeln stets daraufhin zu überprüfen hat, ob es in Übereinstimmung mit dem in der Schrift bezeugten Evangelium von Jesus Christus steht. Dieses Verständnis von Kirche hat die Reformatoren in einen offenen Gegensatz zum Selbstverständnis der römischen Kirche ihrer Zeit gebracht. Ihre Aussagen über die Kirche sind deshalb durchgehend geprägt von der Auseinandersetzung mit ihren päpstlichen Gegnern. Dabei verdeutlichen die Reformatoren das Selbstverständnis der Reformation als Kirche in einer dreifachen Antwort (zum folgenden vgl. *Wolf*, 1954, S. 146 ff.):

1) Die Reformatoren lehnen es ab, einen »Neuen Orden«, d. h. eine neue »Konfessionskirche«, eine lutherische oder calvinistische Kirche neben der römisch-katholischen zu errichten. Sie wollen nicht eine neue Kirche stiften, sondern die bestehende Kirche erneuern. Noch im ganzen 16. Jahrhundert sträubte man sich dagegen, sich lutherische Kirche zu nennen. Der eigentliche Name der durch die Reformation erneuerten Kirche ist und bleibt »una sancta apostolica catholica ecclesia« (eine heilige apostolische allumfassende Kirche). Es gibt nur diese eine Kirche »darein denn alle gehören, so an Christum glauben«.

Die spätere Entwicklung zu lutherischen und reformierten Bekenntniskirchen erwies sich dadurch als unausweichliche geschichtliche Notwendigkeit, daß die römische Kirche ihrerseits die Reformation ausschied und durch ihre Entscheidungen auf dem Konzil zu Trient selbst zur Konfessionskirche wurde.

2) Die Reformatoren »sind bestrebt, ihre Zugehörigkeit zu der einen wahren Kirche, ihr Sein in und von der ecclesia apostolica catholica in breitem Umfang zu beweisen und zu bestätigen« (*Wolf*, 1954, S. 148). Sie tun dies einmal dadurch, daß sie aufweisen, daß das einzige, bleibende und unfehlbare Kennzeichen der Kirche immer das Wort Gottes gewesen ist. »Denn Gottes Wort kann nicht ohne Gottes Volk sein, wiederum Gottes Volk kann nicht ohne Gottes Wort sein« (WA 50,629,34). Wo das Wort Gottes gepredigt wird, dort ist die Kirche. Zum Wort treten dann freilich noch weitere Kennzeichen, z. B. Taufe, Abendmahl usw. und die in den altkirchlichen Bekenntnissen genannten Merkmale der Einheit, Apostolizität, Heiligkeit und Ubiquität. Aber sie sind durchweg zu verstehen als ekklesiologische Füllung und Konkretion des einen unverwechselbaren Grundmerkmales der Kirche. Zum andern legen die Reformatoren Gewicht darauf, daß sie in Übereinstimmung stehen mit den altkirchlichen Bekenntnissen (Apostolicum, Nicänum), die sie als zutreffende Auslegung der Heiligen Schrift betrachten und die deshalb nach ihrer Meinung mit Recht den Rang von »in der Kirchen einträchtiglich gebrauchten Hauptsymbola« einnehmen. Schließlich verdeutlichen die Reformatoren ihre Zugehörigkeit zur einen wahren apostolischen Kirche durch ihre Bereitschaft zum ökumenischen Gespräch. Nach ihrem Verständnis entsteht die Kirche überall dort, wo der Glaube das Wort der Verheißung ergreift und der Heilige Geist sammelt und erleuchtet. Dies

geschieht konkret in jeder Ortsgemeinde. Aber zugleich weist dieses Geschehen der Sammlung der Gemeinde über die Ortsgemeinde hinaus. Denn Kirche ist zwar einerseits sichtbar in den einzelnen Gemeinden, andererseits jedoch unsichtbar, »eine geistliche, ewige Gottesstadt« jenseits allen äußeren Augenscheins. Sie ist beides zugleich, erkennbar und verborgen, sichtbar und unsichtbar, eine geschichtliche und eine eschatologische Größe.

Die Reformatoren sind deshalb nie der Versuchung erlegen, die Grenzen der irdischen Kirche mit denen der geglaubten Kirche gleichzusetzen. Das zeigt sich nicht zuletzt auch daran, daß das Gespräch mit der Papstkirche – bei aller Polemik gegen sie – von den Reformatoren nie abgebrochen wurde. Schließlich ist auch erwähnenswert, daß man reformatorischerseits schon früh Kontakt zur Orthodoxen Kirche des Ostens suchte, auch wenn diese ökumenische Öffnung der Reformation damals keine unmittelbaren Früchte trug. Sie bleibt dennoch grundsätzlich bestimmend für das Selbstverständnis der evangelischen Kirche.

3) Für die Reformatoren ist die wahre Einheit der Kirche nicht durch die hierarchische Ordnung mit der lehramtlichen Spitze des Papsttums gegeben, sondern allein in dem mit Christus und dem Heiligen Geist identischen Wort Gottes. Christus selbst ist das unsichtbare Haupt seines Leibes. Daß die römische Kirche die Einheit der Kirche durch ein »sichtbares« Haupt darstellen und garantieren will, widerspricht dem dritten Artikel des apostolischen Glaubensbekenntnisses, wonach die Kirche Gegenstand des Glaubens ist. Als Gegenstand des Glaubens ist die Kirche im Werden und Kommen, in der Verborgenheit und Angefochtenheit, eine unscheinbare Größe, wenn man sie vergleicht mit dem imposanten Bau der hierarchisch gegliederten, rechtlich verfaßten Heilsanstalt der römischen Kirche. Als Gemeinde des Wortes ist sie freilich nicht ärmer, sondern reicher als die Anstaltskirche, da sie mit Christus als ihrem Haupt alles hat: Vergebung der Sünden und die Zusage des ewigen Lebens. Denn in ihr findet der fröhliche Austausch und Wechsel statt zwischen Christus und den Gläubigen. Alles, was Christus gehört, geht auf sie über, seine Gerechtigkeit und seine Liebe. Und alles, was ihnen gehört, ihre Schuld, ihre Not und Angst, geht auf Christus über. Und derselbe fröhliche Austausch und Wechsel findet auch unter den Gliedern statt, die in Christus miteinander verbunden sind. Durch alle Zerrissenheit der empirischen Kirche hindurch ist diese Einheit in Christus eine im Glauben zu erfahrende Realität.

Theologische Rechenschaft der Reformationskirche über ihr Selbstverständnis als Kirche

In diesem Zusammenhang sind besonders zwei Dokumente zu erwähnen: Einmal die von Melanchthon verfaßte Confessio Augustana von 1530

(CA), die zur Lehrgrundlage aller lutherischen und unierten Kirchen geworden ist, und zum andern die von dem württembergischen Reformator Brenz verfaßte Confessio Virtembergica von 1551 (CV), die vor allem für die württembergische Kirche entscheidende Bedeutung erlangt hat.

In Artikel VII der CA heißt es über die Kirche:

»(VII. Von der Kirche.)

Es wird auch gelehrt, daß alle Zeit musse ein heilige christliche Kirche sein und bleiben, welche ist die Versammlung aller Gläubigen, bei welchen das Evangelium rein gepredigt und die heiligen Sakrament lauts des Evangelii gereicht werden.

Dann dies ist gnug zu wahrer Einigkeit der christlichen Kirchen, daß da einträchtiglich nach reinem Verstand das Evangelium gepredigt und die Sakrament dem gottlichen Wort gemäß gereicht werden. Und ist nicht not zur wahren Einigkeit der christlichen Kirche, daß allenthalben gleichformige Ceremonien, von den Menschen eingesetzt, gehalten werden, wie Paulus spricht zun Ephesern am 4.: »Ein Leib, ein Geist, wie ihr berufen seid zu einerlei Hoffnung euers Berufs, ein Herr, ein Glaub, ein Tauf.« (Die Bekenntnisschriften der evangelisch-lutherischen Kirche S. 61).

Die CA will so wenig wie die spätere CV ihrer Intention nach Lehrgrundlage einer neuen Konfessionskirche sein, sondern will aufzeigen, daß und inwiefern die Kirchen der Reformation zu der in den altkirchlichen Bekenntnissen genannten Einheit der Kirche zurückführen. Moderat im Ton bringt die CA das evangelische Verständnis der Rechtfertigung klar zum Ausdruck auch im Blick auf das Verständnis der Kirche. Ihre knappen Aussagen über die Kirche wollen im Kontext mit den vorausgehenden Artikeln gelesen werden, die von Gott und von Christus mit Bezug auf die altkirchlichen Bekenntnisse, von der Rechtfertigung und vom Predigtamt der Gemeinde handeln. Danach ist die »Versammlung der Gläubigen« die Schar der durch Christi Verdienst, nicht durch ihr eigenes Verdienst Gerechtfertigten. Real- und Erkenntnisgrund dieser Versammlung ist die Verkündigung durch Wort und Sakrament. Der Inhalt dieser Verkündigung ist Gott in seiner Offenbarung durch Jesus Christus. Und der Ort dieser Verkündigung ist das Predigtamt der Gemeinde. Von daher ist auch die Aussage über die wahre Einheit der Kirche zu interpretieren. Sie muß nicht erst hergestellt werden, sondern ist gegeben bzw. geschieht dort, wo das Evangelium von der Rechtfertigung des Sünders in Wort und Sakrament recht (= schriftgemäß) verkündigt und dargereicht wird, wobei die Sakramente (Taufe und Abendmahl) reformatorisch als »Wortzeichen« zu verstehen sind. Zur wahren Einheit und Einzigkeit der Kirche genügt die Übereinstimmung in diesen zentralen Punkten. Alles andere ist Nebensache. So sind für die Reformationskirchen die von Menschen eingesetzten, geschichtlich gewordenen Formen und Riten nicht einheitsrelevant. Sie können als Vielfalt und Reichtum des geschichtlichen Lebens der Kirche interpretiert werden, wobei sie freilich daraufhin zu befragen sind, wie weit sie der Verkündigung des Evangeliums dienen bzw. diesem hinderlich im Wege stehen.

In der CV, die Brenz zur Verdeutlichung der evangelischen Lehre für das Konzil von Trient abfaßte, wird in Art. 32 zunächst in acht kurzen Sätzen das Wesen der Kirche beschrieben. Diese beginnen mit dem Rückverweis auf die Aussagen der altkirchlichen Bekenntnisse. Sie unterstreichen dann, daß die Kirche trotz vielen Schwächen und Irrtümern, trotz vielen »Bösen und Heuchlern« in ihren Reihen und trotz fehlsamen Dienern Bestand hat durch die Kraft des Heiligen Geistes. Das in ihr angebotene Heil ist ein volles und kräftiges Heil. Denn in ihr gibt es wahrhaftig Vergebung der Sünden. Diese Kirche hat die Vollmacht, von der Heiligen Schrift Zeugnis zu geben und am Maßstab der Schrift über die Lehre zu urteilen. Auf die Frage, wo denn die so beschriebene Kirche zu suchen und zu finden sei, antwortet Brenz: »Die wahrhaft gemeinchristliche und apostolische Kirche ist nicht an einen einzelnen bestimmten Ort oder an ein einzelnes Volk, auch nicht an einen bestimmten menschlichen Stand gebunden; sie ist vielmehr an dem Ort bzw. bei dem Volk, wo das Evangelium Christi rein gepredigt und seine Sakramente, nach der Einsetzung Christi, verwaltet werden... Das Wort Christi, welches das Evangelium ist, zeigt somit, wo die Kirche ist, die vor Gott rein ist... Wo also das Evangelium ist, das im Glauben anerkannt wird, dort hat Gott die Kirche, in der er für das ewige Heil am Werk ist« (Württ. Glaubensbekenntnis, hrsg. von *Gottschick/Metzger*, 1952, S. 120 ff.). Bemerkenswert an diesen Aussagen der CV über die Kirche ist zweierlei: einmal, daß hier das Bild einer sehr schlichten, ganz und allein auf das Wort Gottes gegründeten Kirche gemalt wird, ohne jedes Schielen nach dem Glanz und der Geschlossenheit Roms; zum andern, daß hier das Bild einer offenen Kirche vor Augen geführt wird, ohne jeden Versuch der Absicherung und Grenzziehung durch kirchenrechtliche Bestimmungen oder durch die Fixierung eines bestimmten Bekenntnisstandes. Es ist dies eine deutliche Aufforderung an das Selbstverständnis der evangelischen Kirche, nicht wie es dann im Laufe der späteren Entwicklung zur Konfessionskirche und in den kontroverstheologischen Auseinandersetzungen mit der römischen Kirche leider immer wieder geschehen ist, Türen und Fenster zu schließen und an sich selbst genug zu haben. Offene Kirche heißt auch kritische Kirche, kritisch nicht nur gegenüber den andern, sondern kritisch auch gegenüber sich selbst. Am Maßstab der Schrift sich messende, offene und selbstkritische Kirche zu sein – auch dies gehört zum bleibenden Erbe des reformatorischen Selbstverständnisses als Kirche.

3. Bewährung des Selbstverständnisses der evangelischen Kirche in der Gegenwart als Aufgabe

Die Begründung ihres Selbstverständnisses in der Heiligen Schrift und die Ausrichtung am Zeugnis der Reformation ist für die evangelische Kirche kein ein für allemal abgeschlossener Prozeß. Sie sieht sich stets vor die Aufgabe gestellt, in je neuer geschichtlicher Situation angesichts veränderter Problemstellungen und Herausforderungen ihr Selbstverständnis im Licht dieser Herausforderungen zu klären und zu bewähren, wie auch umgekehrt die gewandelten Problemstellungen im Licht ihres Selbstverständnisses zu reflektieren. Der Wandel des historischen Bewußtseins in der Neuzeit, durch das die Frage nach der Legitimität alles geschichtlich Gewordenen verschärft gestellt wird, die Säkularisierung der abendländischen Welt, in der sich die Kirche in zunehmendem Maß als Minderheit erfährt, das Aufkommen des neuzeitlichen Atheismus, der den Glauben an Gott verneint und das Lebensrecht der Kirche bestreitet, die Trennung von Staat und Kirche und die Entwicklung des demokratischen Bewußtseins, das die Kirche neu über ihren Platz im demokratischen Staatswesen und über ihren organisatorischen Aufbau nachdenken läßt, der Eintritt in das ökumenische Zeitalter mit der ganz neu und dringlich gestellten Frage nach der Einheit der Kirche, – das sind nur einige Hinweise auf die Veränderung des ekklesiologischen Frage-Horizontes, in dem die evangelische Kirche heute steht. Schon diese wenigen Andeutungen machen auf den tiefgreifenden Wandel der Problemstellungen vom Zeitalter der Reformation zum 20. Jahrhundert aufmerksam. Auch wenn die Frontlinien der Auseinandersetzung um das rechte Verständnis der Kirche heute notwendigerweise anders verlaufen als etwa in der Urgemeinde oder in der Reformationszeit, so haben doch die ekklesiologischen Grundprobleme, um die es damals ging, nichts an Aktualität verloren. Denn immer wieder – und immer wieder in neuer Gestalt – schleicht sich an die Kirche die versucherische Frage heran, ob sie ihr Selbstverständnis und ihre Aufgabe als Kirche nicht noch aus ganz anderen Quellen, Ereignissen und Gegebenheiten herleiten könnte als allein aus dem einen Wort Gottes. Um diese Grundfrage evangelischen Kirchenverständnisses muß heute unter veränderten Voraussetzungen und Bedingungen nicht weniger als einst gestritten und gelitten werden.

Man hat mit dem Ende des landesherrlichen Kirchentums nach dem Ersten Weltkrieg das 20. Jahrhundert freudig als das »Jahrhundert der Kirche« begrüßt (Otto Dibelius), in der Erwartung, daß die dem Staat gegenüber nunmehr freie Kirche, ihre eigenen Angelegenheiten frei ordnen und sich zu neuer Blüte im Volk entfalten könnte. Das 20. Jahrhundert hat sich bislang jedoch in ganz anderer Weise als »Jahrhundert der Kirche« erwiesen: als Jahrhundert weltweiter Christenverfolgungen, des Kirchenkampfes in Deutschland während der Naziherrschaft, der Erfahrung drohenden Relevanz- und Identitätsverlustes der Kirche einerseits

und als Jahrhundert des ökumenischen Aufbruchs und der neu entdeckten Weltverantwortung der Kirche (Sendung der Kirche) andererseits. Als ein wegweisendes Beispiel der Bewährung ihres Selbstverständnisses gelten der evangelischen Kirche die Erfahrungen des Kirchenkampfes. Gegenüber Eingriffen von außen durch den totalitären Staat und gegenüber der Verfälschung des Evangeliums von innen durch die Irrelehre der sog. Deutschen Christen galt es auszusagen, was im Hören auf die Heilige Schrift und aufgrund des reformatorischen Bekenntnisses im Vollzug gegenwärtigen Bekennens der Kirche zu sagen ist. Diese Aufgabe erfüllten Vertreter der lutherischen, reformierten und unierten Kirchen gemeinsam auf der Bekenntnissynode in Barmen 1934 mit der Verabschiedung der sechs Thesen umfassenden »Theologischen Erklärung zur gegenwärtigen Lage der Deutschen Evangelischen Kirche«. Aus dem in These I hervorgehobenen Grundgedanken, daß Jesus Christus, wie er in der Heiligen Schrift bezeugt wird, das *eine* Wort Gottes ist, dem die Kirche allein zu vertrauen und zu gehorchen hat, werden in den Thesen III und IV die ekklesiologischen Konsequenzen gezogen. Es heißt in These III: »Die christliche Kirche ist die Gemeinde von Brüdern, in der Jesus Christus in Wort und Sakrament durch den Heiligen Geist als der Herr gegenwärtig handelt. Sie hat in ihrem Glauben wie in ihrem Gehorsam, mit ihrer Botschaft wie mit ihrer Ordnung mitten in der Welt der Sünde als die Kirche der begnadigten Sünder zu bezeugen, daß sie allein sein Eigentum ist, allein von seinem Trost und seiner Weisung in Erwartung seiner Erscheinung lebt und leben möchte. Wir verwerfen die falsche Lehre als dürfe die Kirche die Gestalt ihrer Botschaft und ihrer Ordnung ihrem Belieben oder dem Wechsel der jeweils herrschenden weltanschaulichen oder politischen Überzeugung überlassen.« Und aus der Bestimmung der Kirche als »Gemeinde von Brüdern« wird in These IV gefolgert: »Die verschiedenen Ämter in der Kirche begründen keine Herrschaft der einen über die anderen, sondern die Ausübung des der ganzen Gemeinde anvertrauten und befohlenen Dienstes. Wir verwerfen die falsche Lehre, als könne und dürfe sich die Kirche abseits von diesem Dienst besondere, mit Herrschaftsbefugnissen ausgestattete Führer geben oder geben lassen« (Die Barmer Theologische Erklärung S. 36 u. 37). Diese Aussagen über das Selbstverständnis der evangelischen Kirche verbergen nicht ihre zeitgeschichtliche Frontstellung, weisen aber weit darüber hinaus auf ekklesiologische Grundfragen, wie z. B. auf die Frage nach der Gestalt und der Ordnung der Kirche sowie auf die Frage des Amtes bzw. der Ämter in der Kirche, die beim Nachdenken über die Kirche nach wie vor, insbesondere auch im ökumenischen Gespräch eine bedeutsame Rolle spielen.
Als sich nach Kriegsende die evangelischen Landeskirchen zur Evangelischen Kirche in Deutschland als einem Bund lutherischer, reformierter und unierter Kirchen zusammenschlossen, haben sie sich die Barmer Theologische Erklärung als für sie gültig zueigen gemacht. In der Grund-

ordnung der EKD von 1948 heißt es ausdrücklich: »Mit ihren Gliedkirchen bejaht die EKD die von der ersten Bekenntnissynode in Barmen getroffenen Entscheidungen. Sie weiß sich verpflichtet, als bekennende Kirche die Erkenntnisse des Kirchenkampfes über Wesen, Auftrag und Ordnung der Kirche zur Auswirkung zu bringen.« Nach 1945
konnte die evangelische Kirche an die Erfahrungen des Kirchenkampfes
anknüpfen, sah sich aber alsbald auch vor neue Aufgaben im demokratischen Staatswesen gestellt. Die Erwartungen an die Kirche als stabili-
sierende moralische Kraft waren anfänglich sehr hoch, damit verbunden
aber auch die Versuchung, kirchlich-restaurativen Tendenzen allzu
breiten Raum zu gewähren. Es konnte nicht ausbleiben, daß die Kirche
in die geistigen und auch politischen Auseinandersetzungen unserer Gesellschaft einbezogen wurde. Mit ihren Denkschriften zu wichtigen
Grundfragen unserer Zeit hat die evangelische Kirche immer wieder
ihren eigenen Weg zu klären sowie Orientierungshilfe und Denkanstö-
ße zu geben versucht. Ob sie auf dem Weg zwischen »Anpassung und
Wagnis«, den sie nach 1945 beschritt, in der Lage war und ist, die
Erkenntnisse des Kirchenkampfes voll zur Auswirkung zu bringen,
wird sie sich immer wieder selbstkritisch fragen müssen. Sie wird mehr
noch als bisher den Mut haben müssen, vom Evangelium her auch
unbequeme Antworten auf die Lebens- bzw. Überlebensfragen unserer
Zeit zu geben, z. B. auf die Frage nach der Verantwortung der Christen
für den Frieden und für die Bewahrung der Schöpfung. Dabei hat sie
als evangelische Kirche die Aufgabe wahrzunehmen, die ihr keiner abnehmen kann, nämlich beharrlich bei ihrer Sache zu bleiben und das
Evangelium von der Liebe Gottes als die schlechthin befreiende Botschaft öffentlich zu predigen und daraus Konsequenzen für das praktische Handeln zu ziehen.

Literaturhinweise

D. Martin Luthers Werke. Kritische Gesamtausgabe. Bd. 1–58, Weimar 1883 ff.
Die Bekenntnisschriften der evangelisch-lutherischen Kirche, 3. Auflage, Göttingen (WA) 1956
Die Barmer Theologische Erklärung. Einführung und Dokumentation. Hrsg.
  von A. Burgsmüller und R. Weth, Neukirchen 1983
Dantine, Johannes: Die Kirche vor der Frage nach ihrer Wahrheit. Die reforma-
  torische Lehre von den »notae ecclesiae« und der Versuch ihrer Entfaltung in
  der kirchlichen Situation der Gegenwart, Göttingen 1980
Diem, Hermann: Die Kirche und ihre Praxis. (Theologie als kirchliche Wissen-
  schaft. Handreichung zur Einübung ihrer Probleme Bd. III), München 1963
Ebeling, Gerhard: Dogmatik des christlichen Glaubens Bd. III, Tübingen 1979
Evangelischer Erwachsenenkatechismus. Kursbuch des Glaubens, Gütersloh
  1975
Fahlbusch, Erwin: Kirchenkunde der Gegenwart, Stuttgart 1979
Grant, John Webster (Hrsg.): Die unierten Kirchen (Die Kirchen der Welt
  Bd. X), Stuttgart 1973

Gottschick, Konrad; *Metzger*, Wolfgang (Hrsg.): Württembergisches Glaubensbekenntnis (Confessio Virtembergica 1551), Stuttgart 1952

Huber, Wolfgang: Kirche (Bibliothek Themen der Theologie. Ergänzungsband), Stuttgart 1979

Kühn, Ulrich: Kirche. Handbuch Systematischer Theologie, Bd. 10, Gütersloh 1980

Lohse, Eduard: Orientierungspunkte. Unsere Kirche heute und morgen, Stuttgart 1979

Vajta, Vilmos (Hrsg.): Die evangelisch-lutherische Kirche. Vergangenheit und Gegenwart (Die Kirchen der Welt Bd. XV), Stuttgart 1977

Wolf, Ernst: Barmen. Kirche zwischen Versuchung und Gnade, München 1957

ders.: Peregrinatio. Studien zur reformatorischen Theologie und zum Kirchenproblem, München 1954

3. Kapitel

Schalom Ben-Chorin

Das Selbstverständnis des Judentums*

Das Judentum ist, vom Christentum her gesehen, keine fremde Religion, sondern sozusagen das Vaterhaus der Kirche. Der Christ auf der Suche nach seiner eigenen Identität muß dem Judentum begegnen, denn in ihm findet er die Wurzeln seiner eigenen Existenz, wie es der Apostel Paulus im Römerbrief (11,18) ausdrückt: »So sollst du wissen, daß nicht du die Wurzel trägst, sondern die Wurzel trägt dich.« Wer ist die Wurzel, wenn nicht Israel, das Judentum, aus dem der Baum der Kirche erwachsen ist? Das Wesen des Judentums soll hier zunächst in fünf Thesen zusammengefaßt werden, deren erste wir schon angesprochen haben:

1. Das Judentum ist die Vorschule des Christentums, aber es erschöpft sich keineswegs darin, sondern muß in seiner Eigenständigkeit voll erkannt werden. Wenn dem Christen etwas am Judentum befremdlich erscheint, so ist meist ein Rückbezug auf das Juden und Christen gemeinsame biblische Erbe das beste Mittel zu Erkenntnis des theologischen Sachverhalts. Erscheinen dem Christen etwa die Speisegesetze des Judentums, seine Reinheitsgebote und die Vorschriften für die Sabbatheiligung

---

* Dieses Kapitel ist eine vom Autor autorisierte, leicht gekürzte Fassung des Beitrags: Schalom Ben-Chorin, Die Wurzeln des jüdischen Glaubens. In: »Das Christliche Universum«, hrsg. von Bruno Moser. © 1981 by Südwest Verlag GmbH & Co. KG., München

fremdartig, so findet er in den Geboten des Alten Testaments den Schlüssel zu allen diesen Lebensformen, die den Alltag und die Feste des jüdischen Jahres bestimmen.

2. Das Judentum ist mit dem Alten Testament nicht identisch. So wie es in der Kirche eine Entwicklung gab und gibt, so daß das Zweite Vatikanum von zwei Quellen der Offenbarung sprechen kann, der Heiligen Schrift und der Tradition, so gilt dasselbe Schema auch für das Judentum. Heilige Schrift ist hier natürlich nur das Alte Testament, das besser mit Hebräische Bibel bezeichnet werden kann. Die Tradition beginnt mit Mose, der sie an Josua und die Ältesten des Volkes in ungebrochener Sukzession weitergab. Ihnen folgten die Propheten und schließlich die Männer der Großen Synagoge, worunter eine normative Synode (etwa um das 5. vorchristliche Jahrhundert) zu verstehen ist. Die Tradition setzt sich aber fort bis auf den heutigen Tag, so daß das Judentum eine dynamische Religion darstellt, die durch Interpretation ihre Aktualität behielt.

3. Das Judentum gehört nicht der Vergangenheit an. Christlicher Sprachgebrauch spricht oft von den Festen und Bräuchen des Judentums in der Vergangenheit wie von einer antiken Religion, die der Geschichte angehört. Daraus ergeben sich Fehlhaltungen, denn das Judentum hat seine Lebenskraft durch die Jahrtausende bewahrt und sich immer wieder, nach allen Verfolgungen, zu neuem Leben erhoben.

4. Das Judentum ist keine monolithische Größe, es bildet vielmehr eine pluralistische Gesellschaft. So wie das Christentum sich in verschiedenen Kirchen und Gemeinschaften (Denominationen) ausdrückt, so auch das Judentum. Die drei wichtigsten Glaubensströmungen im heutigen Judentum sind: die Orthodoxie, das gesetzestreue Judentum, welches das Erbe der Pharisäer angetreten hat. (Man darf die Pharisäer hier aber nicht in der kritisch-negativen Form sehen, in welcher sie den Evangelien erscheinen, sondern muß sie als die Träger des prophetischen Erbes erkennen, die mit tiefem Ernst und ethischer Verantwortung das Gesetz Gottes den Menschen tragbar machen wollten.) Die zweite Gruppe stellt das Reformjudentum dar, das im frühen 19. Jahrhundert entstand als ein Kind der Emanzipation (der bürgerlichen Gleichberechtigung) und der Assimilation (der Angleichung der Juden an ihre christliche Umwelt). Das Reformjudentum ging von Deutschland aus, verbreitete sich über Mittel- und Westeuropa und gelangte in den Vereinigten Staaten von Amerika zu voller Blüte. Heute gibt es auch jüdische Reformgemeinden in Israel. Die Reform unterscheidet Bleibendes und Vergängliches im Judentum, will die ewigen Glaubenswahrheiten (Monotheismus, prophetische Ethik und messianische Hoffnung) bewahren. Hingegen ist die Erscheinungswelt der Religion, in Synagoge und Haus, dem Wandel von Zeit und Ort unterworfen. Die dritte Gruppe stellt das konservative Judentum dar. Es ist ebenfalls im frühen 19. Jahrhundert, im Zeitalter der Emanzipation entstanden und hat sich von Deutschland ebenso wie die Reform nach

Amerika hin entwickelt, wo es heute die größte jüdische Glaubensgruppe darstellt. Auch im Staate Israel hat es bereits Fuß gefaßt. Das konservative Judentum steht zwischen Orthodoxie und Reform und stellt eine Art Vermittlungstheologie dar. Es nennt sich auch historisches Judentum und will alles im Judentum bewahren, was Lebenskraft behalten hat. Nicht mit der Strenge der Orthodoxie und nicht mit der Freiheit der Reform, sondern im Ringen um eine lebendige Mitte zeichnet sich diese Glaubensströmung im Judentum aus.

5. Das Judentum stellt eine Einheit von Volkstum und Glauben dar. Als Jude wird man geboren, als Christ wird man wiedergeboren. Das Judentum hat Strukturen bewahrt, die im Altertum allgemein waren, die Zusammengehörigkeit von Volk, Land und Gott (in den heidnischen Religionen stehen anstelle Gottes die Götter). Obwohl das Judentum die im Bundesschluß gegebene Einheit von Volk, Land und Gott bewahrt hat, ist es doch von jedem Rassismus frei. Jeder Mensch kann zum Judentum übertreten, obwohl das Judentum keine missionarische Religion ist und nicht um Proselyten wirbt. Da im Judentum Volkstum und Glaube nicht voneinander zu trennen sind, haben wir praktisch auch glaubenslose Juden, die keineswegs mehr eine Randerscheinung darstellen. Dem Grundriß nach müßten zwar Volkstum und Glaube eine unlösliche Einheit bilden, aber in unserer oft so glaubensschwachen Gegenwart gibt es viele Juden in Israel und in der Diaspora, die sich zu ihrem Volk bekennen, aber den jüdischen Glauben nicht mehr praktizieren. Das führt aber in der Regel nicht zu einem Austritt aus dem Judentum. Die dritte Größe, das Land, ist natürlich das Land der Verheißung, das Land Israel, in welchem seit 1948 nach fast 2000 Jahren der Verbannung wieder ein souveräner jüdischer Staat entstanden ist. Nur wenn man den innigen Bezug des Volkes Israel zu seinem Lande von der Bibel her versteht, wird man dem heutigen Staat Israel gerecht.

Das Alte Testament, das im jüdischen Sprachgebrauch Thenach (Thora = Fünf Bücher Mose; Nebiim = Propheten; Ketubim = Schriften) genannt wird, umfaßt nach der traditionellen Zählung des Judentums 24 Bücher. Sie entsprechen dem Alten Testament der Kirche, ohne die sogenannten Apokryphen, die einigen Bibeln beigegeben sind und unter anderem die Makkabäerbücher, das Buch Judith, das Buch Tobias, die Weisheit Salomos und das Buch Jesus Sirach enthalten.

An erster Stelle steht die Thora, die Fünf Bücher Mose. Das Wort Thora wird oft fälschlich mit Gesetz wiedergegeben, bedeutet aber viel mehr, nämlich Weisung oder Lehre. Der Thora wird der höchste Grad der Heiligkeit zugebilligt. Nach einem Grundsatz des Judentums hat kein Prophet etwas Neues gelehrt, was nicht in der Thora bereits vorgegeben ist. Die hohe Wertschätzung der Thora drückt sich unter anderem darin aus, daß ihr Text bis heute in kunstvoller Weise auf Pergamentrollen geschrieben wird, und nur aus einer solchen Rolle, nicht aus einer gedruckten Bibel, darf im Gottesdienst der Synagoge vorgelesen werden.

Die zweite Einheit bilden die Propheten, worunter aber auch die Geschichtsbücher zu verstehen sind, denn ihre Verfasser gelten als Propheten, das heißt vom Heiligen Geist inspiriert.

Die dritte und letzte Einheit bilden die Schriften (Hagiographen), zu denen auch die Psalmen gehören. Auch die Sprüche Salomos und die Fünf Rollen gehören zu dieser Abteilung der Heiligen Schrift. Unter den Fünf Rollen sind zu verstehen das Hohelied (Lesung für das Passahfest), Ruth (Lesung für das Wochenfest), die Klagelieder (Lesung für den Tag der Tempelzerstörung am 9. Ab), Prediger (Lesung für das Hüttenfest) und Esther (Lesung für das Puriumfest).

Die Hebräische Bibel bildet in ihren drei Teilen die Grundlage des jüdischen Offenbarungsgutes, wird aber durch die sogenannte mündliche Lehre ergänzt, die im Laufe der Jahrhunderte ebenfalls eine schriftliche Fixierung erfahren hat. Die mündliche Lehre zerfällt in zwei Teile, in die Mischna, die sogenannte Wiederholung des Gesetzes, und die Gemara, die Vollendung der Interpretation, die zusammen den Talmud bilden. Wir sprechen von einem babylonischen Talmud, der in den Lehranstalten von Sura und Pumbedita in Babel entstanden ist (371–427) und von dem kleineren jerusalemischen Talmud, der im Lande Israel konzipiert wurde. Der Talmud zerfällt seinem Wesen nach in Halacha (Gesetz) und Aggada (Erzählung). Die Gesetzeslehrer des älteren Teiles, der Mischna, werden Tanaiten genannt (zu ihrer Gruppe gehört auch Jesus von Nazareth). Die spätere Gruppe der Gesetzeslehrer wird Amoräer genannt. Die Lehrer der ersten Gruppe tragen den Titel Rabbi (auch Jesus wird so genannt), die Lehrer der zweiten Gruppe werden Rav genannt. Beides meint Meister.

In der Hebräischen Bibel begegnen wir der Offenbarung Gottes, die nicht nur für das Judentum, sondern auch für das Christentum ihre Gültigkeit beibehalten hat. Gibt es ein erkennbares Kriterium für den Offenbarungscharakter der Hebräischen Bibel? Worin unterscheidet sich dieses Buch von anderen Büchern der Weltliteratur? Es ist die paradigmatische Transparenz, welche die Bibel vor anderen Werken des Geistes auszeichnet. Ein Paradigma ist ein Beispiel und Transparenz meint Durchsichtigkeit. In der Bibel wird uns an Beispielen unser eigenes Leben, unsere eigene Zeit, das Schicksal vieler Völker in Geschichte und Gegenwart sichtbar und verständlich. Wäre dem nicht so, so würde sich die Bedeutung der Bibel nur auf das Judentum allein beschränken. So aber wird in den Geschichten und Berichten, den Gestalten und Aussagen der Bibel Gericht und Gnade Gottes mit dem Menschen, mit seinem Volk Israel und mit allen Völkern sichtbar.

Es gibt kaum eine Situation im menschlichen Leben oder im Leben der Völker, die nicht in der Hebräischen Bibel vorgeformt wäre. Der Mensch in tiefer Not und Verlassenheit erkennt sich wieder im Spiegel des Buches Hiob (Job), die Liebenden finden sich wieder in den Gestalten des Hohenliedes, ein Volk, das um seine Freiheit ringt, begegnet sich selbst im Gleichnis der Kinder Israel, die aus Ägypten ausziehen, und der Schwache, der den Kampf gegen die freche Übermacht antreten muß, findet sich wieder im Bilde Davids gegen Goliath. Das sind nur einige Beispiele für die paradigmatische Transparenz der Bibel, die wesensmäßig der Predigt der Synagoge und der Kirche zugrunde liegt.

Aus dem Gesagten erhellt, daß die großen Gestalten Israels, wie sie uns in der Bibel entgegentreten, unvergänglich sind, stellen sie doch Grundtypen des menschlichen Verhaltens dar. Dabei ist festzustellen, daß die Hebräische Bibel keine Idealisierung ihrer Helden vornimmt. Der Mensch wird in seiner Hinfälligkeit und Sündhaftigkeit gezeigt. Auch die gewaltigen Vorbilder bleiben nicht ohne Makel.

Mose ist sicher die größte Gestalt der Hebräischen Bibel. Er wird in der Tradition des Judentums als das Haupt der Propheten eingeführt. Aber auch er ist nicht sündlos, er erschlägt im Zorn einen Ägypter und muß daher nach dem Lande Midian fliehen, und schließlich schlägt er den wasserspendenden Felsen, zu dem er nur sprechen sollte. Um dieser Sünde willen darf er selbst das gelobte Land nicht betreten, das erst sein Nachfolger Josua erobert.

Mose empfängt am Sinai den Dekalog (Die Zehn Gebote), das unvergängliche Sittengesetz nicht nur Israels, sondern der ganzen Menschheit. Und es ist Mose, der den Kernsatz des jüdischen Glaubens dem Volk vermittelt: »Höre Israel, der Herr unser Gott, der Herr ist Einer.« (5 Mose 6,4). Dieser Satz war und blieb das Glaubensbekenntnis des Judentums. Täglich wiederholt es der fromme Jude im Morgen- und Abendgebet und noch einmal auf dem Lager vor dem Einschlafen – und mit diesem Bekenntnis soll er aus dem irdischen Leben scheiden. Dieser Satz umfaßt den radikalen Monotheismus des Judentums, das keine Trinität (Dreifaltigkeit) und keine Inkarnation (Fleischwerdung Gottes) kennt.

An die Proklamation der Einzigkeit und Einheit Gottes schließt sich das Liebesgebot an: »Du sollst den Herrn deinen Gott lieben, von ganzem Herzen, von ganzer Seele und von all deinem Vermögen.« Es wird ergänzt durch das Gebot der Nächstenliebe: »Liebe deinen Nächsten, er ist wie du« (3 Mose 19,18). Das doppelte Liebesgebot ist also nicht eine Neuschöpfung Jesu (und damit des Christentums), sondern der unbestrittene Grundsatz bereits des Judentums. Einer der größten Tanaiten, Rabbi Akiba, hat das Gebot der Nächstenliebe als den großen Grundsatz der Thora bezeichnet.

Die Propheten Israels sind primär nicht Wahrsager der Zukunft, sondern Bringer der Gottessprüche, die das Volk Israel immer wieder in die Entscheidung rufen: Wenn ihr auf Gottes Stimme hört und in seinen Wegen wandelt, dann ist die Gnade Gottes mit euch. Wenn ihr aber den Bund brecht und fremden Göttern anhängt, die Gebote im zwischenmenschlichen Bereich mißachtet, dann steht ihr unter dem Zorne Gottes, und eurem Bleibens im Land der Verheißung ist keine Dauer beschert. Botschaft und Glaubensverständnis der Propheten, wie überhaupt des

Alten Testaments, ist vorrangig diesseitig. Diese Diesseitigkeit hat sich das Judentum auch in seiner nachbiblischen Prägung weitgehend bewahrt. Wenn auch in einer späteren Epoche, etwa von der Zeit der Makkabäer (175—63 vor Christus), der Glaube an das Leben nach dem Tode und die Auferstehung der Toten sich mehr und mehr durchsetzt, so bleibt dennoch der Akzent auf der Erfüllung der Gebote Gottes im irdischen Leben.

Ein marxistischer Philosoph unserer Zeit, Ernst Bloch, nannte sein Hauptwerk: »Prinzip Hoffnung«. Ernst Bloch war Jude, wenn auch durchaus kein gläubiger Jude, aber dennoch hat er mit dem Prinzip Hoffnung einer Grundidee des Judentums Ausdruck verliehen. Prophetische Verheißung ist Botschaft der Hoffnung. Auch noch in den Worten des Zornes und des Gerichts leuchtet – wie bei Jesaja – immer wieder die Hoffnung auf: »Eine kleine Weile habe ich dich verlassen, aber mit großer Barmherzigkeit will ich dich sammeln. Ich habe mein Angesicht im Augenblick des Zorns ein wenig vor dir verborgen, aber mit ewiger Gnade will ich mich deiner erbarmen, spricht der Herr, dein Erlöser« (Jesaja 54,7—8). In diesem Prophetenwort ist der Grundakkord der Hoffnung angeschlagen, der sich im jüdischen Volkscharakter als unverwüstlicher Optimismus erwiesen hat. Im modernen Hebräisch im Staate Israel gehört der Ausdruck »Es wird gut werden« zu den stehenden Redewendungen, und die Nationalhymne des Staates Israel heißt »Die Hoffnung«. Ihr Kehrreim lautet: »Noch ist unsere Hoffnung nicht vergangen, ein freies Volk in unserem Land zu werden, im Land Zion und Jerusalem.«

Das jüdische Volk hat eine lange Heilsgeschichte aufzuweisen. Der letzte große deutsche Rabbiner, Leo Baeck, nannte die Juden die Nonkonformisten unter den Völkern. Sie waren immer die Außenseiter. Sie haben sich weder ihrer heidnischen Umwelt angepaßt, noch haben sie sich in die christlichen oder islamischen Staaten eingefügt. Schon in der Geburtsstunde der hebräischen Nation, in der Wüstenwanderung, hat der heidnische Seher Bileam über sie das Wahrwort gesprochen: »Ein Volk allein wohnend ist es, und unter die Nationen rechnet's sich nicht« (4 Mose 23,9). Damit ist die Einsamkeit Israels ausgedrückt, die sein Erbteil durch die Generationen hindurch blieb. Alle Versuche, sich zu normalisieren, zu werden wie alle Völker, sind fehlgeschlagen. Auch der neueste Versuch des politischen Zionismus, der im Jahre 1948 zur Gründung des Staates Israel führte, konnte die Isolation Israels nicht durchbrechen. Waren die Juden durch Jahrhunderte hindurch immer die Outsider der Gesellschaft, so wurde der Staat Israel im Kreise der Vereinten Nationen wiederum zum tragischen Einzelgänger. Aber diese Einsamkeit Israels, die immer ins Martyrium führte, lähmte nicht die Hoffnungskraft dieses alten Volkes.

Israel, das jüdische Volk, ist das auserwählte Volk Gottes. Diese Aussage hat immer und immer wieder Unbehagen und Widerspruch ausgelöst. Ist es nicht eine Anmaßung, wenn sich ein Volk als auserwählt bezeichnet? Ist es nicht eine Hybris, eine Überheblichkeit, wenn sich ein Volk als das Eigentumsvolk und Bundesvolk Gottes deklariert?

Befragen wir die Bibel selbst, um den Sinn der Auserwählung zu verstehen. Im Deuteronomium, dem letzten zusammenfassenden Buch der Thora, finden wir eine klare Definition: »Nicht hat euch der Herr angenommen und euch erwählt, weil ihr größer wäret als alle Völker – denn du bist das kleinste unter allen Völkern –, sondern weil er euch geliebt hat, und damit er seinen Eid hielte, den er euren Vätern geschworen hat« (5 Mose 7,7–8).

Es ist also die freiwaltende Gnade Gottes, nicht aber das Verdienst Israels, das hier zum Ausdruck kommt. Wenn von einem Verdienst die Rede sein könnte, dann höchstens von dem der Väter des Volkes, Abraham, Isaak und Jakob, die als Vorbilder des Glaubens zu gelten haben. Schon der älteste der Schriftpropheten schärft dem Volke ein, daß die Erwählung nichts mit einem elitären Bewußtsein zu tun hat: »Aus allen Geschlechtern auf Erden habe ich allein euch erkannt, darum will ich auch an euch heimsuchen all eure Sünden« (Amos 3,2). Hier ist es mit letzter Deutlichkeit gesagt: Israel ist das mündigste der Völker. Es kann nie sagen, daß es in Unwissenheit gehandelt habe, denn ihm ist im Gesetz Gottes heiliger Wille offenbar. Im letzten Kapitel spricht derselbe Prophet: »Seid ihr Kinder Israel mir nicht gleich wie die Mohren? spricht der Herr. Habe ich nicht Israel aus Ägyptenland geführt und die Philister aus Kaphtor und die Aramäer aus Kir?« (Amos 9,7). Damit ist jedem Rassismus von vornherein ein absolutes Nein entgegengesetzt. Israel ist nicht besser als die Mohren (Äthiopier), und der Gott Israels, der es aus Ägypten geführt hat, ist auch der Führergott der anderen Völker, ja sogar der Feinde Israels, der Aramäer und Philister.

Viele Christen sind der irrigen Ansicht, daß Israel wohl Gottes auserwähltes Volk *war*, aber nachdem es Jesus von Nazareth nicht als Messias akzeptiert hat, seien alle Segensverheißungen auf die Kirche als das neue Israel übergegangen. Befragen wir doch in diesem Zusammenhang das Neue Testament. Der Apostel Paulus schreibt ausdrücklich: »So sage ich nun: Hat denn Gott sein Volk verstoßen? Das sei ferne! . . . Gott hat sein Volk nicht verstoßen, welches er zuvor ersehen hat« (Römer 11,1 bis 2). Und ausdrücklich statuiert er: »Die da sind von Israel, welchen die Kindschaft gehört und die Herrlichkeit und der Bund und das Gesetz und der Gottesdienst und die Verheißung; welcher auch sind die Väter . . .« (Römer 9,4–5). Der Apostel Paulus macht es hier ein für allemal klar, daß von einer Verwerfung Israels nicht die Rede sein könne. Der treue Gott steht zu seinem Wort, aber auch sein treues Bundesvolk stand durch alle Anfechtungen hindurch immer zu seinem Gott.

Gerade der Christ müßte eigentlich dieses Erwählungsverständnis voll nachvollziehen können. In der Geschichte vom Leiden und der Erhöhung Jesu ist das gleiche Modell zu erkennen: Der Erwählte Gottes muß leiden, um durch sein Leiden das Regulativ der Schöpfung zu bewirken. Aber die Leiden sind nicht das letzte Wort, der Tod nicht die letzte Wirklichkeit, Auferweckung und Erhöhung bilden das Ziel im Heilsplan Gottes.

Aus diesem Bewußtsein erwuchs immer wieder der bereits erwähnte Optimismus des jüdischen Volkes, sein Glaube an die Überwindung des Bösen. Dieser Glaube konkretisiert sich für das jüdische Bewußtsein in der Gestalt des Messias. Messias ist die gräzisierte Form des hebräischen Wortes Maschiach, der Gesalbte. Gemeint ist eigentlich der gesalbte König, denn die Könige von Israel und Juda wurden nicht gekrönt, sondern gesalbt. Die messianischen Vorstellungen im Judentum sind relativ spät. Die Fünf Bücher Mose kennen diese Hoffnung noch nicht, erst bei den Propheten setzt der Messianismus ein.

Der Messias wird als ein später Nachkomme des Königs David erwartet, der das Reich des Friedens und der Gerechtigkeit, der Harmonie des menschlichen Herzens mit der Forderung Gottes etabliert. Dieses Friedensreich der Liebe ist aber durchaus diesseitig gedacht: Ein neuer Himmel und eine neue Erde, auf der sich die allgemeine Gotteserkenntnis ausbreiten wird, wie die Wasser des Meeres den Grund bedecken. Das Reich Gottes ist auch das Ende der Religion, denn »keiner wird mehr den anderen belehren und sprechen: Erkennet den Herrn, sondern sie werden mich alle erkennen, groß und klein, spricht der Herr« (Jeremia 31,34).

Wenn auch die messianischen Vorstellungen im Judentum sich in nachbiblischer Zeit, in Talmud und Midrasch, und schließlich in der Mystik der Kabbala reich entwickelt haben, so finden wir doch die Wurzeln dieser Vorstellungen vor allem im prophetischen Schrifttum, wofür wir hier drei markante Beispiele aus dem Jesajabuch anführen wollen. Jesaja 2,2–5 gibt die Vision des messianischen Zeitalters: »Es wird zur letzten Zeit der Berg, da des Herrn Haus ist, fest stehen, höher als alle Berge und über alle Hügel erhaben, und alle Heiden werden herzulaufen, und viele Völker werden hingehen und sagen: Kommt, laßt uns auf den Berg des Herrn gehen, zum Haus des Gottes Jakobs, daß er uns lehre seine Wege und wir wandeln auf seinen Steigen! Denn von Zion wird Weisung ausgehen und des Herrn Wort von Jerusalem. Und er wird richten unter den Heiden und zurechtweisen viele Völker. Da werden sie ihre Schwerter zu Pflugscharen und ihre Spieße zu Sicheln machen, denn es wird kein Volk wider das andere das Schwert erheben, und sie werden hinfort nicht mehr lernen, Krieg zu führen. Kommt nun, ihr vom Hause Jakob, laßt uns wandeln im Licht des Herrn.« In dieser Vision des Propheten Jesaja dokumentiert sich der messianische »Imperialismus« Israels. Die Völker werden zum Berg Zion pilgern, von dem die Lehre ausgeht – und das Wort Gottes von Jerusalem. Was bewirkt diese weltweite Wallfahrt nach Jerusalem? Den Frieden der in Gott vereinten Nationen. Der Weltfriede ist das unmittelbare messianische Hoffnungsziel.

Wer wird diese Wandlung der Herzen und damit der Geschichte (denn Geschichte wird von Menschen gemacht) bewirken? Der Friedensfürst, von dem Jesaja im Kapitel 9 spricht: »Denn uns ist ein Kind geboren, ein Sohn ist uns gegeben, und die Herrschaft ruht auf seiner Schulter; und er heißt Wunder-Rat, Gott-Held, Ewig-Vater, Friede-Fürst; auf daß seine Herrschaft groß werde und des Friedens kein Ende auf dem Thron Davids und in seinem Königreich, daß er's stärke und stütze durch Recht und Gerechtigkeit von nun an bis in Ewigkeit. Solches wird tun der Eifer des Herrn der Scharen.« An dieser Stelle wird es deutlich ausgesprochen, daß der Friedefürst ein Nachkomme des Königs David ist und auf seinem Thron sitzen wird.

Der Friedensfürst regiert nun ein Friedensreich, das die veränderte Struktur einer erlösten Welt aufweist. In diesem Sinne lesen wir bei Jesaja 11,1−2: »Und es wird ein Reis hervorgehen aus dem Stamm Isais und ein Zweig aus seiner Wurzel Frucht bringen. Auf ihm wird ruhen der Geist des Herrn, der Geist der Weisheit und des Verstandes, der Geist des Rates und der Stärke, der Geist der Erkenntnis und der Furcht des Herrn.«

Der Prophet beschreibt nun, wie im Reiche dieses messianischen Königs der allgemeine Friede auch in der Natur herrscht: »Da werden die Wölfe bei den Lämmern wohnen und die Panther bei den Böcken lagern. Ein kleiner Knabe wird Kälber und junge Löwen und Mastvieh miteinander treiben. Kühe und Bären werden zusammen weiden, daß ihre Jungen beieinander liegen, und Löwen werden Stroh fressen wie die Rinder. Und ein Säugling wird spielen am Loch der Otter, und ein entwöhntes Kind wird seine Hand stecken in die Höhle der Natter. Man wird nirgends Sünde tun noch Frevel auf meinem ganzen Heiligen Berge; denn das Land wird voll Erkenntnis des Herrn sein, wie Wasser das Meer bedeckt« (Jesaja 11,6−9).

Die rabbinischen Kommentare sind sich darüber nicht ganz einig, ob hier tatsächlich von der Erlösung auch in der Natur die Rede ist oder, wie Maimonides meint, der Prophet sich der allegorischen Rede bedient. Israel ist mit den Lämmern gemeint, die unter den Wölfen, den feindlichen Völkern leben. Nun aber ist alle Feindschaft dahin, und unter dem messianischen Friedensfürsten wird Israel mit den Völkern zusammen leben unter dem Worte Gottes.

Es ist keine Frage, daß auch Jesus von Nazareth an die hier geschilderte messianische Harmonie dachte, wenn er seine Jünger lehrte im Vaterunser zu bitten: »Dein Reich komme.« Die Tatsache, daß dieses Reich aber noch nicht gekommen ist, ist der Hauptgrund dafür, daß das Judentum die Messianität Jesu nicht akzeptiert hat, denn fast 2000 Jahre nach dem Opfergang nach Golgatha ist unsere Welt noch eine unerlöste Welt.

Neuere jüdische Historiker wie Gershom Scholem und Schmarjaha Talmon haben zwei Arten des Messianismus unterschieden, den restaurativen und den utopischen. Der restaurative Messianismus erstrebt die Wiederherstellung der alten Reichsherrlichkeit, wie sie unter König David bestand. Schon wenn der Prophet Amos davon spricht, daß die fallende Hütte Davids wieder aufgerichtet wird, klingt dieses restaurative Motiv an. Der utopische Messianismus erweitert die Hoffnung ins Universelle und entwirft ein Bild des Weltfriedens, der die ganze bewohnte Erde umfaßt.

Die späteren messianischen Vorstellungen, wie sie auch in der Liturgie des Judentums ihren Niederschlag fanden, stellen eine Synthese dieser beiden Formen des Messianismus dar.

Es stellt sich die Frage, wie der Messianismus sich im heutigen Judentum artikuliert. Die jüdische Orthodoxie erwartet tatsächlich die Ankunft des Messias als eines späten Nachkommen aus der Dynastie des Hauses David. Andere Glaubensströmungen im heutigen Judentum wie das Reformjudentum und das konservative Judentum sehen in der Gestalt des Messias eine Symbolfigur und legen den Akzent auf das Reich Gottes als dem Ziel der Geschichte. Darüber hinaus aber können wir von einer Säkularisierung des Messianismus in Zionismus und Sozialismus sprechen. Der Zionismus stellt die Umfunktionierung des restaurativen Messianismus in politische Ideologie dar. Sicher ist die zionistische Bewegung, die mit dem ersten Zionistenkongreß 1899 in Basel beginnt, im Rahmen der Nationalbewegungen um die Jahrhundertwende zu sehen. Das heimatlose jüdische Volk strebte wieder zurück in das Land seines historischen Ursprungs. So formulierte der erste Kongreß: »Der Zionismus erstrebt die Schaffung einer öffentlich-rechtlich gesicherten Heimstätte für das jüdische Volk in Palästina.« Wenn in diesem Basler Programm auch der Name des Messias nicht genannt ist, so ist doch der messianische Impetus unverkennbar.

Der Sozialismus hingegen stellt die Umfunktionierung des utopischen Messianismus in politische Ideologie dar. Es ist sicher kein Zufall, daß die Rolle der Juden, vor allem auch glaubensloser Juden, in der sozialistischen Bewegung vorrangig war und blieb. In diesen oft abgefallenen Söhnen und Töchtern Israels hat sich unbewußt die alte messianische Sehnsucht und Hoffnung in neuen Formen und Formulierungen ausgedrückt. Die klassenlose Gesellschaft, in der es weder Ausbeuter noch Ausgebeutete gibt, in der sich die Proletarier aller Länder vereinigen, so daß kein Krieg mehr möglich ist, stellt eine gleichsam messianische Vision dar. Atheistische Juden, in denen aber doch noch der messianische Funke glüht, formten das Zukunftsbild einer sozialistischen Gesellschaft. Man denke hier an Karl Marx, Leo Trotzki, Rosa Luxemburg, Gustav Landauer, Kurt Eisner und viele andere.

Im sozialistischen Zionismus findet die Synthese der Säkularisierung des restaurativen und des utopischen Messianismus statt. Von Moses Heß, einem Mitarbeiter von Karl Marx, bis zu Ben Gurion und Golda Meir im wiedererstandenen Staate Israel hat sich der sozialistische Zionismus, der die beiden Grundtypen des Messianismus in sich vereinigt, als motorisches Element im modernen Judentum erwiesen.

Zeiten der Drangsal, die in der jüdischen Geschichte nicht selten waren, wurden immer wieder als Geburtswehen des Messias gedeutet. Das gilt auch für die größte der Katastrophen des an Martyrium so reichen jüdischen Volkes, die Unzeit des Holocaust, der »Endlösung der Judenfrage« in der NS-Verfolgungszeit. Es ist glaubwürdig überliefert, daß zahllose Todgeweihte in die Gaskammern von Auschwitz und die der anderen Schreckensorte mit dem messianischen Gesang auf den Lippen gingen: »Ich glaube an das Kommen des Messias – und wenn er auch zögert, so harre ich doch sein. Jeglichen Tages.«

Die Hoffnung der Blutzeugen von Auschwitz und den anderen Schreckensorten wurde zwar in einem individuellen Sinne nicht erfüllt, konkretisierte sich aber in einem kollektiven Sinne durch die Schaffung des Staates Israel, die unmittelbar auf die Katastrophe des Holocaust folgte. Sicher ist der Staat Israel nicht mit dem messianischen Reich Gottes identisch, aber wir können von einer heilsgeschichtlichen Komponente des Staates Israel sprechen. In diesem Sinne bezeichnet ein Gebet des Oberrabbinates in Jerusalem den Staat Israel als einen »*Anfang* der Erlösung«. So wird auch das politische Geschehen der Gegenwart für das jüdische Verständnis immer wieder transparent, und die messianische Zielsetzung schimmert gleichsam hindurch.

Die Weisen des Talmud haben unermüdlich vor jeder messianischen Schwarmgeisterei gewarnt und das Berechnen der Endzeit verworfen. Im selben Sinne meinte ja auch Jesus, daß der Tag und die Stunde der messianischen Erfüllung allen verborgen bleibt, nur nicht Gott selbst (Matthäus 24,36). Nach der Lehre des Judentums aber soll der Mensch so leben, daß er jederzeit bereit ist, den Messias zu empfangen.

Jeden Tag kann mit dem Kommen des Messias gerechnet werden, wenn Israel auf die Stimme Gottes in Lehre und Leben hört.

Aber auch die gegenläufige Bewegung ist in der jüdischen Ideengeschichte zu erkennen. Am Ende des Mischnatraktates Sota wird ein düsteres Bild der Welt am Vorabend des messianischen Reiches entworfen. Eine Generation, deren Antlitz dem Gesicht des Hundes gleicht, wird in apokalyptischen Bildern gemalt. In diese Gottverlassenheit hinein tritt der Erlöser als der Retter in größter Not. Die talmudische Überlieferung versteigt sich zu der paradoxalen Aussage, daß der Messias kommen wird, wenn ganz Israel einen Sabbat heiligt oder wenn ganz Israel einen Sabbat entheiligt. Im ersten Fall erscheint der Messias als der Vollender einer heilen Welt, im zweiten Falle aber als der Retter aus dem hoffnungslos erscheinenden Verfall. Wie immer aber auch die Situation sich gestalten mag, trägt sie, so gesehen, den Keim der messianischen Erfüllung in sich.

Das Warten auf den Messias hat das jüdische Volk nicht zur Hoffnungslosigkeit ermüdet, sondern immer wieder mit neuer Hoffnung erfüllt, so daß die Gestalt des Messias, wenngleich ihre Konturen nicht die Schärfe einer historischen Person angenommen haben wie im Christentum, zur bleibenden Kraftquelle werden konnte.

Die jüdische Geschichte weist etwa dreißig messianische Prätendenten auf. Immer wieder endeten die messianischen Bewegungen in Debakel und Enttäuschung. So bleibt die Gestalt des Messias die künftige, so ist er selbst noch immer der Kommende. In der Orientierung auf den Kommenden und das Kommende liegt die Lebenskraft und die Überlebenskraft des Judentums, die dieses Volk befähigte, seine mächtigen Feinde zu überdauern und in der Erfüllung von Gottes Geboten im Leben des einzelnen und der Gemeinschaft schon etwas vorwegzunehmen von der endgültigen Erfüllung im Reiche Gottes.

An der Christologie, also an der Lehre vom Messias, können wir am klarsten das Trennende, aber zugleich auch wiederum das Verbindende zwischen Judentum und Christentum erkennen. Aus dem Vorangegangenen ist ersichtlich, daß das Judentum, gestützt auf die prophetischen Verheißungen, die auch für die Kirche maßgebend wurden, den Messias als den Kommenden erwartet. Die Kirche aber erwartet den Wiederkommenden. In der ganzen Hebräischen Bibel aber gibt es keine Prophezeigung, die von einem wiederkommenden Messias sprechen würde. Das Christentum, das in der Gestalt Jesu den Messias anerkennt und verehrt, sieht sich also vor die Frage gestellt: Wie ist das Gekommensein des Messias mit der offensichtlichen Unerlöstheit der Welt zu vereinen? Die Antwort kann nur gefunden werden in einer Neuinterpretation des Begriffes der Erlösung.

Während für das Judentum Erlösung sich im geschichtlichen Raum konkretisieren muß, hat das Christentum frühzeitig ein Introversion, Individualisierung und Transzendierung des Erlösungsbegriffes vorgenommen. Die Introversion besteht darin, daß die Erlösung in ein inneres Erlebnis umgedeutet wird: »Das Reich Gottes ist inwendig in euch.« Die Individualisierung besteht darin, daß die einzelne Seele inmitten einer unerlösten Welt durch den Glauben an Jesus Christus sich als erlöst erfahren kann. Die Transzendierung des Erlösungsbegriffes besteht darin, daß die Erlösung in ein Jenseits (nach dem Tode) verlegt wird. Das Judentum aber hat diese Transformation des Erlösungsbegriffes nicht nachvollzogen, sondern blieb bei der ursprünglichen Konzeption, welche Erlösung in einem umfassenden Sinne erklärt, Erlösung von allem Übel, dem äußeren und dem inneren, im Leben des einzelnen und der Völker. So kann das Judentum keine partiell vorweggenommene Erlösung inmitten einer unerlösten Welt sehen.

Martin Buber erzählt in seinen »Chassidischen Geschichten«, daß ein einfältiger Schwärmer auf den Ölberg über Jerusalem stieg und dort das Schofar-Horn der Befreiung blies. Da ging ein Raunen durch die Judenheit der Heiligen Stadt, der Messias sei gekommen. Als man dies dem chassidischen Rabbi meldete, öffnete er nur das Fenster seiner Studierstube, sah hinaus und sagte: »Da ist keine Veränderung in der Welt«, schloß das Fenster und wandte sich wieder dem Studium zu. Diese Geschichte zeigt, daß das Judentum eine völlige Änderung unserer empirischen Welt für die messianische Endzeit erwartet. Das Christentum hingegen bekennt seinen Messias inmitten einer unerlösten Welt.

Judentum und Christentum leben zwischen den Zeiten, zwischen Offenbarung und Erlösung, aber das Christentum sieht eine Zäsur, die das Judentum nicht erkennt.

Wir können genau die Bruchstelle im Neuen Testament erkennen, wenn der ungläubige Thomas im Johannesevangelium vor der leibhaftigen Erscheinung des Auferstandenen in die Knie bricht und bekennt: »Mein Herr und mein *Gott*.« Niemals konnte sich das Judentum bereitfinden, Gott in einem Menschen zu verehren. Für das jüdische Glaubensverständnis bleibt Gott Gott und der Mensch Mensch, und es ist von keiner Menschwerdung Gottes (Inkarnation oder Fleischwerdung) die Rede. Selbst wenn Jesus als Messias vom Judentum anerkannt würde, wäre damit noch nichts über seine Göttlichkeit (im Sinne einer Zweinaturenlehre: wahrer Gott und wahrer Mensch) ausgesagt, denn der Messias bleibt für alle jüdischen Glaubensvorstellungen ein irdisches Wesen von Fleisch und Blut. Auch der Gedanke der Trinität, also des Dreieinigen Gottes, in welchem Vater, Sohn und Heiliger Geist eine Einheit bilden, ist dem Judentum völlig fremd. Er geht im Christentum wahrscheinlich auf hellenistische Einflüsse zurück. Wir werden uns in dem abschließenden Abschnitt über den Monotheismus mit diesem Grundelement des Judentums befassen.

Das Judentum ist seinem innersten Wesen nach eine Religion der Tat. Der Glaube ohne Verwirklichung steht in Gefahr, ein leeres Lippenbekenntnis zu werden. So hat das Judentum den Akzent immer auf das *Tu*bare gelegt und nicht, wie das Christentum, auf die systematische Theologie. So hat das Judentum Dogmen, aber keine Dogmatik entwickelt. Die Eigenprägung des Judentums aber resultiert nicht nur aus einem Ideengehalt, sondern vor allem auch aus seiner Struktur. Es ist zugleich Volks- und Glaubensgemeinschaft, während die Ekklesia, die Kirche, die Gemeinschaft der Herausgerufenen aus allen Völkern darstellt. Freilich sind beide, Kirche und Judentum, noch weit von ihrer Zielsetzung entfernt. Die Kirche versteht sich als die Gemeinschaft der Heiligen und ist doch in ihrer geschichtlichen Erscheinung weit von diesem Ideal entfernt. Der kategorische Imperativ Israels aber lautet: »Ihr sollt mir sein ein priesterliches Reich und heiliges Volk« (2 Mose 19,6). In klarer Selbsterkenntnis muß auch Israel bekennen, daß es noch weit, weit von diesem Ziele entfernt ist.

Ohne das Trennende zu vertuschen, sollen wir aber das Gemeinsame erkennen.

Das Gebet der Synagoge und der Kirche klingt zusammen in der Hoffnung auf dieses Ziel: Dein Reich komme.

Das Judentum stellt die klassische monotheistische Religion dar. Religionsgeschichtlich bietet sich keine frühere Parallele. Immer klarer und eindeutiger wurde der Monotheismus, der Glaube an einen Gott, zum Wesensmerkmal des Judentums. Der Satz: »Höre, Israel, der Herr unser Gott, der Herr ist Einer« (5 Mose 6,4) wurde zum zentralen Glaubensbekenntnis des Judentums. Wer diesen Satz mit voller Intention ausspricht, gilt, nach einer Auffassung im Talmud, bereits dadurch als Jude. Für diesen Glaubenssatz gingen die Juden in den Tod, erlitten sie das Martyrium, das hebräisch Kiddusch Haschem, Heiligung des göttlichen Namens, genannt wird.

Das Judentum hat zwei Tochterreligionen hervorgebracht, das Christentum und den Islam. Während das Christentum den strengen jüdischen Monotheismus durch die Lehre von der Trinität, der Dreifaltigkeit oder Dreieinigkeit Gottes gewissermaßen aufgelockert und durch die Lehre von der Fleischwerdung Gottes (Inkarnation) das Wesen Gottes vermenschlicht hat, blieb der Islam dem radikalen jüdischen Monotheismus treu. Trotzdem gibt es in den Gottesvorstellungen des Judentums und des Islam Unterschiede. Der Allah des Koran, des Heiligen Buches der Muslime, trägt sicher nicht dieselben Züge wie der Gott der Bibel, aber es kann sich dabei nur um Nuancen handeln.

Ganz falsch ist es, anzunehmen, daß das Judentum den Gott der Rache lehre, während das Christentum den Gott der Liebe bekennt. Es ist derselbe Gott Abrahams, Isaaks und Jakobs, der im Alten und im Neuen Testament bezeugt wird, ein Gott der Gerechtigkeit und der Liebe, des Gerichts und der Gnade, des Eifers und der Vergebung, des Lichtes und der Finsternis.

Wenn das Judentum auch die Einheit und Einzigkeit Gottes mit allem Nachdruck bekennt und betont, so ist damit doch nichts über das eigentliche Wesen Gottes ausgesagt, das sich unserer Erkenntnis entzieht. Besonders sinnfällig wird das Wesen Gottes in jener Szene auf dem Berge Sinai klar, in welcher Mose Gott bittet: »Laß mich deine Herrlichkeit sehen! Und er (Gott) sprach: Ich will vor deinem Angesicht all meine Güte vorübergehen lassen und will vor dir kundtun den Namen des Herrn: Wem ich gnädig bin, dem bin ich gnädig, und wessen ich mich erbarme, dessen erbarme ich mich. Und er sprach weiter: Mein Angesicht kannst du nicht sehen; denn kein Mensch wird leben, der mich sieht. Und der Herr sprach weiter: Siehe, es ist ein Raum bei mir, da sollst du auf dem Fels stehen. Wenn dann meine Herrlichkeit vorübergeht, will ich dich in die Felskluft stellen und meine Hand über dir halten, bis ich vorübergegangen bin. Dann will ich meine Hand von dir tun, und du darfst hinter mir hersehen; aber mein Angesicht kann man nicht sehen« (2 Mose 33,18–23).

Was will diese mythische Erzählung sagen? Zweierlei: die freiwaltende Gnade Gottes und die Unerforschlichkeit seines Wesens. Erst wenn Gott an uns vorübergegangen ist, in unserem Leben und in der Geschichte, vermögen wir zu erkennen, daß es Gott war, der eingegriffen hat. Aber ins Antlitz können wir ihm nicht blicken; das bleibt uns immer verhüllt. Im folgenden Kapitel 34 im zweiten Buch Mose ist von einer Selbstoffenbarung Gottes in den Versen 6–8 die Rede, die in die Liturgie des Judentums und in die dreizehn Glaubensartikel des Maimonides eingegangen ist: »Herr, Herr, Gott, barmherzig und gnädig und geduldig und von großer Gnade und Treue, der da Tausende in Gnade bewahrt und vergibt Missetat, Übertretung und Sünde, aber ungestraft läßt er niemand, sondern sucht die Missetat der Väter heim an Kindern und Kindeskindern bis ins dritte und vierte Glied.«

Betrachtet man solche Kernsätze des Judentums, wie sie uns im Alten Testament, aber auch in der späteren Überlieferung und in der Liturgie der Synagoge entgegentreten, so wird klar, daß das einseitige Bild vom Gott der Rache ein Zerrbild ist. Der Monotheismus des Judentums ist ein ethischer Monotheismus. Die Gerechtigkeit Gottes ist eine zentrale Vorstellung, die nur durch die Liebe und die Barmherzigkeit Gottes noch überboten wird. Ein neuerer jüdischer Religionsphilosoph, David Koigen, sprach in diesem Zusammenhang vom moralischen Gott des Judentums. Sicher gibt es in den ältesten Schichten der biblischen Überlieferung auch transmoralische Vorstellungen und dämonische Züge im Gottesbild, aber im Vollzug der prophetischen Existenz erreicht das Judentum eine Glaubensstufe, auf der der sittliche Anspruch Gottes an den Menschen im allgemeinen und sein Volk Israel im besonderen als entscheidend gewertet wird.

Von Geschlecht zu Geschlecht hat das Judentum in einer ungebrochenen Tradition die Lehre von dem einen wahren und lebendigen Gott, der sich zuerst dem Abraham offenbart hat, weitergegeben. Damit wurde die größte Revolution des Menschengeistes vollzogen. Aus der Vielfalt und dem Wirrwarr einer Götterwelt, die in den heidnischen Mythen oft weit entfernt ist von den Grundlagen menschlicher Gesittung, erhebt sich der unsichtbare bildlose Gott des Judentums als der Schöpfer der Welt und der Herr der Geschichte.

Mit dieser Erkenntnis hat Israel der Menschheit ein Tor aufgestoßen, das zu immer neuen Begegnungen mit dem immer unfaßbaren Gott führt. Das Judentum hat nicht, wie das Christentum und der Islam, Mission getrieben, sondern empfand sich als Zeuge Gottes in einer Welt der »Gottesfinsternis«, wie Martin Buber formulierte. Ein Diener am Licht in dunklen Zeiten zu sein war immer die Aufgabe Israels, das den ethischen Monotheismus zu seiner Losung gemacht hat.

Eine talmudische Legende erzählt: In den Kapseln der Gebetsriemen der frommen Juden steht: »Höre Israel, der Herr unser Gott, der Herr ist einer.« Aber Gott selbst legt ebenfalls Gebetsriemen an, und in ihren Kapseln steht: »Und wer ist wie dein Volk Israel, ein einig Volk im Lande.«

In bildhafter Weise wird hier der Einzigkeit Gottes die Einzigkeit Israels gegenübergestellt. Indem Israel die Einzigkeit Gottes bekennt, wird es selbst zu einer Einheit unter den Völkern, unverwechselbar und unvergänglich durch die Geschichte.

II. Teil

Die historischen Voraussetzungen

1. Kapitel

Wolfgang Hug

Das Erzbistum Freiburg von der Gründung bis zur Zeit nach dem
Zweiten Weltkrieg

1. Die Gründungsphase des Erzbistums Freiburg

Am Anfang der eigentlichen Freiburger Bistumsgeschichte steht die Bildung des badischen Staates. Sie erfolgte im Zusammenhang mit der
revolutionären Umgestaltung der politischen und gesellschaftlichen Verhältnisse seit 1789 und der durch Napoleons Siege erzwungenen Auflösung des alten Deutschen (Römischen) Reiches 1803/06. Die Regierung
der badischen Markgrafschaften gewann mit dem Sonderfrieden von 1796
eine Entschädigungsgarantie für Verluste auf dem linken Rheinufer, die
der Reichsdeputationshauptschluß 1803 durch Mediatisierung weltlicher
und Säkularisation geistlicher Territorien einzulösen hatte. Der neue
Staat, 1806 als Großherzogtum Baden endgültig konstituiert und im
Wiener Kongreß 1815 bestätigt, war ein Kunstgebilde revolutionären
Ursprungs. Seine Teile besaßen keine gemeinsame politische Tradition,
keinen geographischen Zusammenhalt, keine einheitliche Infrastruktur,
und seine Bevölkerung gehörte verschiedenen Konfessionen an. Baden-
Durlach war lutherisch gewesen, Baden-Baden katholisch; seit 1771
waren beide politisch geeint. Die kurpfälzischen Gebiete waren mehrheitlich reformiert, teilweise katholisch. Vorderösterreich sowie die mediati-
sierten und säkularisierten Gebiete waren überwiegend katholisch. Gut
zwei Drittel der badischen Bevölkerung war katholisch, ein Drittel und
das regierende Fürstenhaus gehörten dem protestantischen Bekenntnis an.
Die Integration des Landes stellte sich als fundamentalste Aufgabe der
Staatswerdung dar, die von der großherzoglichen Regierung mit einer
zentralistischen Verwaltung, der Verkündigung einer Verfassung (1818),

58

mit staatlicher Förderung des wirtschaftlichen Fortschritts, aber auch durch die konsequente Einbindung der Kirchen in den Staat betrieben wurde.

Säkularisation des Kirchenguts

Zur Bildung des Erzbistums Freiburg bedurfte es mehrerer Schritte. Zunächst erfolgte durch die Säkularisation die Auflösung der kirchlichen Besitz- und Herrschaftsverhältnisse am Oberrhein, die sich seit mehr als 1000 Jahren ausgebildet hatten. Die Bischöfe verloren ihre Hoheitsgewalt innerhalb des Hochstifts, wo sie als Landesherren regiert hatten. Baden gewann die Hochstifte des Bistums Konstanz, die rechtsrheinischen Teile von Basel, Straßburg, Speyer, Worms und Mainz. Die geistlichen Territorien der reichsunmittelbaren Abteien sowie die der Deutschherren und Johanniter wurden dem badischen Staat integriert. Die landständischen Klöster in den Städten wie auf dem Land verloren ihren gesamten Besitz an Gütern, Gebäuden, Wirtschaftsunternehmen, Schulen und Inventar (Kunstschätzen, Bibliotheken usw.) an den Staat. Insgesamt wurden in Baden über 100 Männer- und Frauenklöster oder -priorate aufgehoben, die Konvente aufgelöst, ihren Mitgliedern Pensionen (200−550 Gulden pro Jahr, den Äbten ein Mehrfaches) zugesprochen. Sie konnten ihren Lebensabend in Sammelklöstern fristen, wenn sie nicht Aufgaben in Pfarrseelsorge oder an Schulen übernahmen. Einige Frauenkonvente blieben erhalten, indem man sie zu weiblichen Lehrinstituten erklärte, so die Dominikanerinnen in Freiburg und Konstanz, die Ursulinen in Villingen und Freiburg, das Zisterzienserinnenstift Lichtental sowie die Augustinerinnen in Offenburg und Rastatt. Auf der Grundlage der Säkularisation konnte Baden einen arrondierten Flächenstaat ausbilden, dem die kirchlichen Verwaltungsgrenzen anzugleichen waren. Der Kirche war die Basis ihrer feudalen Struktur entzogen, der Klerus verlor seine ständischen Privilegien, man kam der Egalisierung der Gesellschaft einen Schritt näher. Ob sich die gewaltige Umverteilung des Besitzes für den Staat finanziell (fiskalisch) lohnte, bleibt umstritten. Die Mönche und ihre Äbte erlebten die Säkularisation als brutale Enteignung. Die katholische Bevölkerung verlor zum Teil ihre soziale, ökonomische und kulturelle Bindung und Geborgenheit.

»Kirchenpragmatik« des Staates

In einem zweiten Schritt entwickelte die badische Regierung ihre Grundsätze zur Bestimmung und Regelung des Verhältnisses zwischen (katholischer) Kirche und Staat. Dem Prinzip des rationalen Staatsaufbaus folgend, sollte die Kirche auf die Funktionen einer Anstalt zur Bildung christlicher Gesinnung und Moral beschränkt werden. Sie konnte zwar Seelsorge und Kult frei gestalten, war aber in allen öffentlichen Belangen dem souveränen, ja omnipotenten Staat zu unterwerfen. In einem Konstitutionsedikt von 1807 wurden die Grundsätze in aller Schärfe formuliert. Darin werden die kirchlichen Behörden auf den »Gehorsam gegen den Regenten« und die »Unterordnung unter die oberste Staatsgewalt« (*Huber/Huber*, 1973, S. 92) verpflichtet, die kirchliche Jurisdiktion staatlicher Aufsicht unterstellt, bischöfliche Erlasse, Rundschreiben und Hirtenbriefe an staatliche Genehmigung (»Placet«) gebunden, das Kirchenvermögen der Regierungskontrolle unterworfen, die Ernennung aller Kirchen- und Schulbeamten (Pfarrer wie Lehrer usw.) dem Staat vorbehalten. Praktisch sicherte das Konstitutionsedikt »dem Staat die administrative Beherrschung der Kirchen« (*Becker*, 1973, S. 17). Die Regierung ging davon aus, daß alle katholischen Pfarrbezirke in einem einzigen badischen Landesbistum vereinigt würden. Nach der Neuordnung Deutschlands im Wiener Kongreß bestanden keine rechtlichen oder politischen Hindernisse mehr, die alten Bistümer oder Bistumsteile am Oberrhein endgültig aufzulösen und in neuzubildende Landesbistümer zu integrieren. Zu diesem Zweck und zugleich in der Absicht, die staatskirchlichen Grundsätze entsprechend dem badischen Konstitutionsedikt von 1807 vertraglich abzusichern, verhandelten die fünf südwestdeutschen Mittelstaaten Baden, Württemberg, Hessen-Darmstadt, Nassau und Hessen-Kassel seit 1818 in Frankfurt und vereinbarten eine sogenannte »Kirchenpragmatik«, in der eben diese Grundsätze verankert wurden. Dabei gingen alle fünf Staaten von der Identität zwischen Bistums- und Landesgrenzen für ihr Territorium aus und behielten dem Landesherrn das Recht der Bischofsernennung vor.

Päpstliche Gründungsbullen

Die Konstituierung des neuen Bistums konnte nur im Zusammenwirken zwischen Regierung und römischer Kurie erfolgen. Zunächst gelang es der badischen Regierung, für ihr Landesbistum den Vorrang eines Erzbistums und den Metropolitansitz für die zu bildende »Oberrheinische Kirchenprovinz« zu erwirken. Sie hob in Verhandlungen vor allem darauf ab, daß in Baden über die Hälfte aller Katholiken der fünf Länder wohnte. Der Papst brachte die zähen Verhandlungen mit dem Erlaß der Bulle »Provida solersque« 1821 zu einem vorläufigen Abschluß, in der die alten Bistümer aufgelöst, fünf Landesbistümer konstituiert und in ihren Grenzen umschrieben und als Bischofssitze die Städte Freiburg, Rottenburg, Mainz, Limburg und Fulda bestimmt wurden. Das Erzbistum Freiburg beruhte auf großen Teilen des Bistums Konstanz, von dem bereits 1814 die Gebiete in der Schweiz, in Württemberg, Bayern, Österreich abgetrennt waren; es übernahm ferner rechtsrheinische Gebiete von

Straßburg, Speyer, Worms, Mainz und Würzburg. Für Freiburg als Bischofssitz hatte seine Lage im überwiegend katholischen Landesteil, die Universität (wohin 1807 bereits die katholische theologische Fakultät von Heidelberg verlegt und mit der dortigen vereinigt worden war), das Münster mit seinem reichen Pfründenbesitz sowie die relative Nähe zu Hohenzollern, das sich dem Freiburger Bistum anschloß, den Ausschlag gegeben. Konstanz wurde in der Gründungsbulle nicht einmal erwähnt; zu groß war das Mißtrauen der Kurie gegen den dortigen Generalvikar und Bistumsverweser Wessenberg, den man für einen gefährlichen Vertreter des Staatskirchentums und der Aufklärung hielt. Auf die staatskirchlichen Positionen, die von den südwestdeutschen Staaten geradezu ultimativ vertreten wurden, ging der Papst nicht ein. So verliefen die nun folgenden jahrelangen Verhandlungen zäh und kontrovers, da Rom vor allem das von den Staaten beanspruchte Recht auf Designation des Bischofs verweigerte. Schließlich erließ der Papst Leo XII. am 11. 4. 1827 eine ergänzende Bulle »Ad dominici gregis custodiam«, in der dem Landesherrn zwar nicht das (positive) Recht, den Bischofskandidaten zu bestimmen, wohl aber gegen die vom Wahlgremium, d. h. vom Domkapitel, benannten Kandidaten ein (negatives) Ausschließungsrecht zugestanden wurde. Der Wunschkandidat des Diözesanklerus auf dem Stuhl des Freiburger Erzbischofs war Wessenberg. Doch weder Regierung noch päpstliche Kurie konnten ihn akzeptieren. Sie einigten sich vielmehr auf Dr. Bernhard Boll, den Freiburger Münsterpfarrer, der zuvor als Zisterzienser in Salem, dann als Philosophieprofessor in Freiburg gewirkt hatte. Boll war, wie seine beiden Nachfolger, Schwabe von Geburt und schon über 70 bei seinem Amtsantritt. Der Großherzog hatte ihn schon in Salem als fromm und friedfertig kennengelernt, er galt als kirchenpolitisch indifferent und besaß keine »Hausmacht« im Diözesanklerus. Boll ernannte die sechs Mitglieder des Domkapitels, darunter Vitus Burg, einen »Wessenbergianer«, der 1830 Bischof von Mainz wurde, Hermann von Vicari, der zum Generalvikar und nach Burgs Weggang zum Weihbischof ernannt wurde, ferner Leonhard Hug, Altertumswissenschaftler und Exeget und der bedeutendste Gelehrte der damaligen Freiburger Theologischen Fakultät. Ein neues Priesterseminar war zur Gründung des Erzbistums bereits (auf dem Boden des säkularisierten Kapuzinerklosters am Fuß des Schloßbergs) errichtet; hier fand provisorisch auch die erzbischöfliche Kanzlei Platz. Das ehemalige Breisgauer Ständehaus am Münsterplatz wurde dem Erzbischof als Palais zugewiesen. Seine Amtsräume erhielt er im Freiburger Klosterhof der aufgehobenen Abtei St. Blasien. Die Erzdiözese umfaßte bei der Gründung nach einer ersten Statistik vom Juli 1828 796 Pfarreien (71 davon in Hohenzollern), die in 39 Dekanate gegliedert waren. Von diesen entstammten 21 der ehemaligen Diözese Konstanz, je drei Landkapitel (Dekanate) kamen von den Diözesen Straßburg und Worms, zwei von Würzburg, vier von Mainz, sechs von Speyer. Die Zahl der badischen Geistlichen betrug etwas über 1000.

Die historisch gewachsene Dekanatseinteilung behielt die Diözese im wesentlichen bis nach der Jahrhundertwende bei. Die Zahl der Katholiken im Großherzogtum Baden wurde mit 776 738 angegeben, sie betrug zwei Drittel der Gesamtbevölkerung. Katholiken lebten überwiegend in den agrarischen, dörflichen, wirtschaftlich weniger entwickelten Teilen des Landes, während die Protestanten u. a. in den aufstrebenden Städten Karlsruhe, Mannheim, Pforzheim sowie in anderen frühindustriellen Regionen des Landes überwogen. So fand sich der katholische Bevölkerungsteil trotz zahlenmäßiger Überlegenheit im »modernen« liberalen Bürgertum, in der Bildungs- und Verwaltungselite sowie in der frühindustriellen Unternehmerschaft des jungen Staates erheblich unterrepräsentiert, was ihren geringen Einfluß erklärt, aber auch das politische Programm des badischen Katholizismus nachhaltig geprägt hat.

2. Kampf um die Selbstbehauptung

Die junge Erzdiözese hatte ihre innere Freiheit in den ersten Jahrzehnten auf drei Ebenen zu verteidigen. Die beiden ersten Erzbischöfe waren der Herausforderung kaum gewachsen.

Staatskirchentum

Der badische Staat behauptete von Beginn an seine Souveränität über die Kirche. Im Innenministerium wurde eine »Katholische Kirchensektion« errichtet. Deren Direktor Engesser, Geistlicher und entschiedener Vertreter des Staatskirchentums, legte dem neuen Erzbischof am Tag vor der Inthronisation die von den oberrheinischen Staaten einseitig beschlossenen Bestimmungen der »Kirchenpragmatik« vor, wogegen Bischof und Domkapitel vergeblich Einspruch einlegten. Am 30. 1. 1830 verkündete die Regierung diese Bestimmungen als Verordnung eines »landesherrlichen Schutz- und Aufsichtsrechtes« über die Kirche. Sie stellte eine politische Entmündigung der bischöflichen Gewalt dar. Keine Pfarrei durfte der Bischof selbst besetzen, auch über die Aufnahme der Kandidaten ins Priesterseminar hatte der Landesherr zu entscheiden. Veröffentlichungen (Erlasse, Hirtenbriefe u. ä.) des Bischofs oder des Papstes waren durch staatliches Placet zu genehmigen. Die staatliche Kirchensektion hatte die Aufsicht über das Kirchenvermögen. Ausstattung und Versorgung von Bischof, Domkapitel und Priesterseminar übernahm der Staat. Nur das örtliche Pfründenvermögen war der Kirche verblieben. Der Bischof sah seine Amtsgewalt im wesentlichen darauf beschränkt, Priester oder Altäre zu weihen und die Firmung zu spenden. Gegen massive Eingriffe der Kirchensektion legte er gelegentlich Protest ein, mehr nicht. Der Papst tadelte Boll wiederholt wegen seiner Nachgiebigkeit. Resigniert, körperlich und seelisch gebrochen, bat Boll 1835 um den Abschied. Im folgenden Jahr starb er, ohne daß sein Antrag bewilligt war. Sein Nachfolger wurde Ignaz Anton Demeter. Seine Wahl wurde durch massive Intervention der Kirchensektion gegen den vom Domkapitel bevorzugten Hermann von Vicari durchgesetzt. Er ertrug die Bürde nur knapp sechs Jahre, währenddessen die staatskirchliche Bevormundung der Kirche noch zunahm.

Wessenbergianer

Gleichzeitig mit dem Kampf gegen das Staatskirchentum hatte die Amtskirche sich gegen eine innerkirchliche Opposition zu wehren. Die große Mehrheit des Diözesanklerus war von der Persönlichkeit und vom Geist Wessenbergs geprägt. Ignaz Heinrich von Wessenberg war vom letzten Konstanzer Bischof, Karl Theodor von Dalberg, 1802 (28jährig) zum Generalvikar ernannt worden und hat, da Dalberg zugleich Erzbischof von Mainz bzw. Regensburg war und an der Spitze des Rheinbundes stand, die Konstanzer Diözese bis zu ihrem Ende 25 Jahre lang regiert. Wessenberg wurde zur Symbolgestalt des aufgeklärten Reformkatholizismus seiner Zeit. Seine Reformen zur Priesterausbildung und -fortbildung (durch Pastoralkonferenzen), zur liturgischen Erneuerung (durch deutsche Messen, Lieder und Vespern, deutsche Texte zur Sakramentenspendung u. a.) haben lange nachgewirkt und sind z. T. erst nach dem Zweiten Vatikanum allgemein verwirklicht worden. Als Vertreter der Kirche in der Ersten Kammer des Landtags trat er für pädagogische (bessere Lehrerbildung und -besoldung, Gewerbe- und Realschulen) und soziale Belange (Blinden-, Waisen- und Rettungsanstalten usw.) ein. Man hat Wessenberg aber, da er die Säkularisation eher begrüßt hat und mit der Regierung zur Kooperation bereit war, die Schuld am Machtverfall der Kirche zugewiesen. Außerdem machte man ihn (zu Unrecht) mitverantwortlich für den Geist religiöser Aufklärung unter den Theologen, der besonders von Freiburger Professoren, z. B. Amann (Kirchenrecht), Schreiber (Moral) und Reichlin-Meldegg (Kirchengeschichte), verbreitet wurde, Männer, die für eine »natürliche Religion« eintraten und der historisch gewachsenen Feudal- und Amtskirche mit Kritik und Verachtung begegneten. Die »Öffnung zur Welt«, zu der die Aufklärungstheologie anhielt, hatte zur Folge, daß viele Priester die Pflicht zur geistlichen Lebens- und Amtsführung in Frage stellten. Als Freiburger Bürger 1828 und 1831 einen Antrag zur Abschaffung des Zölibats an den Landtag richteten, schlossen sich 156 Diözesangeistliche und fast der ganze Weihejahrgang 1831 des Priesterseminars mit Gruß- und Zustimmungsadressen an. Der Landtag erklärte sich zwar nicht für zuständig, der Bischof verurteilte in einem Hirtenbrief die Zölibatsgegner, doch die Bewegung blieb noch lange virulent. Wessenbergianer gab es bis über die Jahrhundertmitte (Wessenberg selbst starb als Privatmann 1860 in Konstanz), ihre »Nachfahren« schlossen sich später den Altkatholiken an.

Öffentliche Meinung

Im bürgerlichen Liberalismus des Vormärz nahmen die südwestdeutschen Liberalen mit den Freiburger Professoren Rotteck, Welcker, Duttlinger, Mittermaier eine führende Rolle ein. Diese Männer traten publizistisch und als Abgeordnete für die Freiheiten des einzelnen, auch die Freiheit des Gewissens, der Religion und der Kirche ein. Insofern gab es eine grundsätzliche Übereinstimmung zwischen Frühliberalismus und kirchlichem Autonomiestreben. Die abwehrende Haltung der Amtskirche gegen Aufklärung und Staatskirchentum ließ die Katholiken in den Augen der Liberalen jedoch bald als »Partei von Finsterlingen« (Rotteck) erscheinen, die antiliberal und »ultramontan« sich als blinde Werkzeuge päpstlicher Interessen verhielten. Demgegenüber forderte Rotteck eine selbständige Landes- und Nationalkirche und trat wie für das politische Gemeinwesen auch bei der Kirche für eine demokratische Entwicklung ihrer Strukturen ein. Er verlangte die Bildung einer kirchlichen Landessynode zur konstitutionellen Beschränkung der bischöflichen Gewalt und zur Fortführung der Reformen Wessenbergs. Mit breiter Zustimmung begrüßte der Klerus in vielen Teilen der Erzdiözese (um Offenburg, im Hegau und Kraichgau, am Bodensee) die Synodalbewegung, in der die Wessenbergianer eine organisatorische Basis für ihre Interessen erblickten. Zugleich strebten Liberale und Wessenbergianer eine Versöhnung der Konfessionen an, wofür das von einem Wortführer der Bewegung, dem katholischen Stadtpfarrer Mercy von Offenburg gemeinsam mit zwei protestantischen Geistlichen seit 1833 herausgegebene »Badische Kirchenblatt für Protestanten und Katholiken« ein Beispiel darstellt.

Obwohl die Erzbischöfe Boll und Demeter gegenüber der dreifachen Herausforderung von Staat, Reformklerus und bürgerlichem Liberalismus resigniert hatten, überlebten Hoffnung und Anspruch auf Selbstbehauptung der katholischen Kirche in Baden. Das Jahr 1837 bildete in mancherlei Hinsicht eine Zäsur. Der »Kölner Kirchenstreit von 1837« mobilisierte das öffentliche Bewußtsein nicht nur der Katholiken. Im gleichen Jahr wurden an die Freiburger Universität die beiden Theologen Staudenmaier (für Dogmatik) und Hirscher (für Moral) berufen, womit das Übergewicht des theologischen Rationalismus auch hier gebrochen und dem jungen Klerus eine neue Einschätzung ihrer Kirche vermittelt wurde. Im badischen Landtag traten 1837 zwei Männer hervor, die in der Folge zu Führern des politischen Katholizismus werden sollten: der Adlige Freiherr von Andlaw und der junge Staatsrechtler Franz Josef Buß, der damals die erste sozialpolitische Rede in einem Parlament hielt. Buß und Andlaw gaben nicht nur der »ultramontanen« Richtung, die für eine unabhängige, starke Kirche unter der Autorität von Bischof und Papst eintrat, Profil, sie setzten sich auch für soziale Gerechtigkeit ein und mobilisierten ein entsprechendes Engagement der Katholiken. So organisierte Buß in den Hungerjahren 1846/47 umfangreiche Spenden- und Hilfsaktionen und bewirkte, daß die Barmherzigen Schwestern des Hl. Vinzenz sich 1846 in Freiburg niederlassen, ein Mutterhaus bauen und die Krankenpflege im Freiburger Klinikum und bald in weiteren Krankenhäusern übernehmen konnten. In der vom Direktor des Karlsruher Generallandesarchivs Mone 1841 publizierten Analyse der »katholischen Zustände in Baden« gewann das von Buß und Andlaw geweckte Selbstbewußtsein der Katholiken gleichsam seine Programmschrift. Das von Mone, Staudenmaier und Andlaw 1840 begründete »Südteutsche Katholische Kirchenblatt« (1845–1848 unter dem Titel »Südteutsche Zeitung für Kirche und Staat« fortgeführt) wandte sich mit etwa 900 Abonnenten wohl vorwiegend an das gebildete Publikum, während der von Alban Stolz seit 1843 herausgegebene »Kalender für Zeit und Ewigkeit« auch breite Volksschichten erreichte. Im Kampf gegen den von Pfarrer Ronge verbreiteten und vom Liberalismus begrüßten »Deutschkatholizismus« entwickelte Buß erstmals eine breite Agitation bei der katholischen Landbevölkerung, die einen Petitionssturm mit mehr als 50000 Unterschriften an den Landtag auslöste. Im Zusammenhang damit konnte Buß in Hunderten von Pfarreien katholische Vereine (Pius-Vereine seit 1844) gründen, denen an die 100000 Mitglieder angehörten.

3. Badischer Kirchenstreit und Kulturkampf

In die Zeit der langsamen inneren und öffentlichen Erneuerung des Katholizismus in Baden fällt die Wahl Hermann von Vicaris als Nachfolger Demeters zum Freiburger Erzbischof 1842. Vicari trat als 69jähriger sein Amt an und wuchs erst nach und nach in seine Rolle als bedeutendster Kirchenpolitiker, als »Athanasius von Freiburg« (*Lauer*, 1908, S. 269) hinein. Er entwickelte einen neuen Führungsstil, drängte den Einfluß des Domkapitels zurück, holte Berater von unbedingter Loyalität wie den jungen Adolf Strehle (1844 Hofkaplan) und den vom Judentum konvertierten Juristen Heinrich Maas (1854 Direktor der Kanzlei) an das Ordinariat. 1845 wagte Vicari erstmals eine Machtprobe mit dem Staat (in der Mischehenfrage), die er bestand. Während der Revolution von 1848/49 nahm er als maßgebliches Mitglied an der Konferenz der deutschen Bischöfe in Würzburg teil, die in einer von Strehle wesentlich beeinflußten Denkschrift die Positionen der katholischen Kirche umriß. Die Bischöfe forderten darin die volle Unabhängigkeit und Souveränität der Kirche in bezug auf Klerus und Schule, Vermögen und Rechtsprechung, während die Frankfurter Paulskirche in Art. 17 der Reichsverfassung den Kirchen zugestand, ihre Angelegenheiten selbständig zu ordnen und zu verwalten, sie aber »wie jede andere Gesellschaft« den Staatsgesetzen unterstellte.

Der »Badische Kirchenstreit« von 1853/54

Das Maximalprogramm der Würzburger Bischofskonferenz wurde in der Folge zur Richtschnur für die Politik Vicaris. Zunächst war die Regierung nach der militärischen Niederschlagung der Volksaufstände in der Verurteilung der Revolution mit dem Freiburger Bischof einig. Als sich aber die Bischöfe der Oberrheinischen Kirchenprovinz auf Initiative Vicaris 1851 in Freiburg versammelten und mit Berufung auf die Würzburger Beschlüsse die Aufhebung der »Landesherrlichen Verordnungen« von 1830 verlangten, beharrte das Ministerium auf den staatskirchlichen Positionen. Der Konflikt entzündete sich an einem belanglosen Anlaß. Der Erzbischof untersagte die vom Oberkirchenrat (der seit 1843 im Innenministerium zuständigen Behörde) verlangte Abhaltung eines Seelenamtes für den verstorbenen protestantischen Landesherrn, den Großherzog Leopold, und verordnete statt dessen einen einfachen Trauergottesdienst. 60 Geistliche, die sich über das Verbot hinweggesetzt hatten, bestellte der Bischof zu Strafexerzitien, um seine Disziplinargewalt zu demonstrieren. Er hatte Erfolg: Der Klerus zeigte sich nunmehr loyal und gehorsam. Die Regierung war zu Kompromissen bereit, doch in Absprache mit den übrigen südwestdeutschen Bischöfen, die erneut in Freiburg zusammenkamen, erklärte Vicari die staatliche Kirchenhoheit für außer Kraft und handelte dementsprechend. Er ernannte geistliche Beamte, besetzte Pfarreien, verbot theologische Prüfungen vor staatlichen Behörden und nahm sie in alleiniger Zuständigkeit ab. Regierung und Oberkirchenrat wehrten sich, sandten einen Sonderkommissar nach Freiburg, dem jedes Schriftstück des Ordinariats vorzulegen war. Der Erzbischof weigerte sich, dieser Forderung zu entsprechen, und exkommunizierte schließlich den Mann. In gleicher Weise wurde der Oberkirchenrat mit Kirchenstrafen belegt. Ein Vermittlungsversuch in Karlsruhe, zu dem Vicari den Mainzer Bischof von Ketteler gewann, scheiterte, weil Bismarck als preußischer Gesandter in Frankfurt nun beim Großherzog im Interesse gemeinsamer Positionen der protestantischen Regierungen intervenierte. Inzwischen hatte der Bischof in einem heimlich und ohne Placet gedruckten und verbreiteten Hirtenbrief, der in fast allen Pfarreien verlesen wurde, das Staatskirchentum als unchristlich verdammt und sein eigenes Vorgehen begründet. Die Regierung ließ Pfarrer verhaften, wies ausländische Geistliche aus, sperrte den Pfarrverwesern die Gehälter. Darauf entzog der Bischof in einem Kanzelrundschreiben alle Kirchenvermögen der staatlichen Aufsicht. Die Regierung leitete schließlich ein Strafverfahren gegen den greisen Erzbischof ein und ließ ihn im Palais wegen »Gefährdung der öffentlichen Ruhe und Ordnung« unter Hausarrest stellen. Erst als daraufhin im ganzen Land Erregung und Unruhen ausbrachen, deren der Staat z.T. nur durch Entsendung von Truppen Herr werden konnte, wurde die Haft aufgehoben.

Kondordat und Kirchengesetz 1859/60

Inzwischen suchte der badische Staat eine Lösung auf höherer Ebene und verhandelte mit der römischen Kurie, um das Verhältnis zur Kirche neu zu regeln. Während dieser Verhandlungen, die sich über fünf Jahre hinzogen, konnte sich das kirchliche Leben in der Erzdiözese relativ frei entfalten. Neue Vereine und Bruderschaften entstanden, Volksmissionen und Exerzitien wurden zu ständigen Einrichtungen. Vicari und in seinem Auftrag der Mainzer Bischof Ketteler besuchten auf Firm- und Visitationsreisen die Pfarreien im Land. Schon vor Ausbruch des Kirchenstreites konnte ein Knabenseminar für den theologischen Nachwuchs in Freiburg eingerichtet werden. Das Priesterseminar wurde 1842 nach St. Peter verlegt; in den Räumen des Freiburger Seminars wurde ein theologisches Konvikt errichtet, zunächst unter staatlicher, seit 1857 unter erzbischöflicher Aufsicht. Der junge Großherzog Friedrich I., der seit 1856 regierte, und sein konservatives Kabinett schlossen 1859 die Verhandlungen mit Rom in einem als »Konvention« bezeichneten Konkordat ab. Darin wurde die Kirche als autonome Körperschaft anerkannt, ein paritätisches Verhältnis von Staat und Kirche trat an die Stelle des bisherigen Staatskirchensystems. Die bischöfliche Gerichtsbarkeit wurde von der Staatsaufsicht befreit, die Genehmigungspflicht für kirchliche Erlasse entfiel, die Kirche erhielt das freie Verfügungsrecht über das Kirchenvermögen und die alleinige Aufsicht über Religionsunterricht und Theologiestudium.

Dieser eindeutige Sieg der Kirche entfachte den leidenschaftlichen Widerstand des liberalen Bürgertums, mit dem sich der Protestantismus ebenso verbündete wie die national orientierten Kräfte. Sie mobilisierten die öffentliche Meinung gegen den »Ultramontanismus«, und zugleich ergriffen die Liberalen die Gelegenheit, im Kampf gegen die vom Großherzog ohne Mitwirkung des Parlaments vereinbarte »Konvention« das politische System zu ändern und die Anerkennung des parlamentarischen Prinzips, d.h. eine Regierungsbildung entsprechend der Parlamentsmehrheit, durchzusetzen. Die »Konvention« von 1859 wurde schließlich in beiden Kammern des badischen Landtags abgelehnt, und der Großherzog berief ein neues, liberales Kabinett. Der Liberalismus wurde erstmals »regierende Partei« (*Gall*, 1968). Der neue Innenminister Lamey legte alsbald 1860 ein neues Kirchengesetz vor, das die Regelungen des Konstitutionsediktes von 1807 und der Verordnung von 1830 ersetzte und auf zahlreiche Positionen des Staatskirchentums verzichtete. Von den Pfarreien konnte der Landesherr künftig nur noch etwas mehr als die Hälfte besetzen, der Bischof 163, 132 unterlagen einem gemischten Besetzungsmodus. Nach dem Gesetz konnten die Kirchen ihre Angelegenheiten selbständig ordnen und verwalten, dem Staat blieb aber die Souveränität gegenüber den Kirchen vorbehalten. Der Landtag stimmte dem Gesetz zu und löste so das Staatskirchentum in seiner strengen Form durch das gemäßigte System der Staatskirchenhoheit ab.

Vom Schulkampf zum Kulturkampf

Die Liberalen, nunmehr im Besitz der Macht, strebten eine umfassende Reform der Gesellschaft an. Noch immer bestand an den Volksschulen die geistliche Schulaufsicht. Um sie abzubauen, wurde 1862 ein weltlicher »Oberschulrat« als oberste Schulbehörde des Landes eingerichtet; 1864 regelte ein Gesetz die Schulaufsicht auf Orts- und Bezirksebene neu: An die Stelle der Geistlichen traten gewählte Ortsschulräte bzw. ernannte Kreisschulräte. Die Lehrer wurden zu Staatsdienern und von den »niederen Kirchendiensten« entpflichtet. Der Freiburger Erzbischof, der zuvor auf die berechtigten Interessen der Kirche an Familie, Erziehung und Schule hingewiesen hatte, erkannte im Schulgesetz zu Recht den ersten Schritt zur vollen Säkularisierung, d. h. Entklerikalisierung, Entkonfessionalisierung und Verstaatlichung des Schulwesens, wandte sich in einem Hirtenbrief scharf dagegen und rief zum Boykott des Gesetzes auf. Zugleich verbot er den Geistlichen die Mitwirkung in den Ortsschulräten. Die katholische Bevölkerung folgte dem Bischof ebenso wie der Klerus in eindrucksvoller Solidarität, wenn auch ohne direkten Erfolg. Zur Mobilisierung der katholischen Öffentlichkeit schuf der Heidelberger Kaufmann Jakob Lindau die sogenannten »wandernden Casinos«, eine Bewegung, die überall in den Pfarreien Versammlungen abhielt, in denen die kultur- und sozialpolitischen Interessen der katholischen Bevölkerung artikuliert wurden. Hier entstand der politische Katholizismus als Massenbewegung.
Der Schulkampf erwies sich bald als bloßes Vorspiel eines umfassenden Kulturkampfes, der in Baden dem Kulturkampf des Bismarckreiches vorausging, sich dann mit diesem verband und in seinen Auswirkungen bis 1918 andauerte. Die Fronten hatten sich verhärtet, als die Regierung die Casino-Bewegung verbot und damit indirekt die Katholiken veranlaßte, sich parteipolitisch zu organisieren. Gleichzeitig verschärfte sich die Polemik der radikalen Liberalen, die zu Richtungs- und Flügelkämpfen in der Partei führten, aus denen sich nach dem preußischen Sieg von 1866 der kleindeutsch national orientierte radikal-liberale Teil unter Führung des neuen Innenministers Jolly durchsetzte. Jollys Ziel war eine starke Exekutive, getragen von einer loyalen Parlamentsmehrheit, mit der er die katholische Kirche als Zentrum der antiliberalen und großdeutschen

Opposition politisch ausschalten wollte. Dazu brachte er folgende Gesetze im Landtag durch:

– Das berüchtigte »Kulturexamensgesetz«, mit dem der eigentliche Kulturkampf in Baden 1867 eröffnet wurde, verlangte von den Neupriestern eine staatliche Prüfung in allgemeinbildenden Fächern vor ihrer Anstellung als Pfarrer. Der Erzbischof verbot den Theologen, dieses »Kulturexamen« abzulegen, und tatsächlich haben während der ganzen Kulturkampfzeit nur zwei Kleriker der Diözese diesen Boykott durchbrochen.

– Als nächstes folgte 1868 die Einführung der fakultativen Simultanschule. Etwa 30 Gemeinden machten von der Möglichkeit Gebrauch und bildeten konfessionell gemischte Volksschulen.

– Im folgenden Jahr wurde die obligatorische Zivilehe eingeführt. Fortan hatten nicht mehr die Ortspfarrer die Standesregister zu führen, sondern der weltliche Standesbeamte. Die standesamtliche Hochzeit hatte der kirchlichen Trauung voranzugehen.

– Ein 1870 verabschiedetes Stiftungsgesetz entzog alle Stiftungsvermögen, die nicht ausschließlich kirchlichen Zwecken dienten, der Kirche, womit der Staat ein Vermögen von 20 Millionen Goldmark gewann und versuchen konnte, die Sozialfürsorge zum staatlichen Monopol zu machen.

Auch in der Frage der Nachfolge für den 1868 mit fast 95 Jahren verstorbenen Hermann von Vicari setzte der Staat massiven Druck ein. Vicaris Versuch, Ketteler als Nachfolger zu designieren, wurde abgelehnt. Die vom Domkapitel erstellte Vorschlagsliste wurde bis auf einen einzigen Namen zusammengestrichen, worauf sich Rom weigerte, den erzbischöflichen Stuhl zu besetzen. So mußte der noch von Vicari ernannte Weihbischof Lothar von Kübel als Bistumsverweser mit Sondervollmachten die Diözese bis zu seinem Tod 1881 leiten.

Verschärfte Auseinandersetzung

Zwei Ereignisse haben den badischen Kulturkampf zugleich unterbrochen und verschärft: Das Erste Vatikanische Konzil, das mit dem Unfehlbarkeitsdogma 1870 die zentralistisch »monarchische« Struktur der Weltkirche verfestigte und zur Abspaltung der »Altkatholiken« in Deutschland führte. Zum zweiten die Gründung des kleindeutsch-preußischen Kaiserreichs im Januar 1871, dessen Verfassung an liberalen Grundsätzen orientiert und dessen Führungselite protestantisch geprägt war. Der 1872 in Preußen entfachte Kulturkampf griff das badische Vorbild auf und wirkte seinerseits auf die badische Kirchenpolitik zurück. Unter Jolly, der seit 1868 auch Staatsminister und somit Kabinettschef war, konnte die nationalliberale Parlamentsmehrheit folgende Gesetze beschließen:

– 1872 wurde den Jesuiten jede Tätigkeit im Lande untersagt.

– 1874 verschärfte ein Gesetz die Bestimmungen über das Kulturexamen.

Das Theologische Konvikt und die Kirchlichen Knabenseminare wurden geschlossen und erst 1888 offiziell wieder eröffnet.
– Im gleichen Jahr gewährte ein Gesetz den Altkatholiken die Mitbenützung katholischer Kirchen.
– Das »Dotationsgesetz« von 1876 gewährte Pfarrern mit unzureichenden Pfründen staatliche Zuschüsse, die ein Mindesteinkommen von 1600 Mark garantierten, jedoch an einen besonderen Gehorsamseid des Bischofs gebunden wurden.
– Ebenfalls 1876 beschloß der Landtag die Einführung der obligatorischen Simultanschule. Damit war erstmals in Deutschland die Entkonfessionalisierung der Volksschule verwirklicht. Allerdings war bei der Anstellung der Lehrer die konfessionelle Zusammensetzung der Schülerschaft zu berücksichtigen. Auch blieben Lehrerbildung und Religionsunterricht konfessionell getrennt.
Klerus und Volk leisteten erbitterten Widerstand gegen die Kulturkampfgesetze. Jungpriester, die ohne Kulturexamen Messe lasen, Beichte hörten oder predigten, riskierten Geld- und Gefängnisstrafen. 1875 befand sich fast der ganze Weihejahrgang in Haft. Andere gingen als »Sperrlinge« (weil sie von Pfarrstellen ausgesperrt waren) jahrelang ins Ausland. Der Papst verbot die Mitbenützung der rund 20 Kirchen, in denen Altkatholiken zugelassen waren. So wich man in Not- oder Filialkirchen aus. Die regierungsfeindliche, antiliberale Stimmung in der katholischen Bevölkerung kulminierte in der Ablehnung der Simultanschule, die man als Instrument eines liberalen Weltanschauungsmonopols betrachtete. In der Sache blieb man zunächst erfolglos. Doch unmittelbar nach dem Simultanschulgesetz brach der Großherzog mit Jolly, entließ ihn und machte den Weg zum Abbau des Kulturkampfes frei. 1880 wurden die Theologen vom Zwang zum Kulturexamen befreit. Der nach Kübels unerwartet frühem Tod 1882 zum Erzbischof gewählte Johann Baptist Orbin zeigte sich seinerseits zur Versöhnung bereit. Nach 1886 wurden die Knabenkonvikte und das Theologische Konvikt wieder zugelassen, die Strafbestimmungen gegen Geistliche gemildert, der besondere Gehorsamseid aufgehoben. Das Verbot neuer Ordensniederlassungen blieb jedoch ebenso bestehen wie das Stiftungsgesetz und die Simultanschule.

4. Der innere Aufbau der Erzdiözese

Der Kulturkampf, der in Baden länger und intensiver geführt wurde als im übrigen Deutschland, hat die katholische Kirche des Landes tief aufgewühlt, den Klerus in einer antiliberalen, antimodernistischen (konservativen?) Grundhaltung verfestigt, in der katholischen Bevölkerung eine z.T. bedingungslose Solidarität mit ihrer Amtskirche bewirkt, während beim arrivierten katholischen Bürgertum oder in der Volksschullehrerschaft ein eher gespaltenes Verhältnis zur Kirche entstand. Da die

Katholiken sich zwar als moralische Sieger des Kampfes fühlten, faktisch jedoch Positionen verloren hatten (insbesondere die Konfessionsschule, die selbst in Preußen, und somit auch in Hohenzollern, erhalten blieb), hinterließ der Kulturkampf ein Trauma, das noch über Generationen nachwirkte und die politische Perspektive der Katholiken oft einseitig auf kirchen- und kulturpolitische Interessen verengte.

Politischer Katholizismus

Vorläufer einer politischen Organisation der badischen Katholiken waren katholische Vertreter im badischen Landtag wie Andlaw, Buß oder Herr gewesen, die sich seit der Jahrhundertmitte auch auf kirchliche Vereine und eine eigene katholische Presse stützen konnten. Neben Blättern wie dem »Freiburger katholischen Kirchenblatt« (seit 1856) und dem Amtsblatt der Erzdiözese (seit 1860) gab es zahlreiche (seit den 70er Jahren an die 40) regionale Zeitungen mit katholischem Charakter, unter denen der 1859 begründete »Karlsruher Anzeiger« (seit 1864 »Badischer Beobachter«) mit ca. 3000 Abonnenten zur wichtigsten Zeitung der badischen Katholiken und bald zum Sprachrohr ihrer Partei wurde. Diese wurde als »Katholische Volkspartei« 1869 von führenden Köpfen der ehemaligen Casino-Bewegung gegründet und gewann bei den Landtagswahlen sogleich fünf Sitze. Die Fraktionsmitglieder Lindau, Baumstark, Bissing und Lender bildeten als »Festungsviereck« eine Opposition von massiver Geschlossenheit. Die Partei erreichte bei den Wahlen 1881 bereits 23 Sitze und brach damit erstmals die absolute Mehrheit der Nationalliberalen. Das Parteiprogramm war »ultramontan«, enthielt aber zugleich demokratische Forderungen nach allgemeinem, direktem Wahlrecht und vertrat den Anspruch auf sozialen Ausgleich für den noch immer benachteiligten katholischen Volksteil im Lande. So konnte die Partei die katholische Bevölkerung über die Standes- und Klassengrenzen hinweg politisch integrieren. Als Infrastruktur diente ihr nicht nur das katholische Vereins- und Pressewesen, sondern auch die innerkirchliche Organisation. Das Pfarrhaus bildete in der Regel die örtliche Parteizentrale: Hier wurden Versammlungen organisiert, Zeitungen, Plakate, Aufrufe verteilt, Mitarbeiter und Kandidaten zu Wahlen gewonnen u. a. mehr. Da die Fraktion sich weitgehende Unabhängigkeit im politischen Handeln sicherte, konnte man aber nicht eigentlich von einer klerikalen Partei sprechen. Es wurde jedoch größtes Gewicht auf die Geschlossenheit im politischen Katholizismus gelegt. Als Pfarrer Hansjakob 1878 als Landtagsabgeordneter aus der gemeinsamen antiliberalen Front ausbrauch, geriet er ebenso in die Isolierung und in den Verdacht des Verrats wie der Freiburger Kirchenhistoriker Franz Xaver Kraus, der als hochangesehener Gelehrter und unabhängiger Kopf gelegentlich zum kirchenpolitischen Berater des Großherzogs und Bismarcks wurde. Seit den frühen 80er Jahren steuerte

Prälat Lender als Fraktionsführer in Anlehnung an die pragmatische Versöhnungspolitik der kleinen Schritte von Erzbischof Orbin einen gemäßigten Kurs, den die katholischen Wähler jedoch nicht honorierten. Ein radikaler Flügel unter Führung von Theodor Wacker (Pfarrer in Zähringen bei Freiburg), der sich auf den »Badischen Beobachter« stützen konnte, setzte sich seit 1888 erneut durch und hielt bis über die Jahrhundertwende an den Forderungen auf völligen Abbau der Kulturkampfgesetze als zentrale Strategie der Partei fest. Unter Wacker schloß sich die Partei als Badisches Zentrum der entsprechenden Reichstagspartei an. Gestützt wurde Wackers Kurs auch von Erzbischof Johann Christian Roos, der als Nachfolger Orbins die Diözese von 1886 bis 1896 leitete und sich durchaus »ultramontan« an zentralrömischen Interessen orientierte. Sein Nachfolger sollte der Fuldaer Bischof Ignaz Komp werden, der jedoch auf der Reise zum Amtsantritt einem Schlaganfall erlag. Nun wurde 1898 mit Thomas Nörber ein Diözesanpriester Erzbischof, der vor allem über pastorale Erfahrung als Klosterseelsorger verfügte, sich kirchenpolitisch flexibel zeigte, ohne die Grundpositionen preiszugeben. Nörber hat nach Gesprächen mit dem Großherzog offenbar auf Wacker eingewirkt, seinen radikalen Kurs aufzugeben, worauf sich dieser 1903 aus der Fraktion zurückzog. Die Zentrumspartei aber behielt ihre Stellung, wurde stärkste Fraktion und blieb dies bis zum Ende der Weimarer Republik. Sie konnte sich vor allem auf den 1890 gegründeten Volksverein für das katholische Deutschland stützen, eine Massenorganisation, die in Baden vor 1914 fast 62000 Mitglieder hatte, d. h., daß ihr fast jeder fünfte erwachsene männliche Katholik im Lande angehörte.

Kirchliche Organisation und Seelsorge

Die Zahl der Katholiken in Baden belief sich 1864 auf rund 930000, stieg bis 1880 auf fast eine Million und betrug 1905 über 1,2 Millionen. Die soziale und regionale Struktur der Bevölkerung erfuhr im Zuge der Hochindustrialisierung, die Baden in diesen Jahrzehnten erfaßte, einen grundlegenden Wandel. Die überlieferten, überschaubar geordneten sozialen Einheiten in Dorf und Kleinstadt, in denen die jeweilige Kirche den natürlichen Mittelpunkt bildete, lösten sich auf. Nur zögernd vermochte die katholische Kirche sich den veränderten Verhältnissen anzupassen. Gemeinden mit rein katholischer Einwohnerschaft wurden seltener, 1914 gab es in der Erzdiözese noch 76 davon. Die zunehmende konfessionelle Mischung der Wohnbevölkerung, zumal in den expandierenden Großstädten (Freiburg nahm z. B. von 1871 bis 1910 von knapp 25000 auf über 83000 zu), wo die Katholikenzahl überproportional anwuchs, machte eine erweiterte Diasporalseelsorge notwendig. Weihbischof Knecht hat sich in seiner Amtszeit (1894–1921) u. a. durch die Förderung des Bonifatiusvereins besonders um sie verdient gemacht. Die Gründung neuer

Pfarreien erfolgte ebenso wie der Bau entsprechender Kirchen vermehrt seit den 90er Jahren. Doch blieb die alte Pfarrei- und Dekanatseinteilung weithin erhalten; 1903 wurden für Freiburg, Mannheim und Karlsruhe Stadtdekanate gebildet, eine Generalrevision erfolgte erst 1928. In Großpfarreien standen den Pfarrherren mehrere Vikare (Kapläne) zur Seite, die im meist noch patriarchalisch geführten Pfarrhaushalt lebten. Zur Versorgung der Pfarrei und ihres Pfarrers dienten noch immer die Pfründen, während der Kirchenzehnt 1831 aufgehoben worden war. Das aufgrund der ungleichen Pfründevermögen extreme Einkommensgefälle wurde durch die 1876 beschlossenen Staatszuschüsse vermindert. Seit 1892 konnte die Kirche eine eigene Ortskirchensteuer erheben, wovon sie begrenzt seit 1899, in größerem Umfang erst in den 30er Jahren Gebrauch machte. Die Staatszuwendungen an das Erzbistum beliefen sich vor dem Ersten Weltkrieg auf ca. eine halbe Million Mark und stiegen danach z. B. 1920 auf 215 924 Mark für den Erzbischof, das Domkapitel und die Kanzlei, sowie 1 555 800 für die Pfarrerbesoldung an (*Stiefel*, 1977, S. 745). Erst 1922/24 wurde die Besoldung der Pfarrer einheitlich geregelt und auf 2000−3400 Mark pro Jahr (je nach Ortsklasse und Dienstalter) festgelegt, für Vikare auf 360−600 Mark (*Anzeigenblatt* 14/1924, S. 53). Zu den genannten Staatszuschüssen kamen bis 1919 Baukosten für Kirchen und Pfarrhäuser an den Orten, wo der Staat das Patronatsrecht besaß, außerdem Sonderzuwendungen in beträchtlicher Höhe, so z. B. für den 1903/1906 errichteten Neubau des Ordinariats 150 000 Mark, für die (im damals üblichen historisierenden Stil 1898/99 errichtete) Pfarrkirche St. Johann in Freiburg zwei Drittel der auf 572 000 Mark berechneten Kosten.

Die Leitung der Erzdiözese lag beim Erzbischof, dem das Domkapitel (Domdekan und sechs Domkapitulare) als Senat der Diözese zur Seite standen und der in seinen Weihefunktionen von einem Weihbischof unterstützt wurde. Die kirchliche Verwaltung wurde vom Ordinariat (mit dem Generalvikar an seiner Spitze) und von der Kanzlei (die noch immer jedes Schriftstück von Hand ausfertigte und handschriftlich für die Akten kopierte) ausgeführt. Für die kirchliche Gerichtsbarkeit war das Offizialat zuständig. Kirchliche Bausachen wurden von eigenen Bauämtern in Freiburg, Karlsruhe, Heidelberg und Konstanz betreut. Zur Koordinierung und Organisation der außerordentlichen Seelsorge in Volksmissionen, Exerzitien u. ä. wurde 1911 ein »Missionsinstitut« (das heutige Seelsorgeamt) geschaffen. Die Zahl der Priester stieg nach einem dramatischen Rückgang in der Zeit des Kulturkampfes (1879 wurden nur noch zehn Neupriester geweiht, zeitweise waren über 100 Pfarreien verwaist) allmählich an und erreichte kurz vor dem Ersten Weltkrieg mit etwas über 1200 Diözesanpriestern wieder den Stand von 1836. Allerdings hatte nun aufgrund der stark gestiegenen Zahl der Katholiken ein Priester im Durchschnitt über 1000 Gläubige zu betreuen. Die Mehrzahl der Geistlichen stammte in dieser Zeit »aus einfachen Breitenschichten der Bevölkerung« [*Merkel*, 1974, S. 118), ein Großteil (in den Jahren unmittelbar vor dem Ersten Weltkrieg 80 Prozent der Neupriester) hatte eines der Erzbischöflichen Knabenkonvikte (Freiburg, Konstanz, Sigmaringen, Tauberbischofsheim oder Rastatt) besucht. Die Theologen wohnten während des dreijährigen (seit 1918 vierjährigen) Studiums in Freiburg, wo sie im Konvikt durch Repetitionskurse und praktische Übungen auf den Beruf vorbereitet wurden, während sie das letzte Jahr im Priesterseminar St. Peter ziemlich weltabgeschieden verbrachten. Herkunft, Sozialisation und Ausbildungsgang des Klerus machen verständlich, warum sich die Geistlichen so weitgehend homogen, streng kirchlich und zuverlässig verhielten und u.a. den von Papst und Bischof seit 1911 geforderten »Modernisteneid« mit der Verurteilung von Liberalismus, Sozialismus und anderen Irrtümern des Zeitgeistes widerspruchslos unterschrieben. Der relative Priestermangel erklärt u.a. die Schärfe, mit der die Kirche um die Wiederzulassung von Orden kämpfte. Nur im hohenzollerischen Teil der Diözese hatten sich 1862/63 Benediktiner in Beuron, Jesuiten in Gorheim (bei Sigmaringen) niedergelassen; sie wurden zwar 1872 ausgewiesen, doch 1887 wieder zugelassen (Gorheim übernahmen die Franziskaner). Beuron entfaltete eine weithin ausstrahlende Tätigkeit in Liturgie (Edition des »Schott« 1884, Choralpflege), Malerei (im »Beuroner Stil«) und Wissenschaft. In begrenztem Umfang wurden auswärtige Geistliche für die Sonderseelsorge gewonnen. Mit ihrer Hilfe wurden in der Zeit zwischen 1894 und 1914 884 »Volksmissionen« in den Pfarrgemeinden der Diözese gehalten, fast 20 000 Männer und über 40 000 Frauen konnten zwischen 1894 und 1925 Exerzitien besuchen. Im übrigen bemühte man sich in der Diözese um die Erneuerung der Meßliturgie mit der Verpflichtung zum vollständig lateinischen Hochamt, der Einführung eines neuen Diözesangesangbuches (dem »Magnificat« von 1892, aus dem die Wessenbergischen Lieder und Vespern sehr zum Unwillen des Volkes entfernt waren, bis sie von Erzbischof Nörber in einer Neuauflage wieder aufgenommen wurden) und die Förderung des häufigeren Kommunionempfanges (u.a. durch Herabsetzung des Erstkommunikantenalters auf das 10./11. Lebensjahr). Der Religionsunterricht gewann durch die von Weihbischof Knecht herausgegebene »Biblische Geschichte«. Gebetsbruderschaften und Marianische Kongregationen belebten die religiöse Alltagspraxis zahlreicher Gruppen. Sie lassen zugleich erkennen, daß man die Seelsorge zunehmend nach Berufs-, Alters- und Standesgruppen zu differenzieren begann.

Kirchliche Vereine und soziale Dienste

Als Teil der Standesseelsorge wurde mitunter auch das kirchliche Vereinsleben betrachtet. Aber die katholischen Vereine haben eine andere Dimension. Sie bildeten eine neue Form der Präsenz von Kirche in der modernen Gesellschaft. Die von Buß initiierten Pius-Vereine, als deren

Repräsentant er im Oktober 1848 bei der ersten Generalversammlung der katholischen Vereine Deutschlands zum Präsidenten dieses ersten Katholikentages gewählt worden war, erwiesen sich zwar noch nicht auf Dauer als lebensfähig. Schon 1852 entstand jedoch in Freiburg der erste Kolpingverein, und zur Zeit der Hochindustrialisierung nahm die Zahl dieser Gesellenvereine rasch zu, 1900 zählte die Erzdiözese bereits 50; gleichsam als Vorstufe kamen Lehrlingsvereine hinzu (1913 bestanden in der Erzdiözese 71). 1888 war der erste Arbeiterverein in Freiburg gegründet worden, 1912 gab es in der Diözese 170 solcher Vereine mit über 20 000 Mitgliedern, d. h., daß etwa jeder zehnte katholische Arbeiter im Land darin organisiert war. Entsprechend der zunehmenden Differenzierung der Gesellschaft kamen immer neue Vereine auf: ein Verein für katholische Kaufgehilfinnen und Beamtinnen (mit der Verbandszeitschrift »Treu wie Gold«), für katholische Lehrerinnen (seit 1895) und für katholische Lehrer (seit 1905), für Dienstboten, für Studenten, für Akademiker u. a. mehr. Daneben entstanden Jugend-, Männer- und Frauenorganisationen. Im Jahr 1914 gab es an 239 Pfarreien eine eigene Jungfrauenkongregation. Die männliche Jugend war noch weniger erfaßt, doch fand die katholische Sportorganisation »Deutsche Jugendkraft« (DJK) nicht zuletzt ihrer sportlichen Erfolge wegen immer mehr Zuspruch. All diese katholischen Vereine erfüllten mehrfache Zwecke. Hier fanden die durch Diffusion und Transformation der Gesellschaft sozial desintegrierten Menschen eine neue »Heimat«, eine Gruppe, in der man sie kannte, wo sie geachtet, freilich auch sozial (und moralisch) kontrolliert wurden, einen Raum für Kommunikation und Mitmenschlichkeit. Die Amtskirche betrachtete die Vereine als neue Stätten der Pastoration, unterstellte sie geistlicher Leitung und bestimmte über die Satzungen die religiös-geistliche Zielsetzung der Gruppen, deren Mitglieder zum täglichen Gebet, zum Besuch der Sonntagsmesse, zur Teilnahme an der vierteljährlichen Pflichtkommunion oder auch an Exerzitien angehalten wurden. Die Vereine dienten schließlich aber auch der beruflichen Fortbildung und sozialen Sicherung, vermittelten Unterkunft, Lehrstellen, Rechtsbeistand und Nothilfe im Krisenfall.

Diese soziale Funktion trat bei den karitativen Einrichtungen der Kirche noch deutlicher hervor. Die ältesten von ihnen gehen noch auf Wessenberg zurück, auf dessen Initiative Waisenhäuser und die ersten »Rettungsanstalten« (z. B. Mariahof in Hüfingen) gegründet wurden. Im Lauf des 19. Jahrhunderts entstanden mehr als zwei Dutzend kirchlicher Anstalten für Waisen, gefährdete oder verwahrloste Jugendliche, für Behinderte (z. B. in Herten 1879), für alleinstehende Mädchen. Hinzu kamen Alters-, Kranken- und Pflegeheime, finanziert durch fromme Stiftungen und versorgt durch den Dienst katholischer Ordensschwestern. Neben den Vinzentinerinnen von Freiburg, die über 200 Stationen betreuten, wirkten die Franziskanerinnen von Gengenbach, die Schwestern vom hl. Kreuz in Hegne sowie die Franziskanerinnen von Erlenbad und eine

Reihe kleinerer Ordensgemeinschaften in selbstloser Weise im Dienst an Kranken und Benachteiligten. Prälat Lorenz Werthmann, den Erzbischof Roos aus seiner ehemaligen Diözese Limburg als Hofkaplan nach Freiburg mitgebracht hatte und der sich u.a. der italienischen Gast- und Saisonarbeiter besonders annahm, faßte die verschiedenen caritativen Einrichtungen der Erzdiözese 1903 in einem Diözesanverband der Caritas zusammen, nachdem bereits 1897 die kirchlichen Hilfswerke aller deutschen Diözesen als Dachverband den DCV (Deutscher Caritas Verband) gegründet, Werthmann zum Präsident gewählt und die Zentrale dieses DCV in Freiburg errichtet hatten. In der Zeit nach dem Ersten Weltkrieg unterstanden dem Caritasverband in der Freiburger Diözese u.a. über 150 Fürsorgeanstalten, über 310 Kindergärten und -krippen und fast 500 Pflegestationen.

Mit den sozialen Diensten bezeugte die Kirche ihre Verantwortung für den ganzen Menschen, dessen Existenz als leibseelische Einheit verstanden wurde. Sie leistete mit dieser sozialen Arbeit einen Dienst an der Gesellschaft, weigerte sich jedoch einstweilen, die von ihr geschaffenen Vereine und Institutionen zur Integration in diese Gesellschaft freizugeben, sondern hielt sie als kirchliche Einrichtungen unter geistlicher Kontrolle und in strenger konfessioneller Abgrenzung, wobei sie jeden Versuch der Simultaneisierung oder Kommunalisierung abwehrte.

5. Die Erzdiözese 1918–1945: Republik und NS-Herrschaft

Dem Ausbruch des Ersten Weltkrieges begegnete die katholische Kirche in Baden mit vaterländischer Begeisterung. Die Kirche bewies und bestärkte ihre Solidarität mit dem deutschen Nationalstaat. 120 Priester sowie fast alle Theologiestudenten wurden eingezogen, die Geistlichen (die zu Friedenszeiten vom Wehrdienst befreit waren) taten als Feldseelsorger und Sanitäter Dienst. Zahlreiche Lazarette wurden von Ordensschwestern versorgt. Kirchliche Amtsträger setzten sich für die Kriegsgefangenen ein. Freiwillig zeichnete die Kirche Kriegsanleihen, unter Zwang mußte sie das Zinn der Orgelpfeifen, die bronzenen Glocken und das Kupfer der Kirchendächer abliefern. 108 Theologiestudenten, zwei Feldgeistliche aus der Diözese sind gefallen.

In der Weimarer Republik

Der Krieg bewirkte im politischen Katholizismus allmählich einen Wandel der Einstellung zu Staat und Gesellschaft. Erzberger brachte im Juli 1917 die Friedensresolution im Reichstag ein. In der Novemberrevolution setzte das badische Zentrum sich wie die Reichspartei für einen geordneten Übergang zur republikanischen Staatsform ein. Seitdem bewährte das

Zentrum sich als staatstragende Partei der Weimarer Republik. In Karlsruhe (wie in vielen anderen Ländern und im Reich selbst) gehörte die Partei den Koalitionsregierungen an, stellte eine Reihe von badischen Staatspräsidenten (u. a. Trunk, Köhler, Schmitt) und bildete bis 1933 die stärkste Landtagsfraktion. Prälat Schofer leitete das badische Zentrum souverän, umsichtig, ausgewogen und erfolgreich.

Die Weimarer Reichsverfassung wie auch die badische Staatsverfassung von 1919 stellten das Verhältnis von Staat und Kirche auf eine neue Grundlage. Der Staat wurde auf konfessionelle Neutralität verpflichtet und verzichtete auf jedes Aufsichtsrecht über die Kirche. Diese wurden zu Anstalten des öffentlichen Rechts erklärt, konnten ihre Angelegenheiten frei ordnen und verwalten und waren in keiner Form mehr der staatlichen Verwaltung inkorporiert. Sie erhielten das Recht zur Selbstbesteuerung. Trotz dieser Trennung von Staat und Kirche blieb die wohlwollende Kooperation erhalten. Baden zahlte weiterhin Staatszuschüsse, ja erhöhte sie, an die katholische und evangelische Kirche. Das staatliche Recht auf Pfarreibesetzungen entfiel, ebenso der staatliche Einfluß auf die Bischofswahl. 1920 wurde Carl Fritz zum Nachfolger des verstorbenen Thomas Nörber gewählt, nunmehr allein »durch Gottes Erbarmung und des Heiligen Apostolischen Stuhles Gnade Erzbischof von Freiburg...«, wie er seine amtlichen Schreiben einleitete. Er berief für September 1921 eine Diözesansynode aus den Dekanen und gewählten Geistlichen des ganzen Landes ein, die eine Reihe vorsichtiger Reformen beschloß. Sie sind im Lauf der 20er Jahre schrittweise verwirklicht worden: Das Vereinsleben, das im Krieg schwer gelitten hatte (die Mitgliederzahlen waren durchweg unter die Hälfte des Vorkriegsstandes gesunken), wurde wiederbelebt, ohne die alte Bedeutung voll zu erreichen; die Kirchenmusik wurde reorganisiert, das »Magnificat« gründlich umgearbeitet, so daß die 1929 erschienene Neuausgabe im wesentlichen bis 1960 Bestand hatte. Die Pfarrei- und Dekanatseinteilung wurde 1928 der veränderten Siedlungsstruktur angepaßt. Nachdem die Niederlassungsbeschränkungen für Orden entfallen waren, entstand eine Reihe von Männer- und Frauenklöstern, u.a. der Kapuziner, Zisterzienser, der Weißen Väter sowie der Liobaschwestern. Die schon seit dem 19. Jahrhundert bestehenden Mutterhäuser erlebten einen starken Zustrom, 1927 verfügte die Diözese über mehr als 5000 Ordensschwestern. In feierlicher Form zog man beim 100jährigen Bestehen der Erzdiözese 1927 nicht ohne Stolz Bilanz. Optimistisch gab sich auch der Freiburger Katholikentag 1929, der vierte, der hier stattfand nach 1859, 1875 und 1888 und der unter dem Motto stand »Rettet die christliche Familie«. Nuntius Pacelli (der spätere Papst Pius XII.) hielt das Schlußreferat. Pacelli führte auch die aufgrund des neuen Kirchenrechts (Codex Juris Canonici von 1917) und des Wegfalls der badischen Monarchie von Rom geforderten Konkordatsverhandlungen, die am 12. 10. 1932 in Hegne abgeschlossen wurden. Lange hatte Freiburg gezögert, da im Landtag keine Mehrheit für das Konkordat zu erwarten war. Schließlich hatte das Zentrum, inzwischen unter der Führung von Ernst Föhr, dem Generalsekretär des »Volksvereins« in der Erzdiözese, die Sozialdemokraten zur Annahme gewonnen, aber damit die Regierungskoalition gesprengt. Mit knappster Mehrheit (*Merz*, 1978, S. 46) stimmte der Landtag dem Konkordat zu. Als Staatspräsident Schmitt am 11. 3. 1933 die Urkunde ratifizierte, patrouillierten bereits SA-Männer vor dem Raum der Staatskanzlei. Kurz darauf wurde Schmitt abgesetzt, in Schutzhaft genommen, sein Amt übernahm Gauleiter Robert Wagner. Das Konkordat hat im wesentlichen die kirchlichen Freiheiten völkerrechtlich garantiert, die bereits durch Verfassung und Gesetz in der Praxis bestanden. Es bestätigte die freie Verfügung des Ordinariats über kirchliche Ämter und Vermögen, die Freiheit kirchlicher Orden und Schulen, bestätigte aber auch die Simultanschule als christliche Gemeinschaftsschule (mit konfessionellem Religionsunterricht und konfessioneller Lehrerbildung). Dem Domkapitel wurde das Bischofswahlrecht zuerkannt, nachdem der Vatikan zwischenzeitlich seit 1920 die Bischofsernennung als alleiniges Recht beansprucht und nach dem Tod von Erzbischof Fritz mit der Ernennung von Conrad Gröber zum Nachfolger 1932 auch so praktiziert hatte (*Köhler*, 1982, S. 260).

1933: Widerstand oder Zusammenarbeit?

Seit 1929 war die NSDAP mit sechs Abgeordneten im badischen Landtag vertreten. In den Reichtagswahlen im September 1930 erreichte sie in Baden 19,2 Prozent, im Juli 1932 36,9 Prozent. Zwar verlor das Zentrum weniger Stimmen an die Nationalsozialisten als die bürgerlich-liberalen Parteien und die SPD, obwohl die Nazis ihre Propaganda in Baden vor allem gegen »die Schwarzen« richteten. Immerhin gab Anfang der 30er Jahre aber auch hier nur noch jeder zweite katholische Wähler seine Stimme dem Zentrum. Die Partei hatte wegen ihrer vatikanfreundlichen Konkordatspolitik Vertrauen verloren. Die katholischen Verbände begannen, sich aus dem politischen Leben zurückzuziehen, seitdem die Kirchenleitung sie drängte, nach dem Vorbild der in Italien aufgebauten »Katholischen Aktion« die Interessen der Katholiken in der Öffentlichkeit ohne parteipolitische Bindung zu vertreten. Tatsächlich konnte die Diözesansynode im April 1933 in diesem Sinne beschließen »Die katholischen Vereine ... sind Glieder der Katholischen Aktion« (*Diözesansynode*, 1933, S. 74). Damit war der politische Katholizismus entscheidend geschwächt. Die Bischöfe warnten zwar nachdrücklich aus weltanschaulichen Gründen vor dem Nationalsozialismus und erklärten in einem gemeinsamen Hirtenbrief der Oberrheinischen Kirchenprovinz vom 19. 3. 1931: »Es kann deshalb dem Katholiken nicht erlaubt sein, diese Anschauungen [des Nationalsozialismus] als wahr anzunehmen und sie in

Wort und Tat zu bekennen.« Und noch am 26. 2. 1933 war ein Wahlaufruf der deutschen Bischöfe von allen Kanzeln der Erzdiözese zu verlesen,
in dem es hieß: »Hütet euch vor Agitatoren und Parteien, die des
Vertrauens des katholischen Volkes nicht würdig sind!« Dennoch gewann
die NSDAP mit gezielter Propaganda und massiven Repressionen 45,4
Prozent der Stimmen in Baden bei der Reichstagswahl vom 5. März 1933,
während das Zentrum auf 25,4 Prozent absank. Erzbischof Gröber
schrieb am 18. März 1933 an Pacelli: »Betrüblich ist dabei, daß auch in
meiner Erzdiözese eine größere Anzahl rein katholischer Gemeinden mit
fliegenden Fahnen zu dieser Partei hinübergezogen sind« (*EAF*, Nb 8/1).
Derselbe Erzbischof erklärte vor der Diözesansynode am 25. April 1933:
»Wir dürfen und wir können den neuen Staat nicht ablehnen, sondern
müssen ihn bejahen mit ›unbeirrbarer Mitarbeit‹ . . . Das ist keine Cha-
rakterlosigkeit, sondern die Pflicht der Stunde aus klarer Erkenntnis. Eine
›unbeirrbare Mitarbeit‹ allerdings mit Würde und Ernst« (*EAF*, Generalia
56/20). Weihbischof Burger schrieb etwa zur gleichen Zeit: »Das katholische Volk bejaht die nationale Erhebung«, fügte aber hinzu: »Der Katholik aber vergöttert nicht das Vaterland« (*Zeit und Volk*, 1933, S. 181).
Gröbers Entschluß zur Kooperation mit dem Nationalsozialismus hatte
viele Gründe. Er wurde durch Hitlers Regierungserklärung vom 23. 3.
1933 ausgelöst, in der der Führer sich positiv zum Christentum bekannte
und die Zusammenarbeit des Reiches mit den Kirchen anbot. Große
Hoffnung setzte Gröber auf das Reichskonkordat, an dessen Abschluß er
im Auftrag der Fuldaer Bischofskonferenz maßgeblich mitwirkte. Offenbar sah er in der Zusammenarbeit der Kirche mit dem neuen Staat die
historische Chance einer vollen Integration der deutschen Katholiken in
das nationale Gemeinwesen und ihrer Befreiung aus einer seit dem frühen
19. Jahrhundert erfahrenen Inferiorität. Erste Übergriffe der Nazis gegen
kirchliche Organisationen betrachtete er als Mißgriffe unterer Parteiorga-
ne, die mit Berufung auf das Konkordat zu bereinigen seien. Tatsächlich
unterblieben zunächst massive Maßnahmen gegen die Kirche, nachdem
am 20. 7. 1933 das Konkordat unterzeichnet war. Es verschaffte dem NS-
Regime einen erheblichen Gewinn an internationalem Prestige und innerer Loyalität im Reich. Es mag der Kirche auch unter den Bedingungen
einer Terrorherrschaft das Überleben gewährleistet haben, auf die Dauer
hat es die NS-Verbrechen nicht verhindern können. Der politische Katholizismus in Deutschland war von der Kirche preisgegeben worden. Im
Juli 1933 löste sich auch das badische Zentrum selbst auf. Der Bischof
hielt an seiner optimistischen Fehleinschätzung zunächst fest, stellte sich
in einer mit stürmischem Beifall gefeierten Rede am 10. 10. 1933 in
Karlsruhe »restlos hinter die neue Regierung und das neue Reich« (*Ger-
mania*, 280 vom 11. 10. 1933), unterstützte die vom Vizekanzler Papen
initiierte »Arbeitsgemeinschaft katholischer Deutscher« (AKD) und erhielt für einen überaus positiv gehaltenen Wahlaufruf zur Reichstagswahl
und Volksabstimmung am 12. 11. 1933 Papens »herzlichsten Dank«

(*EAF*, Nb 8/45). Gröber erwartete in der völkischen Einheit eine störungsfreie Zusammenarbeit von Kirche und Staat und wollte alles vermeiden, was das Reich zu einem neuen Kulturkampf treiben könnte. Als Exponent der kooperationsbereiten Katholiken wurde Gröber jedoch von Amtskollegen scharf angegriffen und geriet Ende 1933 innerhalb des deutschen Episkopats in die Isolierung, da man durch ihn die Geschlossenheit der kirchlichen Position bedroht sah und die Mehrheit der Bischöfe eher eine abwartende Distanz zum NS-Staat einnehmen wollten.

Die Kirche im Dritten Reich

Zu solcher Distanz gegenüber den Nazis sah sich Gröber selbst seit Ende 1934 zunehmend veranlaßt. Die Bemühungen der AKD, Männer der katholischen Elite in führende Positionen zu bringen, waren gescheitert; die Organisation löste sich am 20. 9. 1934 auf. Im Zusammenhang mit dem Röhmputsch wurde Ministerialdirektor Klausener von der »Katholischen Aktion« ermordet. Schikanen gegen kirchliche Vereine, gegen katholische Geistliche und ehemalige Zentrumspolitiker häuften sich. Eine spätere Erhebung des Jahres 1940 ergab, daß die Gestapo seit 1933 gegen 354 Seelsorgsgeistliche der Diözese mit Vernehmungen, Schulverbot, Orts- oder Landesverweis vorgegangen war. Mit Mißfallen registrierte der Sicherheitsdienst der SS bereits die Predigt Gröbers vom Gründonnerstag 1934. Um ihn mundtot zu machen, organisierte Streicher eine infame Verleumdungskampagne im Gau Baden gegen den Bischof. Im ganzen Land kontrollierten Spitzel die Kirche. Der Lagebericht der Gestapo für die Zeit vom 1. bis 31. 12. 1935 meldete aus Karlsruhe:
»Der katholische Klerus ist im abgelaufenen Monat Dezember 1935 in seiner zielbewußten Tätigkeit zur Unterhöhlung des nationalsozialistischen Staates besonders regsam gewesen, und hat es sich der Erzbischof Dr. Gröber dabei nicht nehmen lassen, seiner Geistlichkeit den Rücken in diesem Kampf persönlich zu stärken . . .« (*Schadt*, 1976, S. 170). Immer deutlicher trat der totale Herrschaftsanspruch der Nazis ins Bewußtsein, dem die Kirche als »Neuheidentum« entgegentrat und der sich als Gesinnungsterror und Gleichschaltungszwang gerade auch gegen sie richtete. Der Widerstand in der katholischen Bevölkerung wuchs, als die NS-Regierung den Religionsunterricht einschränkte, die konfessionelle Lehrerbildung beseitigte, kirchliche Privatschulen verstaatlichte oder aufhob (z. B. das 1933 in St. Blasien errichtete Jesuitenkolleg). Katholische Laien, die für ihre Überzeugung eintraten – Lehrer, Professoren, Journalisten z. B. – verloren ihre Stellung oder erhielten Schreibverbot. Die offene Verfolgung der Kirche steigerte sich seit Kriegsausbruch, obwohl Gröber sich in einem Brief an den NS-Kultusminister Wacker in Karlsruhe am 2. 9. 1939 zur Beilegung der Konflikte bereit zeigte mit der Bitte, »alles wegzuräumen, was bisher von meinem Klerus und vom katholischen

Volke als Unfreundlichkeit, Zurücksetzung oder als Gegensätzlichkeit empfunden wurde« (*Volk*, 1981, S. 710). Am 7. 9. 1940 wurde Pfarrer Schneider aus Beuggen verhaftet und als erster Diözesangeistlicher ins KZ Dachau gebracht. 17 weitere erlebten in der Folge das gleiche Schicksal. Zehn Priester der Erzdiözese starben im KZ oder wurden hingerichtet, unter ihnen der aus Schopfheim stammende Gründer der ökumenischen Una-Sancta-Bewegung Dr. Metzger, ebenso Pater Delp, der zeitweise im Jesuitenkolleg St. Blasien tätig gewesen war. Insgesamt wurden gegen 58 Priester der Erzdiözese aus politischen Gründen Strafmaßnahmen (Schutzhaft, KZ, Ausweisungen usw.) verhängt (*Ott*, 1970, S. 19 ff.). Erzbischof Gröber versuchte, durch Einsprüche bei NS-Behörden und Bitten an den Vatikan um Intervention, den Betroffenen beizustehen, ohne Erfolg, was ihm später z. T. als unzureichendes Engagement angelastet wurde. In seinen Münsterpredigten hat er, zumal seit Silvester 1939, entschieden gegen Maßnahmen des Nationalsozialismus Stellung genommen. Daß er das zutiefst Inhumane und Verbrecherische des Systems erkannt hat, zeigt sein Hirtenbrief vom 3. 10. 1945, in dem er zugleich seine anfängliche Fehleinschätzung u. a. mit dem Hinweis auf die ausländische Politik entschuldigte, »die ähnlich wie die des Heiligen Stuhles sich mehr als nur zuwartend verhielt« (*Amtsblatt* 10/1945).

In zunehmendem Maß war die Kirche zur Zuflucht von Menschen geworden, die dem Dritten Reich ablehnend gegenüberstanden. Kirchliche Hilfswerke wie die Caritas haben unter Leitung ihres Präsidenten Benedikt Kreutz in den letzten Kriegsjahren zur Linderung akuter Not bei Evakuierten und Flüchtlingen maßgebend beigetragen. Als Mitarbeiterin des DCV konnte Frau Dr. Gertrud Luckner mit persönlicher Rückendeckung durch Erzbischof Gröber zahllosen Verfolgten des Naziregimes helfen und Hunderten von jüdischen Mitbürgern das Leben retten. Viele Katholiken holten sich Trost und Hoffnung in der Lektüre der heimlich verbreiteten Schriften und Sonette des Freiburger Dichters Reinhold Schneider. Ein Freiburger Widerstandskreis, der überkonfessionell zusammengesetzt war und dem von katholischer Seite u. a. Professor Franz Büchner angehörte, hat wesentliche Konzeptionen für die politische, wirtschaftliche und geistige Neuordnung Deutschlands nach dem Zusammenbruch aus christlichen Leitideen entwickelt.

6. *Konsolidierung und Strukturwandel der Erzdiözese seit 1945*

Der Zusammenbruch Hitler-Deutschlands im Mai 1945 unterwarf die deutsche Bevölkerung der Souveränität der Siegermächte. Diese teilten das Land in Besatzungszonen, wobei der deutsche Südwesten durch eine Trennungslinie entlang der Autobahn Karlsruhe—Ulm quer zu den Landesgrenzen geteilt wurde und im Süden der französischen, im Norden der amerikanischen Zone zufiel. Im Rahmen der französischen Zone bildeten

Südbaden sowie Südwürttemberg zusammen mit Hohenzollern eigene
Staaten, Nordbaden wurde Teil eines Staates Württemberg-Baden. Das
Erzbistum Freiburg erstreckte sich somit auf drei Länder und über zwei
Besatzungszonen und umfaßte in Südbaden über eine Million, in Nordba-
den ca. 800 000 Katholiken.

Nachkriegsverhältnisse

Die Kirchen hatten fast als einzige Institutionen ihre moralische Integrität
und ihren organisatorischen Aufbau im NS-System bewahrt. Das traf für
die katholische Kirche ganz besonders zu. Sie galt aus der Sicht der
internationalen Öffentlichkeit als Trägerin eines konsequenten Wider-
standes gegen den Nationalsozialismus und verkörperte insofern das
»andere Deutschland«. Angesichts des Machtvakuums nach dem totalen
Zusammenbruch der öffentlichen Ordnung mußte die Kirche an vielen
Orten provisorische Amtsfunktionen übernehmen, u. a. bei Verhandlungen mit einmarschierenden Truppen, bei der Bestellung von Gemeinde-
vorstehern, der Benennung von Vertrauensleuten für die Ortskomman-
dantur oder der Organisation von Hilfsmaßnahmen wie der Zuweisung
von Notquartieren u. ä. mehr. Die öffentliche Autorität der Kirche stieg
insbesondere im französischen Besatzungsgebiet, wo die Militärbehörden
z. T. aufs engste mit der katholischen Kirche zusammenarbeiteten. Erzbischof Gröber zeigte in den Verhandlungen mit der Besatzungsmacht
Entschiedenheit und Umsicht, trat Übergriffen mit mutigen Protesten
entgegen und machte sich zum Anwalt der notleidenden Bevölkerung.
Die Kirche war von den Kriegsfolgen im übrigen kaum weniger betroffen
als das ganze Land. 40 Priester waren gefallen, zehn durch Kriegseinwir-
kungen umgekommen, zehn weitere dem NS-Terror zum Opfer gefallen,
zwölf Geistliche blieben vermißt. 134 Theologiestudenten hatten das
Leben gelassen, 34 waren vermißt. Keine andere deutsche Diözese war so
schwer in ihrem Klerus und Klerusnachwuchs dezimiert. 95 Kirchen
waren total oder weitgehend zerstört, 241 weitere Kirchen hatten z. T.
erhebliche Schäden erlitten. Viele Pfarrhäuser waren, zumal in den Städten, zerstört; der Bischof selbst war ausgebombt und lebte unter primiti-
ven Umständen in seinem Dienstzimmer im Ordinariat. Nie war der
Appell der Geistlichkeit an ihre Gemeinden zur Solidarität und Hilfe
wirksamer als in diesen Monaten und Jahren der unmittelbaren Nachkriegszeit. Die Kirche hat zur Eingliederung von Evakuierten, Flüchtlingen und Vertriebenen entscheidend beigetragen, wobei die konfessionellen Grenzen weitgehend verwischt wurden. Den kirchlichen Hilfswerken, insbesondere der Caritas, wurde die Hauptlast für die Linderung
akuter Not übertragen. Internationale Spenden wurden über die Caritas
verteilt, angesichts der katastrophalen Nachrichten- und Verkehrsverhält-
nisse eine organisatorische Leistung ohnegleichen. Dabei beschränkte

man sich in den Hilfswerken der Kirche nicht auf formale Dienste, sondern sorgte durch Ermittlungen über die Versorgungslage dafür, daß die Leistungen gerecht verteilt und die Spendenbereitschaft des Auslandes mobilisiert wurden. Es entsprach der internationalen Anerkennung der Kirche und trug zur Wiedereingliederung der Deutschen in die Völkergemeinschaft bei, daß der Papst 1946 drei Deutsche in das Kardinalskollegium aufnahm.

Der Zusammenbruch des Nationalsozialismus hat in der Bevölkerung eine intensive Zuwendung zur Religion und zu christlichen Grundwerten bewirkt. Die Gottesdienste – zunächst ohnehin die ersten öffentlichen Versammlungen im besetzten Land – waren gefüllt wie selten zuvor. Die Kirche strahlte eine gewaltige Anziehungskraft auf alle Schichten und Gruppen aus, zumal auch auf die Jugend, die sich von den Kräften der vorangehenden Zeit (Schule, HJ, Presse usw.) mißbraucht fühlte. Die Pfarrgemeinden erwiesen sich als tragfähige Zentren menschlicher Gemeinschaft. Zur Artikulation politischer Interessen bildeten sich zunächst informelle Kreise, an denen die Katholiken sogleich führenden Anteil nahmen. Für sie stellte sich die Frage, ob der politische Katholizismus in der alten Form katholischer Verbände und einer katholischen Partei zu erneuern sei. Dabei blieb man zunächst auf die Meinungsbildung im örtlichen Bereich beschränkt. In Freiburg einigte man sich im August 1945 auf die Bildung einer Christlichen Arbeitsgemeinschaft, aus der am 16. 12. 1945 die Badische Christlich-soziale Volkspartei (BCSV) hervorging, eine überkonfessionelle Volkspartei, die in den Wahlen der Jahre 1946/47 für Südbaden die absolute Mehrheit erreichte und mit Leo Wohleb den Staatspräsidenten stellte. Ebenfalls im August 1945 hatten in Karlsruhe ehemalige Zentrumsangehörige die Christlich-demokratische Partei (CDP) gegründet, die sich seit Februar 1946 in CDU umbenannte, was die BCSV im April 1947 tat. Die Entscheidung für die Bildung überkonfessioneller christlicher Parteien war um so leichter gefallen, da sie von Erzbischof Gröber (gegen Prälat Föhr) aus mehreren Gründen unterstützt wurde: Das Zentrum habe sich 1933 – u.a. durch seine Zustimmung zum Ermächtigungsgesetz – kompromittiert, die katholische Kirche habe zusammen mit der Bekennenden Kirche eine gemeinsame christliche Front gegen das NS-Regime gebildet, und gemeinsam könnten die beiden Konfessionen sich auch politisch eher gegen die Gefahr eines atheistischen Kommunismus behaupten (*Weinacht*, 1978, S. 88 und 90). Ein späterer Versuch von Prälat Föhr, das Zentrum wiederzugründen, scheiterte. Trotz der überkonfessionellen Struktur der CDU in Süd- und Nordbaden hatten die Katholiken in den jeweiligen Führungsgremien und in der Mitgliedschaft ein überwältigendes Übergewicht. Dennoch hatte die Öffnung gegenüber dem Protestantismus nicht nur den taktischen Zweck, Mehrheiten in Wahlen zu gewinnen. Sie beruhte vielmehr auch auf einem veränderten Grundverständnis von Staat, Gesellschaft und Kirche, das letzten Endes in den politischen

Grundordnungen – den Länderverfassungen und im Grundgesetz – am deutlichsten zum Ausdruck gekommen ist. Das Verhältnis von Staat und Kirche beruht zwar auf den Grundlagen der in der Weimarer Zeit geschaffenen Rechtsverhältnisse, und die damals geschlossenen Konkordate werden als weiterhin gültig betrachtet. Der Staat selbst wird jedoch an Grundnormen gebunden, an Freiheit und Menschenwürde, die zu schützen und zu verwirklichen seine oberste Aufgabe ist. Die Grundrechte (zu denen die Freiheit des Gewissens und der Religion gehört) sind in ihrem Wesensbestand der Verfügung politischer Mehrheiten weitgehend entzogen. Staat und Gesellschaft sind somit naturrechtlich begründet, wie dies der katholischen Soziallehre entspricht. Im übrigen werden die Kirchen durch die Länderverfassungen und das Grundgesetz zu völlig freien Körperschaften des öffentlichen Rechts erklärt, die keiner staatlichen Aufsicht unterstehen. In der Praxis entwickelte sich aufgrund der für die Kirchen so günstigen Ausgangslage ein geradezu partnerschaftliches Verhältnis zwischen Staat und Kirche in (West-)Deutschland. Die Verschiebung der konfessionellen Zusammensetzung der Bevölkerung durch die Flüchtlingsbewegung und durch die Abspaltung Mitteldeutschlands führte dazu, daß die Katholiken die Rolle der Minderheit verloren und sich voll mit diesem Staat identifizieren konnten und wollten. Die badischen Katholiken fühlten sich durch die Parlamente und Regierungen, in denen die C-Parteien (BCSV und CDP bzw. CDU) die Führung hatten, gut vertreten, obwohl oder gerade weil diese sich (im Unterschied zum früheren Zentrum) nicht klerikal steuern ließen und neben christlichen Grundsätzen liberale und soziale Positionen in Programm und Praxis vertraten.

Zwischen Reform und Restauration

Beim Tod von Erzbischof Gröber im Jahr 1948, wenige Monate nach seinem 50jährigen Priesterjubiläum, ließ die Trauer der Bevölkerung erkennen, wie populär seine Persönlichkeit gewesen war. Zu seinem Nachfolger wurde Wendelin Rauch gewählt, ein Moraltheologe, der im Dritten Reich dem Prinzip »Recht ist, was dem Volke nützt« nachdrücklich widersprochen hatte. Rauch war ein Mann von großer Lauterkeit und Bescheidenheit, er besaß nicht jene Ausstrahlung auf Massen, die seinen Vorgänger ausgezeichnet hatte, konnte sich aber im persönlichen Gespräch dem einzelnen Geistlichen oder einfachen Gläubigen in einer Herzlichkeit zuwenden, die Vertrauen schuf. Erzbischof Rauch starb bereits 1954. Sein Nachfolger wurde Weihbischof Eugen Seiterich, der zuvor als Fundamentaltheologe an der Freiburger Universität gelehrt hatte und dessen nüchterne Sachlichkeit ihm bald Respekt und Ansehen verschaffte. Sein unerwartet früher Tod nach nur dreieinhalbjähriger Amtszeit machte erneut eine Bischofswahl notwendig. Sie fiel auf Hermann Schäufele, der seit 1955 als Weihbischof, während des Krieges als Studentenseelsorger und danach einige Zeit als Direktor des Theologischen Konvikts sowie als Leiter der kirchlichen Rechtsbehörde Menschenkenntnis und Sachkompetenz erworben hatte. Erzbischof Schäufele hat die Diözese von 1958 bis 1977 geführt. In der ersten Phase seiner Amtszeit hat er Ansätze seiner Vorgänger zur Konsolidierung und zur strukturellen Stärkung der Erzdiözese zügig zu Ende geführt. Dabei wurde er tatkräftig unterstützt von Prälat Föhr, den er 1958 zum Generalvikar ernannt hatte, wie auch (seit 1968) von dessen Nachfolger Robert Schlund.

Grundlage für den Ausbau kirchlicher Einrichtungen war das seit den 50er Jahren im Zeichen des Wirtschaftswunders rasch wachsende Kirchensteueraufkommen der Erzdiözese. Seit 1946 waren die Kirchensteuern vereinheitlicht, seit 1951/52 auf zehn Prozent der Lohn- oder Einkommensteuer (seit 1969 acht Prozent) festgesetzt, vom Finanzamt im Lohnabzugsverfahren für die Kirchen eingezogen worden; unter Föhr wurde eine zentrale Kirchensteuerkasse im Ordinariat eingerichtet. Das Haushaltsvolumen der Erzdiözese belief sich Mitte der 60er Jahre bereits auf 60 bis 70 Millionen DM, davon entfielen über 50 Millionen auf die Kirchensteuer. Mit diesen Mitteln war es möglich, die Kriegsschäden an kirchlichen Gebäuden zu beseitigen, neue Pfarreien einzurichten, Kirchen zu renovieren oder neu zu bauen. In der Zeit zwischen 1945 und 1966 sind in der Erzdiözese 243 neue Kirchen gebaut worden, 21 wurden wiederaufgebaut, 40 erweitert. Allein in Karlsruhe mußten acht zerstörte oder beschädigte Pfarrkirchen instand gesetzt werden, acht weitere wurden neu gebaut. Zahlreiche Kindergärten, Pfarrhäuser, Jugend- oder Pfarrheime wurden errichtet, wobei die Ortsgemeinden und das Land z.T. beträchtliche Zuschüsse gaben, aber auch die Pfarrgemeinden selbst zur Finanzierung durch Spenden und Sammelaktionen entscheidend beitrugen. Unter der Initiative von Föhr wurde die Bezahlung und Versorgung des Klerus entscheidend verbessert und gesichert, ebenso die finanzielle und vertragliche Stellung der kirchlichen Mitarbeiterinnen und Mitarbeiter auf eine solidere Grundlage gestellt und modernen Ansprüchen angepaßt. Die kirchlichen Sozialdienste konnten ihr Arbeitsfeld ausweiten; so übernahm die Caritas nach der Betreuung der Flüchtlinge u.a. die besondere Fürsorge ausländischer Mitbürger (Gastarbeiter). Die katholischen Vereine lebten wieder auf, befreiten sich aber zunehmend von klerikaler Leitung und Kontrolle. Kolpinghäuser und Lehrlingsheime wurden wieder aufgebaut, soweit dies nicht schon unmittelbar nach 1945 geschehen war. Das katholische Siedlungswerk »Familienheim-Neue Heimat« konnte sein Geschäftsvolumen beträchtlich erweitern und zahlreichen jungen, insbesondere kinderreichen Familien eine menschenwürdige Wohnung verschaffen. Die diözesanen Bildungseinrichtungen wurden Zug um Zug ausgeweitet. 1956 entstand die Katholische Akademie als Forum geistiger Auseinandersetzung des christlichen Denkens mit der modernen Welt. 1971 wurden die zahlreichen örtlichen und regionalen Bildungswerke (kirchliche Volksbildungswerke) in einer selbständigen Einrichtung der Diözese, dem »Bildungswerk der Erzdiözese Freiburg« zusammengefaßt. Eine Reihe kirchlicher Gymnasien konnten neu gebaut oder erweitert werden. Mehrere Studentenheime wurden errichtet. Das kirchliche Pressewesen wurde vereinheitlicht, das »Konradsblatt« 1962 zum offiziellen Bistumsblatt erklärt. Zur besseren Verwaltung der Diözese wurde das gesamte Ordinariat reorganisiert, das Personal erweitert und fachlich differenziert.

Dem organisatorischen Ausbau der Erzdiözese entsprach in den 50er und 60er Jahren kein Wachstum der religiösen Praxis. Man gewinnt im Rückblick vielmehr den Eindruck, daß mit der allmählichen Beseitigung materieller Not die Frömmigkeit und das religiöse Leben geschwunden sind. Mit dem Wiederaufbau und dem Wirtschaftswunder setzten sich immer mehr pragmatische Denkweisen, Nützlichkeitsstreben und religiöse Gleichgültigkeit durch, zumal unter denen, die Erfolg hatten. Die Bemühungen des Klerus, durch Differenzierung der Seelsorge – insbesondere im Bereich der Jugend-, Frauen- und Altenarbeit – die Gläubigen zu aktivieren, waren nur partiell erfolgreich. Bald machte sich auch ein wachsender Priestermangel bemerkbar. In den frühen 50er Jahren wurden jedes Jahr etwa 50 Neupriester geweiht. Durch die Ausfälle in den Kriegs- und ersten Nachkriegsjahren bedingt, ergab sich jedoch eine schiefe Altersstruktur im Diözesanklerus: Rund ein Drittel der Geistlichen war 1955 älter als 60 Jahre. Das »Freiburger katholische Kirchenblatt« warnte 1955 »Es fehlen rund 500 Geistliche«. In den 60er Jahren nahm die Zahl der Theologiestudenten bzw. der ordinierten Neupriester ab und sank in den 70er Jahren dramatisch. Schon 1975 war die Zahl der Diözesangeistlichen um 210 unter dem Stand von 1955 gesunken. 186 Pfarreien oder Kuratien konnten nicht mehr besetzt werden.

Das Zweite Vatikanische Konzil

Zusammen mit Weihbischof Gnädinger, der 1960 ernannt worden war, nahm Erzbischof Schäufele an dem 1962 in Rom eröffneten Konzil der katholischen Weltkirche teil. Papst und Bischöfe vollzogen in diesem Zweiten Vatikanischen Konzil eine »Öffnung zur Welt«, wie dies seit der Aufklärung kaum mehr als möglich gedacht wurde. Gerade im deutschen Südwesten mußte manches wie eine späte Wiedergutmachung an Wessenberg und seinen Ideen wirken und diejenigen bestätigen, die für eine liberale Tradition des Christentums gegen engstirnige, ultramontane Kirchengläubigkeit eintraten. Die Freiburger Kirchenleitung zählte zwar nicht zu den progressivsten Kräften im Katholizismus, hat aber im Interesse einer ausgewogenen Politik des »sowohl, als auch« Traditionen erhalten und Neuerungen in Gang gesetzt. Die Auswirkungen des Konzils bewirkten nach und nach einen strukturellen Wandel in der Diözese, ohne die Traditionslinien abzubrechen.

Die vom Konzil beschlossene Liturgiereform zielte vor allem darauf ab, die Gläubigen »bewußt, tätig und mit geistlichem Gewinn« an der Meßfeier und anderen Formen des Gottesdienstes teilnehmen zu lassen. Dem entsprach eine behutsame Anpassung der Kirchenmusik, die konsequente Verwendung der deutschen Sprache für die liturgischen und sakramentalen Texte, die Aufstellung von Altären, an denen der Priester die Messe zum Volk hingewandt zelebrieren konnte. Das 1960 in letzter Auflage neubearbeitete »Magnificat« wurde 1975 durch das »Gotteslob« ersetzt, ohne daß dieses neue Diözesangesangbuch, das der liturgischen Reform voll entsprach, als Bruch empfunden wurde. In den meisten Gemeinden konnten Laien für die Mitgestaltung des Gottesdienstes als Lektoren oder Kantoren gewonnen werden, gleichzeitig erhielten die bestehenden Kirchenchöre neue Aufgaben.

Die vom Konzil intendierte Öffnung der Amtskirche zur Volkskirche bedeutete eine wesentliche »Demokratisierung« der innerkirchlichen Strukturen durch die Bildung von Laienräten auf Pfarr-, Dekanats-, Regional- und Diözesanebene. Zwar blieben die Ortspfarrer in der Regel die eigentlichen Leiter des Pfarrgemeinderates; doch in vielen Gemeinden gelang durch die Mitbestimmung des Pfarrgemeinderates eine bessere Anpassung der kirchlichen Arbeit an die konkreten Bedürfnisse der Menschen. Im übrigen sind Laien in zunehmendem Maß als Helfer in der Seelsorgepraxis unentbehrlich geworden, z. B. als Pastoralassistenten bzw. -assistentinnen, Pfarrsekretärinnen, Leiter und Leiterinnen kirchlicher Institute, z. B. der Eheberatung, Fürsorge, Bildung und Fortbildung; über die Hälfte des Religionsunterrichts an den Gymnasien wird von Laientheologen erteilt. Die Anerkennung der Laien im kirchlichen Dienst brachte auch eine Aufwertung der Frau in der Kirche mit sich, ohne daß dabei alle Hoffnungen erfüllt werden konnten. Nicht ohne Probleme ließ sich die vom Konzil intendierte Anerkennung der pluralistischen Struktur von Gesellschaft und Staat in Bewußtsein und Praxis von Klerus und Gemeinden übertragen. Die Kirchenleitung begrüßte ökumenische Kontakte und Aktivitäten, initiierte ökumenische Gottesdienste, die u. a. seit 1971 jedes Jahr auch im Freiburger Münster gehalten werden. Freiburg wurde zu einem Zentrum der christlich-jüdischen Zusammenarbeit (»Freiburger Rundbrief«). Ansätze zu einem überkonfessionellen Religionsunterricht wurden jedoch unterbunden. Der Entkonfessionalisierung der Schule (mit der Einführung der Simultanschule auch in Südwürttemberg-Hohenzollern 1967) und der Aufhebung des konfessionellen Charakters der Pädagogischen Hochschulen 1967 hat sich die Erzdiözese nicht widersetzt. Seitdem sind die staatlichen Volksschulen (Grund- und Hauptschulen) in der ganzen Erzdiözese als christliche Gemeinschaftsschulen in dem Sinne verankert, wie der badische Landtag das bereits mit dem Simultanschulgesetz von 1876 entschieden hatte.

Vielleicht hat die katholische Kirche Badens aus ihrer Geschichte gelernt, den »Dialog mit der Welt« auch in einem pluralistisch gewordenen Gemeinwesen offen zu führen, ohne die eigene Identität aufs Spiel zu setzen.

Literaturhinweise

Becker, Josef: Liberaler Staat und Kirche in der Ära von Reichsgründung und Kulturkampf. Geschichte und Strukturen ihres Verhältnisses in Baden 1860 bis 1876. Mainz 1973

Burger, Wilhelm, Hg.: Das Erzbistum Freiburg. Ein kirchliches Heimatbuch. Freiburg 1927

Dorneich, Julius: Franz Josef Buss und die katholische Bewegung in Baden. Freiburg 1979

Das Erzbistum Freiburg 1827–1977, hg. vom Erzbischöflichen Ordinariat. Freiburg 1977

Gall, Lothar: Der Liberalismus als regierende Partei. Das Großherzogtum Baden zwischen Restauration und Reichsgründung. Wiesbaden 1968

Huber, Ernst Rudolf/*Huber*, Wolfgang, Hg.: Staat und Kirche im 19. und 20. Jahrhundert. Dokumente zur Geschichte des deutschen Staatskirchenrechts. Berlin, Bd. 1–3, 1973–1983

Köhler, Joachim: Die katholische Kirche in Baden und Württemberg in der Endphase der Weimarer Republik und zu Beginn des Dritten Reiches, in: *Schnabel*, Thomas, Hg: Die Machtergreifung in Südwestdeutschland. Stuttgart 1982, S. 257–294

Lauer, Hermann: Geschichte der katholischen Kirche im Großherzogtum Baden. Freiburg 1908

Merz, Hans-Georg: Katholische und evangelische Parteien in Baden seit dem 19. Jahrhundert, in: *Weinacht*, Paul-Ludwig, Hg.: Die CDU in Baden-Württemberg und ihre Geschichte. Stuttgart 1978, S. 33–62

Müller, Wolfgang: Grundlinien der Entwicklung der Erzdiözese Freiburg, in: *Sauer*, Joseph, Hg.: Gestalten und Ereignisse. 150 Jahre Erzbistum Freiburg 1827–1977. Karlsruhe 1977, S. 23–59

Ott, Hugo: Das Erzbistum Freiburg im Ringen mit Staatskirchentum und Staatskirchenhoheit, in: Das Erzbistum Freiburg, hg. vom Erzbischöflichen Ordinariat. Freiburg 1977, S. 75–92

Ders.: Einleitung und Vorbemerkung zu den nachfolgenden Erlebnisberichten und Dokumentationen von KZ-Priestern der Erzdiözese Freiburg, in: Freiburger Diözesan-Archiv, 90. Band, 1970, S. 5–23

Ders.: Möglichkeiten und Formen kirchlichen Widerstands gegen das Dritte Reich von seiten der Kirchenbehörde und des Pfarrklerus. Dargestellt am Beispiel der Erzdiözese Freiburg im Breisgau, in: Historisches Jahrbuch 92, 1972, S. 312–333

Sauer, Joseph, Hg.: Gestalten und Ereignisse. 150 Jahre Erzbistum Freiburg 1827–1977. Karlsruhe 1977

Schadt, Jörg, Bearb.: Verfolgung und Widerstand unter dem Nationalsozialismus in Baden. Stuttgart 1976

Scholder, Klaus: Baden im Kirchenkampf des Dritten Reiches, in: Oberrheinische Studien II, Karlsruhe 1973, S. 223–241

Stiefel, Karl: Baden 1648–1952, Band I, III. Hauptteil: Staat und Kirche, S. 621 bis 769. Karlsruhe 1977

Volk, Ludwig: Akten deutscher Bischöfe über die Lage der Kirche 1933–1945, Bd. IV, 1936–1939. Mainz 1981

Weinacht, Paul-Ludwig, Hg.: Die CDU in Baden-Württemberg und ihre Geschichte. Stuttgart 1978

2. Kapitel

Joachim Köhler

Das Bistum Rottenburg von der Gründung bis zur Zeit nach dem Zweiten Weltkrieg

Die Errichtung des Bistums im Zeichen des Landeskirchentums

Als Gründungsdatum des Bistums Rottenburg gilt der Tag, an dem der erste Bischof, Johann Baptist Keller, in Rottenburg feierlich inthronisiert wurde, der 20. Mai 1828. Der Gründungsvorgang zog sich über Jahre hinweg und muß im Zusammenhang der Neuordnung der deutschen Staaten nach der Auflösung des Heiligen Römischen Reiches deutscher Nation gesehen werden. Im Zuge der Säkularisierung und Mediatisierung wurde Württemberg für seine linksrheinischen Besitzungen, die seit 1793 von Frankreich annektiert bzw. besetzt wurden und die durch den Frieden von Lunéville 1801 an Frankreich kamen, durch geistliche Territorien und reichsstädtisches Gebiet entschädigt. Durch den sog. Reichsdeputationshauptschluß von Regensburg 1803 wurden kirchliche Güter den Landesherren überlassen, wofür sie bestimmte Verpflichtungen für die Kirche übernehmen mußten.

Als Ersatz für das an Frankreich abgetretene Mömpelgard und für die elsässischen Besitzungen erhielt Württemberg im Jahre 1803 die Propstei Ellwangen, die Reichsabteien Zwiefalten und Rottenmünster, die Klöster Schöntal, Heiligkreuztal, Margrethausen, das Ritterstift Komburg, die Reichsstädte Rottweil, Weil der Stadt, Schwäbisch Gmünd, Aalen, Gingen, Schwäbisch Hall, Heilbronn und Reutlingen. Durch den Frieden von Preßburg 1805 fielen die ehemals österreichischen Besitzungen an Württemberg, nämlich die Grafschaft Hohenberg mit den Städten Rottenburg und Horb, die Donaustädte Ehingen, Munderkingen, Riedlingen, Mengen, Saulgau und die Landvogtei Weingarten. Durch die Rheinbundakte 1806 kamen die Herrschaft Wiesensteig, die Grafschaft Schelklingen, die Abtei Wiblingen, die Städte Biberach und Waldsee, die Deutschordenskommenden Altshausen und Kapfenburg und eine Reihe anderer Besitzungen wie Scheer, Buchau, Ochsenhausen, Schussenried, Weissenau

u. a. an Württemberg. Abgeschlossen wurde dieser neue württembergische Flächenstaat durch die Verträge von Wien und Compiègne 1809. Damals gelangten Tettnang, Wangen, Ravensburg, Leutkirch, Geislingen, Ulm, Dischingen, Neresheim und der Deutschordenssitz Mergentheim zu Württemberg.

Das protestantische Alt-Württemberg erhielt ca. 450 000 katholische Untertanen, die etwa ein Drittel der Gesamtbevölkerung ausmachten. Organisatorisch waren sie in ca. 650 Pfarreien aufgeteilt. Diese Pfarreien gehörten aber fünf verschiedenen Diözesen an, nämlich Konstanz, Speyer, Worms, Würzburg und Augsburg, dazu die exemte Propstei Ellwangen. Aus politischen und staatsrechtlichen Gründen wurden die Neuerwerbungen des Jahres 1803 nicht dem Herzogtum Württemberg eingegliedert, sondern »Neu-Württemberg« erhielt eine eigene Verwaltung mit Sitz in Ellwangen. Für die kirchlichen Angelegenheiten war der Senat der Oberlandesregierung in Ellwangen zuständig. Bereits das kurfürstliche Organisationsmanifest vom 1. Januar 1803, das für Neu-Württemberg die kirchlichen Angelegenheiten regelte, ließ die Absicht erkennen, daß der Landesherr gewillt war, eine eigene katholische Landeshierarchie zu begründen.

Wegen einer zu befürchtenden Opposition seitens der katholischen Untertanen sah sich die Regierung zu einer strengen Gesetzgebung veranlaßt, vor allem in der Ausübung des staatlichen Plazets, d. h. der Genehmigung kirchlicher Erlasse, die vom Papst oder vom Bischof ausgingen.

Die Lage in Württemberg änderte sich durch den Frieden von Preßburg. Neuerlicher Gebietszuwachs und die Ernennung Friedrichs I. zum König und Souverän waren Grund, die Trennung der Verwaltung von Alt- und Neu-Württemberg, d. h. die bisherige Verfassung aufzuheben. Für das ganze Königreich wurde durch das Organisationsmanifest vom 18. März 1806 ein Staatsministerium errichtet, dem der Königliche Katholische Geistliche Rat »zur Besorgung und Wahrung der Souveränitäts-Rechte« unterstellt war. Zum Aufbau einer neuen kirchlichen Organisation im Sinne des landeseigenen Interesses war aber das Mitwirken Roms erforderlich.

Dazu wurde der päpstliche Nuntius, Annibale Graf della Genga (der spätere Papst Leo XII.) mit den Verhandlungen in Bayern und in Württemberg beauftragt. Ende November 1807 wurden die Verhandlungen zum Schaden der Katholiken in Württemberg abgebrochen. Die Regierung sah sich veranlaßt, die Sorge für die Katholiken im Sinne der landesherrlichen Vorstellungen zu übernehmen. 1808 wurde der Königliche Geistliche Rat Johann Baptist Keller nach Rom gesandt, um erneut die Verhandlungen aufzunehmen. Die eigens eingesetzte Kardinalskommission kam zu keinem abschließenden Ergebnis, da Napoleon wegen politischer Konflikte inzwischen den Kirchenstaat aufgelöst und den Papst gefangen genommen hatte. Eine neue Möglichkeit, um die Bistumsfrage mit dem Papst regeln zu können, bot sich 1811 auf dem französischen Nationalkonzil in Paris. Wiederum wurde Keller zu Verhandlungen dorthin gesandt. Die Sonderverhandlungen wurden durch Napoleon gestört. Statt Einzelkonkordate strebte er ein Konkordat der Rheinbundstaaten an.

Nach dem Tod des Augsburger Bischofs, Clemens Wenzeslaus von Sachsen, am 27. März 1812, machte König Friedrich I. den ersten Schritt, um eine eigene Kirchenbehörde zu errichten. Er ernannte am 28. September 1812 den Stiftsdekan von Ellwangen und gleichzeitigen Weihbischof von Augsburg, Franz Karl Fürst von Hohenlohe, zum Generalvikar, gab ihm vier Geistliche Räte und einen Sekretär bei und bestimmte Ellwangen zum Sitz des Generalvikariats (Sammlung der katholischen Kirchengesetze 1836, 409 ff.). Als Generalvikar übernahm von Hohenlohe die bischöflichen Funktionen für den exemten Sprengel Ellwangen und den übrigen württembergischen Anteil des erledigten Bistums Augsburg. Die Frage der geistlichen Jurisdiktion war völlig ungeklärt. Eine gewisse Legitimation im kirchenrechtlichen Sinne verlieh Karl Theodor von Dalberg, der als Erzbischof von Mainz kraft seiner Stellung als Metropolitan die Trennung von Augsburg und die provisorische Übernahme der Verwaltung genehmigte. 1812 errichtete der König am Sitz des Generalvikars in Ellwangen eine katholische Landesuniversität zur Bildung und für den Unterricht der katholischen Theologen und auf dem Schönenberg bei Ellwangen ein Priesterseminar. In der Friedrichs-Universität in Ellwangen wurden zunächst fünf Lehrstühle errichtet (Altes Testament, Dogmatik und Apologetik, Moraltheologie und Pastoraltheologie, Kirchengeschichte und Kirchenrecht). Den Sprachunterricht übernahmen zwei Repetenten. Die Universität unterstand dem Kuratel, einer Zwischenbehörde zwischen Ministerium und Universität, der der Direktor und die zwei Räte des Katholischen Geistlichen Rates angehörten.

Nach dem Tod des Würzburger Generalvikars und Kapitularvikars, Johann Franz Schenk zu Stauffenberg, am 11. Dezember 1813, ließ der König am 23. Januar 1814 die Pfarreien der Würzburger Diözese, die in Württemberg lagen, der Jurisdiktion des Generalvikars von Hohenlohe zuordnen. Erzbischof Dalberg genehmigte diese Aktion am 14. Februar 1814. Die Pläne der Regierung sahen in diesem Zeitraum die Errichtung eines zweiten Generalvikariats in Weingarten vor, welches die Jurisdiktion über die württembergischen Pfarreien der ehemaligen Konstanzer Diözese ausüben sollte. Diese umfassenden Projekte wurden nach dem Tod Friedrichs I. am 30. Oktober 1816 von dessen Sohn und Nachfolger Wilhelm I. nicht weiter verfolgt. Der Anstoß zu einer Verlegung der bisherigen landeskirchlichen Institutionen in das Zentrum des Landes ging aus von einer Kritik einiger Mitglieder der Ständeversammlung an den ungenügenden Bildungseinrichtungen in Ellwangen. Die Gründe, die angegeben wurden, waren unterschiedlich. Sparsamkeit und die konfessionell einseitige Atmosphäre wurden ins Feld geführt. Die Stadt Ellwangen sei »ein Ort der Finsterniß und Beschränktheit«, hieß es in einem

Gutachten der Ellwanger Kuratel (Anbringen vom 31. März 1817). Man befürchtete aber auch, daß sich in Ellwangen unter dem jungen Klerus eine massive Opposition gegen den neuen Staat bildete. Generalvikar von Hohenlohe, der sich für Ellwangen als katholisches Zentrum in Württemberg stark gemacht hatte, wurde dadurch kalt gestellt, daß die Regierung ihm in der Person des Geistlichen Rates Johann Baptist Keller einen Provikar zur Seite stellte. Pius VII., der am 4. August 1816 Keller in Rom die Bischofsweihe (Titular-Bischof von Evara) erteilt hatte, bestätigte ihn als Provikar. Am 17. Februar 1817 starb Karl Theodor von Dalberg, der letzte Bischof von Konstanz. Da inzwischen die römischen Behörden ihre Funktionen wieder ausüben konnten, wurden die württembergischen Anteile der Bistümer Konstanz, Worms und Speyer dem Generalvikar von Hohenlohe unterstellt. Die theologische Fakultät wurde im Herbst 1817 von Ellwangen nach Tübingen verlegt. Um der bischöflichen Behörde die ihr gebührende Mitwirkung und Oberaufsicht über das theologische Studium zu erleichtern und um den Katholiken des ganzen Landes, die in einem Jurisdiktionsbezirk geeint waren, eine institutionelle Mitte zu geben, wurde auch das Generalvikariat und gleichzeitig das Priesterseminar von Ellwangen nach Rottenburg verlegt. Generalvikar von Hohenlohe hat die Verlegung nicht mitgemacht. Nach dessen Tod, am 9. Oktober 1819, ernannte der König den Geistlichen Rat Keller zum Generalvikar, was am 16. Februar 1820 vom Papst bestätigt wurde.

Die kirchen- und staatsrechtliche Ausgestaltung des Bistums erfolgte im Zusammenhang mit der Errichtung der Oberrheinischen Kirchenprovinz. Am Anfang dieser konzertierten Aktion mehrerer Staaten stand die Idee des Fürstprimas Karl Theodor von Dalberg von einer deutschen Nationalkirche. Die bundesrechtliche Lösung der Kirchenfrage konnte Wessenberg auf dem Wiener Kongreß (1814/15) nicht durchsetzen. Die katholischen Kirchenangelegenheiten gerieten in die Kompetenz der Einzelstaaten. Deshalb gab er den Gedanken eines Bundeskonkordats auf, hielt aber an einer gemeinsamen Absprache mehrerer Staaten fest. Am 24. März 1818 trat auf Anregung unter Vorsitz des württembergischen Kultusministers Karl August von Wangenheim eine Konferenz in Frankfurt am Main zusammen. Die Konferenz wurde beschickt von Bevollmächtigten folgender Staaten: Großherzogtum Baden, Großherzogtum Hessen, Kurfürstentum Hessen, Herzogtum Nassau, Großherzogtum Sachsen, Herzogtum Sachsen, Großherzogtum Mecklenburg, Großherzogtum Oldenburg, die Freien Städte Lübeck und Bremen. Später kamen die Vertreter der Stadt Frankfurt am Main, der Fürstentümer Lippe und Waldeck hinzu. Hohenzollern-Hechingen und Hohenzollern-Sigmaringen schlossen mit Baden einen Separatvertrag.

Die Ergebnisse von 17 Sitzungen wurden den einzelnen Staaten am 30. April 1818 zur Beratung überwiesen. Die wichtigsten Punkte der Endfassung, einer Deklaration, die nach Rom überwiesen werden sollte, waren:

1. Beantragung von fünf Bistümern für Württemberg (Rottenburg), Baden und die beiden Hohenzollern (Freiburg), Hessen-Darmstadt (Mainz), Hessen-Kassel (Fulda), Nassau und Frankfurt (Limburg). Die übrigen Staaten hatten sich von den Verhandlungen zurückgezogen. – 2. Wahl des Bischofs durch die Domherren und Landdekane, Ernennung durch den Landesherren, Bestätigung durch den Papst. – 3. Bestellung der Domherren und der Pfarrer. – 4. Zusammenschluß der fünf Bistümer zu einer Kirchenprovinz. Die Verwaltung soll Rottenburg übernehmen. – 5. Eid des Bischofs auf die Verfassung.

In einem Staatsvertrag vom 7. Oktober 1818 vereinbarten die beteiligten Staaten ein gemeinsames Vorgehen. Zu dieser gemeinsamen Absprache gehörte, daß das sog. Organische Kirchengesetz, Bestimmungen für die praktische Durchführung und Verwaltung, in Rom geheimgehalten werden sollten. Eine Verständigung war in Rom nicht zu erreichen. Die Antwort des Papstes betonte den Rechtsprimat des Papstes, dem die Bischöfe unterworfen seien.

Kardinalstaatssekretär Ercole Consalvi löste die Kirchenfrage mittels einer Zirkumskriptionsbulle, d. h. letztlich ohne Mitwirken des Staates. Nachdem die Staaten die Annahme der Bulle signalisiert hatten, wurde der Generalvikar von Rottenburg zum Exekutor der Bulle »Provida solersque« vom 16. August 1821 bestimmt. Durch die Bulle wurde das Bistum Konstanz und die exemte Propstei Ellwangen aufgehoben. Die Bistümer Mainz (Hessen-Darmstadt) und Fulda (Hessen-Kassel) wurden neu umgrenzt. Die Bistümer Rottenburg (Württemberg), Limburg (Nassau und Frankfurt) und Freiburg (Baden, Hohenzollern-Hechingen und Hohenzollern-Sigmaringen) wurden neu errichtet. Zum Sitz des Erzbischofs der Oberrheinischen Kirchenprovinz wurde Freiburg bestimmt. Sodann regelte die Bulle die Einrichtung neuer Domkapitel sowie die Einkünfte. Die Regierungen nahmen die Zirkumskriptionsbulle mit Vorbehalten an, d. h. sie bestanden weiterhin auf den Organischen Kirchengesetzen von 1818, die jetzt erweitert als »Kirchenpragmatik« angewandt wurden. Vor allem wurden die Bischofskandidaten, die man Rom vorschlug, auf diese Kirchenpragmatik verpflichtet, was Rom dazu veranlaßte, keinen der Kandidaten zu akzeptieren. Württemberg hatte den Tübinger Dogmatikprofessor Johann Baptist Drey vorgeschlagen. Nach langwierigen Verhandlungen zwischen den Staatsregierungen, die ihre Souveränitätsrechte gewahrt wissen wollten, und der römischen Kurie, die auf kirchliche Freiheit drängte, erließ Papst Leo XII. am 11. April 1827 eine ergänzende Bulle »Ad Dominici gregis custodiam«. Durch sie wurden die Bischofswahl, der Informativprozeß, die Wahl der Domkapitulare, die Errichtung tridentinischer Seminare für die Priesterausbildung und der freie Verkehr der Bischöfe mit Rom geregelt.

Schließlich wurde auf Vorschlag Roms Generalvikar Keller zum ersten Bischof ernannt und am 26. Januar 1828 vom Papst bestätigt. Am 28. Mai 1828 wurde er feierlich in sein Amt eingesetzt.

Bereits in der langwierigen und vertrackten Geschichte der Gründung des Landesbistums Rottenburg waren Spannungen sichtbar, hinter denen sich verschiedene Denkweisen verbargen: ein mehr staatskirchliches Denken, das von der Aufklärung her geprägt war und das liberale und laikale Züge trug, und ein römisch-ultramontanes Denken, das seine Prägung von der beginnenden Restauration erhielt und konservative und klerikale Züge trug. In der Zeit des Vormärzes drängten diese Denkweisen und Verhaltensmuster zur Konfrontation. Es würde der Geschichte nicht gerecht werden, wollte man die Konfrontation einfach als eine Auseinandersetzung zwischen »Kirche« und »Staat« darstellen.

Durch den Reichsdeputationshauptschluß war dem Staat die Sorgepflicht für die Kirche auferlegt worden. Die Einforderung dieser Ansprüche war ein lebenswichtiges Interesse des Katholizismus in Württemberg. In dem Maße, in dem landesherrliches Reglement kirchliches Leben beeinträchtigte und einengte, wuchs in der katholischen Kirche selber der Wunsch nach freier religiöser Betätigung. Die politische Umschichtung zu Beginn des 19. Jahrhunderts hatte aber den katholischen Volksteil Oberschwabens in eine ungewohnte Minoritätssituation versetzt. Die Folge war ein gebrochenes Verhältnis zur bürgerlichen Gesellschaft und eine gewisse Unsicherheit gegenüber der altwürttembergischen Bürokratie bzw. im öffentlichen Leben überhaupt. Der oberschwäbische Adel, der im alten Reich nach Österreich orientiert war und durch die Zertrümmerung des Reiches politisch entmachtet wurde, fand sich weitgehend in der Opposition besonders in den kirchenpolitischen Aktionen. Im württembergischen Klerus standen die »Staatskirchler« den »Ultramontanen« oder den Möhlerianern gegenüber.

Johann Adam Möhler hatte als theologischer Lehrer in Tübingen und München ein neues Kirchenbild entwickelt. Dieses neue Kirchenverständnis verlangte eine stärkere Bindung an Rom, deshalb forderte man Freiheit der Kirche vom Staat. Möhler kam die entscheidende Schlüsselrolle in der geistigen Aufarbeitung des Konfliktes zwischen »Kirche« und »Staat« zu (vgl. dazu *Reinhardt*, 1977, 22−32).

Einige Stationen der kirchenpolitischen Auseinandersetzung im Kampf um die kirchliche Freiheit sollen in folgendem festgehalten werden:

Nachdem Keller Bischof der Diözese geworden und ihm ein Domkapitel beigegeben worden war, war er bemüht, den Geschäftsbereich des Ordinariats von dem des Katholischen Kirchenrats abzugrenzen. Entsprechende Entwürfe wurden als unzureichend vom Kirchenrat zurückgewiesen. Beschwerden des Bischofs beim Ministerium des Innern wurden nicht beantwortet. Am 30. Januar 1830 erging eine königliche Verordnung, die die Ausübung des verfassungsmäßigen Schutz- und Aufsichts-Rechts des Staates über die katholische Landes-Kirche (Sammlung der katholischen Kirchengesetze 1836, 980−989) betraf. Durch diese Verordnung wurde das staatliche Aufsichtsrecht in der striktesten Weise gehandhabt. Von der in der Verfassung gewährten Autonomie der Kirche war keine Rede. So löste diese Verordnung einen ersten parlamentarischen Verstoß größeren Stils aus. In der Landtagssitzung vom 5. März 1830, in der das Kirchen- und Schulwesen beraten wurde, protestierte der ritterschaftliche Abgeordnete August Freiherr von Hornstein gegen die Eingriffe des Katholischen Kirchenrats in die innere Verwaltung der Kirche. Hornstein war »ein unentwegter Vorkämpfer für die Freiheit der Kirche. In ihm vereinigt sich die Opposition des alten Adligen gegen den modernen bürokratischen Staat mit der Opposition des streng kirchlich Gesinnten gegen das Staatskirchentum (*Bauer*, 1929, 24). Am 7. April brachte Hornstein diesbezüglich einen Antrag ein, dem kein Erfolg beschieden war. In Rom zeigte man sich über die Verordnung überrascht. Papst Pius VIII. gab zu bedenken, daß durch derartige Bestimmungen die Kirche in eine schmähliche Knechtschaft geführt werde, während die fleckenlose Braut Christi keiner irdischen Gewalt unterworfen sei. Bischof Keller geriet bei den »Ultramontanen« seiner Diözese ins Zwielicht.

Während des Pontifikats Gregors XVI. (1831–1846) verschärften sich die Gegensätze. Im sog. Kölner Mischehenstreit wurden die Gegensätze offen ausgetragen. Staatliches und kirchliches Eherecht konnten nicht zum Ausgleich gebracht werden. In den von Preußen besetzten Rheinlanden und in Westfalen hatten sich die Fälle von konfessionell gemischten Ehen gehäuft. Am 20. November 1837 wurde der Kölner Erzbischof Clemens August von Droste zu Vischering verhaftet und auf die Festung Minden abgeführt, weil er der kanonischen Rechtsauffassung Geltung verschaffen wollte. Die Inhaftierung des Erzbischofs wurde als »der erste Höhepunkt im Kampf der katholischen Kirche um Befreiung von der staatlichen Bevormundung in Preußen« betrachtet (*Hegel*, in: Lexikon für Theologie und Kirche 6, 1961, 394). Papst Gregor XVI. protestierte in einer Allocutio vom 10. Dezember 1837 gegen die verletzte Freiheit und gegen die Eingriffe des Staates. In der Publizistik, vor allem aber durch das Werk »Athanasius« von Joseph Görres, wurde der deutsche Katholizismus sensibilisiert und zu politischem Bewußtsein gebracht.

Die Kölner Ereignisse hatten ihre Auswirkungen in Württemberg. Während Bischof Keller einen Kirchenkampf in der Diözese vermeiden wollte, erschien im Dezember 1839 in der Tübinger Theologischen Quartalschrift ein Aufsatz und gleichzeitig eine Broschüre »Über die Einsegnung der gemischten Ehen. Ein theologisches Votum«. Der Verfasser, der Tübinger Professor für neutestamentliche Exegese und derzeitige Rektor der Universität, Joseph Mack, behauptete, die Einsegnung einer gemischten Ehe mit akatholischem Charakter widerstreite dem Geist, der Lehre und den Befehlen der Kirche. Die Schrift schlug wie ein Blitz ein. Die darin erhobenen Forderungen widersprachen auch der Praxis. Die Regierung hat die Broschüre sofort beschlagnahmt. Der Autor wurde ohne Rücksicht auf sein hohes Amt von der Universität entfernt und als Pfarrer nach

Ziegelbach bei Waldsee versetzt. Der Bischof wurde von dieser Veränderung nicht ins Benehmen versetzt. Gegen Geistliche, die die Forderungen Macks in die Praxis umsetzten, verhängte der Katholische Kirchenrat Strafen.

Den Höhepunkt des Kräftemessens zwischen staatlichen Behörden und kirchlichen Ansprüchen hat Bischof Keller selbst provoziert. Als Mitglied der Abgeordnetenkammer kündigte er am 23. Oktober 1841 einen Antrag zur Aufrechterhaltung des Kirchenfriedens in Württemberg an. Diesen Antrag hat er dann in der 16. Sitzung des Landtags am 13. November 1841 vorgetragen. In seinem Antrag sprach der Bischof Punkte an, bei denen sich nach seiner Ansicht in der Praxis das Gewicht zuungunsten der Autonomie der Kirche verschoben hatte. Im einzelnen forderte der Bischof: 1. die freie Aufsicht und obere Leitung der Geistlichen. – 2. Einfluß bei der Besetzung von Kirchenpfründen entsprechend dem Kirchenrecht. – 3. Selbstverwaltung des Kirchenvermögens. – 4. Visitation der Dekane. – 5. Beseitigung des Zwangs zur Einsegnung der gemischten Ehen. – 6. Beseitigung der inquisitorischen Untersuchung der Geistlichen durch den Kirchenrat. – 7. Das Recht, Titel und Auszeichnungen zu verleihen. – 8. Freie Aufsicht und Leitung des Priesterseminars und keine Beschränkungen bei Erteilung der Weihen u. a. m.

Noch nicht geklärt ist der unmittelbare Anlaß zur Motion. Man hat bereits darauf verwiesen, daß die »ganze Motion in ihrem Wortlaute ... dem Bischof höchst wahrscheinlich von der Münchener Nuntiatur zugestellt worden« sei (*Bauer*, 1929, 97). Tatsächlich war Keller im Herbst 1841 vom Nuntius nach München zitiert worden. Die Drohung, ihn als Bischof zur Resignation zu zwingen, war kein leeres Gerede. Der Motion Keller war kein Erfolg beschieden. Dem neuen Bewußtsein, das für die Freiheit der Kirche kämpfte und sich dazu ultramontaner Ideen bediente, stand das Herkommen gegenüber, das, was bisher Geltung hatte. Und dieses Herkommen wurde ebenfalls durch den Klerus repräsentiert. Noch waren diese Kräfte am Werk. Sie waren nicht »unkirchlich«. Dazu hat sie erst die ultramontane Geschichtsschreibung gemacht. Am 15. März 1842 brachte der Domdekan Ignaz Jaumann im Landtag einen Vermittlungsantrag ein. Er wurde mit 80 gegen sechs Stimmen angenommen, was zur Folge hatte, daß über die Motion Keller gar nicht mehr abgestimmt wurde.

Das Verhältnis von Kirche und Staat war im 19. Jahrhundert ein offenes Problem. Gegen eine radikale Trennung von Kirche und Staat wandte sich vor allem der deutsche Episkopat. Erzbischof Johannes von Geissel von Köln prägte die Devise »Freiheit für die Kirche, Friede mit dem Staat«, d. h. das Staatskirchentum sollte abgebaut werden, ohne die radikale Trennung von Kirche und Staat zu vollziehen. Die Frankfurter Grundrechte wurden in Württemberg am 27. Dezember 1848 als Landesrecht verkündet. Der entscheidende Paragraph lautete: »Jede Religionsgemeinschaft ordnet und verwaltet ihre Angelegenheiten selbständig, bleibt aber den allgemeinen

Staatsgesetzen unterworfen« (§ 147). Die Voraussetzungen, einen neuen kirchenpolitischen Kurs auch in Württemberg zu steuern, waren günstig. Das Ministerium Schlayer war vom Revolutionssturm hinweggefegt worden. Am 19. März 1848 war in Rottenburg der neue Bischof, Joseph Lipp, inthronisiert worden. Lipp war ein Mann des Ausgleichs.

Als durch Bundesratsbeschluß vom 23. August 1851 die Grundrechte außer Kraft gesetzt wurden und Württemberg diesen Beschluß am 15. März 1852 sanktionierte, war die Verfassung von 1819 wieder in Kraft. Für die kirchlichen Forderungen mußte eine neue Rechtsbasis gesucht werden. Ein Vorstoß in dieser Richtung wurde von den Bischöfen der Oberrheinischen Kirchenprovinz gemeinsam unternommen. Im März 1851 kamen die Bischöfe deshalb in Freiburg zusammen. Da die Regierungen auf diese Forderungen nicht eingingen, schien ein offener Konflikt unvermeidlich. König Wilhelm I. von Württemberg, der bereits nach der ersten Zusammenkunft der Bischöfe dem Rottenburger Bischof sein Befremden wegen seiner Teilnahme ausgedrückt hatte, erklärte, er werde künftig Kollektiveingaben nicht mehr berücksichtigen. Für ihn waren derartige Forderungen »nichts anderes als eine Erhebung revolutionärer Opposition gegen die Staatsregierung und gegen unsere Verfassung« (Kabinettsdirektor Paul Friedrich von Maucler an Domdekan Jaumann am 29. Juli 1853, zit. *Hagen*, Staat und katholische Kirche, Bd. 1, 1928, 111 f.). Er war aber bereit, mit dem Rottenburger Bischof direkte Verhandlungen aufzunehmen.

Auf der anderen Seite hatte Rom zu verstehen gegeben, daß derartige Verhandlungen mit dem Staat in die Kompetenz der römischen Kurie fallen. Unterdessen wurde die Spannung in der Öffentlichkeit durch die Presse angeheizt. Es kam zu spontanen Treuekundgebungen des katholischen Volkes gegenüber Bischof Lipp, wenn dieser auf Firmungsreisen unterwegs war. König Wilhelm, ein Realpolitiker und religiöser Skeptiker, lenkte ein und lud den Bischof zu sich. Die Konvention, die nach mehreren Verhandlungen am 12. bzw. 16. Januar 1854 ratifiziert wurde, war ein bedeutender Schritt zur kirchlichen Selbständigkeit. Sie war nicht mehr einseitiges Diktat, sondern auf der Grundlage der Verständigung gleichberechtigter Partner zustande gekommen. Allein der Heilige Stuhl, dem die Konvention vorgelegt wurde, erklärte sie am 18. Juli 1854 für nichtig und äußerte gleichzeitig den Wunsch nach dem Abschluß eines Konkordats. Mit der Nichtigkeitserklärung übersandte Rom der württembergischen Regierung einen Entwurf als Grundlage für neue Verhandlungen. Der römische Entwurf offenbarte die Unkenntnis der württembergischen Verhältnisse und stellte eine Verschärfung der römischen Forderungen dar. Während der neue Kultusminister Gustav Rümelin dem Bischof das Kirchenregiment durch einseitig staatlichen Akt überlassen wollte, beharrte der König auf dem römischen Angebot zur Konkordatsverhandlung. Nach langem Hin und Her wurde der württembergische Gesandte am Wiener Hof, Adolf von Ow, und der Stuttgarter Stadtpfarrer Anton Dannecker nach Rom entsandt. Die Verhandlungen in Rom fanden vom 14. Juli bis 16. August 1856 statt. Römischer Unterhändler war der ehemalige Münchener Erzbischof Karl August Graf von Reisach. Die Punkte, die Rom unbedingt durchsetzen wollte, waren die freie Leitung der Diözese durch den Bischof nach der Maßgabe des Heiligen Stuhles und die Errichtung Tridentinischer Seminarien zur Ausbildung des Klerus. Im übrigen verlangte Rom, daß die Verordnung von 1830 außer Kraft gesetzt würde. Am 4. Juni 1857 wurde die Konvention in Rom ratifiziert und am 21. Dezember 1857 im Regierungsblatt unter Vorbehalt veröffentlicht. Die Widerstände im protestantischen Württemberg waren unüberwindlich. In der Polemik ging man sogar so weit, daß man sagte, nun sei der König katholisch geworden. Am 16. März 1861 wurde die Konvention mit 63 gegen 27 Stimmen abgelehnt. Kultusminister von Rümelin trat zurück. Das Verhältnis von Staat und Kirche wurde einseitig durch das Gesetz vom 30. Januar 1862 geregelt. Dieses Gesetz war solide genug, daß es in Württemberg zu keinem Kulturkampf kam und so bis zum Ende der Monarchie in Kraft blieb.

Das Jahr 1848 und die Folgen für die innerkirchliche Entwicklung

Das Jahr 1848 bedeutete für den Katholizismus in Württemberg in mehrfacher Weise eine Wende. Wenn auch die verfassungsmäßigen Grundrechte, die der Kirche gegenüber dem Staat Freiheit und Autonomie garantierten, nur für kurze Zeit realisiert wurden, so waren doch die Anstrengungen im Vormärz und die Bemühungen des Jahres 1848 auf die Dauer gesehen nicht vergeblich. Die Freiheitsforderungen der Kirche gegenüber dem omnipotenten Staat haben ein neues katholisches Bewußtsein geprägt. Die erste gemeinsame Konferenz der deutschen Bischöfe in Würzburg und die Generalversammlung der Pius-Vereine (später Katholikentage) in Mainz haben dem Katholizismus den Impuls einer nationalen Einigungsbewegung verliehen. Freiheitsforderungen und katholische Geschlossenheit haben landesherrliches Kirchenregiment in Frage gestellt. Auch das gehört zu der Freiheitsbewegung von 1848, daß die ultramontane Partei die Oberhand gewann und nun glaubte, ihre Forderungen auf allen Gebieten durchzusetzen. Diese Spielart der Freiheitsbewegung führte zu heftigen Auseinandersetzungen innerhalb der Kirche, zu den »Rottenburger Wirren«.
Ausgangspunkt der Auseinandersetzungen war die römische Forderung eines Tridentinischen Seminars, das unter der ausschließlichen Leitung des Bischofs stehen sollte. Bischof Lipp hielt die Durchführbarkeit dieser Forderung im Augenblick für inopportun. Die ultramontane Partei unter der Führung des Regens am Rottenburger Priesterseminar, Joseph Mast, betätigte sich als Scharfmacher bei der römischen Kurie. Zielscheibe der Angriffe waren die Katholisch-Theologische Fakultät und das Wilhelms-

stift in Tübingen. Aber auch gegen die theologische Lehre, wie sie in Tübingen vertreten wurde, meldeten sie ihre Bedenken an, da in Tübingen nicht die vom Heiligen Stuhl favorisierte Neuscholastik vertreten wurde. Der Tübinger Dogmatiker Johann Evangelist Kuhn war mehrfach in das Kreuzfeuer neuscholastischer und jesuitischer Kritik geraten. Man forderte ein römisches Verfahren gegen ihn. Aber die Fakultät stellte sich hinter Kuhn. Regens Mast wollte eine Klärung im Sinne der ultramontanen Partei. Im Jahre 1866 sandte er 44 Thesen an den Kurienkardinal Karl August Graf von Reisach nach Rom mit der Bitte um Stellungnahme durch die Glaubenskongregation. Die Denunziation wurde in Tübingen bekannt, Regens Mast als Urheber vermutet. Durch einen Artikel im »Deutschen Volksblatt« wurde die Nuntiatur in München auf die Spannungen im Bistum aufmerksam gemacht. Mack und der Mainzer Bischof Wilhelm Emmanuel von Ketteler wurden von der Münchener Nuntiatur um Stellungnahmen gebeten. Während Mast vor allem den Direktor des Wilhelmsstiftes, Emil Ruckgaber, angriff, geriet in dem Mainzer Gutachten Bischof Lipp selber in die Schußlinie. Lipp habe im Hinblick auf die geistlichen Anstalten von seinem bischöflichen Recht keinen Gebrauch gemacht. Entweder solle man dem Bischof einen Koadjutor beigeben oder besser seinen Tod abwarten. Der Inhalt der Gutachten wurde in der Diözese bekannt. Bischof, Klerus und Volk waren empört. Die württembergische Regierung wurde in Rom vorstellig, so daß man dort die Koadjutorfrage nicht weiter verfolgte. Regens Mast wurde seines Amtes enthoben. Ein Teil des Klerus unter der Führung des Ellwanger Stadtpfarrers Franz Joseph Schwarz solidarisierte sich mit Mast, der nach Rom ging, um seine Rehabilitation zu betreiben. Eine Entscheidung aus Rom verlangte, daß der Direktor des Wilhelmsstiftes sich um eine andere Stelle bewerben und daß man das Mast zugefügte Unrecht in einer angemessenen Form wieder gutmachen solle. Über den Bischof wurde kein Wort erwähnt. Joseph Lipp starb am 3. Mai 1869. Noch einmal wurde die Gruppe um Stadtpfarrer Schwarz aktiv, als das Domkapitel den Tübinger Kirchenhistoriker Carl Joseph Hefele zum neuen Bischof gewählt hatte. In einem Schreiben an den Sekretär der Nuntiatur in München erklärte Schwarz im Namen von 30 Priestern der Diözese, »daß die Wahl Hefeles, der nur der Exponent der Fakultät und der vom Heiligen Stuhl verurteilten Richtung ist, das größte Unglück für die Diözese ist« (Theologische Quartalschrift 152, 1972, 68). Hefele selber hatte sich einst zu der ultramontanen Partei gezählt. Aber die Maßlosigkeit, mit der die Gruppe um Stadtpfarrer Schwarz vor allem nach 1848 agitierte, hatte die Partei gespalten.

Entscheidender für die Zukunft der Diözese waren die Vorgänge im deutschen Katholizismus, die ihre Rückwirkungen auf die territoriale Kirche hatten. Unter den deutschen Katholiken entstand im Zuge der Märzrevolution eine kraftvolle Einheitsbewegung. Sie äußerte sich in der spontanen Gründung des »Vereins zum Schutz der religiösen Freiheiten«

in Mainz im März 1848. Zahlreiche Gründungen in ganz Deutschland folgten. Diese »Pius-Vereine«, wie sie sich bald in einem Akt der Solidarisierung mit Pius IX. nannten, waren Massenorganisationen mit kirchenpolitischen Zielen. Die Generalversammlungen dieser Vereine waren die ersten Katholikentage. Ohne Zweifel waren diese Bewegungen ultramontan gesteuert. Das konnte man daraus ersehen, daß das demokratische Potential in der Kirche sich nicht entfalten konnte. Der Freiburger Moral- und Pastoraltheologe Johann Baptist Hirscher, der zu der ersten Theologengeneration der Tübinger Katholisch-Theologischen Fakultät gehörte, entwarf in einer Schrift »Die kirchlichen Zustände der Gegenwart« (Tübingen 1849) das Bild einer konkreten Kirche, in der der altchristliche Grundsatz »Der Bischof tut nichts ohne seine Diözese« verwirklicht werden sollte. Hirscher plädierte für die Diözesansynode, in der die Laien volles Stimmrecht bekommen sollten; wollte ein Bischof die Laien ausschließen, »so würde er eine Hauptstütze der Kirche, deren diese in der Gegenwart schlechterdings nicht entbehren kann, unbenützt lassen« (Kirchliche Zustände 1849, 23).

Nach dem Mainzer Vorbild wurden Piusvereine in der Diözese Rottenburg gebildet. In Ellwangen im April 1848; es folgten Ehingen, Biberach, Rottenburg, Saulgau, aber auch kleinere Orte. Der Rottenburger Verein unter der Leitung von Regens Mast wurde zum Zentralverein erklärt.

Zu einer Massenorganisation sind die diözesanen Vereine nie angewachsen. Bereits 1850 stagnierte die Entwicklung, jedoch wurden die Anregungen zur Gründung von Vereinen mit speziellen Aufgaben, die von den deutschen Generalversammlungen ausgingen, verwirklicht. So wurden in Stuttgart 1849 der Vinzenz- und der Elisabethenverein gegründet, deren Mitglieder sich caritativen Aufgaben auf der Ebene der Pfarrer widmeten. Die Theologiestudenten in Tübingen folgten 1850 mit der Gründung einer Akademischen Vinzenzkonferenz. Der Missionsgedanke wurde im Franz-Xaverius-Verein gepflegt. Bischof Joseph Lipp empfahl die Gründung durch den Fastenhirtenbrief 1849. 20 Jahre später gab es fast in jeder Gemeinde einen derartigen Verein. Kinder und Schüler wurden seit 1850 im Kindheit Jesu-Verein für den Missionsgedanken motiviert. Als Gegenstück zum protestantischen Gustav-Adolf-Verein wurde auf dem Katholikentag 1849 in Regensburg der Bonifatiusverein zur Unterstützung der Katholiken in der norddeutschen Diaspora gegründet. Bischof Lipp stand diesem Verein etwas zurückhaltend gegenüber, da er eine Konkurrenz gegenüber den Missionsvereinen befürchtete. Der Borromäusverein, der 1845 in Bonn gegründet wurde, und sich die Verbreitung religiösen Schrifttums zur Aufgabe gemacht hatte, faßt nur langsam in der Diözese Rottenburg Fuß. Meist entwickelten sich Borromäusvereine und -bibliotheken aus örtlichen Lesevereinen. Der Tübinger Akademische Leseverein von 1864 war Sammelpunkt der katholischen Studenten, aus dem die Studentenverbindung Alamannia hervorging. 1859 wurde die farbentragende Verbindung Guestfalia gegründet. Der katholische Gesellenverein oder Kolpingsverein fand 1852 Eingang in der Diözese, und zwar in Ulm, Schwäbisch Gmünd und Mergentheim 1857, 1859 in Rottenburg und 1869 in Stuttgart. Im Jahre 1870 hatte der Verein in 21 Städten 2802 Mitglieder. Intensiviert und bewußt gemacht wurde das religiöse Leben vor allem durch die Exerzitienbewegung, die zunächst im Klerus Fuß faßte. Ein außerordentliches Mittel zur Vertiefung des religiösen Lebens im Volk waren die Volksmissionen. Diese Aufgabe übernahmen meistens Jesuiten oder Redemptoristen. Da diese Orden in der Diözese noch verboten waren, mußten die Missionare von außerhalb der Diözese geholt werden. Aber auch Diözesanpriester hielten Volksmissionen ab. Maiandacht und Rosenkranz waren Formen religiösen Lebens, die in dem neuen Kirchenbewußtsein der Massen gepflegt wurden.

Nachdem auf dem Katholikentag in Linz/Österreich 1851 ein Verein für die christliche Kunst angeregt worden war, erfolgte 1852 die Gründung eines Diözesanvereins durch Pfarrer Franz Joseph Schwarz und Pfarrer Friedrich Laib. Erster Vorstand war der Kirchenhistoriker Carl Joseph Hefele, der in Tübingen seit 1840 ein Kolleg über Christliche Archäologie gelesen hatte. Der Kunstverein gab auch eine eigene Zeitschrift heraus. Bereits 1843 hatte Pfarrer Eduard Ortlieb einen Verein für katholische Kirchenmusik gegründet, der seit 1852 das »Organ für kirchliche Tonkunst« herausgab. Der erste Cäcilienverein zur Pflege des Kirchenliedes wurde 1867 in Biberach gegründet.

Die württembergischen Katholiken hatten im Vormärz schwer darunter gelitten, daß es für sie keine Pressefreiheit gab. Die scharfe Zensur machte das Erscheinen einer katholischen Tageszeitung unmöglich. 1848 bot sich die Gelegenheit, das Medium Presse zur religiösen und politischen Bildung einzusetzen. Die Chance nahm der 25jährige Repetent Florian Riess wahr, der das »Deutsche Volksblatt« gründete. Finanziert wurde das Unternehmen mit Anleihen, die der Klerus zeichnete. 1850 gab er neben dem Volksblatt das »Sonntagsblatt für das katholische Volk« (später »Katholisches Sonntagsblatt«) heraus. 1851 folgte der »Katholische Volks- und Hauskalender«. Weniger erfolgreich war das »Kirchliche Wochenblatt aus der Diözese Rottenburg«, das der Ludwigsburger Stadtpfarrer Eduard Vogt im Mai 1848 herausgab. Wegen geringem Interesse mußte er das Blatt ein Jahr später wieder einstellen. Größer war sein Erfolg auf dem Gebiet der caritativen Tätigkeit. Eduard Vogt gilt als der Vorkämpfer und Pionier der katholischen Liebestätigkeit in der Diözese Rottenburg. In der Betreuung der verwaisten und verwahrlosten Kinder hatte der pietistisch geprägte Protestantismus ohne Zweifel große Leistungen vorzuweisen. Als nach der Revolution katholisches Leben sich freier entfalten konnte, schritt Vogt, der in seinen Ideen stark von Johann Hinrich Wichern (1808–1881) beeinflußt war, zur Tat. Am 21. Dezember 1848 gründete er in Gundelsheim die St. Nikolauspflege, die erste katholische Kinderrettungsanstalt in Deutschland. Weitere Stiftungen folgten: 1850 Piuspflege Baindt, seit 1860 in Oggelsbeuren, 1854 Josefspflege Mulfingen, 1867 St.-Anna-Pflege Leutkirch u.a. Gründungen gegen Ende des Jahrhunderts.

Im Zusammenhang mit diesen caritativen Einrichtungen wurde die Frage nach dem Betreuungspersonal akut. Die Frauenklöster die u.U. dafür in Frage gekommen wären, waren durch die Säkularisation aufgelöst worden. Auch hier schuf die gewährte Versammlungsfreiheit neue Wege. Teilweise entstanden durch den Zusammenschluß einzelner Personen, die sich der Not des Nächsten annehmen wollten, neue Kongregationen, klösterliche Gemeinschaften, die schließlich als solche bischöfliche oder päpstliche Approbation erhielten. Teilweise holte man solche Gemeinschaften von außerhalb der Diözese. Die Franziskanerinnen von Reute führen ihren Ursprung auf einen Verein von Jungfrauen zurück, die sich 1847 in Ehingen zusammengeschlossen hatten, um Krankenpflege zu leisten. Seit 1849 lebten sie in Wohngemeinschaft. 1850 verpflichteten sie sich zu gemeinsamer Tracht und Lebensregel. Bischöfliche Bestätigung erhielten sie 1852, die staatliche Anerkennung wurde ihnen erst 1886 gewährt. 1861 wurde die Ehinger Kongregation nach Steinbach bei Schwäbisch Hall verlegt. Dort hatte sich eine ähnliche Gemeinschaft zusammengeschlossen, die aber wegen innerer Streitigkeiten vom Bischof aufgelöst worden war. Als man in Biberach ein Mutterhaus erwerben konnte, zog die Gemeinschaft dorthin zurück. 1869 erwarben sie die Klostergebäude in Reute, wo sie ihren endgültigen Sitz fanden. Die Vinzentinerinnen wurden 1850 durch einen Beschluß des Kirchenstiftungsrates in Schwäbisch Gmünd aus Straßburg hergebeten. 1858 wurden die Schwestern eine selbständige Kongregation, die bald die bischöfliche und staatliche Genehmigung erhielten. Der Sitz des Mutterhauses wurde 1891 nach Untermarchtal verlegt. Die Schulschwestern ließ Bischof Lipp 1850 aus München nach Rottenburg kommen. 1852 wurden sie selbständig und gründeten Filialen: 1860 in Ravensburg, 1863 in Wurzach; 1897 wurde das Mutterhaus nach Ravensburg verlegt. 1851 übernahmen Kreuzschwestern aus Straßburg die Vinzenzpflege in Donzdorf. 1852 wurden Franziskanerinnen aus Dillingen in die Diözese geholt, und zwar nach Oggelsbeuren, die 1860 nach Sießen übersiedelten. Auf Initiative des Diözesanpriesters Faustin Mennel kamen die Dillinger Schwestern 1854 nach Bonlanden und konnten nach einigen Kämpfen mit dem Bischöflichen Ordinariat als selbständige Kongregation wirken. 1856 übernahmen sie Heiligenbronn bei Schramberg als neue selbständige Gründung.

Männerorden wurden durch das Gesetz von 1862 in Württemberg ausgeschlossen. Zahlreiche Initiativen, Denkschriften und Eingaben blieben ohne Erfolg. Männerorden konnten erst 1918 ihren Einzug halten.

Im Gegensatz zu den meisten anderen deutschen Diözesen haben die Beschlüsse des Ersten Vatikanischen Konzils, die die Stellung des Papstes, seinen Primat und seine Unfehlbarkeit betonten, in der Diözese Rottenburg verhältnismäßig wenig Unruhe hervorgerufen. Dies ist um so erstaunlicher, da Bischof Carl Joseph Hefele zu jener Minderheit auf dem Konzil gehört hatte, die vor der Abstimmung von Rom abgereist war. Als Kirchenhistoriker und Kenner der Konziliengeschichte hatte Hefele wesentlich diese Minderheit dazu gebracht, aus Opportunitätsgründen die Zustimmung zu versagen. Mit der Publikation der Konzilsbeschlüsse hat Hefele bis zum 10. April 1871 gewartet. Er war der letzte deutsche Bischof, der sich im Gehorsam unterworfen hat. In dem Begleitschreiben an seine Diözesanen rechtfertigte er sein Zögern: »Der kirchliche Friede und die Einheit der Kirche ist aber ein so hohes Gut, daß dafür große und schwere persönliche Opfer gebracht werden dürfen« (zit. nach Kümmel 1928, 149). Das Zögern des Bischofs und seine opferbereite Haltung haben der schwachen Opposition gegen die Beschlüsse des Konzils wenig Auftrieb gegeben. Auch die Professoren der Tübinger Katholisch-Theologischen Fakultät hielten sich zurück. So hat es in der Diözese weder eine nennenswerte altkatholische Bewegung noch einen Kulturkampf gegeben. Der äußere und innere Aufbau und Ausbau der Diözese konnte sich in den Bahnen entwickeln, wie sie seit 1848 grundgelegt worden waren. Die ständig wachsende Zahl der Diözesanen, die Bevölkerungsverschiebungen im Zuge der Industrialisierung und das Selbstbewußtsein der katholischen Bevölkerung hat im Bereich der Seelsorge neue Bedürfnisse hervorgerufen. Neue Kirchen mußten gebaut werden, alte Kirchen wurden erweitert. In den altwürttembergischen Gebieten bildeten sich in rein protestantischer Umgebung Diasporagemeinden, die in Betsälen zum Gottesdienst zusammen kamen. In den Jahren 1851 bis 1860 wurden 22 Kirchen konsekriert (u. a. Cannstatt und Freudenstadt), von 1861 bis 1870 41 Kirchen (u. a. Esslingen St. Paul, Göppingen, Aalen), 1871 bis 1880 22 Kirchen (u. a. Tuttlingen, Stuttgart St. Maria, Tübingen), 1881 bis 1890 45 Kirchen (u. a. Heidenheim, Calw, Hall), 1895 bis 1900 66 Kirchen (u. a. Ebingen, Balingen, Urach). Gebaut wurde anfänglich im sog. Finanzkammerstil, dann wurden Romanik, Gotik, Renaissance nachempfunden. Die bekanntesten Baumeister waren Josef Egle und Josef Cades.
Die Expansion der Katholiken in protestantischen Gebieten und die Intensivierung der öffentlichen Tätigkeit katholischer Gemeinschaften (z. B. der Schulschwestern) haben in kleineren protestantischen Kreisen Unruhe hervorgerufen, die gelegentlich zu Anfragen im Landtag oder antikatholischen Äußerungen führten. Daß der konfessionelle Friede im Land erhalten blieb, war dem protestantischen König Karl zu verdanken. Zu den neuen Bedürfnissen, die in der Seelsorge und für die Seelsorge

erwuchsen, gehörten nicht nur neue Kirchen, sondern auch neue Formen der Betreuung der Gläubigen. Man hatte vor allem gemerkt, daß der sozialen Not nicht durch Almosen und Liebesgaben Einhalt geboten werden konnte. Die soziale Frage stellte sich mit Dringlichkeit. Die im Zuge der Industrialisierung sich bildenden Gemeinden waren vorwiegend Arbeitergemeinden und hatten ihre spezifischen Probleme. Ein Zusammenschluß der katholischen Arbeiter erfolgte sehr spät, wenn nicht zu spät, nachdem andere weltanschauliche Gruppen sich der Arbeiter und Arbeiterinnen angenommen hatten. Der erste katholische Arbeiterverein der Diözese wurde 1883 in Deilingen auf dem Heuberg gegründet. »Die Vereinsgründung war . . . nicht das Werk eines Geistlichen, sondern das Ergebnis der Hartnäckigkeit und Eigeninitiative Betroffener« (Festschrift zum 100jährigen Bestehen der katholischen Arbeitnehmer-Bewegung in der Diözese Rottenburg-Stuttgart, Stuttgart 1983, 24). Im Mai 1900 schlossen sich die einzelnen Vereine zu einem Diözesanverband zusammen. Diözesanpräses wurde Joseph Eckard. Seit 1896 bestand in Stuttgart ein Arbeitersekretariat, das zeitweise Matthias Erzberger leitete. Arbeiterinnenvereine wurden, sieht man von dem in Ravensburg ab, erst ab 1906 gegründet. Dem Stuttgarter Arbeiterverein wurden 1898 zwei Fachabteilungen für Metall- und Holzarbeiter angeschlossen.

Damit war aber die Frage nach dem Beitritt der Arbeiter in die Christliche Gewerkschaft noch nicht gelöst. Wie die Arbeiter organisiert werden sollten, ob in katholischen Vereinen auf der Ebene der Pfarreien unter der Leitung eines Seelsorgers oder in der seit 1894 bestehenden interkonfessionellen christlichen Gewerkschaft, die von Laien angeführt wurde, wurde zur Grundsatzfrage hochgespielt. Der Katholizismus war in dieser Frage gespalten in eine fortschrittlich-liberale und eine kleinbürgerlich-konservative Richtung. Letztere wurde vom Verband der katholischen Arbeitervereine mit Sitz in Berlin vertreten und von den Bischöfen Georg Kopp in Breslau und Michael Felix Korum in Trier unterstützt (Berlin-Trierer oder Berlin-Breslauer Richtung). Die liberale Richtung vertraten die west- und süddeutschen Arbeitervereine, der westdeutsche Zentrumsflügel mit der Kölnischen Volkszeitung und der Volksverein für das katholische Deutschland mit Sitz in Mönchengladbach (Mönchengladbacher Richtung). Da Rom sich in diesen Gewerkschaftsstreit auf die konservative Seite stellte, löste sich unter den katholischen Arbeitern Bitterkeit und Enttäuschung aus, was der katholischen Kirche nicht zum Ansehen gereichte. Wenn auch diesesmal, wie so oft, die Spannungen innerhalb der Diözese nicht ausgetragen wurden, so lag das an der geistlichen Führung und an den Sekretären der Arbeitervereine, die Laien waren und die die Probleme der Arbeiter und die Anziehungskraft der freien Gewerkschaften erkannt hatten. Die Diasporasituation der Diözese ließ Rivalitäten mit dem 1900 gegründeten christlichen Metallarbeiterverband nicht aufkommen. Im übrigen war eine übergreifende Zusammenarbeit mit dem Volksverein für das katholische Deutschland gewährleistet.

Der Volksverein für das katholische Deutschland war 1890 von Franz Hitze als Zentralorganisation deutscher Katholiken gegründet worden. Er sollte sich zur größten Laienorganisation entwickeln. Die Zielvorstellungen des Volksvereins waren politische, soziale und religiös-kulturelle Belehrung und Schulung. Konfessionelle Polemik wurde von vornherein ausgeblendet. Der Volksverein wollte Zuständereform, keine Gesinnungsreform. Die Initiative zur Gründung eines Volksvereins in der Diözese ging von dem Rechtsanwalt und Reichstags- und Landtagsabgeordneten Adolf Gröber aus Ravensburg aus. Auf einem Katholikentag in Ulm 1890 warb er für den neuen Verein. Das Bischöfliche Ordinariat unterstützte diese Werbung. Mit 11 000 Mitgliedern war ein Jahr darauf die Gründung Gröbers, der der erste Landessekretär war, die größte Organisation innerhalb des Landes. Die Bildungsarbeit wurde nach Berufsgruppen aufgeteilt. Matthias Erzberger wurde zum Anwalt der Handwerker und gründete den schwäbischen Handwerkerbund. Kaplan Anton Keilbach übernahm die Betreuung der Bauern. Joseph Eckard, schon bekannt als Anwalt der Arbeiter, übernahm das Arbeitersekretariat in Stuttgart. Da die Arbeit des Volksvereins ins Sozialpolitische hineinreichte, war es nur sinnvoll, diese Arbeit zusammen mit einer politischen Partei zu leisten. Auf der Reichsebene war dies das Zentrum. Aber in Württemberg gab es noch keine organisierte Zentrumspartei, auch wenn seit 1871 viele Katholiken bei den Reichstagswahlen für das Zentrum stimmten. Bischof Hefele war gegen die Gründung einer Zentrumspartei. Er wollte das Verhältnis von Kirche und Staat nicht belasten. Bischof Wilhelm von Reiser gab die Widerstände auf. Am 17. Januar 1895 wurde in Ravensburg das Zentrum gegründet. Gröbers Führungsrolle war unbestritten.

Neben dieser Verbandsarbeit, die mehr in berufsständische und politische Bereiche hineinragte, muß das breite Feld der Seelsorge und vor allem der Standesseelsorge gesehen werden, das sich in der zweiten Hälfte des 19. Jahrhunderts entfaltete und bis in die zwanziger Jahre des 20. Jahrhunderts in diözesanen und überdiözesanen Organisationen zusammengeschlossen wurde. Es sind dies: die Jungfrauenvereine, Jungfrauenkongregationen, katholische Handelsgehilfinnen- und Beamtinnenvereine, Lehrlingsvereine, Jünglingsvereine, Kaufmännischer Verein Laetitia, Jugendfürsorge- und Jugendpflegevereine, Frauenbund und Müttervereine.

Bei dieser Intensivierung der Seelsorge und dem Erschließen neuer Bereiche und neuer Zielgruppen, konnte es nicht ausbleiben, daß auch von mutigen Geistlichen in der Praxis neue Wege beschritten und neue Formen gesucht wurden. Hinzu kam, daß die Mentalität der Gründerzeit, naturwissenschaftliche Entdeckungen und historisch kritische Methode Lehre und Praxis der Kirche in Frage stellten. Daß diese Infragestellung außerhalb der Kirche in aggressiver Weise geschah, war kein Grund, innerkirchliche Reformen abzublocken. Im sog. Gewerkschaftsstreit wurde die römische Zurückhaltung gegenüber neuen Wegen angedeutet. Um die Jahrhundertwende verhärtete sich die Haltung der römischen Kurie gegenüber dem »Amerikanismus« oder »Modernismus« derart, daß Papst Pius X. mit harten Maßnahmen gegen jegliche Neuerung vorging. Der Bischof Paul Wilhelm von Keppler hat sich 1902 unter dem Einfluß des »Rembrandtdeutschen« Julius Langbehn in seiner berühmten Reformrede zu einer äußerst negativen Bewertung des »Reformkatholizismus« hinreißen lassen. Als 1907 Pius X. den sog. Modernismus in Lehre und Praxis verurteilte und 1910 von jedem Geistlichen verlangte, daß er den Antimodernisteneid schwöre, konnten die Konflikte nicht länger unterdrückt werden. Der Fall Wilhelm Koch, d. h. die Entfernung des Tübinger Theologieprofessors aus seinem akademischen Lehramt, »ist nicht nur ein abschreckendes Beispiel dafür, wie man Konflikte nicht austragen kann« (*Seckler*, 1972, 3). Die Verurteilung traf ebenso die Pfarrer Johann Gualbert Buck, Hugo Koch und Otto Feuerstein, den Repetenten Josef Fürst, den Diakon Josef Heilig und die Theologiestudenten Philipp Funk und Hermann Hefele (um nur die bekanntesten Namen derer zu nennen, die damals »abgesprungen« sind).

Aufbruchstimmung in der Kirche zur Zeit der Weimarer Republik

Dem deutschen Katholizismus gelang in der Zeit der Weimarer Republik eine beachtliche Festigung und Ausdehnung. Die vielfältigen Bewegungen, die aufbrachen, fanden auch im diözesanen Bereich ihren Niederschlag. Voraussetzungen hierfür waren die Reichs- und Landesverfassungen von 1919. Die Weimarer Verfassung sicherte der Kirche im Reich und in den Ländern ein bestimmtes Maß an Freiheit und Wirkmöglichkeiten. Für die württembergische katholische Kirche wurde das Kirchengesetz von 1862 außer Kraft gesetzt. Problematisch war die Frage, ob und wieweit die Bestimmungen der päpstlichen Bullen von 1821 und 1827 noch Geltung hätten, um das Verhältnis von Staat und Kirche zu regeln. In Rom war man der Meinung, daß eine demokratisch gewählte Regierung nicht Rechtsnachfolger einer Monarchie sein könne. Im übrigen war in der römischen Kirche seit 1918 das neue Kirchenrecht in Kraft. Das Bischofswahlrecht wurde kassiert. Rom beanspruchte die freie Ernennung des Bischofs. Durch Konkordate wollte Rom die Rechtsverhältnisse zum Staat neu regeln und dabei die Forderungen des neuen Kirchenrechts durchsetzen. Ein Reichskonkordat scheiterte an der parlamentarischen Mehrheit im Reichstag. Deshalb schloß der Vatikan Länderkonkordate ab mit Bayern (1924), Preußen (1929) und Baden (1932). Ein Konkordat mit Württemberg scheiterte, da der Innenminister Eugen Bolz das Wahlrecht des Domkapitels nicht preisgeben wollte.
Die neue Verfassung machte es möglich, daß Männerorden in der Diözese Einzug halten konnten. Neresheim wurde 1920 von Benediktinern aus Emaus/Prag besiedelt. 1922 fanden deutsche Mönche aus Erdington/

England eine neue Heimat in Weingarten. Franziskaner kamen 1919 ins Weggental/Rottenburg, 1921 nach Ulm und Rottweil, 1922 nach Saulgau, 1923 nach Wangen/Allgäu. Kapuziner zogen 1920 in Mergentheim, 1929 in Ave Maria/Deggingen ein. Jesuiten kamen 1920 nach Stella Maris/Stuttgart und nach Weingarten, die Salvatorianer 1920 nach Wurzach, die Eucharistiner 1924 nach Rottweil, die Oblaten 1920 nach Aufhofen. Die Redemptoristen begannen ihre Tätigkeit 1919 auf dem Schönenberg/Ellwangen und 1932 in Stuttgart-Botnang, die Claretiner 1924 auf dem Dreifaltigkeitsberg/Spaichingen, die Pallotiner 1920 in Schwäbisch Gmünd und 1931 in Hohenheim. Zwei Missionsgesellschaften schlugen ihren Sitz in der Diözese auf, die Steyler Missionare 1925 in Blönried, deren weiblicher Zweig in Oberdischingen, und die Söhne des heiligsten Herzen Jesu 1921 in Ellwangen und 1925 in Mergentheim.

Die weiblichen Kongregationen, die im 19. Jahrhundert in der Diözese sich niedergelassen hatten, konnten weitgehend ihre Stellung ausbauen. Benediktinerinnen aus Kärnten fanden dank einer Stiftung Zuflucht in Kellenried, wo sie die Abtei St. Erentraut errichteten. In Schwäbisch Gmünd hatte der Kaplan Konrad Kirchner 1902 die Kongregation der Anbetungsschwestern gegründet (Canisiushaus). In Obermarchtal siedelten sich 1920 Schwestern von der Heimsuchung Mariä (Salesianerinnen) an. Marienschwestern kamen von Schönstatt 1928 nach Ennabeuren, später nach Ergenzingen. 1921 gründete Pfarrer Anton Eberhard die Gemeinschaft der Annaschwestern, die sich vor allem der Familienpflege widmeten.

All diese Neugründungen haben neben den alten Einrichtungen das geistige Leben in der Diözese geprägt. Vielfältig waren die Bewegungen, die nach dem Ersten Weltkrieg aufbrachen. Die monastische Bewegung hat der volksliturgischen Bewegung starke Impulse verliehen. Die Zentren der liturgischen Bewegung lagen außerhalb der Diözese in Beuron und Maria Laach. Die Bibelbewegung wurde angestoßen durch die homiletischen Kurse, die Bischof Paul Wilhelm Keppler initiiert hatte. Zu einer Erneuerung der Predigt durch Keppler und seine Schüler kam es, als sie die reichste Fundgrube der Predigt in der Heiligen Schrift entdeckten. Das Bemühen, auch den Laien den Zugang zur Schrift zu erschließen, gipfelte in der Gründung des katholischen Bibelwerkes 1933. An den vielfältigen Bewegungen (u. a. Jugend-, Exerzitien-, ökumenische, völkerverständigende, künstlerische und kulturelle Bewegungen) wird ein neues katholisches Bewußtsein faßbar. Die dieses neue Bewußtsein tragenden Kräfte waren weithin laikale Kräfte, die durch den Antimodernismus Papst Pius X. ins Exil gedrängt worden waren. Die Laien wollten nicht mehr Objekt der Seelsorge sein, sie beanspruchten, die Eucharistie als circumstantes, d. h. bewußt mitfeiern zu dürfen. Dieses Streben nach Autonomie und Selbstbestimmung geriet aber in Konflikt mit dem katholischen Autoritätsdenken. Papst Pius XI. hatte 1922 das Programm der Katholischen Aktion verkündet, die Teilnahme des Laien an der kirchlichen Hierarchie, jedoch sollten alle Aktivitäten unter der Leitung der Hierarchie stehen.

In der Diözese Rottenburg wurde die Organisation der katholischen Verbände im Sinne der Katholischen Aktion am 27. Dezember 1927 vollzogen. An diesem Tag hatten sich die Vertreter der größeren Verbände in Stuttgart zu einer Arbeitsgemeinschaft zusammengeschlossen. Am 31. Dezember wurde die Arbeitsgemeinschaft von Bischof Joannes Baptista Sproll bestätigt und erhielt eine Satzung. Vorsitzender der Arbeitsgemeinschaft und Vertreter des Bischofs war Domkapitular Emil Kaim (1871–1949). An der Aufstellung eines Programms war der Caritasdirektor der Diözese, Johannes Straubinger (1893–1956) beteiligt.

Die Katholische Aktion war Seelsorgeprogramm und damit Rückzug aus dem sozialen und politischen Bereich, in dem die Aktivitäten der Laienorganisation ihren Ursprung hatten. Maßgebliche Vordenker der Katholischen Aktion haben das Unbehagen gegenüber der Politik artikuliert. Während der Landessekretär des Volksvereins für Württemberg, Heinrich Getzeny, 1932 davor warnte, die Katholische Aktion in Deutschland nach dem Vorbild Italiens durchzuführen, weil dadurch das Wirken der Kirche auf das innerkirchliche Gebiet beschränkt wurde, d.h. das Ende des politischen Katholizismus kommen würde, hat der Bischof von Ermland, Maximilian Kaller, 1933 sagen können: »Heute, wo alles vom Führerprinzip aus geordnet wird, kann dies erst recht in der Katholischen Aktion gesehen werden, zumal dies dem Wesen der Aktion durchaus entspricht« (Abschrift im Diözesanarchiv Rottenburg, Nachlaß Sproll). Tatsache ist, daß im Reichskonkordat vom 20. Juli 1933 nur solche Organisationen staatlichen Schutz genießen sollten, die religiöse und caritative Ziele verfolgten.

Was jene Gruppen, die 1933 organisatorisch zerschlagen wurden, in der Zeit von 1918 an geleistet haben, läßt sich allenfalls daran ermessen, daß gerade sie wesentlich durch den Einsatz ihres Glaubens und Bekenntnisses dazu beigetragen haben, daß die Kirche das Dritte Reich überdauert hat.

Auch die Formen der allgemeinen Seelsorge können in ihrer Vielfalt hier nicht beschrieben werden. Aber auf eine Besonderheit in der Diözese muß noch aufmerksam gemacht werden. Als 1918 von liberalen und sozialistischen Kreisen in Stuttgart ein Verein zur Förderung der Volksbildung gegründet wurde, erkannte Pfarrer Eugen Sieber in Rottenburg die Notwendigkeit eines kirchlichen Parallelunternehmens. Er gründete 1921 einen Diözesanbildungsausschuß zur Pflege der Volksbildung auf der Grundlage des katholischen Glaubens. In drei Abteilungen, nämlich »Buch und Bild« (Sieber), »Spiel und Lied« (Pfarrer Karl Mayerhausen, Ludwigsburg) und »Bildende Kunst« (Albert Pfeffer, Lautlingen), wurde wertvolle Bildungsarbeit geleistet. In der Abteilung Sieber war durch Personalunion des Leiters die Verbindung zum Borromäusverein gegeben und in der Abteilung Pfeffer die Verbindung zum Kunstverein. Aus der

Abteilung Mayerhausen entstand 1927 die Diözesanspielschar. Die Zusammenarbeit mit dem Volksverein besonders in den ländlichen Gebieten war mustergültig. 1930 gelang dem Diözesanbildungsausschuß der Erwerb des Volksbildungsheimes Mariatann. Der Leiter des Hauses, Pfarrer Josef Bärtle, leitete dort Freizeitwochen, Lehrgänge für Dorfcaritas, Umschulungskurse für Arbeitslose und freiwillige Arbeitsdienste. In den zwanziger Jahren fanden in der Diözese einige Großveranstaltungen statt, die wegen ihres programmatischen Charakters bleibende Bedeutung für das religiöse Leben hatten. Erwähnt seien ein diözesaner Katholikentag in Stuttgart 1920, der deutsche Katholikentag und das goldene Priesterjubiläum des Bischofs Paul Wilhelm von Keppler 1925, das 100jährige Diözesanjubiläum 1928. Auf all diesen Veranstaltungen kam der Zentrumspolitiker Eugen Bolz zu Worte, der seit 1928 als Katholik das höchste Staatsamt in Württemberg inne hatte.

Das Bistum Rottenburg im Dritten Reich

Erste nennenswerte Konfrontationen der Kirche mit dem Nationalsozialismus gab es nach den Reichstagswahlen vom 14. September 1930, bei denen die Nationalsozialisten erstmals 18 Prozent der Stimmen auf sich vereinen konnten. In Mainz hatte der Generalvikar auf eine Anfrage entschieden, daß Katholiken eine Mitgliedschaft in der NSDAP untersagt sei, die Teilnahme der Partei an kirchlichen Veranstaltungen verboten und den einzelnen Parteimitgliedern die Sakramente zu verweigern seien. Diese Stellungnahme rief in der Diözese Widerspruch hervor. Anfragen von beunruhigten Gläubigen aber auch von katholischen Parteigenossen wurden an das Bischöfliche Ordinariat gerichtet. Die deutschen Bischöfe konnten sich nicht auf eine Linie in der Abwehr einigen, vor allem nicht auf die Mainzer Linie. Aus seelsorgerlichen Gründen hielt man sich zurück und wies vor allem auf die weltanschauliche Gefahr hin, die dem Katholizismus durch das Parteiprogramm der NSDAP drohe. In einer Erklärung vom 19. März 1931 warnten die Bischöfe der Oberrheinischen Kirchenprovinz vor dem Nationalsozialismus, »weil und solange er Anschauungen verfolgt und verbreitet, die mit der katholischen Lehre unvereinbar sind. Es kann deshalb dem Katholiken nicht erlaubt sein, diese Anschauungen als wahr anzunehmen und sich zu ihnen mit Wort und Tat bekennen« (Akten deutscher Bischöfe, Bd. 1, 1968, 827).
Die Situation änderte sich, als die Nationalsozialisten an die Macht gekommen waren, und Adolf Hitler in der Regierungserklärung vom 23. März 1933 die christlichen Kirchen zur Mitarbeit am sittlichen Aufbau des Volkes aufgerufen und der katholischen Kirche ein Konkordat in Aussicht gestellt hatte. Die deutschen Bischöfe reagierten darauf mit einer Erklärung vom 28. März 1933, in welcher sie »die vorbezeichneten allgemeinen Verbote und Warnungen nicht mehr als notwendig« zurück-

nahmen (Akten deutscher Bischöfe, Bd. 1, 1968, 31). Der Rottenburger Bischof Joannes Baptista Sproll forderte in einer Pastoralanweisung vom 26. April 1933 seine Geistlichen auf, für den neuen Staat zu optieren (*Doetsch*, 1969, 98).

Die meisten deutschen Bischöfe, von autoritären Strukturen geprägt, waren zur Loyalität gegenüber dem neuen Staat bereit und die Erwartungen, die sie gegenüber dem Konkordatsabschluß hatten, zwangen sie zur Zurückhaltung, auch wenn Unrecht geschah. Beim Diözesantreffen des katholischen Jungmännerverbandes in Ulm am 27. und 28. Mai 1933 war es zu Zusammenstößen mit der Hitlerjugend gekommen. Dem Terror waren die Kolpingssöhne, die am 10. und 11. Juni 1933 zum Gesellentag nach München gekommen waren, ausgesetzt. Man entschuldigte solche Ausfälle damit, daß man die Schuld den unteren, nicht den letztverantwortlichen Parteiführern zuschob. Am 30. Juni 1933 erließen die Innenminister der Länder Bestimmungen, wonach Jugendverbände, die nicht der »nationalsozialistischen Erhebung« angehörten, verboten und ihr Vermögen beschlagnahmt wurde. Da in manchen Städten unterschiedslos auch die Verbände mit rein religiösem Charakter attackiert wurden, legte Bischof Sproll massiven Protest ein. Ein Nachgeben in diesem Punkt und die Entlassung einer Anzahl Priester aus der Schutzhaft am 1. Juli 1933 deuten darauf hin, daß auch die Nationalsozialisten weiterhin am Konkordat interessiert waren.

Die sog. Verbandsschutzklausel, Art. 31 des Reichskonkordats, bedeutete das Ende des politischen Katholizismus. Widerstand aus dieser Richtung hat es gegeben. Im Januar 1934 legte die Württembergische Politische Polizei dem Ordinariat eine Anklageschrift gegen 55 Pfarrer vor. Das Bischöfliche Ordinariat hat die Anklagen heruntergespielt, um das Strafmaß zu mildern. Noch waren die Fronten nicht geklärt, noch gab es Pfarrer, die für die Eingliederung der katholischen Jugend in die Staatsjugend nach italienischem Muster sich einsetzten, noch feierte der Tübinger Theologe Karl Adam Hitler als den von Gott gesandten Volkskanzler, noch setzten sich Dozenten dafür ein, daß die Arbeitsgemeinschaft katholischer Deutscher ihre Brücken zwischen Kirche und Nationalsozialismus bauen konnte.

Das Konkordat brachte nicht den gewünschten Bewegungsraum für die Kirche. Im August 1934 schrieb Bischof Sproll an den Vorsitzenden der deutschen Bischofskonferenz, Adolf Kardinal Bertram: »Lieber kein Konkordat als ein Konkordat, das nur einseitig bindet, das der vollen Rechtsgültigkeit entbehrt und dem man von vornherein die Prognose stellt, daß es von der Dynamik der Bewegung bald hinweggespült sein werde« (Akten deutscher Bischöfe, Bd. 1, 1968, 771). Diese Erkenntnis mußte den Bischof in die Offensive treiben. Sproll hatte »nicht die Politik des Nationalsozialismus im engeren Sinn im Auge, sondern die Angriffe auf Christentum und Kirche« (*Hagen*, Gestalten, Bd. 4, 1962, 123). Er kämpfte mit dem Mittel der Rede. Die »Bischofstage« der Jahre 1934 bis

1937 waren machtvolle Kundgebungen, auf denen jeweils bis zu 10 000 Gläubige, vornehmlich Jugendliche, auf die vielfältigen Bedrohungen der Kirche aufmerksam gemacht wurden. Ab 1934 mehrten sich die Attacken gegen die katholische Kirche. Professor Karl Adam wurde von der SA gehindert, seine Vorlesungen zu halten. Der Kultusminister verhängte Lehrverbot, das nach wenigen Tagen wieder aufgehoben wurde. Stadtpfarrer Alois Dangelmaier aus Metzingen feierte für sechs in Köln hingerichtete Kommunisten ein Requiem. Dafür kam er ins Schutzhaftlager Ulm-Kuhberg. Pfarrer Josef Sturm aus Waldhausen bei Gmünd wurde in Schutzhaft genommen wegen Äußerungen gegen die NS-Bewegung. In Buchau wurde am Fronleichnamsfest 1934 die katholische Jugend von SA und Hitlerjugend überfallen und mißhandelt. Die Gegnerschaft der Nationalsozialisten gegenüber der katholischen Kirche artete in üble Hetzkampagnen und in Freveltaten an Feld- und Friedhofskreuzen, Kreuzwegstationen und Bildstöcken aus. Exzessive Formen nahmen die Ausschreitungen 1934 in Ellwangen an. Dort wurde die SS vom Bürgermeister unterstützt. Eine rechtliche Verfolgung dieser Schandtaten war von vornherein aussichtslos. In der Öffentlichkeit besaßen Katholiken keinerlei Mittel, um sich zur Wehr zu setzen. Das »Deutsche Volksblatt« mußte am 1. November 1935 sein Erscheinen einstellen. Andere Zeitungen im Land mit katholischem Charakter wurden gleichgeschaltet. Das »Katholische Sonntagsblatt« mußte sich auf rein kirchliche Berichterstattung und auf erbauliche Artikel beschränken. Öffentlich-kirchliche Veranstaltungen wurden am 21. Juli 1935 vom Innenministerium verboten. Die Tätigkeit der Orden und religiösen Genossenschaften wurde eingeschränkt, ihr Vermögen konfisziert. Priester und Ordensleute wurden wegen Sittlichkeits- und Devisendelikte angegriffen und verleumdet. Die tatsächlichen Vergehen standen keineswegs im Verhältnis zu den Schauprozessen und der publizistischen Ausschlachtung. Jugendverbände, die aufgrund der Verbandsschutzklausel des Reichskonkordats überlebt hatten, wurden durch Erlaß vom 26. Januar 1939 wegen volks- und staatsfeindlicher Betätigung aufgelöst.

Kirchliches Leben war weitgehend auf den Gottesdienst beschränkt. Die Predigt erhielt für die, die zur Kirche hielten, eine eminent wichtige Bedeutung. Dieser Innenraum der Kirche lebte von bewußt gelebter Überzeugung, weniger von dem Schutz, den das Reichskonkordat gewährte. Selbst dieser Innenraum wurde ständig von der Gestapo bespitzelt. Einen Höhepunkt in die Konfrontation mit den Nationalsozialisten bildete die Verbreitung der Enzyklika »Mit brennender Sorge«, der erste und einzige päpstliche Rundbrief in deutscher Sprache, in der von päpstlicher Seite die Gewaltakte der Nationalsozialisten angeprangert wurden. Ein reguläres Verbreiten der Enzyklika wurde verhindert. Wenn Exemplare an Pfarrämter gelangten, wurden sie im Tabernakel versteckt. Jugendliche, die sie abgeschrieben und verbreitet haben, wurden, wenn man sie erwischte, in das KZ Welzheim eingeliefert. Die schonungslose

Offenheit, mit der Bischof Sproll gegen die Gottlosigkeit des Systems predigte, konnte nicht ohne Folgen bleiben. Die sorgsame Observierung des Bischofs durch die Gestapo führte schließlich zur Einleitung eines Ermittlungsverfahrens wegen Verstoßes gegen das sog. Heimtückegesetz vom 20. Dezember 1934 im Frühjahr 1938. Die Wahlenthaltung des Bischofs am 10. April 1938 war nur auslösendes Moment, um spektakuläre Aktionen seitens der Partei einzuleiten. Angedrohte und tatsächliche Demonstrationen der SA, die aus anderen Städten nach Rottenburg gebracht wurden, ließen es dem Bischof für angebracht erscheinen, Rottenburg zu verlassen. Der päpstliche Nuntius bestand darauf, daß Sproll nach Rottenburg oder wenigstens in die Diözese zurückkehre. Die von der Parteiführung organisierten Demonstrationen Mitte Juli 1938 waren das Vorspiel zur endgültigen Ausweisung des Bischofs. Die Last, im Exil leben zu müssen, wurde durch eine heimtückische Krankheit und durch das Drängen des Heiligen Stuhles, auf das Bischofsamt zu resignieren, ins Unerträgliche gesteigert. Die Weihe der Diözese Rottenburg an Maria, die Bischof Sproll am 3. Oktober 1943 in seinem Exilort Krumbach vollzog, war sichtbarer Ausdruck der Verbindung von Bischof und Diözese in schwerster Zeit.

Im Zusammenhang mit der Wahl vom 10. April 1938 war es auch in Schwäbisch Gmünd und Waldstetten zu Ausschreitungen gekommen. Dekan Franz Xaver Großmann und Kaplan Eugen Schmidt aus Schwäbisch Gmünd und Pfarrer Wilhelm Treiber wurden in Schutzhaft genommen und erhielten Landesverbot. In Fellbach wurden Stadtpfarrer Richard Sturm und sein Vikar von der SA mißhandelt. Vergeblich wird man im Bereich der Diözese Stimmen suchen, die das Unrecht und die Gewalttaten an jüdischen Mitbürgern anklagten, dagegen findet sich im kirchlichen Amtsblatt für die Diözese Rottenburg vom 24. Februar 1943 die Aufforderung an die Pfarrämter, Personenstandsregister für Juden, falls solche eigens geführt werden, an das Reichssippenamt in Berlin auszuhändigen (Kirchliches Amtsblatt, Bd. 18, 1943, S. 7). Das Protestschreiben an die Reichskanzlei vom 1. August 1940, das Erzbischof Conrad Gröber von Freiburg und Generalvikar Max Kottmann von Rottenburg unterzeichnet haben, und das die Tötung Geisteskranker und Geistesschwacher verurteilte, ist in seiner Auswirkung ein wichtiges Zeugnis dafür, daß die NS-Machthaber doch von ihren Vorhaben abließen, auch wenn vielleicht die Rücksicht auf die Soldaten an der Front, falls sie von dem Euthanasieprogramm in der Heimat hörten, größer war. Abgesehen von der Einstellung des Euthanasieprogrammes hat der Krieg, der von den Katholiken als nationale Aktion mitgetragen wurde, das Verhältnis des Nationalsozialismus zur Kirche keineswegs gemildert. Was an kirchlichen und klösterlichen Einrichtungen noch nicht beschlagnahmt war, wurde jetzt eingezogen und zum Lazarett oder Lager umfunktioniert. Die Kirchengemeinden der Großstädte verloren durch Bombenangriffe ihre Kirchen. Selbst in der äußersten physischen Bedrohung und im

Angesicht des Sterbens, von dem jede Familie betroffen war, war es dem Seelsorger nicht möglich, die Lügenpropaganda des Systems zu durchbrechen. Als nach dem Zusammenbruch das Ausmaß der Verbrechen der Nationalsozialisten in der Heimat und in den besetzten Ländern offenkundig wurde, brach jähes Erschrecken über die Gläubigen herein.

Ausblicke auf die Zeit nach 1945

Unter seelsorgerlichem Aspekt war das Jahr 1945 nicht die Stunde Null. Die Kirche mit ihren die seelische und leibliche Not lindernden Funktionen wurde mehr gebraucht denn je. Daß viele Glieder der Kirche unter der NS-Herrschaft gelitten hatten, gab ihr beim Wiederaufbau besonderes Ansehen. Das galt vor allem für den Bischof Joannes Baptista Sproll, der am 14. Juni 1945 aus der Verbannung kommend in Rottenburg Einzug halten konnte. Aber der Bischof war ein vom Leid gezeichneter Mann. Trotz seiner Lähmung bereiste er seine Diözese, spendete Trost bis zu seinem Tod am 4. März 1949. Die Verwaltungsarbeit der Diözese war erschwert, da die Diözese in eine französische und eine amerikanische Besatzungszone eingeteilt war. Dadurch war die Kommunikation zwischen Bischof und Klerus und Volk äußerst schwierig, die Voraussetzung der Priester behindert und das innere Band der Einheit gefährdet. Probleme, die sich einer geordneten Seelsorge in den Weg stellten, waren die äußeren Schäden in den Städten, der Priestermangel durch Verluste an der Front, durch Luftangriffe und in Gefangenschaft. Die größte Bewährungsprobe, vor die sich die Diözese gestellt sah, war die Bewältigung des immensen Zustroms der Flüchtlinge und Heimatvertriebenen aus den ostdeutschen und südosteuropäischen Gebieten. Über eine halbe Million katholischer Heimatvertriebener der verschiedensten Länder des Ostens drängten vor allem in die Diasporagebiete Nordwürttembergs. Nach Südwürttemberg kamen Heimatvertriebene erst nach der Besatzungszeit und im Zuge deutscher Binnenwanderung. Stationen der äußeren Entwicklung, die die diözesane Verwaltung betrafen, waren die Ablösung des Besatzungsstatutes durch die Neugründung der Länder Südwürttemberg-Hohenzollern und Nordwürttemberg-Nordbaden 1949, die Bildung des Südweststaates 1952 und die Gemeindereform von 1972. Die innere Entwicklung ist vielschichtiger und komplizierter. Nach einer Phase des Wiederaufbaues im Sinne der Restauration, des Nachholbedarfs und der notwendigsten Versorgung versuchte man auch auf vielen Gebieten neue Wege zu gehen. Zahlreiche Innovationen sind mit der Regierungszeit des »Seelsorgebischofs« Carl Joseph Leiprecht 1949 bis 1974 verbunden. Der Kirchenbau ist nicht nur qualitativ beachtlich. In Hohenheim wurde 1952 die erste katholische Akademie in Deutschland errichtet. In Stuttgart-Bad Cannstatt entstand das Spätberufenen-Seminar »Ambrosianum«. Das katholische Bibelwerk, wohl 1933 gegründet, erhielt seine Strukturen erst nach dem Krieg. Ein Diözesansiedlungswerk half Tausenden zu einer eigenen Wohnung zu kommen. Das katholische Filmwerk in Rottenburg wurde ein Markstein katholischer Medienarbeit. Bischof Leiprecht ist aber auch als »Konzilsbischof« in die Geschichte eingegangen. Als Teilnehmer am Zweiten Vatikanischen Konzil von 1962 bis 1965 war er Mitglied der Kommission für Ordensleute. Mit ungeheurem Schwung hat er sich für die Umsetzung der Beschlüsse des Konzils eingesetzt und verzehrt. Innerkirchlich bedeutete der Impuls, der vom Konzil ausging, ein Ernstnehmen des Laien in der Kirche in den Gremien der Pfarrei und Diözese (Pfarrgemeinde- und Diözesanrat), aber auch Forderung von Mitarbeit der Laien als Gemeindereferenten und Diakone. Die Zusammenarbeit mit den anderen christlichen Kirchen wurde zur Selbstverständlichkeit. Der Ausbau des Bildungswesens wurde gefördert, vor allem durch die Errichtung privater katholischer Schulen. Die Bemühungen auf diözesaner Ebene wurden abgerundet dadurch, daß die St.-Eberhards-Kirche in Stuttgart 1970 zur Kathedrale erhoben wurde und der Name des Bistums in »Rottenburg-Stuttgart« umgewandelt wurde.

Die Dimension der Weltkirche, die Bischof Leiprecht während des Konzils erlebt hat, hat er auch in der praktischen Arbeit in der Diözese umgesetzt in dem Engagement der Diözese für die Gastarbeiter und für die Dritte Welt. Seit 1975 leitet Bischof Georg Moser die Diözese Rottenburg-Stuttgart. Für 1985 hat er eine Diözesansynode einberufen, auf der die Ortskirche Rottenburg-Stuttgart zur Rechenschaft gezwungen wird.

Literaturhinweise

Akten deutscher Bischöfe über die Lage der Kirche 1933 bis 1945, Bd. 1: 1933 bis 1934, hrsg. von Bernhard *Stasiewski* (Veröffentlichungen der Kommission für Zeitgeschichte, Reihe A: Quellen, Bd. 5). Mainz 1968
Aktenmäßige Darstellung der Verhandlungen der württembergischen Kammer der Abgeordneten über die Angelegenheiten der katholischen Kirche in Württemberg auf dem Landtage von 1841–42. Stuttgart 1842
Bauer, Clemens: Politischer Katholizismus in Württemberg bis zum Jahr 1848 (Schriften zur deutschen Politik 23/24). Freiburg i. Br. 1929
Blickle, Peter: Katholizismus, Aristokratie und Bürokratie in Württemberg des Vormärz, in: Historisches Jahrbuch 88, 1968, 369–406
Doetsch, Wilhelm Josef: Württembergs Katholiken unterm Hakenkreuz 1930 bis 1935. Stuttgart 1969
Die Diözese Rottenburg und ihre Bischöfe 1828–1928. Ein Festbuch zum hundertjährigen Jubiläum der Diözese, hrsg. in Verbindung mit Priestern der Diözese von Franz Stärk, Stuttgart 1928
Hagen, August: Gestalten aus dem schwäbischen Katholizismus, Bd. 1–4. Stuttgart 1948–1960
Ders.: Staat und katholische Kirche in Württemberg in den Jahren 1848–1862, 2 Bde. (Kirchenrechtliche Abhandlungen, Bd. 105/106). Stuttgart 1928
Ders.: Geschichte der Diözese Rottenburg, Bd. 1–3, Stuttgart 1956–1960
Köhler, Joachim: Die katholische Kirche in Baden und Württemberg in der Endphase der Weimarer Republik und zu Beginn des Dritten Reiches, in: Die Machtergreifung in Südwestdeutschland. Das Ende der Weimarer Republik in

Baden und Württemberg 1928–1933, hrsg. von Thomas *Schnabel* (Schriften zur politischen Landeskunde Baden-Württembergs, Bd. 6). Stuttgart 1982

Kümmel, Konrad: Bischof Hefele und seine Zeit, in: Die Diözese Rottenburg und ihre Bischöfe (1928), 107–202

Reinhardt, Rudolf: Die Katholisch-Theologische Fakultät Tübingen im ersten Jahrhundert ihres Bestehens. Faktoren und Phasen der Entwicklung, in: Ders. (Hg.), Tübinger Theologen und ihre Theologie. Quellen und Forschungen zur Geschichte der Katholisch-Theologischen Fakultät Tübingen (Contubernium, Bd. 16), Tübingen 1977, 1–48

Sammlung der katholischen Kirchengesetze, hrsg. von Johann Jakob *Lang* (Sammlung der württembergischen Gesetze, hrsg. von A. L. Reyscher, Bd. 10). Tübingen 1836

Seckler, Max: Theologie vor Gericht. Der Fall Wilhelm Koch. Ein Bericht (Contubernium, Bd. 3). Tübingen 1972

Tüchle, Hermann: Aus der Geschichte der Diözese Rottenburg und ihrer Bischöfe, in: Nur kein Geist der Verzagtheit. Festgabe zum silbernen Weihejubiläum des Rottenburger Diözesanbischofs Dr. Carl Joseph Leiprecht 1948–1973, Ruit 1973, 3–24

Willburger, August, und *Tüchle,* Hermann: Geschichte der katholischen Kirche in Württemberg. Rottenburg a. N. 1954

3. Kapitel

Gustav Adolf Benrath

Die Evangelische Landeskirche in Baden von den Anfängen bis zur Zeit nach dem Zweiten Weltkrieg

Die Evangelische Landeskirche in Baden umfaßt im wesentlichen das Gebiet des früheren Großherzogtums (1806–1918) und Landes Baden, das in diesem Umfang bis zum Zusammenschluß mit Württemberg im Bundesland Baden-Württemberg (1952) Bestand hatte. Das Großherzogtum seinerseits war nach der Auflösung des alten Deutschen Reiches (1803) aus zahlreichen, zuvor selbständigen Territorien, insbesondere aus der Markgrafschaft Baden und aus größeren Teilgebieten des Kurfürstentums Pfalz und Vorderösterreichs, zusammengefügt worden. Die Landeskirche ist heute eine der wichtigsten Körperschaften des öffentlichen Rechtes, jedoch eine »Körperschaft eigener Art«, die ihre Aufgabe innerhalb der Grenzen des früheren Landes Baden weithin selbständig wahrnimmt. Der Sitz der Kirchenleitung ist Karlsruhe. Die wichtigste theologische Ausbildungsstätte ist die Theologische Fakultät der Universität Heidelberg. Zu der benachbarten Evangelischen Landeskirche in Württemberg besteht seit jeher eine nachbarliche, brüderliche Zusammenarbeit.

Von der Reformation (1518) bis zum Ende des Dreißigjährigen Krieges (1648)

Bei der Heidelberger Disputation im April 1518 gewann Luther eine Anzahl von Anhängern, die bald darauf als evangelische Prediger und Reformatoren in den Reichsstädten und unter der Reichsritterschaft Südwestdeutschlands tätig wurden, unter ihnen Martin Bucer, der Reformator der Reichsstadt Straßburg, sowie Johannes Brenz und Johannes Isenmann, die Reformatoren von Schwäbisch Hall, während Theobald Billicanus in Weil der Stadt und in Nördlingen, Erhard Schnepf in Wimpfen, Martin Frecht in Ulm und Franz Irenicus in Gemmingen im Kraichgau wirkten. Das Kurfürstentum Pfalz mit seiner Hauptstadt Heidelberg und mit den Städten Ladenburg, Sinsheim, Eberbach und Mosbach verfolgte unterdessen jahrzehntelang eine kirchlich-konfessionelle Vermittlungspolitik; es schloß sich der Reformation endgültig erst im Jahr 1556 an.

Die dem Hause Habsburg gehörenden vorderösterreichischen Gebiete mit den Städten Freiburg, Villingen, Säckingen und Waldshut hielten sich dagegen von Anfang an streng an das Wormser Edikt Kaiser Karls V. (1521), das die Verfolgung der Evangelischen befahl. So unterdrückte die vorderösterreichische Regierung die von Jakob Otter, dem späteren Reformator der Reichsstadt Esslingen, begonnene Reformation in Kenzingen im Breisgau, wo der Ratsschreiber der Stadt zum ersten evangelischen Blutzeugen des Landes wurde (7. Juli 1524). In Waldshut, wo die Stadtgemeinde unter Balthasar Hubmaier zum Täufertum übergegangen war, wurde die Reformation nach dem Sieg über die Bauern im Bauernkrieg ebenfalls wieder rückgängig gemacht (1525). In der Markgrafschaft Baden mit den Städten Baden-Baden, Ettlingen, Rastatt und Bühl trat Markgraf Philipp I. nach vorübergehender Einführung von Laienkelch, Priesterehe und bürgerlicher Gesetzgebung für den Klerus in den Kreis der römisch-katholischen Fürsten zurück (1530).

Auf der anderen Seite führten Graf Georg von Wertheim und die Reichsritter von Gemmingen, von Menzingen, von Flehingen, Göler von Ravensburg, Böcklin von Böcklinsau und Röder von Diersburg bereits seit 1522 in ihren Gemeinden die Reformation durch. In Anlehnung an die Städte Straßburg und Zürich wurde auch die Reichsstadt Konstanz unter der Führung der Brüder Blarer und Zwick evangelisch (1525).

Konstanz spielte innerhalb der frühen Reformationsgeschichte Südwestdeutschlands eine wichtige Rolle, bis Kaiser Karl V., zur gewaltsamen Unterwerfung des gesamten Protestantismus entschlossen, die Stadt im Schmalkaldischen Krieg durch spanische Truppen erobern und dort den

Katholizismus wiederherstellen ließ (1548). Der Sieg des Kaisers setzte auch der von der Stadt Straßburg seit 1530 unterstützten Reformation in der Grafschaft Fürstenberg im Kinzigtal und in der kleinen Reichsstadt Gengenbach ein vorzeitiges Ende (1549). Im Hanauer Land, das die beiden rechtsrheinischen, zur Grafschaft Hanau-Lichtenberg im Unterelsaß gehörigen Ämter Lichtenau und Willstätt umfaßte, blieb die Reformation jedoch erhalten, denn der Sieg des Kaisers wurde nicht zum bleibenden Erfolg.

Im Augsburger Religionsfrieden (1555) wurde den Landesherren das Recht des Beitritts zur evangelischen Kirche und zur Reformation ihrer Gebiete auf der Grundlage des Augsburgischen Bekenntnisses von 1530 zuerkannt. Nun führten schließlich auch Kurfürst Ottheinrich von der Pfalz (1556–1559) und Markgraf Karl II. von Baden eine durchgreifende Kirchenvisitation und eine späte, planvolle Reformation in ihrem Lande durch (1556). Die Grundordnung dieser Reformation war in beiden großen Territorien dieselbe: die Kirchenordnung von 1556, die sich eng an die württembergische Kirchenordnung von 1553 anlehnte; in ihr war der lutherische Katechismus von Johannes Brenz enthalten. Damit nahmen sowohl die Gemeinden in der Kurpfalz als auch in der sogenannten Unteren Markgrafschaft Baden, die nach der Landesteilung von 1535 die Gebietsteile nördlich der Alb mit den Städten Pforzheim und Durlach sowie, im Süden, die Grafschaft Hochberg (mit Emmendingen) und die Herrschaften Badenweiler, Sausenberg und Rötteln umfaßte, das evangelische Bekenntnis an. Um dieselbe Zeit führte Markgraf Philibert von Baden-Baden die sog. Obere Markgrafschaft Baden ein zweites Mal der Reformation zu (1556–1569). Damit schien es, als sei das jahrzehntelange Ringen um die Reformation entschieden, und zwar in Süd- und Mittelbaden, wo neben Vorderösterreich die geistlichen Fürsten und Prälaten katholisch geblieben waren, vorwiegend zugunsten der katholischen Kirche, im Norden überwiegend zugunsten der evangelischen Kirche und eines gemäßigten Luthertums.

Doch neben Katholizismus und Luthertum trat kurz danach der Calvinismus als dritte christliche Konfession und Kirche in Erscheinung. Kurfürst Friedrich III. von der Pfalz (1559–1576) ging als erster deutscher Reichsfürst zum reformierten Bekenntnis über (1560). Unter seiner Regierung wurde die Kurpfalz zur Vormacht des Calvinismus in Deutschland. Die lutherische Kirchenordnung von 1556 ließ er durch eine reformierte Kirchenordnung ersetzen, in welcher als neues Bekenntnis der Heidelberger Katechismus von 1563 verankert wurde. Er unterschied sich vom lutherischen Katechismus vor allem in der Abendmahlslehre; das Abendmahl war hier als geistliche Nahrung der Seele aufgefaßt: daß Christus »selbst meine Seel mit seinem gekreuzigten Leib und vergoßnen Blut zum ewigen Leben speise und tränke« (Antwort auf Frage 65). Jeder Aberglaube und jeder Gedanke an eine irdische Verdinglichung der jenseitigen Wirklichkeit des Glaubens sollte damit ausgeschlossen sein. Diesem Ziel diente auch die Vereinfachung des Gottesdienstes und die Entfernung des äußeren Schmucks aus den Kirchen. Nüchterne, puritanische Strenge zog in die Gemeinden ein, die außerdem durch die »christliche Bußzucht« mit strenger Überwachung ihrer Sitte und Moral durch die Ältesten der Gemeinde zum vollen Gehorsam gegen Gottes Gebot erzogen werden sollten. Zum Vorbild dienten die Fremdengemeinden in Heidelberg und in Schönau im Odenwald, wo der Kurfürst in dem ehemaligen Zisterzienserkloster französisch sprechenden Glaubensflüchtlingen aus den spanischen Niederlanden die Ansiedlung gestattete (1562).

Die katholischen und lutherischen Reichsfürsten, voran Herzog Christoph von Württemberg, nahmen diesen »Abfall« der Pfalz zum reformierten Bekenntnis, mit dem der Kurfürst die Reformation Luthers zu ihrer vollen Verwirklichung gebracht zu haben meinte, übel auf. Aber sie zogen es schließlich vor, die fortdauernde Gefährdung der konfessionellen und politischen Einheit lieber zu ertragen, als den Augsburger Religionsfrieden von 1555 aufs Spiel zu setzen. Während Friedrich III. die Kurpfalz nach außen hin in die Kette der von Genf bis Glasgow um ihr Lebensrecht ringenden evangelischen Kirchen Westeuropas einreihte und vor allem mit den Niederlanden enge kirchliche und politische Verbindungen anknüpfte, nahm die Universität Heidelberg unter internationalem Zuzug von Dozenten und Studenten einen beachtlichen Aufschwung. Zwar führte sein Sohn Kurfürst Ludwig VI. (1576–1583) die pfälzische Landeskirche vorübergehend noch einmal zum Luthertum zurück. Aber unter dessen Nachfolgern festigte sich der Calvinismus vollends, und das evangelisch-reformierte Bekenntnis hatte seitdem Bestand über das Ende des Deutschen Reiches (1803) hinweg bis zur Vereinigung der reformierten und der lutherischen Kirche in Baden (1821). Allerdings ließen sich die Nachfahren, im Unterschied zu der vorsichtigen Defensive Friedrichs III., auf eine gegen Habsburg und den europäischen Katholizismus gerichtete aktive Bündnispolitik ein. So wurde Kurfürst Friedrich V. (1610–1632) zum Führer der Protestantischen Union, dem Verteidigungsbund der evangelischen Fürsten, gewählt; diesem Bund trat auch der lutherische Markgraf Georg Friedrich von Baden-Durlach bei. Die Spannungen unter den drei Konfessionen verschärften sich am Oberrhein ebenso wie im ganzen Reich. Während der sogenannten Baden-Durlachischen Okkupation (1594–1622) wurde die katholische Obere Markgrafschaft Baden-Baden ein drittes Mal der Reformation zugeführt. An Württemberg verpfändet, wurde selbst das katholische Amt Oberkirch im Renchtal, das zum Bistum Straßburg gehörte, zeitweise evangelisch (1604–1664).

Als Kurfürst Friedrich V. von der Pfalz die Wahl zum König von Böhmen annahm, verschob sich das bisher schon labile politische Gleichgewicht der Kräfte in Mitteleuropa zugunsten der Protestanten. Dies löste den Dreißigjährigen Krieg aus. Er stürzte Volk und Kirche am Oberrhein in tiefstes Unglück. Die Protestantische Union zerfiel. Österreichische, bayrische und spanische Truppen besetzten das Land. Die Verarmung, Verrohung und Entvölkerung des vor dem Krieg blühenden Landes am Oberrhein nahm katastrophale Ausmaße an. Nach dem Ausschluß ihrer Herrschaften aus dem Frieden von Prag (1635) waren die Gemeinden der großen und kleinen evangelischen Kirchen des Landes zunächst völlig schutzlos. Doch im Westfälischen Frieden (1648) setzte sich die lutherische Großmacht Schweden mit Erfolg für die Wiederherstellung der Territorien und für den rechtlichen Schutz ihrer evangelischen Landeskirchen auf der Grundlage der Vorkriegszeit ein. Indem jetzt endlich auch das reformierte Bekenntnis reichsrechtlich anerkannt wurde, war der Fortbestand der drei christlichen Kirchen und Konfessionen in Deutschland nach großen Opfern von neuem gesichert.

Vom Westfälischen Frieden (1648) bis zur Union der beiden evangelischen Konfessionen (1821)

Die schweren Verluste und Zerstörungen des Religionskrieges weckten in Deutschland eine Zeitlang die ernsthafte Bereitschaft zum »Kirchenfrieden«, zu einer besseren Verständigung der drei christlichen Kirchen untereinander. Von dieser Absicht war nach dem Wiederaufbau der reformierten Landeskirche der Pfalz auch die Kirchenpolitik Kurfürst Karl Ludwigs (1648–1680) bestimmt. Die taufgesinnten Mennoniten, die sich, seit langem in der Pfalz stillschweigend geduldet, als kundige und fleißige Bauersleute und Gutspächter bewährt hatten, wurden von ihm ebenso begünstigt wie die Lutheraner, denen er in Heidelberg den Neubau einer eigenen Kirche gestattete (1652). Zusammen mit dem gelehrten reformierten Theologen Johann Heinrich Hottinger aus Zürich († 1667) unterbreitete der Kurfürst dem Herzog von Württemberg den Vorschlag einer Konkordie der beiden Landeskirchen (1656). Ohne eine Veränderung der beiderseitigen Bekenntnisgrundlage und ohne förmlichen Zusammenschluß sollten sie die gegenseitige Anerkennung kirchlicher Bruderschaft aussprechen. Von einer solchen Erklärung erhoffte der Kurfürst eine weitreichende positive Auswirkung auf die Annäherung und den Zusammenschluß des gesamten Protestantismus in Deutschland. Mit seiner Vorgabe ging er dabei so weit, für seine reformierte Landeskirche das Augsburgische Bekenntnis von 1530 (Confessio Augustana invariata) und die Wittenberger Konkordie von 1536, die Erklärung zum Anschluß Straßburgs und der oberdeutschen Städte an das Luthertum, zu übernehmen. Ausdrücklich erklärte er den dreifachen Lehrunterschied der drei Konfessionen (Prädestinationslehre, Abendmahlslehre, Christologie) für nicht fundamental und für nicht kirchentrennend. Sein Vorschlag ging indessen zu weit; das konfessionelle Mißtrauen war noch zu groß, der Erfolg blieb aus. Innerhalb der Grenzen seiner eigenen Landeskirche gelang es dem Kurfürsten zwar noch in seinem letzten Lebensjahr, in der

Stadt Mannheim Reformierte und Lutheraner zu einer Gemeinde mit gemeinsamer Gottesdienstordnung in der von ihm erbauten Eintrachtskirche zusammenzuführen (1680). Aber auch dieser geglückte Beginn einer Union der beiden evangelischen Konfessionen auf örtlicher Ebene wurde nach seinem Tode nicht mehr weitergeführt, die beiden Gemeinden trennten sich wieder.

Das aufgeklärte 18. Jahrhundert brachte für die Kurpfalz nicht die konfessionelle Befriedung, sondern das Gegenteil: Nach dem Übergang der Regierung durch Erbschaft an die katholische Linie Pfalz-Neuburg (1685) leitete Kurfürst Johann Wilhelm (1690–1714) unter dem Zeichen der Gleichberechtigung aller drei Konfessionen eine späte Gegenreformation ein, deren Folgen das kirchliche und bürgerliche Zusammenleben der Bevölkerung empfindlich störten. Diese Störungen nahmen erst nach einem Jahrhundert allmählich ab. Die kleine lutherische Kirche, die infolge des Zuzugs aus den benachbarten Gebieten in die Dörfer und in verschiedene Städte wie Weinheim an der Bergstraße, Sinsheim, Bretten und Mosbach in einem langsamen, aber stetigen Wachstum begriffen war, begünstigte der Kurfürst zunächst dadurch, daß er ihr die Bildung eines eigenen Konsistoriums und damit eine gewisse, durch seine landesherrliche Oberhoheit freilich eng beschränkte Selbstverwaltung zugestand (1698). Dann aber verfügte er in der Religionsdeklaration von 1705 die Aufteilung des gesamten Kirchenguts an die (bis 1685 alleinberechtigte) reformierte und an die kleine, von ihm besonders geförderte katholische Kirche des Landes, ohne auf die Lutheraner Rücksicht zu nehmen; er verwies sie vielmehr an die Reformierten, obwohl diese zwei Siebtel ihres kirchlichen Besitztums an die Katholiken hatten abtreten müssen. So verzehrten sich die drei Konfessionen in einem fortdauernden Kleinkrieg, in dessen Verlauf sie ihre Eigenarten schroff gegeneinander kehrten. Die Reformierten verurteilten die neubelebten Formen der katholischen Barockfrömmigkeit als finsteren Aberglauben, die Katholiken hingegen den »vernünftigen Gottesdienst« der Reformierten als ketzerischen Unglauben, während sie beide unterdessen die lutherische Kirche, die ihr dürftiges Dasein aus auswärtigen Kollekten fristen mußte, benachteiligten und verachteten. Mit sich selbst beschäftigt, blieben alle drei Kirchen in der Kurpfalz den Forderungen und Fortschritten ihres Jahrhunderts gleichermaßen fern.

In den übrigen Territorien kam es infolge des Übertritts einiger Herrschaften oder auch nach dem Aussterben älterer Adelsfamilien unter neuen, oft landfremden Lehensträgern zur Verschiebung der konfessionellen Verhältnisse zugunsten der katholischen Kirche, so z. B. in der Grafschaft Wertheim, in der Herrschaft Rosenberg im Odenwald, in Sickingen und Flehingen im Kraichgau, in der Herrschaft Geroldseck bei Lahr und, unter besonders drückenden Umständen, in der im Jahre 1629 durch Gebietsteilung an die katholische Markgrafschaft Baden-Baden gelangten lutherischen Herrschaft Mahlberg. Da der Konfessionswechsel der Gemeinden nun nicht mehr erzwungen werden konnte, wurde jeweils die Teilung des Kirchenguts und die gemeinsame Benutzung der Kirchengebäude durch beide Konfessionen verfügt (»Simultankirchen«). Später bemühten sich die Gemeinden darum, jeweils eine eigene Kirche zu erbauen. So gab es in zahlreichen Dörfern und Städten des Landes, vor allem in der Kurpfalz, bereits im 18. Jahrhundert zwei oder sogar drei verschiedene Konfessionen und Kirchen.

Für die lutherische Markgrafschaft Baden-Durlach, der seit 1771, nach dem Aussterben der Markgrafen von Baden-Baden, die katholische obere Markgrafschaft angegliedert war, wurde die zweite Hälfte des 18. Jahrhunderts zu einer Blütezeit. Sie war der Regierung des Markgrafen (seit 1806 Großherzogs) Karl Friedrich (1746–1811) zu danken, der, obschon kein schöpferischer Staatsmann und in den Mitteln seiner Macht stark eingeschränkt, sein kleines Land nach den Grundsätzen des aufgeklärten Absolutismus zu einem in ganz Deutschland geachteten Musterland machte. In dieser Absicht hob er vor 200 Jahren als dritter Regent in Europa – nach England und Preußen – die Leibeigenschaft auf (1783). In seinen jüngeren Jahren der frommen Aufklärung zugetan, schloß er später, über die Grenzen seines Landes und seiner lutherischen Konfession hinweg, Freundschaft mit dem reformierten Theologen Johann Kaspar Lavater aus Zürich († 1801), dem geistbewegten Gegner der Aufklärung, der seine Bibelfrömmigkeit mit dem Humanitätsideal der Zeit und schließlich mit einem eigenartigen Wunderglauben verband. Nach dem Tode Lavaters zog er den frommen reformierten Arzt und Kameralwissenschaftler Johann Heinrich Jung-Stilling (1740–1817), den »Patriarchen der Erweckung«, als geistlichen Berater an seinen Hof. Unterdessen nahm der Markgraf an der literarischen Bildung seiner Zeit regen Anteil. Es gelang ihm, Klopstock, den »Dichter der Religion und des Vaterlandes«, für einige Zeit nach Karlsruhe zu ziehen (1774/75). Mit Herder besprach er die Einrichtung eines »ersten patriotischen Instituts für den Allgemeingeist Deutschlands« (1787), und Johann Georg Schlosser, den Schwager Goethes, berief er in den badischen Verwaltungsdienst. An seinem Hof empfing er die Vertreter der deutschen Klassik. Von den zumeist theologisch vorgebildeten Gymnasiallehrern seines Landes verlangte er »beständiges Streben, mit der Literatur in Verbindung zu bleiben und mit den Zeitgenossen in den gelehrten Kenntnissen fortzuschreiten«. Bei aller Toleranz nach außen hin übte Karl Friedrich jedoch ein straffes, strenges Kirchenregiment aus. Die Reste kirchlicher Selbstverwaltung, die in der Reformationszeit bestanden hatten, waren schon beim Wiederaufbau der Landeskirche nach dem Dreißigjährigen Krieg beseitigt worden: Nicht von ungefähr fiel das Ende der alten badischen Landstände zeitlich mit der Abschaffung des Amtes eines Generalsuperintendenten in der badischen Kirche zusammen. Daß die eigentümlich kirchlichen und geistlichen Belange dabei vernachlässigt wurden, war im Staatskirchentum eine beständige Gefahr, obwohl Karl Friedrich keine eigensüchtigen Ziele verfolgte, sondern Kirche und Schule den selbstlosen Zielen seiner Regierung dienstbar zu machen versuchte. Hatte einst sein Ahnherr Markgraf Georg Friedrich die Belange seiner lutherischen Konfession *über* diejenigen seines kleinen Staates gestellt und hatte sein Großvater Karl Wilhelm, der Begründer der Stadt Karlsruhe (1715), die Kirche *unter* den Staat eingeordnet, so lautete Karl Friedrichs Programm: »Kirche zusammen mit dem Staat.« Staat, Kirche und Schule hatten in seinen Augen dasselbe Ziel: die Förderung des allgemeinen Besten, der Tugend und der Glückseligkeit der Bevölkerung.

An der Spitze des badischen Kirchenrats unterstützte ihn der Jurist Friedrich Brauer († 1813), ein Verwaltungsmann, in dem konservative Grundsätze mit fortschrittlichen, reformerischen Absichten auf eigenartige Weise zusammentrafen. Er versuchte, Kirche und Schule auf einer »Mittelstraße« zu leiten und das bewährte Alte vorsichtig mit neuen Einrichtungen zu vereinen. In der Überzeugung, daß der Lehrunterschied der beiden evangelischen Konfessionen so geringfügig geworden sei, daß man sie einander annähern und wohl gar miteinander vereinen könne, plante er, die beiden evangelischen Konfessionen und Kirchen des neuen Großherzogtums Baden (seit 1806) in einer Union zusammenzuschließen: »Gebe Gott, daß wir zu einer kirchlichen Einheit des Protestantismus gelangen, und daß dieser endlich zu einer Einfalt des biblischen Christentums erwachse, wo weder Hierarchen- noch Doctorenanmaßung die Einheit der Religionslehre und der Herzen trenne.« So ergriff er die ersten Maßnahmen einer »Union von oben«. Auf dem Verwaltungsweg hob er das ehemals kurpfälzische lutherische Konsistorium in Heidelberg auf und gliederte es in den badischen lutherischen Kirchenrat in Karlsruhe ein. Umgekehrt unterstellte er die reformierten Gemeinden der früheren badischen Markgrafschaft (Karlsruhe, Pforzheim, Welschneureut, Friedrichstal) dem reformierten Kirchenrat in Heidelberg. Bald darauf löste er dann diese selbständige Kirchenbehörde auf, indem er einen einzigen, für beide Konfessionen gemeinsamen evangelischen Oberkirchenrat in Karlsruhe bildete. Um die reformierten Gemeinden der früheren Kurpfalz nicht allzu sehr zu verletzen, mußte er sich auf diese Verwaltungsunion beschränken. Allmählich wuchs jedoch auch unter der konfessionell gemischten Bevölkerung selbst die Bereitschaft zu einer Vereinigung. Als anläßlich der Dreihundertjahrfeier der Reformation (1817) im Königreich Preußen, im Herzogtum Nassau und in der an das Königreich Bayern gelangten linksrheinischen Pfalz kirchliche Unionen angebahnt und vollzogen wurden, ergriffen lutherische und reformierte Bürger in Mannheim die Initiative und begannen für die Vereinigung zu einer »evangelisch-christlichen Gemeinde« in ihrer Stadt Unterschriften zu sammeln. So kam die »Union von unten« in Gang. Den Gemeinden in Mannheim folgten die beiden Gemeinden in Schönau im Odenwald und in der Stadt Heidelberg, so daß sich der Oberkirchenrat in Karlsruhe schließlich dazu ermutigt sah, die Pfarrer beider Konfessionen im ganzen Land über ihre

Meinung zur Union zu befragen. Die Ergebnisse der Pfarrsynoden fielen günstiger aus als erwartet. Sämtliche Pfarrer erklärten sich zu der geplanten Kirchenvereinigung bereit. Obwohl die Reformierten im Großherzogtum Baden in der Minderheit waren (1820: 704 000 Katholiken, 261 000 Lutheraner, 67 000 Reformierte), wurde die Generalsynode, die über die Union entscheiden sollte, aus 44 geistlichen und weltlichen Abgeordneten beider evangelischen Konfessionen paritätisch gebildet. An ihrer Spitze stand als Prälat und Kirchenrat Johann Peter Hebel, der Verfasser der »Alemannischen Gedichte«. Er sprach das Gebet bei der Eröffnung der Generalsynode, deren Sitzungen in der von Friedrich Weinbrenner errichteten Stadtkirche in Karlsruhe stattfanden (2. bis 26. Juli 1821). In der Unionsurkunde, dem Dokument des Vollzugs der Vereinigung, verpflichtete man sich von neuem auf das Augsburgische Bekenntnis von 1530, da es »Prinzip und Recht der freien Forschung in der heiligen Schrift wieder laut gefordert und behauptet« habe, sowie auf den Katechismus Luthers und den Heidelberger Katechismus, da in ihnen dieses Prinzip »factisch angewendet« worden sei. Der einstmals kirchentrennende Lehrunterschied in der Abendmahlslehre wurde durch einen eigenen katechetisch gestalteten Artikel ausdrücklich aufgehoben; in ihm wurden die Traditionen der beiden evangelischen Konfessionen miteinander verbunden. So griffen die »Union von oben« und die »Union von unten« schließlich mit Erfolg ineinander. Aus der Verwaltungsunion wurde die Konsensusunion, auf deren Grundlage die Evangelische Landeskirche in Baden hinsichtlich ihrer Lehre bis auf den heutigen Tag beruht.

Die vereinigte evangelisch-protestantische Landeskirche bis zum Ende des landesherrlichen Kirchenregiments (1821–1918)

In bemerkenswertem Unterschied zum benachbarten Württemberg spielte der Pietismus in Baden während des 18. Jahrhunderts keine Rolle. Es schien, als sollte in der neuen vereinigten Landeskirche das mild rationalistische Luthertum der Ära Karl Friedrichs bestimmend bleiben, das die Union befürwortet und getragen hatte. Doch nun griff von Württemberg her, vermittelt durch den katholischen Pfarrer Alois Henhöfer (1789 bis 1862) in Mühlhausen bei Pforzheim, die spätpietistische Erweckungsbewegung auf Mittelbaden über. Henhöfer, von seiner theologischen Ausbildung im Priesterseminar in Meersburg unbefriedigt, fand über der Lektüre der Heiligen Schrift und der Werke Luthers sowie durch seine Besuche in der erweckten Gemeinde Korntal zum evangelischen Glauben, und mit ihm traten 44 Familien zur evangelischen Landeskirche über (1823). Nach seiner Versetzung nach Graben und Spöck (1827) trug Henhöfer mit seiner volkstümlichen evangelischen Predigt vom rechten Heilsweg (»Erst selig, dann heilig!« D.h.: Erst die Sündenvergebung ermöglicht ein christliches Leben und die Liebe zum Nächsten) die Erweckung in die Gemeinden der Hardt und in die Landeskirche hinein. Zusammen mit ihm wandten sich einige gleichgesinnte Pfarrer gegen den überhandnehmenden Liberalismus, indem sie von neuem auf die umfassende, bleibende Bedeutung der Theologie Luthers und des Augsburgischen Bekenntnisses von 1530 hinwiesen. Während ihre theologischen Gegner »freies Forschen als Erkenntnisquelle der religiösen Wahrheit, wohlverstandenen Gebrauch der Vernunft als Prüfungsmittel ... und Perfektibilität als bleibenden subjektiven Charakter des als Kirchenlehre jeweils Aufgestellten« in den Vordergrund rückten, traten sie für die Betonung der vollen Erlösungsbedürftigkeit des Menschen, der Gottmenschheit des Erlösers und des versöhnenden Opfertodes Christi ein. Auf diese Weise setzten sich die konfessionellen Auseinandersetzungen der früheren Zeit im theologischen Meinungsstreit der »Liberalen« und der »Positiven« fort. Die liberale Pfarrerschaft wandte sich dabei vor allem gegen die einschränkenden Bestimmungen des fortdauernden Staatskirchentums. Sie wünschte größere Freiheiten für die kirchliche Arbeit. Zu ihrem Sprecher wurde Pfarrer Karl Zittel in Bahlingen am Kaiserstuhl, der in seiner Denkschrift »Zustände der evangelisch-protestantischen Kirche in Baden« (1843) das Ideal einer von unten, von der Einzelgemeinde her aufgebauten Kirchenverfassung entwarf. Die Gemeinden sollten das Recht der Pfarrerwahl erhalten, die Pfarrer aber von ihrer Verpflichtung als Schulinspektoren und örtliche Standesbeamte entbunden werden, um sich mit ganzer Kraft ihren eigentlichen Pflichten, Predigt und Seelsorge, widmen zu können. Auch für die Erneuerung der gemeindlichen Kirchenzucht erklärte sich Zittel. Vor allem aber forderte er für die Landeskirche die feste Einrichtung einer in regelmäßigem Abstand zusammentretenden Generalsynode mit selbständiger gesetzgebender Gewalt sowie eine eigene, der Generalsynode gegenüber verantwortliche Kirchenleitung, die, von der staatlichen Verwaltung unabhängig, nur dem Großherzog unmittelbar unterstellt sein sollte. Er versprach sich von der Neuorganisation eine ähnliche Belebung der kirchlichen Mitarbeit der Laien, wie sie die Vertreter des politischen Liberalismus im Landtag für das öffentliche Leben der bürgerlichen Gemeinden erstrebten.

Die politische Unzufriedenheit, hinter der die kirchlichen Wünsche zurückzutreten hatten, gipfelte in der Badischen Revolution von 1848/1849, mit der manche Pfarrer sympathisierten. Vier von ihnen beteiligten sich an der konstituierenden Versammlung zur Errichtung der Republik, während sieben andere wegen ihrer entschiedenen Fürstentreue vorübergehend verhaftet wurden. Der kurzlebigen Erhebung folgte ein anhaltender Stimmungsumschwung, der den konservativen Kräften in Staat und Kirche Auftrieb gab. Jetzt fand auch der von Wichern inspirierte Aufruf des Pfarrers Ernst Friedrich Fink zur Unterstützung der Diakonie (1845) ein Echo in der Gründung des Landesvereins für Innere Mission (1849),

dessen Leitung der Heidelberger Theologe Carl Ullmann übernahm.
Ullmann trat bald darauf (1853) als Prälat an die Spitze der Landeskirche,
fest entschlossen, dem »Massenverderben« und der »sozialen Zerrüt-
tung«, die ihm in der Revolution entgegengetreten waren, durch die
Mobilisierung aller »positiven« kirchlichen Kräfte abzuhelfen. Unterstützt von dem Heidelberger Kirchenhistoriker Carl Bernhard Hundeshagen, griff Ullmann über die Unionsurkunde von 1821 hinweg auf die
Reformation zurück und veranlaßte die Generalsynode von 1855, die
Lehrgrundlage der Landeskirche nicht nur auf das Schriftprinzip und
dessen Anwendung in den reformatorischen Bekenntnisschriften, sondern auch auf den Inhalt des Augsburgischen Bekenntnisses von 1530 und
den Heidelberger Katechismus von 1563 festzulegen. Mit seinem Programm des »positiven Ausbaus der Union« gedachte er die Verkürzungen
des Rationalismus und des Liberalismus zu überwinden. In diesem Sinn
entschied sich die Generalsynode auch für die Einführung des von ihm
vorgelegten neuen Katechismus. Die von ihm geplanten Erweiterungen
der Liturgie stießen allerdings auf die Ablehnung der ehemals kurpfälzischen reformierten Gemeinden, welche die betont schlichten, nüchternen
Formen ihres Gottesdienstes keinesfalls preisgeben wollten. Während
damit auf evangelischer Seite die restaurativen Tendenzen auf den Widerstand der Gemeinden trafen, schien der Kampf der katholischen Kirche
mit der Regierung um den Abbau der kirchenregimentlichen Rechte des
evangelischen Landesherrn und für die volle Unabhängigkeit vom Staat
zunächst auf einen glänzenden Sieg der Kirche hinauszulaufen. Doch das
geplante Konkordat, das ihr die volle Selbständigkeit verschafft hätte,
scheiterte schließlich im Landtag am Widerstand der Volksvertreter beider Konfessionen und verschiedener politischer Richtungen. Das Zeitalter
des Staatskirchentums und das Jahrzehnt der Restauration gingen jedoch
schließlich gemeinsam zu Ende, als Großherzog Friedrich (1852–1907) in
seiner Osterproklamation von 1860 erklärte: »Den Grundsätzen getreu,
welche für die katholische Kirche Geltung erhalten sollen, werde ich
danach streben, der evangelisch-protestantisch-unierten Landeskirche auf
der Grundlage ihrer Verfassung eine möglichst freie Entwicklung zu
gewähren.« Mit dem Rücktritt Ullmanns (1860) begann die liberale Ära
dann auch für die evangelische Kirche. Bei der Eröffnung der Generalsynode von 1861 umriß der Großherzog selbst das neue Programm: »Freie
Selbsttätigkeit der Gemeinden in allen ihren Gliederungen.« Die geistige
Autorität der Generalsynode war der Heidelberger Theologe Richard
Rothe (1799–1867), der die Zielsetzung der neuen Kirchenverfassung
umriß: Nicht durch die Konzentration auf die Bildung positiver Kernge-
meinden, die ihm als Rückzug aus der Welt erschien, sondern durch die
entschlossene weite Öffnung der Kirche sollten die ihr entfremdeten
Glieder für die aktive Teilnahme am kirchlichen Leben zurückgewonnen
werden. Rothe bewertete die bürgerlichen Tugenden seiner Zeitgenossen,
ihr Rechtsgefühl und ihren Wahrheitssinn, ihr Pflichtbewußtsein und ihre

Opferbereitschaft als »unbewußtes Christentum« und als Früchte der christlichen Kultur, die dem modernen Menschen als Wirkungen des Geistes Christi bewußt gemacht werden sollten. Die Liberalisierung der Kirchenverfassung sollte die Heimholung der christlichen Welt in die Kirche einleiten und den neuen Vormarsch der Kirche in die noch nicht oder nicht mehr christliche Welt vorbereiten. Die alten Wünsche Zittels wurden nun nacheinander erfüllt. Über die Grenzen Badens stießen die Liberalen vor, indem sie 1863 in Frankfurt am Main den Protestantenverein mit dem Ziel ins Leben riefen, »eine Erneuerung der evangelisch-protestantischen Kirche im Geiste der evangelischen Freiheit und im Einklang mit der Kulturentwicklung unserer Zeit anzustreben«. Die Generalsynode von 1867 sah zwar einerseits davon ab, die von der Generalsynode von 1855 vorgenommene Festlegung der Bekenntnisgrundlage im liberalen Sinn zu revidieren. Doch Richard Rothe, der entschiedene Gegner des protestantischen Dogmas und optimistische Freund der Moderne, erklärte ausdrücklich: »Die Lehre ist frei in der Kirche.« In seinem Sinne billigten die Liberalen die weiteren Schritte der Trennung von Staat und Kirche. Während der Empfang der Taufe, die Konfirmation und die kirchliche Bestattung bis dahin noch immer zu den Bürgerpflichten gehörten, wurden sie nunmehr der freien Entscheidung anheimgestellt. Die vom Bürgermeister beurkundete Zivilehe wurde eingeführt (1870). Die Pfarrer verloren damit das Nebenamt des staatlichen Standesbeamten. Auch die Schulaufsicht der Pfarrer über die Lehrer wurde abgeschafft. Und anstelle der Konfessionsschule wurde die »Simultanschule« (Christliche Gemeinschaftsschule) eingeführt (fakultativ 1868, obligatorisch 1876). Nach der Beendigung des Deutsch-französischen Krieges von 1870/1871 wurde die Fünfzigjahrfeier der badischen Union »mit jener Stille gefeiert, mit der der Mensch eines längst gesicherten und von keiner Seite mehr bestrittenen Besitzes sich zu erinnern pflegt«.

Es war eine trügerische Stille. Neue Aufgaben in Land und Stadt harrten der Lösung. Während in den katholischen Städten Konstanz, Freiburg, Rastatt, Bruchsal und Baden-Baden zwischen 1803 und 1840 die ersten evangelischen Pfarrgemeinden errichtet wurden, gab es auf dem Land noch 737 rein katholische und 61 rein evangelische Ortsgemeinden (1825). Hier war auch noch der alte Pfarrbann gültig, wonach die in diesen Orten ansässigen Anhänger der einen nicht pfarrberechtigten Konfession ihre kirchlichen Amtshandlungen (Trauung, Taufe, Bestattung) bei dem Pfarrer der anderen Konfession vorzunehmen hatten. So kam es vor allem in der Diaspora des Schwarzwalds und im Bodenseegebiet dazu, daß die Kinder evangelischer Eltern vom katholischen Pfarrer getauft und unterrichtet wurden. Seit der Aufhebung des Pfarrbanns (1844) wurden diese Evangelischen mit der Unterstützung des Gustav-Adolf-Vereins (gegründet 1832; in Baden 1843) zu Diasporagenossenschaften zusammengefaßt, die von evangelischen Pastorationsstellen aus betreut wurden, bis sie

dann, meist erst nach langen Jahren, zu vollberechtigten Kirchengemeinden aufstiegen und ein eigenes Kirchengebäude errichten konnten. Die
Förderung und Betreuung dieser Diaspora bildete in der zweiten Hälfte
des 19. Jahrhunderts einen wichtigen Zweig der kirchlichen Arbeit.
Infolge der anhaltenden konfessionellen Mischung der Bevölkerung sollte
es nach einem Jahrhundert nur noch 86 rein katholische und acht rein
evangelische Ortschaften geben (1925). Nach dem Zweiten Weltkrieg
beschleunigte der Zuzug von Ostflüchtlingen diesen Vorgang vollends, so
daß es heute keine Ortsgemeinde mehr gibt, in der nur noch eine einzige
Konfession ausschließlich vertreten ist.

Während sich zwischen 1815 und 1900 die Bevölkerungszahl des Landes
von knapp einer auf über zwei Millionen verdoppelte, verschob sich das
Zahlenverhältnis der beiden großen Konfessionen von ca. 67 Prozent
Katholiken und 31 Prozent Evangelischen (1817) auf 60 Prozent und 38
Prozent (1905). Eine tiefgreifende Veränderung erfuhr das kirchliche
Leben infolge des raschen Wachstums der badischen Städte. Die Bevölkerung von Mannheim, Karlsruhe, Freiburg, Pforzheim und Heidelberg
stieg in den neun Jahrzehnten zwischen 1815 und 1905 auf das Neunfache
an; die Einwohnerzahl Mannheims kletterte von 18 000 auf 163 000. Mit
der zunehmenden Industrialisierung setzte die Landflucht ein, und die
Verstädterung mit allen ihren wirtschaftlichen und sozialen Nöten begann. Schließlich wohnten 43 Prozent der Einwohner Badens in der Stadt
(1905). Die kirchliche Versorgung hielt damit kaum Schritt. So wurde in
der Hauptstadt Karlsruhe eine vierte Pfarrei erst errichtet, als hier bereits
16 000 Evangelische wohnten (1863), und um die Jahrhundertwende gab
es hier für 57 000 Evangelische nur acht Pfarreien und sechs Kirchen
(1905); der Pfarrer der dicht besiedelten Karlsruher Südstadt sprach
damals drastisch von einem »Seelenmeer von 12 000 Seelen«, in dem er
schwimmen müsse.

Angesichts dieser großen Herausforderung trat der Richtungsstreit in der
Kirche zurück, ohne doch ganz zu erlöschen. Bei einer erneuten Auseinandersetzung sprach die positive Minderheit dem »christusleugnerischen
Liberalismus« das Daseinsrecht in der Kirche ab (1903). Die Leitung der
Kirche gab damals beiden Seiten ihr Recht: »Es ist unzweifelhaft, daß in
der evangelischen Kirche von lange her zwei Strömungen vorhanden sind,
die beide ebenso natürlich wie unentbehrlich erscheinen: auf der einen
Seite diejenige, welche den von der Reformation überkommenen Besitz-
stand ungeschmälert zu wahren, auf der anderen eine solche, die ihn stets
von neuem zu prüfen und mit der modernen Weltanschauung in Einklang
zu bringen sucht ... Dieser Zustand entspricht dem ... Bekenntnisstand unserer Kirche.« An der Spitze der Kirche stand der hochgeachtete
Prälat Albert Helbing, ein Mann der tatkräftigen, nüchternen Führung,
der von dem wehmütigen Rückblick so vieler Pfarrer und Gemeindemitglieder auf die gute alte Zeit des vergangenen Jahrhunderts nichts hielt,
sondern für die Forderungen der Gegenwart und der Zukunft offen war.

Das Ende der »Ära Helbing« (1900–1914) fiel mit dem Beginn des Ersten Weltkriegs zusammen, das Ende des Krieges aber brachte mit der Abdankung des Großherzogs das Ende des alten landesherrlichen Kirchenregiments. Der Großherzog war so umsichtig, seine bischöflichen Rechte dem Evangelischen Oberkirchenrat förmlich zu übertragen. Von nun an war die evangelische Landeskirche ganz auf sich selbst gestellt. Es war der tiefste Einschnitt in ihrer Geschichte seit ihrem Bestehen.

*Vom Ende des Ersten Weltkriegs bis zum Ende des Zweiten Weltkriegs
(1918–1945)*

Die neue Kirchenverfassung von 1919 wurde in Analogie zur staatlichen Verfassung gestaltet, die auf der Grundlage der parlamentarischen Demokratie fußte. Die kirchlichen und theologischen Richtungen, die sich im 19. Jahrhundert gebildet hatten, formierten sich jetzt zu kirchlichen Parteien, und die Synode wurde zum kirchlichen Parlament. Sie verstand sich als »kirchliche Volksvertretung« und als »Inhaberin der der Landeskirche innewohnenden Kirchengewalt«. Die anfängliche Befürchtung, die Landeskirche werde in verschiedene, ihrer unterschiedlichen Grundlage und Zielsetzung entsprechende kirchliche Landesverbände auseinanderfallen, erwies sich zwar bald als grundlos. Auch das Verhältnis der Landeskirche zum neuen Staat gestaltete sich zufriedenstellend; es gipfelte in dem für die Landeskirche günstigen Kirchenvertrag vom 11. 3. 1933. Aber der kirchliche Parlamentarismus vertiefte die bestehenden Gegensätze bis in die einzelnen Gemeinden hinein. Bei der Wahl zur ersten Landessynode nach dem Ersten Weltkrieg (1920) bewarben sich vier kirchliche Parteien:

(1) Die Liberalen, organisiert in der Kirchlich-liberalen Vereinigung, verfolgten ihre bekannten Ziele auch unter den neuen Vorzeichen weiter: Freiheit des individuellen Bekenntnisses zum evangelischen Glauben, Stärkung der Einzelgemeinden, Offenheit für die entkirchlichte und entchristlichte Welt und für das weltliche Denken, das mit dem christlichen Glauben versöhnt und für ihn wiedergewonnen werden sollte.

(2) Die Positiven, organisiert in der »Kirchlich-positiven Vereinigung in Baden«, erklärten demgegenüber (1920), sie wollten »in der Evangelischen Landeskirche Badens den biblischen Glauben und die reformatorischen Bekenntnisse als Grund unserer Kirche erhalten, die auf diesem Grunde der Kirche stehenden Glieder der Kirche sammeln und in ihrem Glaubensleben stärken sowie am Aufbau des kirchlichen Lebens mitarbeiten«.

(3) Um die Kluft zwischen Liberalen und Positiven zu überbrücken, hatte sich als dritte Kraft bereits 1897 die Landeskirchliche Vereinigung gebildet, »eine überparteiliche Gesinnungsgemeinschaft von solchen evangelischen Geistlichen und Laien, denen über allen verschiedenen

Lehrmeinungen und politischen Überzeugungen die Zusammenarbeit aller kirchlicher Kreise zum Wohle der Landeskirche am Herzen liegt« (1922).

(4) Die vierte Partei wurde von den kirchlichen Kräften gebildet, die sich erstmals der sozialen Frage geöffnet hatten. In Mannheim reichten ihre Bestrebungen bis in das letzte Jahrzehnt des 19. Jahrhunderts zurück. Hier wurden von Gemeindepfarrern, an ihrer Spitze der Vikar und (seit 1911) Pfarrer Ernst Lehmann, ein Vetter von Walther Rathenau, fünf Evangelische Arbeitervereine begründet (1891–1898), um auf kirchlichem Boden zwischen dem politischen und wirtschaftlichen Liberalismus und der erstarkenden religionslosen oder religionsfeindlichen Sozialdemokratie die äußere und innere Situation der Arbeiter zu verbessern. In der Absicht, unter der evangelischen Bevölkerung Verständnis für die soziale Frage zu wecken, rief Lehmann die Evangelisch-soziale Vereinigung in Baden ins Leben (1894). Um auf dieser Grundlage auch kirchenpolitischen Einfluß zu gewinnen, wurde in Mannheim (1909) und in Karlsruhe (1919) die Volkskirchliche Vereinigung gebildet, die sich »die Versöhnung des arbeitenden Volkes mit der Kirche« zum Ziel setzte. In Mannheim wurde ein eigenes kirchlich-soziales Pfarramt errichtet (1920). Der Ausgang der Wahl von 1920 warf die bis dahin führenden Liberalen weit zurück. Die Kirchlich-positive Vereinigung gewann 32 Sitze, die Kirchlich-liberale Vereinigung 18, die Landeskirchliche Vereinigung 4, die Volkskirchliche Vereinigung 3. Von nun an blieben die Positiven bis 1932 in Führung.

Einen beachtlichen Stimmenzuwachs erreichte in den folgenden Jahren der die Volkskirchliche Vereinigung fortsetzende »Badische Volkskirchenbund der evangelischen Sozialisten« (1922) unter der Führung von Vikar Erwin Eckert, der die ältere Zielsetzung im Sinne des Sozialismus zuspitzte und mit der Gründung des »Bundes der religiösen Sozialisten Deutschlands« (1926) auf eine über Baden hinausreichende breite Basis stellte. Der Badische Volkskirchenbund der evangelischen Sozialisten forderte, »daß die Güte, welche unser Heiland predigt, sich nicht wie bisher auf den Verkehr von Person zu Person beschränkt und durch soziale Fürsorge nur von oben her das Elend lindert, sondern auch das Wirtschafts- und Völkerleben durchdringe und nach ihrem Sinn umgestalte«. Gleichzeitig trat er für internationale Verständigung und Völkerversöhnung, kirchliche Demokratie und freie Pfarrwahl der Gemeinden ein und erklärte es als seine »Pflicht, für die Welterlösung zu arbeiten in dem festen Glauben, daß wir so der Sache des Gottesreichs dienen«. Nach der Wahl von 1926, bei der sie 14,5 Prozent der Stimmen und 7 Sitze errangen, beantragten die Religiösen Sozialisten in der Synode die Mitwirkung der Kirche an der Neuordnung von Wirtschaft und Gesellschaft, die Entscheidung der Laien über die Festsetzung der Einkünfte der Pfarrer, die Reduktion der »Ministergehälter der hohen kirchlichen Beamten«, den Verzicht auf strafrechtliche Verfolgung der Gotteslästerung,

die Einführung eines »Friedenssonntags« und anderes mehr. Ihre Stoßkraft ließ jedoch nach, als Erwin Eckert, seit 1927 Pfarrer in Mannheim,
aus der SPD ausgeschlossen, in die KPD eintrat und aus dem kirchlichen
Dienst entlassen wurde (1931).

Der letzte, vergebliche Widerspruch der Religiösen Sozialisten richtete
sich gegen den Nationalsozialismus, dessen Gedanken seit 1930 rasch
auch in die badische Kirche eindrangen. Während die Landeskirchliche
Vereinigung bei der Wahl zur Synode von 1932 auf eine eigene Liste
verzichtete, bewarb sich mit der »Kirchlichen Vereinigung für positives
Christentum und deutsches Volkstum« eine neue, fünfte kirchliche Partei, die, geblendet von dem angeblichen »positiven Christentum« des
nationalsozialistischen Parteiprogramms, »das große Befreiungswerk
Adolf Hitlers« begrüßte und für die Beseitigung des kirchlichen Parlamentarismus, für die Stärkung der Kirchenleitung durch Einsetzung eines
Landesbischofs auf der Grundlage des Führerprinzips, für strengere
Handhabung der Lehrzucht und insgesamt für die Aktivierung der Kirche
»gegen Moskau und Rom« eintrat. Bei der Wahl zur Synode gewann sie
13 Sitze und wurde damit auf Anhieb zur zweitstärksten kirchlichen
Partei nach der Kirchlich-positiven Vereinigung (24 Sitze). Nach der
»Machtübernahme« durch Hitler vollzog sie den Anschluß und nannte
sich seitdem »Glaubensbewegung Deutsche Christen Gau Baden« (März
1933). Die Kirchlich-liberale Vereinigung löste sich nun zugunsten der
Deutschen Christen auf (Mai 1933). Der Bund der religiösen Sozialisten
wurde verboten (Juli 1933). Damit verblieben als kirchenpolitische Kräfte
nur noch die Kirchlich-positive Vereinigung und die vom nationalsozialistischen Staat sogleich begünstigten Deutschen Christen. Der Prälat Julius
Kühlewein (seit 1924) wurde nach einem »Verfassungsumbau« zum neuen
Landesbischof gewählt (Juni 1933). Ihm wurde, unter Umgehung der
Rechte der Gemeinden, die Besetzung der Pfarrstellen übertragen (September 1933).

Wie alle übrigen evangelischen Landeskirchen, so wurde bald darauf auch
die badische in die Auseinandersetzungen um die von Hitler geförderte
Errichtung einer einheitlichen Deutschen Evangelischen Kirche unter
Führung eines lutherischen Reichsbischofs hineingezogen. Als die Vertreter der Deutschen Christen in der Synode den Antrag auf Eingliederung
der Landeskirche in die Reichskirche stellten, lehnte die Kirchlich-positive Vereinigung unter Führung von Pfarrer Karl Dürr diesen Antrag in
namentlicher Abstimmung zwar mutig ab. Aber der Landeskirchenrat
löste daraufhin die Synode auf und stimmte mit einer neuen Mehrheit der
Eingliederung zu (Juli 1934). Die Kirchlich-positive Vereinigung, deren
Vertreter – unter ihnen die Freiburger Professoren Gerhard Ritter und
Erik Wolf – an der Bekenntnissynode von Barmen teilgenommen hatten
(März 1934), ging von nun an in eine beständige, obschon ohnmächtige
Opposition; seit 1935 nannte sie sich »Badische Bekenntnisgemeinschaft«. Eine äußere Kirchenspaltung trat nicht ein. Als nämlich der

Landesbischof seine Unterordnung unter die Reichskirche widerrief und sich in diesem seinem Schritt von 478 Pfarrern und Vikaren (= 76 Prozent der Pfarrerschaft) bestätigt sah, entschied sich auch der Oberkirchenrat für die Wiederausgliederung (Dezember 1934).

Zu einem offenen Kirchenkampf sollte es in Baden daher nicht kommen. Konfrontationen wurden vermieden, und die badische Landeskirche konnte zu den »intakten« Kirchen zählen. Aber ihre Selbständigkeit büßte sie ein, als ihr der Staat eine von ihm gelenkte zentrale Finanzabteilung in Karlsruhe und staatliche Finanzbevollmächtigte in 71 Gemeinden aufzwang, um auf diese Weise bis in die Stellenbesetzungen hinein seine Macht auszuüben (1938). Etwa 90 Pfarrer verharrten in passivem Widerstand gegen diesen Eingriff. Der lähmende Kleinkrieg der staatlichen und der kirchlichen Behörden dauerte noch an, als der Zweite Weltkrieg auch die badischen Städte in Trümmer zu legen begann. Aktiven Widerstand gegen das nationalsozialistische System hat die Landeskirche als solche nicht zu leisten vermocht. Nur in einzelnen Fällen haben verfolgte Mitbürger, jüdische Christen und Juden, politische Dissidenten und von der Ermordung bedrohte Geisteskranke bei beherzten evangelischen Christen Unterstützung gefunden.

Die Evangelische Landeskirche in Baden nach dem Zweiten Weltkrieg (1945–1975)

Nach dem Zusammenbruch des nationalsozialistischen Staates fiel die kirchliche Führung den Vertretern der Badischen Bekenntnisgemeinschaft zu. Aus ihrem Kreis wählte die Vorläufige Landessynode bei ihrer ersten Zusammenkunft in Bretten (27. bis 29. 11. 1945) den vom Luthertum geprägten Pfarrer Julius Bender zum neuen Landesbischof (1945–1963). Sie machte sich die Stuttgarter Schulderklärung (18. 10. 1945) mit der Selbstanklage der evangelischen Kirchen in Deutschland zu eigen, in der Zeit des Gewaltregiments »nicht mutiger bekannt, nicht treuer gebetet, nicht fröhlicher geglaubt und nicht brennender geliebt zu haben«. Mit Tatkraft wurde der äußere und innere Wiederaufbau der Kirche in Angriff genommen. Er stand im Zeichen der Abkehr vom kirchlichen Parlamentarismus der Zeit vor 1933 und der Rückbesinnung auf das Wesen der Kirche in reformatorischer Sicht. Der geistlichen Erneuerung bedurfte es ebenso wie der materiellen Hilfe. Da die Zahl der Evangelischen in Baden in den Jahren 1945–1963, mitverursacht durch den Zuzug von Ostflüchtlingen, um 50 Prozent bis auf 1,4 Millionen anstieg, wurde über den Ausgleich der Kriegsverluste hinaus – 69 Pfarrer und Vikare waren gefallen; 90 Kirchen und 55 Gemeindehäuser waren zerstört oder schwer beschädigt – eine ständige Erweiterung der kirchlichen Dienste und ihrer äußeren Grundlagen notwendig. Ein bloßes Anknüpfen an die Zeit vor 1933 war nicht möglich. Der Wiederaufbau mußte zum Neubau und

Erweiterungsbau werden. Den steigenden Anforderungen entsprach die herkömmliche Führung des Pfarramtes nur zum kleinen Teil. Männerwerk und Frauenwerk, Jugendarbeit mit Schüler- und Studentenarbeit, Volksmission, Diakonie, Arbeiterwerk und Akademiearbeit wurden als besondere Aufgabenbereiche der Kirche erkannt und ausgebaut. Während die von dem Pfarrer und späteren Dekan Friedrich Hauß († 1977) 1935 begründete Volksmission die Abhaltung von Bibelwochen und Evangelisationen wiederaufnahm und durch die Begründung von Hausbibelkreisen sowie durch Schriftenmission und Camping-Mission, insbesondere aber durch die »Henhöfertage« (seit 1960) erweiterte, wurde die einst (1848) auf Vereinsbasis im kleinen begonnene, seit 1929 im Gesamtverband der Inneren Mission e.V. organisierte Betreuung hilfsbedürftiger Gemeindeglieder in großem Stil landesweit ausgebaut. Nach 1945 wurde diese Arbeit, zumal seit dem Anschluß der Inneren Mission an das Evangelische Hilfswerk, im Diakonischen Werk der Landeskirche vereinigt. Die Zahl der Heime und Anstalten (1939: 170; 1964: 229) und der Kindergärten (1939: 250; 1965: 500) stieg mächtig an. Der alte Wunsch nach der Zusammenführung von Kirche und Diakonie war damit erfüllt. Doch wie auf anderen Arbeitsfeldern (Jugendarbeit, Äußere Mission, Ökumene), so zog die Vergrößerung und Zentralisierung auch hier eine gewisse Veramtlichung und Egalisierung nach sich, hinter der die ursprüngliche, erweckliche Prägung der Vereinsarbeit zurücktreten mußte.

Eine Bereicherung des kirchlichen Lebens erbrachte die neue Gottesdienstordnung, die sich in den Nachkriegsjahren rasch durchsetzte. Der einfache ältere Aufbau des Gottesdienstes wurde durch die stärkere Mitbeteiligung der Gemeinde beim liturgischen Gesang, beim gemeinsamen Sprechen des Apostolischen Glaubensbekenntnisses und des Herrengebets ergänzt. Bereichernd wirkte auch die Einführung des Evangelischen Kirchengesangbuchs (1951), in dem überwiegend älteres, reformatorisches und nachreformatorisches Liedgut zur Geltung kam; in jüngster Zeit finden daneben auch wieder neue erweckliche Lieder in den Gemeinden Eingang. Der Festigung der Bekenntnisgrundlage im Sinne der Fortsetzung des kirchlich-positiven Ausbaus der Union diente die bereits 1945 vollzogene Rezeption der Theologischen Erklärung von Barmen von 1934, die »als schriftgemäße Bezeugung des Evangeliums gegenüber Irrlehren und Eingriffen totalitärer Gewalt« zu den geltenden Bekenntnissen (Apostolicum, Nicaenum, Athanasianum, Augsburger Bekenntnis [1530/1540], Kleiner Katechismus Luthers 1529, Heidelberger Katechismus 1563, Unionsurkunde 1821) hinzutrat und in die neue Grundordnung (Kirchenverfassung) von 1958 übernommen wurde, auf welche die Pfarrer verpflichtet sind. Nach der Neufassung der Grundordnung (1972) gewährt die Evangelische Landeskirche in Baden (so die Selbstbezeichnung seit 1958) als Gliedkirche der Evangelischen Kirche in Deutschland allen übrigen Gliedkirchen volle Kanzel- und Abendmahlsgemeinschaft, während sie zugleich mit dem Ökumenischen Rat der Kirchen in Gemein-

schaft steht. »Als Unionskirche weiß sie sich dabei verpflichtet, kirchentrennende Unterschiede zu überwinden und die in Christus vorgegebene
Einheit der Kirche im Dienst an der Welt sichtbar werden zu lassen«
(Grundordnung 1972, § 2 [2]). In Erfüllung dieser besonderen Aufgabe
beteiligte sie sich unter Landesbischof Hans-Wolfgang Heidland (1964 bis
1980) an der Erarbeitung der acht Arnoldshainer Abendmahlsthesen
(1957), die von der Landessynode gebilligt und für Predigt und Unterricht
in den Gemeinden empfohlen wurden (1962). In gleicher Absicht stimmte
die Landessynode auch der (seit 1969 erarbeiteten) Leuenberger Konkordie
von 1973 zu, in der insgesamt 89 reformatorische Kirchen in Europa – auch
bei noch fortbestehenden Lehrunterschieden und fortdauernder Geltung
ihrer eigenen Bekenntnisse – die volle Kirchengemeinschaft einschließlich
Kanzel- und Abendmahlsgemeinschaft verwirklicht haben.
Die Tradition der in Baden bewährten Simultanschule wurde nach der
Neubildung des Bundeslandes Baden-Württemberg (1952) weitergeführt.
Im Zeichen der Rückbesinnung auf das Wesen der Kirche in reformatorischer Sicht wurde der Religionsunterricht nach 1945 im Sinne der »Evangelischen Unterweisung« (»Kirche in der Schule«) gestaltet, in der anstatt
einer bloßen Religionskunde die schulgemäße Verkündigung der christlichen Botschaft in den Vordergrund trat. Diese betont kirchliche Zielsetzung wurde insbesondere von der von Pfarrer Fritz Kopp († 1970)
geleiteten »Gemeinschaft evangelischer Erzieher« bejaht und getragen.
Das vertraglich gesicherte Recht der Kirche zur Festlegung der Lehrpläne
und zur Aufsicht über die inhaltliche Gestaltung des Religionsunterrichts
wird seither von seiten der staatlichen Stellen großzügig respektiert, und
zwar um so mehr, als die Schule als solche, gemäß der Landesverfassung
von 1953, neben der Vermittlung von Wissen, Fähigkeiten und Fertigkei-
ten ausdrücklich auch dazu angehalten ist, »die Schüler in Verantwortung
vor Gott, im Geist christlicher Nächstenliebe, zur Menschlichkeit und
Friedensliebe . . . zu erziehen« (Schulgesetz von 1976, § 1 [2]). Die
Absicht, den Religionsunterricht an den höheren Schulen nach 1945 in
möglichst enger, unmittelbarer Rückbindung an die Kirche ausschließlich
voll ausgebildeten Pfarrern im kirchlichen oder auch staatlichen Schul-
dienst zu übertragen, erwies sich als undurchführbar. Doch erst im Jahre
1959 wurde die Ausbildung von staatlichen Lehrern mit Theologie im
Nebenfach (»Religionsphilologen«) wieder zugelassen. Im Zuge der bekannten Ausweitung des höheren Schulwesens ist deren Gesamtzahl und
zugleich der Anteil der weiblichen Lehrkräfte unter ihnen stetig angestie-
gen. Um die kirchliche Aufsicht wirksam werden zu lassen, wurden
regelmäßige kirchliche »Schulbesuche« eingeführt. Zur Unterstützung
und Beratung der Religionslehrer wurde außerdem das Amt der Schuldekane in den Kirchenbezirken eingerichtet (1972). Die Ausarbeitung der
Lehrpläne und Lehrbücher sowie die Fortbildung von Lehrkräften ist
dem landeskirchlichen Religionspädagogischen Institut (bis 1961: Kate-
chetisches Amt) in Karlsruhe übertragen. Die seit 1945 dringend er-

wünschte Neufassung des Katechismus von 1928, die im Zuge des Übergangs vom vornehmlich biblisch orientierten zum sogenannten schüler- und problemorientierten Religionsunterricht in den Hintergrund trat, steht indessen immer noch aus.

Pfarrerschaft und Lehrerschaft sind sich der »großen missionarischen Möglichkeiten«, die der Landeskirche in der Schule offenstehen, nach wie vor bewußt: »Kein Arbeitsgebiet der Kirche dringt so tief in das Leben der Jugend unseres Volkes ein wie dieses« (Hauptbericht 1961). Aber zugleich offenbart sich gerade in der Schule die »erschütternd weit vorgedrungene Säkularisation des gesamten Lebens« (ebenda). In dieser Situation bedarf es der äußersten Anstrengung und Zusammenarbeit aller kirchlichen Kräfte. Dabei erfreut sich die Evangelische Landeskirche dankbar nicht nur der Entfaltungsmöglichkeiten, die ihr das freiheitliche Staatswesen im allgemeinen sichert. Das Land Baden-Württemberg fördert sie vielmehr weiterhin nach den Bestimmungen des Kirchenvertrags von 1932, und in der Landesverfassung von 1953 (§ 4 [2]) ist auch ihre »Bedeutung für die Bewahrung und Festigung der religiösen und sittlichen Grundlagen des menschlichen Lebens« ausdrücklich anerkannt. In diesem Freiraum hat sie in Gegenwart und Zukunft ihren besonderen, nicht veraltenden, unüberholbaren Auftrag zu erfüllen, den christlichen Glauben evangelischen Bekenntnisses im Lande zu wecken und zu verbreiten, wie ihre Grundordnung es bestimmt:

»(1) Die Evangelische Landeskirche in Baden glaubt und bekennt Jesus Christus als ihren Herrn und alleiniges Haupt der Christenheit.

(2) Sie gründet sich als Kirche der Reformation auf das in der Heiligen Schrift Alten und Neuen Testaments bezeugte Wort Gottes, die alleinige Quelle und oberste Richtschnur ihres Glaubens, ihrer Lehre und ihres Lebens, und bekennt, daß das Heil allein aus Gnaden, allein im Glauben an Jesus Christus empfangen wird.

(6) Sie weiß sich verpflichtet, ihr Bekenntnis immer wieder an der Heiligen Schrift zu prüfen und es in Lehre und Ordnung zu bezeugen und lebendig zu halten« (Grundordnung 1958 und 1972, Vorspruch).

Literaturhinweise

Bassermann, Heinrich: Geschichte der evangelischen Gottesdienstordnung in badischen Landen. Stuttgart 1891

Bauer, Johannes: Zur Geschichte des Bekenntnisstandes der vereinigten evangelisch-protestantischen Kirche im Großherzogtum Baden. Heidelberg 1915

Ders. (Hg.): Die Union 1821, Urkunden und Dokumente. Heidelberg 1921

Benrath, Gustav Adolf: Die konfessionellen Unionsbestrebungen des Kurfürsten Karl Ludwig von der Pfalz († 1680). Zeitschrift für die Geschichte des Oberrheins 115 (1968), 187–252

Erbacher, Hermann (Hg.): Vereinigte Evangelische Landeskirche in Baden 1821 bis 1971. Karlsruhe 1971 (hier Auswahl-Bibliographie S. 744–768)

Ders.: Die evangelische Landeskirche in Baden in der Weimarer Zeit und im Dritten Reich 1919–1945. Karlsruhe 1983

Friedrich, Otto: Einführung in das Kirchenrecht unter besonderer Berücksichtigung des Rechts der Evangelischen Landeskirche in Baden. Göttingen 1961, ²1978

Häusser, Ludwig: Geschichte der Rheinischen Pfalz nach ihren politischen, kirchlichen und literarischen Verhältnissen. 2 Bde. (1845), Heidelberg 1924

Hauptbericht des Evangelischen Oberkirchenrats (1952–1961) Karlsruhe 1961; dass. (1961–1964) 1965; dass. (1965–1968); dass. (1969–1971) 1972

Hauß, Fritz, und *Zier*, Georg: Die Kirchenordnungen von 1556 in der Kurpfalz und in der Markgrafschaft Baden-Durlach. Karlsruhe 1956

Hof, Otto (Hg.): Dienende Kirche. Festschrift für Landesbischof D. Julius Bender. Karlsruhe 1963

Kirche und Heimat. Ein Buch von der evangelischen Kirche in Baden. Karlsruhe ²1931

Lorenz, Eckehart: Kirchliche Reaktionen auf die Arbeiterbewegung. Mannheim 1890–1933. Ein Beitrag zur Sozialgeschichte der evangelischen Landeskirche in Baden. Stuttgart 1984

Ludwig, Albert: Das kirchliche Leben der evangelisch-protestantischen Kirche des Großherzogtums Baden. Tübingen 1907

Ders.: Geschichte der evangelischen Kirche in Baden. Karlsruhe ²1927

Luther und die Reformation am Oberrhein. Eine Ausstellung der Badischen Landesbibliothek und der Evangelischen Landeskirche in Baden. Ausstellungskatalog. Karlsruhe 1983

Niens, Hans (Hg.): Das Recht der Evangelischen Landeskirche in Baden. Stand: 1. August 1982. Evangelischer Presseverband für Baden e.V. Karlsruhe (1982)

Press, Volker: Calvinismus und Territorialstaat. Regierung und Zentralbehörden der Kurpfalz 1559–1619. Stuttgart 1970

Schneider, Jörg: Die evangelischen Pfarrer der Markgrafschaft Baden-Durlach in der zweiten Hälfte des 18. Jahrhunderts. Lahr 1936

Scholder, Klaus: Baden im Kirchenkampf des Dritten Reiches, in: *Schäfer*, Alfons (Hg.): Oberrheinische Studien, Bd. 2, Karlsruhe 1973, 223–241

Sehling, Emil (Hg.): Die evangelischen Kirchenordnungen des XVI. Jahrhunderts. Bd. 14: Kurpfalz. Tübingen 1969

Stiefel, Karl: Baden 1648–1952. Karlsruhe 1 (1978), 621–769

Verhandlungen der vorläufigen Landessynode der Vereinigten Evang.-protestantischen Landeskirche Badens. Tagung vom 27. bis 29. November 1945 und Tagung vom 24. bis 27. September 1946. Karlsruhe 1961

Vierordt, Karl Friedrich: Geschichte der evangelischen Kirche in dem Großherzogtum Baden. Karlsruhe 1 (1847), 2 (1856)

Zwanzig Jahre Kirchenbau in der Evangelischen Landeskirche in Baden, Karlsruhe 1968

Zeittafel zur Geschichte der Evangelischen Landeskirche in Baden (bis 1800; ab 1800 s. S. 354ff.)

1517 31.10., Luthers 95 Thesen
1518 26.4., Heidelberger Disputation Luthers
1522ff. Reformation in den reichsritterschaftlichen Gebieten des Landes
1525 Konstanz evangelisch (nach 1548 rekatholisiert)
1526 Grafschaft Wertheim evangelisch
1555 Augsburger Religionsfriede: Landesherrliches Kirchenregiment (bis 1918)
1556 Kurpfalz und Markgrafschaft Baden lutherisch

1560 Übergang der Kurpfalz zum Calvinismus
1563 Heidelberger Katechismus
1648 Westfälischer Friede: Wiederherstellung der evangelischen Landeskirchen nach dem Dreißigjährigen Krieg
1656 Versuch einer Konkordie zwischen Kurpfalz und Wittenberg
1685 Kurpfalz unter katholischer Regierung (bis 1803)
1705 Kurpfälzische Religionsdeklaration (Teilung der Kirchengüter)
1746—1811 Markgraf Karl Friedrich von Baden (Großherzog seit 1806). Lutherisches Staatskirchentum

4. Kapitel

Gerhard Schäfer

Die Evangelische Landeskirche in Württemberg von den Anfängen bis zur Zeit nach dem Zweiten Weltkrieg

Die Evangelische Landeskirche in Württemberg umfaßt bis heute, abgesehen von kleinen Grenzberichtigungen gegenüber Baden und Hessen, das Gebiet des einstigen Königreichs Württemberg, dazugekommen ist nach dem Zweiten Weltkrieg vor allem Hohenzollern und die frühere Reichsstadt Wimpfen. Zur Landeskirche gehören demnach die evangelischen Pfarreien und Gemeinden des Herzogtums Württemberg und die ab 1803 neu erworbenen Landesteile. Mittelpunkte dieser Landeskirche sind seit dem 16. Jahrhundert Stuttgart als der Sitz der Kirchenleitung und Tübingen mit seiner Evang.-theol. Fakultät; darin spiegelt sich die enge Verflochtenheit der Landeskirche mit dem württembergischen Staat.

1. Reformation

In fast allen Territorien und Reichsstädten gab es um und nach 1518 reformatorische Strömungen. Bei der Heidelberger Disputation im April 1518 wurde eine Anzahl von Studenten von Luther so beeindruckt, daß sie zu Trägern der Reformation im deutschen Südwesten wurden; dazu gehörten unter anderem Martin Bucer (Straßburg), Erhard Schnepf (Hessen und Württemberg), Martin Frecht (Ulm) und schließlich Johannes Brenz. Weitere Kontakte zu Luther ergaben sich durch Humanisten wie

Johannes Ökolampad (Basel) und durch Studenten, die in Wittenberg studierten. Bezeichnend für die Reformation in den oberdeutschen Städten ist, daß zum Einfluß Luthers zunächst der von Zwingli kam; da jedoch im Reich nur die lutherische Richtung des Augsburger Glaubensbekenntnisses (1530) Anerkennung fand, setzte sich allgemein diese Richtung durch, nachdem 1536 in der Wittenberger Konkordie ein Kompromiß in der strittigen Auslegung der Einsetzungsworte des Abendmahls gefunden wurde.

Ihre grundlegende Aufgabe sieht die reformatorische Theologie in der Auslegung der Heiligen Schrift. Das Evangelium ist die Zusage der freien Gnade Gottes; der Mensch wird dadurch in doppelter Weise befreit: von Leistungsdruck und Zwang und zu Liebe und Dienst gegenüber jedermann. Die reformatorische Theologie verzichtet auf wissenschaftlich-metaphysische Aussagen über Gott; aus der Gewißheit des Glaubens fließt die Verkündigung der erfahrenen Gnade Gottes.

Die Reformation in den Reichsstädten

Im Herbst 1522 wurde dem aus Weil der Stadt stammenden Johannes Brenz die Predigerstelle übertragen, die seit 1502 an der St.-Michaels-Kirche in Schwäb. Hall bestand. Die Reformation in *Schwäb. Hall* ergab sich als Folge der Predigten von Brenz, in denen er ganz im Sinne Luthers die Schrift auslegte. Brenz übereilte nichts, sondern ließ in behutsamer Weise das Neue wachsen. Die Franziskaner in Hall gaben 1524 ihr Kloster auf, an Weihnachten 1526 wurde die erste evangelische Abendmahlsfeier in der Michaelskirche gehalten.

Während des Bauernkriegs lehnte Brenz die Forderungen der Bauern als nicht im Evangelium begründet ab, nach dem Ende der Kämpfe ermahnte er die Obrigkeit zu milder Behandlung der Aufständischen. Seinen Rat in Hall unterstützte Brenz durch Gutachten, vor allem über Ehesachen, er trat für den Ausbau des Schulwesens ein und wandte sich gegen die Todesstrafe an Wiedertäufern. Als Sohn einer Schultheißenfamilie hatte er Verständnis für das Amt der Obrigkeit, die als Amtmann Gottes Gehorsam beanspruchen durfte, gleichzeitig aber auch die Aufgabe hat, für das allgemeine Beste zu sorgen; Brenz begleitete seine Obrigkeit in kritischer Treue. Die von ihm vorgelegte Kirchenordnung wurde nur teilweise als Ordnung für den Gottesdienst eingeführt, da sie ein unabhängiges kirchliches Sittengericht vorsah, das der Rat so nicht hinnehmen wollte. Brenzens Katechismus dagegen fand neben Luthers Kleinem Katechismus weiteste Verbreitung, er wird in Teilen noch heute benützt.

Dank seiner Fähigkeiten bestimmte Brenz den Gang der reformatorischen Entwicklung auch außerhalb Halls, z. B. in Brandenburg-Ansbach und in Württemberg. Das Beispiel von Hall und Johannes Brenz zeigt die Möglichkeiten und Grenzen einer reichsstädtischen Reformation. Sehr viel hing von der Person des Predigers und von der Bereitschaft des Rates ab, die Ungnade des Kaisers durch Einführung von Neuerungen auf sich zu nehmen. In der Frage der Sittenzucht war schließlich der Rat meistens nicht bereit, die Stadt und damit auch sich selber einem unabhängigen kirchlichen Gremium zu unterwerfen, so daß die Ausbildung eines eigenständigen evangelischen Kirchenwesens an diesem Punkt unterblieb.

Reutlingen schloß sich 1524 endgültig der Reformation an, theologisch bestimmend war der Prediger Matthäus Alber. Die Bürgerschaft verband sich mit dem Rat durch einen Eid, beim lauteren Wort Gottes zu bleiben. Von allen Reichsstädten unterschrieb neben Nürnberg allein Reutlingen 1530 das Augsburgische Glaubensbekenntnis. In *Ulm* verhielt der Rat aus politischen Gründen sich abwartend, Mitglieder der Zünfte traten für Luther ein. 1524 wurde Konrad Sam als evangelischer Prediger berufen, der sich aber gegenüber seinen altgläubigen Gegnern unter der Pfarrerschaft nicht ganz durchsetzen konnte. Im November 1530 wurde durch eine Abstimmung der endgültige Übergang zur Reformation entschieden, eine Kirchenordnung wurde erarbeitet, seit 1531 trat Martin Frecht an die Spitze der Ulmischen Kirche. Erschwerend blieb die Tatsache, daß Frecht sich auch mit den spiritualistischen Auffassungen von Sebastian Franck und Kaspar von Schwenckfeld auseinanderzusetzen hatte, bis diese schließlich Ulm verlassen mußten. In *Esslingen* hielt der Rat sich eher zu den Altgläubigen, Pfarrer Dr. Sattler war ein gelehrter und untadeliger Mann; einzelne Vertreter der Reformation faßten zeitweise Fuß, Luther und Zwingli wandten sich in Briefen an die Stadt. Der Übergang Ulms zur Reformation wirkte sich dann auch auf Esslingen aus, Ende 1531 ließ der Rat eine Abstimmung zu, bei der wenige zugunsten des Alten votierten. Bei den Ratswahlen 1532 gewannen die Zünfte an Gewicht, ein neuer, bewußt evangelischer Bürgermeister wurde eingesetzt; das reformatorische Kirchenwesen wurde von Jakob Otter ausgebaut. In *Heilbronn* begann der Rat 1524 mit reformatorischen Maßnahmen, Johann Lachmann predigte im reformatorischen Sinn, Schulmeister Kaspar Gretter gab 1527 einen Katechismus heraus. Im gleichen Jahr wurde Hans Riesser Bürgermeister, der trotz vorhandener Spannungen die Reformation durchsetzte. 1530 beschwor der Rat seine Treue zum Augsburger Glaubensbekenntnis, in einer Abstimmung billigten die Bürger diese Entscheidung.

Von den übrigen Reichsstädten wurden Wimpfen, Bopfingen, Aalen, Giengen/Brenz und Isny evangelisch, in Ravensburg und Leutkirch setzte sich die Reformation nur teilweise durch, in Biberach wurden schließlich die evangelische und die katholische Seite als gleichberechtigt anerkannt, die städtischen Ämter wurden doppelt, je mit einem Vertreter der beiden Konfessionen, besetzt, die Stadtkirche St. Martin wird bis heute von beiden Konfessionen gemeinsam benützt. Katholisch blieben Rottweil, Schwäb. Gmünd und Weil der Stadt.

Die Reformation im Herzogtum Württemberg

Ebenso wie in den Reichsstädten gab es nach 1520 auch in den weltlichen und geistlichen Territorien einzelne reformatorische Strömungen. Württemberg stand seit der Vertreibung von Herzog Ulrich ab 1520 unter österreichischer Verwaltung. Die Ehrbarkeit arbeitete eng mit Österreich zusammen, beim Volk erwarb der Herzog sich Sympathien durch sein Versprechen, bei einer Rückkehr die Reformation einzuführen. Im Mai 1534 konnte Landgraf Philipp von Hessen im Bund und mit Unterstützung von Straßburg, der Schweiz und Frankreich und unter Duldung auch katholischer Fürsten Herzog Ulrich nach Württemberg zurückführen; die Bündnispartner wollten eine Stärkung Österreichs durch die endgültige Einverleibung Württembergs verhindern. Im Vertrag von Kaaden erhält Ulrich sein Land als nicht mehr reichsunmittelbares österreichisches Lehen übertragen, eine Reformation war nur im Sinn Luthers möglich. Als Reformatoren wurden Erhard Schnepf, ein in Marburg wirkender Schwabe, als Vertrauensmann der lutherischen Seite und Ambrosius Blarer, der Vertrauensmann der oberdeutschen Städte und Straßburgs, berufen. Noch im August 1534 gelang eine Einigung in der zwischen beiden Reformatoren strittigen Abendmahlsfrage.

Der Herzog baute eine zentrale Verwaltung auf und beauftragte dann die beiden Reformatoren und Juristen, ein evangelisches Kirchenwesen zu schaffen. Unter Berufung auf das Patronatsrecht konnten Pfarrer abgesetzt werden, die nicht lutherisch werden wollten, überflüssige Stellen und überflüssige Kirchenkleinodien wurden eingezogen, das Vermögen fiel teils an den örtlichen Armenkasten, teils an den Herzog. In die Klöster wurden Lesemeister geschickt, um die Mönche zum Austritt aus dem Kloster zu bewegen; der Abt von Maulbronn floh nach Speyer, in Alpirsbach konnte das Kloster erst nach dem Einrücken einer Abteilung Militär aufgelöst werden; ohne Anwendung von Gewalt ging es nicht immer ab. Alle 14 großen Mannsklöster, die nicht reichsunmittelbar waren, wurden säkularisiert. Schwierigkeiten bereitete auch die Reformation der Universität Tübingen und die Besetzung der Lehrstühle mit evangelischen Gelehrten; Melanchthon und Brenz mußten mehrmals aushelfen. Für das Land wurde 1536 eine einheitliche Gottesdienstordnung eingeführt, im Tübinger Augustinerkloster wurde ein Studienhaus für evangelische Theologiestudenten, das spätere Stift, eingerichtet. Der Charakter der Reformation im Herzogtum Württemberg zeigt deutlich andere Züge als der in den Reichsstädten, die Reformation ist vom Willen des Territorialherren abhängig.

Die Versuche, der neuen evangelischen Landeskirche eine organisatorische Form zu geben, kamen nicht mehr zum Tragen, da die Niederlage der Evangelischen im Schmalkaldischen Krieg den Herzog zwang, 1548 das sogenannte Interim einzuführen, das im ganzen eine Rückkehr zur Katholischen Kirche vorbereiten sollte. Beim Tod von Herzog Ulrich im

Jahr 1550 war die Reformation wie in den Reichsstädten auch in Württemberg in Frage gestellt, das Land war von spanischen Truppen besetzt.

Der Ausbau der württembergischen Landeskirche

Nach dem Tod von Herzog Ulrich übernahm dessen Sohn, Herzog Christoph, die Regierung; er war mit Brenz bekannt geworden, der während des Interims aus Hall hatte fliehen müssen, und war von diesem für die Reformation gewonnen worden. Noch unter dem Druck des Interims ergab sich für Württemberg die Möglichkeit, das mit Unterbrechungen seit 1545 in Trient tagende Konzil zu beschicken, das die Reformation der gesamten Kirche betreiben sollte. Nach einer Verständigung mit evangelischen Reichsständen ließ der Herzog von Brenz ein Bekenntnis ausarbeiten, das die Übereinstimmung der evangelischen Lehre mit der richtig verstandenen Lehre der Katholischen Kirche zeigte (Confessio Virtembergica). Das Bekenntnis wurde dem Konzil vorgelegt, aber nicht mehr besprochen (1551).

Durch einen Aufstand evangelischer Reichsstände wurde der Kaiser zu Zugeständnissen in der Religionsfrage gezwungen. In Württemberg hatte die Reformation trotz aller Schwierigkeiten bis zum Interim sich so tief verwurzelt, daß der Herzog nun die Messe wieder abschaffte; er berief Anfang 1553 Brenz zum Propst an der Stuttgarter Stiftskirche. Damit begann der endgültige Ausbau einer evangelischen Landeskirche im Herzogtum; der Augsburger Religionsfriede (1555) schuf die reichsrechtlichen Voraussetzungen dafür, jeder Reichsstand konnte sich zwischen der Reformation nach dem Augsburger Glaubensbekenntnis und nach dem Verbleiben bei der alten Kirche entscheiden.

Die Ordnungen, die seit 1553 entstanden, sind in der Großen Kirchenordnung des Jahres 1559 zusammengefaßt. Der Kirchenrat in Stuttgart ist das leitende Verwaltungsorgan, in dem Theologen und Juristen zusammenarbeiten. Die Kirchenräte haben die Ausbildung der Pfarrer zu überwachen, sie zu prüfen und die Pfarrstellen zu besetzen. Die Besoldung der Pfarrer wird zentral geregelt. Im Kirchengut wird das Vermögen der Pfarrstellen und von kleinen Klöstern zusammengefaßt. Jeder Pfarrer erhält die ihm zustehende Besoldung von den Beamten der Geistlichen Bezirksverwaltungen; das alte Pfründenwesen ist aufgehoben, nach dem jeder Pfarrer seine Besoldung selber eintreiben und erwirtschaften mußte. Damit war eine von der weltlichen Rentkammer getrennte kirchliche Finanzverwaltung geschaffen. Das Land ist in die Sprengel der Generalsuperintendenten und darunter in die Bezirke der Spezialsuperintendenten eingeteilt; die Speziale visitieren die Pfarrer ihrer Diözese, die Visitationsergebnisse gehen an die Generalsuperintendenten, die diese zusammen mit den Kirchenräten besprechen; bei der Sitzung dieses sogenannten Synodus werden die aus der Visitation sich ergebenden Maßnahmen dem Herzog vorgeschlagen, der die nötigen Anordnungen trifft.

Neben den Vorschriften für den Aufbau der kirchlichen Verwaltung enthält die Große Kirchenordnung unter anderem eine Gottesdienstordnung, eine Eheordnung, Ordnungen für die Klöster und Schulen. In einem lang andauernden Prozeß werden die im Interim wieder von Mönchen besetzten Klöster reformiert, die Mannsklöster werden in Anlehnung an die ursprüngliche Stiftung in Schulen umgewandelt; so entstehen die Klosterschulen, in denen nach bestandenem Landexamen begabte und fleißige Söhne aus allen Schichten des Landes eine kostenlose Ausbildung bis zur Hochschulreife erhalten können. Das Leben verlief dort in halbklösterlichen Formen, im Vordergrund standen die alten Sprachen und Unterricht in einzelnen theologischen Fächern; das Stift hatte damit seine Vorstufe erhalten. Auf die Dauer blieben nur vier Klosterschulen (Maulbronn, Hirsau bzw. Denkendorf, Bebenhausen und Blaubeuren) erhalten, in anderen Klöstern gingen sie wieder ein. Erhalten blieben auch die Abtsstellen der Klöster; der evangelische Abt war Vorsteher der Klosterschule, er war Mitglied des Landtags und vertrat dort sein Klostergebiet; etwa ein Drittel der vom Land aufzubringenden Steuern fiel auf die Klöster. Vier Äbte waren gleichzeitig Generalsuperintendenten (Adelberg, Bebenhausen, Denkendorf, Maulbronn). Die Schulordnung gilt mit ihrer Verbindung von humanistischer und religiöser Bildung als eines der besten deutschen Schulgesetze. In den Städten wurden Lateinschulen eingerichtet, an allen Orten deutsche Volksschulen; eine Schulpflicht bestand jedoch noch nicht.

Durch den Landtagsabschied von 1565 wurde die evangelische Lehre zur bleibenden Landesreligion erklärt, der Herzog verzichtete auf sein Recht, die Religion seines Landes anders zu bestimmen. Der Bestand der Landeskirche und des Kirchenguts war verfassungsmäßig abgesichert, Konfessionswechsel blieben damit Württemberg auch beim persönlichen Übertritt eines Fürsten zu einer anderen Konfession erspart. Während Luther in der Leitung der Landeskirchen durch die Fürsten eine Notlösung gesehen hatte, erkannte *Herzog Christoph* in seinem ihm von Gott übertragenen Amt die Verpflichtung, für das ewige Heil und für das zeitliche Wohl seiner Untertanen zu sorgen. Er war Bischof und Herrscher in einer Person, Kirche und Staat bildeten eine Einheit.

Dieser in sich geschlossene zentrale Aufbau einer Landeskirche wurde auch von anderen Territorien teilweise übernommen. Der Herzog versuchte, in Frankreich und in England eine Reformation auf der Grundlage der lutherischen Lehre zu fördern und Verbindungen mit dem Patriarchen von Konstantinopel anzuknüpfen. Er nahm anderswo verfolgte evangelische Prediger auf; der Katechismus und Teile des Neuen Testaments wurden ins Slowenische übersetzt, in kroatischer Sprache und glagolytischer Schrift wurden in Urach Bibelteile gedruckt. Württemberg wurde für den Rest des 16. Jahrhunderts zum führenden lutherischen Territorium.

Unter Mithilfe württembergischer Theologen wurde 1556 nach dem Augsburger Religionsfrieden in Baden-Durlach und in Hohenlohe die Reformation eingeführt. Die hohenlohischen Grafen hatten anfangs eine nicht eindeutige Religionspolitik betrieben; für den Öhringer Stiftsprediger Kaspar Huberinus war die Annahme des Interims tatsächlich ein Schritt auf eine Reformation. Die Kirchenordnung von 1578 übernahm Elemente aus den Ordnungen von Württemberg und von Ansbach-Nürnberg. Die Leitung der evangelischen Kirche in Hohenlohe lag praktisch bei den Kanzleien der Teilgrafschaften, eigentlich kirchliche Organe bildeten sich auf die Dauer nicht aus; die Festigung des landesherrlichen Kirchenregiments trug wesentlich zum Ausbau der Landesherrschaft bei. Die hohenlohische Kirche blieb geprägt von der Verbindung zum Fürstenhaus und von der humanistisch-urbanen Atmosphäre der Höfe. Die Schenken von Limpurg traten ebenfalls zur Reformation über, in den evangelischen Reichsstädten konsolidierte sich das Kirchenwesen nach 1555.

2. Spätreformation und Orthodoxie

Konfession und Territorium

Die Zeit des Ausbaus der Landeskirchen geht unvermerkt über in die Zeit der Spätreformation und der Orthodoxie. Die erste Generation der Reformatoren hatte der evangelischen Kirche eine theologische Grundlage gegeben, diese wurde jetzt entfaltet. Gleichzeitig stellte es sich heraus, daß innerhalb des Luthertums, zurückgehend auf verschiedene Akzente bei Luther und Melanchthon, bei der Rechtfertigungslehre verschiedene Standpunkte möglich waren. Ab 1560 ging die Kurpfalz zum Calvinismus über. Für Württemberg ergab sich daraus die Notwendigkeit, zwischen den unter sich zerstrittenen lutherischen Territorien zu vermitteln und sich gegen den Calvinismus abzugrenzen.

Die Abgrenzung geschah im Stuttgarter »Bekenntnis vom Nachtmahl« (1559) und in verschiedenen Religionsgesprächen (z. B. Maulbronn 1564), die Hauptlast der Vermittlungsbemühungen lag bei Jakob Andreä (1528–1590). Neben Brenz und nach dessen Tod war er der führende Kirchenmann des Herzogtums, der württembergische Theologie und Kirchenordnung vertrat. Er war beteiligt bei der Einführung der Reformation unter anderem in Hohenlohe, Baden-Durlach, Pfalz-Neuburg, Braunschweig-Wolfenbüttel, Hagenau und Aalen. Auf vielen Reisen und in langen Verhandlungen konnte er nach schweren Rückschlägen zusammen mit chursächsischen Theologen bis 1577 die »Konkordienformel« erarbeiten, auf die sich die meisten lutherischen Territorien einigten und die in Württemberg bis 1743 von Pfarrern und Beamten als Dokument des rechten Glaubens zu unterschreiben war.

Die Orthodoxie

Ab 1577 bildete sich neben der Bibelwissenschaft in Tübingen die Dogmatik als selbständiges Fach heraus; darin kann der Beginn der Orthodoxie gesehen werden. Sie lebt aus der Hoffnung, daß in richtig formulierten Sätzen die volle und ganze Wahrheit über Gott und über seine Absichten mit dieser Welt erfaßt werden können. Aufgabe der Theologie wird es, ein systematisch geordnetes Wissen zu vermitteln; es entsteht eine neue Form der Metaphysik, die den Rahmen schafft für alle Einzelwissenschaften. Die Orthodoxie muß alle neu auftauchenden Fragen in ihr System integrieren, eine Abweichung kann sie nicht zulassen.

In Württemberg führt die orthodoxe Ausprägung der Theologie zur Entstehung von Kompendien, die offiziell eingeführt werden und die als Richtschnur für die Theologie des Landes Ausbildung und Praxis der Pfarrer bestimmen sollen; in Frage und Antwort wird Dogmatik und Ethik behandelt. Auf das Kompendium von Jakob Heerbrand (1573) folgt das von Matthias Hafenreffer (1600), das ein Jahrhundert lang in Geltung blieb und auch von anderen Territorien übernommen wurde. In Auseinandersetzungen mit anderen Universitäten vertraten die Tübinger ihre auf Brenz aufbauende Richtung mit Nachdruck und Erfolg.

Trotzdem ist die Zeit der Orthodoxie nicht nur eine Epoche trockener Gelehrsamkeit. Professoren und Pfarrer führen ihr Leben im Vertrauen auf die Güte Gottes; man nimmt dankbar teil am Gottesdienst, das Lesen der Bibel und das Gebet haben einen festen Platz in der Familie.

Generalreformation der Kirche

Das patriarchalische Zeitalter Herzog Christophs ging mit dem 16. Jahrhundert zu Ende. Der Herzog fühlte sich nun als unumschränkter Herr seines Landes, es bestand die Gefahr, daß die frühere Herrschaft des Papstes über die Kirche durch die Herrschaft eines Fürsten abgelöst wurde. Die immer feiner werdenden Definitionen der wissenschaftlichen Theologie wurden von der Gemeinde immer weniger verstanden, Theologie und Frömmigkeit gerieten in Gefahr, den inneren Zusammenhang zu verlieren. Diese Probleme erkannte Johann Valentin Andreä (1586–1654) und rief dagegen zu einer Generalreformation der Kirche auf. Gleichzeitig nahm Andreä die Herausforderung der sich entwickelnden Einzelwissenschaften und des neu erwachten geschichtlichen Bewußtseins auf. Der Enkel von Jakob Andreä zeigt in seinen Rosenkreuzerschriften die

Nichtigkeit des Strebens der menschlichen Neugier; er setzt dagegen eine Universalwissenschaft, die fromm und demütig das Wirken Gottes nach Anleitung der Bibel in Natur und Geschichte zu erkennen strebt. Die Schöpfung versteht er als einen immerwährenden Prozeß; der Mensch ist Gehilfe Gottes bei der Entfaltung der in der Schöpfung angelegten Entwicklung, bis die Welt wieder zur vollen Einheit mit Gott zurückfindet. In seiner »Christenstadt« beschreibt Andreä eine christliche Gemeinschaft, die ohne Zwang nach der Ordnung Gottes lebt. Theologie ist nicht allein Sache des Verstandes, ein neuer Mensch ist im Entstehen. Wegen dieses Reformprogramms gilt Andreä sls Vorläufer des Pietismus.

Andreäs Schriften entstanden noch vor dem Dreißigjährigen Krieg (1618–1648). Mindestens nach der Schlacht von Nördlingen (1634) stürzte der Große Krieg das Land in schwerste Not, ein Drittel seiner Bewohner kam durch Plünderung und durch die Pest um, weite Landstriche verödeten, die äußere Ordnung brach völlig zusammen. Als ab 1638 ein Wiederaufbau möglich wurde, entschied Andreä sich, als Mitglied der Kirchenleitung nach Stuttgart zu gehen und Aufbau und Reform zu verbinden. Unter seinem Einfluß entstanden 1643 die Kirchenkonvente, als örtliches Gremium zur Überwachung der Sittlichkeit, der Pfarrer war kraft Amtes Vorsitzender. 1647 wurde in Württemberg als erstem Land in Europa die Schulpflicht eingeführt. Das Leben normalisierte sich verhältnismäßig rasch, es dauerte aber fast 100 Jahre, bis die Verluste an Menschen und Gütern ausgeglichen waren.

3. Absolutismus, Pietismus, Aufklärung

Absolutismus im Herzogtum Württemberg

Beginnend im 15. Jahrhundert entwickelte in Württemberg sich eine ständische Verfassung. Seit der Reformation bestanden die württembergischen Landstände aus den evangelischen Prälaten und den Abgeordneten der Städte und Ämter, die Ritterschaft war reichsunmittelbar geworden und deshalb nicht mehr vertreten. Württemberg war ein bürgerlicher Staat, die bürgerliche Ehrbarkeit war gleichzeitig Stütze der Landeskirche. Die Regierungsgewalt war geteilt zwischen dem Herzog und dem Landtag, dieser hatte das Recht der Steuerbewilligung.

Gegenüber dem ersten Versuch von Herzog Friedrich I. (1593–1608), die Macht der Stände zu brechen, ein stehendes Heer zu schaffen und durch staatliche Wirtschaftsunternehmungen (Merkantilismus) sich unmittelbare Einnahmen zu verschaffen, konnten jene im 17. Jahrhundert ihre Stellung wieder festigen. Das Zeitalter des Absolutismus begann, als Herzog Eberhard Ludwig 1693 die Regierung übernahm. Der Herzog bemühte sich, die politische und wirtschaftliche Kraft des Landes zu heben, er siedelte 1699 in den durch Krieg verwüsteten Ämtern im

Nordwesten Waldenser an, die eine kleine reformierte Kirchengemeinschaft bildeten. Nach dem Vorbild des französischen Hofes ließ er die Schloßanlage mit der Stadt Ludwigsburg als neue Residenz und als Zeichen seines barocken Herrscherwillens bauen. Durch Ämterhandel und zweifelhafte finanzielle Praktiken suchten der Herzog und der Hof weitere Geldquellen zu erschließen. Der Landtag widersetzte sich und verlor an Bedeutung, die Kirche verweigerte sich Neuerungen, auch wenn sie im eigenen Interesse lagen wie die Gründung eines Waisen-, Zucht- und Arbeitshauses in Stuttgart (1700).

Die Nachfolger von Herzog Eberhard Ludwig, Karl Alexander (1733 bis 1737) und Karl Eugen (1744–1793) waren katholisch. Die kirchenleitenden Funktionen wurden vom Geheimen Rat wahrgenommen, dem schon 1629 eingerichteten obersten Regierungsgremium; trotzdem griffen die Herzöge in kirchliche Angelegenheiten ein. Das Band zwischen dem Herzog und der Landeskirche hatte sich gelockert, der Fürst verfolgte nicht mehr eine an kirchlichen Gesichtspunkten orientierte Politik, er hielt sich nicht an die sittlichen Normen der Kirche. Landtag und Kirche bildeten eine gemeinsame oppositionelle Front, die durch eine Klage an den Reichshofrat in Wien Herzog Karl Eugen zum Erbvergleich von 1770 zwang, in dem der Rechtszustand des 17. Jahrhunderts wiederhergestellt wurde. Im Zeichen der Aufklärung ergab sich dann eine Annäherung zwischen dem Herzog und der Kirche.

Der Pietismus in Württemberg

Die Linien von Reformbestrebungen des 17. Jahrhunderts, von kirchlichen Außenseitern und von der Opposition gegen den Absolutismus des Fürsten und gegen laxer werdende sittliche Vorstellungen treffen im Pietismus zusammen. Die wissenschaftlich gewordene Theologie der Orthodoxie gibt nicht mehr die Kraft, die Schicksalsschläge der Zeit zu bestehen, das fromme Ich verlangt nach Erbauung und nach Austausch mit Gleichgesinnten über die Schranken einer Landeskirche und der Konfession hinweg. Ziel ist der neue Mensch, der nach dem Bußkampf, im Stand des Wiedergeborenen, mit Ernst Christ sein will, neben der Frömmigkeit wird die Tat der Liebe betont. Eine Akzentverschiebung gegenüber der reformatorischen Theologie besteht in der Gefahr, Buße als Leistung und den neuen Menschen als eine daraus hervorgehende höhere Stufe zu sehen. Die pietistische Frömmigkeit gründet sich auf die Bibel. Die allgemeine Bildung und Kenntnisse im christlichen Glauben sind so weit verbreitet, daß auch Laien sich im Stande fühlen, die Bibel auszulegen; der Pietismus betont das allgemeine Priestertum aller Gläubigen, Pfarrer und Laien erscheinen gleichberechtigt.

Trotz gemeinsamer Anliegen vereinigen im Pietismus sich verschiedene Strömungen. Eine Möglichkeit ist es, ein streng geregeltes, von der Welt abgewandtes Leben zu führen; andere Gruppen trennen sich in der Glut der Begeisterung und in der Gewißheit einer besonderen Offenbarung von der Kirche, man rechnet mit dem baldigen Ende dieser Welt; andere widmen sich pädagogischen und diakonischen Aufgaben. Der Pietismus will die Kirche der Reformation erneuern, er erwächst aus der Situation des 17. Jahrhunderts und ist auch Teil einer Emanzipationsbewegung.

Zur Programmschrift des Pietismus wurden die »Pia desideria« von Philipp Jakob Spener (1675). Spener schildert den Zustand der Kirche und entwickelt daraus ein Reformprogramm aufgrund der Verheißung von besseren Zeiten für die Kirche. Die Gedanken Speners wurden in Württemberg von Johann Andreas Hochstetter (1637–1720) aufgenommen, der Professor in Tübingen, dann Abt und Generalsuperintendent von Maulbronn und Bebenhausen war. Die in der Kirche führende Oberschicht öffnete sich damit dem Anliegen einer neuen Bewegung und ebnete den Weg zur Reform. Diese beziehen sich auf eine jugendgerechte Form der kirchlichen Unterweisung. Durch eine Ordnung für das theologische Studium im Tübinger Stift sollen die dogmatischen Fragen eher in den Hintergrund treten, der Bezug der Theologie zur praktischen Anwendung in Predigt und Seelsorge wird hervorgehoben, nur ein gottseliger Student kann Pfarrer und Theologe sein. Gegenüber der Pfarrerschaft wurden ältere Vorschriften gelockert, in vorsichtiger Weise wurde die Lektüre von theologischen Außenseitern und die Diskussion von theologischen Fragen freigegeben, in der Predigt sollte ein Gleichgewicht gefunden werden zwischen der Rechtfertigung aus Gnade und der Betonung der Werke des Glaubens.

Etwa ab 1690 wurde Württemberg in die Kriege des französischen Königs Ludwigs XIV. hereingezogen; das Land war von Soldaten überflutet, im Schwarzwald und im Neckarland gingen Klöster und Städte in Flammen auf, Stuttgart, Tübingen und fast alle festen Plätze waren besetzt. In dieser Notzeit breitete sich im Land eine Krisenstimmung aus, viele erwarteten den nahen Untergang dieser Welt. Trotz der begonnenen Reformen erschien die Landeskirche als Vertreterin einer alten Ordnung, über die jetzt das Gericht Gottes hereinbrach. Im Sinne des Pietismus bildeten sich private Konventikel, an denen Laien und Pfarrer beteiligt waren, die aber in den Sog der apokalyptisch-chiliastischen Erregung gerieten, den nahen Anbruch des Gottesreiches erwarteten und aus der Kirche herausdrängten. Zentren des Separatismus waren Stuttgart, Calw und Herrenberg, der Schwarzwald, das Gäu und das Neckarland, aber auch Reichsstädte wie Heilbronn und Esslingen. 1710 schritt in Stuttgart die Polizei gegen Tumulte ein, in andere Zentren wurden Untersuchungskommissionen entsandt, Inspirierte wurden eingesperrt, Pfarrer abgesetzt. Der führende Theologe der Tübinger Fakultät, Johann Wolfgang Jäger, dessen theologisches Kompendium 1702 das frühere von Hafenreffer ablöste, wandte sich gegen Separatisten, Enthusiasten und Pietisten in gleicher Weise. Das Konsistorium in Stuttgart versuchte im Sinn von

Hochstetter, auf der einen Seite den Auswüchsen zu steuern, gleichzeitig aber das Anliegen des Pietismus zu retten; es war bereit, Schäden innerhalb der Kirche anzuerkennen und die Auflehnung nicht nur zu verdammen. Pietistische Hofprediger wie Johann Reinhard Hedinger (1664–1704) redeten dem Herzog ins Gewissen, angesichts der Not des Landes die prunkvolle Hofhaltung einzuschränken und ein christliches Leben zu führen.

Nach dem Ende der Kriege normalisierte sich etwa ab 1715 das Leben in der Landeskirche wieder. Die Reformen Hochstetters hatten Schleusen geöffnet, eine im Untergrund schon vorhandene Bewegung hatte sich Bahn gebrochen; sie verschwand wieder, als die Zeiten ruhiger wurden. Ohne endgültig abgesicherte Grundlage fanden pietistische Erbauungsstunden statt.

Gleichzeitig mit dem Verebben der Unruhen setzte der Einfluß von August Hermann Francke, dem Gründer des Waisenhauses in Halle, auf den Pietismus in Württemberg ein; dieser Pietismus zeigte eher ein kirchliches Gepräge und betonte statt der Reformen Buße und Wiedergeburt. Als öffentliches Zeugnis der persönlichen Annahme der Gnadenzusage Gottes in der Taufe wurde 1721 die Konfirmation eingeführt, nach zweijährigem vorbereitendem Unterricht fand im Jahr 1723 die erste Konfirmationsfeier in Württemberg statt. Mit der Konfirmation wurde die Zulassung zum Abendmahl und zum Amt des Paten verbunden. Das Württembergische Konfirmandenbüchlein, das auswendig gelernt wurde und Auskunft über Grund, Ziel und Inhalt des christlichen Glaubens gab, rückte im Bewußtsein der Glieder der Kirche fast in den Rang eines Bekenntnisses auf.

Ab 1730 kam der Pietismus in Württemberg unter den Einfluß von Nikolaus Ludwig Graf von Zinzendorf. Junge Theologen besuchten die Brüdergemeine in Herrnhut, manche nahmen ein Amt an und blieben dort. Zinzendorf selber nahm Beziehungen auf zu Württemberg; er erbat und erhielt Gutachten, in denen die Übereinstimmung der Brüdergemeine mit dem Augsburger Glaubensbekenntnis bestätigt wurde; damit konnte er rechtlich deren Bestand sichern. Apokalyptische Erregungen waren in Herrnhut unbekannt, die freie, nicht an die Rücksichten einer Landeskirche gebundene Gemeinschaft konnte ihre eigenen Formen religiösen und theologischen Lebens entwickeln; sie erschien deshalb vielen als die wahre Kirche. Das Für und Wider gegenüber Zinzendorf brachte neue Unruhe nach Württemberg.

Als nach dem Tod von Herzog Karl Alexander der Geheimrat und Konsistorialpräsident Georg Bernhard Bilfinger daran ging, das im Herzogtum geltende alte Recht neu zu bekräftigen, sorgte er auch für eine Regelung der in der Landeskirche anstehenden Fragen. 1741 erschien ein neues Gesangbuch, das gegenüber manchen in Gebrauch genommenen modernen Liedern mit theologisch fraglichen Aussagen die Kernlieder aus der Reformationszeit beibehielt, dann aber auch zeitgenössische Dichter aufnahm. 1743 erschien das »Generalreskript betreffend die Privatversammlungen der Pietisten«, in dem neben dem öffentlichen Gottesdienst der Gemeinde freiwillige pietistische Konventikel unter der Aufsicht des Pfarrers und unter gewissen Vorsichtsmaßnahmen offiziell erlaubt wurden. Als Mann der Aufklärung und der Toleranz wollte Bilfinger dem Neuen seinen Platz einräumen, Irrwege aber vorsorglich verhüten. Die »Stunde« ist seither Teil des Lebens der Landeskirche, die Landeskirche hatte sich dem Pietismus geöffnet.

Die Schwäbischen Väter

In den Schwäbischen Vätern entfaltete sich der typisch württembergische Pietismus. Diese bekleideten zum Teil hohe Ämter in der Landeskirche; bei aller Kritik an der Kirche blieb der Pietismus in die Kirche eingefügt und lernte es, Verantwortung für das ganze Land zu übernehmen. Neben der Reformation ist die Württembergische Landeskirche bis heute vom Pietismus geprägt; die erst nach 1800 an Württemberg gekommenen Landesteile zeigen kirchlich noch bis in die Gegenwart einen teilweise deutlich anderen Charakter, da in ihnen der Pietismus nie dieselbe Bedeutung hatte wie im Herzogtum.

Johann Albrecht Bengel (1687–1752) bearbeitete als Präzeptor an der Klosterschule in Denkendorf eine Ausgabe des griechischen Neuen Testaments, das einen gegenüber den bisherigen Ausgaben wesentlich verbesserten, das heißt auf ältere Vorlagen zurückgehenden Text bietet und die Lesarten in einem kritischen Apparat übersichtlich ordnet. Das Hauptwerk Bengels für die Auslegung des Neuen Testaments ist sein »Gnomon« (1742 erschienen), der Einleitungen und Inhaltsübersichten zu den einzelnen Schriften bietet und Vers um Vers in knappen Bemerkungen behandelt. Über der Auslegung der Offenbarung des Johannes hoffte er, durch subtile Berechnungen und Kombination verschiedener Stellen den Anbruch der Tausendjährigen Herrschaft Christi auf Erden für das Jahr 1836 voraussagen zu können. Seit 1741 war Bengel als Prälat Mitglied des Landtags, seit 1749 des Konsistoriums.

Bengel erklärt die Bibel nur aus sich selber; als Lagerbuch Gottes ist sie ihm Grundlage des Glaubens und des Wissens, Geschichte und Heilsgeschichte bilden eine Einheit, das Reich Gottes wird Teil alles Denkens und Handelns. Bengel ist Pietist: das »Wort des Vaters« redet unmittelbar zum Herzen, aus dieser Nähe wächst Erbauung und die Kraft zu einem Gott wohlgefälligen Leben.

Die Schüler Bengels machen seine Bibelfrömmigkeit im Land heimisch, es entstehen pietistische Zentren. Philipp Friedrich Hiller setzt das Vermächtnis des Meisters in Verse um. Männer wie Johann Jakob Moser, die die spekulativen Berechnungen ablehnen, können sich trotzdem der Wirkung von Bengels Persönlichkeit nicht entziehen; als Christ und Pietist widersteht Moser der Politik von Herzog Karl Eugen.

Friedrich Christoph Oetinger (1702–1782) ist ebenfalls Schüler von Bengel; ihm hat er es zu verdanken, daß er nach langen Jahren des Wanderns und Suchens in seine württembergische Kirche zurückkehren konnte. Nach dem theologischen Studium beschäftigte er sich mit Naturwissenschaften, Psychologie und Medizin; wegen seiner nützlichen Kenntnisse ernannte ihn Herzog Karl Eugen zum Prälaten von Murrhardt. Die spekulative Schau Oetingers will den in diese Welt einströmenden Kräften Gottes nachgehen. Am Geschöpf geht Oetinger die Unsichtbarkeit Gottes auf: Chemie und Physik sind notwendig zu tiefergehender theologischer Einsicht, Leiblichkeit ist nicht eine vorläufige Stufe, sondern Ziel der Werke Gottes. In seiner Heiligen Philosophie möchte Oetinger das Ganze der Schrift und des Kosmos und die in der Offenbarung zutage tretende Herrlichkeit Gottes umfassen. Neben dem Buch der Schrift erwächst Offenbarung auch aus dem Buch der Natur. Im Allgemeinen Wahrheitsgefühl ist jedem Menschen eine Fähigkeit gegeben, Gott und sein Wirken zu erkennen; als Eklektiker kann Oetinger deshalb jüdische Mystik (Kabbala) und Aussagen verschiedenster Richtungen aufnehmen. Aufgabe des Theologen und Pfarrers ist es wiederum, die Geheimnisse Gottes für jeden verständlich darzustellen und aufzurufen, auch in der Öffentlichkeit schon jetzt nach den Gesetzen des kommenden Gottesreiches zu leben. Sein System stellt er abschließend in seinem »Biblisch-emblematischen Wörterbuch« (1776) dar. Die Nachwirkung Oetingers ist groß; bis in die Gegenwart beeinflußt er Naturphilosophen und Theologen, unmittelbare Schüler hatte er nicht.

Philipp Matthäus Hahn (1739–1790) setzte sich mit Bengel und Oetinger auseinander. Er sieht den Menschen als Sohn Gottes in seinem Wachstum zum Ebenbild Gottes; wegen Abweichung von der geltenden Lehre wurde er deshalb vom Konsistorium zur Verantwortung gezogen. Anklänge an Gedanken der Aufklärung und an Herder sind vorhanden. Hahn konnte aber sein theologisches System und die Auseinandersetzung mit seiner Zeit nicht zu Ende führen. Er wurde noch einmal zu einer führenden Gestalt im württembergischen Pietismus; er hatte Zugang zu allen Schichten und verhalf den einzelnen Gruppen zu Verbindung und Zusammenhalt untereinander. Das Laienelement gewinnt immer mehr an Bedeutung. Neben der Landeskirche erscheint eine Kirche ähnlich der Brüdergemeine als Möglichkeit. Als Ingenieur läßt er Uhren und Waagen bauen und legt den Grund für eine feinmechanische Industrie.

Die Aufklärung

Württemberg war auch im 18. Jahrhundert nicht ausschließlich vom Pietismus geprägt. Die von der Universität vertretene Theologie versuchte eine Harmonisierung der natürlichen Erkenntnis mit der Offenbarung; der Mensch kann das Gute wollen und tun. Das Bekenntnis der Kirche trat in den Hintergrund. Als jedoch die Gefahr einer Verflachung der christlichen Lehre durch den Rationalismus und die Gefahr eines Gegensatzes zwischen Glauben und Wissen sich ankündigte, gab das Konsistorium den Auftrag für ein neues theologisches Kompendium, das Christoph Friedrich Sartorius (1701–1785) verfaßte. Das Werk schreibt die Auffassung der Orthodoxie weiter, versucht aber, die Wahrheit und den göttlichen, die menschliche Vernunft also übersteigenden Charakter der geoffenbarten christlichen Religion zu beweisen. Im Gesangbuch von 1791 wurden der Gemeinde Gesänge zu den Betreffen einer christlichen Dogmatik und Ethik vorgelegt als ein Aufruf, sich daran selber zu bilden. Alte Kernlieder wurden ausgeschieden, andere umgedichtet. Diese Reimereien ließen das Herz kalt, das Gesangbuch fand eine zwiespältige Aufnahme. Im ganzen muß es als nicht geglückter Versuch gesehen werden, der Zeitströmung entgegenzukommen und trotzdem die Substanz zu erhalten.

Die typisch württembergische Spielart der Aufklärung vertritt Herzog Karl Eugen in der zweiten Periode seiner Regierung ab 1770. Statt mit konfessionell gebundener Rechtgläubigkeit beschäftigt man sich mit Toleranz, Tugend und Moral und kümmert sich um das Wohl der Allgemeinheit. Der gute Geschmack lehnt die barocke Tiefsinnigkeit der alten Spekulation ab. Eine echte theologische Auseinandersetzung mit den Gedanken der Aufklärung fand nicht statt, diese entwickelte in Württemberg allerdings nie einen gegenchristlichen Charakter. Statt einer weiteren Auseinandersetzung mit der Philosophie Kants versuchte Gottlob Christian Storr (1746–1805) zu zeigen, daß der Verstand nichts gegen eine geoffenbarte Wahrheit vorbringen kann, da diese aus einer Sphäre stammt, in die der Verstand gerade nicht einzudringen vermag. Die Plattheiten der Aufklärer und die Rettungsversuche des Storrschen Supranaturalismus konnten jedoch die jungen Theologen nicht befriedigen; die Philosophie erschien als eine Befreiung aus allen Fesseln und als einzige Möglichkeit einer gewinnbringenden, weiterführenden geistigen Arbeit; im Stift begeisterte man sich für die Ideen der Französischen Revolution (ab 1789). Die Zeit des alten Württemberg mit der Einheit von Kirche und Staat, von Bildung, Wissenschaft und Theologie geht zu Ende.

4. Das 19. Jahrhundert

Der konfessionell neutrale Staat

Im Gefolge der Napoleonischen Kriege erhielt Württemberg durch den Reichsdeputationshauptschluß (1803) die in seinem Machtbereich liegenden Reichsstädte und geistliche Gebiete wie die Fürstpropstei Ellwangen; die Klöster wurden aufgelöst, ihr Vermögen fiel an den Staat. So kamen etwa 125000 Einwohner an das neue Kurfürstentum, in der Mehrzahl

Katholiken. Die alte Einheit des konfessionell einheitlichen Territoriums war zerbrochen, im Religionsedikt von 1803 wurden die Angehörigen aller drei christlichen Glaubensbekenntnisse gleichgestellt. Bei der Auflösung des Alten Reiches und bei den folgenden Grenzberichtigungen erhielt Württemberg ab 1806 frühere österreichische und ansbachische Gebiete (Rottenburg-Spaichingen bzw. Crailsheim), bis dahin selbständige Territorien wie Hohenlohe und Waldburg, weitere geistliche und ritterschaftliche Gebiete sowie Reichsstädte; es reichte jetzt vom Taubergrund bis zum Bodensee.

Diese Landesteile mit ihrer verschiedenen Tradition sollten nach dem Willen von König Friedrich (1797 bzw. 1806–1816) im konfessionell neutralen Königreich Württemberg und in der Pflichterfüllung für das Wohl dieses Staates zusammenwachsen, eine führende Rolle konnte der Kirche nicht mehr zukommen. Das Kirchengut wurde 1806 mit dem Staatsvermögen vereinigt, der Staat übernahm dessen Verpflichtungen. Auf 1. Januar 1809 wurde ohne Befragung der Kirche eine neue Liturgie eingeführt, im Sinn der Aufklärung fehlte beim Formular für die Taufe die dem Pietismus wichtige Absage an den Teufel. Dem Konsistorium verblieb die Aufsicht über die Volksschulen, die Klosterschulen wurden zu staatlichen Seminaren. Die Kirchen wurden einem der neu gebildeten Fachministerien unterstellt (1806 dem Geistlichen Departement, 1819 bis 1848 dem Innenministerium), einen unmittelbaren Weg von der evangelischen Kirche zu ihrem Bischof, dem König, gab es nicht mehr, die Kirche war Staatsanstalt, die Pfarrer und Dekane wurden streng beaufsichtigt. Unter König Wilhelm I. (1816–1864) erhielt das Land eine Verfassung und einen Landtag; ein solches Repräsentativgremium wurde für die Landeskirche zunächst nicht geschaffen.

Gegenüber der als Druck empfundenen Kirchenpolitik des Staates kam es zu Auflehnungen; der politische Widerstand kleidete sich auch in Proteste gegen die Kirche. Es kam weiterhin zu Auswanderungen, die durch die wirtschaftlichen Notjahre um 1815 verstärkt wurden. Daneben fand eine innere Emigration statt. Der Staat schritt so lange nicht ein, als er keine Gefährdung der öffentlichen Ordnung befürchten mußte; als Gegengewicht gegen die Verbreitung von Sonderlehren unterstützte der König die 1812 gegründete Württembergische Bibelanstalt. Michael Hahn (1758 bis 1819) bildete als Laie sein theosophisches System aus und gab es an einen Kreis von Vertrauten weiter, aus denen die Michael-Hahnsche-Gemeinschaft entstand. Hahn überblickte die Entstehung der Schöpfung, den vorweltlichen Fall Adams, der zum Fall des Menschen führt, bis zur Wiederbringung aller in Gott. Um der Auswanderung entgegenzutreten, genehmigte der König die Gründung der freien pietistischen Gemeinde Korntal (1819).

Die Erweckungsbewegung

Als Gegengewicht gegen den Einfluß der idealistischen Philosophie auf die Theologie entstand ein lockerer Zusammenschluß von Pfarrern, der bekannteste Vertreter dieser Erweckungsbewegung ist Ludwig Hofacker (1798–1828). Er warnte davor, sich auf menschliche Leistungen zu verlassen; er rief im Hinblick auf den von Bengel für 1836 vorausgesagten allgemeinen Umbruch zur Buße auf und mahnte, die Erwählung durch Gott in einem von der Welt abgewandten Leben zu besiegeln. Die Predigten Hofackers fanden großen Zulauf, es bildete sich, getragen von Pfarrern und kleinbürgerlichen Schichten, eine pietistische Gegenkultur; diese Kreise entfalteten neben der Landeskirche in freien Vereinen beachtliche diakonische und publizistische Aktivitäten. So entstanden die Anstalten der Inneren Mission, deren klassisches Land Württemberg wurde. Mit der 1815 gegründeten Basler Mission bestanden engste Beziehungen, Württemberger arbeiteten in der Heimat und auf den Missionsfeldern für das Reich Gottes.

Die wissenschaftliche Theologie auf der anderen Seite öffnete sich der idealistischen Philosophie. Innerhalb des Christentums wurde eine Fortentwicklung gesehen, das früher als Einbruch einer Transzendenz dargestellte Geschehen erschien als Wahrheit, die der Vernunft entspricht. Aus den in der christlichen Religion enthaltenen dunklen Vorstellungen erhob David Friedrich Strauß (1808–1874) in seinem »Leben Jesu« die reine Idee des Christentums, die prinzipielle Einheit von Gottheit und Menschheit. Er löste dabei allerdings den von Hegel festgehaltenen dialektischen Prozeß in ein tatsächliches zeitliches Nacheinander auf. Die Erregung war groß, Strauß wurde aus dem Kirchendienst entlassen. Daran entzündete sich eine grundsätzliche scharfe Auseinandersetzung; der Pietismus sah in Strauß und in dessen Ablehnung des geschichtlichen Charakters der Berichte der Bibel den Aufstand des Unglaubens gegen Gott, die Bildungsschicht wurde der Kirche weiter entfremdet. Im Schatten dieser Auseinandersetzungen blieb der historisch-kritischen Erforschung der Zeit des Urchristentums durch Ferdinand Christian Baur (1792–1860) eine breitere Wirkung versagt. Baur, seit 1827 Professor in Tübingen, entfaltete seine Theologie in vorsichtiger Anlehnung an die Philosophie Hegels, im christlichen Dogma sah er die Selbstbewegung des göttlichen Geistes in der Geschichte.

Die konservativen Strömungen und die Außenseiter

Obwohl König Wilhelm I. persönlich dem Pietismus ferne stand, ergab sich zwischen ihm und dem Pietismus eine Interessengemeinschaft. Das liberale Bürgertum drängte nach einem größeren Maß an politischer Freiheit, die der König nicht geben konnte; er fand am Pietismus einen Bundesgenossen für seine pragmatische, konservative Politik.

Gegen das Votum des zuständigen Innenministers genehmigte der König ein neues Gesangbuch und eine neue Liturgie (1842), die beiden ungeliebten Bücher von 1791 und 1809 wurden abgelöst. Das Gesangbuch wollte Erbauung stiften und lebendigen Glauben nähren, neben pietistischen Dichtern wurden viele der 1791 ausgeschiedenen Kernlieder der evangelischen Kirche wieder aufgenommen. Der führende Mann in der vorbereitenden Kommission war Albert Knapp (1798–1864), der mit seinen Umdichtungen gerne in ältere Verse eingriff.

Die Revolution 1848/49 scheiterte in Württemberg im ganzen, für ein demokratisches System fehlte noch die breite tragende Schicht. Zustande kamen einzelne Reformen, das Konsistorium wurde dem neu errichteten Kultministerium unterstellt. Eine Komission arbeitete eine Verfassung für die Landeskirche aus, die eine Landessynode als gesetzgebendes Gremium vorsah. Als Grundlage der Kirche und ihrer Verkündigung werden die Heilige Schrift und die Bekenntnisse der Reformation genannt, einer Angleichung der Kirche an Philosophien der Zeit sollte dadurch gewehrt werden. Nach dem Scheitern der Revolution wurde diese Verfassung jedoch nicht eingeführt, der »Bekenntnisparagraph« ist fast unverändert in die Verfassung der Landeskirche vom Jahr 1920 übernommen.

Wegen der deutschen Frage bestand Anfang 1849 in Württemberg die Gefahr eines Umsturzes, entscheidend verhindert wurde er durch das Eingreifen von Sixt Karl Kapff (1805–1879). Er wollte die Politik nicht den Gewalten dieser Welt überlassen und er wollte als Schutzwall gegen einen ins Chaos führenden Fortschritt den christlichen Staat. In seiner Weise übernahm damit der Pietismus wieder Verantwortung für diese Welt. Als Prälat und Mitglied des Konsistoriums vertrat Kapff seine konservative Linie, der Pietismus beherrschte für einige Zeit die württembergische Kirche, die ältere Richtung schloß sich in der Altpietistischen Gemeinschaft zusammen. Tragisch bleibt, daß Kapff als Heilmittel nur eine Rückkehr zu einem patriarchalischen Leben in bürgerlichen Formen sehen konnte, die Probleme des beginnenden industriellen Zeitalters erkannte er nicht.

Auf der Ebene der Ortsgemeinde wurde 1851 der Pfarrgemeinderat, auf der Ebene des Kirchenbezirks 1854 die Diözesansynode eingeführt, beide blieben zunächst ohne größere Bedeutung. Erst unter König Karl (1864–1891) erhielt die Landeskirche 1867 eine aus indirekten Wahlen hervorgegangene Landessynode; ohne deren Zustimmung konnten kirchliche Gesetze nicht mehr erlassen oder geändert werden. 20 Jahre später bekam die Synode das Recht, selbst kirchliche Gesetze vorzuschlagen. 1887 wurden die bürgerliche und die kirchliche Gemeinde getrennt; seither vertritt der Kirchengemeinderat unter dem Vorsitz des Pfarrers die Kirchengemeinde, die Kirchensteuer erheben kann. Damit hatte bis zum Ende des Jahrhunderts die Landeskirche auf allen Ebenen die Möglichkeit, das kirchliche Leben selber zu regeln und für ihre

Bedürfnisse zu sorgen. In den Städten wurden zu groß gewordene Pfarrbezirke getrennt, neue Kirchenbauten entstanden.

Als Anhänger Swedenborgs wollte Gustav Werner (1809–1887) im Übergang zum industriellen Zeitalter den Übergang zum Zeitalter der Liebe verwirklichen und in seinem »Bruderhaus« den Unterschied zwischen Besitzenden und Besitzlosen aufheben; er wurde aus der Liste der Predigtamtskandidaten gestrichen. Als Pfarrer der Landeskirche widmete Johann Christoph Blumhardt (1805–1880) in Bad Boll sich seiner besonderen, weitherzigen Art der Seelsorge, nachdem ihm bei einer Glaubensheilung in Möttlingen der Wille Gottes zur Rettung der ganzen Kreatur aufgegangen war. In Tübingen verkündigte Johann Tobias Beck (1804 bis 1878) das Himmelreich als nahende überirdische Realität in der Realität dieser Welt. In solchen Außenseitern gewann der Pietismus und die Kirche wieder Verbindung zum politischen und gesellschaftlichen Geschehen. Die Theologie löste sich aus ihrer Einbettung in die Philosophie und fand zu ihrer Grundlage in der christlichen Religion zurück.

5. Das 20. Jahrhundert

Bis zum Ende der Weimarer Republik

Innerhalb der Landeskirche bildeten sich als Spiegelbild des vielfältig werdenden kirchlichen Lebens freie Zusammenschlüsse verschiedener theologischer und kirchlicher Richtung; Evangelisationen kamen auf, der Neupietismus formierte sich und grenzte sich zusammen mit der Gnadauer Konferenz gegen schwärmerische Strömungen ab. Christoph Blumhardt, der Sohn von Johann Christoph, sah in der Arbeiterbewegung und in der christlichen Reich-Gottes-Hoffnung verwandte Züge, er war 1900–1906 Landtagsabgeordneter der Sozialdemokratischen Partei. Das Gesangbuch und die Dienstanweisung für die Pfarrer von 1912 wahren die Tradition, geben aber auch Hilfe für die Verkündigung in der sich wandelnden Gesellschaft. Die Aufsicht über die Volksschule ging 1909 auf den Staat über.

Das Ende der Monarchie in Deutschland im Jahr 1918 bedeutete für die Landeskirche das Ende des landesherrlichen Bischofsamtes. Nach § 137 der Verfassung des Deutschen Reiches vom 11. August 1919 bestand keine Staatskirche mehr, jede Religionsgesellschaft ordnete und verwaltete ihre Angelegenheiten selbständig innerhalb der Schranken des für alle geltenden Gesetzes; auch die Württ. Landeskirche wurde Körperschaft des öffentlichen Rechts. Im Jahr 1920 gab sich die Landeskirche eine Verfassung; der Landeskirchentag ist in direkten Wahlen zu wählen, er wählt zusammen mit den Mitgliedern der Kirchenverwaltung, dem Oberkirchenrat, den Kirchenpräsidenten, der zusammen mit dem Landeskirchenausschuß die Kirchenleitung bildet. Das Tübinger Stift ging an die

Landeskirche über, die vier Evang.-theol. Seminare wurden der Evang. Seminarstiftung unterstellt, in der auch der Staat vertreten ist; die Evang.-theol. Fakultät verblieb innerhalb der Universität. Mit den übrigen deutschen Landeskirchen schloß Württemberg sich zum Deutschen Evang. Kirchenbund zusammen.

Der volkskirchliche Charakter der Landeskirche blieb erhalten, obwohl die Parteien, die den Arbeiter vertraten, noch weltanschaulich orientierte, nichtchristliche Zusammenschlüsse waren.

Die Zeit des Nationalsozialismus

Nach der Machtergreifung durch den Nationalsozialismus im Jahr 1933 versuchte Kirchenpräsident D. Theophil Wurm (1868–1953) zunächst, dem neuen Staat entgegenzukommen, der gewillt schien, die Kirchen als tragende Pfeiler in die Volksgemeinschaft einzubauen. Im Juli 1933 nahm er den Titel »Landesbischof« an und billigte den Zusammenschluß der 28 deutschen Landeskirchen in der Deutschen Evangelischen Kirche mit dem Reichsbischof Müller, dem »Vertrauensmann des Führers«, an der Spitze. Als jedoch von der Partei immer deutlicher die Anerkennung nationalsozialistischen Gedankenguts in der Kirche gefordert wurde, wehrte Wurm sich zunehmend gegen diese Gleichschaltung; auch innerhalb der Pfarrerschaft wuchs der Widerstand. Gegen die Gewaltpolitik des Reichsbischofs wandte sich die Erklärung der Bekennenden Kirche beim Ulmer Bekenntnistag im April 1934, Ende Mai verwarf die Bekenntnissynode von Barmen die Irrlehre der Deutschen Christen. Im Herbst 1934 wurden Wurm, Prälaten und Pfarrer der Landeskirche zeitweilig abgesetzt; da jedoch Pfarrer und Gemeinden sich fast geschlossen hinter den Landesbischof stellten, sah Hitler sich zum Nachgeben gezwungen. Staat und Partei hatten in der Öffentlichkeit eine Niederlage erlitten.

In den folgenden Jahren drängten Staat und Partei die Kirche immer stärker aus der Öffentlichkeit zurück, die christliche Grundlage des Religionsunterrichts wurde in Frage gestellt. Wurm wollte trotzdem nicht die Verbindung zum Staat abreißen lassen; die in der Bekenntnisgemeinschaft und vor allem in der Sozietät zusammengeschlossen Pfarrer opponierten gegen diese ihnen zu nachgiebig erscheinende Haltung.

Während des Krieges gewann Wurm durch seine Proteste gegen den Mord an Behinderten und an Juden das Vertrauen der Bekennenden Kirche in ganz Deutschland. Trotzdem war der »Kirchenkampf« nicht eine eindeutige Linie des Widerstands; im Stuttgarter Schuldbekenntnis vom Oktober 1945 heißt es: »Wir klagen uns an, daß wir nicht mutiger bekannt, nicht treuer gebetet, nicht fröhlicher geglaubt und nicht brennender geliebt haben.«

Der Wiederaufbau nach dem Krieg

Im Zusammenbruch des Jahres 1945 war die Kirche die einzige Institution, die bestehen blieb; für viele war sie die einzige Stelle, von der sie Hilfe erwarten konnten. Zur Linderung der Not wurde das Evangelische Hilfswerk geschaffen. Weniger Verständnis fand der Landesbischof, als er sich auch um die Insassen der Internierungslager und Kriegsverbrecher kümmerte; das Recht war für ihn unteilbar, die Hilfe nicht durch Schuld begrenzt. Die Gemeinden mußten mit Pfarrern versorgt werden, das kirchliche Leben kam wieder in Gang und entfaltete sich rasch. Als Forum für Gespräche zwischen den Gruppen der Kirche und der Gesellschaft entstand in Bad Boll die Evang. Akademie, eine kirchliche Presse wurde aufgebaut. Die Kirche wurde zum Partner von Staat und Gesellschaft.

Im August 1945 gelang es Wurm, alle zum Teil unter sich zerstrittenen Gruppen der Bekennenden Kirche zu einem neuen Zusammenschluß zu bewegen. Als vorläufige Vertretung bildete sich der Rat der Evangelischen Kirche in Deutschland, die sich 1948 ihre Grundordnung gab; Wurm wurde Vorsitzender des Rates. Die Landeskirchen behielten in diesem Kirchenbund weitgehende Selbständigkeit. Die Württembergische Landeskirche trat nicht der Vereinigten Evangelisch-lutherischen Kirche bei, die konfessionellen Gegensätze sollten nicht noch einmal betont werden; sie ist dagegen Mitglied im Lutherischen Weltbund.

An seinem 80. Geburtstag trat Wurm Ende 1948 von seinem Amt zurück, als sein Nachfolger wurde D. Dr. Martin Haug gewählt (1895–1983). Unter ihm konnte nach der Währungsreform (Sommer 1948) der äußere Aufbau und Ausbau der Landeskirche und ihrer Dienste weitergehen. Neue Gemeindepfarrstellen und Landespfarrstellen für besondere Aufgaben wurden errichtet, die Ausbildung der Theologen in den Seminaren und im Stift wurde ausgebaut. Im Evangelischen Pfarrseminar wurden wieder Kurse für Vikare eingerichtet, das Pastoralkolleg dient der Fortbildung der Pfarrer; der Religionsunterricht war neu zu ordnen. 1953 wurde ein neues Gesangbuch eingeführt, dessen erster Teil die gemeinsamen Lieder der Evang. Kirche in Deutschland enthält. Die ehemals freien Vereine und Anstalten brauchten die Hilfe der Landeskirche, sie wurden zu kirchlichen Werken. Die Verbindung zur Ökumene kam wieder zustande. Wenn auch unter Martin Haug, der bis 1962 Landesbischof war, viele zerstörte Kirchen aufgebaut wurden und mehr Neubauten entstanden als in jeder Epoche vorher, so blieb er doch ein »Minister des Innersten«: auch im äußeren Wiederaufbau ging es allein darum, die Verkündigung der Kirche zu ermöglichen.

Blätter für württ. Kirchengeschichte. Neue Folge 1897 ff. (Mit Rezensionen der einschlägigen Literatur)

Brecht, Martin, und *Ehmer,* Hermann: Südwestdeutsche Reformationsgeschichte. Stuttgart 1984

Dehlinger, Alfred: Württembergs Staatswesen in seiner geschichtlichen Entwicklung. 2 Bde. Stuttgart 1951–1953

Heyd, Wilhelm: Bibliographie der württembergischen Geschichte. 11 Bde. Stuttgart 1895–1974

Hermelink, Heinrich: Geschichte der evangelischen Kirche in Württemberg von der Reformation bis zur Gegenwart. Tübingen 1949

Landesbibliographie von Baden-Württemberg. Bearbeitet von Werner Schulz und Günter Stegmaier. Bd. 1 ff. Stuttgart 1978 ff.

Lehmann, Hartmut: Pietismus und weltliche Ordnung in Württemberg vom 17. bis zum 20. Jahrhundert. Stuttgart 1969

Reyscher, August Ludwig: Sammlung der württembergischen Gesetze. 28 Bde. Tübingen 1828–1851 (Bd. 8 und 9 enthalten die Kirchengesetze)

Schäfer, Gerhard: ... zu erbauen und zu erhalten das rechte Heil der Kirche. Eine Geschichte der Evangelischen Landeskirche in Württemberg. Stuttgrat 1984

Süskind, G. A., und *Werner,* G.: Repertorium der evangelischen Kirchengesetze in Württemberg. 3 Bde. Stuttgart 1862–1867

Weller, Karl, und *Weller,* Arnold: Württembergische Geschichte im südwestdeutschen Raum. Stuttgart 1971

Württembergische Kirchengeschichte. Herausgegeben vom Calwer Verlagsverein. Stuttgart 1893

Zeittafel zur Geschichte der Evangelischen Landeskirche in Württemberg (bis 1800; ab 1800 s. S. 354 ff.)

1522 Johannes Brenz wird als Prediger nach Schwäbisch Hall berufen

1523 ff. Reformation in den meisten schwäbischen Reichsstädten

1534 ff. Reformation im Herzogtum Württemberg

1559 Große Kirchenordnung: Grundlage des kirchlichen Lebens in Württemberg bis ins 19. Jahrhundert

1577 Konkordienformel: Versuch einer Einigung und abschließenden Zusammenfassung der lutherischen Lehre. Verfasser: Jakob Andreae

1586–1654 Johann Valentin Andreae: Reformschriften für Kirche und Gesellschaft

1680 ff. Pietistische Strömungen in Württemberg: Die erste Privaterbauungsstunden entstehen

1687–1752 Johann Albrecht Bengel: Forschungen zur Entstehung und Auslegung der Bibel

1723 Einführung der Konfirmation in Württemberg

1743 Pietistenreskript: Der Pietismus wird offizieller Bestandteil des kirchlichen Lebens in Württemberg

5. Kapitel

Hans Jakob Reimers

Die evangelischen Freikirchen von den Anfängen bis zur Gegenwart

Gemeinsam ist den Freikirchen gegenüber den Landeskirchen zweierlei: ihre finanzielle Unabhängigkeit vom Staat (sie unterhalten sich durch freiwillige Beiträge ihrer Mitglieder) und ihre zahlenmäßige Minderheitensituation (44 300 insgesamt in Baden-Württemberg). Drei Gruppen von Freikirchen lassen sich unterscheiden: den einen geht es um *die reine Gemeinde,* dazu kann man Mennoniten, Baptisten und die Freien evangelischen Gemeinden rechnen. Den anderen geht es um *das reine Leben* (Heiligung, praxis pietatis): das trifft auf den Methodismus, die Heilsarmee und die Pfingstbewegung zu. Die dritte Gruppe schart sich um *die reine Lehre:* es sind die konfessionellen Freikirchen, die um des reinen Bekenntnisses willen entstanden: die Selbständige Evangelisch-Lutherische Kirche und die Evangelisch-Lutherische Kirche in Baden. Einen Sonderstatus nimmt die Herrnhuter Brüdergemeine ein. Während die Freikirchen in der Regel in der angelsächsisch-reformierten Tradition stehen, ist das Herrnhutertum zwar lutherisch, aber nicht konfessionalistisch verengt.

Welche theologische Bandbreite auch das evangelische Freikirchentum umfaßt, wird an der sehr unterschiedlichen Abendmahlsauffassung deutlich: während Baptisten, Mennoniten und Freie Gemeinden das Abendmahl nur als Gedächtnis- und Gemeinschaftsmahl feiern, aber nicht als Sakrament, durch das Gott handelt, ist für die lutherischen Freikirchen die wahrhaftige Gegenwart von Leib und Blut Christi im Altarsakrament unantastbarer Bekenntnissatz, ja geradezu status confessionis. – Während die lutherischen Freikirchen ein hochkirchliches Amtsverständnis haben, ist ansonsten (mit Ausnahme der Brüdergemeine) das Laienpredigertum eine freikirchliche Eigentümlichkeit.

1. Die Evangelisch-methodistische Kirche

Geschichte

Sie ist eine Frucht der Erweckungsbewegung im England des 18. Jahrhunderts. Der anglikanische Geistliche John Wesley (1703–1791) kam durch

Luthers Vorrede zum Römerbrief am 24. Mai 1738 zur persönlichen Heilsgewißheit. Hinfort sah er es als seine Aufgabe an, den entkirchlichten Massen die frohe Botschaft vom Sünderheiland zu bringen, jahrzehntelang durchzog er zu Pferd, später in der Reisekutsche, anfangs auf Straßen und Plätzen, später in eigenen Kapellen predigend, die britischen Inseln. Die Erweckten faßte er zwecks seelsorgerlicher Betreuung in Gemeinschaften zusammen. In den USA konstituierte sich bereits 1784 die »Methodist Episcopal Church«. Im britischen Mutterland wurde die methodistische Bewegung erst elf Jahre später von der Anglikanischen Hochkirche unabhängig. – Nach Württemberg kam der Methodismus zunächst durch den Metzger Christoph Gottlob Müller (1785–1858). Um nicht unter Napoleons Fahnen dienen zu müssen, war er aus seiner Heimatstadt Winnenden nach England ausgewandert, wo er bei den Methodisten seines Heils gewiß wurde. 1831 kehrte er in seine Heimat zurück und begann als Laie zu predigen. Es bildeten sich dörfliche Stubenversammlungen. Als nach Müllers Tod der Engländer Dr. John Lyth (1821–1886) die Leitung des Werkes übernahm, fand er nach eigener Aussage nur »pietistische Gemeinschaften mit methodistischem Anstrich« vor. Unter ihm konsolidierte sich die Arbeit, die dann sein Nachfolger, Generalsuperintendent John Cook Barratt (1832–1892), von 1865 bis zu seinem Tod weiter ausbaute; Gemeinden wurden gegründet in Augsburg, München, Nürnberg, Fürth, Siegen, Magdeburg, Halle/Saale, Cottbus, Görlitz, Glogau, Liegnitz und Wien.

1851 ließ sich mit dem Deutschamerikaner Ludwig Nippert (1825–1894) der erste Missionar der Bischöflichen Methodistenkirche in Heilbronn nieder. Wie kam es dazu? Die Arbeit methodistischer Sendboten in Deutschland hat mehrere Ursachen. 1835 kam unter einer methodistischen Kanzel im Ohiotal Wilhelm Nast (1807–1899), gescheiterter Theologiestudent aus Stuttgart, zum lebendigen Glauben. Durch ihn entstand eine deutschsprachige Methodistenkirche in USA. Auswanderer nun, die dort unter methodistischer Verkündigung das Heil in Christus ergriffen hatten, berichteten davon in die Heimat. Oft auch abonnierten sie für ihre Verwandten in Europa den von Nast herausgegebenen »Christlichen Apologeten«. So erwachte hie und da der Wunsch nach Predigern. Indem sie zurück in die Heimat kamen, wollten die Pioniermissionare zugleich eine Dankesschuld an das Land der Reformation abstatten; denn an der Wiege des Methodismus hatten Luthertum und Herrnhutertum Pate gestanden. Außerdem betrachteten sie es als ihre Aufgabe, den Christen beizustehen im Kampf gegen Unglauben und Aberglauben, indem sie »vital religion«, d. h. »lebendiges Christentum« brachten.

Wie die antimethodistischen Streitschriften der württembergischen Pfarrer Gottlob Nast (1802–1878) von 1867 (»Zur Abwehr der Methodisten«), Valentin Strebel (1801–1883) 1868 (»Die Methodisten in ihrer Heimat und in der Fremde. Ein Wort für und wider sie«) sowie von Johannes Eberle (1851–1904) 1879 (»Kann mit den Methodisten Friede sein?«) zeigen, hat es an Widerständen landeskirchlicherseits nicht gefehlt. Prediger wurden inhaftiert, des Landes verwiesen, überfallen. Dennoch entstanden Gemeinden: 1851 Heilbronn, 1857 Ludwigsburg, 1862 Bietigheim und Pforzheim, 1863 Beilstein, Karlsruhe, Vaihingen/Enz, 1864 Großbottwar, 1865 Calw, 1866 Marbach und Enzweihingen, 1867 Heimsheim und Herrenberg, 1868 Nagold, Freudenstadt und Weissach, 1872 Altensteig. – Im selben Jahr wie die Bischöfliche Methodistenkirche begann auch ein »Missionär« der Evangelischen Gemeinschaft Amerikas seine Arbeit in Württemberg: Johann Conrad Link (1822–1883). Er kam auf Anregung des Amerikarückwanderers Sebastian Kurz (1789–1868) aus Bonlanden. Unter mancherlei Anfeindungen der Pfarrerschaft begann Link in Stuttgart. Anfang 1852 kam ihm dann noch Johannes Nikolai (1818–1912) zur Hilfe, der 1857 krankheitshalber von Johann Georg Wollpert (1823–1903) abgelöst wurde. Rasch weitete sich das Werk besonders im Neckartal aus: 1852 Plochingen, 1857 Wannweil, Hochdorf, Deizisau, Weilheim/Teck, 1858 Vaihingen, 1859 Nürtingen und Nordheim, 1860 Raidwangen, Geisingen/Neckar und Esslingen, 1863 Tübingen, 1864 Cannstatt, Feuerbach, Güglingen, 1865 Reutlingen, 1866 Kirchheim/Teck. 1877 gründete die Evangelische Gemeinschaft ihr Predigerseminar in Reutlingen. – 1897 vereinigten sich die Wesleyaner, deren Kerngebiet zwischen Neckar, Jagst und Rems lag (mit Gemeinden in Backnang, Cannstatt, Echterdingen, Eßlingen, Hall, Kirchberg/Jagst, Murrhardt, Prevorst, Rudersberg, Schorndorf, Stuttgart, Ulm, Waiblingen, Welzheim und Winnenden) mit den Bischöflichen Methodisten. 1968 erfolgte schließlich die Vereinigung mit der Evangelischen Gemeinschaft zur Evangelisch-methodistischen Kirche (weltweit zur »United Methodist Church«).

Lehre

Der Methodismus verdankt seine Entstehung nicht theologischen Lehrstreitigkeiten. Schon dem Heiligen Club in Oxford, jenem Studentenkreis, dem die Gebrüder John und Charles Wesley angehörten, ging es nicht um die reine Lehre, sondern um das reine Leben. Methodisten nannte man jene Studenten nicht wegen einer bestimmten Lehr-Methode, sondern wegen ihrer Methode zu leben: gewissenhafte Ausnutzung der Zeit zu Studium, Bibellesen, Gebet, häufigem Abendmahlsbesuch, sozialer Tätigkeit (z. B. Gefängnisseelsorge). Die Straßenpredigt und die daraus erwachsende Erweckungsbewegung waren eine Antwort des Glaubens auf die geistliche Not des auch innerlich entwurzelten frühindustriellen Proletariats in England. An theologischen Fragen war Wesley nur soweit interessiert, wie sie von Belang für die Praxis waren. Es ging ihm einzig darum, Seelen zu retten. So ist seine Theologie im wesentlichen Soteriologie (Lehre vom Heil: wie kann ich mir das Heil aneignen und bewahren?). In seiner Programmschrift »Der Charakter eines Methodisten« schreibt Wesley eingangs: »Wir glauben zwar, daß die ganze Heilige Schrift von Gott eingegeben ist, ... daß das geschriebene Wort Gottes die einzige und hinlängliche Richtschnur des christlichen Glaubens und Lebens ist, und ... daß Christus ewiger und wahrhafter Gott ist... Aber hinsichtlich aller Meinungen, die den Grund des Christentums nicht berühren, halten wir es mit der Regel: Denken und Denken lassen.« Dieser Grundsatz gibt dem Methodismus bis heute seine ökumenische Weite und Offenheit. – Mit den Reformatoren teilt Wesley das sola scriptura: er nannte sich einen Homo unius libri, den Mann eines Buches. Auf dem Boden des reformatorischen sola gratia und sola fide steht Wesley seit dem 24. Mai 1738: seit jenem Tage vertraute er nicht mehr auf seine eigene Gerechtigkeit, sondern auf die Gerechtigkeit Christi. Am 29. 4. 1739 predigte er erstmals über »Free grace« (freie Gnade). Er wurde nicht müde, zu betonen, daß Gottes Heilsangebot in Christus *allen* Menschen gilt (1 Tim. 2,4: Universalismus des Heils). Die calvinistische Lehre einer doppelten Prädestination (Vorherbestimmung der einen zum ewigen Leben und der anderen zur ewigen Verdammnis) lehnt Wesley als mit der Liebe Gottes unvereinbar ab: Nie und nimmer dürfen wir Gott dafür verantwortlich machen, wenn ein Mensch verloren geht. Es paßt zu Wesley als einem Mann der Praxis, daß Christentum für ihn Erfahrungsreligion (»experimental religion«) ist. So wie er selber 1738 seine Heilserfahrung gemacht hatte, lehrt er auch, daß Gottes Geist jedem Gewißheit der Gotteskindschaft schenken will (Römer 8,16). Darüber hinaus sieht er es als seine Aufgabe an, »Heiligung über die Lande zu verbreiten«, denn Gottes Gnade ist für ihn nicht nur rechtfertigende, sondern auch heiligende Gnade: die Rechtfertigung zielt auf Heiligung ab. – So zeichnet sich die EmK nicht eigentlich durch Sonderlehren aus, wohl aber durch theologisch-geistliche Akzentsetzungen.

Struktur

Die EmK ist die einzige der klassischen Freikirchen, die die Säuglingstaufe voll bejaht als Ausdruck für die *Heilsgabe* Gottes, die allem menschlichen Heilsbemühen voraus ist. Daneben ist aber seit einigen Jahren Kindersegnung möglich. Die *Heilsannahme* soll deutlich werden in der Aufnahme in die Kirchengliedschaft. Die Gliederaufnahme ist die methodistische Konfirmation: die nachträgliche persönliche Bejahung des Taufbundes durch den, der als Säugling dem dreieinigen Gott in der Taufe übergeben wurde. Die Taufe rettet nicht ohne den lebendigen Glauben (Markus 16,16). Die Heilsgabe nützt mir nur, wenn ich sie auch annehme. Der Entscheidungscharakter wird dadurch betont, daß jeder selber darüber befinden kann, ob und, wenn ja, wann er sich aufnehmen läßt. Die entscheidende Frage, die der Bewerber u.a. vor der versammelten Gemeinde beantworten muß, lautet: »Bekennst du Jesus als deinen Herrn und Heiland und willst du ihm gehorsam leben?« Außerdem verspricht er bei seiner Aufnahme, regelmäßig mit der Gemeinde zusammenzukommen sowie sich am Dienst der Gemeinde durch Fürbitte, Mitarbeit und regelmäßige Gaben zu beteiligen. – Am Herrnmahl kann jeder teilnehmen, der heilsverlangend ist. Das Mahl des Herrn vermittelt jedoch nach methodistischer Anschauung nicht Sündenvergebung, wohl aber will es uns Vergebungs-Gewißheit schenken. – In der Regel bilden mehrere Gemeinden einen Bezirk. Der Pastor ist Vorsitzender des Gemeindevorstandes, der nach Bedarf zusammentritt. Zweimal jährlich tagt die Bezirkskonferenz unter Vorsitz des Superintendenten. Die Jährliche Konferenz vereinigt alle Pastoren und von jedem Bezirk einen Laien. Die Jahreskonferenz wird vom Bischof geleitet. Alle vier Jahre wird die Zentralkonferenz abgehalten, zu der alle drei Jährlichen Konferenzen (Nordwest, Südwest und Süd) Delegierte entsenden. Die Zentralkonferenz wählt auch den Bischof. Die EmK in Baden-Württemberg hat heute fast 19000 Kirchenglieder sowie über 10000 (getaufte) Kirchenangehörige auf 99 Bezirken mit 355 Kirchen, Kapellen und Gemeindehäusern. Die Süddeutsche Jährliche Konferenz hat ein eigenes Sozialwerk: es unterhält Altenheime in Wüstenrot, Honau und Nagold sowie das Sanatorium Hohenfreudenstadt und das Kurhaus Teuchelwald in Freudenstadt. Krankenhäuser der EmK befinden sich in Stuttgart, Ulm und Heidelberg.

2. Der Bund Evangelisch-Freikirchlicher Gemeinden (Baptisten)

Geschichte

Die größte Freikirche in der Bundesrepublik sind die Evangelisch-Freikirchlichen Gemeinden mit etwa 70000 Mitgliedern. Sie sind in Baden-Württemberg mit fast 9000 Mitgliedern in 40 Gemeinden vertreten. Schon im 16. Jahrhundert soll es in Württemberg an 333 Orten »Taufgesinnte« gegeben haben. Sie waren überzeugt, daß »nur glaubende und bekennende Christen getauft werden und wahre Christengemeinden gründen konnten« (aus dem vom Bund herausgegebenen Informationsheft »Die Evangelisch-Freikirchlichen Gemeinden« S. 2). Sie wurden grausam verfolgt, man rechnet mit etwa 4000 Märtyrern. Im 17. Jahrhundert entstanden Täufergemeinden in England und Nordamerika. Die erste deutsche »Gemeinde gläubig getaufter Christen« wurde am 23. April 1834 in Hamburg durch den Kaufmann Johann Gerhard Oncken (1800–1884) gegründet. Er ließ sich mit einigen Gleichgesinnten in der Elbe taufen. Schon 1838 entstand durch ihn eine Baptistengemeinde in Stuttgart, die aber eine Sonderentwicklung nahm, so daß man 1863 eine neue Gemeinde gründete. Die älteste Gemeinde ist daher heute Heilbronn (1847/48); es folgen Möckmühl und Kirchheim/Teck 1863, Freiburg-Gundelfingen

1877 und Massenbach 1882. Durch Heimatvertriebene aus dem Osten entstanden nach dem Zweiten Weltkrieg neun Gemeinden: Aalen, Biberach, Brackenheim, Friedrichshafen, Hemsbach, Lörrach, Trossingen, Tuttlingen und Waldshut. Außerdem entwickelten sich nach dem Krieg aus zwölf früheren Stationen selbständige Gemeinden in Heidelberg, Karlsruhe, Konstanz, Reutlingen, Sindelfingen, Singen, Schwenningen, Stuttgart-Zuffenhausen, Ulm, Weinstadt (Endersbach), Gernsbach, Freiburg.

Unter dem Druck des NS-Staates erfolgte 1941 der Zusammenschluß zwischen dem »Bund der Baptistengemeinden« und dem »Bund freikirchlicher Christen« zum »Bund Evangelisch-Freikirchlicher Gemeinden«.

Lehre

»Der persönliche Glaube und eine klare Entscheidung für Christus müssen der Taufe vorausgehen. Eine Taufe und Mitgliedschaft in der Gemeinde ohne persönlichen Glauben kennt das Neue Testament nicht. Taufe ist beides: Auslieferung an Christus und Annahme durch ihn. Die Taufe ist auch Eingang in die Gemeinde Jesu. Durch die Taufe wird sichtbare Gemeinde gesammelt. Aufgrund von Matthäus 19,14 stellen wir unsere Kinder bald nach ihrer Geburt in einer schlichten Feier durch Gebet und Handauflegung unter den besonderen Segen und Schutz Gottes. Auch für die unmündigen Kinder ist Jesus Christus am Kreuz gestorben. – Das Abendmahl wird als Gedächtnismahl gefeiert und ebenso wie die Taufe auf Grund der neutestamentlichen Lehre nicht als Sakrament angesehen, d. h. nicht als eine Handlung, durch deren Vollzug Vergebung der Sünden und göttliches Heil gespendet werden. Zu der Abendmahlsfeier wird vielmehr eingeladen, wer der Vergebung seiner Schuld durch Jesus Christus gewiß ist . . . – Die Ortsgemeinde ist selbständig und regelt ihre Angelegenheiten selbst« (Zitate aus o. a. Informationsheft).

3. Die Evangelisch-Lutherische Kirche in Baden

Durch den Reichsdeputationshauptschluß von 1803 war die reformierte Pfalz mit Heidelberg zu Baden gekommen. 1821 wurde die Bekenntnisunion zwischen 261 000 Lutheranern und den 67 000 Reformierten des Großherzogtums eingeführt; 1834 folgte auch eine unierte Gottesdienstordnung. Vorkämpfer einer lutherischen Kirche in Baden war Pfarrer Carl Eichhorn (1810–1890). Bestärkt von dem bekannten Neuendettelsauer Pfarrer Wilhelm Löhe (1808–1872), hielt Eichhorn am 3. 11. 1850 in Nußloch bei Heidelberg seine letzte Predigt als Pfarrer der Badischen unierten Landeskirche, am 11. 1. 1851 wurde er entlassen. Eichhorn wird eingeladen, in Lahr und Freiburg zu sprechen und auch in Ihringen am

Kaiserstuhl. Dort predigt er am 23. 3. 1851 vor 15 Familien; damit ist »die erste Gemeinde lutherischen Bekenntnisses in Baden als vom Staat unabhängige evangelisch-lutherische Freikirche entstanden« (H. v. Keußler). In der Folgezeit wird Eichhorn mehrfach inhaftiert, polizeilich überwacht, am Reisen gehindert und zeitweise in seinen Geburtsort Kembach an der bayrischen Grenze verbannt. Alle Petitionen und Eingaben werden schroff abgelehnt. Endlich, am 29. 12. 1855, erhalten die Lutheraner in Ispringen bei Pforzheim eine staatliche Konzession zur Abhaltung von Gottesdiensten. Am 21. 11. 1856 wird auch den Pfarrern Eichhorn und Wilhelm Ludwig mit ihren Gemeinden Söllingen (bei Durlach), Bretten, Durlach und Ihringen obrigkeitliche Duldung garantiert.

Heute umfaßt die »Evangelisch-Lutherische Kirche in Baden« 4752 getaufte Mitglieder in den Gemeinden Baden-Baden (dort zugleich Sitz der Superintendentur), Freiburg/Br., Ispringen, Karlsruhe, Lörrach, Pforzheim und Steinen (Kreis Lörrach). Die Gemeinden haben Finanzhoheit und bezahlen ihre Pfarrer selber. Die Evangelisch-Lutherische Kirche in Baden ist Mitgliedskirche des Lutherischen Weltbundes.

4. Christlicher Gemeinschaftsverband GmbH Mülheim an der Ruhr (CGV)

Geschichte

Der CGV ist entstanden aus der Pfingstbewegung zu Anfang unseres Jahrhunderts, als ein Sehnen nach Geistestaufe, die zugunsten der Wassertaufe oft vernachlässigt worden war, aufbrach. Aufgrund von bisweilen turbulenten Begleiterscheinungen, besonders 1907 in Kassel, stieß die Bewegung besonders in Kreisen des Gnadauer Gemeinschaftsverbandes auf Ablehnung. So unterschrieben am 15. 9. 1909 54 Vertreter der Evangelischen Allianz die Berliner Erklärung, mit der sie sich von der Pfingstbewegung distanzierten. Zwei Wochen später verfaßte die Dritte Mülheimer Konferenz eine Gegenerklärung. Als schließlich deutlich war, daß eine Einigung in absehbarer Zeit nicht möglich sein würde, bildete sich 1913 als organisatorisches Dach der Pfingstgemeinden der »Christliche Gemeinschaftsverband GmbH Mülheim an der Ruhr«.

Lehre

Der Verband steht auf dem Boden des reformatorischen »allein aus Gnaden« und »allein durch den Glauben«. Daß auch das sola scriptura gilt, unterstreicht Dr. Wolfgang Meissner, der geistliche Leiter des Verbandes: »Eine dem Wort Gottes gleichzustellende Offenbarung gibt es nicht« (*Motel*, S. 254). Aber unbeschadet dessen hat der Dritte Glaubensartikel, gemeinhin das Stiefkind der Kirchengeschichte, für den CGV ein besonderes Gewicht: Durchbrüche des Heiligen Geistes in einem Menschen »sind nicht selten vom Phänomen des Betens in anderen Zungen begleitet, aber sie müssen es nicht sein. Sie sind keine höhere Heilsstufe, sondern eine gottgewollte Entfaltung des geistlichen Lebens« (*Motel*, S. 254).

Wie der CGV sich dem reformatorischen Erbe verpflichtet weiß, wahrt er auch das Erbe des Pietismus und dringt auf persönliche Glaubensentscheidung für Jesus, Glaubensgehorsam im Alltag und Mitarbeit in der Gemeinde gemäß den empfangenen Gnadengaben. Während – um das andere Extrem zu nennen – die Gottesdienstordnung der Selbständigen Evangelisch-Lutherischen Kirche (s. d.) streng liturgisch geprägt ist, liebt der CGV wie alle Pfingstgemeinden einen familiären Gottesdienststil, der auch Raum für spontane Zeugnisse aus der Gemeinde läßt.

Der CGV hat in Baden-Württemberg ca. 4000 Mitglieder in 68 Hauptgemeinden und Nebenstationen in den Regionen Karlsruhe, Pforzheim, Stuttgart, Freudenstadt und Schwenningen; im Bundesgebiet insgesamt ungefähr 11 000 Mitglieder.

5. Die Heilsarmee

Geschichte

Die Heilsarmee ist aus der am 2. 7. 1865 begonnenen Zeltmission des früheren Methodistenpredigers William Booth (1829–1912) in den Armenvierteln des Londoner Ostens entstanden. Als sich die Arbeit ausweitete, wurde 1870 die »Ost-Londoner Christliche Mission« in »Christliche Mission« umbenannt, aus der dann 1878 »Die Heilsarmee« (The Salvation Army) hervorging. Von England breitete sich die Heilsarmee aus nach den USA 1880, nach Australien und Frankreich 1881, nach Kanada, Schweden, der Schweiz und Indien 1882. In Deutschland begannen die Salutisten 1886 in Stuttgart.

Lehre

Elf Glaubenssätze wurden von William Booth und George Scott Railton vor einem Londoner Notar unterzeichnet und am 13. 8. 1878 beim Obersten Gericht in London als die immergültigen Lehren der Heilsarmee festgelegt: Als von Gott inspiriert ist die Bibel alleinige Richtschnur des christlichen Glaubens und Lebens. Gott ist dreieinig. Jesus Christus gilt als wahrer Mensch und wahrer Gott. Alle Menschen sind Sünder und darum mit Recht dem Zorn Gottes ausgesetzt. Jesus hat durch sein Leiden und Sterben eine Versöhnung für die ganze Welt vollbracht, so daß jeder,

der will, gerettet werden kann. Umkehr zu Gott (Buße), Glaube an Jesus Christus und Wiedergeburt durch den Heiligen Geist sind zu unserer Errettung notwendig. Aus Gnaden sind wir durch den Glauben an den Herrn Jesus Christus gerechtfertigt. Schließlich bekennen sich diese Glaubensartikel auch zur Unsterblichkeit der Seele, zur Auferstehung des Leibes und zum Jüngsten Gericht. Nach Anschauung der Heilsarmee sind Taufe und Abendmahl jedoch zur Erlangung des Heils nicht wesentlich. Anstelle der Wassertaufe praktiziert die Heilsarmee die Kinderweihe.

Arbeit und Struktur

«Da man einem hungrigen Magen und kalten Füßen nicht predigen kann», leistet die Heilsarmee soziale Arbeit in 33 Sozialeinrichtungen in Deutschland, Nichtseßhaftenhilfe, Hilfe für Alkoholiker, Gefangenen- und Strafentlassenenbetreuung, Betreuung Drogenabhängiger sowie sozial schwacher Familien und Einzelpersonen, Altenhilfe u. a. m.
Das Internationale Hauptquartier befindet sich in London. An seiner Spitze steht ein General, der vom Hohen Rat (High Council), dem Kollegium aller Landesleiter in der Welt, gewählt wird. In Deutschland hat die Heilsarmee ungefähr 10 000 Mitglieder. Ihre Arbeit bei uns ist in vier Divisionen gegliedert, die ihren Sitz in Hamburg, Köln, Stuttgart und West-Berlin haben. Das Nationale Hauptquartier mit dem Kommandeur an der Spitze befindet sich in Köln. In der Bundesrepublik und West-Berlin gibt es 48 Korps (soviel wie Gemeinden). Das Korps wird geleitet von einem hauptamtlichen Offizier. Er wird unterstützt von ehrenamtlichen Lokaloffizieren. »Die Aufnahme als Mitglied in die Heilsarmee geschieht nach einer Probezeit (Rekrutenzeit) durch die Einreihung. Mitglied kann werden, wer durch den Glauben an den Erlöser Jesus Christus eine Bekehrung erlebt hat und eine solche durch einen christlichen Wandel beweist« (§ 4 der Verfassung). Alle Salutisten verpflichten sich, auf Alkohol und Tabak zu verzichten.
In Baden-Württemberg hat die Heilsarmee etwa 3000 Mitglieder in folgenden Korps: Albstadt Ebingen, Freiburg/Br., Freudenstadt, Göppingen, Heidelberg, Lörrach, Mannheim, Pforzheim, Reutlingen, Stuttgart und Ulm; sogenannte Vorposten unterhält sie in Esslingen, Heidenheim/Br., Heilbronn, Pfullingen und Tübingen.

6. *Europäisch-Festländische Brüder-Unität. Herrnhuter Brüdergemeine*

1457 entstand – vor der eigentlichen Reformation – die Böhmisch-mährische Brüderunität, deren geistlicher Vater der tschechische Märtyrer Jan Hus († 1415) ist. Durch den Dreißigjährigen Krieg und gewaltsame Rekatholisierung hört diese erste evangelische Kirche 1628 in ihrem

Ursprungsland auf zu bestehen. Seit 1722 nimmt der fromme Reichsgraf Nikolaus Ludwig von Zinzendorf (1700–1760) mährische Flüchtlinge bei sich auf: Herrnhut/Oberlausitz wird gegründet. Am 13. 8. 1727 kommt es zur Erneuerung der alten Brüder-Unität (Unitas Fratrum), fortan bekannt als Herrnhuter Brüdergemeine. Schon 1732 ziehen die ersten Laienbrüder als Heidenmissionare hinaus.

In Baden-Württemberg hat die Brüder-Unität etwa 1500 Mitglieder (über 9000 im Bundesgebiet), es gibt zwei Gemeinden: in Königsfeld und Bad Boll. 1806 wurde im südlichen Schwarzwald zwischen Schramberg und St. Georgen Königsfeld gegründet, heute bekannt als Kurort und wegen seiner evangelischen Schulen (z. B. Zinzendorf-Gymnasium). Nach dem Tode des jüngeren Pfarrers Blumhardt (1842–1919) überließen dessen Erben am 14. 8. 1920 das Kurhaus von Bad Boll der Herrnhuter Brüdergemeine. – Obgleich die Brüder-Unität klein geblieben ist (sie hat weltweit nur etwa eine halbe Million Kirchenglieder), hat sie über die eigenen Grenzen hinaus geistlich befruchtend gewirkt: z. B. als Bahnbrecher evangelischer Heidenmission (neben der Dänisch-Hallischen Mission). Seit 1731 gibt sie alljährlich die »Losungen« heraus, das wohl verbreitetste evangelische Andachtsbuch. Herrnhuter waren es, die John Wesley, dem Vater des Methodismus, den Glauben an den Sünderheiland nahebrachten. Die lateinische Umschrift ihres Kirchensiegels lautet übersetzt: »Unser Lamm hat gesiegt: laßt uns ihm folgen!« Von dieser geistlichen Mitte her suchte schon Zinzendorf die Brüder in allen Konfessionen. Charakteristisch für die Herrnhuter sind die ganz in Weiß gehaltenen Kirchsäle mit weißen Bänken; sie kennen nur weiße Särge und einheitliche schlichte Grabplatten. Neben dem Abendmahl, bei dem Brot und Wein durch die Reihen gereicht werden, feiern sie das urchristliche Liebesmahl (die Agape) mit Tee und Brötchen und die Singstunde am Samstagabend. Am Ostermorgen aber ziehen sie zur Feier der Auferstehung Jesu hinaus auf den Gottesacker.

7. Die Mennoniten

Geschichte

Die Mennoniten sind die älteste evangelische Freikirche im deutschen Sprachgebiet. Sie entstammen der Täuferbewegung, die um 1525 in Zürich entstand. Die ersten Täufer, Konrad Grebel († 1526), Felix Mantz († 1527) und Georg Blaurock, waren Schüler des Schweizer Reformators Ulrich Zwingli (1484–1531). Sie forderten schon damals eine vom Staat unabhängige Christusgemeinde, die sich nur aus wirklich überzeugten Christen zusammensetzen sollte. Darum lehnten sie die Säuglingstaufe ab. Als sie im Januar 1525 die ersten »Wiedertaufen« vornahmen, begann für die »Taufgesinnten« die Verfolgung, die manches Mal im Martyrium endete. Als erster wird Felix Mantz am 5. 1. 1527 in der Limmat ertränkt.

Michael Sattler, ehemals Benediktinerprior in St. Peter bei Freiburg, der Verfasser der Sieben Artikel von Schleitheim, des ersten täuferischen Bekenntnisses, wird in Horb/Neckar verhaftet und im Mai 1527 in Rottenburg als Ketzer getötet. Ihren heutigen Namen bekamen die Mennoniten von Menno Simons (1496—1561), einem katholischen Priester im niederländischen Friesland, der sich 1536 den Täufern anschloß. Er wurde ihr wichtigster Führer in Nordwestdeutschland.

In der Bundesrepublik Deutschland gibt es etwa 9000 Mennoniten, in Baden-Württemberg knapp 1400 in zwölf Gemeinden: die Flüchtlingsgemeinde Backnang seit 1951 mit 270, Freiburg/Br. mit 45, Heidelberg seit 1921 (42), Heidenheim/Br. seit 1970, Heilbronn seit 1890 (180), Karlsruhe-Thomashof (240), Möckmühl seit 1914 (53), Reutlingen seit 1948 (45), Sinsheim seit 1912 (134), Stuttgart seit 1933 (159), Überlingen seit etwa 1840 (77), Wössingen seit etwa 1700 und Bretten seit 1900 mit zusammen 76 Mitgliedern.

Lehre

Neben der Glaubenstaufe sind Ablehnung des Eides (gemäß Matthäus 5,34—37 und Jakobus 5,12) und Kriegsdienstverweigerung von jeher mennonitisches Charakteristikum. Das Abendmahl wird als Erinnerungs- und Gemeinschaftsmahl gefeiert. Jede Gemeinde ist selbständig (wie die Freien evangelischen Gemeinden und die Evangelisch-Freikirchlichen Gemeinden auch). Ein gemeinsames, verbindliches Bekenntnis gibt es nicht.

8. Die Selbständige Evangelisch-Lutherische Kirche (SELK)

Ihre Entstehung hat zwei Ursachen: die eine war die Einführung der Union zwischen Lutheranern und Reformierten in Preußen durch das calvinistische Königshaus. Diejenigen, die diesen Schritt aus Gewissensgründen nicht mitvollziehen konnten, wurden Altlutheraner genannt. Der andere Entstehungsgrund ist der Protest gegen den Rationalismus, der den Glauben zu bloßer Moral verkümmern ließ, und gegen den Liberalismus, der das Christentum in frommes Empfinden auflöste. Neben der Heiligen Schrift ist für die SELK das Bekenntnis von normativer Bedeutung: die altkirchlichen Symbole (Apostolikum, Nicaenum, Athanasianum), das Augsburger Bekenntnis von 1530, Luthers Großer und Kleiner Katechismus wie auch das Konkordienbuch von 1580. Was Schrift und Bekenntnis für die Lehre, sind Wort und Sakrament für Leben und Gottesdienst. »Liturgie ist gebeteter Glaube und gebetete Lehre.« Zu jedem Hauptgottesdienst gehört die Abendmahlsfeier. Im Altarsakrament sind Leib und Blut Christi real gegenwärtig in Brot und Wein. Abendmahlsgenuß vermittelt Sündenvergebung. Durch die Taufe wird das Kind wiedergeboren zu einem Kind Gottes. Der Täufling wird wieder in den Stand der Unschuld versetzt. Ausbildungsstätte des Pfarrernachwuchses ist die »Lutherische Theologische Hochschule« in Oberursel bei Frankfurt/Main.

Die SELK umfaßt 120 Gemeinden mit rund 42 000 Kirchengliedern. In Baden-Württemberg hat sie ca. 1200 Mitglieder in den Gemeinden Heidelberg (1851), Mannheim (1904), Crailsheim, Stuttgart und Remchingen-Sperlingshof (1862). Auf dem Sperlingshof befindet sich auch die Superintendentur; Bischofssitz ist Hannover.

9. Der Bund Freier evangelischer Gemeinden

Nachdem der Kaufmann Hermann Heinrich Grafe (1818–1869) 1841/42 die Freie evangelische Gemeinde in Lyon kennengelernt hatte, trat er 1854 mit fünf Freunden aus der reformierten Kirchengemeinde aus und gründete die Freie evangelische Gemeinde Elberfeld-Barmen. Am 30. 9./1. 10. 1874 schlossen sich 22 Gemeinden zum »Bund Freier evangelischer Gemeinden« zusammen. Heute hat der Bund über 23 000 Mitglieder. In Baden-Württemberg ist das Werk noch jung und dementsprechend klein. Die älteste Gemeinde befindet sich in Linkenheim-Hochstetten, gegründet 1894, zum Bund gekommen 1927, mit 117 Mitgliedern, 1933 wurde die Gemeinde Stuttgart gegründet (134), 1957 Singen/Htw. (110), 1964 Baden-Baden (39), 1979 Freiburg/Br. (81) und Lörrach (57), Titisee-Neustadt ist Gemeinde seit 6. 1. 1983 mit 20 Mitgliedern, insgesamt knapp 600.

In der Mustersatzung für eine Freie evangelische Ortsgemeinde heißt es: »Verbindliche Grundlage für Glauben und Leben der Gemeinde ist die Bibel als das geoffenbarte Wort Gottes. – Mitglied kann werden, wer bekennt, daß Jesus Christus sein persönlicher Retter und Herr geworden ist und daß er Vergebung der Sünden empfangen hat. – Die Mitglieder der Gemeinde sind füreinander verantwortlich. Nach dem Neuen Testament wird versucht, Mitgliedern zurechtzuhelfen, deren Verhalten den biblischen Weisungen widerspricht. Gelingt das nicht, muß der Ausschluß aus der Gemeinde erfolgen. Die Mitgliedschaft erlischt, . . . wenn das Mitglied trotz der wiederholten Ermahnung seit längerer Zeit nicht mehr am Gemeindeleben teilnimmt. – Die Gemeinde übt die Taufe der Glaubenden; diese ist jedoch nicht Bedingung für die Aufnahme in die Gemeinde.« (An diesem Punkt unterscheiden sich die Freien evangelischen Gemeinden von den Baptisten.)

Literaturhinweise

Freikirchen

Motel, Hans-Beat (Hg.): Glieder an einem Leib. Freikirchen in Selbstdarstellungen, Konstanz 1975

Faltblatt der Vereinigung Evangelischer Freikirchen (VEF)

Faltblatt der Arbeitsgemeinschaft christlicher Kirchen in Baden-Württemberg (ACK)

Evangelisch-methodistische Kirche

Steckel, Karl (Hg.): Geschichte der Evangelisch-methodistischen Kirche, Stuttgart 1982

Baptisten

Lorenz, Friedhelm: Erbaut auf einem Grunde. Eine Kurzfassung der Geschichte der Evangelisch-Freikirchlichen Gemeinden in Baden-Württemberg, Stuttgart 1979

Evangelisch-Lutherische Kirche in Baden

Keußler, H. v.: Urkundlicher Bericht über die Entstehung der evangelisch-lutherischen Gemeinden im Großherzogtum Baden (1851–1856) Freiburg 1905[2]

Christlicher Gemeinschaftsverband GmbH Mülheim an der Ruhr

Krust, Christian: 50 Jahre Deutsche Pfingstbewegung Mülheimer Richtung, Altdorf bei Nürnberg 1958

Ders.: Was wir glauben, lehren und bekennen, Altdorf bei Nürnberg 1980[2]

Die Heilsarmee

Informationsmappe (anzufordern beim Divisionshauptquartier Süd, Rotebühlstr. 117, 7000 Stuttgart 1)

Europäisch-Festländische Brüder-Unität. Herrnhuter Brüdergemeine

Die Herrnhuter Brüdergemeine. Evangelische Brüder-Unität. Eine kurze Information, Herausgegeben 1981 von der Direktion der Brüder-Unität, Bad Boll

Königsfeld und seine Geschichte, Herausgegeben von der Brüdergemeine Königsfeld, 1977[4]

Die Mennoniten

Goertz, Hans-Jürgen, (Hg.): Die Mennoniten. Stuttgart 1971 (Reihe: Die Kirchen in der Welt, Band VIII)

Mennonitisches Jahrbuch 1983. Herausgegeben von der Konferenz Süddeutscher Mennonitengemeinden e. V.

Die Selbständige Evangelisch-Lutherische Kirche (SELK)

Eine gleichnamige ausführliche Informationsschrift von 1978

Bund Freier evangelischer Gemeinden

Erdlenbruch, Ernst Wilhelm, und *Ritter,* Heinz-Adolf: Freie evangelische Gemeinden, Witten o. J. (Wittener Hefte, Nr. 141)

6. Kapitel

Sigisbert Kraft/Hans Mayr*

Die Alt-Katholische und die Orthodoxe Kirche in Baden-Württemberg

1. Die Alt-Katholische Kirche in Baden-Württemberg

Das erste Vatikanische Konzil beschloß, die Lehre von der Unfehlbarkeit des Papstes »aus sich selbst, ohne die Zustimmung der Kirche« in Glaubens- und Sittenlehren und seine oberste, alleinige Rechtssprechungsgewalt (Jurisdiktionsprimat) zu heilsverbindlichen Glaubenssätzen zu erklären.

Eine größere Gruppe von Konzilsvätern – darunter der Rottenburger Bischof Karl Joseph Hefele – versuchte vergeblich, die Dogmatisierung zu verhindern.

Katholiken, die diese neuen Lehren unter Berufung auf die alte Kirche und ihr Glaubensverständnis nicht anzunehmen vermochten, schlossen sich bald in »Alt-Katholikenvereinen« zusammen. Als sie wegen ihres Protestes von Rom exkommuniziert wurden, sahen sie sich gezwungen, eigene Gemeinden und Bistümer zu bilden, um für sich und ihre Kinder die Gemeinschaft unter Wort und Sakrament zu bewahren. Sie machten bald aus der Not eine Tugend und versuchten, das kirchliche Leben auf vielen Gebieten entsprechend den Grundsätzen der alten, ungeteilten Kirche zu erneuern. So führten sie die bischöflich-synodale Verfassung der alten Kirche wieder ein. Das bedeutet: An der Spitze des Bistums steht der Bischof und die durch Abgeordnete der Gemeinden gebildete Synode. Diese wählt auch den Bischof. In den Gemeinden haben alle volljährigen Mitglieder synodales Mitentscheidungsrecht.

Auch der Gottesdienst wurde erneuert. Die Muttersprache trat an die Stelle des Lateinischen, die biblischen Lesungen wurden vermehrt, der Festkalender des Kirchenjahres vom Blick auf das Christusgeheimnis geprägt. Der Gottesdienst sollte nicht nur Sache des Pfarrers bleiben, sondern unter Mitwirkung der ganzen Gemeinde gefeiert werden.

Für kirchliche Amtshandlungen wurden keine Abgaben mehr gefordert (Stipendien), die Einzelbeichte und das Fasten nicht mehr unter den Zwang eines Gebotes, sondern in die freie Gewissensentscheidung des Christen gestellt. Die in einer anderen Kirche eingesegnete Ehe zwischen

---

* Der Beitrag 6.1. stammt von Sigisbert Kraft, der Beitrag 6.2. von Hans Mayr

Christen verschiedener Bekenntnisse wurde ohne Einschränkung anerkannt. Den Priestern sollte die Eheschließung freigestellt werden.
Mündigkeit und Gewissensfreiheit, aber auch die Verantwortung der einzelnen Gemeindemitglieder bestimmten so das Leben der Kirche.
Solche Reformen wurden bereits in der Zeit der Aufklärung von vielen Katholiken gefordert, in Südwestdeutschland vor allem von dem Konstanzer Bistumsverweser I. H. von Wessenberg. Rom wies diese Bestrebungen zurück. Das zwölfhundertjährige Bistum Konstanz wurde aufgehoben. Die Reformideen lebten weiter. Es ist daher verständlich, daß sich besonders viele Katholiken aus diesem Bereich der alt-katholischen Bewegung anschlossen. So entstanden vor allem in Baden (und in der Nordschweiz) zahlreiche alt-katholische Gemeinden in Stadt und Land.
In Württemberg kam es zunächst nur in Stuttgart zur Gemeindebildung. Erst nach dem zweiten Weltkrieg fanden hier zahlreiche Heimatvertriebene aus dem alt-katholischen Bistum Warnsdorf im Sudetenland eine neue Heimat. So wuchs im weiten Umkreis von Stuttgart ein großes alt-katholisches Diasporagebiet mit Schwerpunkten in Aalen, Schwäbisch Gmünd, Böblingn und Esslingen.
Heute wird in über 60 Orten in Baden-Württemberg alt-katholischer Gottesdienst gefeiert. Eine Reihe von alt-katholischen Pfarrkirchen ist auch kunsthistorisch bedeutsam (u. a. Mannheim, Ladenburg, Karlsruhe, Baden-Baden, Offenburg, Freiburg, Bad Säckingen, Dettighofen).
In der Diaspora stellen die evangelische und römisch-katholische Kirche geeignete Kirchen und Säle zur Verfügung.
Die alt-katholische Kirche wurde nie zur Großkirche. So sind ihre Gemeinden zahlenmäßig überschaubar und weniger von Anonymität bedroht. In vielen Fällen erschweren aber weite Wege die Gemeindearbeit.
Seit 1873 hat der »Katholische Bischof für die Alt-Katholiken« (so der offizielle Titel) seinen Sitz in Bonn. Die Pfarreien in Baden-Württemberg sind in zwei Dekanaten (Südbaden und Nordbaden-Württemberg) zusammengefaßt. Für die finanziellen und rechtlichen Belange sorgt eine Landessynode, die von den Gemeinden anteilmäßig beschickt wird.
Schon in dem Basisdokument der Alt-Katholiken auf der ganzen Welt, der »Utrechter Erklärung« von 1889, wird der Dienst an der christlichen Einheit den Gemeinden zur Pflicht gemacht.
So war es für die alt-katholischen Gemeinden und ihre Pfarrer selbstverständlich, die ökumenische Arbeit in Baden-Württemberg von Anfang an mitzutragen. Dies kommt auch in einer in unserem Bundesland bisher einmaligen amtlichen Entscheidung zum Ausdruck: Die Stadt Karlsruhe hat den Bereich um die alt-katholische Christi-Auferstehungs-Kirche »Ökumeneplatz« genannt.

Literaturhinweise

Alt-Katholisches Jahrbuch. Freiburg–Bonn (jährlich)
Alt-Katholische Kirchenzeitung. Bonn (monatlich)
Internationale Kirchliche Zeitschrift. Bern (vierteljährlich)
Kraft, Sigisbert: Kirche – Papsttum – Petrusdienst. Karlsruhe 1972
Krahl, Wolfgang: Ökumenischer Katholizismus. Bonn 1970
Küry, Urs: Die Alt-Katholische Kirche – ihre Geschichte, ihre Lehre, ihr Anliegen.
  Stuttgart 1978
Stalder, Kurt: Die Wirklichkeit Jesu Christi erfahren. Ekklesiologische Untersuchungen und ihre Bedeutung für die Existenz von Kirche heute. Einsiedeln–Köln 1984

2. Die Orthodoxe Kirche

Die Orthodoxe Kirche ist mit 24 Kirchen und etwa 150 Millionen Gläubigen die zweitgrößte christliche Kirche der Welt. Etwa eine halbe Million Orthodoxe leben in der Bundesrepublik.

Nach den Russischen »Hofgemeinden« des 19. Jahrhunderts und den Orthodoxen aus der Emigration vor und nach dem Zweiten Weltkrieg haben die Gastarbeiter einen Zustrom von Orthodoxen ins Land gebracht. Die Griechische Metropolie in Bonn widmet sich mit ca. 50 Geistlichen der Betreuung der griechischen Gastarbeiter, auch die Serbische Orthodoxe Kirche macht vergleichbare Anstrengungen. Auch die altorientalischen Minderheitskirchen (Armenier, Kopten, Syrer) bilden Gemeinden.

Die bei uns wohnenden orthodoxen Christen wünschen sich, mehr als bisher als Brüder und Schwestern im Glauben erkannt und anerkannt zu werden. Die orthodoxen Kirchen haben einen Schatz reicher geistlicher Erfahrung, Christen des Westens gewinnen mehr und mehr Verständnis und Sympathie für östliche Glaubens- und Lebensformen, vor allem durch die gemeinsame Mitgliedschaft der meisten orthodoxen Kirchen im Ökumenischen Rat der Kirchen seit 1961.

Dem Mönchtum kam in der orthodoxen Kirche seit seiner Entstehung im Osten große Bedeutung zu; durch missionarische Ausbreitung des Glaubens von Byzanz zum Balkan, nach Rußland und bis nach Alaska und Japan formierte sich die Orthodoxie nach Nationen. Immer wieder mußten diese Kirchen um ihre Selbsterhaltung kämpfen; das Grundverständnis zur Ordnungsmacht des Staates ist das der »Symphonie«.

Die Bedeutung des Wortes »orthodox« weist auf »rechte Lehre« (der Kirche) und »rechtes Preisen Gottes« (durch die gottesdienstlich versammelte Gemeinde).

Die »Heilige Liturgie« mit der Feier der Eucharistie vergegenwärtigt das Heil und die Gnade Gottes im Lobpreis und im Mahl der Gemeinde. Sie wird meist in der auf Johannes Chrysostomos († 407) zurückgehenden

Form, vor allem in griechischer und slawischer, neuerdings auch in französischer, englischer und deutscher Sprache gefeiert. In den Hymnen und Gesängen, die dem am 1. September beginnenden Kirchenjahr folgen, preist die Kirche den auferstandenen Herrn, entfaltet ihr Dogma und lädt ein zu Glauben und Gemeinschaft. Neben den sieben Sakramenten gewinnt die Predigt neuerdings mehr Bedeutung, sie hat lehrenden, mahnenden und tröstenden Inhalt.

Literatur- und Medienhinweise

Basdekis, Athanasios: Die Orthodoxe Kirche in Bild, Ton und Text. München–Offenbach 1983
Heiler, Friedrich: Die Ostkirchen. Basel 1971
Kallis, Anastasios: Orthodoxie – was ist das? Mainz ²1981

7. Kapitel

Gerhard Taddey

Die jüdischen Gemeinden in Baden von der Emanzipation bis 1933

Aus der Napoleonischen Flurbereinigung ging das neue Großherzogtum Baden hervor, in dem eine Vielzahl älterer, bis dahin selbständiger Territorien des Heiligen Römischen Reiches Deutscher Nation um den alten Kern der Markgrafschaften vereinigt wurde. Entsprechend den Vorschriften der jeweiligen Landesherren lebten in den verschiedenen Territorien Juden unter Sonderrecht, oder der Aufenthalt war ihnen verboten.

Erste Bestrebungen im Geiste der Aufklärung, die Juden aus ihrer isolierten Stellung herauszuführen, gingen vom Schwager Goethes, dem Amtmann Schlosser in Emmendingen, aus. Er bemühte sich seit 1775 erfolgreich um die Schulbildung der jüdischen Kinder. Im Jahre 1781 verfaßte Christian Wilhelm Dohm sein aufsehenerregendes Buch »Über die bürgerliche Verbesserung der Juden«, und schon wenige Wochen später erließ Kaiser Joseph II. ein Toleranzpatent, das den Juden in vielen Bereichen des täglichen Lebens neue Möglichkeiten eröffnete. Im Februar 1782 beauftragte Markgraf Karl Friedrich seinen Hofrat mit einem Bericht über die Frage, welche dieser österreichischen Maßnahmen auch für die Juden in Baden sinnvoll und nützlich seien und wie man ihre Ernährungsbasis verbessern könne. Durchgreifende Maßnahmen erfolgten jedoch nicht. Man regelte Äußerlichkeiten, Kleinigkeiten, aber auch diese Verbesserungen wurden häufig von christlichen Räten angefochten.

Erst die Vergrößerung Badens, das um 1803 unter 434000 Einwohnern rund 6510 Juden, also etwa 1,5 Prozent der Bevölkerung, zählte, nach 1806 dann etwa 12000, erzwang im Zuge der legislatorischen Harmonisierung des neugeschaffenen Staatsgebildes eine intensive Beschäftigung mit dieser Einwohnergruppe. Bereits 1801 hatte der Hofrat Philipp Holzmann ein umfassendes Reformprogramm auf der Basis der Berichte zahlreicher Verwaltungsstellen vorgelegt. Darin forderte er, daß der Genuß bürgerlicher Rechte von einem Glaubensbekenntnis unabhängig sein müsse – ein zukunftsträchtiger Gedanke.

Die Juden waren sehr ungleichmäßig über das junge Großherzogtum verteilt. Größere Gemeinden fanden sich vor allem in den vormals pfälzischen Landesteilen, in den ritterschaftlichen Gebieten und am Oberrhein. Ihre Mitglieder lebten vorwiegend vom Handel und vom Geldverleih, da sie von den zunftgebundenen Handwerken und vom Ackerbau ausgeschlossen waren. Als Ärzte, Geistliche und Lehrer waren Juden damals erfolgreich tätig.

Die neue Organisation Badens durch die 1807–1809 erlassenen, weitgehend von Johann Nikolaus Friedrich Brauer ausgearbeiteten Konstitutionsedikte, bereiteten auch der Emanzipation der Juden den Boden. Im ersten Edikt vom 14. 5. 1807 wurde – in Ausführung der Gedanken Holzmanns – die Staatsangehörigkeit von der Konfession getrennt. Auch Juden konnten jetzt prinzipiell gleichberechtigte Staatsbürger werden. Die jüdische Glaubensgemeinschaft wurde als »konstitutionsmäßig geduldet« anerkannt. Das war weniger, als es den christlichen Kirchen zugebilligt war, die als »konstitutionsmäßig aufgenommen« betrachtet wurden, aber es bedeutete einen großen Schritt auf dem Wege zur Gleichstellung. Die Rabbiner wurden zu Staatsbeamten erklärt, insofern sie für den Staat wichtige Funktionen ausübten wie etwa die Durchführung und die Beurkundung von Geburten, Ehen und Beisetzungen.

Im sechsten Edikt vom 4. 6. 1808 wurden die Juden zu »erbfreien Staatsbürgern« erklärt. Sie durften jetzt Grundbesitz erwerben, Staatsämter in der Exekutive – nicht in der Legislative – verwalten, und sie hatten Anspruch auf Schutz durch den Staat. Damit war das Verhältnis zum Staat als der übergeordneten Einheit umschrieben. Weitgehende Gleichstellung war damit erreicht. Im engeren Lebensraum, in der Gemeinde, war das allerdings nicht der Fall. Hier blieben die Juden Schutzbürger, hatten kein Wahlrecht bei den Gemeindewahlen und keinen Anteil am Bürgernutzen. Niederlassungsrecht bestand lediglich am Geburtsort. Damit gewannen die Juden ein Recht auf Heimat, während sie früher oft als junge Männer oder Frauen ihre Eltern verlassen mußten, weil sie für bestimmte Orte, auch wenn es ihr Geburtsort war, keine Schutzbriefe erhalten hatten. Die Aufhebung ihrer rechtlichen Minderstellung im Rahmen der Gemeinde wurde davon abhängig gemacht, daß sie durch bessere Bildung »zu gleicher Nahrungsart und Arbeitsfähigkeit mit den christlichen Einwohnern« kommen sollten.

Die neuen Rechte zogen neue Pflichten nach sich. So unterlagen die Juden als Staatsbürger der Militärdienstpflicht und zogen im badischen Kontingent der Grande Armée Napoleons 1812 in die russische Katastrophe.

Mit dem neunten Konstitutionsedikt vom 13. 1. 1809, dem sogenannten Judenedikt, wurde die allgemeine Schulpflicht und die Erlernung eines »bürgerlichen« Berufs vorgeschrieben. Damit wurde der Zugang zu jeder akademischen Ausbildung eröffnet. Die Organisation der israelitischen Religionsgemeinschaft wurde in wesentlichen Zügen der Struktur der christlichen Kirchen angeglichen. Sie wurde entsprechend der politischen Aufteilung des Landes in drei Provinzsynagogen – Ober-, Mittel-, Niederrhein – gegliedert, die von einem Landrabbiner und zwei Landältesten geleitet wurden. Darunter standen die Ortssynagogen, die im wesentlichen den späteren Bezirkssynagogen entsprachen. Als geistliche Oberbehörde entstand der Oberrat der badischen Israeliten, dessen neun Mitglieder vom Großherzog ernannt wurden. Der Oberrat beriet die Regierung in allen jüdischen Angelegenheiten.

Zudem wurden durch das Edikt die noch bestehenden Heiratsbeschränkungen aufgehoben und die Annahme erblicher Familiennamen vorgeschrieben. Nicht überall lösten diese emanzipatorischen Fortschritte Jubel aus. Gegner befürchteten die Entstehung eines »Judenstaats« im »Christenstaat« und eine Bevölkerungsexplosion durch die Aufhebung der Niederlassungsbeschränkungen. Tatsächlich stieg auch die Zahl der Juden kontinuierlich an, jedoch weniger stark als die der übrigen Bevölkerung.

Durch Schaffung eines Ausbildungsfonds und durch Gründung eines Vereins zur »Beförderung des Ackerbaus« wurden die berufspädagogischen Bemühungen der Landesregierung unterstützt. Es war jedoch klar, daß eine Assimilation, eine Anpassung der Juden an ihre christliche Umwelt nicht von heute auf morgen zu erreichen war. Finanziell blieben sie zunächst Bürger zweiter Klasse, die nach wie vor Schutzgelder zahlen mußten. Wenn alle Sonderabgaben, die zum Teil auf mittelalterlichen Rechtsgrundlagen beruhten, wurden erst 1828 aufgehoben.

Die restaurativen Tendenzen seit dem Wiener Kongreß gefährdeten auch in Baden die bereits erreichten liberalen Fortschritte. So anerkannte zwar die 1818 in Kraft getretene Verfassung des Großherzogtums die Gleichstellung aller Badener, aber die Zugehörigkeit zur christlichen Konfession spielte etwa beim Zugang zu den Staatsämtern oder bei der Wählbarkeit ins Parlament dennoch eine entscheidende Rolle.

In Büchern und Pamphleten wurde gegen die Emanzipation der Juden gehetzt, und schließlich kam es Ende August 1819 zu den als »Hep-Hep-Sturm« bekannt gewordenen Tumulten und zu Ausschreitungen gegen die badischen Juden in den Städten. Handwerksneid, angebliche Begünstigung durch die Regierung und der durch Tüchtigkeit erreichte sichtbare soziale Aufstieg zahlreicher jüdischer Familien wurden als Gründe für die Übergriffe genannt. Die Befürworter der Emanzipation fühlten sich dabei an das Mittelalter und seine Verfolgungen erinnert.

Die Judenschaft war zu dieser Zeit tief gespalten in eine liberale Gruppe, die etwa durch Aufgabe der hebräischen Sprache im Gottesdienst den Vorwürfen der Assimilationsfeindlichkeit entgegentreten wollte, und in die Gruppe der Orthodoxen, für die Abstriche am typisch jüdischen Ritual nicht in Frage kamen und die alle Anpassungstendenzen als Verstöße gegen die überkommene Religion betrachteten. Diese Differenzen nutzte der Regierungskommissär Dr. Ackermann im Oberrat, um 1824 eine neue Kultusordnung verabschieden zu lassen, die außerhalb Badens große Beachtung fand, in Baden selbst nur schwer durchzusetzen war.

1827 wurden die Provinzsynagogen aufgehoben und dafür 15 Bezirkssynagogen errichtet (Breisach – 1885 nach Freiburg/Br. verlegt –, Bretten, Bruchsal, Bühl, Gailingen, Heidelberg, Karlsruhe, Ladenburg, Mannheim, Merchingen, Mosbach, Schmieheim – 1893 nach Offenburg verlegt –, Sinsheim, Sulzburg, Wertheim).

Nach der Julirevolution in Frankreich 1830 bemühten sich die badischen Juden um vollständige Gleichstellung mit den christlichen Badenern. Ein »Verein zur Verbesserung der bürgerlichen Verhältnisse der Juden« unterstützte seit 1833 diese Bemühungen. Steuerlich waren die Juden seit 1828 gleichgestellt, nachdem Leibzoll, Schutzgeld und das sogenannte Satzgeld aufgehoben worden waren. Bis 1835 entstanden in allen größeren Gemeinden insgesamt 35 jüdische Elementarschulen, deren Lehrer auf dem evangelischen Seminar in Karlsruhe ausgebildet wurden. 1833 gab es bereits 570 jüdische Handwerksmeister, 341 Gesellen, 155 Lehrlinge, 206 Landwirte, 26 Ärzte und Advokaten. 1658 – rund 40,8 Prozent – betrieben Wirtschaften oder ordentliche Handelsgeschäfte, 1091 – rund 26,8 Prozent – ernährten sich von dem Nothandel, der Freunden und Gegnern der Emanzipation ein Dorn im Auge war. Der Wandel durch die Verbürgerlichung innerhalb einer Generation war augenfällig.

Die Agitation gegen die Bestrebungen nach voller bürgerlicher Gleichstellung nahm seit 1830 zu. Von der Teilnahme an der Gemeindeselbstverwaltung blieben die Juden ausgeschlossen. Die freie Wahl des Wohnortes wurde durch das Bürgerrechtsgesetz von 1831 eingeschränkt. So blieben zahlreiche Städte, vor allem in Mittel- und Südbaden, für Juden verschlossen. Zu weitergehenden Zugeständnissen konnten sich auch die Liberalen nicht durchringen, die trotz der Gegnerschaft weiter Bevölkerungskreise für weitergehende Emanzipation eintraten. Der Prozeß der Anpassung machte inzwischen weitere Fortschritte.

Seit 1846 begann eine neue Gleichstellungsdebatte, die dann aber in den Wirren der Revolution von 1848 endete. Der Haß gegen die Juden wurde besonders im Odenwald und im Kraichgau deutlich, wo die Übergriffe, vor allem gegen jüdisches Eigentum, Ausdruck der verzweifelten ökonomischen Lage vieler ärmerer, verschuldeter Badener nach den Mißernten seit 1845 war. Juden, Schlösser, grundherrliche Verwaltungen wurden zum Ziel der Aggression.

Die Mißernten hatten zahlreiche Juden zur Auswanderung nach Amerika bewogen. Sie stammten zumeist aus den ärmeren Schichten. Doch auch die reicheren Familien wurden vielfach Opfer der wirtschaftlichen Krise. So gingen die beiden Karlsruher jüdischen Banken Haber und Kusel in Konkurs. Nur mit Staatshilfe konnten bedeutende frühindustrielle Unternehmen wie die Maschinenfabrik Keßler in Karlsruhe, die Baumwollspinnerei in Ettlingen oder die Zuckerfabrik Waghäusel gerettet werden. Die von Eichthal'sche Gewehrfabrik in St. Blasien stellte 1848 ihre Produktion ein.

Die auf politische Gleichberechtigung aller Bürger zielenden Bestrebungen der Revolution von 1848 brachten auch für die Juden Teilerfolge. So wurde ihnen im Februar 1849 die Zulassung zum Staatsdienst und die Wählbarkeit zu Abgeordneten zugestanden. Nicht erreicht wurde die Niederlassungsfreiheit und die Gleichstellung in den bürgerlichen Gemeinderechten. Die Konsolidierungsphase nach der Revolution ließ vorläufig keine weitergehenden spektakulären gesetzgeberischen Maßnahmen zu. In kleinen Schritten wurde aber der Rahmen des Gesetzes von 1849 immer weiter ausgefüllt. So erlangten die Juden in den größeren Gemeinden das volle Ortsbürgerrecht und konnten in die Gemeindevertretungen gewählt werden. Der Schulbesuch in den bis 1860 eingerichteten 48 jüdischen Volksschulen und in den christlichen Schulen – erfaßte alle Kinder. Selbst extrem Konservative konnten – abgesehen von der Religion – kaum noch Unterschiede in der Bildung, der Berufsausübung und der sozialen Struktur zwischen Christen und Juden feststellen.

So konnte Innenminister August Lamey, ermutigt durch Großherzog Friedrich I., im Januar 1862 den Entwurf eines Gesetzes über die bürgerliche Gleichstellung der Israeliten in den Landtag einbringen, dem mit dem Karlsruher Rechtsanwalt Dr. Rudolf Kusel der erste jüdische Abgeordnete angehörte. Die Zeit war reif dazu, denn die Judenschaft hatte über 50 Jahre der Anpassung seit ihrer Befreiung aus dem mittelalterlichen Judenschutz mit deutlich für jedermann sichtbaren Fortschritten durchlebt. In den Debatten der Kammer war nicht mehr wie früher von einer jüdischen Nation die Rede, da diese Konstruktion ja der beabsichtigten vollen Integration widersprach. An die Stelle des Begriffs der besonderen Nation trat der Begriff der Rasse, der von der ursprünglich orientalischen Herkunft der Juden abgeleitet wurde. Hier finden sich die Vorläufer der Theorien des modernen Antisemitismus nationalsozialistischer Prägung. Am 15. 10. 1862 trat das Gesetz in Kraft, mit dem die vollständige Emanzipation der Juden in Baden erreicht wurde. Kurz zuvor hatte der bedeutende Reformlandtag Gesetze über Gewerbefreiheit und Freizügigkeit verabschiedet, die eine besondere Stellung der Juden nicht mehr vorsahen. Daß die so mühsam erlangte Gleichberechtigung nicht nur auf dem Papier bestand, bewies die Berufung des Durlacher Rechtsanwalts Moritz Ellstätter zum Finanzminister in Baden, ein Amt, das er von 1868 an über 25 Jahre erfolgreich verwaltete. Seine Reform des Steuerwesens wirkte auf andere Länder. Mit Leopold Guggenheim wählte die Gemeinde Gailingen 1870 als erste Gemeinde in Deutschland einen jüdischen Bürgermeister.

Die neuerworbene Freizügigkeit führte zu einer starken Wanderungsbewegung der Juden vom Land in die größeren Städte, die bessere Bildungs- und Arbeitsmöglichkeiten boten. Neue Gemeinden entstanden in Freiburg/Breisgau, Offenburg und Konstanz, die sich bis dahin erfolgreich gegen die Niederlassung von Juden gewehrt hatten.

Der jüdische Bevölkerungsanteil vermehrte sich nur noch langsam. 1825 wurden 17 577 Juden gezählt, 1852 23 699 (1,7 Prozent der Gesamtbevölkerung) und 1875 26 492. Damit hatte das badische Judentum rein zahlenmäßig seinen Gipfel erreicht, in Relation zur Gesamtbevölkerung jedoch schon überschritten. 1900 waren 26 132 Juden gemeldet (1,4 Prozent der Gesamtbevölkerung). Bedingt war der absolute Rückgang dieser Zahl durch einen überaus starken Geburtenrückgang der jüdischen Population. Die Konzentration in den Städten ließ viele der kleinen Landgemeinden erlöschen. Ihre Synagogen wurden verkauft und zweckentfremdet – bis 1933 insgesamt 25. In den Städten dagegen führte dies zwangsläufig zum Bau größerer Gotteshäuser. Neubauten entstanden u. a. in Baden-Baden, Freiburg, Mannheim, Karlsruhe, Pforzheim und Rastatt. Diese Bauwelle ebbte erst um 1900 wieder ab.

Parallel zu den Assimilations- und Emanzipationsbestrebungen im politisch-wirtschaftlichen Raum veränderte sich der traditionelle Kult in der Synagoge. Nicht ohne Widerstand orthodoxer Kreise wurde die deutsche Sprache in den Gottesdienst eingeführt, Bibelübersetzungen, religiöse Lehrbücher und Gebetbücher in deutscher Sprache erarbeitet. Die Einführung von Orgeln in den Synagogen wurde zum theologischen Problem und führte zum Beispiel in Karlsruhe zur Spaltung der Gemeinde. Und als der Rabbiner Moses Elias Präger in seinem Gebetbuch im Sinne der Assimilation den Gedanken der Rückkehr in das Gelobte Land nicht mehr zum Ausdruck brachte, führte dies zu heftigen Differenzen im Oberrat. Das Kernproblem einer Minderheit, sich zu assimilieren ohne die eigene Identität zu verlieren, zeigte sich in aller Klarheit und Schärfe. Auf dem Lande dagegen verharrte man in den überlieferten Formen. So wurden noch um 1890 vielfach Frauen erst nach der Hochzeit zum Gottesdienst zugelassen.

Der Antisemitismus der Jahre nach dem deutsch-französischen Krieg 1870/71 und den ihm folgenden Gründerjahren zeigten auch in Baden Wirkung. Hetzpropaganda einzelner Zeitschriften und Kundgebungen führten zu einer Solidarisierung der Angegriffenen, die sich 1893 in der »Vereinigung badischer Israeliten« zusammenschlossen.

Als repräsentatives Organ der israelitischen Religionsgemeinschaft wurde die frei gewählte Israelitische Landessynode gebildet, die erstmals 1895 zusammentrat und dann alle drei Jahre tagte. Der Zionismus, der einen jüdischen Nationalstaat in Palästina anstrebte, konnte damals naturgemäß bei assimilationswilligen Juden keine Resonanz finden, sondern nur bei Vertretern der strengen Orthodoxie. So nahmen 4758 badische Juden am Ersten Weltkrieg teil, in dem sie zum Teil als Freiwillige für ihr Vaterland – und das war für sie Baden bzw. Deutschland – kämpften. 589 kehrten nicht mehr zurück.

Nach dem Zusammenbruch von 1918 gehörten mit Ludwig Marum und Dr. Ludwig Haas zwei Juden der Revolutionsregierung in Karlsruhe an. Im Mai 1923 wurde die Landessynode umgestaltet. Sie wurde jetzt von allen über 25 Jahre alten Juden gewählt, die mindestens ein Jahr in Baden wohnten, und bestand aus 34 Synodalen. Sie wählten den Oberrat, der aus acht, später neun Mitgliedern bestand.

Die wirtschaftlichen Schwierigkeiten der Nachkriegszeit und die zunehmende antisemitische Hetze der Rechten führten zu verstärkter Auswanderung vor allem jüngerer Juden. Hatten 1825 170 jüdische Gemeinden bestanden, waren es 1933 nur noch 123. Die Zahl der Juden belief sich 1920 auf 24064 (1,1 Prozent der Gesamtbevölkerung), von denen fast ein Drittel in Mannheim wohnte. Als nach der Machtergreifung Hitlers eine neue Zählung am 16. Juni 1933 vorgenommen wurde, gaben nur noch 20617 als Konfession israelitisch an. Die Landgemeinden waren hoffnungslos überaltert, die jährlichen Sterbefälle übertrafen die Geburten um fast ein Drittel. Die Zukunftsaussichten der Juden in Baden waren düster. Was aber dann kam, das übertraf die düstersten demographischen Prognosen in unvorstellbarer Weise.

Literaturhinweise

Die Ausführungen stützen sich im wesentlichen auf das von *F. Hundsnurscher* und *G. Taddey* erarbeitete Buch »Die jüdischen Gemeinden in Baden« (1968) sowie die darin zitierte Literatur.
Hingewiesen sei besonders auf
Lewin, A.: Geschichte der badischen Juden seit der Regierung Karl Friedrichs (1758–1909). 1909.
Rosenthal, B.: Heimatgeschichte der badischen Juden seit ihrem geschichtlichen Auftreten bis zur Gegenwart. 1927. Fotomech. Nachdruck 1981.
Rürup, R.: Die Judenemanzipation in Baden. In: Zeitschrift für die Geschichte des Oberrheins 114, 1966.

8. Kapitel

Heinz Sproll

Die jüdischen Gemeinden in Württemberg von der Emanzipation bis 1933

Seit wann Juden in Württemberg leben, ist ungewiß. Als gesichert erscheint nur, daß jüdische Einwohner in Calw 1281 und 1289, in Kirchheim/Teck 1329 und in Tübingen 1350 wohnten. In der ersten Hälfte des 14. Jahrhunderts wurde die Stuttgarter Judengasse der St.-Leonhards-Vorstadt erwähnt, die 1348 im allgemeinen Pogrom zerstört wurde. Die Märtyrerlisten aus den Jahren 1298, 1336 und 1349 erwähnten 50 Gemeinden in den Grenzen des modernen Württemberg, die dem allgemeinen Pogrom zum Opfer fielen. Am 15. 9. 1360 verlieh Kaiser Karl IV. in Reutlingen den beiden Grafen Eberhard II. und Ulrich IV. das Judenschutzrecht. Die in der Grafschaft Wirtemberg lebenden Juden wurden aus Kammerknechten des Kaisers nach dem Judenprivileg Friedrich I. 1157 Schutzjuden der württembergischen Landesherrn. Sie erhielten freizügige Niederlassung, freies Geleit, das Recht, Geld zu mäßigem Zins gegen Verpfändung beweglicher Güter zu verleihen und mußten dafür eine jährliche Schutzsteuer von höchstens 50 fl. entrichten. Im Verlauf des 15. Jahrhunderts beschnitten die Landesherren diese Rechte aufgrund vermehrter Klagen über den Zinswucher jüdischer Händler, der als Folge hoher Abgaben und der Unsicherheit der Kreditvergabe verstanden werden kann. Einen Höhepunkt bildete die Verfolgung durch den Herzog von Württemberg, Eberhard V. im Bart, die auch der Humanist Johannes Reuchlin nicht verhindern konnte. 1498 schrieb eine neue Regimentsordnung die Ausweisung der Juden vor, doch wurde sie nur teilweise trotz Erneuerung 1530 durchgeführt. Eine Abschwächung der Ausschließungsgesetzgebung erfolgte zu Beginn des 18. Jahrhunderts: Die 1710 und 1712 aufgenommenen, insgesamt fünf Hofschutzjuden und Hoffaktoren (= Hoffinanziers) fielen nicht unter das Ausschließungsgesetz, da sie im Dienst des Herzogs standen. Dasselbe galt für die Juden, die in den dem Herzog gehörenden Kammer- und Kammerschreiberorten Gochsheim und Freudental wohnten. So nahm Herzog Karl Alexander Joseph Süß Oppenheimer an seinen Hof, an dem er nach dem Tod des Herzogs 1732 einer Intrige zum Opfer fiel. Zugleich erreichten die Städte die Ausweisung der Juden im Landtagsbescheid von 1739, die wiederum nur teilweise in die Praxis umgesetzt wurde. Die Quellen erwähnen weiterhin Niederlassungen und Verpachtungen an Juden; zu Beginn des 19. Jahrhunderts wohnten 534 Juden in Württemberg. Sie bildeten in den nicht incorporierten Orten eigene Gemeinden und genossen in den corporierten Orten als Hofschutzjuden, Hoffaktoren, von denen die Familie Kaulla weit über die Grenzen Württembergs berühmt wurde, oder Schutzjuden die Protektion des Herzogs bzw. Kurfürsten. Im Verlauf der Gebietserweiterungen, zwischen dem Preßburger Frieden 1805 und 1810, kam mit Neuwürttemberg eine große Zahl Juden hinzu, so daß sie sich am Ende der Arrondierungen auf ca. 7000 belief.

Kurfürst Friedrich hob 1806 die ständische Verfassung und damit das Ausschließungsgesetz der Juden auf. Wie in anderen Bereichen versuchte das aufgeklärte, absolute Königtum, Recht und Verwaltung zu vereinheitlichen. Für die Juden war die Frage bedeutsam, ob sich der Staat dabei eher an dem für sie günstigen Rechtsstatus in Neuwürttemberg oder an ihren eingeschränkten Rechten in Altwürttemberg orientierte. Der Entwurf einer »Ordnung für die Juden in den königlichen Staaten« von 1808 übernahm den Status der neuwürttembergischen Juden, wurde aber vom König nicht genehmigt. Bis zum Gesetz von 1828 regelte eine Reihe von Verordnungen die allmähliche Gleichstellung unter Beibehaltung des Sonderstatus der Juden, ein Zeichen dafür, wie mühselig, diskontinuierlich und uneinheitlich die Judenemanzipation in Deutschland verlief. Als Weichenstellung für ein einheitliches Judengesetz können die Wiener Beschlüsse der deutschen Bundesakte von 1815 gelten, die in Art. 16 Abs. 2 die bürgerliche Gleichstellung unter Respektierung der jeweiligen Rechtslage intendierte, und der Verfassungsstreit in Württemberg. Nach erheblichem Widerstand durch die Ständeversammlung kam die Verfassungsurkunde vom 25. 9. 1819 zustande, die allerdings keine gesetzliche Regelung der Rechte der Juden vorsah. Ebenso galt es, erhebliche Vorurteile in der Bevölkerung und vor allem in der Ständeversammlung zu überwinden, um den Juden unter bestimmten Bedingungen die bürgerliche Rechtsgleichheit zu gewähren. Angesehene württembergische Juden konnten ihre entsprechenden Vorstellungen in den Gesetzgebungsprozeß einbringen. Maßgeblich zur gesetzlichen Sicherung der rechtlichen Gleichstellung trug der von der Regierung diagnostizierte soziale Wandel der jüdischen Bevölkerung bei: Von den am 1. 11. 1817 in 79 Orten lebenden 8259 Juden waren 1830 Kaufleute (= 22,27 Prozent), 27 Landwirte (= 0,32 Prozent), davon 22 Selbständige und 141 Handwerker (= 1,70 Prozent). Die im Januar 1828 durchgeführte Berufszählung machte den Trend zu »seßhaften«, bürgerlichen Berufen vor allem im handwerklichen Gewerbe deutlich: 106 Juden waren »seßhafte« Kaufleute, 32 selbständige Landwirte, 303 Handwerker und 40 Theologen und Lehrer. Die für die rechtliche Gleichstellung der Juden maßgebliche Absicht des nach achtjähriger Vorarbeit mit 61 gegen 17 Stimmen in der als Ständeversammlung allein tagenden zweiten Kammer angenommenen, am 25. 4. 1828 durch königlichen Beschluß sanktionierten Gesetzes war laut Präambel, »die öffentlichen Verhältnisse der israelitischen Glaubens-

Genossen im Königreich durch eine zeitgemäße Gesetzgebung mit der allgemeinen Wohlfahrt in Übereinstimmung zu bringen, und die Ausbildung und Befähigung dieser Staats-Angehörigen zum Genusse der bürgerlichen Rechte gegen Übernahme der bürgerlichen Pflichten möglichst zu befördern«. Diese für den aufgeklärten, um die Wohlfahrt seiner Untertanen bemühten Staat charakteristische, religiöse, sittliche, intellektuelle und wirtschaftspolitische Erziehungsabsicht hob zugleich den bisherigen Sonderstatus der Schutzjuden auf (Art. 12): Juden erhielten als Untertanen gleiche Rechte und Pflichten (Art. 1), wie sie den übrigen Untertanen gewährt bzw. von ihnen verlangt wurden. Vor allem erhielten sie die gleichen Staatsbürgerrechte unter der Bedingung, daß sie zuvor selbständig in Landwirtschaft oder Handwerk tätig waren (Art. 15) und daß sie dieses Bürgerrecht verloren, wenn sie Schacherhandel betrieben (Art. 17). Zugleich schuf dieses Gesetz unter Wahrung der Religionsfreiheit (Art. 48) eine vom Staat anerkannte und von ihm über die israelitische Oberbehörde kontrollierte Landesorganisation (Art. 49−62). Somit war den Juden freie Berufswahl, Zugang zu bürgerlichen Gewerben und Ausbildung (Art. 22), allerdings unter Einschränkung bei der Ausübung von Gewerben (Art. 24) erlaubt. Unter den Pflichten spielte für eine allmähliche Akkulturation der Juden in die württembergische Bevölkerung die Schulpflicht unter Erlaubnis gesetzlich befähigter Hauslehrer (Art. 42) eine besondere Rolle. Leopold Zunz bezeichnete dieses Gesetz mit Recht ein »unvollständiges Emancipationsgesetz« (*Zunz*, 1832, S. VI). Wenn sicherlich die optimistische Diagnose Aaron Tänzers: »Aus den ›Fremden‹ waren Württemberger geworden« (*Tänzer*, 1937, S. 37), aufgrund der immer noch herrschenden sozialen Vorurteile nicht zutrifft, so war doch der Weg zu einer allmählichen völligen Rechtsgleichheit geebnet. Diese in der Tradition des josephinisch-aufgeklärten Absolutismus stehende staatliche Religionspolitik mit erzieherischen Intentionen wurde getragen nicht nur von dem beschriebenen sozialen Wandel, sondern auch von einem Großteil der jüdischen Bevölkerung, die unter Aufgabe ihrer bisherigen Ghettoexistenz in die bürgerliche Gesellschaft integriert werden wollte. Sowohl die staatliche Kirchen- und Religionspolitik als auch das gewandelte religiöse Selbstverständnis der jüdischen Gesellschaft führte zu einem Strukturwandel der religiösen Gemeinden. Zeichneten sich diese in der vorjosephinischen Zeit durch von der Obrigkeit anerkannte, autonome religiöse, ethnische und rechtliche Gemeinschaften mit Rabbinern an ihrer Spitze aus, deren Autorität von ihrem Vertrauen und der Anerkennung ihrer Kollegen abhing, so erklärte sich der josephinisch geprägte Staat des späten 18. und frühen 19. Jahrhunderts, überzeugt, sich selbst und der Religion zu nützen, nicht nur für die rechtliche Verfassung der religiösen Gemeinden, sondern auch für deren interne sittliche Verfassung verantwortlich und zuständig.

Die Durchführung und Kontrolle dieser Politik auch gegen den Widerstand traditioneller Gruppen im Judentum oblag der dem Innenministerium unterstellten israelitischen Oberkirchenbehörde als einer staatlichen Institution, die aus einem Regierungskommissar sowie vier jüdischen Beisitzern bestand. Von diesen mußte zumindest einer Jurist und einer Theologe sein. Die Oberkirchenbehörde war zuständig für die Bildung der Rabbinate und Gemeinden, die Besetzung der Kirchendienerstellen, die Verwaltung des Etats, für Einzelheiten des Gottesdienstes und für Fragen der Lehre und Sitte. Für die Verwaltung des Etats, der aus einer Personalsteuer gespeist wurde, wurde die israelitische Zentralkirchenkasse eingerichtet. Nach einer Verordnung des Ministeriums vom 3. 8. 1832 wurde die jüdische Bevölkerung in 13 Rabbinate mit 41 Gemeinden organisiert, 28 Gemeinden wurden aufgelöst. Für die Bewohner wurde die Zwangsmitgliedschaft in einer Gemeinde vorgeschrieben, die somit Korporationen des öffentlichen Rechts wurden. An der Spitze einer Gemeinde stand das Vorsteheramt, das aus dem Rabbiner und seinem Stellvertreter, dem Vorsänger und drei bis fünf gewählten Beisitzern bestand. Den Vorsitz führten der Rabbiner, sein Stellvertreter und der Vorsänger. Die Aufgaben dieser Vorsteherämter betrafen die Aufsicht über den öffentlichen Gottesdienst, die Durchführung der Kirchenzucht, die Fürsorge für bedürftige Gemeindemitglieder und die Verwaltung der Abgaben und Steuern sowie der Stiftungswesen.

Die im Verlauf des 19. Jahrhunderts auch bei der jüdischen Bevölkerung einsetzende Landflucht hatte Konsequenzen für die Größe und die finanzielle Ausstattung der Gemeinden: Zwischen 1832 und 1935 wurden 19 weitgehend ländliche Gemeinden, in denen vor allem Viehhändler wohnten, aufgelöst. Wurde die Zugehörigkeit eines jüdischen Bürgers zu einer Gemeinde durch das Gesetz von 1828, Art. 49, durch seine bürgerliche Heimat bestimmt, so trug der Erlaß der Oberkirchenbehörde vom 3. 3. 1851 diesem Wandel Rechnung, indem sie die Gemeinde des Wohnorts die Hälfte der Vermögenssteuer an die Gemeinde zahlen ließ, die als bürgerliche Heimat eines Juden galt. Durch einen Erlaß der Oberkirchenbehörde vom 12. 2. 1873, der die Gemeindezugehörigkeit ausschließlich an den Wohnsitz band, verloren ländliche Gemeinden Steuermittel, – ein Effekt, der die Landflucht weiterhin begünstigte. Daher wurden im Zeitraum 1832–1935 21 meist städtische Gemeinden gegründet. Die Land-Stadt-Migration wird durch folgende Daten deutlich: Von 10179 in Württemberg wohnhaften Juden befanden sich 1832 9470 (= 93,04 Prozent) auf dem Land und 709 (= 6,96 Prozent) in der Stadt. 1936 lebten hier 2346 (= 21,52 Prozent) auf dem Land und 8555 (= 78,48 Prozent) in der Stadt. Mit dieser Umstrukturierung hing auch zusammen, daß von den 1832 13 existierenden Rabbinaten bis 1932 zehn aufgehoben wurden bzw. deren Amtssitze verlegt wurden und sechs Rabbinate in diesem Zeitraum neu eingerichtet wurden. 1828 wurden mit Inkrafttreten des neuen Gesetzes nur sechs der bisher 51 Rabbiner in das neue staatskirchenrechtliche Verhältnis übernommen, die befähigt waren, die beiden Dienstprüfungen abzulegen. So gelang es dem Staat, eine neue Gruppe von Rabbinern zu rekrutieren, die seinen Erwartungen entsprachen. Die Rabbiner führten ihre religiösen Tätigkeiten im Rahmen einer »Gottesdienst-Ordnung« und einer »Amts-Instruktion« aus. Ein 1836 von der Oberkirchenbehörde herausgegebenes Gesangbuch mit Liedern, die meistens von Dr. Joseph Maier verfaßt wurden, fand keinen breiten Anklang; erst das 1861 anläßlich der Erbauung der Stuttgarter Synagoge von Maier erarbeitete und von der Oberkirchenbehörde herausgegebene Gebetbuch wurde allmählich akzeptiert. Die Vorsänger übernahmen über den Religionsunterricht hinaus auch Aufgaben der Rabbiner. In Gemeinden ohne Rabbiner leiteten sie die Sitzungen des Vorsteheramts und den öffentlichen Gottesdienst.

Ihre hohe soziale und religiöse Konsistenz bewiesen die Gemeinden auch in der Zeit einer fortschreitenden Akkulturation und Säkularisierung; erst zu Beginn des 20. Jahrhunderts, verstärkt 1919 und 1929, lassen sich einige Austritte feststellen. Ursächlich für den hohen Zusammenhalt verantwortlich sind die aus der vorjosephinischen Zeit kommenden intensiven Sozialisationsbestrebungen und das intellektuelle Training vor allem durch das Talmudstudium innerhalb der Gemeinden, seit Beginn des 19. Jahrhunderts verstärkt und ergänzt durch die Bildungsbestrebungen des aufgeklärten Staates. Jüdische Schulen waren bereits vor Inkrafttreten des Gesetzes von 1828 in Mühringen, Nordstetten, Eßlingen, Pflaumloch, Laupheim, Jebenhausen, Buttenhausen, Baisingen, Oberdorf, Buchau und Hochberg von den dortigen jüdischen Gemeinden errichtet worden. Diese Schulen entsprachen als Elementarschulen den Richtlinien der Vollzugsverordnung von 30. 6. 1829. Nach dem Jahr 1828 bestanden für die jüdischen Kinder folgende Bildungseinrichtungen: die jüdischen Volksschulen, die freiwilligen jüdischen Konfessionsschulen, die allgemeinen Ortsschulen und die höheren Schulen. Die freiwilligen jüdischen Konfessionsschulen wurden nicht von den politischen Ortsgemeinden, sondern nur von den jüdischen Gemeinden errichtet und erhalten. 1836 existierten 28 solcher Einrichtungen in Württemberg, 1912 aufgrund der Landflucht nur noch 13 und 1932 nur noch sechs neben zwei jüdischen Volksschulen. Die meisten dieser Schulen wurden ab 1852 mit staatlichen Mitteln subventioniert. An Orten ohne jüdische Schule wurden die jüdischen Kinder zum Besuch der allgemeinen Ortsschule gehalten. Der Ministerialerlaß vom 30. 7. 1829 verpflichtete zwar diese Kinder zum obligatorischen jüdischen Religionsunterricht und zum Schulbesuch am Sabbat sowie an den Festtagen, erlaubte ihnen aber auch ihre Teilnahme am Synagogenbesuch. Erst seit 1907 wurde der Religionsunterricht an höheren Schulen bis zum 14. Lebensjahr für die jüdischen Schüler zum Pflichtfach gemacht, das später bis zur Abschlußklasse ausgedehnt wurde. 1934 wurde der jüdische Religionsunterricht an höheren Schulen aufgehoben.

Die gesamte jüdische Schulorganisation unterstand ab 1828 der staatlichen Oberschulbehörde, entweder dem Evangelischen Konsistorium oder dem

Katholischen Kirchenrat. Das Schulgesetz vom 17. 8. 1909 sah dann nur den Evangelischen Oberschulrat als Aufsichtsbehörde vor; in Schulen an Rabbinatssitzen waren auch Rabbiner Mitglieder des Ortsschulrats. Der jüdische Religionsunterricht wurde ab 1831 zunächst von Ortspfarrern als Schulinspektoren beaufsichtigt und geprüft. Erst ab 1851 erhielt die israelitische Oberkirchenbehörde ein Mitbestimmungsrecht. Mit dem Schulgesetz von 1909 übernahm die Oberschulbehörde allein die Fachaufsicht. Diese Behörde setzte auch den Lehrplan und die zu benutzenden Schulbücher fest. Ab 1896 wurden evangelische Lesebücher eingeführt. Ebenso wie die Rabbiner organisierten sich die jüdischen Religionslehrer in einem Verein, der ihre Interessen vertrat und ihren sozialen Aufstieg ermöglichte.

Die Eliten der Juden Württembergs kämpften bereits seit den 30er Jahren des 19. Jahrhunderts um die Durchsetzung der vollen Rechtsgleichheit. Die liberalen Ministerien kamen diesem Anliegen durch eine beabsichtigte Revision des Gesetzes von 1828 entgegen. Ein erneuter Schub in diese Richtung erfolgte durch die Grundrechte der Frankfurter Nationalversammlung 1848, denen sich die württembergische Regierung am 14. 1. 1849 anschloß. Nur die Artikel 2, 3, 4, 6, 8, 21, 31, 39 und 41 des Gesetzes von 1828 sollten in Kraft bleiben. Mit dem Scheitern der Revolution hob die deutsche Bundesversammlung am 23. 8. 1851 die Grundrechte auf. Am 5. 10. 1851 schloß sich Württemberg dieser Maßnahme an. Auf Druck der jüdischen Eliten erhielten die Juden 1861 das aktive und passive Wahlrecht zur Ständeversammlung und durch das Gesetz vom 13. 8. 1864 die bürgerliche Rechtsgleichheit. Ein weiterer Fortschritt war die Aufhebung des Judeneides in Artikel 2 dieses Gesetzes. Die Gemeindeverfassung nach dem Gesetz von 1828 blieb erhalten. Der weitere Strukturwandel der jüdischen Bevölkerung in Württemberg in Richtung auf bürgerliche, intellektuelle Berufe machten diese rechtliche Revision überfällig. Allerdings war erst durch die Übernahme des Bundesgesetzes vom 3. 7. 1869, das auch die Mischehe erlaubte, auf das Reichsgebiet am 16. 4. 1871 die Emanzipationsgesetzgebung für Württemberg und Deutschland abgeschlossen.

1869 sah die württembergische Regierung ein, daß das herkömmliche Staatskirchentum gegen liberale Zeittendenzen nicht mehr zu behaupten war. Das zuständige Ministerium intendierte von da an eine Revision des Gesetzes von 1828 mit dem Ziel, der jüdischen Religionsgemeinschaft relative Autonomie zu gewähren. Dies lag um so näher, als die Juden sich zunehmend in die seit den 80er Jahren des 19. Jahrhunderts prosperierende Wirtschaft des Reichs akkulturierten und ihre Religion konfessionalisierten und privatisierten. Die Abschaffung der Personalsteuer und die Bindung der Gemeindezugehörigkeit an den Wohnsitz waren nur partielle Verbesserungen des alten Gesetzes. Erst das Gesetz vom 8. 7. und die Kirchenverfassung vom 16. 9. 1912 schufen aus der gesamten jüdischen Religionsgemeinschaft analog zu den christlichen Kirchen eine Körperschaft des öffentlichen Rechts und gaben ihr eine relative Autonomie. Sah der Entwurf zu diesem Gesetz noch ein alleiniges Prüfungs- und Abhörrecht der Gemeindeetats durch die Oberämter vor, so wies das endgültige Gesetz dieses Recht der israelitischen Oberkirchenbehörde zu, die die Budgets nur noch den staatlichen Behörden »zur Ansicht und Prüfung« vorzutragen hatte. Staatskirchenrechtliche Vorstellungen bestimmten auch noch den Artikel 5, der die staatliche Verwaltung verpflichtete, den Behörden der israelitischen Religionsgemeinschaft Amtshilfe bei der Steuererhebung zu leisten. Des weiteren war die Einrichtung und Auflösung von Gemeinden sowie die Änderung der Rabbinatseinteilung von der Zustimmung des Ministeriums des Kirchen- und Schulwesens abhängig (Art. 6). Nicht zu übersehen war allerdings der demokratische Fortschritt bei der Kirchenverfassung vom 16. 9. 1912: Neben der Garantie einer relativen Autonomie der Gemeinden (§ 1), der Aufhebung der Zwangszugehörigkeit (§ 3), der Sicherung der Rechte einer dissentierenden Minorität, einer größeren Steuergerechtigkeit durch Aufhebung der Steuervielfalt (§ 10) ist vor allem die Neuorganisation der Oberkirchenbehörde bedeutsam: Sie konstituierte sich nun aus einem engeren Rat, dessen besoldete Mitglieder vom König auf Lebenszeit und dessen weitere Mitglieder vom Kirchenministerium aus der Gruppe der vom weiteren Rat Vorgeschlagenen ernannt wurden (Art. 2 Abs. 1 des Gesetzes vom 8. 7. 1912 in Verbindung mit § 56 der Kirchenverfassung vom 16. 9. 1912). Der weitere Rat bestand aus Mitgliedern des engeren Rats, einem Rabbiner, der von seinen Kollegen gewählt wurde, und aus sieben von den Gemeinden gewählten Abgeordneten (§ 58 der Kirchenverfassung vom 16. 9. 1912). Allerdings war der weitere Rat vom engeren Rat abhängig. Dieser geschriebenen Norm entsprach nicht überall im deutschen Kaiserreich und Österreich die soziale Realität: Mögen sich auch Juden immer wieder bemüht haben, in bürgerlichen Berufen Hervorragendes zu leisten, ihre Loyalität gegenüber Kaiser und Reich unter Beweis zu stellen, sich sogar für »Kaiser und Vaterland« im Weltkrieg 1914−1918 zu opfern, sie waren gegen Ende des 19. Jahrhunderts und zu Beginn des 20. Jahrhunderts, vor allem in Zeiten der Rezession, antisemitischer Diskriminierung ausgesetzt. Diese Erscheinung wird in der vorliegenden Literatur für Württemberg nicht erwähnt, sei es, daß sie in diesem Land nicht in demselben Umfang und in derselben Intensität auftrat wie in Preußen und Österreich, sei es, daß der jüdische Geschichtsschreiber A. Tänzer noch 1937 davor die Augen verschloß in der Hoffnung, der Prozeß der Judenemanzipation sei unumkehrbar.

Betrachtet man die von Art. 137 der Weimarer Verfassung favorisierte weitere rechtliche Entwicklung, so bestand in Württemberg zur Sorge vor einer Rücknahme der erworbenen Rechte der Juden kein Anlaß: Eine am 11. 7. 1920 demokratisch gewählte verfassunggebende Landesversammlung arbeitete eine neue Verfassung auf Grundlage der Gewaltenteilung aus. Sie beschloß unter Vorsitz von Julius Rothschild und dessen Stellvertreter Dr. Simon Hayum am 18. 3. 1924 als autonome Institution folgendes Gesetz: in § 1 Abs. 1 wurde die israelitische Religionsgemeinschaft wieder als Körperschaft des öffentlichen Rechts verstanden, diesmal aber mit völliger Autonomie versehen und mit dem Staatsgesetz nur durch das Kirchengesetz von 1924 verbunden. So hatte das zuständige Ministerium bei der Besetzung von Rabbinats- und Religionslehrerstellen kein Ernennungsrecht mehr (§ 44). Analog zur Verfassung der christlichen Kirchen durch das Gesetz vom 3. 3. 1924 wurde der Austritt der Gemeindemitglieder geregelt (§ 6). Ein weiterer Demokratisierungsfortschritt im Gefolge der Weimarer Verfassung bildete die Verleihung des aktiven Wahlrechts an Frauen bei der Wahl der Gemeindeorgane (§ 21 Abs. 1). § 36 Abs. 1 schuf den bisherigen Vorsitz des Rabbiners bzw. Vorsängers ex officio im Vorsteheramt ab. Neu war die Gewaltenteilung zwischen dem aus dem engeren Rat der Oberkirchenbehörde hervorgegangenen Oberrat, der die Religionsgemeinschaft verwaltete, ihr Vermögen beaufsichtigte (§ 63 Abs. 1), die Aufsicht über den Religionsunterricht führte (§ 63 Abs. 2), den Etat vorbereitete (§ 63 Abs. 3), dessen Mitglieder von der Legislative gewählt wurden (§ 66 Abs. 2) und der 19köpfigen (§ 77), allgemein gewählten (§ 79) Landesversammlung, der er in Analogie zum parlamentarischen Regierungssystem verantwortlich war (§ 63 Abs. 5) und deren Gesetze er ausfertigte und verkündete (§ 63 Abs. 4). Zu ihren Aufgaben gehörte die Legislative für die jüdische Religionsgemeinschaft, so der Erlaß der Steuersatzungen, die Feststellung des Etats der Zentralkasse sowie die Steuerbewilligung (§ 76 Abs. 2). Gesichert war auch, daß der Präsident des Oberrats, der von der Landesversammlung gewählt wurde, Jude war (§ 66 Abs. 4). Trotz einer weiterhin breitgefächerten Tätigkeit der Institutionen konnte das heraufziehende Unheil für die württembergischen jüdischen Gemeinden und ihrer Landesorganisation nicht abgewandt werden, die hoffte, »den Fortbestand einer in sich geschlossenen jüdischen Gemeinschaft« (Tänzer, 1937, S. 142) zu bewahren.

Literaturhinweise

Adler, Leo: Israelitische Religionsgemeinschaft of Wurttemberg. Its Development and Changes. In: Yearbook of the Leo-Baeck-Istitute, Nr. 5, London 1960, S. 287–298

Fechenbach, Hermann: Die letzten Mergentheimer Juden und die Geschichte der Familien Fechenbach, Stuttgart 1972

Franke, Hans: Geschichte und Schicksal der Juden in Heilbronn, Heilbronn 1963

Jeggle, Utz: Judendörfer in Württemberg, Tübingen (Diss.) 1969

Kauß, Dieter: Juden in Jebenhausen und Göppingen, Göppingen 1981

Maier, F. F.: Sammlung der württembergischen Gesetze in Betreff der Israeliten, Tübingen 1847

Nebel, Theobald: Geschichte der jüdischen Gemeinde in Talheim, Talheim 1963

Rürup, Reinhard: Emanzipation und Antisemitismus. Studien zur Judenfrage der bürgerlichen Gesellschaft, Göttingen 1975

Sauer, Paul: Die jüdischen Gemeinden in Württemberg und Hohenzollern. Denkmale, Geschichte, Schicksale, Stuttgart 1966

Schnee, Heinrich: Die Hoffaktoren-Familie Kaulla an Süddeutschen Fürstenhöfen. In: Zs. f. Württ. Landesgeschichte, 20. Jg., Stuttgart 1961, S. 238–267

Schüssler, Beate Maria: Das Schicksal der jüdischen Bürger von Ludwigsburg während der Zeit der nationalsozialistischen Verfolgung. In: Ludwigsburger Geschichtsblätter H. 30, 1978, Ludwigsburg 1979

Schwabe, Gustav: Die rechtliche Stellung der israelitischen Religionsgemeinschaft in Württemberg, Stuttgart (Diss. Jur.) 1917

Stern, Bruno: Meine Jugenderinnerungen an eine württembergische Kleinstadt und ihre jüdische Gemeinde, Stuttgart 1968

Stern, Selmar: Jud Süss. Ein Beitrag zur deutschen und zur jüdischen Geschichte, Berlin 1929

Tänzer, Aaron: Geschichte der Juden in Württemberg, Frankfurt/M. 1937; Neuaufl. Frankfurt/M. 1983

Tänzer, Paul: Die Rechtsgeschichte der Juden in Württemberg 1806–1828, Berlin, Stuttgart, Leipzig 1922

Theil, Bernhard: Die israelitische Oberkirchenbehörde Stuttgart und ihre Kritiker. In: Zs. f. Württ. Landesgeschichte, 39. Jg., Stuttgart 1981, S. 206–219

Weber, Otmar: Die Entwicklung der Judenemanzipation in Württemberg bis zum Judengesetz von 1828, Stuttgart 1940

Winkler, Heinrich August: Die deutsche Gesellschaft der Weimarer Republik und der Antisemitismus. In: *Martin*, Bernd, und *Schulin*, Ernst (Hsg.): Die Juden als Minderheit in der Geschichte, München (dtv 1745) 1981, S. 271–289

Zapf, Lilli: Die Tübinger Juden, Tübingen 1975

Zelzer, Maria: Weg und Schicksal der Stuttgarter Juden, Stuttgart 1964

Zmarzlik, Hans-Günter: Antisemitismus im Deutschen Kaiserreich 1871–1918. In: *Martin*, Bernd, und *Schulin*, Ernst (Hg.): Die Juden als Minderheit in der Geschichte, München (dtv 1745) 1981, S. 249–270

Zunz, Leopold: Die gottesdienstlichen Vorträge der Juden, historisch entwickelt, Berlin 1832

9. Kapitel

Paul Sauer

Die jüdischen Gemeinden in Baden und Württemberg von 1933 bis zum Wiederaufbau nach 1945*

Am Vorabend der nationalsozialistischen Machtergreifung lebten in Baden, Württemberg und Hohenzollern rund 31 000 jüdische Bürger. Ihre Zahl hatte sich in hundert Jahren nur in geringem Umfang vermehrt, ihr Anteil an der sehr viel stärker gewachsenen Gesamtbevölkerung hingegen beträchtlich vermindert. Dies war vornehmlich einer sehr niedrigen Geburtenquote und den Auswanderungen zuzuschreiben, die Mitte des 19. Jahrhunderts in den Landgemeinden eingesetzt hatten. Sehr charakteristisch war auch die seit der gleichen Zeit zu beobachtende Abwanderungsbewegung aus den Dörfern und verkehrsungünstig gelegenen Landstädten. Uralte jüdische Gemeinden entvölkerten sich, während in den größeren Städten die Zahl der jüdischen Bürger stetig anstieg. Um 1830 lebten 93 Prozent aller württembergischen Juden in ländlichen Siedlungen, 1930 lediglich noch wenig mehr als 20 Prozent. In Baden wohnten 1933 11761 der insgesamt 20617 Juden in den vier Großstädten Freiburg (1138), Heidelberg (1102), Karlsruhe (3119) und Mannheim (6402). Stuttgart, in dem 1820 nur wenige jüdische Familien ansässig gewesen waren, zählte 1933 annähernd 5000 Juden, Heilbronn 1933 knapp 1000 und Ulm über 500 (Heilbronn und Ulm hatten erst 100 Jahre zuvor Angehörigen der israelitischen Religionsgemeinschaft wieder ihre Tore geöffnet). Dagegen erinnerte in Pflaumloch (Gemeinde Riesbürg, Ostalbkreis) schon damals bloß noch der Friedhof an die einst blühende jüdische Gemeinde. In den im 19. Jahrhundert weithin bekannten Judenorten Hochberg (Gemeinde Remseck am Neckar, Landkreis Ludwigsburg) oder Dettensee (Stadt Horb am Neckar, Landkreis Freudenstadt) wohnten 1933 noch je zwei jüdische Bürger. Seit etwa 1870 hatte sich die Zahl der ländlichen Synagogengemeinden ständig verringert.

Doch auch im Jahr der NS-Machtübernahme in Deutschland gab es noch eine ganze Anzahl lebenskräftiger Landgemeinden. Hier ist beispielsweise die jüdische Gemeinde Buchau am Federsee zu nennen, deren Anfänge ins 16. Jahrhundert zurückreichten. Sie zählte 1933 noch 162 Mitglieder. Von Buchau stammen die Vorfahren von Albert Einstein, der selbst am 14. März 1879 in Ulm geboren wurde. Nicht weit ab von Buchau liegt Laupheim, in dem die Juden bis 1933 im öffentlichen Leben eine wichtige Rolle spielten, einige bedeutende Industrieunternehmen innehatten und einen großen Teil der Gemeindesteuern aufbrachten. In Laupheim wurden als Söhne jüdischer Eltern geboren der Geheime Kommerzienrat Dr. Kilian von Steiner, einer der bedeutendsten württembergischen Industriellen und Bankiers der zweiten Hälfte des 19. Jahrhunderts, Mitbegründer des Marbacher Schiller-Nationalmuseums, sowie der amerikanische Filmkönig Carl Laemmle, Gründer von Hollywood. Steiner wie Laemmle blieben zeitlebens eng mit ihrer Heimatstadt verbunden und bedachten sie reich mit Stiftungen. Eine große jüdische Gemeinde bestand in Haigerloch. Noch in den dreißiger Jahren unseres Jahrhunderts lebten dort die Juden meist in einem eigenen Viertel, dem Haag, dem ehemaligen Ghetto des Städtchens. Das israelitische Gemeinschaftsleben war sehr rege. 1935 unterhielten die jüdischen Bürger Haigerlochs nicht weniger als zehn Vereine, von denen einige rein karitative Aufgaben wahrnahmen. Die Israelitische Gemeinde Rexingen (Stadt Horb am Neckar), wie die von Affaltrach (Gemeinde Obersulm, Landkreis Heilbronn) eine Gründung des Johanniterordens im 17. Jahrhundert, ist in der Zeit des Dritten Reiches ein Zentrum der Auswanderung nach Palästina geworden. Die Siedlung Shave-Zion (zu deutsch: Heimkehr nach Zion) in Israel ist seit 1938 vornehmlich von Rexinger Juden geschaffen worden; sie gilt heute als eine Mustersiedlung des israelischen Staats. Shave Zion hat seinen deutschen, ja schwäbischen Charakter bewahrt, wie alle seine Bewohner bestätigen. Die zahlenmäßig größte jüdische Dorfgemeinde in Baden war 1933 Gailingen mit 314 Mitgliedern. Obwohl es wenige Jahre vorher (1925) den Rabbinatssitz an die Kreisstadt Konstanz hatte abtreten müssen, kam ihm in sozialer und karitativer Hinsicht noch immer eine nicht unbedeutende Funktion zu. Hier befanden sich ein jüdisches Krankenhaus und ein jüdisches Altenheim, das bekannte »Friedrichsheim«. Von den anderen dörflichen Synagogengemeinden Badens zählte zu Beginn der NS-Herrschaft kaum noch eine 140 bis 150 Mitglieder. Die meisten waren unter 100 Mitglieder abgesunken. Namhaftere jüdische Gemeinden wiesen damals, abgesehen von den bereits erwähnten Großstädten Freiburg, Heidelberg, Karlsruhe und Mannheim, lediglich noch einige Klein- und Mittelstädte wie Baden-Baden (260), Breisach (231), Bruchsal (501), Emmendingen (296), Konstanz (443), Offenburg (271) und Pforzheim (770) auf.

In der Zeit der Weimarer Republik bestand beinahe in allen Orten mit alten israelitischen Gemeinden zwischen jüdischer und christlicher Einwohnerschaft ein gutes Verhältnis. Die Kinder wuchsen zusammen auf, besuchten häufig die gleiche Schule, die Erwachsenen lebten in enger wirtschaftlicher und geselliger Gemeinschaft. In Oberdorf (Stadt Bopfingen) war bis 1933 Karl Weil Ehrenbürger der Gemeinde, der letzte Rabbiner, Dr. Hermann Kroner, ein bedeutender Maimonidesforscher, war Vorsitzender des Evangelischen Krankenpflegewesens. Drei Juden gehörten in den Jahren 1919 bis 1933 dem Gemeinderat an. An allen Festen in Oberdorf beteiligten sich die jüdischen Bürger; die wohlhabenden unter ihnen taten sich durch gemeinnützige Stiftungen hervor oder machten den örtlichen Vereinen, deren Mitbegründer und eifrige Förderer sie waren, ansehnliche Zuwendungen. In den Landgemeinden und den Städten brachte die selbstverständliche Lebensgemeinschaft für Juden wie für Christen gleichermaßen Vorteile. Auf den Dörfern beschäftigten sich die Juden wie schon früher vorwiegend mit Vieh- und Pferdehandel sowie mit Wandergewerben der verschiedensten Art. Verhältnismäßig wenige betätigten sich im Handwerk, noch weniger waren Landwirte. In den Städten spielten Juden vor allem als Kaufleute, Fabrikanten, Verleger, als Redakteure oder Bankiers eine Rolle. Relativ hoch war die Zahl der Akademiker, unter ihnen viele Ärzte und Rechtsanwälte. Im politischen Leben waren Juden vor allem in den liberalen Parteien und in der SPD vertreten. Von einer »Verjudung« einzelner Sparten der Wirtschaft oder des öffentlichen Lebens konnte aber im Ernst nicht die Rede sein, auch wenn in manchen Berufen der Anteil der Juden weit über das Bevölkerungsverhältnis hinausging. Dies hing mit der besonderen Begabungsrichtung des jüdischen Menschen, mehr noch mit seinem jahrhundertelangen Verwiesensein ins Ghetto und seinem Ausschluß vom handwerklichen und bäuerlichen Leben zusammen. Ohne Frage hatte die siebenhundertjährige Zwangsisolierung und berufliche Diskriminierung dem Charakter der deutschen Juden manche Eigenheit eingeprägt, die auch in einer gesellschaftlich veränderten Umwelt nachwirkte.

Das Leben der Juden in den Landgemeinden war vor 1933 noch weitgehend durch die Religion bestimmt. Die Synagoge stand im Mittelpunkt. Man hielt am israelitischen Glauben und am überlieferten Brauchtum fest. Religiöse und karitative Vereine, die sich der Förderung des Thorastudiums, der Armen- und Waisenfürsorge, der Krankenpflege und der Totenbestattung annahmen, spielten eine wichtige Rolle. Daneben bestanden zugunsten bedürftiger Glaubensgenossen und der in der Ausbildung befindlichen Jugendlichen zahlreiche, zum Teil weit zurückreichende Stiftungen, deren Kapital die Inflation der zwanziger Jahre jedoch größtenteils aufgezehrt hatte. In den größeren Städten, deren isrealitische Gemeinden, wie bereits erwähnt, im Gegensatz zu den im Abnehmen begriffenen, meist überalterten und teilweise sozial abgesunkenen Synagogengemeinden der Dörfer und Landstädte noch anwuchsen, war die Situation anders. Zwar gab es auch hier ein höchst reges jüdisches Gemeindeleben, aber viele Juden standen dem mosaischen Glauben, der ihnen allenfalls noch äußere Form bedeutete, bereits recht fern; sie hatten sich im Leben und Denken weitgehend der nichtjüdischen Umwelt angepaßt und waren sich ihrer Zugehörigkeit zum Judentum kaum mehr bewußt. Symptomatisch dafür war etwa das ständige Zunehmen der Mischehen. Gleichgültig aber, ob die einzelnen Juden gesetzestreu oder ob sie religiös indifferent waren, fühlten sie sich doch alle als Angehörige des deutschen Volkes. Das Judentum galt als Konfession neben anderen. Der Agitation des Antisemitismus widersetzte man sich mit aller Entschiedenheit. Dem Ende des 19. Jahrhunderts aufkommenden Zionismus schlossen sich zunächst verhältnismäßig wenige südwestdeutsche Juden an. Man lehnte den Gedanken einer jüdischen Nation ab. Wohl war Palästina die Heimat der Väter, das Land der religiösen Sehnsucht, die eigentliche Heimat aber war Deutschland. Der 1893 als Reaktion auf den Antisemitismus entstandene Centralverein deutscher Staatsbürger jüdischen Glaubens, der bald in fast allen jüdischen Gemeinden Ortsgruppen besaß, trat für ein deutschbewußtes Judentum ein.

Antisemitische Strömungen, die bereits in den 1880er Jahren auch nach Südwestdeutschland übergriffen, machten sich vor allem in den größeren Städten bemerkbar. 1890 wurde die Stuttgarter Ortsgruppe des »Vereins zur Abwehr des Antisemitismus« gegründet, die in den Jahren der Weimarer Republik eine große Aktivität entfaltete. Dem Verein gehörten Männer wie Robert Bosch und der Reichsvizekanzler a.D. Friedrich Payer an. Sein langjähriger Vorsitzender war Pfarrer Eduard Lamparter.

In den Jahren 1925 bis 1933 schwoll die antisemitische Welle mit dem Erstarken der nationalsozialistischen Bewegung an, erlangte aber kaum irgendwo bedrohliche Ausmaße. Dies änderte sich erst, als dem Nationalsozialismus mit der Übernahme der Regierungsgewalt in Deutschland umfassende staatliche Machtmittel zur Verfügung standen, um seine judenfeindliche Politik durchzusetzen.

Bereits in der sogenannten Kampfzeit der nationalsozialistischen Bewegung bewarf eine in alle Abgründe des Niederträchtigen hinabgreifende Propaganda die Juden mit Schmutz und machte sie ihren christlichen Landsleuten suspekt. Nach der NS-Machtergreifung steigerte sich die Agitation fortwährend. Die diabolische, zentral gelenkte Judenhetze erstickte die Stimmen der Vernunft und des Maßes. Die von der NSDAP gegebene Interpretation vom »gesunden Volksempfinden« wurde zur maßgebenden Rechtsnorm erhoben. Radio und Zeitungen klärten den deutschen Bürger Tag für Tag über die Gefahren des Volksfeinds Nr. 1, des »jüdischen Untermenschen«, auf. Daß die Juden über Nacht rechtlos, ja vogelfrei geworden waren, beweist ein drastischer Vorfall im März 1933 in dem hohenlohischen Städtchen Creglingen. Im Zuge der von der Partei angeordneten Waffendurchsuchung bei Gegnern des Regimes erschienen Heilbronner SA-Leute an einem Samstag in Creglingen und vollzogen an den Juden – ohne jede Veranlassung – mit Knüppeln eine bestialische Gewalttat. Zwei ältere Männer wurden dabei buchstäblich zu Tode geprügelt. Die Täter gingen straffrei aus.

Das bisher nur Mitgliedern der NSDAP auferlegte Verbot, mit Juden persönlichen Umgang zu pflegen, wurde jetzt wie selbstverständlich auf die übrigen Volkskreise ausgedehnt. Als Volksfeind galt, wer in einem jüdischen Geschäft kaufte, sich von einem jüdischen Arzt behandeln oder seine Interessen durch einen jüdischen Rechtsanwalt wahrnehmen ließ. Die nationalsozialistische Presse wurde seit Frühjahr 1933 nicht müde, solche »ehr- und pflichtvergessenen« Bürger anzuprangern, ihre Namen oder gar ihre Fotos zu veröffentlichen. Am 1. April 1933 fand der sogenannte Judenboykott statt. Jüdische Geschäfte wurden gekennzeichnet, SA-Männer bezogen vor den Eingängen Posten und verwehrten Kauflustigen den Zutritt. Der nächste Schlag traf die jüdischen Beamten. Nach dem Gesetz zur Wiederherstellung des Berufsbeamtentums vom 7. April 1933 wurden alle Beamten zwangsweise in den Ruhestand versetzt, die »nicht-arischer« Abstammung waren. Ausgenommen waren auf ausdrücklichen Wunsch von Reichspräsident Hindenburg nur die Weltkriegsteilnehmer und solche Beamten, die bereits seit August 1914 im öffentlichen Dienst tätig waren. Viele Verwaltungsbeamte, Richter und Hochschullehrer wurden auf die Straße gesetzt. Begründung: Die Beamten, die Hoheitsträger des Staates, durften keine Juden sein. Ein Weiteres: Die Theater wurden entjudet. Es sollte verhindert werden, daß jüdische Schauspieler Rollen in deutschen Dramen oder Opern übernahmen. Bekannte Dichter und Künstler wurden verfemt, ihre Werke mit Schmutz beworfen oder totgeschwiegen. Der aus Nordstetten (Stadt Horb am Neckar) stammende Berthold Auerbach war plötzlich kein beliebter Heimatdichter mehr, sondern nur noch der »Macher von Schwarzwälder Dorfgeschichten«.

Daß der nationalsozialistische Staat nicht gewillt war, der israelitischen Religionsgemeinschaft weiterhin die Gleichberechtigung mit den christlichen Kirchen zuzugestehen und ihr die bis dahin selbstverständliche Förderung auf religiösem, kulturellem und sozialem Gebiet zu gewähren, bekamen bereits im ersten Jahr der NS-Herrschaft die württembergischen Juden zu verspüren. Auf Betreiben von Ministerpräsident und Kultminister Mergenthaler strich das Stuttgarter Staatsministerium Anfang Juni 1933 den Staatsbeitrag für die Israelitische Religionsgemeinschaft Württembergs. Ferner wandelte es die beiden noch bestehenden staatlichen israelitischen Konfessionsschulen Buttenhausen und Rexingen in Privatschulen um, stellte die Staatszuwendungen für diese Schulen ein und versetzte die an ihnen tätigen Lehrkräfte in den Ruhestand. Ebenso erhielten die wenigen freiwilligen israelitischen Konfessionsschulen den Status von Privatschulen. Die Verantwortung für das jüdische Schulwesen in Württemberg oblag von jetzt an dem Israelitischen Oberrat in Stuttgart. Weniger extrem judenfeindlich gebärdete sich die nationalsozialistische Regierung Badens. Sie zahlte den Staatsbeitrag für die israelitische Religionsgemeinschaft Badens bis zum Jahr 1938. Da es in Baden nur Simultanschulen gab, wurden hier 1934 in den größeren Städten mit staatlicher Unterstützung öffentliche jüdische Schulen oder Schulklassen eingerichtet. Unverändert blieben nach 1933 die Schulverhältnisse im preußischen Regierungsbezirk der Hohenzollerischen Lande. Die staatliche israelitische Volksschule Haigerloch behielt ihren öffentlichen Charakter bis 1938.

Die Verdrängung aus dem deutschen Kultur- und Geistesleben ließ die Juden, so bitter es für sie war und so ungerecht sie es auch empfinden mußten, keineswegs resignieren. Zunächst galt es, den vielen arbeitslosen Künstlern ein neues Betätigungsfeld zu eröffnen. Vielerorts, so in Stuttgart, Mannheim und Karlsruhe, wurden jüdische Theater, Orchester und Kunstgemeinschaften gegründet. Aus einer Nothilfe entwickelte sich dank des Ideenreichtums der damit betrauten Persönlichkeiten rasch eine weitverzweigte Organisation zur kulturellen Betreuung der israelitischen Gemeinden. Den jüdischen Kulturbünden, seit 1935 zum Zweck der besseren Überwachung zwangsweise im Reichsverband der jüdischen Kulturbünde zusammengeschlossen, kommt das Verdienst zu, den Juden die großen geistigen Werte der Gemeinschaft wie die der abendländischen Kultur (mit Ausnahme des ihnen verschlossenen deutschen Anteils) in einer Zeit tiefster Erniedrigung vermittelt zu haben. Neben der israelitischen Religion haben sie wesentlich dazu beigetragen, das Selbstbewußtsein wie die geistige Widerstandskraft der Verfolgten zu stärken.

Jüdischen Ärzten, die bisher in vielen Städten und Dörfern eine segensreiche Praxis ausgeübt hatten, wurde bereits 1933 die Zulassung zu den Krankenkassen entzogen. Doch dabei blieb es nicht. Mit Hilfe von Drohungen, Einschüchterungen und Anprangerungen setzte die Partei durch, daß die Zahl der Patienten, die einen jüdischen Arzt konsultierten, immer mehr schrumpfte. Selbst Ärzten, die sich durch hohe fachliche Qualifikation und vorbildliche soziale Einstellung auszeichneten, blieb schließlich nichts anderes übrig, als ihre früher so gut gehenden Praxen zu schließen.

Daß die Bauern auch weiterhin mit jüdischen Viehhändlern Geschäfte machten und diese vielfach nichtjüdischen Händlern vorzogen, betrachtete die Hitler-Partei als einen besonders schweren Verstoß gegen die nationalsozialistische Weltanschauung. Es fehlte nicht an gehässigen Kommentaren. Resignierend stellte eine NS-Zeitung fest: »Die Bauern haben immer noch nicht begriffen!« Im Badischen wurde ein Bürgermeister seines Amtes enthoben, weil er eine Kuh an einen Juden verkaufte, und dies, nachdem er zuvor vergebens versucht hatte, sie anderweitig zu veräußern. Erst allmählich und unter Zuhilfenahme der verwerflichsten Maßnahmen gelang es den NS-Machthabern, die jüdischen Viehhändler von den Märkten zu verdrängen. Einer ganzen Anzahl jüdischer Händler mußte der Viehwirtschaftsverband Württemberg 1938 die Handelserlaubnis wegen »politischer Unzuverlässigkeit« entziehen. Von einem Haß der bäuerlichen Bevölkerung gegen ihre sogenannten jüdischen Blutsauger war wenig zu verspüren.

Am 15. September 1935 wurden die »Nürnberger Gesetze« erlassen, die die bereits bestehende Kluft zwischen »Ariern« und Juden unüberbrückbar machten und die jüdischen Bürger endgültig aus der Lebensgemeinschaft des deutschen Volkes ausstießen. Im ersten dieser Gesetze, dem sogenannten Reichsbürgergesetz, wurde festgelegt, daß Reichsbürger nur sein konnte, wer deutschen oder artverwandten Bluts war. Juden wurde lediglich noch die deutsche Staatsangehörigkeit zugebilligt, sie waren künftig Bürger minderen Rechts. Ihr Status ähnelte sehr dem der Schutzjuden des 16. bis 18. Jahrhunderts. Das zweite dieser Gesetze, das »Gesetz zum Schutz des deutschen Blutes und der deutschen Ehre«, verbot Ehen zwischen »Ariern« und Juden. Begründet wurde dieses ominöse Blutschutzgesetz damit, daß die Reinheit des deutschen Blutes die Voraussetzung für den Fortbestand des deutschen Volkes sei. Sogenannte Rasseschänder hatten künftig mit harten Strafen zu rechnen. Im November 1935 erkannte man Juden das Wahlrecht ab, ebenso das Recht, bürgerliche Ehrenämter zu bekleiden. Die letzten jüdischen Beamten wurden zwangspensioniert, darunter auch alle, die Frontsoldaten des Ersten Weltkriegs gewesen waren.

Nach dem unrühmlichen Boykott vom 1. April 1933, der den Nationalsozialismus im Ausland sehr in Mißkredit gebracht hatte, nahm die herrschende Partei zunächst von weiteren wirtschaftlichen Sanktionen gegen die Juden Abstand. Bei der prekären wirtschaftlichen Situation des Reiches und der nur langsam zurückgehenden Arbeitslosigkeit bedurfte man der jüdischen Steuerzahler und Arbeitgeber, auch wenn man dies nach außen nicht zugab oder zugeben wollte. Bezeichnend war, daß man auf der einen Seite die jüdische Auswanderung propagierte, auf der anderen Seite aber die Emigration kapitalkräftiger Juden finanziell sehr erschwerte, um einen zu großen Devisenabfluß ins Ausland zu verhindern. Die Staatsräson stand hier wie so oft beim Nationalsozialismus mit der Ideologie im Widerstreit. Trotz wiederholten Verbots der Regierung, Einzelaktionen gegen Juden zu unternehmen, ging auch in den Jahren nach 1933 der zermürbende Kleinkrieg gegen jüdische Geschäfte, Handels- und Gewerbebetriebe unvermindert weiter. 1937 schien das Schreckgespenst der Arbeitslosigkeit gebannt. Jetzt glaubte man, auf die jüdischen Geschäftsleute und Unternehmer verzichten zu können, ohne daß der Wirtschaft ein zu großer Schaden entstand. Man entzog daraufhin folgerichtig jüdischen Unternehmen alle öffentlichen Aufträge, machte ihnen auch sonst die größten Schwierigkeiten beim Absatz ihrer Waren und begünstigte Schikanen, die sich örtliche Parteifunktionäre einfallen ließen. Vielen Juden blieb keine andere Möglichkeit mehr, als ihren Betrieb zu verkaufen und auszuwandern. 1938 mußten jüdische Firmen als solche gekennzeichnet und in ein besonderes amtliches Register eingetragen werden.

Am 28. Oktober 1938 verhaftete man die in Deutschland lebenden polnischen Juden und schob sie gewaltsam über die polnische Grenze ab. Rücksicht auf solche Juden, die schon viele Jahre in Deutschland ansässig waren und sich hier eine Existenz aufgebaut hatten, nahm man nicht. Auch in Baden-Württemberg traf eine größere Zahl von Juden dieses Schicksal. Einen ersten Höhepunkt erreichte die nationalsozialistische Judenverfolgung in der sogenannten Reichskristallnacht. Als Antwort auf das Attentat des polnischen Juden Grynspan auf Legationsrat vom Rath bei der deutschen Botschaft in Paris ordnete Reichspropagandaminister Goebbels »spontane Kundgebungen« gegen die deutschen Juden an. Allenthalben gingen in der Nacht vom 9. auf den 10. November und am 10. November 1938 die Synagogen in Flammen auf, so in Baden-Baden, Buchau, Heilbronn, Karlsruhe, Kuppenheim, Laupheim, Ludwigsburg, Mosbach, Rastatt, Schwäbisch Hall, Stuttgart und Ulm. Andere jüdische Gotteshäuser wie die in Freiburg und Mannheim wurden gesprengt, jüdische Geschäfte, zum Teil auch Privatwohnungen in zahlreichen Städten und Dörfern Südwestdeutschlands zerstört, demoliert oder geplündert. Hunderte von Juden wurden verhaftet, etliche von ihnen schwer mißhandelt. In Laupheim mußten die jüdischen Männer vor der brennenden Synagoge Kniebeugen machen. In Baden-Baden vergnügten sich die nationalsozialistischen Peiniger damit, daß sie ihre Opfer zunächst in einer Art Triumphzug durch die Straßen führten und dann in der Synagoge neben anderen Demütigungen, die sie ihnen zumuteten, das Kampflied der NS-Bewegung einüben ließen. Nach einem Bericht des Sicherheitsdienstes Reichsführer SS wurden allein in Württemberg und Hohenzollern 18 Synagogen niedergebrannt und zwölf demoliert. Insgesamt wurden 878 Juden verhaftet und in die Konzentrationslager Welzheim und Dachau eingeliefert, wo sie in größerer Zahl wochenlang inhaftiert blieben. 13 württembergische Juden verloren im Gefolge der Ausschreitungen ihr Leben. In Dachau beging der Ludwigsburger Arzt Walter Pintus Selbstmord. Der Gailinger Rabbiner Dr. Mordechai Bohrer starb dort. In Baden wurden sechs jüdische Gotteshäuser gesprengt, 23 niedergebrannt und 61 demoliert. Hinzu kam als eine über alle Maßen verwerfliche Untat die Schändung von zum Teil uralten Friedhöfen. Grabsteine wurden umgestoßen oder zerschlagen, gelegentlich die Inschriften mit den Namen entfernt. So wurde der Friedhof in Tiengen (Stadt Waldshut-Tiengen) völlig eingeebnet.

Von einem »spontanen Volkszorn« gegen die Juden kann nirgendwo gesprochen werden. Die Ausschreitungen waren vom Regime organisiert und im allgemeinen durch die dazu kommandierten SA- und SS-Einheiten durchgeführt worden. In den Landgemeinden mußten die Brandstiftungen meist durch auswärtige SA-Leute besorgt werden. In Oberdorf (Stadt Bopfingen, Ostalbkreis) weigerte sich der SA-Führer des Dorfes, die Synagoge anzuzünden. Mag sein, daß er ein Übergreifen des Brandes auf die Nachbargebäude befürchtete. Als dann in der folgenden Nacht SA-Leute vermutlich aus Schwäbisch Gmünd die Synagoge ansteckten, löschten Oberdorfer Bauern und Juden gemeinsam den Brand. In Ludwigsburg hatte der Zeitungsverleger Gerhard Ulmer den Mut, auszusprechen, was damals viele dachten: »Ich schäme mich, ein Deutscher zu sein!« Der US-Generalkonsul in Stuttgart schätzte, daß mindestens 80 Prozent der Einwohnerschaft die Ausschreitungen mißbilligten.

Die NS-Führung, durchaus nicht unempfindlich für die Stimmung der Bevölkerung, befahl noch am 10. November 1938 die sofortige Beendigung der gewaltsamen Demonstrationen. Dies bedeutete indessen nicht, daß sie sich von ihnen distanzierte und nach Wegen suchte, wenigstens in bescheidenem Umfang geschehenes Unrecht zu mildern. Im Gegenteil: Sie machte das Maß des Vandalismus voll. Am 12. November erlegte eine Verordnung den Juden als »Sühne« für ihre »feindliche Haltung gegenüber dem deutschen Volk und Reich, die auch vor feigen Mordtaten nicht zurückschreckt«, eine Kontribution von 1 Milliarde Reichsmark auf. Vielen von der Substanz ihres Vermögens lebenden jüdischen Bürgern fiel es schwer, die von ihnen geforderten hohen »Sühnebeträge« aufzubringen. Andere mußten Haus- und Grundstücke veräußern, um die Gelder flüssig zu machen. Ebenfalls am 12. November 1938 erging die Verordnung über die Ausschaltung der Juden aus dem deutschen Wirtschaftsleben. Alle noch in jüdischer Hand befindlichen Geschäfte, Industrieunternehmen und Handwerksbetriebe wurden enteignet, »arisiert« oder »entjudet«, wie es im NS-Jargon hieß, oder aber aufgelöst. Die seitherigen Inhaber erhielten für ihre Betriebe eine vielfach weit unter dem Verkehrswert liegende Entschädigung. Von wenigen Ausnahmen abgesehen, konnten Juden künftig nur noch als Hilfsarbeiter oder, soweit sie noch über Grundbesitz verfügten, als Kleinlandwirte ihr Leben fristen. Schließlich wurde in den ersten Jahren des Zweiten Weltkriegs auch der »nichtarische« land- und forstwirtschaftliche Besitz enteignet. Die Reichskristallnacht bot dem Regime dazuhin den willkommenen Anlaß, die jüdische Minderheit weiter zu entrechten und in ihrer Bewegungsfreiheit einzuengen. Juden durften von jetzt an keine Kinos, Theater oder Konzerte mehr besuchen, keine eigenen Publikationen herausgeben und keine Kraftwagen fahren. Ein Erlaß des Reichsministers des Innern vom 6. Januar 1939 untersagte Juden das Führen von Familiennamen wie Deutsch, Deutscher, Deutschmann, Deutschland oder Deutschländer. Generell hatten »Nichtarier« seit Jahresbeginn 1939 den Zusatznamen »Israel« bzw. »Sara« anzunehmen, soweit sie keinen eindeutig jüdisch klingenden Vornamen besaßen. Nur in besonders zu genehmigenden Ausnahmefällen durften sie ihre deutschen Vornamen mit charakteristisch jüdischen vertauschen. Die Stadtgemeinde Buchau mußte die ihr zugute kommende Schenkung des Synagogenplatzes durch die jüdische Gemeinde wieder rückgängig machen, da nach Auffassung des württembergischen Innenministeriums eine solche Stiftung mit den Grundsätzen des nationalsozialistischen Staats unvereinbar war. Angesichts dieser fortwährend sich steigernden Entrechtungs- und Haßkampagne konnte ein oberschwäbisches Omnibusunternehmen den Antrag stellen, »Nichtarier« künftig von der Beförderung in seinen Linienbussen auszuschließen. Ebenso wurden Juden bei der Aufnahme in Krankenhäuser und bei der Inanspruchnahme nichtjüdischer Ärzte zunehmend Schwierigkeiten gemacht. Bereits im Dezember 1938 entzog man ihnen zum Teil den Mieterschutz. Am 30. April des folgenden Jahres wurde das Gesetz über die Mietverhältnisse der Juden verkündet, das die von linientreuen Ortsvorstehern gern benutzte Handhabe bot, »Nichtarier« ausschließlich in jüdischen Häusern unterzubringen.

Mit der Verdrängung der Juden aus nahezu allen Berufen stieg bis Ende 1938 die schon zuvor hohe Zahl der jüdischen Arbeitslosen weiter stark an. Regierungsstellen und insbesondere Arbeitsämter wollten die Juden, soweit sie nicht zur sofortigen Auswanderung veranlaßt werden konnten, möglichst rasch wieder in den Arbeitsprozeß eingliedern und sie hierbei vorzugsweise beim Straßenbau, bei Sanierungs- und Meliorationsarbeiten oder als Hilfskräfte in der Industrie verwenden. Die Partei hintertrieb jedoch zu einem guten Teil diesen Plan dadurch, daß sie entsprechend ihrer Rassenideologie verlangte, Juden sollten nur in geschlossenen Gruppen abgesondert von der übrigen Belegschaft oder in eigens für sie eingerichteten Arbeitsräumen beschäftigt werden. Die meisten Betriebe lehnten es unter solchen Bedingungen ab, Juden einzustellen.

Vom 1. Januar 1939 an hatten »nichtarische« Hilfsbedürftige keinen Anspruch mehr auf Unterstützung durch die öffentliche Fürsorge. Für sie mußte nunmehr die jüdische freie Wohlfahrtspflege aufkommen. Diese befand sich jedoch in einer finanziell höchst prekären Situation. Ihre Kapitalreserven und Einnahmen waren durch die Auswanderung vieler wohlhabender Juden, die sogenannten Sühnemaßnahmen im Gefolge der Kristallnacht und die nicht unerheblichen Aufwendungen für Auswandererberatung und -betreuung bereits stark zurückgegangen, und sie verminderten sich ständig weiter. Wenn ein Massenelend verhindert wurde, so war dies hauptsächlich der entsagungsvollen Arbeit der Männer und Frauen, die die israelitischen Gemeinden leiteten und die später ihren treuen Dienst mit dem Tod in der Deportation besiegelten, sowie dem vorbildlichen sozialen Verantwortungsbewußtsein vieler wohlhabender jüdischer Bürger zu verdanken, die willens waren, für die notleidenden Glieder ihrer Gemeinschaft erhebliche finanzielle Opfer zu bringen. Auch die Unterbringung geisteskranker und geistesschwacher Juden in Heil- und Pflegeanstalten war seit Anfang 1939 nicht mehr gewährleistet. Einige kirchliche Anstalten entließen, des ständigen Drucks durch die Partei müde, ihre jüdischen Kranken und weigerten sich, neue aufzunehmen. Die wenigen im Reichsgebiet bestehenden jüdischen Anstalten waren überfüllt. Nach längeren Verhandlungen mit dem Innenministerium in Stuttgart erklärte sich die katholische Pflegeanstalt Heggbach bei Biberach bereit, eine Abteilung für geistesschwache Juden einzurichten. Die geisteskranken »Nichtarier« in Württemberg wurden von jetzt an der staatlichen Heilanstalt Zwiefalten zugewiesen. Sie sind 1939/40 fast ausnahmslos den Euthanasiemorden im nahegelegenen Grafeneck zum Opfer gefallen. Die jüdischen Anstaltsinsassen von Heggbach wurden am 13. Juli 1942 nach Auschwitz deportiert und sehr wahrscheinlich dort vergast. Jedenfalls verliert sich ihre Spur mit dem Abtransport aus Heggbach bzw. Stuttgart. Die Juden, die sich 1939/40 in badischen Heil- und Pflegeanstalten befanden, erlitten ein ähnliches Schicksal: Sie wurden in Grafeneck und in anderen zur Vernichtung des »lebensunwerten Lebens« bestimmten Anstalten umgebracht oder fanden in Auschwitz den Tod, so das Personal und die Insassen der jüdischen Lungenheilstätte Rothschild in Nordrach, Ortenaukreis.

Seit November 1938 war jüdischen Kindern der Besuch deutscher Schulen untersagt. Jüdische Schulen oder Schulklassen – das Regime hatte nunmehr auch in Baden und Hohenzollern diesen Schulen den öffentlichen Charakter aberkannt – gab es lediglich in Bruchsal, Freiburg, Heidelberg, Heilbronn, Karlsruhe, Mannheim, Pforzheim, Stuttgart und Ulm sowie in mehreren Orten, in denen noch größere israelitische Gemeinden bestanden. Viele jüdische Kinder waren auf den von der Partei nur widerstrebend erlaubten Privatunterricht angewiesen, den Eltern und Bekannte erteilten. »Nichtarische« Studierende waren seit der NS-Machtübernahme Schritt für Schritt von den Hochschulen verdrängt worden. Schon 1933 hatte man ihre Zahl auf 1,5 Prozent der Studierenden beschränkt, dann hatte man ihnen das Recht entzogen, an staatlichen

Prüfungen teilzunehmen und schließlich versagte man ihnen auch das Ablegen der Doktorpromotion. In den höheren Schulen war die Behandlung unterschiedlich. Sie war in Privatschulen im allgemeinen besser als in staatlichen. 1937/38 mußten auch die letzten Juden die Oberschulen verlassen. Seit der Reichskristallnacht durften »Nichtarier« öffentliche Bibliotheken nicht mehr benutzen. Im Krieg verbot man ihnen sogar den Bezug von Zeitungen.

Die Ereignisse vom November 1938 öffneten auch den letzten jüdischen Bürgern die Augen für den Ernst ihrer Lage. Sie mußten erkennen, daß die von vielen von ihnen bis dahin noch immer gehegte Hoffnung, der Nationalsozialismus werde sich nur kurze Zeit an der Macht behaupten oder aber er werde sich allmählich in seinen Forderungen mäßigen und auch ihnen wieder eine erträgliche gesellschaftliche und wirtschaftliche Existenz zugestehen, ein verhängnisvoller Trugschluß gewesen war. So wurde die Kristallnacht das Fanal für eine überstürzte Auswanderung, ja für eine Massenflucht. Von den jüdischen Männern, die im Anschluß an die Synagogenbrandstiftungen verhaftet und in die Konzentrationslager eingewiesen worden waren, erzwangen ihre nationalsozialistischen Peiniger bei der Freilassung häufig das Versprechen, mit ihren Familien unverzüglich aus Deutschland auszuwandern. Seit Anfang 1939 verließen im Monat etwa 500 badische und württembergische Juden die Heimat, um im Ausland größtenteils unter höchst ungünstigen Bedingungen eine neue Existenz zu begründen. Nur ein Teil der Emigranten wollte bzw. konnte sich in Palästina niederlassen. Die Aufnahmemöglichkeiten dieses unter britischer Mandatsverwaltung stehenden Landes, das nach dem Willen der zionistischen Bewegung zur nationalen Heimstätte des jüdischen Volkes werden sollte, waren beschränkt. Auch wurden dort vornehmlich jüngere landwirtschaftlich und handwerklich geschulte Menschen gebraucht, die imstande waren, das großangelegte Siedlungs- und Aufbauwerk voranzutreiben. Die überwiegende Mehrheit der jüdischen Emigranten wählte daher die benachbarten europäischen Staaten, insbesondere aber die Vereinigten Staaten von Amerika, als Zufluchtsländer. Die Chancen, in der neuen Heimat wirtschaftlich Fuß fassen und beruflich rasch wieder eine vergleichbare Stellung erreichen zu können, waren für die Wohlhabenden noch relativ günstig, da diese wenigstens einen Teil ihres Vermögens hatten retten können, sie waren hingegen schlecht für die Unbemittelten und ebenso für die alten Menschen. Manchem wurde der Weg ins Ausland erschwert oder unmöglich gemacht, waren doch die ausländischen Staaten nur in seltenen Ausnahmefällen bereit, zugunsten der Verfolgten ihre Einwanderungsbeschränkungen zu lockern und humanitären Erwägungen den Vorzug vor wirtschaftlichen und gesellschaftspolitischen Gesichtspunkten zu geben. So hielten etwa die USA, das wichtigste Einwanderungsland für die baden-württembergischen Juden, unerbittlich an ihrem Quotensystem fest. Ebenso bestanden sie nach wie vor auf Affidavits, d. h. auf Bürgschaftserklärungen von bereits in den

Staaten lebenden Verwandten und Freunden der aus Deutschland herausdrängenden Juden. Die Neuankömmlinge sollten keinesfalls der amerikanischen Öffentlichkeit zur Last fallen. Wäre indessen die restriktive Einwanderungspolitik der US-Regierung nicht zu einem guten Teil von privater Seite unterlaufen worden, hätten bestimmt nur verhältnismäßig wenige jüdische Verfolgte Aussicht gehabt, in den Vereinigten Staaten Zuflucht zu finden. Dank des Engagements jüdischer und christlicher Hilfsorganisationen und der großen finanziellen Opferwilligkeit zahlreicher Privatpersonen in Amerika aber gelang es, viele Tausende von Verfolgten, allen bürokratischen Hemmnissen zum Trotz, aus dem nationalsozialistischen Herrschaftsbereich zu retten und ihnen die Niederlassung in den USA zu ermöglichen.

Eine Gemeinde nach der anderen mußte nach dem Wegzug der Mehrheit ihrer Mitglieder aufgehoben werden. Seit Herbst 1939 bestand in Württemberg nur noch die Großgemeinde Stuttgart. An die Stelle des Oberrats trat die Jüdische Kultusvereinigung Württemberg e.V. In Hohenzollern blieben die beiden Gemeinden Haigerloch und Hechingen bis zu den großen Deportationen in den Jahren 1941 und 1942 bestehen. In Baden löste das Staatsministerium zwischen 1933 und 1940 eine größere Zahl von Zwerggemeinden auf. Den übrigen Gemeinden bereitete die Deportation vom 22. Oktober 1938 ein jähes Ende. 1938 wurde den jüdischen Gemeinden der Charakter öffentlich-rechtlicher Körperschaften abgesprochen; sie erhielten statt dessen den Status eingetragener Vereine. Im folgenden Jahr wurden sie der Reichsvereinigung der Juden in Deutschland e.V., einem von den NS-Machthabern verfügten zwangsweisen Zusammenschluß der jüdischen Landesverbände und großen Organisationen, angegliedert.

Im September 1939 wurde von Hitler der Krieg entfesselt. Trotz des Verbots von Einzelaktionen gegen die Juden aus diesem Anlaß – die Kriegsschuld schob die nationalsozialistische Propaganda dem internationalen Judentum zu – galten ihnen wieder die ersten Maßnahmen: Juden durften sich nur von morgens 6 Uhr bis abends 8 bzw. 9 Uhr auf der Straße aufhalten. Ihre Luftschutzkeller hatten sie sich selbst zu bauen. Alle Radioapparate, die im Besitz von Juden waren, wurden entschädigungslos beschlagnahmt und von der Geheimen Staatspolizei zum Teil den Reservelazaretten zur Verfügung gestellt. Hausdurchsuchungen nach Hamsterwaren folgten. Schokolade oder Bohnenkaffee, der sich im Besitz von Juden vorfand, wurde der Nationalsozialistischen Volkswohlfahrt übergeben. Die Abgabe von Genußmitteln oder Kosmetika an Nichtarier wurde bald darauf verboten. Früh ging man auch dazu über, besondere jüdische Lebensmittelkarten auszugeben.

Bereits 1939 hatte man in Württemberg angefangen, Juden mit Zwang umzuquartieren. Im Jahr 1940 setzte man dies in verstärktem Maß fort. Es wurde als unerträglich bezeichnet, daß Nichtjuden mit Juden unter einem Dach wohnten. Ohne Rücksicht auf die Eigentumsverhältnisse wurden Juden bestimmte Häuser oder Wohnblocks zugewiesen. Die bisherigen Behausungen mußten in kürzester Frist und häufig unter Zurücklassung eines Teils des Mobiliars geräumt werden. Da die Partei der Ansicht war, daß es deutschen Volksgenossen nicht länger zugemutet werden könne, mit Juden im gleichen Geschäft zu kaufen, wurden, wo es sich einigermaßen vertreten ließ, Juden bestimmte Geschäfte vorgeschrieben, in denen sie zu festgesetzten Zeiten ihre Einkäufe tätigen konnten. Seit Ende 1940 wurde damit begonnen, Städte und Dörfer »judenfrei« zu machen und die Juden auf wenige Orte im Land zu konzentrieren: Die jüdischen Gemeinden Buchau, Laupheim, Oberdorf, Haigerloch usw. erhielten durch zwangseingewiesene Juden aus Stuttgart, Heilbronn und anderen Städten erheblichen Zuwachs. 1941/42 wurden in Tigerfeld (Gemeinde Pfronstetten, Landkreis Reutlingen), Eschenau (Gemeinde Obersulm, Landkreis Heilbronn), Weissenstein (Landkreis Göppingen), Herrlingen (Gemeinde Blaustein, Alb-Donau-Kreis) und Oberstotzingen (Gemeinde Niederstotzingen, Landkreis Heidenheim) sogenannte Jüdische Altersheime eingerichtet, in die aus allen Teilen des Landes vorwiegend ältere Juden eingewiesen wurden.

Seit September 1941 mußten die Juden den gelben Davidstern tragen, der sie schon rein äußerlich als Angehörige des verfemten Volkes auswies und jeder Demütigung in der Öffentlichkeit preisgab. Das Verlassen des Wohnorts wurde sehr erschwert, bald so gut wie unmöglich gemacht. Öffentliche Verkehrsmittel durften Juden nur noch mit besonderen Erlaubnisscheinen benutzen. 1942 wurde ihnen das Betreten von Wartesälen, die Benutzung öffentlicher Fernsprechzellen und vieles andere untersagt. Ihre Woll- und Pelzsachen hatten sie im Januar 1942 entschädigungslos an die Wehrmacht abzugeben. Schließlich durften sie auch keine elektrischen Haus- und Küchengeräte, keine Fahrräder und keine Schreibmaschinen mehr besitzen, ebenso durften sie keine Hunde, Katzen oder Kanarienvögel mehr halten. Es wurde ihnen verboten, im Verkehr mit Behörden akademische oder berufliche Titel zu führen.

Bis zum Jahr 1941 wollte das nationalsozialistische Regime das sogenannte Judenproblem durch Auswanderung lösen. Wie wir gesehen haben, war ihm dazu jedes Mittel recht. Immerhin gelang es mehr als zwei Dritteln aller baden-württembergischen Juden, bis zu diesem Zeitpunkt Deutschland zu verlassen. In den ersten Kriegsjahren erwog die nationalsozialistische Führung den sogenannten Madagaskar-Plan: die Juden im deutschen Machtbereich sollten nach Madagaskar gebracht und dort angesiedelt werden. Dieser Plan scheiterte aber an den realen Möglichkeiten. Nach Beginn des Krieges gegen die Sowjetunion drang Heydrich, Chef der Sicherheitspolizei und des Sicherheitsdienstes, mit seiner Forderung nach einer Endlösung der Judenfrage durch: Die Juden sollten nach dem Osten deportiert, zu schwerster Zwangsarbeit herangezogen und so allmählich ausgerottet werden. Bald wurde dieser schreckliche Plan durch Vernichtungslager wie Auschwitz und Treblinka »vereinfacht«.

Im Rahmen des Madagaskar-Plans muß die Abschiebung von 6500 Juden aus Baden, der Rheinpfalz und dem Saarland am 22. Oktober 1940 nach Südfrankreich gesehen werden. Die insgeheim durch die Geheime Staatspolizei und durch Regierungsstellen von langer Hand vorbereitete Aktion erfolgte schlagartig und, wie in den Vollzugsmeldungen zu lesen stand, »reibungslos«, von der Bevölkerung fast unbemerkt. Innerhalb weniger Stunden wurden sämtliche ortsanwesenden, transportfähigen Juden, ausgenommen lediglich die jüdischen Partner von sogenannten Mischehen sowie eine Anzahl unentbehrlicher Mitarbeiter jüdischer Verwaltungsstellen, Organisationen und Heime, zu zentralen Sammelpunkten gebracht. Die »in Abschiebehaft Genommenen« durften 50 kg Gepäck und 100 RM Bargeld mitnehmen. Viele waren völlig verzweifelt. Es kam zu einer ganzen Reihe von Selbstmorden. Allein in Mannheim machten acht jüdische Bürger ihrem Leben ein Ende. In sieben Eisenbahnzügen wurden insgesamt 5617 Verfolgte aus Baden über die westliche Reichsgrenze in das unbesetzte Frankreich abgeschoben. Die französische Vichy-Regierung, die man über die Transporte nicht einmal unterrichtet hatte, mußte sehen, wie sie mit den mittel- und heimatlosen Menschen fertig wurde. Sie brachte diese zunächst einmal in Gurs am Fuß der Pyrenäen in einem ehemaligen Flüchtlingslager aus der Zeit des Spanischen Bürgerkriegs unter. Hunger, Kälte sowie die jeder Beschreibung spottenden sanitären Einrichtungen des Lagers setzten namentlich während des ersten Winters den Alten, den Kindern und den Kranken aufs schlimmste zu. Hunderte starben. Von den Überlebenden hatte eine größere Anzahl noch die Möglichkeit, in überseeische Länder auszuwandern. Andere wurden in die Lager Noe, Nexon, Rivesaltes und Récébédou verlegt oder in Krankenhäuser und Altenheime eingewiesen. Manche konnten untertauchen und sich in der Illegalität der weiteren Verfolgung entziehen. Im Sommer 1942 wurde Frankreich in die »Endlösung« einbezogen. Diese erfaßte neben mehreren hundert badischen und württembergischen Juden, die schon vor dem Krieg in Frankreich Zuflucht gefunden hatten, rund 2500 der Ausgewiesenen vom Oktober 1940. Über das Sammellager Drancy wurden sie nach dem Osten gebracht, wo sie mit wenigen Ausnahmen in den Gaskammern von Auschwitz und Lublin-Majdanek ermordet wurden. Die von der Aktion Gurs verschont gebliebenen rund 820 badischen Verfolgten teilten das Schicksal der württembergischen Juden.
Im November 1941 ordnete die Staatspolizeileitstelle Stuttgart auf Weisung des Reichssicherheitshauptamts in Berlin die Deportation von 1000 Juden an. Es gehörte zu dem teuflischen System der Gestapo, daß sie der Jüdischen Kultusvereinigung Württemberg sowie der Bezirksstelle Baden-Pfalz der Reichsvereinigung der Juden in Deutschland die Vorbereitung und Zusammenstellung des Transports übertrug. Die Kultusvereinigung und die Bezirksstelle hatten die Teilnehmer des Transports zu benachrichtigen und einzuberufen, einen Großteil der finanziellen, organisatorischen und technischen Anforderungen zu bewältigen. Die Juden,

die zur Deportation eingeteilt waren, erhielten genaue Anweisungen, was sie an Kleidung, Verpflegung und Gebrauchsgegenständen mitnehmen durften. Um ihnen nicht die Illusion zu rauben, daß sie im Osten angesiedelt würden, erlaubte ihnen die Gestapo die Mitnahme von Beilen, Spaten und sonstigem Handwerkszeug. Sogar Fensterglas, einige Öfen und Nähmaschinen durften mitgeführt werden. Streng wurde darauf gesehen, daß die Juden vor der Deportation die sehr detaillierten Vermögenserklärungen ausfüllten, damit die Beschlagnahme ihres Vermögens zugunsten des Reichs erleichtert wurde. Sparbücher und Wertpapiere jeder Art sowie Schmuck mußten zurückgelassen werden. Die Transportteilnehmer wurden meist unter Polizeiaufsicht nach Stuttgart gebracht und bis zum Abgang des Deportationszuges auf dem Killesberg in einem Sammellager untergebracht. Am 1. Dezember 1941 verließ der erste Transport Stuttgart in Richtung Riga. Von den rund 1000 Deportierten haben 42 nachweisbar das Kriegsende erlebt. Im April 1942 folgte ein zweiter Transport nach Izbica bei Lublin in Polen. Auch er war unter der Aufsicht der Gestapo durch die Kultusvereinigung Württemberg und die Bezirksstelle Baden-Pfalz organisiert. Handwerkszeug und Wohnungseinrichtungsgegenstände befanden sich diesmal nicht mehr unter dem Reisegepäck. Wie beim ersten Transport wurden die Juden nach dem Überschreiten der Reichsgrenze der deutschen Staatsangehörigkeit für verlustig erklärt, ihr gesamtes Vermögen eingezogen. Kein einziger der 350 Verschleppten dieses Transports hat die Heimat wiedergesehen.
Einer der größten Transporte wurde im August 1942 nach Theresienstadt in der Tschechoslowakei zusammengestellt. Theresienstadt galt als Vorzugslager: Von der Gestapo wurde es in bitterer Ironie als das jüdische Altersheim des Reichs bezeichnet, und man hatte alten Leuten nahegelegt, sich durch einen sogenannten Heimeinkaufsvertrag dort einen Platz auf Lebenszeit zu sichern. Viele schlossen solche Verträge ab in der Hoffnung, dadurch wenigstens einen Teil ihres Vermögens sinnvoll anlegen und vor dem direkten Zugriff der Gestapo retten zu können. Bei ihrem Eintreffen in Theresienstadt sahen sie, daß sie schändlich betrogen worden waren. In der kleinen Stadt, die von der tschechischen Bevölkerung geräumt worden war, brachte man zeitweise 80 000 Juden unter. Die sanitären Verhältnisse waren verheerend. Schmutz, Raumnot und Nahrungsmangel charakterisierten das Lager, dem man im Unterschied zu anderen Konzentrationslagern eine gewisse Selbstverwaltung zugestanden hatte. Die alten Menschen, die sich nicht mehr selber helfen konnten, starben zu Hunderten und Tausenden oder verkamen im Schmutz. Andere, vor allem jüngere Leute, unter ihnen hochdekorierte Frontsoldaten und Schwerbeschädigte des Ersten Weltkriegs, die die ersten Monate oder das erste Jahr in Theresienstadt überlebt hatten, wurden plötzlich zu neuen Transporten zusammengestellt und weiter nach dem Osten gebracht; sie endeten meist in den Gaskammern von Auschwitz. So ist auch die Zahl derer, die Theresienstadt überlebten, klein. Befreit wurden in der

Regel nur diejenigen Juden, die erst 1944 oder 1945 dorthin deportiert worden waren.

Auch in Baden-Württemberg vermochte das NS-Regime seine zunächst auf Entrechtung, Beraubung und Vertreibung, dann auf physische Ausrottung der jüdischen Bürger abzielende Politik zu verwirklichen. Einige Zahlen machen dies offenkundig: Die 1962 vom Land bei der Staatlichen Archivverwaltung eingerichtete Dokumentationsstelle konnte in mehrjähriger Arbeit die Schicksale von 35 613 sogenannten Rassejuden aufklären, d. h. von Bürgern, die vermöge ihrer Religionszugehörigkeit oder ihrer Abstammung im Sinne der NS-Gesetzgebung als »Volljuden« galten. Von diesen 35 613 Menschen (31 091 von ihnen waren am 30. Januar 1933 in Baden-Württemberg wohnhaft, 4522 zogen nach 1933 noch hierher zu oder wurden hier geboren) verloren mindestens 8529 oder 23,95 Prozent ihr Leben durch direkte Verfolgungseinwirkungen (verfolgungsbedingter Selbstmord, Tod in Gefängnissen, in Konzentrations- und Vernichtungslagern, Tod durch sonstige nationalsozialistische Gewaltmaßnahmen). 23 961 oder 67,28 Prozent retteten ihr Leben durch Emigration, überlebten die Deportation und die Ausweisung oder blieben (Partner von »Mischehen«) im Inland zurück. – Die Zahl der bis 1945 im Inland Zurückgebliebenen betrug übrigens ganze 616 Menschen oder 1,73 Prozent. 3123 Juden oder 8,77 Prozent starben zwischen 1933 und 1945 im Inland eines natürlichen oder zumindest eines nicht nachweisbar verfolgungsbedingten Todes. Die baden-württembergischen Judengemeinden waren 1945 restlos vernichtet.

Doch selbst die Ausrottung der jüdischen Bevölkerung in seinem Herrschaftsbereich genügte dem NS-Regime noch nicht. Gleichzeitig mit den großen Deportationen aus Baden und Württemberg in den Jahren 1940 bis 1942 wandte es den jüdischen Friedhöfen und Kulturdenkmalen sein besonderes Interesse zu. So drängte es die Städte und Landgemeinden, die Ruhestätten der jüdischen Toten in ihren Besitz zu bringen und möglichst bald einzuebnen. Glücklicherweise zogen sich die Kauf- und Übernahmeverhandlungen zwischen der Reichsvereinigung der Juden in Deutschland und ihren Bezirksstellen in Baden und Württemberg mit staatlichen und kommunalen Behörden sehr in die Länge. Bei Kriegsende stand eine generelle Regelung immer noch aus. Größeren Erfolg hatte die vom Reichskommissar für Altmaterialverwertung angeordnete Erfassung der Metallteile auf jüdischen Friedhöfen (Grabeinfriedungen, Grabmäler einschließlich Friedhofstore); diese Grabschändungen gelangten zumindest im Gebiet von Württemberg voll zur Durchführung. Wäre dem nationalsozialistischen Regime mehr Zeit geblieben, hätte es ohne Zweifel auch die letzten Spuren der vielhundertjährigen Geschichte der Juden in unserem Land beseitigt.

Nach dem Untergang des NS-Regimes bemühten sich die wenigen in Baden-Württemberg verbliebenen Juden sowie die in ihre Heimat zurückgekehrten oder nach Südwestdeutschland verschlagenen Überlebenden der nationalsozialistischen Konzentrations- und Vernichtungslager, beim Wiederaufbau der kleinen jüdischen Gemeinschaft den gänzlich veränderten Verhältnissen in religiöser wie organisatorischer Hinsicht Rechnung zu tragen. In Karlsruhe knüpfte der als Körperschaft des öffentlichen Rechts neuerstandene »Oberrat der Israeliten Badens« an die Tradition des badischen Judentums an. Lediglich in fünf größeren Städten bildeten sich wiederum Gemeinden: in Mannheim, Karlsruhe, Baden-Baden, Freiburg und Heidelberg. 1957 erhielt die Gemeinde Mannheim, 1971 die Gemeinde Karlsruhe eine Synagoge. Den Gemeinden Baden-Baden, Freiburg und Heidelberg, ebenso den Karlsruhe und Freiburg angegliederten Filialgemeinden Pforzheim und Konstanz stehen bis heute für ihre Gottesdienste, wie dies anfänglich auch in Karlsruhe und Mannheim der Fall war, lediglich Betsäle zur Verfügung. In Württemberg und Hohenzollern schlossen sich die dort wohnhaften Juden nach 1945 zu einer einzigen Landesgemeinde mit Sitz in Stuttgart zusammen, die 1966 ihren Namen »Israelitische Kultusvereinigung Württemberg und Hohenzollern« in »Israelitische Religionsgemeinschaft Württembergs« änderte. 1952 wurde in Stuttgart an der Stelle der 14 Jahre zuvor niedergebrannten Synagoge ein neues jüdisches Gotteshaus und Gemeindezentrum errichtet. Im Juni 1983 gehörten dem Oberrat der Israeliten Badens 1317, der Israelitischen Religionsgemeinschaft Württembergs 713 Mitglieder an. Mit der Gründung der Hochschule für jüdische Studien in Heidelberg im Jahr 1979 ist in Baden-Württemberg ein bedeutendes geistiges Zentrum des Judentums geschaffen worden.

Anmerkung

* Der Beitrag beruht auf den folgenden Veröffentlichungen der Staatlichen Archivverwaltung Baden-Württemberg, an deren Erarbeitung der Verfasser maßgeblich beteiligt war:
Band 16 und 17: Dokumente über die Verfolgung der jüdischen Bürger in Baden-Württemberg durch das nationalsozialistische Regime 1933–1945. Bearbeitet von Paul Sauer. 1966.
Band 18: Die jüdischen Gemeinden in Württemberg und Hohenzollern. Denkmale, Geschichte, Schicksale. Bearbeitet von Paul Sauer. 1966.
Band 19: Die jüdischen Gemeinden in Baden. Denkmale, Geschichte, Schicksale. Bearbeitet von Franz Hundsnurscher und Gerhard Taddey. 1968.
Band 20: Die Schicksale der jüdischen Bürger Baden-Württembergs während der nationalsozialistischen Verfolgungszeit 1933–1945. Statistische Ergebnisse der Erhebungen der Dokumentationsstelle bei der Archivdirektion Stuttgart und zusammenfassende Darstellung. Bearbeitet von Paul Sauer. 1969.
Beiband zu Band 20: Die Opfer der nationalsozialistischen Judenverfolgung in Baden-Württemberg 1933–1945. Ein Gedenkbuch. 1969.
Auf Einzelnachweise wurde deshalb verzichtet.

III. Teil

Karl Schmitt

Die Mitgliedschaft der Religionsgemeinschaften – Entwicklung und soziales Profil[1]

Im Jahre 1952 mag sich mancher katholischer Badener rückblickend auf die an konfessionellen Reibungen reiche Geschichte seines Landes gefragt haben, was der Zusammenschluß mit dem mehrheitlich evangelischen Württemberg bringen wird. Heute steht fest, daß dem Südweststaat nicht nur konfessionelle Konflikte erspart geblieben sind, sondern daß seit Mitte der sechziger Jahre die Katholiken die größte Religionsgemeinschaft des Landes darstellen. Baden-Württemberg nahm damit eine Entwicklung vorweg, die auf Bundesebene etwa zehn Jahre später eintrat, als auch dort die katholische Kirche zur größten Religionsgemeinschaft wurde. Von allen Bundesländern ist Baden-Württemberg dasjenige, dessen ausgeglichenes konfessionelles Stärkeverhältnis dem der Bundesrepublik am nächsten kommt.

Das Interesse an der Konfessionsstatistik ist in Deutschland so alt wie die konfessionelle Spaltung. Es beruht darauf, daß das religiöse Bekenntnis von jeher mehr war als eine private Glaubenssache. Das Bekenntnis zeigte vielmehr über die bloße rechtlich fixierte Mitgliedschaft in einer Kirche hinaus eine kulturelle und gesellschaftliche Untergliederung der Bevölkerung an. Im Zuge der Demokratisierung und Parlamentarisierung des öffentlichen Lebens wurde die Konfessionszugehörigkeit schließlich zu einer der wichtigsten Grundlagen politischer Loyalitäten, von Wertvorstellungen und Parteipräferenzen, die auch bei vielen erhalten blieben, die ihre Bindung an eine Kirche gelockert oder aufgegeben haben. Daher ist die in den Volkszählungen gestellte Frage nach der rechtlichen Zugehörigkeit zu einer Kirche, Religionsgesellschaft oder Weltanschauungsgemeinschaft, die die Intensität oder die individuelle Bedeutung dieser Zugehörigkeit nicht erfassen kann und will, nach wie vor geeignet, wichtige Aufschlüsse über die Untergliederung der Bevölkerung zu liefern.

1. Die konfessionelle Gliederung der Bevölkerung im Zeitverlauf

Bei allen Verschiebungen in neuerer Zeit ist das im Augsburger Religionsfrieden von 1555 festgesetzte Prinzip *cuius regio eius religio*, nach dem der

Landesherr über die Religion der Bevölkerung seines Territoriums entschied, auch heute noch in Baden-Württemberg (wie in Deutschland überhaupt) für die Größenordnung der konfessionellen Zahlenverhältnisse bestimmend. Sie spiegeln bis heute die Gebietsaufteilung des 16. und 17. Jahrhunderts wider. Demzufolge sind vornehmlich die ehemaligen Gebiete des Herzogtums Württemberg, diejenigen der Linie Baden-Durlach (»Markgrafschaft«) und der hessische Besitz um Kehl (»Hanauer Land«) evangelisch. Das ehemalige Gebiet der Linie Baden-Baden und Vorderösterreichs (Schwarzwald, Breisgau), die Besitzungen des Deutschen Ordens und der Bistümer Konstanz, Speyer und Mainz weisen dagegen eine katholische Bevölkerungsmehrheit auf.

Die Entwicklung der Konfessionsstatistik auf dem Gebiet des heutigen Baden-Württemberg zeigt seit Beginn dieses Jahrhunderts eine Reihe von Veränderungen (vgl. Tabelle 1). 1900 gehörte fast die gesamte Bevölkerung (98,4 Prozent) zu einer evangelischen Landeskirche oder zur römisch-katholischen Kirche. Da der Hauptanteil der »Sonstigen«, nämlich 37 580 Personen, jüdischen Glaubens war, zählten mehr als 99 Prozent der Bevölkerung zu einer der großen Religionsgemeinschaften. Demgegenüber umfaßten die großen Kirchen 1982 nur noch weniger als 87 Prozent. Mehr als eine Million der baden-württembergischen Bevölkerung sind entweder konfessionslos, Angehörige einer Freikirche, einer kleineren christlichen Gemeinschaft oder zählen sich zu einer nichtchristlichen Religion.

Das zahlenmäßige Verhältnis des evangelischen zum katholischen Bevölkerungsteil hat sich umgekehrt. 1900 standen 54 Prozent Evangelische (Landes- und Freikirchen) 45 Prozent Katholiken gegenüber, während 1982 die Evangelischen 43 Prozent und die Katholiken 46 Prozent ausmachten. Da sich die Bevölkerung von Baden-Württemberg seit Beginn dieses Jahrhunderts mehr als verdoppelt hat, war der Rückgang des evangelischen Bevölkerungsanteils zunächst kein absoluter sondern nur ein relativer.

Bis Anfang der siebziger Jahre, als sich der Bevölkerungszuwachs verlangsamte, spiegeln die Veränderungen der Anteile unterschiedliche Wachstumsraten der einzelnen Religions- oder Weltanschauungsgemeinschaften bzw. der Gruppe der keiner Gemeinschaft Zugehörigen wider. Die Unterschiede im Wachstum lassen sich in der Hauptsache durch drei Ursachen erklären: Wechsel der Konfessionszugehörigkeit, demographische Dynamik der einzelnen Gruppen und Bevölkerungsaustausch.

Wechsel der Religionszugehörigkeit

Wie die Konfessionsverteilung im Jahre 1900 (Tabelle 1) deutlich zeigt, sorgten die bis zum frühen neunzehnten Jahrhundert geltenden Einschränkungen der Religionsfreiheit für eine starke Einheitlichkeit der

Tab. 1: Wohnbevölkerung nach Religionszugehörigkeit

Jahr	Wohn-bevöl-kerung 1000	Davon nach der Religionszugehörigkeit									
		Ev. Landeskirche		Ev. Freikirchen		Röm.-kath. Kirche		And. chr. Kirchen		Sonstige	
		1000	%	1000	%	1000	%	1000	%	1000	%
1900	4104,2	2202,2	53,7	12,1	0,3	1836,6	44,7	10,4	0,3	38,9	1,0
1925	4964,5	2621,5	52,8	24,2	0,5	2215,1	44,6	24,3	0,6	71,5	1,4
1939	5473,1	2754,8	51,2	¹)		2466,2	45,1	44,0	0,9	155,2	2,9
1950	6430,2	3132,9	48,7	40,8	0,6	3030,7	47,1	73,2	1,3	138,9	2,2
1961	7759,2	3726,6	48,0	64,8	0,8	3633,0	46,8	146,5	1,9	188,2	2,4
1970	8895,0	3899,3	43,8	173,8	2,0	4219,7	47,4	175,0	2,0	424,1	4,8
1982²)	9287,9	3968,0	42,7	¹)		4287,0	46,2	²)		1033,0	11,1

¹) Nicht gesondert erfaßt, in »Evang. Landeskirche« enthalten.
²) Nicht gesondert erfaßt, in »Sonstige« enthalten.
³) Bevölkerungsfortschreibung des Statist. Landesamtes zum 1.1.1982 unter Berücksichtigung der Kirchenein- und -austritte 1971–1981.

Quellen: Fiedler (1954/55); Steinki (1963) (1972); unveröffentlichte Unterlagen des Statist. Landesamtes Baden-Württemberg.

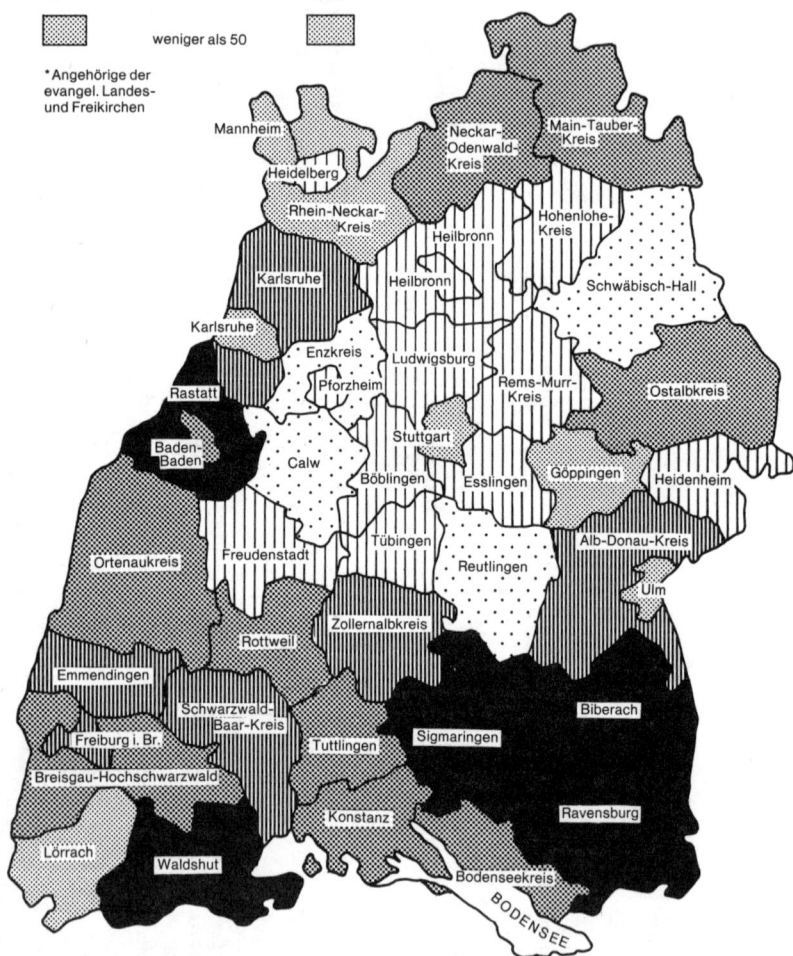

Überwiegende Konfessionen (in %)

evangelisch*

	70 und mehr
	60 bis unter 70
	50 bis unter 60
	weniger als 50

katholisch

*Angehörige der
evangel. Landes-
und Freikirchen

Mannheim
Heidelberg
Rhein-Neckar-Kreis
Karlsruhe
Karlsruhe
Enzkreis
Pforzheim
Rastatt
Baden-Baden
Calw
Ortenaukreis
Freudenstadt
Emmendingen
Rottweil
Schwarzwald-Baar-Kreis
Freiburg i. Br.
Breisgau-Hochschwarzwald
Tuttlingen
Lörrach
Waldshut

Neckar-Odenwald-Kreis
Main-Tauber-Kreis
Heilbronn
Hohenlohe-Kreis
Heilbronn
Schwäbisch-Hall
Ludwigsburg
Rems-Murr-Kreis
Ostalbkreis
Stuttgart
Böblingen
Esslingen
Göppingen
Heidenheim
Tübingen
Reutlingen
Alb-Donau-Kreis
Ulm
Zollernalbkreis
Biberach
Sigmaringen
Konstanz
Ravensburg
Bodenseekreis
BODENSEE

Konfessionsverteilung in den
Stadt- und Landkreisen Baden-Württembergs (1982)

Bekenntnisse. Die evangelischen Landesherren Badens und Württembergs suchten die Einheit des Protestantismus herzustellen (Badische Union 1821) oder zu sichern. Sie standen der Errichtung oder Ausbreitung neuer Religionsgemeinschaften ablehnend gegenüber. Es gibt nur wenige, meist durch Nützlichkeitserwägungen begründete Ausnahmen; so die Ansiedlung der Waldenser in Baden und Württemberg (1698/99), die Gründung von Königsfeld (durch die Herrnhuter (1806), Korntal (1819) und Wilhelmsdorf (1823) sowie die Errichtung der Alt-Katholischen Kirche (1870/71) (vgl. *Fischer*, 1964). Vielfach blieb »Dissidenten« nur die Auswanderung, meist nach Rußland und Nordamerika. Auch der Wechsel einzelner Personen zwischen den anerkannten Kirchen blieb eine Ausnahmeerscheinung. Konfessionell gemischte Ehen, die einen solchen Wechsel hätten veranlassen können, waren aufgrund der räumlichen Trennung der Siedlungsgebiete und des Druckes der konfessionellen Gruppen selten (vgl. *Köhle-Hezinger*, 1976). Die wenigen Judentaufen und die Konversionen zum Katholizismus in adligen und bürgerlichen Kreisen zu Beginn des neunzehnten Jahrhunderts spielten quantitativ keine Rolle.

Erst seit der Jahrhundertwende und vollends nach dem Ende des landesherrlichen Kirchenregiments 1918 kam die besonders in Württemberg seit alters her vorhandene Vielgestaltigkeit des religiösen Gemeinschaftslebens sichtbar zur Entfaltung. Insbesondere pietistische Strömungen begannen sich seit Beginn dieses Jahrhunderts zunehmend außerhalb der Institution der Landeskirchen (oft in Freikirchen) zu organisieren. Gleichzeitig fanden christlich orientierte Sondergemeinschaften (beispielsweise Jehovas Zeugen, Neuapostolische Gemeinde, Adventisten) starken Zustrom (vgl. *Fiedler*, 1954/55). Zwei Entwicklungen begünstigten die Hinwendung zu kleineren religiösen Gemeinschaften: Zum einen das Nachlassen von kirchlich-administrativer wie auch (im Zuge der Auflösung der vorindustriellen Ordnungen) von sozialer Kontrolle der unmittelbaren Umgebung; zum anderen die Zunahme des Bedürfnisses nach Intensität des Gemeinschafts- und Glaubenslebens in gesellschaftlichen Krisensituationen.

Mit der Freiheit, sich zu einem Glauben *eigener* Wahl zu bekennen, wurde auch die »negative Religionsfreiheit« garantiert, also die Freiheit, auf ein Bekenntnis zu einer religiösen oder weltanschaulichen Gemeinschaft zu verzichten. Von dieser Möglichkeit machten zunächst nur freisinnige bürgerliche Kreise oder Mitglieder der sozialistischen Bewegung Gebrauch. Bei der Volkszählung 1925 erklärten sich 25 000 Personen als »gemeinschaftslos«. Unter dem Nationalsozialismus wurde die Kirchenaustrittsbewegung unter dem Etikett der »Gottgläubigkeit« als die »dem deutschen Menschen artgemäße« Religiosität forciert. Die Zahl der »Gottgläubigen« erreichte in Baden und Württemberg bis 1939 140 000 Personen, von denen zwischen 1945 und 1950 ca. 27 000 wieder in eine Kirche oder religiöse Gemeinschaft eintraten. In der Nachkriegszeit blieb die Zahl der Gemeinschaftslosen zunächst relativ konstant (1950: 124500; 1961: 117000); erst in den sechziger Jahren stieg sie an (1970: 220000). Der Hintergrund ist die Zunahme der Kirchenaustritte (Schaubild 1).

Nachdem sich Kirchenein- und -austritte bis Mitte der sechziger Jahre die Waage gehalten hatten, stieg die Zahl der Austritte 1968 stark an. 1974, als die Austrittswelle ihren bisherigen Höhepunkt erreichte, traten in der Bundesrepublik 216000 Evangelische und 83000 Katholiken aus ihren Kirchen aus, in Baden-Württemberg waren es 16000 bzw. 10000. Insgesamt gewannen in den Jahren 1970 bis 1980 die evangelischen Landeskirchen in Baden und Württemberg durch Eintritte 25000 und verloren durch Austritte 142000 Kirchenglieder. Die beiden katholischen Bistümer gewannen durch Eintritte 8000 und verloren durch Austritte 95000.

Schaubild 1: Kirchenaustritte in der Bundesrepublik und in Baden-Württemberg (auf 1000 Kirchenmitglieder)

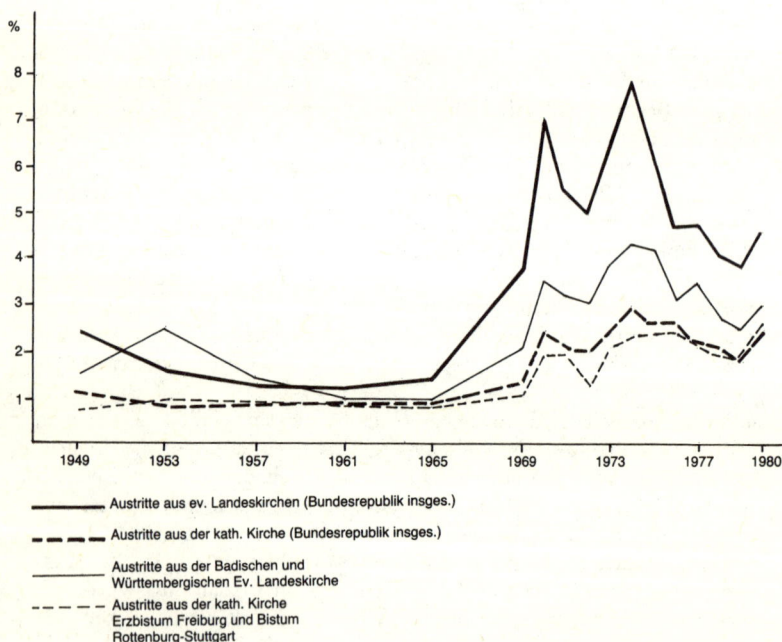

Austritte aus ev. Landeskirchen (Bundesrepublik insges.)

Austritte aus der kath. Kirche (Bundesrepublik insges.)

Austritte aus der Badischen und Württembergischen Ev. Landeskirche

Austritte aus der kath. Kirche Erzbistum Freiburg und Bistum Rottenburg-Stuttgart

Berechnet nach: Statist. Jahrbuch der Bundesrepublik Deutschland 1963 – 1982; Statist. Beilagen zum Amtsblatt der EKD; Kirchliches Handbuch Bd. XXIV-XXVI.

Bezogen auf die Zahl der Mitglieder lag die Kirchenaustrittsrate in Baden-Württemberg damit in beiden Kirchen beträchtlich unter dem Bundesdurchschnitt. Allerdings zeichnet sich bei den Katholiken seit den letzten Jahren eine Angleichung an die allgemeine Entwicklung ab.

Demographische Faktoren

Bis heute wird das Wachstum der katholischen Bevölkerungsgruppe auch in Baden-Württemberg durch ihren schon für das neunzehnte Jahrhundert nachgewiesenen stärkeren Geburtenüberschuß begünstigt (vgl. *Wahl*, 1980; *Nellessen-Schumacher*, 1978). In den letzten dreißig Jahren sind hier allerdings beträchtliche Veränderungen eingetreten (Tabelle 2). Bei einer relativ konstanten Sterbequote[2] fiel die Geburtenquote von 16,6 Promille bei Protestanten und 18,8 Promille bei Katholiken (Durchschnitt der Jahre 1950 bis 1960) auf 9,9 Promille bei Protestanten und 11 Promille bei Katholiken (1980). Damit bleibt ein Unterschied zwischen den Konfessionen erhalten. Während nunmehr bei den Protestanten die Sterbequote die Geburtenquote übersteigt, gibt es bei den Katholiken noch einen Geburtenüberschuß. Die Protestanten haben damit im Zeitraum von 1971 bis 1982 erstmals einen natürlichen Rückgang von 109000 Personen zu verzeichnen, während auf katholischer Seite ein Zuwachs von 89000 erhalten geblieben ist.

Die unmittelbare Ursache der unterschiedlichen Geburten- und Sterbequoten liegt in Besonderheiten des Altersaufbaus (Schaubild 2). Generell zeigt sich, daß in den jüngeren und mittleren Altersgruppen die Katholiken und in den älteren die Evangelischen überrepräsentiert sind. Von den Personen über 75 Jahren sind beispielsweise 52,2 Prozent evangelisch (im Bevölkerungsdurchschnitt: 45,8 Prozent) und 42,2 Prozent katholisch (im Bevölkerungsdurchschnitt: 47,4 Prozent). Die konfessionellen Unterschiede der Altersstruktur dürften stärker noch als in konfessionsspezifischen Ehe- und Familienvorstellungen in sozialstrukturellen Unterschieden liegen: Evangelische und Katholiken verteilen sich z.B. verschieden auf Stadt und Land und auf die Berufe. Ebenfalls zugunsten des katholischen Bevölkerungsteils wirkt sich der hohe Geburtenüberschuß der mehrheitlich katholischen Ausländer aus.

Wanderungsbewegungen

Schon in der Kriegszeit waren die Bevölkerungsverschiebungen beträchtlich. Sie wurden in den Jahren seit 1945 noch übertroffen. In aufeinanderfolgenden Schüben kamen zunächst die Vertriebenen aus den Ostgebieten, dann die Flüchtlinge aus der SBZ/DDR und schließlich die ausländischen Arbeitskräfte nach Baden-Württemberg. Jede dieser Zuwande-

Tab. 2: Natürliche Bevölkerungsentwicklung und Wanderung 1950–1982

	In 1000			Pro Jahr und 1000 der Bevölkerung[2]		
	1950–1960	1961–1970	1971–1982	1950–1960	1961–1970	1971–1982
Lebendgeborene abzgl. Verstorbene						
evangelisch[1]	213	239	–109	5,7	6,1	–2,3
katholisch	306	337	89	8,6	8,6	1,7
Wanderungsbilanz[3]						
evangelisch[1]	405	43	–20	10,8	1,1	–0,4
katholisch	296	249	–55	8,3	6,3	–1,1
Veränderung insgesamt						
evangelisch[1]	618	282	–130	16,5	7,2	–2,7
katholisch	602	586	34	16,9	14,9	0,6

[1]) Angehörige der evangelischen Landeskirchen und Freikirchen.
[2]) Auf 1000 der mittleren Bevölkerung mit jeweiliger Religionszugehörigkeit.
[3]) Unter Einschluß der Kirchenein- und -austritte.

Quellen: Für 1950–1960 Steinki (1963, S. 360); für 1961–1970 Steinki (1972, S. 308); für 1971–1982 Berechnungen auf der Grundlage der Bevölkerungsfortschreibung des Statistischen Landesamtes Baden-Württemberg (unveröffentlichte Unterlagen).

rungswellen veränderte die konfessionelle Zusammensetzung der Bevölkerung, da der Konfessionsproporz der Eingesessenen und der der Zuwanderer in keinem Fall übereinstimmten.

Zahlenmäßig am bedeutendsten war die Aufnahme der Vertriebenen in den unmittelbaren Nachkriegsjahren, zunächst nur im amerikanisch besetzten Teil des Landes (Nordwürttemberg-Nordbaden), später und in geringerem Umfang auch in der Französischen Zone (Südwürttemberg-Hohenzollern, [Süd-]Baden). Mit 870 000 Personen stellten die Vertriebenen 1950 13,5 Prozent der Bevölkerung (Tabelle 3). Während die Vertriebenen (Katholikenanteil: 62,3 Prozent) den katholischen Bevölkerungsanteil stärkten, kam die Zuwanderung der stark überwiegend evangelischen (74,6 Prozent) DDR-Flüchtlinge der evangelischen Wanderungsbilanz zugute.[3] Nach der Schließung der Grenze durch die DDR, die diesen Zustrom beendete, begann die dritte große Zuwanderungswelle, die der ausländischen Arbeiter. Ihre Zahl stieg in nur zehn Jahren von 168 000 (1961) auf 793 000 (1971) und lag 1981 bei 933 000. Da die Arbeitskräfte zunächst aus mehrheitlich katholischen Ländern (Italien, Spanien, Portugal) kamen (Katholikenanteil bei Ausländern 1961: 73 Prozent; 1970: 59 Prozent), brachten sie dem katholischen Bevölkerungsteil Zuwachs (vgl. Tabelle 2). Dieser Effekt wurde gedämpft durch die Verlangsamung des Zuzugs seit 1974 sowie durch die Verschiebung des Schwergewichts zu

Schaubild 2: Religionszugehörigkeit der Wohnbevölkerung in Baden-Württemberg nach dem Alter am 27. Mai 1970

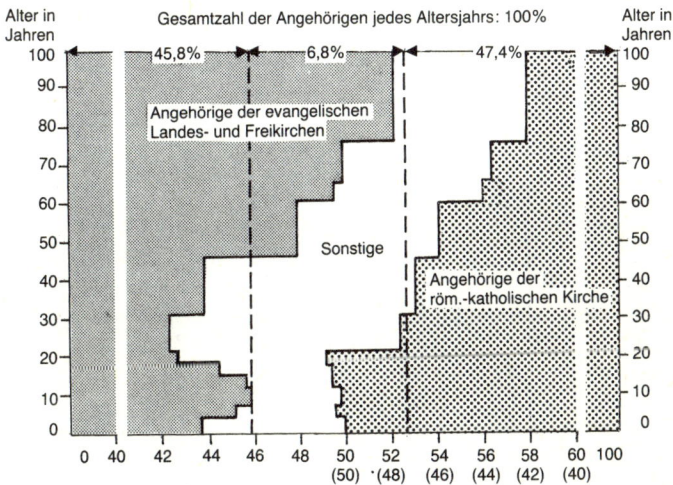

Quelle: Steinki (1972).

215

Tab.3: Religionszugehörigkeit nach Bevölkerungsgruppen 1950 (in %)

	Nord-württemberg	Nord-baden	Süd-baden	Süd-württemberg	Baden-Württemberg
Anteil Evang.[3] an					
Eingesessenen[1]	73,3	51,9	25,3	44,6	50,7
Heimatvertriebenen	31,8	24,0	54,3	59,9	36,2
Zugewanderten[2]	78,4	73,7	68,1	73,7	74,6
Anteil Röm.-kath. an					
Eingesessenen[1]	23,6	45,1	73,0	54,1	45,5
Heimatvertriebenen	66,5	75,0	44,0	39,0	62,3
Zugewanderten[2]	13,2	19,2	26,0	21,0	18,3
Anteil an der Bevölkerung					
Eingesessene[1]	79,1	83,5	90,5	88,4	84,2
Heimatvertriebene	18,3	14,3	7,3	9,8	13,5
Zugewanderte[2]	2,5	2,2	2,1	1,8	2,2

[1] Einschließlich der bis 13.9.1950 aus anderen Ländern der Bundesrepublik Zugezogenen und Ausländer.
[2] Personen, die am 1.9.1939 ihren Wohnsitz im Gebiet der DDR oder in Berlin hatten.
[3] Angehörige der Landes- und Freikirchen.

Quellen: Volkszählung 1950. Berechnet nach Statistik von Baden-Württemberg, Bd. 4/II, S. 78 ff.

den Türken, deren Zahl sich zwischen 1971 und 1981 verdoppelt hat und die heute die größte Gruppe darstellen.[4] Entsprechend stark stieg der Anteil der Restgruppe der »Sonstigen«.

Betrachtet man die Auswirkung der einzelnen Faktoren von 1945 bis heute, so lassen sich vier Phasen unterscheiden. In der unmittelbaren *Nachkriegszeit (1945–1949)* wurde das Wachstum beider großer Konfessionen durch Wiedereintritte von in der NS-Zeit ausgetretenen Personen, durch den hohen Geburtenüberschuß und die Aufnahme der Vertriebenen verursacht. Während in der ersten Phase die Zuwanderung im wesentlichen zugunsten des katholischen Bevölkerungsteils ausschlug, kam sie durch die DDR-Flüchtlinge in der *zweiten Phase (1950–1961)* stärker den Evangelischen zugute. Der hohe Geburtenüberschuß blieb in beiden Konfessionen erhalten. Dies galt auch für die *dritte Phase (1961 bis 1973)*. Gemeinsam mit einer positiven Wanderungsbilanz (besonders für die katholische Seite – Gastarbeiter) ergab sich letztmals ein kräftiger Zuwachs. Dagegen ist die *vierte Phase (1974–1982)* von Rückgang bzw. Stagnation gekennzeichnet. Auf evangelischer Seite übertreffen Geburtendefizit und Kirchenaustritte bei weitem die positive Wanderungsbilanz, so daß sich insgesamt ein Verlust ergibt. Auf katholischer Seite reichen demgegenüber der Geburtenüberschuß und die geringe Zuwanderung aus, um die Kirchenaustritte zu kompensieren.

2. *Die Auflösung konfessionell geschlossener Räume*

Die beträchtlichen Bevölkerungsverschiebungen seit 1945 haben nicht nur das zahlenmäßige Verhältnis der Konfessionen in Baden-Württemberg insgesamt verändert, sondern auch bis in die kleinsten Gemeinden hinein zu einer räumlichen Vermischung der Konfessionen geführt. Waren 1825 im Gebiet des heutigen Baden-Württemberg noch 2000 der 3500 Gemeinden, also über 60 Prozent, einheitlich bis auf den letzten Einwohner entweder evangelisch oder katholisch, so gibt es heute keine einzige konfessionell geschlossene Gemeinde mehr. Diese Entwicklung zeigt sich auch auf der Ebene der Regierungsbezirke und der Stadt- und Landkreise (Tabelle 4). Gab es 1939 noch elf Kreise, in denen eine Konfession einen Bevölkerungsanteil von mehr als 90 Prozent stellte, so erreicht heute eine Konfession in keinem Kreis mehr als 80 Prozent (Karte 1). Nur in fünf Kreisen beträgt der katholische Bevölkerungsanteil mehr als 70 Prozent: Biberach (78,9 Prozent), Sigmaringen (78,5 Prozent), Ravensburg (76,0 Prozent), Rastatt (73,8 Prozent) und Waldshut (72,6 Prozent). Den höchsten evangelischen Anteil erreicht der Kreis Schwäbisch Hall mit 68,5 Prozent.[5]

Daß das örtlich oder regional jeweils in der Minderheit befindliche Bekenntnis die größten Zuwachsraten hatte, beruht keineswegs allein auf den Wanderungsbewegungen der fünfziger, sechziger und siebziger Jahre, in denen die Mobilität sich nach persönlichen, wirtschaftlichen oder sonstigen individuellen Interessen richtete. Vielmehr hat gerade die administrativ gesteuerte Zuweisung der Heimatvertriebenen und Flüchtlinge in konfessionell jeweils anders strukturierte Gebiete – entgegen den Interessen der Kirchen[6] – für den ersten großen Schub der Durchmischung gesorgt. So mußten die dominant evangelischen Regierungsbezirke Nordwürttemberg und Nordbaden eine überdurchschnittliche Zahl katholischer, die dominant katholischen Regierungsbezirke Südbaden und Südwürttemberg eine überdurchschnittliche Anzahl evangelischer Vertriebener und Flüchtlinge aufnehmen.[7] Zahlenmäßig fielen dabei die zu zwei Drittel katholischen Vertriebenen stärker ins Gewicht als die zu drei Viertel evangelischen Ostzonenflüchtlinge (vgl. Tabelle 3).

Eine Durchmischung ehemals konfessionell einheitlicher Siedlungsräume muß jedoch nicht notwendig den Abbau der Trennungslinie zwischen den Angehörigen der Konfessionen nach sich ziehen. Gerade in Baden-Württemberg zeigt demgegenüber die Entwicklung im neunzehnten und in der ersten Hälfte des zwanzigsten Jahrhunderts sehr deutlich, daß sich

Tab. 4: Zahl der Stadt- und Landkreise nach dem Anteil der evangelischen und katholischen Bevölkerung

Bevölkerungs-anteil in % (von ... bis unter ...)	Zahl der Kreise[2]) mit					
	evang. Bevölkerungsanteil[1]H			kath. Bevölkerungsanteil		
	1939	1950	1982	1939	1950	1982
unter 10	9	1	–	10	2	–
10 bis 20	10	17	3	6	5	–
20 bis 30	7	7	7	7	15	5
30 bis 40	5	5	11	6	3	12
40 bis 50	5	9	7	9	11	6
50 bis 60	9	9	12	3	7	6
60 bis 70	7	8	4	6	5	10
70 bis 80	6	13	–	7	8	5
80 bis 90	10	3	–	11	15	–
90 und mehr	4	–	–	7	1	–

[1]) Angehörige der evangelischen Landes- und Freikirchen (ohne christlich orientierte Sondergemeinschaften).
[2]) Jeweiliger Gebietsstand.

Quellen: Steinki (1972); unveröffentlichte Unterlagen des Statistischen Landesamtes Baden-Württemberg.

die Bekenntnisse auch in traditionell konfessionell gemischten Gebieten, also auch in den Städten, als weitgehend geschlossene soziale Gruppen etabliert und gehalten haben. Auch dort, wo wie in Baden keine Konfessionsschule existierte, sorgten kirchliche Gebote (z. B. Mißbilligung konfessionell gemischter Ehen), ein weit verzweigtes Netz von karitativen, gesellschaftlichen und politischen Organisationen auf konfessioneller Grundlage sowie eine starke Identifikation mit der eigenen Gruppe für den Fortbestand der Konfessionen als sozialkulturellen Milieus.

Gerade hier zeigt sich seit 1945, verstärkt seit den sechziger Jahren, ein Wandel. Gefördert, aber nicht allein verursacht durch die räumliche Mischung, sind die Grenzen zwischen den Konfessionen in zunehmender Auflösung begriffen. Dies läßt sich deutlich an einer für die Lebensgestaltung des einzelnen besonders bedeutsamen und daher von jeher mit großer Aufmerksamkeit verfolgten Entwicklung ablesen: Dem Zahlenverhältnis von konfessionell einheitlichen zu konfessionell gemischten Ehen. In 27 Jahren, von 1953 bis 1980, hat sich der Anteil derjenigen Ehen, die Angehörige der jeweils gleichen Konfession miteinander eingingen, von 71 Prozent auf 58 Prozent vermindert (Schaubild 3). Der Rückgang ist besonders deutlich im evangelisch-landeskirchlichen Bereich. Liegt dies am rückläufigen Anteil der evangelischen Landeskirchen an der Gesamtbevölkerung Baden-Württembergs? Oder spielen hier un-

Schaubild 3: Eheschließungen in Baden-Württemberg nach der Konfessionszugehörigkeit der Ehepartner 1953 und 1980 (in % der Eheschließungen insgesamt)

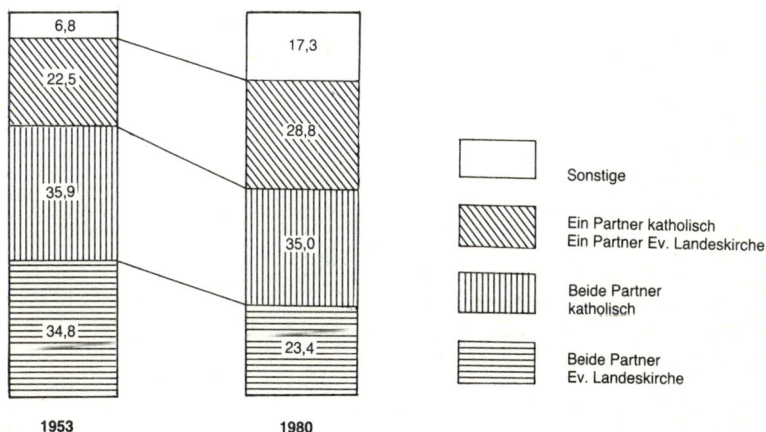

Berechnet nach unveröff. Unterlagen des Statist. Landesamts Baden-Württemberg.

terschiedliche Eheschließungsraten oder eine unterschiedliche Neigung zum Kirchenaustritt eine Rolle? Die Wirkung dieser Faktoren läßt sich ausschalten. Man muß dazu den Anteil konfessionell einheitlicher Eheschließungen nicht auf die Gesamtzahl der Eheschließungen überhaupt, sondern auf diejenigen der jeweiligen konfessionellen Gruppe beziehen (Schaubild 4).

Bei dieser Betrachtungsweise zeigt sich, daß die Neigung, mit einem Partner der gleichen Konfession eine Ehe einzugehen, unabhängig von allen anderen Faktoren, bei Männern und Frauen beider Konfessionen beträchtlich gesunken ist. Bei fast gleicher Ausgangsposition ist der Rückgang bei den Evangelischen stärker als bei den Katholiken. 1953 heirateten 76 Prozent der katholischen Männer eine katholische Partnerin, 1980 waren es 66 Prozent; bei den evangelischen Männern sank die Zahl von 73 Prozent auf 58 Prozent. Die Werte liegen unter dem Bundesdurchschnitt.[8] Seit Mitte der siebziger Jahre zeichnet sich allerdings eine Stabilisierung ab.

Schaubild 4: Konfessionshomogene Eheschließungen in Baden-Württemberg (in % der eheschließenden Personen der jeweiligen Gruppe)

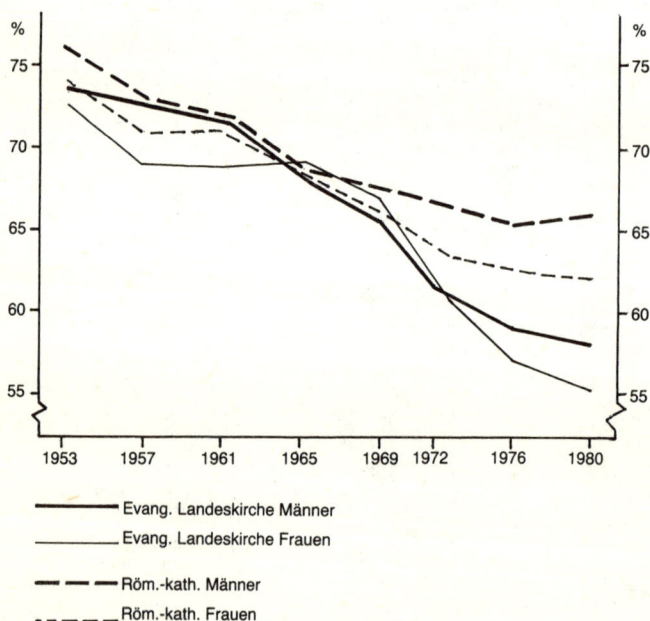

Evang. Landeskirche Männer

Evang. Landeskirche Frauen

Röm.-kath. Männer

Röm.-kath. Frauen

Berechnet nach unveröff. Unterlagen des Statist. Landesamts Baden-Württemberg.

Der Anteil konfessionell einheitlicher Ehen hat sich beträchtlich der statistischen Wahrscheinlichkeit angenähert, durch Zufall einem Partner der gleichen Konfession zu begegnen, also dem Anteil der jeweiligen Konfession an der Gesamtbevölkerung. Zwar ist es kaum denkbar, daß dieser Wert jemals erreicht wird, auch dann nicht, wenn in den Konfessionen jegliche Tendenz verschwände, Partner der eigenen Gruppe vorzuziehen. Bei aller Durchmischung dürfte eine Konzentration der Konfessionen in bestimmten Gebieten und Milieus erhalten bleiben und somit auch eine höhere Chance, auf Angehörige der eigenen Gruppe zu treffen. Dennoch ist die Tatsache, daß 1980 nur noch knapp zwei Drittel der Katholiken und ca. 57 Prozent der Evangelischen innerhalb ihres Bekenntnisses heirateten, für die Zukunft der Konfessionen folgenreich. In einer Situation, in der Bindungen an eine Konfession nicht in erster Linie auf individuelle Entscheidung oder Bekehrung, sondern auf ihrer Weitergabe von Generation zu Generation beruhen, hängt der Fortbestand der konfessionellen Milieus vom Nachwuchs aus konfessionell einheitlichen Familien ab. Wenn sich die Konfessionen schon rein numerisch im Laufe der Generationen immer stärker auf einen Kern reduzieren, wird es allein aus diesem Grunde zunehmend unrealistisch, von einem »evangelischen Volksteil« oder einem »katholischen Volksteil« zu sprechen.

3. Sozialstrukturelle Gliederung

Die Pyramide der Sozialstruktur der deutschen Bevölkerung wird innerhalb der Religionsgemeinschaften keineswegs in verkleinertem Maßstab abgebildet. Vielmehr verteilen sich die konfessionellen Gruppen durchaus ungleich auf die Berufe und sozialen Ränge. Was für die Bundesrepublik insgesamt gilt, gilt auch für Baden-Württemberg. Deutlich zeigt sich das, wenn man die Angehörigen der einzelnen Religionsgemeinschaften nach ihrer Stellung im Beruf in Selbständige, Beamte, Angestellte und Arbeiter untergliedert (Tabelle 5). Betrachtet man die Verteilung der deutschen Erwerbsbevölkerung auf diese Kategorien bei der letzten Volkszählung (1970), so ergibt sich folgendes Bild, das im wesentlichen auch heute noch gültig sein dürfte.
In allen Kategorien weichen die Anteile der einzelnen Bekenntnisse von denjenigen an der Erwerbsbevölkerung insgesamt ab. Letztere entsprechen bei gleicher Erwerbsquote in etwa den Anteilen der Bekenntnisse an der Bevölkerung überhaupt. Nimmt man diesen Konfessionsproporz der Erwerbsbevölkerung zum Maßstab, dann ist bei den Selbständigen, den Beamten und den Angestellten das evangelische Element jeweils über- und das katholische (mit Ausnahme der Beamten) jeweils unterrepräsentiert. Bei den Arbeitern verhält es sich umgekehrt. Hier sind die Katholiken stärker, die Evangelischen schwächer vertreten als unter den Erwerbstätigen überhaupt.

Tab 5: Stellung im Beruf nach Religionszugehörigkeit – Deutsche Erwerbstätige in Baden-Württemberg und im Bundesgebiet 1970 (in %)

	Baden-Württemberg			Bundesgebiet		
	Evangelische[2]	Katholische	Sonstige	Evangelische[2]	Katholische	Sonstige
Selbständige insgesamt	51	44	5	48	46	6
Freie Berufe	54	35	11	51	37	12
Landwirtschaft	49	50	1	47	52	1
Nichtfreie Berufe[3]	51	42	6	49	44	7
Beamte insgesamt	50	46	4	52	43	5
Höherer Dienst	58	38	5	55	39	6
Gehobener Dienst	52	44	4	51	43	6
Mittlerer Dienst	46	50	4	50	44	6
Einfacher Dienst	47	49	4	52	44	4
Angestellte insgesamt	53	41	6	53	40	7
Obere Führungsebene	55	38	8	54	38	8
Mittlere Führungsebene	55	38	7	54	37	9
Ohne Führungsfunktion[4]	57	33	11	55	35	10
Übrige	52	42	6	53	41	6
Arbeiter[1] insgesamt	47	49	4	50	45	5
Erwerbsbevölkerung insgesamt	49	46	5	51	44	5

[1] Für Baden-Württemberg: Schätzung.
[2] Angehörige der evangelischen Landes- und Freikirchen.
[3] Außer Landwirtschaft.
[4] Mit Hochschulabschluß.

Quellen: Nellessen-Schumacher 1978, S. 177, 180, 183. Statistik von Baden-Württemberg, Band 204, Heft 1.

Die einzelnen Kategorien stellen nur grobe Zusammenfassungen sehr heterogener Elemente dar, so daß sie weiter aufgeschlüsselt werden müssen. Die »Selbständigen« beispielsweise enthalten sowohl Kleinbauern wie Großunternehmer. Eine genauere Betrachtung zeigt, daß in dieser Kategorie die evangelische Überrepräsentanz hauptsächlich auf den freien Berufen und den übrigen Berufszweigen außerhalb der Landwirtschaft beruht. Von hundert Freiberuflern (Ärzte, Rechtsanwälte, Künstler, Architekten etc.) sind 54, von hundert Selbständigen in Industrie, Handel und Gewerbe sind 51 evangelisch (gegenüber jeweils 35 bzw. 42 Katholiken), während bei den Landwirten die Katholiken überrepräsentiert sind. Eine Untergliederung der Beamten und Angestellten nach in sich geschlossenen und sozial gestuften Gruppen ergibt, daß die ohnehin vorhandene Überrepräsentanz der Evangelischen in diesen insgesamt sozial gehobenen Kategorien sich noch verstärkt. Je verantwortungsvoller die Position und je höher die Qualifikation, die sie verlangt, desto stärker ist der evangelische und desto niedriger der katholische Anteil.

Die auf den ersten Blick vielleicht geringfügig erscheinenden Unterschiede werden erst deutlich sichtbar, wenn man den tatsächlichen Zahlen, mit denen die Angehörigen der jeweiligen Konfession in den Berufsgruppen vertreten sind, diejenigen hypothetischen gegenüberstellt, die sich bei der Annahme einer (gemäß dem Anteil an der Erwerbsbevölkerung) proportionalen Beteiligung ergäben. Bei einer solchen Betrachtung bleibt die tatsächliche Zahl etwa der katholischen Angestellten der oberen Führungsebene um 18 Prozent hinter dem erwarteten Wert zurück, während diesem Defizit eine Überrepräsentanz der evangelischen Angestellten von 12 Prozent und der Angestellten aus der Gruppe der »Sonstigen« von 55 Prozent gegenübersteht.

Es besteht also ein soziales Gefälle zu Lasten der Katholiken und zugunsten der Evangelischen und noch mehr zugunsten der Kategorie der »Sonstigen«. Insgesamt fällt auf, daß das Gefälle in Baden-Württemberg stärker ist als im Bundesdurchschnitt ohnehin. Es wäre noch deutlicher, wenn man die Ausländer in die Betrachtung einbezöge. Unter den vielfältigen Erklärungen, die hier herangezogen werden können, sind folgende Argumente hervorzuheben: Schon die reformatorische Bewegung konzentrierte sich, auch in Baden und in Württemberg, auf die Städte. Dieser Effekt wurde dadurch verstärkt, daß die Industrialisierung in Württemberg vom evangelischen altwürttembergischen Kernland ausging und von einer evangelischen Unternehmerschicht getragen wurde, die – zwar zeitweise von der lutherischen Landeskirche gehemmt ein von den nichtquietistischen Strömungen des württembergischen Pietismus beeinflußtes und dem Puritanismus verwandtes Arbeitsethos als religiöse Antriebskraft wirtschaftlicher Aktivität wirksam machte (vgl. *Dorst,* 1978). Da auch in Baden evangelische Unternehmer maßgeblich an der Industrialisierung beteiligt waren, mag die bis heute in wirtschaftlich führenden Positionen spürbare Unterrepräsentanz der Katholiken dem

Nachwirken dieser historischen Tatsache zuzurechnen sein (vgl. *Bauer,* 1964).

Da heute der Zugang zu Berufspositionen weniger an in Familie und Milieu geprägte Qualifikationen, dafür zunehmend stärker an formale Bildungsabschlüsse gebunden ist, kommt als zweiter wichtiger Faktor die konfessionelle Disparität im Ausbildungsstand zum Tragen. Das traditionelle Bildungsdefizit der Katholiken besteht auch in Baden-Württemberg (Tabelle 6).

Betrachtet man den Ausbildungsstand der Gesamtbevölkerung, dann hatten 1970 die Evangelischen weitaus häufiger, die Katholiken dagegen weitaus seltener einen Abschluß in einem weiterführenden Bildungsbereich erworben, als es im Durchschnitt zu erwarten gewesen wäre. Allerdings hat sich im Zeitverlauf eine Angleichung vollzogen. In den Zahlen über die Gesamtbevölkerung kann sie nicht sichtbar werden, da die Unterschiede zwischen den einzelnen Jahrgängen hier verdeckt werden. Aufschlüsse über Veränderungen bieten dagegen die Konfessionsanteile bei den Schülern und Studenten, die im Jahre 1970 in Ausbildung waren (Tabelle 6). Es zeigt sich, daß nach wie vor auch in den jüngeren Jahrgängen ein katholisches Bildungsdefizit besteht, allerdings in abgeschwächtem Maße. Zwar haben die Katholiken in der Realschule, im Gymnasium und in der Fachschule einen Großteil ihres Rückstandes aufgeholt. An der Konfessionsverteilung im Hochschulbereich hat sich jedoch nichts geändert.

Sieht man von Faktoren wie den Unterschieden in der sozialen Stellung der Elternhäuser oder der Bildungsmotivation ab, dann läßt sich die konfessionell unterschiedliche Bildungsbeteiligung vor allem auf die Chancenungleichheit zurückführen, die damit verknüpft ist, daß sich Katholiken und Evangelische nicht in gleicher Weise auf Stadt und Land verteilen. Mit zunehmender Gemeindegröße steigt der Anteil der Evangelischen kontinuierlich an, während der der Katholiken ebenso abnimmt. Bei den kleinsten Gemeinden bis zu 200 Einwohnern dominierten 1970 die Katholiken mit 69 Prozent (Evangelische 29 Prozent), während sie in den Großstädten mit über 100000 nur einen Anteil von 37 Prozent (Evangelische 55 Prozent) erreichten.[9] Die in den letzten Jahrzehnten eingetretene Angleichung der Lebensbedingungen und damit auch der Bildungschancen zwischen Stadt und Land wirkte sich nur für die davon betroffenen Geburtsjahrgänge aus.

Derartige Veränderungen schlagen sich in Statistiken, die die ganze Bevölkerung betreffen, nur langfristig nieder. Daher stünde zu erwarten, daß eine heute durchgeführte Volkszählung sowohl hinsichtlich des Ausbildungsstandes als auch hinsichtlich der Berufsstruktur mit gewissen Abschwächungen die gleichen Grundmuster konfessioneller Disparität zutage fördern würde, wie sie hier für 1970 belegt wurden.

Tab. 6: Ausbildung der Bevölkerung nach Religionszugehörigkeit in Baden-Württemberg 1970 (in %)

Ausbildungsstufe	Personen mit abgeschlossener Ausbildung			Personen in Ausbildung[2]		
	Evangelische[1]	Katholische	Sonstige	Evangelische[1]	Katholische	Sonstige
Grund-/Hauptschule	43,8	48,8	7,4	44,6	51,3	4,0
Realschule	54,6	37,8	7,6	49,6	47,2	3,1
Gymnasium	53,2	35,2	11,6	50,7	45,8	3,4
Berufsfach-/Fachschule	51,1	42,7	6,2	48,4	46,3	5,3
Ingenieurschule	55,6	33,3	11,1	51,9	38,3	9,8
Hochschule	54,0	36,4	9,6	53,2	36,0	10,8
Insgesamt	45,9	46,9	7,6	46,7	49,0	4,3

[1]) Angehörige der evangelischen Landes- und Freikirchen.
[2]) Nur Schüler und Studenten.

Quelle: Berechnet nach unveröffentlichten Sonderauszählungen des Statistischen Landesamts Baden-Württemberg; Nellessen-Schumacher 1978, S. 163.

4. Äußerungen kirchlichen Lebens

Die bloße Mitgliedschaft in einer Kirche sagt über die tatsächliche Beteiligung am kirchlichen Leben noch nichts aus. Darüber geben die von den Kirchen jährlich erhobenen Statistiken Auskunft. Zwar können diese Erhebungen nur zähl- und meßbare Merkmale, also nicht die persönliche Glaubenshaltung der einzelnen Kirchenmitglieder erfassen. Dennoch erlauben sie wichtige Einblicke in die Entwicklung kirchlich gebundener religiöser Praxis sowie die Veränderung und das Ausmaß der Befolgung kirchlicher Normen. Zum Kern kirchlichen Lebens beider Konfessionen gehören die sonntägli-

Schaubild 5: Gottesdienstbesuch – Landeskirche in Baden / Gliedkirchen der EKD (in % der Kirchenglieder)

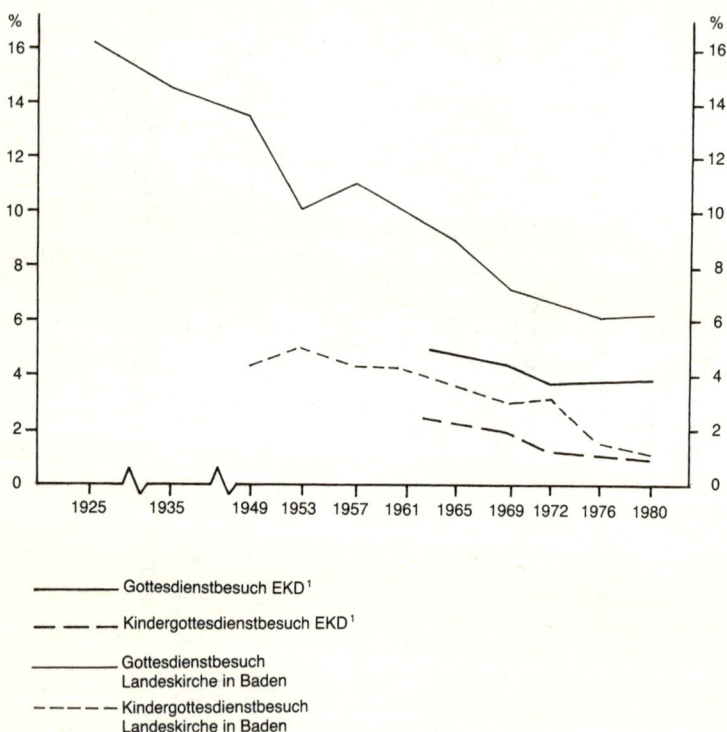

——————— Gottesdienstbesuch EKD[1]

— — — Kindergottesdienstbesuch EKD[1]

——————— Gottesdienstbesuch
Landeskirche in Baden

— — — — — Kindergottesdienstbesuch
Landeskirche in Baden

1 ohne Landeskirchen Bayern und Württemberg

Berechnet nach Statist. Beilage zum Gesetzes- und Verordnungsblatt der Evangelischen Landeskirche in Baden 1925 – 1981; Statist. Beilagen zum Amtsblatt der EKD 1965 – 1982.

chen Gottesdienste. Allerdings bestehen hier Unterschiede in der Verbindlichkeit. Während für die Katholiken die Teilnahme Bestandteil der religiösen Pflichten ist, besteht ein solches Gebot für die Evangelischen nicht. Dementsprechend unterscheiden sich die Teilnahmeziffern.

Im zeitlichen Vergleich ist bei beiden Konfessionen ein beträchtlicher Rückgang zu verzeichnen. In der Evangelischen Landeskirche in Baden sank der durchschnittliche Anteil der sonntäglichen Gottesdienstbesucher an der Zahl der Kirchenglieder von 13,4 Prozent (mit Kindergottesdienst 17,7 Prozent) im Jahre 1949 auf 6,2 Prozent (mit Kindergottesdienst 7,3 Prozent) im Jahre 1980 (Schaubild 5). In der Evangelischen Landeskirche in Württemberg, für die Angaben aus früherer Zeit nicht vorliegen, betrug der Anteil 1980 9,2 Prozent (einschließlich Kindergottesdienst). Damit liegt die Beteiligung nach wie vor – wie in Süddeutschland insgesamt – noch über dem Bundesdurchschnitt. Seit Mitte der siebziger Jahre zeichnet sich eine Stabilisierung ab.

Bei den Katholiken Baden-Württembergs hat sich der Sonntagsmeßbesuch im gleichen Zeitraum halbiert (Schaubild 6). Die entsprechenden Anteile fielen im Erzbistum Freiburg kontinuierlich von 55 (1949) auf

Schaubild 6: Teilnahme an der Sonntagsmesse Erzbistum Freiburg, Bistum Rottenburg, Bundesrepublik insgesamt[1]) (in % der Kirchenmitglieder)

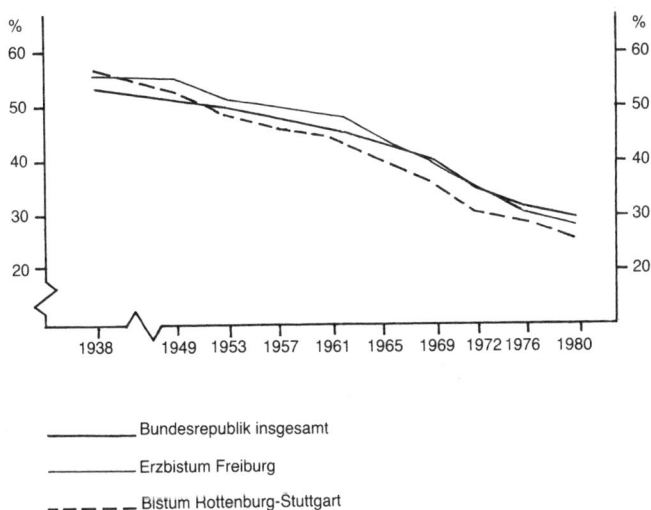

_____ Bundesrepublik insgesamt

_____ Erzbistum Freiburg

_ _ _ _ _ Bistum Hottenburg-Stuttgart

[1] Für 1938: Gebiet des Deutschen Reiches; für 1949 – 1965: Bundesrepublik ohne Berlin (West); für 1969 – 1980: Bundesrepublik mit Berlin (West).

Berechnet nach Kirchliches Handbuch, Bd. XXII – XXVII; unveröff. Unterlagen des Sekretariats der Deutschen Bischofkonferenz, Referat Statistik.

28,3 Prozent (1980), im Bistum Rottenburg-Stuttgart von 53 (1949) auf 26,8 Prozent (1980) und lagen damit 1980 leicht unter dem bundesdeutschen Durchschnitt, während sie 1949 noch darüber gelegen hatten. Eine Stabilisierung oder gar eine Trendwende ist nicht sichtbar.

Bei der Interpretation der Ziffern ist zu beachten, daß sie durchschnittliche Sonntage betreffen. An kirchlichen Festtagen ist der Gottesdienstbesuch wesentlich höher. Weiterhin bedeutet eine Durchschnittsziffer von beispielsweise 27 Prozent nicht, daß lediglich 27 Prozent der Kirchenmitglieder Gottesdienste besuchen. Der Personenkreis, aus dem sich die sonntägliche Durchschnittszahl zusammensetzt, ist nicht immer der gleiche. Aus Repräsentativbefragungen ist bekannt, daß die Zahl derjenigen, die zwar nicht jeden Sonntag, aber doch in regelmäßigen Abständen Gottesdienste besuchen, hoch ist. So deutet vieles darauf hin, daß der noch anhaltende Rückgang der durchschnittlichen katholischen Kirchenbesucherziffern weniger auf einem völligen Verzicht auf den Kirchgang

Schaubild 7: Anteil der ev.-landeskirchlichen und katholischen Trauungen an den Eheschließungen der jeweiligen Gruppe (in %)

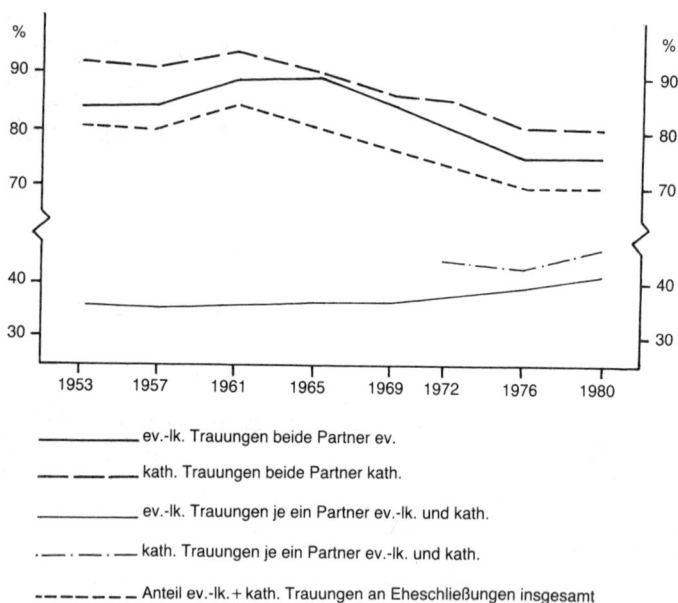

——————— ev.-lk. Trauungen beide Partner ev.

— — — — kath. Trauungen beide Partner kath.

——————— ev.-lk. Trauungen je ein Partner ev.-lk. und kath.

.— . — . — kath. Trauungen je ein Partner ev.-lk. und kath.

— — — — — Anteil ev.-lk. + kath. Trauungen an Eheschließungen insgesamt

Berechnet nach Statist. Beilagen zum Gesetzes- und Verordnungsblatt der Ev. Landeskirche in Baden; unveröff. Unterlagen der Ev. Landeskirche in Württemberg; Kirchliches Handbuch Bd. XXIV – XXVI; unveröff. Unterlagen des Statist. Landesamts Baden-Württemberg.

beruht als auf der zunehmenden Zahl derer, die von der Norm abweichen, *jeden* Sonntag zur Kirche zu gehen.

Der Gottesdienstbesuch weist heute regional beträchtliche Unterschiede auf, die sowohl sozialstrukturelle Gegebenheiten wie regionale Traditionen in der Gottesdienstpraxis widerspiegeln. Generell niedrige Werte weisen die Städte auf (Stuttgart: evangelisch 4,4, katholisch 14,0 Prozent; Mannheim: evangelisch 3,6, katholisch 15,6 Prozent). Am höchsten sind die Ziffern in den konfessionell geschlossenen Landgebieten (Main-Tauber-Kreis: evangelisch 13,8, katholisch 44,1 Prozent).

Im Unterschied zum rapiden Rückgang im Gottesdienstbesuch in der Nachkriegszeit ist das Ausmaß, in dem die Kirchen ihre Mitglieder an wichtigen Stationen des Lebens begleiten, nahezu konstant. Fast alle Kinder der Kirchenmitglieder werden getauft und konfirmiert oder gehen zur Erstkommunion. Die Zahl der kirchlichen Beerdigungen beträgt 100 Prozent der verstorbenen Kirchenmitglieder. Lediglich bei den kirchlichen Trauungen ist ein – allerdings nur relativ geringer – Rückgang zu verzeichnen (Schaubild 7). Der Anteil der kirchlichen Trauungen beider Kirchen an den Eheschließungen ihrer Mitglieder hat sich von 1953 bis 1980 von 82 auf 73 Prozent verringert. Bei den konfessionell homogenen Eheschließungen zeigt sich ein Rückgang von jeweils ca. 10 Prozent; bei den konfessionell gemischten Eheschließungen ist eine leicht steigende Tendenz zu beobachten. Dabei muß man berücksichtigen, daß in der Zahl der Eheschließungen die der Wiederheirat Geschiedener enthalten ist. Der Anteil der Geschiedenen, die erneut eine Ehe eingehen, ist in den letzten Jahren ständig gestiegen. Allein zwischen 1964 und 1981 hat er sich fast verdoppelt. Von den Evangelischen und den Katholiken, die 1981 in Baden-Württemberg eine Ehe eingingen, waren 11,5 Prozent bereits vorher verheiratet. Da bei diesen Eheschließungen eine kirchliche Trauung aus persönlichen und kirchenrechtlichen Gründen selten in Betracht kommt, ist der Rückgang im Anteil der Trauungen schwächer zu veranschlagen als dies im Schaubild ohnehin erscheint.

Anmerkungen

1 Der Beitrag beruht auf Materialien, die im Rahmen des von der Stiftung Volkswagenwerk geförderten Forschungsprojekts »Auswirkungen von sozialem Wandel, Wertwandel und ökonomischen Krisenfaktoren auf das politische System der Bundesrepublik Deutschland« erarbeitet wurden. Dem Erzbischöflichen Ordinariat Freiburg, dem Bischöflichen Ordinariat Rottenburg, dem Sekretariat der Deutschen Bischofskonferenz, dem Oberkirchenrat der Evangelischen Landeskirche in Baden, dem Oberkirchenrat der Evangelischen Landeskirche in Württemberg und dem Statistischen Landesamt Baden-Württemberg gilt ein Wort besonderen Dankes für die bereitwillige Überlassung statistischen Zahlenmaterials.

2 1950—1960 im Durchschnitt/Jahr bei Protestanten: 10,9 Promille, bei Katholiken: 10,3 Promille. 1980 bei Protestanten: 12,1 Promille, bei Katholiken: 9,4 Promille. Angaben für 1950—1960: *Steinki*, 1963, S. 360; für 1980: Unveröffentlich Unterlagen des Statistischen Landesamtes Baden-Württemberg.

3 Die Volkszählung 1961 ermittelte in Baden-Württemberg 416000 Deutsche aus der DDR und aus Berlin (= 5,4 Prozent). Die Zahl der Vertriebenen stieg bis 1961 auf 1205000 (= 15,5 Prozent). Vgl. Statistische Berichte des Statistischen Landesamts Baden-Württemberg, Bevölkerung und Kultur, September 1963, S. 7.

4 Der Anteil der türkischen Staatsbürger an den Ausländern stieg vom 31. 12. 1971 bis zum 30. 9. 1981 von 13,2 Prozent (= 123000 Personen) auf 28,3 Prozent (= 264000 Personen). Vgl. Statistik von Baden-Württemberg, Bd. 194 und 304.

5 Zur Nivellierung hat auch die Gebietsreform seit Anfang der siebziger Jahre beigetragen. Sie nahm in einigen Fällen bei der Zusammenfassung einzelner Gemeinden auf die konfessionelle und damit die kulturelle Untergliederung Rücksicht; dies gilt jedoch weniger für die Kreisreform, deren Ziel gerade die Überwindung traditioneller Grenzen zugunsten besser verwaltbarer einheitlicher Wirtschaftsräume war.

6 *Spotts* (1976, S. 49) berichtet von diplomatischen Interventionen des Vatikans noch vor Kriegsende mit dem Ziel, die Ansiedlung katholischer Heimatvertriebener in dominant evangelischen Gebieten zu verhindern.

7 Nach der Volkszählung 1950 waren im Kreis Vaihingen von den Einheimischen 5,1 Prozent, von den Vertriebenen (= 19 Prozent der Gesamtbevölkerung) 71,8 Prozent katholisch; ähnlich im Kreis Nürtingen: Katholikenanteil bei Einheimischen 6,6 Prozent, bei Vertriebenen (24,6 Prozent der Bevölkerung) 68,0 Prozent. Vgl. Statistik von Baden-Württemberg, Band 4, Heft 2, S. 78 ff. Die Abwanderung der Flüchtlinge aus den ihnen zugewiesenen Landgebieten in die Städte während der fünfziger Jahre machte allerdings einen Teil der konfessionellen Durchmischung rückgängig (vgl. *Schäller*, 1957).

8 Durchschnittswerte für die Bundesrepublik 1980: Anteil katholischer Eheschließender mit katholischen Gatten 68,7 Prozent; Anteil evangelischer Eheschließungen (einschließlich Freikirchen) mit evangelischen Gatten: 62,6 Prozent. Vgl. Statistische Beilage zum Amtsblatt der EKD, Nr. 66 (1982). Bei der Abweichung vom Bundesdurchschnitt dürfte die vergleichsweise ausgeglichene Konfessionsverteilung in Baden-Württemberg eine Rolle spielen.

9 Anteile der *deutschen* Bevölkerung, Angaben aus Statistik von Baden-Württemberg, Bd. 204, Heft 2, S. 2 f.

Bibliographie

Bauer, Clemens: Der deutsche Katholizismus und die bürgerliche Gesellschaft, in: Ders.: Deutscher Katholizismus. Entwicklungslinien und Profile. Frankfurt 1964, S. 28—54

Dorst, Otto: Württemberg. Geschichte und Gestalt eines Landes. Konstanz 1978

Daiber, Karl-Fritz: Volkskirche im Wandel. Stuttgart 1973

Fiedler, Emil: Die Vielgestaltigkeit religiösen Lebens in Baden-Württemberg seit der Jahrhundertwende (1900—1950), in: Jahrbücher für Statistik und Landeskunde von Baden-Württemberg, 1 (1954/55), S. 295—323

Fischer, Heinz: Siedlungen religiöser Gruppen in Württemberg, in: Jahrbücher für Statistik und Landeskunde von Baden-Württemberg, 8 (1964), S. 12—24

Köhle-Hezinger, Christel: Evangelisch – Katholisch. Untersuchungen zum konfessionellen Vorurteil und Konflikt im 19. und 20. Jahrhundert vornehmlich am Beispiel Württembergs. Tübingen 1976

Nellessen-Schumacher, Traute: Sozialprofil der deutschen Katholiken. Eine kon-
fessionsstatistische Analyse. Mainz 1978
Offenbacher, Martin: Konfession und soziale Schichtung. Eine Studie über die
wirtschaftliche Lage der Katholiken und Protestanten in Baden. Tübingen und
Leipzig 1900
Die Religionszugehörigkeit in Baden in den letzten hundert Jahren, bearbeitet und
herausgegeben vom Badischen Statistischen Landesamt. Freiburg 1928
Schäller, Gerhard: Die Entwicklungstendenzen der Bevölkerungsverteilung in
Baden-Württemberg seit 1950 in der Sicht der Landesplanung, in: Jahrbücher
für Statistik und Landeskunde von Baden-Württemberg, 3 (1957), S. 53−61
Spotts, Frederic: Kirchen und Politik in Deutschland. Stuttgart 1976
Steinki, Paul: Wohnbevölkerung in Baden-Württemberg nach der Religionszugehörigkeit am 6. Juni 1961, in: Statistische Monatshefte Baden-Württemberg, 11
(1963), S. 353−361
ders.: Religionszugehörigkeit der Bevölkerung. Ergebnisse der Volkszählung 1970,
in: Baden-Württemberg in Wort und Zahl, 20 (1972), S. 305−310
Wahl, Alfred: Confession et comportement dans les campagnes d'Alsace et de Bade
1871−1939, I+II, o. O. 1980.

IV. Teil

Der Aufbau der Religionsgemeinschaften und ihre Verbände

1. Kapitel

Karl Schmitt

Die römisch-katholische Kirche und ihre Verbände

1. Das Erzbistum Freiburg und das Bistum Rottenburg–Stuttgart

Im Unterschied zu den landeskirchlich verfaßten deutschen Kirchen der Reformation haben die territorialen Teilkirchen der katholischen Kirche, also die Bistümer (oder »Diözesen«), als Glieder der Weltkirche sowohl ein einheitliches Bekenntnis als auch eine in den Grundzügen einheitliche Organisation. In der organisatorischen Gliederung lassen sich drei Ebenen unterscheiden: die obere Ebene der Bistümer; die mittlere Ebene der Dekanate und Regionen; die untere Ebene der Pfarrgemeinden.

Die Bistümer

Das Bild einer zentral gelenkten *römisch*-katholischen Papstkirche ist heute nicht mehr angemessen. Das II. Vatikanische Konzil hat zwar die Bestimmungen des I. Vatikanums über den Papst bestätigt, sie aber durch umfassende Aussagen über das Amt der Bischöfe ergänzt. Für das Verhältnis der Weltkirche zu den Ortskirchen wurden damit neue Akzente gesetzt. Die »Dogmatische Konstitution über die Kirche« sagt dazu: »Der römische Bischof ist als Nachfolger Petri das immerwährende, sichtbare Prinzip und Fundament für die Einheit in der Vielheit von Bischöfen und Gläubigen. Die Einzelbischöfe sind sichtbares Prinzip und Fundament der Einheit in ihren Teilkirchen, die nach dem Bild der Gesamtkirche gestaltet sind. In ihnen und aus ihnen besteht die einige und einzige katholische Kirche« (Nr. 23; *Rahner/Vorgrimler*, 1982, S. 123 ff.). Damit ist ausgesagt, daß die Bistümer nicht lediglich Agenturen oder bloße Verwaltungsbezirke, sondern vielmehr »Selbstdarstellung und Selbstverwirklichung« (*Fries*) der Gesamtkirche sind. In dieser Perspektive besitzt die Gesamtkirche im Papsttum ein höchstes Amt der Einheit, der Papst ist das Haupt des Kollegiums der Bischöfe. Der einzelne Bischof ist nicht Delegierter oder Stellvertreter des Papstes in seiner Teilkirche. Vielmehr ist die Vollmacht der Bischöfe als Nachfolger der Apostel »unter der Autorität des Papstes . . . eine eigenständige, ordentliche und unmittelbare« Vollmacht (Dekret über die Hirtenaufgabe der Bischöfe in der Kirche, Nr. 11; *Rahner/Vorgrimler*, 1982, S. 257ff.).

Über ihre Aufgaben in ihren jeweiligen Bistümern hinaus wirken die Bischöfe in verschiedener Weise an der gesamtkirchlichen Leitung mit. Sie sind Mitglieder der *Bischofssynode*, des den Papst beratenden Gremiums aller katholischen Bischöfe der Welt.

Von größerer praktischer Bedeutung ist jedoch die Zusammenarbeit in der *Deutschen Bischofskonferenz*. Ihr gehören alle Bischöfe der Bundesrepublik Deutschland und der Bischof von Berlin an; ihre Aufgabenstellung umfaßt die Beratung überdiözesaner Fragen, die Koordinierung der kirchlichen Arbeit und den gemeinsamen Erlaß von Entscheidungen. Zur Unterstützung der Arbeit der jährlich zweimal zusammentretenden Vollversammlung unterhält die Deutsche Bischofskonferenz ständige »Bischöfliche Kommissionen« für einzelne Sachbereiche (z. B. Glaubenskommission; Ökumene-Kommission; Kommission für Erziehung und Schule) und ein Sekretariat in Bonn.

Weiterhin besteht ein »Verband der Diözesen Deutschlands«, dem neben allen anderen Bistümern der Bundesrepublik auch das Erzbistum Freiburg und das Bistum Rottenburg–Stuttgart angehören. Dieser Verband befaßt sich mit rechtlichen und wirtschaftlichen Aufgaben, die nur von allen Diözesen gemeinsam wahrgenommen werden können. Der Haushalt dieses Verbandes wird aus dem Kirchensteueraufkommen der einzelnen Bistümer gespeist.

Mehrere Bistümer bilden eine *Kirchenprovinz* (in der Bundesrepublik bestehen fünf Kirchenprovinzen), der ein Erzbischof als Metropolit vorsteht. So ist der Erzbischof von Freiburg zugleich Metropolit der Oberrheinischen Kirchenprovinz, zu der neben Freiburg die Bistümer Mainz und Rottenburg–Stuttgart gehören. Gesetzgebungsbefugnisse besitzt der Freiburger Erzbischof für die ihm unterstellten Bistümer (also auch für das Bistum Rottenburg–Stuttgart) nicht. Er hat lediglich einige Aufsichtsrechte und einen Ehrenvorrang.

Gegenüber ihren eigenen Bistümern sind der Erzbischof von Freiburg und der Bischof von Rottenburg–Stuttgart in ihren Rechten und Pflichten gleichgestellt. Als verantwortlichen Oberhirten obliegt ihnen die Leitung ihrer Bistümer durch Gesetzgebung, Rechtsprechung und Verwaltung (vgl. als Beispiel den Organisationsplan des Erzbistums Freiburg). Sie sind dabei an die Normen des übergeordneten kirchlichen und staatlichen Rechts gebunden. Bei der Ausübung ihrer bischöflichen Funktionen stehen den Bischöfen jeweils zwei Weihbischöfe zur Seite, die zugleich Bischofsvikare sind, also als Stellvertreter des Bischofs in speziellen Aufgabenbereichen fungieren. Als Stellvertreter des Bischofs im kirchlichen Gericht handelt der »Offizial«, der vom Bischof berufen wird. Er spricht im Namen des Bischofs Recht, ist jedoch in der Urteilsfindung an Weisungen nicht gebunden.

An der Spitze der bischöflichen Verwaltungsbehörde, des *Ordinariats*, steht mit ordentlicher stellvertretender Vollmacht der Generalvikar, der ebenfalls vom Bischof berufen wird, aber nach seinen Weisungen handelt. Als Führungsgremium der bischöflichen Verwaltung fungieren der »Geistliche Rat«, dem unter Vorsitz des (Erz-)Bischofs die Weihbischöfe, der Generalvikar, die Mitglieder des Domkapitels und die geistlichen Abteilungsleiter des Ordinariats angehören. Der »Geistliche Rat« tritt einmal wöchentlich zusammen, um die laufenden Angelegenheiten zu behandeln. Zur Beratung von Finanz- und Rechtsfragen besteht in beiden Diözesen ein weiteres, aus hohen (auch nichtgeistlichen) Beamten des Ordinariats gebildetes Gremium. In Rottenburg führt es den Namen »Diözesanverwaltungsrat« und hat hier insbesondere Aufsichtspflichten über die Stiftungen und das Vermögen der Kirche sowie über die ordnungsgemäße Verwaltung der Kirchensteuer.

Das II. Vatikanische Konzil hat die Teilnahme aller Glieder der Kirche am Apostolat und an den kirchlichen Ämtern hervorgehoben und damit die synodalen Elemente der Mitverantwortung auf allen Ebenen der Kirchenleitung gestärkt. Für die Ebene der Diözese bedeutet das, daß seit dem Konzil an die Seite der bereits seit längerer Zeit bestehenden neue Gremien getreten sind. Da die Mehrzahl aller Gremien gemäß gesamtkirchlichem Recht oder gemäß den Beschlüssen der Synode der deutschen Bistümer arbeitet, ist ihre Strukturierung und die Verteilung der Aufgabenbereiche (von einigen Ausnahmen abgesehen) im Erzbistum Freiburg und im Bistum Rottenburg–Stuttgart ähnlich. Das *Domkapitel*, die traditionsreichste Körperschaft, ist ständiges Beratungsgremium des Bischofs. Es gestaltet den Gottesdienst in der Bischofskirche. In seine wichtigste Funktion tritt es nach dem Tod oder dem Amtsverzicht des Bischofs ein. In diesem Fall übernimmt das Domkapitel die Leitungsgewalt des Bistums und wählt einen Kapitularvikar. Sodann legt es dem Heiligen Stuhl in Rom eine Liste von Kandidaten für die Nachfolge vor. Aus dem in Rom frei, also ohne Bindung an diese Liste erstellten Dreiervorschlag wählt dann das Domkapitel den neuen Bischof.

Der im Gefolge des Konzils neu eingerichtete *Priesterrat* ist in beiden Bistümern ähnlich strukturiert. Er berät den Bischof in Fragen der Seelsorge und hat in einigen Angelegenheiten ein Anhörungsrecht. Als dem »Senat des Bischofs« gehören ihm größtenteils gewählte, aber auch berufene Vertreter der Pfarrer, der Vikare, der Religionslehrer, des Ordensklerus, der Theologischen Fakultät (Freiburg) und der Regionen (Rottenburg–Stuttgart) an.

Organisationsplan der Leitung des Erzbistums Freiburg

Leitung in eigenständiger,
ordentlicher und
unmittelbarer Vollmacht

Erzbischof

Kirchliche Verwaltung

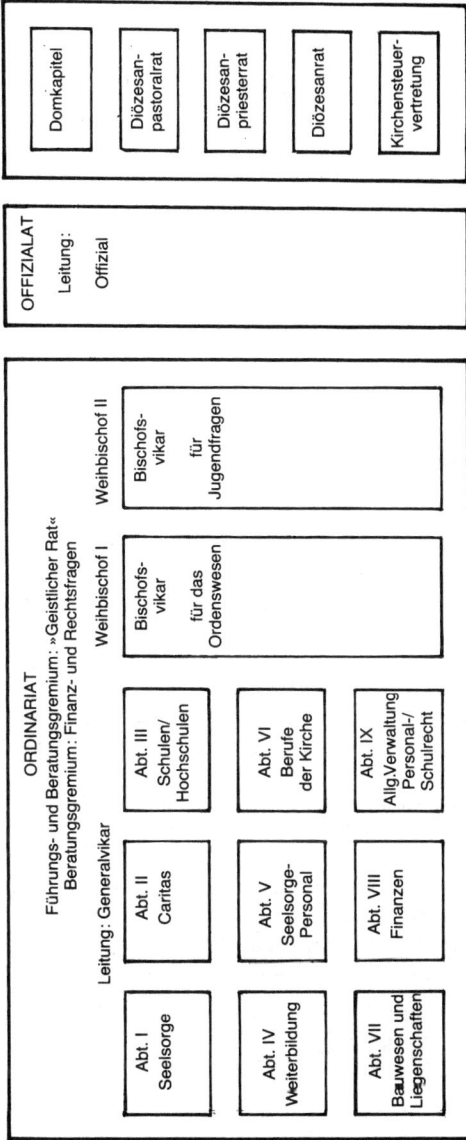

ORDINARIAT
Führungs- und Beratungsgremium: »Geistlicher Rat«
Beratungsgremium: Finanz- und Rechtsfragen

Leitung: Generalvikar

Abt. I Seelsorge	Abt. II Caritas	Abt. III Schulen/ Hochschulen
Abt. IV Weiterbildung	Abt. V Seelsorge-Personal	Abt. VI Berufe der Kirche
Abt. VII Bauwesen und Liegenschaften	Abt. VIII Finanzen	Abt. IX Allg.Verwaltung Personal-/ Schulrecht

Weihbischof I

Bischofs-vikar für das Ordenswesen

Weihbischof II

Bischofs-vikar für Jugendfragen

Kirchliches Gericht

OFFIZIALAT
Leitung:
Offizial

Wahl-, Beratungs-, Beschlußgremien

Domkapitel
Diözesan-pastoralrat
Diözesan-priesterrat
Diözesanrat
Kirchensteuer-vertretung

Dagegen sind die übrigen Räte, die in der nachkonziliaren Entwicklung zu notwendigen Organen der Kirchenverfassung geworden sind, in beiden Bistümern verschieden organisiert. In *Freiburg* bestehen drei verschiedene Gremien, der »Diözesanrat«, der »Diözesanpastoralrat« und die »Kirchensteuervertretung«. Der Freiburger *Diözesanrat* ist im wesentlichen eine Vertretung der Laien. Er wählt einen Vorsitzenden aus seiner Mitte. Er vereinigt drei Elemente: Zum einen die Vorsitzenden der Räte auf der Ebene der Dekanate, weiterhin gewählte Vertreter der Erwachsenen- und Jugendverbände und schließlich Mitglieder aus sonstigen diözesanen Arbeitsbereichen (z. B. Katholische Akademie; Caritas-Verband; Bildungswerk). Der Diözesanrat nimmt wichtige Aufgaben im Sinne der vom Konzil betonten Mitverantwortung der Laien wahr, indem er Entwicklungen in Gesellschaft, Staat und Kirche beobachtet, Anliegen der Katholiken in der Öffentlichkeit vertritt und deren Bewußtseinsbildung fördert.

Die Laien dominieren auch unter den Mitgliedern der *Kirchensteuervertretung*. Ihr obliegt die Beratung und Beschlußfassung über den vom Ordinariat aufgestellten Haushaltsplan der Erzdiözese, die Beschlußfassung über die Höhe der zu erhebenden Kirchensteuer und die Feststellung der Jahresrechnung (vgl. zur Illustration von Volumen und Verteilung der verwalteten Finanzmittel die Schaubilder).

Der *Diözesanpastoralrat* ist ein Beratungsgremium unter dem Vorsitz des Erzbischofs. Da er sowohl die Vertreter der kirchlichen Verwaltung, der Dekane, der Ordensgemeinschaften, der Räte der Priester und Laien sowie der Kirchensteuervertretung vereinigt, gewährleistet er durch den hohen Sachverstand und die Breite der eingebrachten Gesichtspunkte einen intensiven Erfahrungsaustausch und ein kritisches Echo der kirchlichen Arbeit.

Die Aufgabe, die im Erzbistum Freiburg dem Diözesanrat, der Kirchensteuervertretung und dem Diözesanpastoralrat übertragen sind, werden im Bistum *Rottenburg–Stuttgart* von einem einzigen Gremium, dem »*Diözesanrat*« wahrgenommen. Der Bischof hat hier den Vorsitz. Die Arbeit des Diözesanrats wird großenteils von den hier stark repräsentierten Laien getragen (zur Illustration kann die Übersicht über die Tagesordnungen seiner Sitzungen im Arbeitsjahr 1979 dienen).

Die Dekanate und Regionen

Die Größe der Bistümer macht eine mittlere Ebene zwischen dem Bistum und den Gemeinden vor Ort notwendig: die *Dekanate* und die Regionen. Sie dienen zum einen als Vermittlungsinstanzen zwischen den Ebenen, zum anderen als Organe der pastoralen Kooperation der Gemeinden. Im Erzbistum Freiburg sind die 1085 Pfarrgemeinden zu 39 Dekanaten, die 992 Pfarrgemeinden des Bistums Rottenburg–Stuttgart sind zu 44 Deka-

Haushaltsplan des Erzbistums Freiburg 1983

Einnahmen:
461 200 000 DM

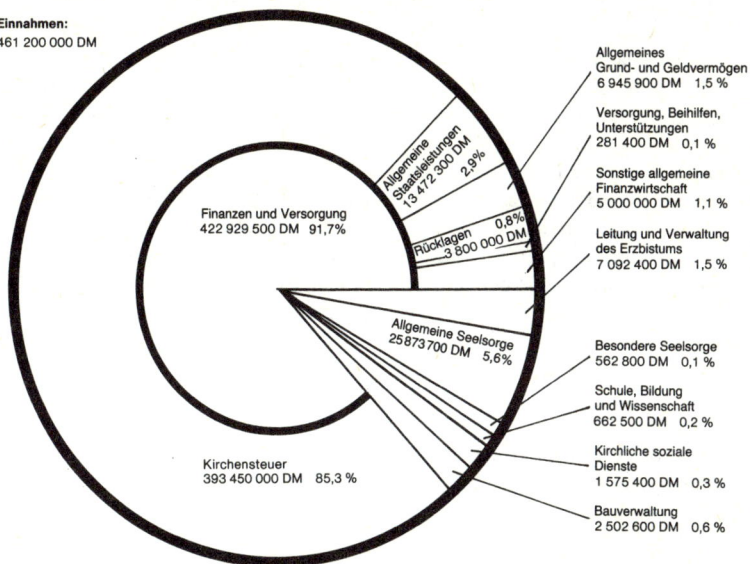

Allgemeines
Grund- und Geldvermögen
6 945 900 DM   1,5 %

Versorgung, Beihilfen,
Unterstützungen
281 400 DM   0,1 %

Sonstige allgemeine
Finanzwirtschaft
5 000 000 DM   1,1 %

Leitung und Verwaltung
des Erzbistums
7 092 400 DM   1,5 %

Besondere Seelsorge
562 800 DM   0,1 %

Schule, Bildung
und Wissenschaft
662 500 DM   0,2 %

Kirchliche soziale
Dienste
1 575 400 DM   0,3 %

Bauverwaltung
2 502 600 DM   0,6 %

Finanzen und Versorgung
422 929 500 DM   91,7%

Allgemeine
Staatsleistungen
13 472 300 DM   2,9%

Rücklagen   0,8%
3 800 000 DM

Allgemeine Seelsorge
25 873 700 DM   5,6%

Kirchensteuer
393 450 000 DM   85,3 %

Ausgaben:
461 200 000 DM

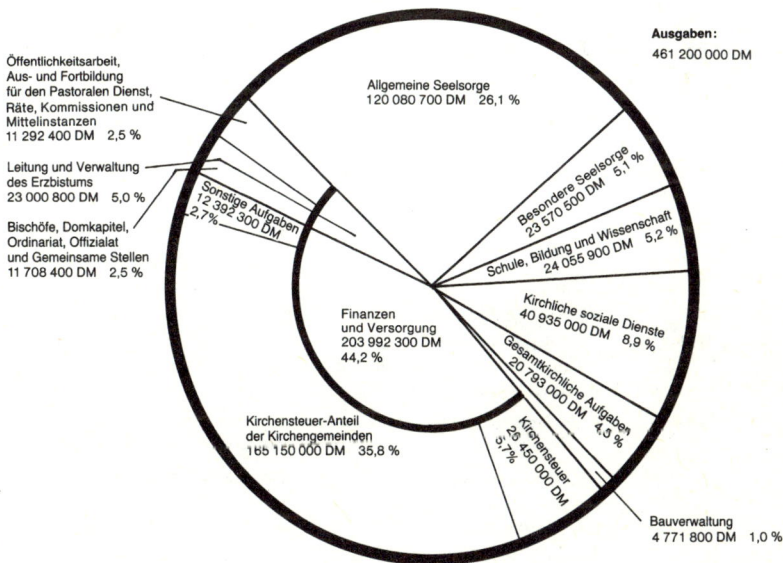

Öffentlichkeitsarbeit,
Aus- und Fortbildung
für den Pastoralen Dienst,
Räte, Kommissionen und
Mittelinstanzen
11 292 400 DM   2,5 %

Leitung und Verwaltung
des Erzbistums
23 000 800 DM   5,0 %

Bischöfe, Domkapitel,
Ordinariat, Offizialat
und Gemeinsame Stellen
11 708 400 DM   2,5 %

Allgemeine Seelsorge
120 080 700 DM   26,1 %

Besondere Seelsorge
23 570 500 DM   5,1 %

Schule, Bildung und Wissenschaft
24 055 900 DM   5,2 %

Kirchliche soziale Dienste
40 935 000 DM   8,9 %

Gesamtkirchliche Aufgaben
20 793 000 DM   4,5 %

Kirchensteuer
26 450 000 DM   5,7%

Sonstige Aufgaben
12 392 300 DM   2,7 %

Finanzen
und Versorgung
203 992 300 DM
44,2 %

Kirchensteuer-Anteil
der Kirchengemeinden
165 150 000 DM   35,8 %

Bauverwaltung
4 771 800 DM   1,0 %

Quelle: Das Geld der Kirche, S. 16f.

naten zusammengefaßt. Die räumliche Umschreibung und die Zahl der Dekanate wurde seit 1945 in beiden Diözesen stark verändert, zunächst um den Bevölkerungsverschiebungen der Nachkriegszeit Rechnung zu tragen. Nach der staatlichen Gebietsreform in Baden-Württemberg zu Anfang der siebziger Jahre wurde versucht, Überschneidungen der Dekanatseinteilungen mit den neuen Stadt- und Landkreisen nach Möglichkeit zu beseitigen, um die Kirche in den Kreisen handlungsfähiger zu machen. Die Priester des Dekanats bilden ein Kollegium, das Kapitel. Es wählt den Dekan, der nach der Ernennung durch den Bischof das Dekanat leitet und nach außen vertritt. Wie auf der Ebene des Bistums besteht auch im Dekanat ein pastorales Gremium, der Dekanatsrat, dessen Zusammensetzung und Befugnisse denen des Diözesanpastoralrats (Freiburg) bzw. des Diözesanrats (Rottenburg–Stuttgart) ähnelt.

Dank ihrer Größenordnung sind die Dekanate die geeignete Organisationsebene, von der aus noch relativ ortsnah besondere Seelsorgsaufgaben wahrgenommen werden können, die die Leistungsfähigkeit der einzelnen Pfarrgemeinden übersteigen. Für spezielle Sachbereiche oder Zielgruppen (z. B. Berufs- und Arbeitswelt, Jugend, Caritas) werden daher besonders beauftragte Dekanatsseelsorger bestellt. Für den schulischen und außer-

Arbeitsjahr 1979 des Diözesanrates des Bistums Rottenburg–Stuttgart

Sitzung des Diözesanrates	Punkte der Tagesordnung
30./31. 3. 1979	Vorlage der Diözesanausschüsse »Caritas und Sozialarbeit« und »Familie« zu den Beratungsstellen
	Information über die Aktivitäten zum Schwerpunkt 1979 »Priester und Ordensberufe«
	Vorlage des Bischöflichen Ordinariats zur Einrichtung einer italienischen Schule in Reutlingen
	Vorlage des Satzungsausschusses »Dekanatsordnung« und »Mustersatzung für Dekanatsverbände«
9. 6. 1979	Fortsetzung der ersten Lesung der Vorlage des Satzungsausschusses »Dekanatsordnung« und »Mustersatzung für Dekanatsverbände«
13. 10. 1979	Vorlage des Diözesanausschusses »Pastorale Planung« zur »Krankenseelsorge in den Gemeinden und Krankenhäusern«
	Zweite Lesung der Vorlage des Diözesanausschusses »Caritas und Sozialarbeit« über die Weiterentwicklung der Caritas-Kreisstellen zu Caritas-Kreisverbänden
	Haushaltsfragen
14./15. 12. 1979	Beratung des Haushaltsplans 1980

schulischen Religionsunterricht im Dekanat ist der Schuldekan verantwortlich.

Die *Regionen* haben in beiden Bistümern unterschiedliches Gewicht. Die zehn Regionen des Bistums Rottenburg–Stuttgart umschreiben lediglich Zuständigkeitsbereiche der Gebietsreferenten des Bischöflichen Ordinariats und die Wahlbezirke für die Wahlen zum Priesterrat. Die neun Regionen des Erzbistums Freiburg dagegen stellen eine eigene pastorale Ebene mit Regionaldekan, Regionalsekretär und eigens zugeordneten Referenten dar. Die Bedeutung der Regionen liegt hier vor allem in ihren Möglichkeiten als Planungsinstanz und als Verbindungsstelle zu den Untergliederungen der kirchlichen Verbände. Im Bistum Rottenburg werden diese Aufgaben von »Katholischen Volksbüros« wahrgenommen, die in den einzelnen staatlichen Kreisen eingerichtet wurden.

Die Pfarrgemeinden

Die Pfarrgemeinden sind die »Zellen des Bistums«. In ihnen, im überschaubaren Lebensraum vor Ort, wird Kirche erfahren. In der Regel gehört jeder katholische Christ aufgrund seines Wohnsitzes einer Pfarrgemeinde an. Daneben bestehen Personalpfarreien zum Beispiel als Sprach-, National- oder Anstaltspfarreien. Vorsteher der Gemeinde ist der vom Bischof ernannte Pfarrer. Er leitet die Gemeinde in Zusammenarbeit mit dem Pfarrgemeinderat (Erzbistum Freiburg) bzw. dem Kirchengemeinderat (Bistum Rottenburg–Stuttgart). Der Pfarrer trägt eine besondere Verantwortung für die Einheit der Gemeinde mit der Gesamtkirche, für die Einheit der Gemeinde selbst, für Verkündigung, Liturgie und Verwaltung der Sakramente. Soweit diese besondere Verantwortung reicht, können Beschlüsse des Pfarr-/Kirchengemeinderates nur mit Zustimmung des Pfarrers gefaßt werden. Die Stellung des Pfarrers im Rat ist in beiden Diözesen verschieden geregelt. Während er im Bistum Rottenburg–Stuttgart von Amts wegen Vorsitzender ist, ist er im Erzbistum Freiburg Mitglied des Vorstandes, dessen Vorsitz ein Laie führt. Dem Pfarr-/Kirchengemeinderat gehören neben den Geistlichen entsprechend der Größe der Pfarrgemeinde bis zu zwanzig in allgemeiner Wahl gewählte Mitglieder an.

Die Aufgaben des Pfarr-/Kirchengemeinderates erstrecken sich auf alles, was »dem Aufbau einer lebendigen Gemeinde und der Verwirklichung des Heils- und Weltauftrags der Kirche« dient (§ 1, Satzung der Pfarrgemeinderäte im Erzbistum Freiburg). Dies schließt auch die Entscheidung in wirtschaftlichen Fragen (Vermögen, Haushalt der Gemeinde) ein. Zur kontinuierlichen und sachgemäßen Bearbeitung dieser Fragen wählt der Pfarr-/Kirchengemeinderat aus seiner Mitte einen Ausschuß, der die Pfarrgemeinde im Rahmen dieser Zuständigkeit nach außen vertritt (in Freiburg: »Stiftungsrat«; in Rottenburg–Stuttgart: »Verwaltungsausschuß«).

Die in dieser Organisationsstruktur der Pfarrgemeinde sichtbare Abkehr von der »Zwei-Rollen-Struktur« der Seelsorge (Hirt-Herde-Modell) zugunsten einer breiten Streuung verschiedener Verantwortlichkeiten beruht auf einem Wandel des kirchlichen Selbstverständnisses, wie er vom II. Vatikanischen Konzil zur Entfaltung gebracht wurde. Auch der Priestermangel und die sich immer mehr arbeitsteilig differenzierende Gesellschaft machen einen weiteren Kreis haupt-, neben- und ehrenamtlicher Mitarbeiter erforderlich, die in verschiedenen Bereichen vorgebildet und sachkundig sind. Vom Pfarrer erfordert der Gestaltwandel der Gemeinde den Verzicht auf Allzuständigkeit, von allen Mitarbeitern die Fähigkeit zur Teamarbeit. Die Kirchenleitung muß Berufsbilder für die hauptamtlichen Mitarbeiter entwickeln, wozu bei den Diakonen, Gemeinde- und Pastoralassistenten Ansätze vorhanden sind. Von den Gliedern der Gemeinde verlangt der Wandel schließlich eine Abkehr vom Versorgungsdenken.

2. Der Caritasverband

Christliche Caritas ist nach dem Selbstverständnis der katholischen Kirche »eine Wesensdimension christlichen Lebens« und somit unverzichtbarer Auftrag an die einzelnen Christen wie an die kirchlichen Amtsträger. Praktische Caritas ist daher zugleich Maßstab glaubwürdiger Verkündigung und eine Legitimationsbasis für den Öffentlichkeitsanspruch der Kirche.

Karitative Werke sind so alt wie die Kirche selbst. Ihre heutige Organisationsform geht in Deutschland auf Ursprünge im 19. Jahrhundert zurück. Da im frühen und mittleren 19. Jahrhundert sowohl die Armenpflege des Staates als auch die der Amtskirche unzureichend war, wurde die soziale Verantwortung zunehmend von einer neuen Form gesellschaftlicher Organisation übernommen: dem privaten Verein (vgl. *Rinken*, 1975, S. 347 ff.). Eine dauerhafte Konzeption gelang zuerst auf evangelischer Seite mit der Gründung der »Inneren Mission« (1848). Nach deren Beispiel gründete ein halbes Jahrhundert später Lorenz Werthmann in Freiburg die von den Bischöfen anerkannte Zusammenfassung bereits bestehender katholischer Einrichtungen, den »Caritasverband für das katholische Deutschland«, heute »Deutscher Caritasverband«. Gemeinsam mit den anderen Spitzenverbänden gehört der Deutsche Caritasverband der »Bundesarbeitsgemeinschaft der Freien Wohlfahrtspflege« an.

Von Anfang an hatte der Caritasverband vor allem zwei Zuordnungen organisatorisch zu gestalten: die zur Amtskirche und die zu den einzelnen caritativen Einrichtungen, die ihm zugeordnet sind. Immer bedeutender wurde darüber hinaus die Zuordnung zum Staat, der zunehmend Verantwortung im fürsorgerischen Bereich übernahm.

Die engen *Beziehungen zur Amtskirche* kommen u.a. darin zum Ausdruck, daß die Struktur des Caritasverbandes der kirchlichen Gebietseinteilung folgt. Der Deutsche Caritasverband gliedert sich in 23 Diözesan-Caritasverbände, die nach weltlichem Recht den Status eingetragener Vereine haben. In Baden-Württemberg bestehen damit zwei Verbände: der »Caritasverband für die Erzdiözese Freiburg e.V.« (1903 als erster deutscher Diözesanverband gegründet) und der »Caritasverband für Württemberg (Diözese Rottenburg–Stuttgart) e.V.« (gegründet 1917). Sie sind die jeweils vom Bischof anerkannte institutionelle Zusammenfassung der katholischen Caritas im Bistum und stehen unter bischöflicher Aufsicht (§ 1 der jeweiligen Satzung). Der Bischof ernennt den Vorsitzenden des Vorstandes und den mit der Führung der laufenden Geschäfte beauftragten Caritasdirektor (im Bistum Rottenburg–Stuttgart auch deren Stellvertreter). Bei der Ausübung seiner Führungsaufgabe ist der Vorstand nicht an Weisungen des Bischofs, sondern an die Beschlüsse der Verbandsorgane gebunden. Allerdings bestehen enge Verbindungen zu der für Fragen der Caritas zuständigen Abteilung des Ordinariats. Die Diözesan-Caritasverbände erhalten überdies von den Bistümern regelmäßige finanzielle Zuwendungen aus Kirchensteuermitteln (für Freiburg vgl. Schaubild oben S. 237). In der Erzdiözese Freiburg werden die Personalmittel der Stadtverbände zu 70 Prozent, die der Landkreisverbände zu 90 Prozent aus diesen Zuschüssen finanziert. Dementsprechend hat das Ordinariat ein Mitspracherecht bei der Aufstellung des Stellenplans.

Das Verhältnis des Diözesan-Caritasverbandes zu den einzelnen caritativen Einrichtungen, die ihm zugehören, ist dadurch bestimmt, daß diese Einrichtungen zum Teil älter als der Verband und in den meisten Fällen auch aus vom Verband unabhängigen Initiativen hervorgegangen sind. Der Verband hat nicht die Aufgabe, sämtliche karitativen Tätigkeiten in eigener Regie durchzuführen, sondern versteht sich in erster Linie als Koordinations-, Planungs- und Initiativstelle sowie als Vertretung nach außen. Daher ist der Verband auch nicht selbst Rechtsträger aller Einrichtungen. Der überwiegende Teil befindet sich in der Trägerschaft der korporativen Mitglieder des Verbandes, in erster Linie der Fachverbände, der Orden, der Schwesternschaften, der Pfarrgemeinden u.a. Dem Freiburger Diözesanverband sind sieben, dem Rottenburg–Stuttgarter Verband sind vierzehn Fachverbände angeschlossen. Dazu zählen etwa der Malteser Hilfsdienst e.V. und der Sozialdienst Katholischer Männer und Frauen e.V. (in Rottenburg–Stuttgart: »Katholischer Sozialdienst e.V.«). In den einzelnen Fachbereichen der caritativen Tätigkeit wurden »Arbeitsgemeinschaften« mit eigenem Vorstand gebildet, z.B. die Arbeitsgemeinschaft der Katholischen Krankenhäuser oder die Arbeitsgemeinschaft für Jugendsozialarbeit. In den Geschäftsstellen der Diözesancaritasverbände bestehen für die Tätigkeitsbereiche der jeweiligen Arbeitsgemeinschaften spezielle Referate. Die Arbeitsgemeinschaften, Fachverbände, Orden und sonstigen Einrichtungen sind im Diözesancaritasrat vertreten. In diesem Wahl-, Beratungs- und Beschlußgremium üben sie ihr Mitbestimmungsrecht auf Diözesanebene aus.

Beide Diözesan-Caritasverbände sind in sich entsprechend der staatlichen Gebietseinteilung in Kreisverbände und innerhalb der Kreise in Bezirks- und Stadtverbände (in Rottenburg–Stuttgart: Ortsverbände) gegliedert. Die Struktur des Freiburger Verbandes ist dabei stärker dezentralisiert; die Kreisverbände bilden hier eigene eingetragene Vereine. In Württemberg dagegen sind bis auf den Ortsverband Stuttgart und den Caritas-Kreisverband Ludwigsburg alle übrigen 19 Caritas-Kreisstellen und die 11 Caritas-Bezirksstellen in der Rechtsträgerschaft des Diözesan-Caritasverbandes. Dem entspricht die Personalausstattung der zentralen Geschäftsstellen: in Freiburg sind 30, in Stuttgart sind 90 hauptamtliche Mitarbeiter beschäftigt.

Das Verhältnis der Caritasverbände zur Wohlfahrtspflege des Staates ist verfassungsrechtlich normiert. Grundgesetz (Artikel 4, Artikel 140) wie baden-württembergische Verfassung (Artikel 87) garantieren, daß sich die caritative Tätigkeit der Kirchen und ihrer Verbände auch über den innerkirchlichen Bereich »eigener Angelegenheiten« hinaus entfalten können. Solange freie Caritas als Angebot lebendig und bei den Hilfsbedürftigen erwünscht ist, schließt die Verfassung ein Staatsmonopol auf dem Gebiet der Sozialarbeit aus (vgl. *Rinken*, 1975, S. 361 ff.). Diese Grundsätze sind in Gesetzen konkretisiert. Die wichtigsten Regelungen für das Zusammenwirken sozialstaatlicher Gesamtverantwortung und freier kirchlicher Diakonie finden sich im Bundessozialhilfegesetz und im Jugendwohlfahrtsgesetz. Beide Gesetze verpflichten die Träger der Sozialhilfe und der Jugendhilfe zur Zusammenarbeit mit der freien Wohlfahrtspflege und zur Achtung von deren Selbständigkeit in Zielsetzung und Durchführung ihrer Aufgaben. Über dieses Kooperationsgebot hinaus wird der freien Wohlfahrtspflege insofern Vorrang eingeräumt, als die staatlich-kommunalen Träger dann zum Verzicht auf eigene Maßnahmen oder Einrichtungen angehalten werden, wenn die Erfüllung der entsprechenden Aufgaben durch Einrichtungen der freien Wohlfahrtspflege bereits gewährleistet ist.

Unbeschadet der bisweilen schwierigen Aufgabe, unter den jeweiligen örtlichen Gegebenheiten sachgerechte Lösungen zu finden, besteht heute das Hauptproblem der Wohlfahrtspflege nicht so sehr in einer Konkurrenz zwischen staatlichen und freien Trägern. Es liegt vielmehr in der allgemeinen Entwicklungsrichtung der Sozialarbeit überhaupt. Was einerseits als historische Leistung der Caritasverbände gelten kann – der Weg vom örtlichen Verein caritativer Liebestätigkeit hin zu arbeitsteiligen und leistungsfähigen Großorganisationen – birgt andererseits Gefahren, die denen der staatlichen Wohlfahrtspflege nahekommen. Kirchliche wie staatliche Träger stehen vor den gleichen Schwierigkeiten, die ihre »Sozialkonzerne« mit sich bringen: Zentralisierung, Institutionalisierung, Spezialisierung und Bürokratisierung, die den Einzelmenschen von spontaner und eigenverantwortlicher Hilfe entlasten. Für die Zukunft der kirchlichen Sozialarbeit ist es daher entscheidend, die Entwicklung zur »Funktionärscaritas« so weit als möglich zu vermeiden: »Caritas des Einzelnen, Caritas der Gemeinde und verbandliche Caritas bilden ein Dreieck, innerhalb dessen die Caritas der Kirche lebendig wird« (*Hüssler*, 1973, S. 10).

3. Die Jugend- und Erwachsenenverbände

Katholizismus und Kirche waren und sind nicht ein und dasselbe. »Katholizismus, das ist der katholische Volksteil eines Landes, insofern er als formelle oder informelle Gruppe zusammenwirkt, um in eigener Verantwortung *ohne* unmittelbare Einflußnahme und Verantwortung der ›verfaßten‹ Kirche ... die von der Kirche gelehrten Wahrheiten des Glaubens und die von ihr als Gottes Gebot verkündeten sittlich-rechtlichen Normen im öffentlichen Raum zur Geltung zu bringen ... und dabei auch der Kirche den ihr gebührenden Platz im öffentlichen Leben zu sichern« (*Nell-Breuning*, 1980, S. 25 f.).
Bevorzugte Organisationsformen der »formellen Gruppen« sind seit Mitte des 19. Jahrhunderts die kirchlichen Verbände. Ihre Gliederung ist außerordentlich vielfältig. In immer wieder neuen Anpassungen an die Entwicklung der modernen Industriegesellschaft folgte sie der Unterteilung in Berufe (Arbeiter-, Gesellen-, Unternehmer-, Lehrerverbände), der Unterteilung nach Altersstufe, Geschlecht und Familienstand (Jugend-, Männer-, Frauen-, Familienverbände) und fand schließlich auch Ansatzpunkte im Freizeitbereich (Sportverbände, kulturelle Vereinigungen). In der Zentrumspartei hatte der Katholizismus bis 1933 eine eigene politische Vertretung. Hintergrund für die Entstehung des sozialen und politischen Katholizismus war die Zurücksetzung, die die Katholiken als minoritärer Volksteil und die katholische Kirche seit der Gründung des Deutschen Reiches von 1871 empfanden. Dies galt auch für Baden und für Württemberg.
Im Jahre 1945 waren »Katholizismus und Kirche kaum mehr zu unterscheiden« (*Forster*, 1977, S. 113). Das NS-Regime hatte das katholische Verbandswesen zerschlagen. Alle noch verbliebenen Formen öffentlichen Wirkens waren auf die kirchlichen Amtsstellen als Träger konzentriert. Für den Neuaufbau stellte sich die Alternative, entweder aus der Not eine Tugend zu machen und es bei der Integration des Katholizismus in die amtskirchlichen Strukturen (also Bistümer und Pfarrgemeinden) zu belassen oder aber die Verbände mit starken überdiözesanen Zentralen wieder neu zu formieren. Im Ergebnis beschritt man einen mittleren Weg: Zwar wurde nach einigem Zögern ein Großteil der katholischen Verbände

wieder neu errichtet; ihren früheren Einfluß erreichten sie jedoch nicht wieder. Die Erfahrungen der NS-Zeit und das neue Zahlenverhältnis der Kirchen in der Bundesrepublik erleichterten eine Entkonfessionalisierung der Gewerkschaften (Einheitsgewerkschaft DGB) und der Parteipolitik (interkonfessionelle Partei CDU) und schufen damit neue Rahmenbedingungen für das Wirken konfessioneller Verbände.

In beiden Bistümern Baden-Württembergs zeigten sich dabei unterschiedliche Akzentsetzungen und Organisationsformen. Im Erzbistum *Freiburg,* wo man das »Pfarrprinzip« besonders hochhielt, kam die Neugründung der Verbände nur langsam in Gang. Zudem konnte man hier an eine Einrichtung zur Heranführung des Verbandswesens an die Amtskirche anknüpfen, die schon seit 1911 bestand: das »Missionsinstitut«, seit 1956 »Erzbischöfliches Seelsorgeamt«. Diese diözesane Einrichtung beherbergt gleichzeitig die Zentralen der wichtigsten im Erzbistum tätigen katholischen Verbände und die Stabsstellen der Seelsorge von seiten des Erzbistums. Das Seelsorgeamt ist – im Unterschied zu den anderen Diözesen – nicht in das Ordinariat integriert. Die Verbände sind – bei Wahrung ihrer Eigenständigkeit – in den ihnen jeweils entsprechenden Sachreferaten des Seelsorgeamtes eingebunden. Auf diese Weise wird die Planung der allgemeinen und der Spezialseelsorge (Jugend-, Frauen-, Industrieseelsorge usw.) mit der Arbeit der Verbände koordiniert.

Im Bistum *Rottenburg–Stuttgart* dagegen ist die organisatorische Verbindung zwischen Amtskirche und Verbandswesen schwächer. Begünstigt wurde diese Entwicklung durch die räumliche Entfernung der Bischofsstadt Rottenburg vom industriellen und politischen Zentrum Stuttgart, wo die Verbände ihren Sitz haben. Schon 1945, als Rottenburg zudem durch eine Zonengrenze vom württembergischen Zentrum abgeschnitten war, bildeten die bereits wiedergegründeten katholischen Verbände in Stuttgart die »Katholische Arbeitsgemeinschaft«, die sich selbst als katholische Interessenvertretung verstand und die Lücke ausfüllen sollte, die mit dem Verzicht auf die Neuerrichtung der Zentrumspartei entstanden war (vgl. *Schmitt,* 1978, S. 154 f.).

Seit 1952 besteht die »Arbeitsgemeinschaft der katholischen Organisationen und Verbände« (AKO). In ihr sind heute 46 Verbände zusammengeschlossen. Die AKO entsendet Vertreter in den Diözesanrat und nimmt zu Fragen des gesellschaftlichen und innerkirchlichen Lebens Stellung. Naturgemäß ist dabei ihre Rolle als Sprachrohr der Kirche dann leichter wahrzunehmen, wenn es – parallel zu Stellungnahmen der Amtskirche – um innerkirchlich wenig umstrittene Positionen geht (Beispiel: Aktion zum § 218: »Wähle das Leben«). Dagegen muß die AKO bei gesellschaftspolitischen Themen, zu denen die Verbände auf Grund ihrer unterschiedlichen Arbeitsfelder und sozialen Verwurzelung kontroverse Standpunkte einnehmen, Zurückhaltung üben. Hervorzuheben ist das Engagement der AKO in internationalen Fragen (Entwicklungshilfe; Polenhilfe).

Zu den heute mitgliederstärksten Erwachsenenverbänden zählen die Katholische Frauengemeinschaft Deutschlands (Freiburg: 80 000 Mitglieder), der Katholische Frauenverband (Freiburg: 6000, Rottenburg–Stuttgart: 15 000), Kolpingwerk (Freiburg: 16 000; Rottenburg–Stuttgart: 13 600), die DJK (Freiburg: 19 000; Rottenburg–Stuttgart: 11 100) und die Katholische Arbeitnehmerbewegung (KAB) (Freiburg: 3400; Rottenburg–Stuttgart: 10 600).

In ca. 80 Prozent der Pfarrgemeinden beider Diözesen wird kirchliche Jugendarbeit geleistet; in etwa zwei Drittel aller Gemeinden bestehen Jugendgruppen, die einem überregionalen Verband angehören. Diese Verbände haben sich jeweils zu einem Diözesanverband des Bundes der Deutschen Katholischen Jugend (BDKJ) zusammengeschlossen. Die Mitgliederzahlen des BDKJ (vgl. Tabelle) waren in den letzten Jahren insgesamt konstant. Allerdings haben von den Einzelverbänden die Katholische Landjugendbewegung, die Kolpingjugend und der Sportverband Deutsche Jugendkraft zum Teil beträchtliche Mitgliederzuwächse zu verzeichnen. Dagegen zeigt der rapide Mitgliederschwund der Katholischen Studierenden Jugend (KSJ; früher: ND und Heliand) die Schwierigkeiten, auf die verbandliche Jugendarbeit unter Schülern und Studenten heute stößt.

Zu den in der Tabelle aufgeführten Mitgliederzahlen sind die Mitglieder von katholischen Jugendgruppen hinzuzurechnen, die keinem Verband angeschlossen sind (im Erzbistum Freiburg ca. 23 000, im Bistum Rottenburg–Stuttgart ca. 20 000 Jugendliche einschließlich der Ministranten). In

Bund der Deutschen Katholischen Jugend (BDKJ) – Mitgliederzahlen 1982

Mitgliedsverband	Erzbistum Freiburg	Bistum Rottenburg–Stuttgart
CAJ – Christliche Arbeiterjugend	74	305
DPSG – Deutsche Pfadfinderschaft St. Georg	4 683	5 133
KJG – Katholische Junge Gemeinde	27 930	17 692
KLJB – Katholische Landjugendbewegung	3 075	4 209
Kolpingjugend	4 230	4 791
KSJ – Katholische Studierende Jugend	707	948
PSG – Pfadfinderinnenschaft St. Georg	754	1 430
Sonstige	5 085	–
Insgesamt BDKJ	46 548	34 508

Quelle: Angaben der BDKJ-Diözesanstellen Freiburg und Rottenburg–Stuttgart

beiden Diözesen haben jeweils mehr als 10 000 Jugendliche Leitungsfunktionen in ihren Verbänden. Die Zahl der durch die offene Jugendarbeit des BDKJ erreichten Jugendlichen dürfte der Zahl der in Verbänden organisierten in etwa entsprechen. Damit gehört der BDKJ gemeinsam mit der Evangelischen Jugend und der Gewerkschaftsjugend zu den wichtigsten Jugendverbänden Baden-Württembergs, deren Mitgliederzahlen nur noch von denen der Sportjugend übertroffen werden.

Die Bedeutung der katholischen Erwachsenen- wie auch der Jugendverbände hat in den letzten Jahrzehnten einen starken Wandel erfahren. Ihre Rolle als organisatorisches Gerüst des katholischen Milieus hat an Gewicht verloren, weil wichtige Ziele wie die gesellschaftliche Gleichstellung des katholischen Volksteils und die politische Absicherung der kirchlichen Rechte inzwischen erreicht sind. Direkte Verbindung der Amtskirche zu den Regierungen (Katholische Büros) machen Zwischeninstanzen weitgehend überflüssig. Auch wird ein Teil der ursprünglichen Aufgaben der Verbände als Selbsthilfeorganisationen heute vom Staat und den Kommunen wahrgenommen. Im verbliebenen Rahmen hat sich der Schwerpunkt ihrer Rolle – weitgehend mit finanzieller Unterstützung durch den Staat – in Richtung auf diejenigen eines Trägers von sozialen Dienstleistungen verlagert, zum Teil zu Lasten des religiösen Profils. Bedeutsam ist die Funktion der Verbände nach wie vor bei der Information, Bewußtseinsbildung und Mobilisierung in gesellschaftlichen Konfliktsituationen.

Die innerkirchliche Entwicklung seit dem Zweiten Vatikanischen Konzil hat die Arbeitsweise der Verbände ebenfalls verändert. Der Ausbau des synodalen Elements hat die Verbände stärker an die amtskirchlichen Strukturen herangeführt. Auf allen Ebenen, von den Pfarrgemeinden bis zur Diözese, arbeiten die Verbände in den »Räten« mit, in denen Laien an der kirchlichen Arbeit beteiligt sind (vgl. Abschnitt 1). Dabei verschob sich die Perspektive der Verbandsvertreter von einzelverbandlichen zu gesamtkirchlichen Aufgaben.

Das Konzil wollte die Eigeninitiative der Laien stärken. Diesem Ziel sollte auch die Demokratisierung der Leitungsstrukturen dienen, die bei den Jugendverbänden stattgefunden hat. Das Ziel ist nur zu einem Teil erreicht worden. Spezialisierung und Professionalisierung haben in vielen Verbänden dazu geführt, daß früher ehrenamtliche Leitungsstellen mit hauptamtlichen Kräften besetzt wurden. Diese Tendenz hat die Integration der Verbandsarbeit in die regionalen und überregionalen Strukturen der Kirche gefördert, da ohne die Kirche nach Lage der Dinge die finanziellen Mittel für hauptamtliches Personal langfristig nicht aufzubringen sind. Dies gilt für beide Bistümer.

Buergel, Erwin Robert: Die Beziehung der katholischen Kirche zu ihren Vereinigungen im kirchlichen Recht und im Recht der Bundesrepublik Deutschland. Dissertation. Köln 1982

Caritasverband für die Erzdiözese Freiburg e. V. (Hrsg.): Fünfundsiebzig Jahre Caritasverband für die Erzdiözese Freiburg. 1903–1978. Freiburg 1978

Caritasverband für Württemberg (Diözese Rottenburg) e. V. (Hrsg.): Caritas leben – Hoffnung geben. Sechzig Jahre Caritasverband für Württemberg (Diözese Rottenburg). Stuttgart 1977

Forster, Karl: Neuansätze der gesellschaftlichen Präsenz von Kirche und Katholizismus nach 1945, in: Anton Rauscher (Hrsg.): Kirche und Katholizismus 1945–1949. München usw. 1977, S. 109–133

Fries, Heinrich: Lehre, Aufbau und Organisationsprinzipien der katholischen Kirche, in: Günter *Gorschenek* (Hrsg.): Katholiken und ihre Kirche. München-Wien 1977, S. 61–73

Hüssler, Georg: Caritas '73 – Versuch einer Ortsbestimmung, in: Caritas '73, S. 9 ff.

Im Dienste der Seelsorge. Vier Jahrzehnte Missionsinstitut (1911–1951), in: Seelsorge in der Zeit 6 (1951), S. 33 ff.

Maritz, Heinz: Der Diözesanbischof, in: Handbuch des nachkonziliaren Kirchenrechts. Regensburg 1980, S. 260 ff.

Müller, Hubert: Die Diözesankurie, in: Handbuch des nachkonziliaren Kirchenrechts. Regensburg 1980, S 287 ff.

Nell-Breuning, Oswald von: Katholizismus, in: Karl *Gabriel* und Franz-Xaver *Kaufmann* (Hrsg.): Zur Soziologie des Katholizismus. Mainz 1980, S. 24–38

Ordnung der kirchlichen Dienste. Kirchliche und staatliche Bestimmungen für die Seelsorge- und Verwaltungsaufgaben in der Diözese Rottenburg–Stuttgart. Rottenburg 1980

Presse- und Informationsstelle des Erzbistums Freiburg (Hrsg.): Das Geld der Kirche. Das Erzbistum Freiburg und seine Finanzen. Haushaltsplan für die Jahre 1982 und 1983. Freiburg 1982

Rahner, Karl, und *Vorgrimler,* Herbert (Hrsg.): Kleines Konzilskompendium. Freiburg usw. 1982

Rinken, Alfred: Die karitative Betätigung der Kirchen. Staatskirchenrechtliche Grundfragen, in: Handbuch des Staatskirchenrechts der Bundesrepublik Deutschland, Band II. Berlin 1975, S. 345–381

Ders.: Die karitative Betätigung der Kirchen. Die karitativen Werke und Einrichtungen im Bereich der katholischen Kirche, in: Handbuch des Staatskirchenrechts der Bundesrepublik Deutschland, Band II. Berlin 1975, S. 383–400

Schlief, Karl-Eugen: Die Organisationsstruktur der katholischen Kirche, in: Handbuch des Staatskirchenrechts der Bundesrepublik Deutschland, Band I. Berlin 1974, S. 299–325

Schmitt, Karl: Die CDU in Nord-Württemberg, in: Paul-Ludwig *Weinacht* (Hrsg.): Die CDU in Baden-Württemberg und ihre Geschichte. Stuttgart 1978, S. 137–162

Schmitz, Heribert: Die Beratungsorgane des Diözesanbischofs, in: Handbuch des nachkonziliaren Kirchenrechts. Regensburg 1980, S. 277 ff.

2. Kapitel

Gerhard Rau

Die evangelischen Landeskirchen und ihre Verbände

Dem »optischen Trend der Zeit« folgend, bemühen sich die Kirchen
neuerdings, ihren Mitgliedern nicht nur verbal in Form von Gesetzen,
Verordnungen sowie dogmatischen Lehrsätzen zu erklären, wie eine
Landeskirche als »territoriales Kirchentum« in ihrer Organisation funktioniert, sondern nun auch mittels Schaubildern »sichtbar« zu machen,
auf welcher Ebene welche Ämter und Dienste mit welchen Funktionen
angesiedelt sind und wie alle diese kirchlichen Einrichtungen mit der
landeskirchlichen Gesamt-Institution zusammenhängen.
Beim Betrachter solcher kirchenpublizistischen Lernhilfen mag der Eindruck eines außerordentlich klaren Systemaufbaus entstehen, in dem alle
Teile dem Ganzen und umgekehrt sinnvoll zugeordnet sind und nach
strengen, freilich durchsichtigen Regeln miteinander kommunizieren.
Indes täuscht dieser erste Eindruck einer rational durchformten Organisationsstruktur, denn in Wahrheit gibt es kaum etwas Komplexeres als
religiöse Organisationen, wenngleich alles an der Kirche auch wieder ganz
einfach ist, da die gesamte Organisation auf niemanden anders als auf
Menschen hin konzipiert ist, die als lebende Personen stets das Maß
kirchlicher Struktur sein und bleiben sollten.
An der Komplexität kirchlicher Ordnungen ist nicht allein die Vielzahl
von Querverbindungen schuld, durch welche Personen und Gremien
mehrfach miteinander verkoppelt sind – so daß oft wenige Personen in
verhältnismäßig vielen Organisationsrollen zugleich auftauchen –, Haupt-
ursache für die angesprochene mangelnde Durchsichtigkeit kirchlicher
Strukturen für Außenstehende, ja sogar für Insider, ist wohl die Vielzahl
von Prinzipien, die sich als geschichtliche und dogmatische Positionen
»aufgehäuft« haben und nun zusammenspielen sollen.

1. Der Aufbau der evangelischen Kirche im Vergleich mit anderen
   Organisationsformen

Die Vielzahl von Systemmodellen, die bei der kirchlichen Ordnung Pate
stehen, erschließt sich am ehesten, wenn wir die kirchliche Aufbauorganisation mit anderen Organisationsformen vergleichen:

1. Der Vergleich mit *staatlichen Organisationen* zeigt eine Ähnlichkeit beim Prinzip der Flächendeckung – so wie sich ein Staat durch das Territorium und dessen Bewohner mitdefiniert, ist auch eine Landeskirche durch ein Gebiet und die darin wohnenden Kirchenmitglieder mitbestimmt.

Vergleichbar wäre in diesem Typfall auch der vertikale Aufbau in (horizontalen) Ebenen (siehe – in umgekehrter Reihenfolge – Bund, Land, nachgeordnete Gebietskörperschaften). Ähnlich zu nennen ist sicherlich noch die Verteilung bestimmter Funktionen auf diese verschiedenen Ebenen mit dem – sehr eingeschränkten – Grundsatz: die Rechtssetzung einer höheren Ebene bricht das Recht der niedrigeren.

Gleichwohl versagt die Analogie zwischen staatlicher und kirchlicher Organisation umgehend, wenn das Phänomen der Herrschaft einbezogen wird; vielmehr, sie sollte versagen. Denn es gilt als Grundsatz allen kirchlichen Amtsrechts, daß Ämter in der Kirche keine Herrschaft der einen über die anderen begründen dürfen, wenngleich die Wirklichkeit oft merklich anders aussieht. Das Attribut »Macht« scheidet für höherrangige kirchliche Organisationsstellen in der evangelischen Kirche aus oder wird zumindest tabuisiert. Damit ist aller Kirchenleitung – auf welcher Ebene auch immer – die schwere Bürde auferlegt, die Kirchenmitglieder mittels Überzeugung des Geistes zu führen, also nicht aufgrund einer ›potestas juris‹. Eine gewisse Ausnahme hiervon bildet das Personalrecht der Kirche, d. h. die Führung der hauptamtlichen Mitarbeiter durch deren Vorgesetzte, die sich allerdings selbst wieder gegenüber Gremien verantworten müssen.

Eine deutlichere Analogie zwischen kirchlicher und staatlicher Organisation zeigt sich dann aber wieder in der geschichtlichen Entwicklung, in der parallel zum Staat, teils vorauslaufend, teils nachhinkend, in der neueren kirchlichen Verfassungsgeschichte demokratische Organe, z. B. als gewählte Synodalorgane, gebildet wurden.

Daneben war in der christlichen Kirche schon immer ein gewisses aristokratisches Leitungsprinzip bestimmend, wonach die Würdigsten und Besten, ob alt oder jung an Jahren, bei der Leitung der Gemeinde eingesetzt werden. Da diese ›Würdigen‹ jeweils durch Gemeindewahl bestätigt werden mußten, konnte sich nie ein geistlicher Laien-Geburtsadel etablieren. Auch hiervon gibt es wieder gewisse Ausnahmen, z. B. bei den Vertretern der Obrigkeit im alten Sinne, denen vom 16. bis zum 19. Jahrhundert in der evangelischen Kirche als »den ersten Mitgliedern ihrer Landeskirche« besondere Pflichten und daher auch Rechte zuerkannt wurden; heute noch sichtbar in den Bestimmungen zu den Patronatsrechten.

2. Der Vergleich der Kirche mit *politischen Parteien* oder gesellschaftlichen Interessengruppen bzw. -verbänden im Sinne von Lobbies ist dem Selbstverständnis der Kirche von Hause aus fremd, weil sich die Kirche

Aufbau der evangelischen Landeskirche in Baden

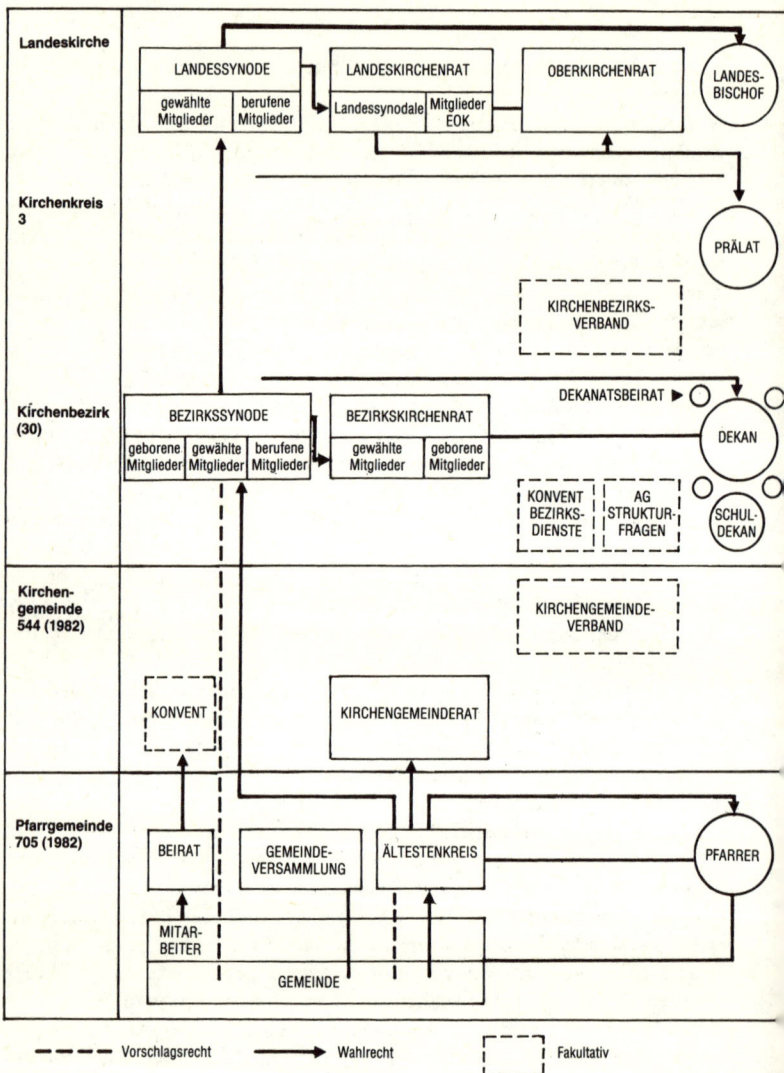

Landeskirche	LANDESSYNODE — gewählte Mitglieder / berufene Mitglieder — LANDESKIRCHENRAT — Landessynodale / Mitglieder EOK — OBERKIRCHENRAT — LANDESBISCHOF	
Kirchenkreis 3		PRÄLAT
	KIRCHENBEZIRKS-VERBAND	
Kirchenbezirk (30)	BEZIRKSSYNODE — geborene Mitglieder / gewählte Mitglieder / berufene Mitglieder — BEZIRKSKIRCHENRAT — gewählte Mitglieder / geborene Mitglieder — DEKANATSBEIRAT — DEKAN — SCHULDEKAN	KONVENT BEZIRKS-DIENSTE — AG STRUKTUR-FRAGEN
Kirchengemeinde 544 (1982)	KIRCHENGEMEINDE-VERBAND	
	KONVENT — KIRCHENGEMEINDERAT	
Pfarrgemeinde 705 (1982)	BEIRAT — GEMEINDE-VERSAMMLUNG — ÄLTESTENKREIS — PFARRER — MITARBEITER — GEMEINDE	

- - - - - Vorschlagsrecht   ⟶ Wahlrecht   ⌐ ¬ Fakultativ

Aufbau der Evangelischen Landeskirche in Württemberg

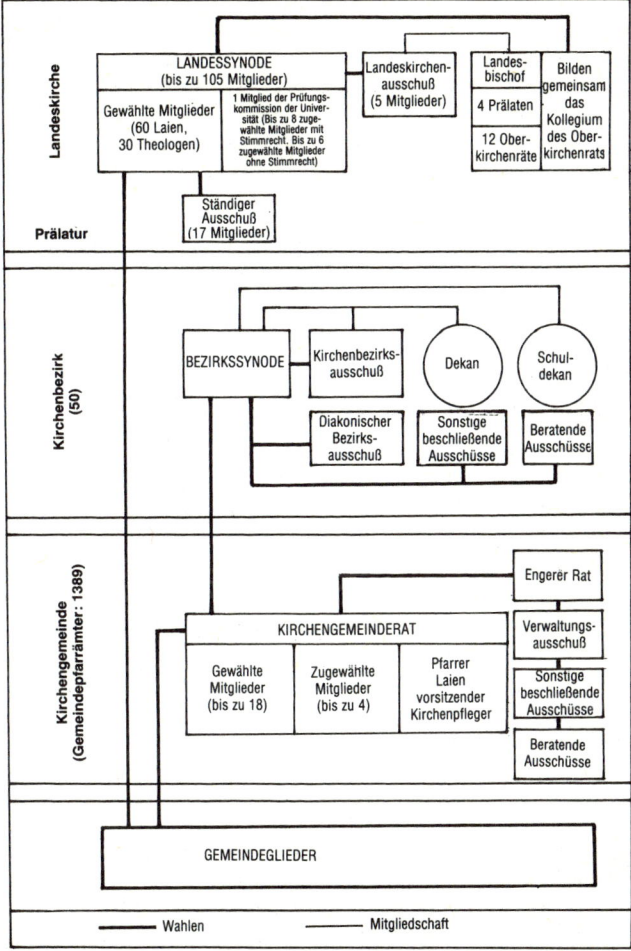

Landeskirche

LANDESSYNODE
(bis zu 105 Mitglieder)

Gewählte Mitglieder
(60 Laien,
30 Theologen)

1 Mitglied der Prüfungskommission der Universität (Bis zu 8 zugewählte Mitglieder mit Stimmrecht. Bis zu 6 zugewählte Mitglieder ohne Stimmrecht)

Landeskirchenausschuß
(5 Mitglieder)

Landesbischof

4 Prälaten

12 Oberkirchenräte

Bilden gemeinsam das Kollegium des Oberkirchenrats

Prälatur

Ständiger Ausschuß
(17 Mitglieder)

Kirchenbezirk (50)

BEZIRKSSYNODE

Kirchenbezirksausschuß

Dekan

Schuldekan

Diakonischer Bezirksausschuß

Sonstige beschließende Ausschüsse

Beratende Ausschüsse

Kirchengemeinde (Gemeindepfarrämter: 1389)

Engerer Rat

KIRCHENGEMEINDERAT

Gewählte Mitglieder
(bis zu 18)

Zugewählte Mitglieder
(bis zu 4)

Pfarrer
Laien
vorsitzender
Kirchenpfleger

Verwaltungsausschuß

Sonstige beschließende Ausschüsse

Beratende Ausschüsse

GEMEINDEGLIEDER

────── Wahlen   ────── Mitgliedschaft

stets an alle Menschen gewiesen weiß, Partikularinteressen also nie parteilich durchsetzen darf.

In einer pluralistischen Gesellschaft, die sich als offene und demokratische Gesellschaft versteht und in der die Kirche faktisch nur noch christliche Diaspora in einer weltanschaulich neutralen Umwelt ist, kommt sie zwangsläufig nicht darum herum, sich auch als Träger von Sonderinteressen, d. h. des Wahrheitsanspruchs einer Minderheit oder auch Mehrheit, zu verstehen, ja sie muß sogar dringend Formen finden, in denen sie ihr Werben um Mitinteressenten für eine gemeinsame Sache wohl offensiv, nicht aber aggressiv zu organisieren vermag.

3. Der Vergleich mit einer *ökonomischen Organisation* wird in der Regel aufgespalten in den Vergleich mit einem Produktions- oder einem Dienstleistungsbetrieb.

Die ökonomische Analogie ermöglicht zweckrationale Überlegungen, wodurch die Produktions- und Verteilungsorganisation von Gütern und Dienstleistungen auch faktorell darstellbar ist. Darüber hinaus kommt in unserer Gesellschaft dem Studium der Marktgesetze eine immer größere Bedeutung zu, nach welchen die ›Bedürfnisse der Menschen‹ an die Angebote von Waren und Dienstleistungen vermittelt werden.

Auch die ökonomische Organisationsform ist der Kirche von ihrem Wesen her fremd. Bei der starken Ausweitung ›christlicher Organisation‹, wie wir sie in den letzten drei Jahrzehnten besonders im Bereich der Diakonie erlebt haben, wurden allerdings auch in der Kirche mehr und mehr zielgerichtete Organisationspläne erstellt (wozu mache ich etwas; für wen; welche Mittel stehen dafür zur Verfügung?).

Solche organisationstheoretischen Verknüpfungen von Zwecken mit Mitteln und entsprechenden Ressourcen – in Form von Geld, Räumen, Personal, Programmen – sind daher in das organisatorische Selbstverständnis der Kirchen zunehmend, und dies folgerichtig, integriert worden.

Die ökonomische Organisationsstruktur hat sich somit in den letzten Jahren immer deutlicher als zweite Organisationsstruktur auf die erste, die althergebrachte, eher staatsähnliche, aufgelagert; ein Prozeß, der übrigens auch bei staatlichen Organisationen beobachtet werden kann.

Indiz für diese Änderung ist unter anderem die stärkere Funktionsgliederung der Gremien, aber auch die Umstellung des Haushaltswesens von einer statischen Einkommen-Ausgaben-Balance (die das Einkommen aufgrund eines möglichst gleichbleibenden Aufwands berechnet und dementsprechend die Mitglieder besteuert: die über Jahrhunderte geltende Hauptquelle kirchlicher Einnahmen, nämlich vom eigenen Pfründengut oder vom landwirtschaftlichen Zehnten, erzwang eine solche möglichst langfristig fixierte Einkommens- und Ausgabenhöhe!) hin zu einer weniger ›stationären finanziellen Organisationsform‹, die in jüngster Zeit bereits zu einer Leistungsexpansion aufgrund reichlicherer Ressourcen geführt hat.

4. Der Vergleich mit *Organisationen des Rechts* kommt dem theologischen Selbstverständnis protestantischer Kirchen noch immer recht ungelegen, da sich protestantisches Kirchenverständnis in seiner reformatorischen Geschichte immerhin bewußt von einer römisch-katholischen Rechtskirche (die ihr Rückgrat in einer Weihe- und Jurisdiktionshierarchie des kirchlichen Amtes hatte) absetzte. Gleichwohl ist in der neueren Diskussion die Kirche auch als Rechtsorganisation interessant geworden, in welcher die religiösen Grundrechte der Menschen sowie die durch die Taufe erworbenen Rechte der Kirchenmitglieder gegenüber Übergriffen kirchlicher Amtsträger sowie denjenigen einer ›Kerngemeinde‹ eingeklagt werden können.

Die Kirche muß sich außerdem eine Rechtsgestalt nach außen geben, um als ›Partner des Staates‹ oder wenigstens als ›gesellschaftlicher Verband‹ identifizierbar zu sein.

Als ›körperschaftliches‹ Rechtssubjekt (die Landeskirchen, die Kirchenbezirke sowie die Kirchengemeinden sind Körperschaften öffentlichen Rechts!) verhandelt die Kirche mit staatlichen und nichtstaatlichen Stellen und erhebt als solche bei ihren Mitgliedern ›Steuern‹.

Das Staatskirchenrecht regelt diese außerkirchlichen Rechtsbezüge; das Kirchenrecht ordnet die innere Rechtsstruktur, wofür der Kirche eine Rechtsautonomie im Rahmen der allgemein geltenden Gesetze zuerkannt wird.

5. Der Vergleich der Kirche mit *Vereinen* (der Traditionspflege, des Brauchtums und des gesellschaftlichen Lebens) auf Orts-, Kreis- und Landesebene drängt sich als so selbstverständlich auf, daß er noch nicht einmal gesondert aufgeführt zu werden brauchte. Wichtig ist dabei der Begriff ›Verein‹, weil er auf die bürgerliche Form einer privatrechtlichen Organisation (im Unterschied zur öffentlich-rechtlichen) verweist. Für viele ihrer historisch jüngeren, also frühestens auf die Mitte des 19. Jahrhunderts zurückgehenden Lebensäußerungen haben die Kirchenmitglieder diese Vereinigungsform als Rechtsform wählen müssen, weil die offizielle Kirche für solche Aufgaben und Lebensformen in der Regel noch nicht zu gewinnen war. Besonders im Bereich der Diakonie haben sich Christen mit dieser Vereinigungsform freiwillig oder aber gezwungen gegen die obrigkeitlichen, staatskonformen Amtskirchen gestellt.

Verlassen wir die soeben entfaltete Typologie von Formen der Vergesellschaftung des Lebens (Staat, politische Partei, wirtschaftlicher Betrieb, Rechts-Institution, Verein) und nehmen wir wahr, daß Religion in der Neuzeit vornehmlich nicht in bezug auf Sozialphänomene definiert als vielmehr auf das Individuum und allenfalls auf kleine Personengruppen im Sinne von persönlich geprägter Gemeinschaft bezogen wird. Oder aber Religion wird umgehend in eine Verbindung mit Wahrheitserkenntnis gebracht, mit Überzeugungsbeständen, Kultur-Werten, wobei die Organisation der lehrenden Weitergabe des Wissens nur als Mittel, nicht als Zweck verstanden wird.

Religion also im Glauben des einzelnen und der gottesdienstlichen Gemeinschaft sowie in Form einer Wissens- bzw. Wertetradition, Religion demnach auch eher als religiöser Kult und Ethos denn als Rechtsverband: dieses Religionsverständnis hat zusätzliche wesentliche Organisationsprinzipien abgeworfen, besonders für die neuzeitlichen protestantischen Kirchen, ohne daß individueller Glaube und persönliche Haltung sowie religiöser Ritus sich ohne weiteres in kirchlich-gesellschaftlichen Organisationsstrukturen direkt ausdrücken ließen. Gerade neuzeitliche Kirche weist mit ihrer Organisation so stets über sich hinaus, transzendiert mithin ihre eigene Struktur.

Wen wundert es nach der Aufzählung derart heterogener Organisationsprinzipien, daß der Aufbau evangelischer Landeskirchen nur scheinbar luzide ist. In Wahrheit spiegeln kirchliche Organisationspläne und -aufrisse nichts anderes wider als das pragmatische Funktionieren eines historisch gewordenen und sich aus dem Erbe des Überkommenen in je neuen theologischen und rechtlichen Zieldebatten konstituierenden Kirchentums. Und dennoch gibt es Axiome, bleibende Grundsätze evangelischer Kirchenorganisation, die sich durch allen gesellschaftlichen Wandel der letzten 400 Jahre hindurchgerettet haben und so als dem zeitlichen Wandel gegenüber resistente Konstanten angesehen werden müssen.

Da ist erstens der Begriff Gemeinde, von der aus die Kirchen immer neu ihre organisatorische Gestalt reflektieren und modifzieren; und da ist zweitens das historische Prae aller gegenwärtigen Kirche (gegeben in der Heilsgeschichte Israels, im Leben und Werk Jesu Christi und in der Geschichte der christlichen Kirche seit 2000 Jahren), wobei sich dieses historische Prae als sachliches Prae in der Bibelorientierung evangelischer Kirche festlegt. Die Bibelbindung selbst wird auf eine Mitte hin fokussiert, auf den Herrn der Kirche, wie er eben in der Bibel bezeugt wird, oder auf das Evangelium, die frohe Botschaft, die er gebracht hat (s. besonders eindrücklich in der Theologischen Erklärung der Bekenntnissynode von Barmen!).

Von Christus her und auf die Gemeinde (Gemeinde in einem mehrschichtigen Sinne gebraucht) hin ist evangelische Kirche also aufgebaut.

Abstrakter formuliert: das eigentliche Strukturprinzip der Kirche ist es, Kirche von einer Mitte her, dem Evangelium in Jesus Christus, zu begründen. Alle, die sich zu diesem Christus bekennen, gehören zur Kirche. Das Bekenntnis zu Christus stellt sich dar in der Taufe, die Ausdruck eines Glaubens ist, der durch die Liebe tätig wird.

Es liegt auf der Hand, daß zumindest das zweite Merkmal eines Christen, der durch die Liebe tätige Glaube, rechtlich nicht ohne weiteres gesichert werden kann (etwa durch Lebensordnungen), so daß die Frage nach der Grenze der Kirche, wo also Nichtkirche beginnt, weil Kirche-Sein aufgehört hat, nicht mit einer einfachen empirischen Grenzziehung zu beantworten ist. Und dennoch erzwingt das In-der-Welt-sein der Kirche immer wieder solche Grenzziehungen, letztlich gegen das eigene Strukturprinzip, von einer Mitte her angetreten zu sein, um alle Grenzen zu sprengen. Wenn im Mitgliedschaftsgesetz der EKD festgestellt wird, wer Kirchenmitglied sei, so ist das der Versuch einer solchen Grenzziehung, allerdings von ziemlich »vager Bestimmtheit« (Kirchenmitglied ist, wer evangelisch getauft ist und im Bereich einer Landeskirche innerhalb der EKD wohnt sowie nicht aus der Kirche – amtsgerichtlich festgestellt – ausgetreten ist, d. h. noch als kirchensteuerpflichtig gelten kann), was damit zusammenhängt, daß hier nur mit staatskirchenrechtlicher Abzweckung und nicht mit kirchenrechtlicher argumentiert werden konnte. Denn in diesen Merkmalsbestimmungen können die rechtlich so schwer materialisierbaren theologischen Dimensionen einer Kirchengliedschaft (als Glied am Leibe Christi) naturgemäß nur schwer eingefangen werden (den Gottesdienst zu besuchen, d. h. das Wort Gottes zu hören und an Gott zu glauben, am Abendmahl teilzunehmen, zu beten, dem Nächsten zu dienen u. s. f.).

So bedauerlich diese Schwierigkeiten der Kirche, ihr theologisches Selbstverständnis auch organisationsrechtlich darzustellen, sein mögen, in Wahrheit gründet diese Nichtorganisierbarkeit und Nichtordnungsmöglichkeit des Glaubens im Glauben selbst, der ja lebendig ist wie das Leben und daher seine eigenen Formen von individueller oder sozialer Verwirklichung stets als Tradition hinter sich lassen muß. So daß nur jene kirchlichen Ordnungsvorstellungen dem Glauben voll angemessen wären, die eben dieser Tatsache, daß der Glaube eine Dimension des Lebens ist und sich daher fortwährend ändern muß, in ihren Zeugnis- und Gesellungsformen Rechnung trügen.

Wohlgemerkt, ich rede damit nicht der sattsam bekannten und immer wieder abgewehrten schwärmerischen Einstellung das Wort, als könne Kirche auf jedes Recht verzichten, als lasse der Geist alle Organisation entbehrlich werden. Im Gegenteil: der Glaube, der Geist, sie werden und müssen stets neue gesellschaftliche Formen ihrer Wirksamkeit finden, ohne sich freilich an diese Formen völlig auszuliefern. Kirchliche Organisation eignet daher stets ein Element der Instabilität, nicht der Formlosigkeit, d. h. sie ist dynamische Struktur, aber eben Struktur.

Die Offenheit für Vielfalt und die Bereitschaft zur Änderung wird somit zu einem Gütezeichen kirchlicher Ordnung; dies gilt so lange, solange und soweit die Rückbesinnung auf das Invariante, auf die Mitte, ›funktioniert‹.

Durch die lose Anlehnung an allgemeine politische Ordnungsformen, wo es um Willensbildungs- und Entscheidungsfindungsprozesse geht, wurde solche Offenheit kirchlicher Ordnung in den vergangenen 400 Jahren unbedingt gefördert, wenngleich die kirchenfremden Ordnungsvorgaben nur allzuoft die theologische Besinnung auf das spezifisch Eigene zu ersetzen drohten.

Es wäre wichtig, noch genauer darauf zu achten, daß die derzeitige Anlehnung an ökonomische Leistungssysteme – weil die Kirche selbst eine Fülle professionalisierter Leistung im Bildungs- und Sozialbereich erbringt – theologische Reflexion nicht ebenso verdrängt. Dies gilt sogar dort, wo die Kirche scheinbar nur wenig gefährdet zu sein scheint durch den Import nicht-kirchlicher Sozialstruktur, nämlich bei den kleinen Gruppen und Personengemeinschaften auf Ortsebene. Es ist nämlich ein gefährlicher Irrtum, die Auflösung von Groß-Institutionen, die Zerschlagung von Kulturorganisationen in lauter kleine soziale Einheiten, nicht selbst als einen von außen kommenden Strukturzwang zu erkennen. Nicht-Struktur ist nicht weniger Struktur! D. h. die ausschließlich Vergesellschaftsform in Kleingruppen bedeutete für die Kirche einen strukturellen Rückzug aus ihrer öffentlichen Verantwortung ins Private.

Aus all dem Gesagten ergibt sich:

1. der Aufbau einer Evangelischen Landeskirche ist niemals in Form einfacher linearer Schemata in der Weise darstellbar, als würde sie sich etwa repräsentativ von unten durchgehend nach oben aufbauen oder im Gegensatz dazu im Stile einer Anweisungshierarchie von oben nach unten ausbauen. Kirche auf höheren Organisationsebenen ist ihrem Selbstverständnis nach nie mehr, aber auch nie weniger Kirche als auf unteren: auf jeder Organisationsebene soll sich die entsprechende Gemeinde herausbilden, und zwar unter den dort herrschenden Lebens- und Arbeitsbedingungen (Gemeinde am Ort, im Bezirk, in der Landeskirche).

2. das eigentliche Aufbauprinzip evangelischer Kirche ist nicht die Polarität zwischen Amt und Gemeinde, sondern das Gegenüber der Menschen zu dem in Jesus Christus sich offenbarenden Gott. Das Amt ist daher rechtstheologisch gesehen Teil der Gemeinde, eine auf Dauer gestellte Funktion der Gemeinde (um den Gottesdienst zu leiten, die Sakramente zu verwalten, die Liebesdienste zu ordnen, die Jugend zu unterweisen, bei Trauungen und Begräbnissen sowie anderen Ereignissen des individuellen und kollektiven Lebens mitzuwirken). Das Amt wirkt dabei im Auftrag der Gemeinde, die als ganze in der Verpflichtung verbleibt, den Glauben in Jesus Christus in der Liebe zum Nächsten zu bezeugen.

Die Kirche trägt in eigenen Ausbildungsstätten oder im Zusammenhang mit Theologischen Fakultäten an staatlichen Universitäten Sorge dafür, daß ihr Erbe bei der Ausbildung zu kirchlichen Berufen weitergetragen wird.

3. Nur aus unserer deutschen Geschichte erklärbar sind die beiden derzeit wesentlichen staatskirchenrechtlichen Rechtsformen – einmal aus

dem öffentlichen Recht stammend: Kirche als Körperschaft öffentlichen Rechts; das andere Mal aus dem privaten Recht: Kirche als Verein; wozu als eine Mischform zwischen öffentlichem und privatem bzw. bürgerlichem Recht neuerdings noch verbandsähnliche Organisationsformen hinzutreten. Für ihre eigenen kirchenpolitischen Willensbildungsprozesse sowie für die Bildung von Rechtssubjekten, die allein befugt sind, Steuern von Kirchenmitgliedern einzuziehen, lehnen sich die Kirchen – durch die Geschichte bedingt, in der sie als Staatskirchen lange Zeit daran gehindert waren, eigene Rechtsformen zu entwickeln – mithin an die allgemeinen staatlichen und kommunalen Rechtsstrukturen an. Im Zusammenhang der neueren staatlichen Verfassungsgeschichte haben sie so auch wesentliche Elemente des demokratischen Rechtsstaates (im Synodalprinzip und im kirchlichen Rechtswesen) rezipiert.

4. Die Gebietsabgrenzung der Landeskirchen ist ebenfalls nur historisch zu erklären, zurückgehend bis auf das 16. Jahrhundert und auf alle Territorialveränderungen seit dieser Zeit. Für unser südwestdeutsches Gebiet ist der terminus ad quem der wesentlichen regionalen Veränderungen – d. h. im Umkreis der württembergischen, badischen und kurpfälzischen Stammgebiete – die große Arrondierung im Nachgang zu den Napoleonischen Kriegen, als die ›alten‹ Länder Baden und Württemberg als Großherzogtum und als Königreich bestätigt worden sind. Der Begriff ›Landes‹-Kirche bezieht sich eben auf diesen antiquierten Stand der staatlichen Verhältnisse.
Die württembergische Landeskirche weist dabei in ihrer Geschichte die größere Kontinuität auf, da sie sich um das württembergische Stammland mit dessen einheitlicher Konfessionsprägung herum gebildet hat; die badische Landeskirche verdankt ihre Ausdehnung wesentlich dem Zusammenschluß zweier Alt-Herrschaftsgebiete, des badischen und des rechtsrheinisch-kurpfälzischen, und war somit von Anbeginn an zugleich auf das Zusammengehen zweier Bekenntnisse (des mehr lutherischen in Baden und des reformierten in der Kurpfalz) angewiesen, was dann auch zu Beginn des 19. Jahrhunderts zu einer Lehrunion, d. h., alle Gemeinden haben den gleichen Bekenntnisstand, geführt hat.
Die jüngsten, meist recht geringen Gebietsänderungen, stellen nur noch nützliche Abrundungen des Kirchengebiets dar.

5. Da die evangelischen Kirchen, wie ich ausgeführt habe, nach ihrem theologischen Selbstverständnis keine abgegrenzte religiöse Provinz darstellen wollen, sondern sich nur als Repräsentanten der Gottesbeziehung allen Menschenlebens verstehen können, reagieren sie nicht nur in ihrer Gebietsorganisation, sondern ganz allgemein außerordentlich sensibel auf nichtkirchliche Organisationsstrukturen und deren Wandel. D. h., sie neigen zur unkritischen Anlehnung an vorhandene Organisationsstrukturen (z. B. in der Anpassung an Grenzziehungen der Kommunen und

Kreise). Gefördert – weil funktional gefordert – wurde diese Kongruenz zwischen einer kirchlichen und nichtkirchlichen Regional- wie Funktionalstruktur allerdings nicht allein durch eine abstrakte Ausrichtung der Kirche an den Lebensverhältnissen der Menschen, sondern vor allem auch durch die sehr praktische Kooperation im Sozial- und Bildungsbereich zwischen Kirche und staatlichen bzw. kommunalen Institutionen.

2. Der Aufbau der Evangelischen Landeskirchen in Baden-Württemberg

Auffällig am äußeren Strukturaufbau beider Landeskirchen ist, daß bei beiden als die drei wesentlichen Organisationsebenen erscheinen: die Kirchengemeinde, der Kirchenbezirk, die Landeskirche (das entspricht in ungefähr der profanen Gebietsorganisation von Kommunalgemeinde, Kreis und Land bzw. Landesteil).

Von wesentlichen Organisationsebenen spreche ich, weil die Organisationseinheiten auf diesen drei Ebenen gleichzeitig staatlichen wie kirchlichen Rechts sind, nämlich verankert im öffentlichen Recht, d.h. im Staatskirchenrecht, und im Kirchenrecht. Staatskirchenrechtlich gesehen handelt es sich dabei um Körperschaften öffentlichen Rechts, die als solche Rechtssubjekt sind und daher Rechtsgeschäfte abschließen können (allerdings auf den unterschiedlichen Ebenen in entsprechend abgestufter Qualität): sie dürfen ein eigenes Amtsrecht (Kirchenbeamte), Steuerrechte, Siegelrechte und anderes haben; sie sind vertragsfähig (in Staatskirchenverträgen fungieren sie sogar als Partner des Staates). Obwohl sie als Körperschaften des öffentlichen Rechts eigentlich eine vom Staat delegierte Hoheitsfunktion wahrnehmen, sehen sie sich auch in einem rechtlichen Partnerschaftsverhältnis zum Staat, etwa im Modell einer Dyarchie, einer unmittelbaren Doppelherrschaft in der Gesellschaft. Trotz dieser historischen Genese des Begriffs ›Körperschaft öffentlichen Rechts‹ und dessen damit zusammenhängender Belastung durch den staatlichen Hoheitsbegriff wird diese Rechtsform seitens der Kirche – wenn auch weniger ideologisch als empirisch-pragmatisch – weiterverwendet, um die Rechtsfähigkeit kirchlicher Organisationseinheiten im öffentlichen und im bürgerlichen Rechtsverkehr zu garantieren. Die theoretisch-theologische Auffüllung dieser Rechtsfiguren im Selbstverständnis der Kirche verändert sich dabei fortwährend, so daß sich bei gleichbleibenden Formen ein Wandel in der inhaltlichen Definition vollzieht: ein bekannter Vorgang bei allem sozialen Wandel.

Über die genannten drei Organisationseinheiten hinaus erscheinen im Aufbauschema noch zwei weitere: die Pfarrgemeinde (Baden) und die Prälatur (Württemberg) bzw. der Kirchenkreis der Prälaten (Baden). Bei diesen handelt es sich entweder um Organisationsgrößen rein kirchlichen Rechts (wie bei der badischen Pfarrgemeinde) oder um Arealabgrenzungen von persönlich-seelsorgerlichen Funktionen (badischer Kirchenkreis) oder aber um Gebietsabgrenzungen von exekutiv-kirchenleitenden Funktionen (wie bei der württembergischen Prälatur).

Beim Vergleich des badischen mit dem württembergischen Kirchenaufbau fällt hinsichtlich der Rechtsquellenlage ein interessanter Unterschied ins Auge. Die badischen Verfassungsbestimmungen – alle Teile der landeskirchlichen, der bezirkskirchlichen und der gemeindekirchlichen Organisation bis ins kleinste hinein regelnd – sind in das Hauptdokument, die Grundordnung (= Kirchenverfassung), aufgenommen oder zumindest im Grundsatz dort so festgelegt, daß Ausführungsgesetze und Verordnungen die Grundordnung in der Tat nur noch ›explizieren‹ müssen. In Württemberg hingegen sind es mehrere Dokumente, die gemeinsam als Rechtsquelle für kirchliche Ordnung anzusprechen sind: vorab die Kirchengemeindeordnung von 1924 (letzte Fassung 1971), die ›Verfassung der Evangelischen Landeskirche in Württemberg‹ von 1920 (letzte Fassung 1971); die Kirchenbezirksordnung von 1924 (letzte Fassung 1971); das Pfarrstellenbesetzungsgesetz von 1971/1973. Dem Badischen Staatskirchenvertrag (1933) korrespondiert das ›Württembergische Gesetz über die Kirchen‹ von 1924.

Was erbringt diese scheinbar vordergründige Anmerkung über die Quellenlage? Die verfassungs- und ordnungsschaffenden Bemühungen der württembergischen Kirche sind sehr viel stärker traditional abgestützt als die der badischen. Die badische ist in ihrem Strukturverständnis bis heute sichtlich geprägt durch ihre Entstehungszeit, das 19. Jahrhundert, und, was wichtig ist, von parallelen Verfassungsintentionen eines liberalen, rational gesteuerten Staatswesens im Nachgang und zugleich im Erbe französischer Verfassungstradition napoleonischer Prägung.

So ist die badische Grundordnung mit großer Konsequenz rational durchkonstruiert nach einheitlichen Prinzipien, und zwar auf allen Ebenen, wobei einige – aus der Geschichte überkommene – konstitutive Elemente einer religiösen Organisation (religionsgeschichtlich betrachtet!) ›verkraftet‹ werden müssen, wie z.B. das Amt des Priesters, in evangelischer Variante: des Pfarrers, d.h., daß sich dieses geschichtliche Organisationserbe nicht ohne weiteres aktuellen rechtstheologischen Intentionen unterordnen ließ.

Diese Einschätzung der Formalstruktur badischer Kirchenordnung gilt selbst über den deutlichsten Einschnitt in der badischen Kirchenverfassungsgeschichte hinweg, wo mit der KO von 1958/71 bewußt eine Abwendung von staatlichen Verfassungsvorbildern hin zu einer ekklesiologisch eigenständigen Kirchenordnung praktiziert wurde, ganz im Sinne der ›Barmer Theologischen Erklärung‹ von 1934 (keine Trennung von Bekenntnis und Ordnung der Kirche; Kirche als ›Gemeinschaft von Brüdern‹).

Die Grundprinzipien der Ordnung, die vor allem eine Ordnung der Leitung bzw. der Bildung der Leitungsorgane (vertikale Schichtung) sowie eine Ordnung der Funktionen im Sinne der arbeits- und funktionsteiligen Zuordnung (horizontale Ebenen) ist, sind in Württemberg wie Baden natürlich ähnlich, wenn auch nicht gleich, weil letztlich aus reformatorischem Erbe stammend. Gleichwohl unterscheiden sie sich in manchen Nuancen. Im Blick auf die Funktionen, besser Grundfunktionen oder Dimensionen von Kirche erscheinen die folgenden Gestaltungselemente:

Kirche bekennt sich zu Jesus Christus als ihrem Herrn (Dimension des Bekenntnisses) und erinnert sich dieses Herrn im Hören auf ihn im Gottesdienst (liturgische Dimension; kerygmatische Dimension) sowie im Beten zu ihm und im Vertrauen auf ihn (Frömmigkeitsdimension; ethische Dimension). Sie bezeugt Christus als ihren Herrn vor der Welt (Mission) und als Haupt seines Leibes, der Kirche (Ökumene; Sorge für die Einheit der Kirche). Sie vertritt ihn in seiner Zuwendung zur Welt (in der Liebe, die ein Ausdruck des Glaubens ist: Diakonie). Sie nimmt die Inkarnation und den Kreuzestod Christi ernst als Hinwendung Gottes zum sündigen Menschen, d. h., sie respektiert die Lebensstrukturen der Welt als Lebensbedingungen des Menschen (daher ihre Arbeit in Werken und Diensten, in denen sich ja die Differenzierung menschlicher Gesellschaft in Sozialstrukturen und Leitungsstrukturen widerspiegelt).

Die diesen theologischen Einsichten entsprechenden Ordnungskonsequenzen finden sich bei beiden Kirchen gleich: Ausgangspunkt aller Organisationsstruktur ist das Evangelium in Jesus Christus, wie es in der Bibel bezeugt wird und wie es zum Glauben der Gemeinde geführt hat und noch immer führt. Daher ist die Gemeinschaft der glaubenden Christen als Gemeinde letztlich die Organisationsbasis von Kirche schlechthin. Beide Landeskirchen verstehen sich als missionarisch und haben Kooperationsformen mit der Weltmission entwickelt (organisiert im Südwestdeutschen Missionswerk); beide sind in internationalen und nationalen Kirchenbünden (Ökumenischer Rat; EKD) aufgenommen. Die württembergische Kirche gehört außerdem zum konfessionell geprägten Lutherischen Weltbund, nicht jedoch zum konfessionellen Nationalkirchenbund der VELKD; die badische Kirche kooperiert mit Kirchen der sog. Arnoldshainer Konferenz (eine Arbeitsgemeinschaft von Kirchenleitungen aller nicht zur VELKD gehörenden Gliedkirchen der EKD, d. h. von unierten, reformierten und lutherischen – Oldenburg als Mitglied, Württemberg als Gast – Landeskirchen. Die Konferenzkirchen erkennen die EKD als Kirche an und haben volle Kanzel- und Abendmahlsgemeinschaft vereinbart).

Beide Kirchen haben die diakonische Dimension von Kirche über ihre Diakonischen Werke verkirchlicht, d. h., sie haben darin die Diakonie wieder als Lebensäußerung der Kirche anerkannt, wobei in den Diakonischen Werken als sog. Spitzenverbänden der Freien Wohlfahrtspflege die unterschiedlichsten Rechtsgrößen (diakonische Einrichtungen als eingetragene Vereine; Kirchenbezirke und die Landeskirche als Körperschaften des Öffentlichen Rechts; Beratungsstellen als Unterorganisationen anderer Organisationen) zusammengeschlossen sind. Die Diakonischen Werke beider Landeskirchen sind dabei selbst – nach weltlichem Recht – ›eingetragene Vereine‹.

Im Blick auf die Bildung von Leitungsgremien, die allesamt durch Wahlen zustande kommen und erst in einer Verbindung mit Präsentations-, Berufungs- und Ernennungsprozeduren ihren vollen rechtlichen Status gewinnen, gibt es einen wesentlichen Unterschied zwischen Baden und Württemberg: in Württemberg werden die Mitglieder des obersten Synodalorgans, der Landessynode, per Urwahl gewählt, d. h. nach Wahlvorschlagslisten auf Kirchenwahlkreisebene. Daß dieses Verfahren faktisch so etwas wie Kirchenparteien erzeugt – wenngleich die Wahlordnung diesen Begriff nicht kennt und nicht fordert –, ja Kirchenparteien, m. a. W. unterschiedliche kirchenpolitische Programme, sogar voraussetzt, versteht sich von selbst. Dieses Urwahlverfahren, das kirchenpolitisch profilierend, natürlich aber auch spannungs- und konflikt-erzeugend wirkt, entspricht wohl mehr der württembergischen Kirchenlandschaft mit ihren stark unterschiedlichen theologischen Gruppierungen, wobei dort besonders durch den in die Kirche integrierten Pietismus eine produktive innerkirchliche Dauerdifferenz erzeugt wird.

In Baden, wo diese innerkirchliche Spannung zu Beginn des 20. Jahrhunderts, als auch hier das Direktwahlsystem zur Landessynode existierte, nur den Gegensatz zwischen Liberalen und Positiven, der als solcher heute geschichtlich überholt sein dürfte, widerspiegelte, hat man nach 1945 bewußt, auch als Abwehrmaßnahme gegen eine »demokratische Unterwanderung der Kirche« (s. Deutsche Christen), das ›Filterwahlsystem‹ eingeführt, nach dem ein synodales Gremium das jeweils nächst höhere mit seinen Deputierten beschickt. Dieses ›Filter-‹ oder ›Siebsystem‹ ist freilich seit der Verfassungsreform von 1971 nicht mehr voll in Kraft, sondern durch eine Zwischenform zwischen Urwahl und Siebsystem ersetzt: Für die Wahlen in die Bezirkssynode und in die Landessynode sind zwar nach wie vor die Ältestenkreise bzw. Bezirkssynoden Wahlkörper geblieben; passiv wählbar sind aber nicht mehr nur Mitglieder dieser Gremien; vielmehr können Wahlvorschläge aus den Gemeinden gemacht werden, was auch so praktiziert wird (WO §§ 26, 28).

Ergänzt werden in Württemberg wie in Baden synodale Gremien prinzipiell durch Berufene, deren Zahl in einem vertretbaren Verhältnis zu den Gewählten stehen muß, um besondere kirchliche Anliegen oder die Interessen derer, die in solchen Wahlvorgängen nicht zum Zuge kommen können, ins Spiel der Entscheidungsprozesse einzubringen.

Wie bereits erwähnt, sind in der badischen Grundordnung einige Prinzipien radikaler als in der württembergischen durchgesetzt – wenngleich auch hier eine Spannung zwischen Verfassungswirklichkeit und Verfassungsnorm konzediert werden muß (dargestellt von der badischen Ordnung her):

1. Einer Aufspaltung zwischen geistlichen und rechtlichen Elementen

wird durch die stete Wiederholung der Formel »in geistlich-rechtlicher Einheit« gewehrt. So wird vermieden, daß die Einheit der Kirche in pragmatische bzw. rechtliche, ja allgemein politische Leitungsintentionen einerseits und solche theologischer, sprich spiritueller Art andererseits aufgespalten wird. Pate für diese Formel stand die theologische Erkenntnis von der Einheit des Menschen, der Einheit der Kirche sowie der Weltlichkeit des Evangeliums u.a.m... Indirekt wird dadurch auch der Aufspaltung der Kirchenleitung in eine Leitung und Verwaltung gewehrt, so daß badische Oberkirchenräte Leitungs- wie Verwaltungsfunktionen zugleich wahrnehmen, was auch in der Kombination von Fachreferat mit Gebietsreferat zum Ausdruck kommt. In Württemberg wird diese Gebietsreferatsfunktion hauptsächlich von den Prälaten wahrgenommen. Der Grundsatz der geistlichen und rechtlichen Einheit als solcher aber prägt auch württembergisches Leitungsrecht, wenngleich er nicht so weit ausformuliert erscheint. Allerdings wird in der württembergischen Verfassung deutlicher zwischen Leitung und Verwaltung der Kirche unterschieden. Die Leitung kommt dort vornehmlich dem Bischof und dem Landeskirchenausschuß sowie den Prälaten und – abgeleitet – den Dekanen zu. Die Verwaltung dem Oberkirchenrat.

2. Der politischen Vorstellung von der Gewaltenteilung in legislative, exekutive und richterliche Gewalt ist das Prinzip der badischen Grundordnung von einer prinzipiellen Kollegialität, d. h. integrierten Leitung durch synodale, presbyteriale und episkopale Leitungsorgane, entgegengesetzt. Das Problem der steigenden Zahl professionalisierter Mitarbeiter – eine Störung der Demokratie durch die Expertokratie – wurde so gelöst, daß auf den verschiedenen Ebenen beratende Beiräte (u. a. auch zum internen Erfahrungsaustausch) gebildet werden können (fakultativ!). Daneben werden basisdemokratische Elemente, z. B. in der Gemeindeversammlung, zugelassen, wiewohl die organisatorische Zuordnung von professionalisierten Experten und basisdemokratischen Formen zu den übrigen, in sich konsistenten Aufbauelementen schwierig ist.

3. Ämter, die in der episkopalen Tradition stehen, sind daher in Baden (obwohl im Pfarramt und Bischofsamt wie im Amt des Oberkirchenrats auf Lebenszeit) voll in die kollegiale Leitung zusammen mit presbyterialen und synodalen Ämtern auf allen Ebenen integriert. In Württemberg ist dieses episkopale Element nicht so strikt zugunsten der anderen ›egalisiert‹. (Das heißt aber nicht, daß den ordinierten Geistlichen in Baden nicht auch ein eigenes Verfassungsprofil eingeräumt würde [GO §§ 50, 52; 93; 105, 106; 120]). In der württembergischen Verfassung (§ 31) kann so ganz ungeschützt der Satz stehen: dem Kirchenpräsidenten (= Landesbischof) kommt die oberste Leitung der Landeskirche zu. Faktisch ist es dann in der württembergischen wie in der badischen Verfassung doch wieder ein gemischtes Gremium, und zwar aus synodalen Laienmitgliedern und episkopalen Amtsinhabern, das als oberstes Führungsgremium angesprochen werden kann: in der württembergischen

Landeskirche der Landeskirchenausschuß (mit fünf Mitgliedern, davon drei Synodalen, worunter nicht nur synodale ›Laienmitglieder‹, sondern auch der Synode angehörende Pfarrer zu zählen sind); in Baden der Landeskirchenrat (alle Mitglieder des EOK sowie Landessynodale im Verhältnis von 2:3), jeweils unter dem Vorsitz des Landesbischofs.

Trotz dieser Ähnlichkeit im Leitungsalltag der Landeskirchen ist die konfessionelle Tradition der württembergischen Kirche als einer lutherischen Kirche noch deutlich erhalten geblieben, und zwar darin, daß dem episkopalen Element – bei der Staatsverfassung würde man vom präsidialen Element sprechen – eine größere Rolle zugebilligt wird, als dies in der unierten badischen Kirche je der Fall sein könnte. Das kommt nicht nur beim Bischofsamt zum Tragen, sondern auch beim Amt der Prälaten und vor allem auch bei dem des Dekans. Der württembergische Kirchenbezirk ist nach der Kirchenbezirksordnung natürlich inzwischen mehr als nur Aufsichts-Distrikt im Sinne einer mittleren Aufsichtsbehörde (der Begriff taucht öfter auf). Dennoch versteht er sich noch immer, da er sich traditionellerweise um das Dekansamt herum entwickelt hat, neben seiner Definition als Lebenskreis evangelischer Kirche (mit bestimmten auf dieser Ebene relevanten Aufgaben des Zeugnisses und der Liebe) auch als eine mittlere Behörde. Der Dekan wird in Württemberg im Unterschied zu Baden nicht von der Bezirkssynode gewählt, sondern von der Landeskirchenleitung ernannt; und die Bezirkssynode delegiert keine von ihr gewählten Abgeordneten in die Landessynode. (Die Betonung des episkopalen Prinzips hat seine theologischen Gründe in der Tradition lutherischer Konfessionskirchen darin, daß für den sündigen Menschen die Kirche stets auch in einem Gegenüber in Erscheinung treten muß, denn Kirchenmitglieder als Sünder würden ja selbst die Kirche nur sündig mißbrauchen können. Dieses episkopale Prinzip geriet dabei allerdings oft in Gefahr, das ›simul iustus, simul peccator‹ für die Amtsträger nicht in gleicher Weise wie für die ›Laien‹ in Anschlag zu bringen).

Ob freilich diese unterschiedlichen Verfassungsintentionen in der württembergischen und badischen Tradition auch unterschiedliche Verfassungswirklichkeiten in beiden Kirchen geschaffen haben, darf mit Recht bezweifelt werden. So gleicht sich die kirchliche Arbeit auf Orts-, aber auch auf Bezirksebene doch wohl in höherem Maße, als sie sich voneinander unterscheidet.

Folgte ich bei meiner Darstellung dem Prinzip, die Aufbauorganisation der Landeskirchen und deren Verflechtung in nationale und internationale Organisationsformen vom kirchlichen Selbstverständnis her zu begründen (etwa von der Verpflichtung zur Glaubensgemeinschaft am Ort; zum Zeugnis der Liebe; zur ökumenischen Solidarität; zur Mission u. s. f.), so ließe sich manche kirchliche Einrichtung auch als von außen her gefordert, von gesellschaftlichen Notwendigkeiten induziert, darstellen. So etwa die Diakonischen Werke, die als Spitzenverbände der freien Wohlfahrtspflege die in der Sozialstaatsgesetzgebung angelegten kirchlichen

Exekutiven im Bereich der allgemeinen gesellschaftlichen und staatlichen Ordnungen vertreten; oder die kirchlichen Fachhochschulen, die katechetischen bzw. religionspädagogischen Ämter, die Schuldekanate usw., alles Einrichtungen, die in staatlichen Schul- und Hochschulgesetzen Erwähnung finden als Typen nichtstaatlichen Engagements auf diesem Felde; und schließlich müßte noch der sehr wichtige Bereich der Jugendwohlfahrt genannt werden, der vom Jugendwohlfahrtsgesetz ›reguliert‹ wird: hier sind es die kirchlichen Landesjugendämter, die mit anderen nichtstaatlichen sowie staatlichen Jugendverbänden und -organisationen zusammenarbeiten (»auf Landesebene besteht als Gesamtvertretung aller in der Jugendarbeit der Landeskirche aktiven Gruppen – wie z.B. Diakonisches Jahr, Körperbehindertenarbeit, Arbeit mit Zivildienstleistenden, musisch-kulturellen Gruppen, Schülerarbeit, Jugendsozialarbeit, Christl. Pfadfinder, Ev. Gemeindejugend, Lehrgangs- und Freizeitarbeit, Jugendpolitik – die Landesjugendkammer; daneben haben die Verbände eigene Organisationsformen«. Das Landesjugendamt bzw. -pfarramt stellt neben den »Organisationsformen« vor allem die Fachleute, die zusammen mit den ehrenamtlichen Mitarbeitern die Jugendarbeit aufbauen).

Ähnliche Organisationskomplexe ließen sich auch für die übrigen Werke der Kirche (wie z.B. das Männerwerk, die Industriearbeit, das Frauenwerk usw.) entfalten.

Eine der aktuellen Fragen hinsichtlich der strukturellen Integrität der Landeskirchen ist z.Z., ob es nicht an der Zeit wäre, die historisch gewordene kirchliche Trennung von Baden und Württemberg im 20. Jahrhundert endlich zu überwinden, so daß wenigstens im Südwesten Deutschlands ein Kirchenbund evangelischer Kirchen entstehen würde, zumal einige Aufgaben (wie z.B. in der Schule und im Sozialbereich) längst ›grenzüberschreitend‹ besorgt werden müssen. Um diese sehr prinzipielle Frage erst gar nicht zur Diskussion zu stellen, wurden in den vergangenen Jahren Verbände gegründet, in denen Kirchengemeinden oder Kirchenbezirke der jeweils anderen Landeskirche Mitglied sein können, soweit dies zur Erledigung insbesondere sozialer Aufgaben nötig ist auf all jenen Gebieten, in denen die kirchlichen und die staatlichen bzw. kommunalen Grenzen sich schon längst nicht mehr decken.

Literaturhinweise

Die zitierten Verfassungen, Grund- und Wahlordnungen sowie Satzungen sind jeweils in neuester Fassung erhältlich bei den Evang. Oberkirchenräten in Stuttgart (Gänsheidestr. 4) und Karlsruhe (Blumenstr. 1).
Deutsches Pfarrerblatt 9/82: es finden sich dort mehrere Beiträge zur Eigenart der württembergischen Landeskirche, verfaßt anläßlich des Deutschen Pfarrertages 1982 in Stuttgart.

Grant, J. W.: Die Kirchen in der Welt, Bd. 10: Die unierten Kirchen. Stuttgart 1973

Erbacher, H. (Hg.): Einhundertfünfzig Jahre »Vereinigte Ev. Landeskirche in Baden« 1821–1971. Karlsruhe 1971

Fiedler, E.: Die Vielgestaltigkeit des religiösen Lebens in Baden-Württemberg seit der Jahrhundertwende. In: Jahrbuch für Statistik und Landeskunde für Baden-Württemberg 1 (1955), S. 295 ff.

Friedrich, O.: Einführung in das Kirchenrecht, Göttingen ²1978

Historischer Atlas von Baden-Württemberg. Stuttgart 1974/75 (vor allem Karte VIII 9.11: Gliederung der evang. Kirchen in Baden und Württemberg)

Lehmann, R. (Hg.): Handbuch für Kirchengemeinderäte. Stuttgart 1983

Rau, G.: Die soziale Zusammensetzung evangelischer Kirchenräte und Synoden. In: Y. *Spiegel:* Kirchen und Klassenbindung, Frankfurt 1974, S. 72 ff.

Rau, G. (zus. mit H. *Erbacher):* Baden. Kirchenkundlich. In: Theologische Realenzyklopädie. Bd. 5. Berlin/New York 1980, S. 103 ff.

Wendt, G.: Neuere Entwicklungen in der evangelischen Kirchenverfassung. In: Verkündigung im Gespräch mit der Gesellschaft. Festschrift H.-W. Heidland. Karlsruhe 1977, S. 2 ff.

V. Teil

Pastorale, sozial-karitative und kulturelle Aufgaben und Leistungen der Religionsgemeinschaften

1. Kapitel

Bruno Schmid

Die pastoralen und sozial-karitativen Aufgaben und Leistungen der beiden katholischen Bistümer

Die *äußeren Bedingungen,* die das pastorale und karitative Handeln der Gegenwart in beiden Bistümern bestimmen, resultieren aus den politischen und kirchlichen Entwicklungen der Nachkriegszeit. Beide gehören von der Zahl der Katholiken her zu den größten der 22 Diözesen in der Bundesrepublik Deutschland: Freiburg steht mit 2,3 Mio Katholiken an dritter, Rottenburg mit 2,1 Mio an fünfter Stelle. Das geht vor allem auf die Ansiedlung von Heimatvertriebenen zurück, die meist in Gebieten mit evangelischer Bevölkerungsdominanz (etwa Nordwürttemberg) untergebracht wurden und dort den Aufbau von Gemeinden notwendig machten – ein Prozeß, dem 1978 durch Umbenennung der Diözese Rottenburg in Rottenburg-Stuttgart Rechnung getragen wurde. Auch der Zuzug zahlreicher ausländischer Arbeitnehmer und zuletzt der Spätaussiedler stellten der Seelsorge neue Aufgaben. Aber nicht nur Umschichtungen der Mitgliederstruktur, auch politische Maßnahmen wie die Verwaltungs-, Bildungs- oder Strafrechtsreform oder wirtschaftliche Entwicklungen wie die zunehmende Arbeitslosigkeit fordern das pastorale Handeln heraus. Und schließlich verändern sich die Akzentsetzungen der Seelsorge unter dem Einfluß des sich wandelnden Selbstverständnisses der Gesamtkirche.

So lassen sich die pastoralen Leistungen der beiden Bistümer in den Jahren seit Kriegsende vergröbernd auf drei Schwerpunkte konzentrieren. Am Beginn stand das Bemühen um den *Aufbau äußerer Voraussetzungen für das Gemeindeleben:* die Wiederherstellung zerstörter und der Bau neuer Kirchen (504 allein in der Diözese Rottenburg; vgl. *Barth,* 1981, S. 2), die Erstellung von Kindergärten, Gemeindezentren und Pfarrhäusern, die

266

Errichtung von Pfarreien und überörtlichen Institutionen der Seelsorge. Das Zweite Vatikanische Konzil bewirkte – in einem zweiten Schritt – eine *Erneuerung des Kirchenbewußtseins;* das Verständnis der Kirche als »Volk Gottes« dokumentierte sich in einer die Gemeinde stärker einbeziehenden Feier der Liturgie, in der Mitverantwortung der Laien für die Seelsorge, in der Intensivierung der ökumenischen Anstrengungen. Der Auftrag der Kirche wurde als »Heilssendung«, kirchliche Pastoral als »Heilsdienst« an der Welt (gegenüber einer eng ausgelegten „Seelsorge") verstanden *(Kasper/Lehmann,* 1970, S. 11, 46 u. a.). Eine dritte Phase brachte, verstärkt durch gesellschaftliche Trends zur »neuen Innerlichkeit«, eine Besinnung auf die *innere, spirituelle Dimension des Glaubens.* Indizien sind etwa das vor allem bei jungen Menschen wieder erwachte Interesse an den Ordensgemeinschaften, deren Häuser sich für Tage der Einkehr und der geistlichen Vertiefung öffnen (z. B. Kloster Neresheim, Kloster Sießen); das wachsende Interesse der Gemeinden an Veranstaltungen der Gemeindeerneuerung und Evangelisation, eine Wiederbelebung der zeitweise obsolet gewordenen Gemeindemission; die steigenden Teilnehmerzahlen an Exerzitien, Wallfahrten und Meditationsgeboten; die Entstehung von »Basisgemeinden« (Integrierte Gemeinde; charismatische Bewegung), die sich um ein Leben aus dem Geist des Evangeliums mühen; die schon mehrfach – meist gemeinsam mit der Evangelischen Kirche – ausgesprochene Einladung der Familien zum Hausgebet in der Advents- und Fastenzeit. Der gemeinsame Kern all dieser Vorgänge liegt in der Möglichkeit »einer Glaubenserfahrung, die der moderne Mensch sucht und braucht« *(Erzbischöfliches Ordinariat Freiburg,* 1980, S. 15); sie anzubieten, gehört zu den vorrangigen pastoralen Aufgaben der Gegenwart und der nahen Zukunft.

Daß die Hinwendung zur Spiritualität keinen Rückzug des Glaubens ins Private zur Folge haben muß, läßt sich an teils von der Kirchenleitung, teils von der »Basis« initiierten Aktionen der jüngsten Zeit ablesen; etwa der durch kirchliche Mitarbeiter mitfinanzierten Schaffung zusätzlicher Lehrstellen in kirchlichen Einrichtungen; der vermehrten Hilfe für die Kirchen in der »Dritten Welt« *(Barth,* 1981, S. 3 f.); oder der 1982 gestarteten Initiative »Wähle das Leben«, die sich nicht »an der Diskussion um den § 218 festbeißen« will, sondern »die Sorge um das Leben . . . auch der Alten und Behinderten, die Probleme in Ehe und Familie, . . . den Schutz der Natur und einen menschenwürdigen Frieden« artikuliert *(Erzbischöfliches Ordinariat Freiburg,* 1982, S. 1). »Miteinander glauben, miteinander leben, miteinander Zeugnis geben«, sind die Leitlinien der pastoralen Planung für die kommenden Jahre in der Diözese Rottenburg.

Als *Träger pastoralen Handelns* lassen sich drei Ebenen unterscheiden: die Gemeinde, das Dekanat und die Diözese. Die mehr individuell-hierarchische Perspektive der vorkonziliaren Zeit wurde im Anschluß an das Zweite Vatikanum und die gemeinsame Synode der Bistümer in der Bundesrepublik durch kooperativ-synodale Elemente ergänzt: Pfarr-

bzw. Kirchengemeinderat, Dekanatsrat, Diözesanrat und Priesterrat der Diözese tragen gemeinsam mit dem Pfarrer, dem Dekan bzw. dem Bischof und deren Mitarbeitern die Verantwortung für die Belange der Seelsorge im jeweiligen Bereich. Die meisten dieser aus Wahlen hervorgegangenen Gremien bilden Sachausschüsse für die pastorale Arbeit als ganze oder für einzelne Felder (Liturgie, Caritas, Bildung) und Zielgruppen (Arbeitnehmer, ländliche Bevölkerung, Ausländer, alte Menschen, Jugend). Zwischen den drei genannten Ebenen haben sich, den pastoralen Bedürfnissen und den politischen Strukturen entsprechend, Mittelinstanzen entwickelt (Gesamtkirchengemeinde, Pfarrverband, Dekanatsverband, Region).

Die aufgezeigten Intentionen und Schwerpunkte pastoralen Handelns kreisen letztlich um »drei wesentliche Aufgaben der Kirche: die Verkündigung des Wortes, den Vollzug der Sakramente und den Dienst helfender Liebe« (*Kasper/Lehmann*, 1970, S. 69). In jedem dieser Aufgabenbereiche haben sich während der vergangenen Jahrzehnte, vor allem unter dem Einfluß des Konzils, die pastoralen Vollzüge verändert. Die *Verkündigung des Wortes* innerhalb des Gottesdienstes erhielt größeres Gewicht (Besinnung auf die fundamentale Bedeutung der Bibel, Gebrauch der Muttersprache, Bemühen um zeitgemäße Sprache, Verwendung neuen Liedguts, etwa durch die Einführung des Gesangbuches »Gotteslob«, Aufwertung der Predigt u. a.). Auch außerhalb der Liturgie realisiert sich der Dienst an der Weitergabe der Offenbarung in vielen Formen: in der Bildungsarbeit (Akademietagungen, Glaubensseminare in den Gemeinden), in Rundfunksendungen, in der Kirchenpresse, in kirchlichen Veranstaltungen (Bischofstagen u. a.).

Auch der *Vollzug der Sakramente* geschieht unter neuen theologischen und spirituellen Impulsen. Trotz unübersehbarer Schwierigkeiten, die dem »Mensch(en) einer säkularisierten und technischen Welt . . . das bei den Sakramenten gewöhnlich vorausgesetzte Symbolverständnis« bereitet (*Kasper/Lehmann*, 1970, S. 76) und die in der Krise des Bußsakraments besonders hervortreten, gibt es zahlreiche Ansätze eines stärker personal verantworteten und anthropologisch vermittelten Zugangs zum sakramentalen Geschehen: die Deutung von Grundsituationen des Lebens her, die Vorbereitung in pastoralen Gesprächen (Taufe, Eheschließung) und katechetischen Gruppen unter Mitwirkung von Gemeindegliedern (Eucharistie, Firmung), die erneuerte liturgische Form (Krankensalbung).

Ihre »volle zeichenhafte und wirksame Bedeutung für den Frieden des Menschen mit Gott und für den Frieden der Menschen untereinander« erhält die Kirche »erst durch den Dienst der christlichen Liebe« (*Kasper/Lehmann*, 1970, S. 83). *Karitatives Handeln* der Kirche versteht sich als »Glaube, der in der Liebe wirksam wird« (Gal 5,6). »Organisierte Nächstenliebe«, wie sie im Raum der beiden Diözesen durch die Caritasverbände wahrgenommen wird, ist deshalb Grundfunktion jeder Gemeinde und der Kirche als ganzer. Die Vielfalt der von diesen Verbänden allein in der Zeit seit 1945 erbrachten Leistungen kann nur exemplarisch verdeutlicht werden.

In der teilweise chaotischen Situation nach Kriegsende waren die Hauptaufgaben die Betreuung der *Kriegsgefangenen* und der *Heimkehrer*, vor allem aber die Hilfe für den Strom der *Heimatvertriebenen* (allein in Nordwürttemberg bis Ende 1947 schon 43 000), die im Bereich der beiden Diözesen eine neue Bleibe suchten. In kleinen Schritten konnte die allgemeine Caritasarbeit (Kinder-, Jugend- und Familienhilfe) wiederaufgenommen werden. In die Zeit um die Währungsreform fiel der Beginn der kirchlichen *Wohnungsbauhilfe*, in die Jahre nach 1950 die Betreuung von Lagern und Wohnheimen für *Flüchtlinge* aus der damaligen Sowjetzone. Die Phase des anbrechenden »Wirtschaftswunders« ermöglichte einerseits zahlreiche Baumaßnahmen (vor allem im Bereich der Kinder- und Jugendhilfe, z. B. Kindergärten, Lehrlingswohnheime), leitete andererseits den Übergang von der »›Caritas der ersten Hilfe‹ zu einer planvollen kirchlichen Sozialarbeit« ein (75 Jahre Caritasverband für die Erzdiözese Freiburg, 1978, S. 39). In den sechziger Jahren bestimmten die Caritasarbeit vor allem »der lawinenhaft anschwellende Einstrom *ausländischer Arbeitskräfte*, mit all den damit zusammenhängenden trennungsbedingten Problemen menschlicher und familiärer Art«, der zur Schaffung von Ausländerzentren und -beratungsstellen führte, sowie »das Erfordernis intensiver *Alten- und Behindertenarbeit*, hervorgerufen durch stetigen Anstieg der Lebenserwartung sowie neue wissenschaftliche und ärztliche Erkenntnisse im Behindertenbereich« (*Laubacher*, 1982, S. 200), das trotz zunehmenden Mangels an Pflegekräften zu bewältigen war. Der ideologische und wirtschaftliche Umbruch der siebziger Jahre machte sich auch im sozial-karitativen Bereich bemerkbar. Neue Modelle und Maßnahmen in der *Kinder- und Jugendhilfe* (etwa im Zusammenhang mit der Diskussion um die Heimerziehung oder beim Ausbau der Fachberatung für Kindergärten), die Gründung von Beratungsstellen anläßlich der *Reform des § 218 StGB*, die Aktivierung der *Behindertenarbeit* und die Einrichtung von *Sozialstationen* zur ambulanten Alten- und Krankenpflege waren notwendig. Dem moralischen Recht der – inzwischen bei vielen mißliebig gewordenen – »*Gastarbeiter*« galt der Einsatz ebenso wie den verstärkt zuströmenden *Spätaussiedlern* und *Asylsuchenden*.

Auch in der Zukunft werden, neben den gesellschaftlichen Bedürfnissen, unmittelbare Notsituationen (wie im Falle der Polenhilfe) die Aufgabenfelder karitativer Arbeit bilden.

Literaturhinweise

Barth, Johannes: Die Diözese Rottenburg-Stuttgart. Ein Überblick (Materialdienst 1.81). Rottenburg 1981

Erzbischöfliches Ordinariat Freiburg: Wähle das Leben. Biblisch-theologische
Perspektiven. Freiburg 1982
Erzbischöfliches Ordinariat Freiburg: Wie der Glaube lebt. Bewährte und neue
Formen des Glaubens in der Gemeinde. Freiburg 1980
75 Jahre Caritasverband für die Erzdiözese Freiburg 1903–1978. Karlsruhe 1978
Kasper, Walter, und *Lehmann*, Karl: Die Heilssendung der Kirche in der Gegen-
wart (Pastorale. Einleitungsfaszikel). Mainz 1970
Laubacher, Anton: Gelebte Caritas. Das Werk der Caritas in der Diözese Rotten-
burg-Stuttgart. Stuttgart 1982

2. Kapitel

Franz Enz

Der Beitrag der katholischen Bistümer zum Bildungswesen

Da eine bildungsbezogene Gegenüberstellung der Diözesen Freiburg und
Rottenburg-Stuttgart im wesentlichen Vergleichbarkeit ergibt, geht der
Artikel aus Gründen größerer Übersichtlichkeit von den Freiburger
Daten aus. Diese lassen sich unschwer auf die Diözese Rottenburg-
Stuttgart übertragen. Die Vergleichbarkeit wird durch die annähernd
gleiche Zahl von Katholiken (Freiburg: 2,3 Mio; Rottenburg-Stuttgart
2,1 Mio) und durch die Ähnlichkeit der Strukturen abgestützt und
spiegelt sich auch in den konkreten Zahlen der beiden Haushaltspläne
1982 über Ausgaben im Bildungsbereich wider: Freiburg rd. 32 Mio DM
= 11,4 Prozent und Rottenburg-Stuttgart rd. 25 Mio DM = 10,6
Prozent.
Während das vierbändige Brockhaus Bilder-Conversations-Lexikon aus
dem Jahre 1837 das Wort »Bildung« nicht einmal erwähnt, finden sich in
heutigen Lexika seitenweise Ausführungen zu diesem Thema. Ohne auf
den derzeitig kontroversen Diskussionsstand eingehen zu können, wird
diesem Artikel ein extensiver Bildungsbegriff zugrunde gelegt.

Die Bildungsarbeit in der Erzdiözese Freiburg – ein Überblick

Wer auf der Karte der Bildungslandschaft der Erzdiözese Freiburg nach
weißen Flecken forscht, findet allenfalls einige graue Flecken, die signali-
sieren, daß hier eine Intensivierung der Bildungsarbeit denkbar erscheint.
Es ist in der Tat imponierend, welchen Umfang und welche inhaltliche

Breite der kath. Bildungsbereich aufweist. Ein erster Blick in den »Personalschematismus der Erzdiözese Freiburg 1983« zeigt eine nur schwer überschaubare Vielfalt kirchlicher Bildungseinrichtungen und Bildungsangebote. Bei näherem Zusehen wird dann deutlich, daß eine fast optimal zu nennende Flächendeckung in der Bereitstellung von Bildungsmöglichkeiten erreicht ist.

Für die kath. Erwachsenenbildung zeichnet das »Bildungswerk der Erzdiözese Freiburg« verantwortlich. Es entfaltet seine Tätigkeiten in 635 örtlichen Bildungswerken, die in 19 Kreisarbeitsgemeinschaften zusammengefaßt sind. Im statistischen Leistungsbericht 1982 erscheinen 12311 Veranstaltungen und 91992 Unterrichtseinheiten, wobei ca. 20 Prozent auf Einzelveranstaltungen und ca. 80 Prozent auf längerfristige Angebote entfallen. Insgesamt wurden 472261 Teilnehmer gezählt. Inhaltlich orientiert sich das Bildungswerk an der Empfehlung der Synode[1], grundsätzlich alle Bereiche der Weiterbildung (z. B. Familie, Beruf, Freizeit, Theologie, Gesellschaft, Staat) zu berücksichtigen, weil dies der »wechselseitigen Abhängigkeit aller Lebensbereiche und der Offenheit des Weltbezugs der Christen« entspreche. Im Rahmen des Bildungswerkes arbeiten 24 Verbände und Einrichtungen auf Diözesanebene. Eingebunden in das Bildungswerk sind auch die Einrichtungen des »Zweiten Bildungsweges e. V.«: zur Erlangung der Hoch- bzw. Fachhochschulreife, Abendrealschulen, Deutschkurse (für Spätaussiedler und Flüchtlinge), Hauptschulkurse (auch in Vollzugsanstalten). Bildungsarbeit leisten auch die verschiedenen kirchlichen Jugendorganisationen, insbes. das Erzb. Jugendamt in Freiburg mit seinen derzeit 24 hauptamtlichen Dekanatsjugendreferenten.

Zu den kirchlichen Bildungsanstalten gehören das »Erzb. Priesterseminar« in St. Peter, das »Theol. Konvikt«, das »Institut für pastorale Bildung«, das »Seminar für Gemeindepastoral und Religionspädagogik«, alle in Freiburg, das »Spätberufenenseminar« in Sasbach (Privates Aufbaugymnasium und Kolleg), sowie drei Erzb. Studienheime.

Weitere kirchliche Ausbildungskapazitäten stellen bereit: die »Kath. Fachhochschule für Sozialwesen und Religionspädagogik« in Freiburg (Träger: Die Diözesen Freiburg und Rottenburg-Stuttgart sowie der Deutsche Caritasverband), acht Fachschulen für Sozialpädagogik, Pflegeschulen, Ausbildungsstätten und Vorschulen für sozialpflegerische, sozialpädagogische und hauswirtschaftliche Berufe und zwölf Sonderschulen an Heimen. Bildungsarbeit geschieht auch in den 873 Kindergärten und Horten in kath. Trägerschaft (Stand: Nov. 1982).

An freien kath. Bildungseinrichtungen gibt es im Bereich der Erzdiözese Freiburg 17 Gymnasien und drei Realschulen; in Rottenburg-Stuttgart stellt darüber hinaus das »Kath. Schulwerk« eine Besonderheit dar. Es verdankt seine Existenz einem politischen Tausch und entstand als Ausgleich für die Zustimmung der Kirche zur generellen Umwandlung der Schulen in christliche Gemeinschaftsschulen, wobei im Bereich Südwürttemberg bestehende kath. Bekenntnisschulen eine staatliche Bestandsgarantie erhielten.

Auf dem Fortbildungssektor sind zu nennen: die 1973 gegründete »Fortbildungsakademie« des Deutschen Caritasverbandes, das »Institut für klinische Seelsorgeausbildung« und das »Kath. Fortbildungsinstitut für Krankenpflege e.V.«

Dem umfangreichen Bildungsangebot entsprechen 16 Bildungsstätten in regionaler Verteilung.

Eine wichtige Funktion im Gesamtbereich Bildung kommt der Kath. Presse zu: u.a. das »Konradsblatt«, »Die Brücke« (Organ der kath. Jugend), die »Informationen« (Pressestelle der Erzdiözese). Als kath. Verlag mit Weltgeltung ist der Verlag Herder in Freiburg anzuführen.

Das kirchliche Bildungsangebot wird ferner bereichert durch die »Bild- und Filmstelle der Erzdiözese« mit hohen Ausleihquoten, das »Medienpädagogische Institut«, das Erzb. Archiv und die Bibliotheken des Deutschen Caritasverbandes und des Erzb. Ordinariats.

Begründung und Zielsetzung kirchlicher Bildungsarbeit

Weder das Bestreben, Macht und Einfluß zu gewinnen, noch billiger religiöser Utilitarismus motivieren das erwiesenermaßen hohe und kostenintensive Engagement der Kirche im Bereich des Bildungswesens. Sowohl die Bildungseinrichtungen des Mittelalters wie auch die heutigen Bildungsangebote der Kirche verdanken ihre Entstehung jener christlichen Grundüberzeugung, nach der Offenbarung und Glaube einerseits und Welt- und Selbstverständnis des Menschen andererseits nur als innere gegenseitige Zuordnung angemessen begriffen werden können. »Ob es am Hofe Karls d. Gr. oder in den Klosterschulen des Hochmittelalters ist, in den Stadtschulen des 12. Jh., Initiative und geistige Formung gingen aus von den Männern der Kirche. Das Bildungswesen ... ist hervorgerufen ... von der geistigen Kraft einer christlichen Konzeption von Mensch und Welt«[2]. Auf der Linie des Zweiten Vatikanischen Konzils beschreibt die Synode den kirchlichen Bildungsauftrag mit den Worten: »Das Leben jedes einzelnen Menschen und die Zukunft der Gesellschaft werden entscheidend durch das Bildungswesen beeinflußt. Weil die Kirche mitverantwortlich ist für das Leben der Menschen und die Zukunft der Gesellschaft, muß sie an der Entwicklung des Bildungswesens mitwirken ... Wo immer es ihr möglich war, hat sich die Kirche dieser Aufgabe unterzogen.«[3] Kirchliche Bildungsarbeit läßt sich von dem Grundsatz leiten, nicht ein Zuviel an Denken schadet dem Glauben, wohl aber ein Zuwenig. Dabei gilt stets: »Ein Mensch wird erst dann gebildet, wenn er drei Klugheiten entwickelt – die des Herzens, des Kopfes und der Hand« (Pestalozzi).

Zur klassischen Bildungsfrage: Wie wird der Mensch zum Menschen?, gibt die Kirche aus ihrer Sicht des Menschen und der Welt eine eigenständige Antwort. Als Geschöpfe und Ebenbilder Gottes und aufgrund ihres Erlöstseins in Christus gewinnen »alle« Menschen eine spezifische und unverlierbare Würde. Daher geht die Kirche in ihrer Bildungsarbeit immer vom Menschen aus: »Der Weg der Kirche ist der Weg des Menschen« (Papst Johannes Paul II.). Das Menschsein des Menschen aber bedarf einer lebenslangen Reifung.

Struktur und Organisationsformen kirchlicher Bildungsarbeit

Nach Meinung der Synode gehört das Recht auf die Errichtung von Bildungseinrichtungen in freier Trägerschaft, d. h. das Recht auf ihre Errichtung, Unterhaltung und eigene Prägung »zu einer sachgerechten und freiheitlichen Gestaltung des Bildungsbereiches im demokratischen Staat«.[4] Aus den Erfahrungen, daß die Schule allein nicht mehr die Informationsmasse zur Verfügung stellen kann, die für ein ganzes Leben genügt, daß sich der Aktualitätszerfall des Wissens derart beschleunigt vollzieht und daß die zunehmende Freizeit nach qualitativ sinnvoller Gestaltung verlangt, entstand die neue Formel vom »lebenslangen Lernen«. Seitdem läßt sich tatsächlich sagen: »Es gibt nicht mehr den ›Gebildeten‹, sondern nur noch den sich ›Fortbildenden‹. Bildung kann nie mehr ins Perfekt gesetzt werden.«[5]

Durch die Notwendigkeit des lebenslangen Lernens hat sich die Gesamtstruktur der Bildung verändert. Für den strukturellen und organisatorischen Bildungsrahmen der Kirche ist die Einsicht maßgebend, daß die obersten Ziele von Erziehung und Bildung in der Entfaltung der menschlichen Anlagen, in der Befähigung des Menschen zum Dienst an seinen Mitmenschen, an der Welt und am Reich Gottes liegen. Es gilt, Erwachsene zu befähigen, auf immer neue Situationen in Beruf, Gesellschaft, Familie und auch Kirche sachlich richtig und ethisch verantwortbar zu reagieren. Kindergärten, Heime, Schulen, Jugendarbeit und Erwachsenenbildung in kath. Trägerschaft werden von der Kirche als unverzichtbare Bereiche verstanden, in denen geistige Auseinandersetzung und das Zusammenleben in Verschiedenheit erfahren, geübt und gesichert werden können.

Das Konzept der katholischen Erwachsenenbildung läßt sich am »Bildungswerk der Erzdiözese Freiburg« veranschaulichen. Seine Grundstruktur entspricht der territorialen Gliederung der Kirche. Organisiert ist das Bildungswerk in der Zentrale in Freiburg, die fünf Referate umfaßt: Allg. Erwachsenenbildung, Theol. Erwachsenenbildung, Methodik/Didaktik, Büchereiwesen, Zweiter Bildungsweg. Während die Referate inhalts- und sachbezogene Gebiete abdecken und vertreten, wobei dem Referat Methodik/Didaktik besondere Bedeutung zukommt, haben die neun Regionalstellen unter der Leitung hauptamtlicher Weiterbildungsreferenten die Erwachsenenbildung für je eine kirchliche Region sicherzustellen. Referate und Regionalstellen haben Kooperationspflicht, aber keine gegenseitige Weisungskompetenz. Das Aufgabenfeld des Bildungswerkes umfaßt die Betreuung, Beratung und Unterstützung der »örtlichen« Bildungswerke und der angeschlossenen kath. Bildungseinrichtungen, die Schulung von Mitarbeitern, sowie die Erarbeitung und Bereitstellung didaktischer Hilfen und gemeinsamer zentraler Werbematerialien.

Katholische Akademien

Die 1950 als erste kath. Akademie gegründete »Akademie der Diözese Rottenburg–Stuttgart« mit ihrer 1972 errichteten Außenstelle Weingarten und die seit 1956 bestehende »Katholische Akademie Freiburg«, die auch regelmäßig in Heidelberg, Karlsruhe, Konstanz und Mannheim Veranstaltungen anbietet, wollen nicht mit dem Breitenangebot des Bildungswerkes konkurrieren. Die Kath. Akademie versteht sich als ein Ort zeitgemäßer Begegnung zwischen Kirche und Welt und als ein Forum offener geistiger Auseinandersetzung, bei dem die verschiedensten Fachgebiete mit der Theologie ins Gespräch kommen können. Das Besondere ihres Auftrags, das geistige Proprium der Akademiearbeit, besteht in der »Trias von Wissenschaft, Wahrheitssuche und dialogischer Kommunikation«.[6]

Anmerkungen:

1 Gemeinsame Synode der Bistümer in der Bundesrepublik Deutschland 1971–1975, hier: Beschluß: Schwerpunkte kirchlicher Verantwortung im Bildungsbereich, 9,4
2 *Chenu* OP, M.-D, Das Werk des Hl. Thomas von Aquin, 1960, S. 140
3 Synodenbeschluß a.a.O. 1.1
4 a.a.O. 1.2.6
5 *Fink*, E., in: Auswahl, Grundlegende Aufsätze, Reihe A, Bd. 2, Hannover 1963³, Zur Bildungstheorie der technischen Bildung, S. 15
6 *Boventer*, H., Wissenschaft, Wahrheit und Dialog, in: Internationale katholische Zeitschrift 2/1983, Köln, S. 166

3. Kapitel

Bernhard Maurer

Die pastoralen und sozial-karitativen Aufgaben und Leistungen
der beiden evangelischen Landeskirchen

Das Evangelium von der in Jesus Christus gestifteten Versöhnung Gottes
mit der Welt ist die Grundlage des christlichen Glaubens und der Kirche.
Aus dieser apostolischen Botschaft leitet die Kirche ihren Auftrag ab, die
Versöhnung in der Welt durch Wort und Tat zu bezeugen. Dieser Auftrag
findet im Öffentlichkeitsanspruch der Kirche seinen Niederschlag. Jahrhunderte hindurch hat die Kirche die Kultur und das Ethos des Abendlan-
des geprägt und getragen. In einer Würdigung der pastoralen Aspekte der
Kirche können die christlichen Feste und die Feier des sonntäglichen
Gottesdienstes in der Ortsgemeinde an erster Stelle genannt werden. Sie
stehen im Mittelpunkt des kirchlichen Lebens und haben noch immer eine
integrierende und motivierende Bedeutung für die Gemeinde und für das
Leben des Christen in der Gesellschaft.
Sowohl in der Markgrafschaft Baden wie in der Kurpfalz wurde in der
Reformationszeit die von Brenz entworfene württembergische Gottesdienstordnung übernommen; diese »oberdeutsche« Gottesdienstform
lehnt sich nicht an die abendländische Messordnung an, sondern wurde
im Anschluß an die spätmittelalterliche Predigtgottesdienstform entwik-
kelt. Auch wenn die liturgischen Texte, die Gebete und die Choräle unter
dem Einfluß der Aufklärung und des Pietismus in den folgenden Jahrhunderten verändert wurden, so blieb diese Gottesdienstform doch bis in die
Mitte dieses Jahrhunderts in beiden Landeskirchen in ihrer Grundstruktur erhalten. Seit dem 19. Jahrhundert gibt es daneben Bemühungen, von
dem an die Persönlichkeit des Predigers stark gebundenen Gottesdient
wegzukommen und eine an der abendländischen Tradition der Kirche
orientierte Liturgie zu gestalten, die auch die Gemeinde mehr in das
liturgische Geschehen einbezieht und die Symbolik sowie das Verständnis
der Kunst und Musik in der Kirche neu belebt.
Unter dem Einfluß der kirchlichen Erneuerung und der liturgischen
Bewegung, aber auch der Wanderbewegungen und des Zuzugs von
Flüchtlingen und Heimatvertriebenen aus dem Osten wurde in der Badischen Landeskirche 1958 eine erweiterte Liturgie eingeführt, die sich an
das Ordinarium der Messe anlehnt. Auch die Liturgie der Württembergischen Landeskirche erfuhr in den letzten Jahren eine Erweiterung. In
beiden Landeskirchen macht sich darüber hinaus die Tendenz zur Wie-

derherstellung des Gesamtgottesdienstes mit Predigt und Abendmahl, das bisher in getrennten Gottesdiensten gefeiert wurde, bemerkbar. Dabei wird die Bemühung um die Wiederherstellung der sichtbaren Katholizität der Kirche im Gottesdienst deutlich, aber auch das Verlangen, das Abendmahl nicht nur als individuelle Heilszusage, sondern als Mahl der versöhnten Gemeinschaft und als Zeichen der Einheit der ganzen Kirche zu feiern. Der Gottesdienstbesuch ist seit einiger Zeit aus hier nicht zu untersuchenden Gründen rückläufig, die Zahl der Kommunikanten ist aber im Steigen begriffen.

Neben den sonntäglichen Gottesdiensten der Ortsgemeinde sind auch die Gottesdienste für besondere Zielgruppen (Kinder, Jugendliche, Studenten, Soldaten, Initiativgruppen, Behinderte, Kranke, Teilnehmer von Tagungen) und bei besonderen Anlässen zu erwähnen, die in einer sich differenzierenden Gesellschaft den Anliegen der einzelnen Gruppen entsprechen sollen. Rückläufig ist auch die Zahl der Taufen und kirchlichen Trauungen, während bei Bestattungen der Dienst der Kirche noch immer in Anspruch genommen wird. Im Blick auf die Ökumene haben die Erzdiözese Freiburg und die Evangelische Landeskirche in Baden im Jahre 1980 eine »Gemeinsame Erklärung zu Gottesdienst und Amtshandlungen als Ort der Begegnung« herausgegeben.

Die Bedeutung der sogenannten »Laien« für die Gestaltung des Gottesdienstes wurde neu erkannt. In vielen Gemeinden wirken Älteste und Gemeindeglieder in Liturgie und Kirchenmusik bei der Feier des Gottesdienstes mit. Darüber hinaus wurde die Aus- und Fortbildung von Prädikanten und Lektoren sowie der Kirchenmusiker ausgebaut.

Für die öffentliche Verkündigung und Sakramentsverwaltung in den Pfarreien und für die damit verbundenen Leitungs- und Verwaltungsaufgaben sind die ordinierten Pfarrer und Pfarrerinnen verwantwortlich. Mehrere Pfarreien einer Stadt können zu einer Kirchengemeinde zusammengefaßt werden; Vorsitzender des Kirchengemeinderats kann auch ein Ältester sein. Die Dienststelle des Pfarrers ist das Pfarramt; das Wort »Amt« hat ursprünglich nicht nur die Bedeutung einer anerkannten Stellung, sondern auch des Dienstes. Die Pfarrer sind in der Regel, soweit sie nicht aus dem Zweiten Bildungsweg kommen, an Universitäten und Kirchlichen Hochschulen wissenschaftlich ausgebildete Theologen.

Im Gottesdienst haben auch Zeugnis und Dienst der Kirche in der Welt ihre Wurzeln; dazu gehören Mission und Entwicklungshilfe, sowie Bildung und Unterricht, worüber an anderer Stelle berichtet wird, ferner der pastorale Dienst als Seelsorge und Beratung sowie die Diakonie in ihren verschiedenen Formen.

Die *Seelsorge* gehört in den ländlichen Gemeinden in Folge der dort noch vorhandenen Lebenseinheit von Wohn- und Arbeitswelt und der damit verbundenen traditionellen kirchlichen Strukturen zu den wesentlichen Aufgaben des Pfarrers. In den städtischen Gebieten arbeiten in der

Seelsorge auch hauptamtliche Fachkräfte wie Gemeindediakone und Sozialpädagogen, sowie – zum Teil ehrenamtlich oder teilzeitbeschäftigt –
Psychologen und Ärzte mit. Besondere Beratungsdienste wie Ehe- und
Familienberatung, Erziehungsberatung, Beratung für Drogenabhängige,
Telefonseelsorge usw. wurden eingerichtet. In mehreren Städten wurden
diese Dienste zusammen mit der Diakonie in den Evangelischen Gemein-
dediensten institutionalisiert.

Von den Landeskirchen wurden darüber hinaus zahlreiche regionale oder
landeskirchliche Sonderpfarrstellen für die Seelsorge an Schülern, Indu-
striearbeitern, Bauern, Zivildienstleistenden, in Krankenhäusern, Klini-
ken, Heimen, Gefängnissen, Kur- und Feriengebieten sowie an Hoch-
schulorten und Militärstandorten und für die kirchliche Presse- und
Rundfunkarbeit eingerichtet. Für die Fortbildung der Pfarrer führen die
Landeskirchen besondere Seelsorge-Kurse durch, die von psychoanaly-
tisch und psychotherapeutisch ausgebildeten Theologen geleitet werden.
Gemeindediakone und Sozialpädagogen, die die Pfarrer bei ihrer Seelsor-
getätigkeit unterstützen, werden an kirchlichen Fachhochschulen in Freiburg und Reutlingen und Fachschulen sowie in der Ausbildungsstätte
Karlshöhe in Ludwigsburg nach theologischen und sozialwissenschaftli-
chen Gesichtspunkten ausgebildet und in Fortbildungsinstituten weiter-
gefördert. Auch für Krankenpflegekräfte gibt es besondere Zusatzausbil-
dungen in Seelsorge am Krankenbett. Die zunehmenden Probleme alter
Menschen fordern neue Formen der Seelsorge an Senioren heraus.

Zur Seelsorge als Einzelseelsorge oder als Gruppenseelsorge gehören auch
die Tagungen und Freizeiten, die von Pfarreien, Kirchenbezirken oder
landeskirchlichen Werken (Jugendwerk, Erwachsenenbildung, Frauenwerk, Männerwerk usw.) und von den Evangelischen Akademien in Bad
Herrenalb und in Bad Boll sowie deren Außenstellen durchgeführt werden: Bibelfreizeiten, Einkehrtage und Meditationskurse werden in zunehmendem Maße gefragt. Im weiteren Sinn gehören zur Seelsorgeaktivität
auch die volksmissionarischen Veranstaltungen und die Evangelisationen,
die überwiegend von Christen getragen werden, die durch Erweckungs-
bewegungen geprägt sind; ihr Ziel ist die Rückgewinnung der in unserer
Gesellschaft dem christlichen Glauben entfremdeten Menschen für eine
lebendige Christusnachfolge. Der persönlichen Bildung und der Mitarbei-
terschulung dienen die von der Evang. Erwachsenenbildung angebotenen
theologischen und religionspädagogischen Seminare.

Auch die *Diakonie* wurzelt wie die Seelsorge im Gottesdienst der Kirche.
Ohne sie wäre die Feier des Gottesdienstes unverbindlich, und ohne
Gottesdienst verlöre die Diakonie die sie tragende geistliche Perspektive.
Dies wurde freilich nicht immer so gesehen. Jahrhunderte hindurch war
die Diakonie selbstverständliche Aufgabe der Bürger und Obrigkeiten in
der christlichen Gesellschaft. Im Zusammenhang mit den Umwälzungen
des 19. Jahrhunderts kam die Innere Mission auf, die auf der Basis von

Vereinen arbeitete und in der praktischen Hilfe für notleidende Menschen ein Zeugnis für die Christusliebe und eine Konsequenz des Bekenntnisses zu Christus sah. Nach dem Zweiten Weltkrieg entstand das Kirchliche Hilfswerk; beide Institutionen sind inzwischen theologisch und rechtlich, wenn auch noch nicht immer praktisch, in der Kirche integriert. Die Diakonie gehört nach den Diakoniegesetzen der beiden Landeskirchen von 1981 und 1982 zur »Lebens- und Wesensäußerung der Kirche«. Die landeskirchlichen Diakonischen Werke gehören dem Diakonischen Werk der Evangelischen Kirche in Deutschland mit Sitz in Stuttgart an, das auf der Grundlage der Bundessozialgesetzgebung zu den staatlich anerkannten Wohlfahrtsverbänden in der Bundesrepublik Deutschland gehört.

Die Diakonie vollzieht sich auf drei Ebenen, nämlich auf der örtlichen, der regionalen und der weltweiten Ebene. Die Diakonie auf der örtlichen Ebene liegt in der Verantwortung der Pfarreien oder Pfarrgemeinden (Parochien). Dazu gehören die Förderung und Pflege der unmittelbaren Nächstenliebe im Besuchsdienst und in der Nachbarschaftshilfe, aber auch die Arbeit der Krankenpflege-, Haus- und Familienpflege- und Dorfhelferinnenstationen sowie in den Erziehungsberatungsstellen und den Beratungsstellen für Schwangere, Ehe und Familie, Spätaussiedler, Ausländer, Asylbewerber, psychosozial Belastete, Drogengefährdete und -abhängige, die oft in Sozial- oder Diakoniestationen, gelegentlich auch auf überparochialer oder ökumenischer Basis, zusammengefaßt sind, ferner die Kindergärten, Schülerhorte, Treffpunkte für Senioren, Behinderte, psychisch Kranke, Alkohol- und Drogengefährdete, Ausländer und andere institutionalisierte Formen der örtlichen Diakonie mit haupt- und nebenamtlichen Fachkräften sowie freiwilligen Helfern.

Zu der den Landkreisen zugeordneten regionalen Diakonie in den Dekanaten (Kirchenbezirken) und in den Landeskirchen gehören die Evangelischen Gemeindedienste, die diakonischen Bezirksstellen und die überörtlichen Aktivitäten kirchlicher oder eigenständiger Träger. Zur regionalen Diakonie sind auch die Diakoniekrankenhäuser, Diakonissenmutterhäuser, Schüler-, Studenten- und Berufstätigenwohnheime, die Altenwohn- und -pflegeheime, Spezialkliniken, Werkstätten, Fachausbildungsstätten und Pflegeheime für Behinderte, die Berufsfachschulen und Krankenpflegeschulen zu rechnen. Die Diakonischen Werke der Landeskirchen fungieren als Dachverbände, denen die Beratung, Koordination und Fachaufsicht zukommt. Auch der Johanniterorden mit seinen Werken, der Johanniter-Unfallhilfe, den Johanniter-Schwesternhelferinnen und den Rettungsstationen (JUH), sowie der Johanniter-Hilfsgemeinschaft (JHG), gehört dem Diakonischen Werk als Fachverband an. Schließlich gehört auch die Begegnung mit den Partnerkirchen in Brandenburg und Thüringen in den Arbeitsbereich der Diakonie.

Die weltweite Diakonie befaßt sich mit Planung, Koordination und Durchführung der ökumenischen Diakonie in der Dritten Welt und in den Katastrophengebieten des Auslands. Hier sind vor allem die Aktion

»Brot für die Welt«, die kirchliche Entwicklungshilfe und die Hilfe in
Erdbeben-, Überschwemmungs- und Hungergebieten der Welt zu nennen, die im Weltrat der Kirchen in Genf koordiniert werden.

Die Diakonie will in allen Notlagen helfen; sie will keine Abhängigkeit
aufbauen, vielmehr verfolgt sie wo immer möglich das Ziel der Hilfe zur
Selbsthilfe. Nicht immer ist die individuelle Beratung und Hilfeleistung
ausreichend. Es müssen auch die die Not verursachenden strukturellen
Probleme gesehen werden. Darum betreibt die Diakonie auch For-
schungs- und Bildungsarbeit. Es gibt auch eine kulturelle und politische
Diakonie als Beratung und Schulung und in Form der Unterstützung
unterprivilegierter und wehrloser Menschen und von Randgruppen, sowie durch die Förderung von Initiativ- und Alternativgruppen, soweit
deren Ziele realistisch, theologisch und verfassungsrechtlich vertretbar
sind.

Das Diakonische Institut der Theologischen Fakultät der Universität
Heidelberg dient der diakoniewissenschaftlichen Forschung und Lehre,
die Stuttgarter Diakonische Akademie der Evangelischen Kirche in
Deutschland der Aus- und Fortbildung der Mitarbeiter und Helfer in der
Diakonie.

Die *Evangelische Landeskirche in Baden* umfaßt 1,4 Mio Mitglieder in
720 Pfarreien, hat 1200 Pfarrer (einschließlich Pfarrvikaren und Pfarrdia-
konen) und ist in drei Kirchenkreise (Prälaturen) und 30 Kirchenbezirke
(Dekanate) gegliedert. Ihre Kirchenzeitung heißt »Aufbruch«, die Mitar-
beiterinformation »Mitteilungen«. Das Amt für Information befindet sich
in der Blumenstraße 1 in 7500 Karlsruhe. Die *Evangelische Landeskirche
in Württemberg* hat fast 2,7 Mio Mitglieder in 1493 Kirchengemeinden,
sie hat 2245 Pfarrer, Vikare und hauptamtliche Religionslehrer und ist in
vier Prälaturen und 51 Dekanate gegliedert. Die Kirchenzeitung heißt
»Evangelisches Gemeindeblatt für Württemberg«, das Informationsblatt
»Für Arbeit und Besinnung«. Das Amt für Information ist in der Theo-
dor-Heuss-Straße 23 in 7000 Stuttgart untergebracht.

Zum *Diakonischen Werk der Evangelischen Landeskirche in Baden* gehören: 14 Gemeindedienste, 15 Kreisstellen für Diakonie, 21 Schwanger-
schaftsberatungsstellen, fünf Heime für Psychisch Kranke, acht Beratungsstellen für Psychisch Kranke, sechs Beratungs- und Behandlungs-
stellen für Suchtkranke, drei Beratungsstellen für Suchtkranke, 602 Kin-
dertagesstätten, 27 Heime für Jugendliche und Kinder, 57 Heime für alte
Menschen, zwölf Behinderteneinrichtungen, fünf Beratungsstellen für
Hörgeschädigte, sechs Fachkrankenhäuser, acht allgemeine Krankenhäuser, zehn Diakonissenmutterhäuser und Schwesternschaften, zehn Krankenpflegeschulen und 15 Berufsfachschulen sowie eine Heimvolkshoch-
schule, 15 Erholungsheime und 48 Sozialstationen. Anschrift des Diakonischen Werkes: Vorholzstraße 3, 7500 Karlsruhe 1. Hier erscheint auch
der Diakonie-Report, Ausgabe Baden.

Dem *Diakonischen Werk der Evangelischen Landeskirche in Württemberg* gehören folgende Einrichtungen an: sieben Heime für Behinderte, drei Heilstätten für Suchtkranke, neun Heime für psychisch Kranke, neun Heime zur Rehabilitation und Arbeitstherapie, zehn Krankenhäuser, zwölf Diakonissenmutterhäuser, Schwesternschaften und ein Diakonieverband, zwölf Krankenpflegeschulen und 28 Berufsfachschulen, 22 Heime für geistig Behinderte, 22 Werkstätten für Behinderte, 43 Schüler-, Jugend-, Studenten- und Berufstätigenwohnheime, 50 Säuglings-, Kinder- und Erziehungsheime, 51 Diakonische Bezirksstellen, 62 Kur- und Erholungsheime, 125 Alten- und Altenpflegeheime sowie 575 Gemeindepflege- und Diakoniestationen. Anschrift des Diakonischen Werkes der Evangelischen Landeskirche Württemberg: Reinsburgstraße 46−50, 7000 Stuttgart 1. Dort ist auch ein Informationsheft über Berufe in der Diakonie erhältlich, das unter dem Titel »Diakonie in Württemberg und Baden« erschienen ist. Das württembergische Diakonische Werk gibt heraus: Konsequenzen. Zeitschrift für die Arbeit in Gemeinde, Diakonie, Ökumene und Mission.

Literaturhinweise

Erbacher, H.: Evangelische Landeskirche in Baden
Erbacher, H., *Rau*, G.: Baden II, in: TRE V, Berlin−New York 1980, S. 103−112
Evangelische Landeskirche in Baden, Hauptbericht des Evangelischen Oberkirchenrats für die Zeit vom 1. Januar 1978 bis 31. Dezember 1980. Der Landessynode vorgelegt zur Herbsttagung 1981. Karlsruhe 1981
Fick, U. (Hg.): Das evangelische Württemberg. Gestalt und Geschichte der Landeskirche. Stuttgart 1983
Keler, H. v.: Gegenwart des Ewigen. Bericht vor der Württembergischen Landessynode am 22. November 1982. Stuttgart o.J.
Schäfer, G.: Württembergische Evangelische Landeskirche, in: Das Land Baden-Württemberg. Amtliche Beschreibung nach Kreisen und Gemeinden. I. Allgemeiner Teil. Stuttgart 1977, S. 540−549; S. 532−540
Diakonie in Baden 1978−1980. Bericht über die Arbeit des Diakonischen Werkes der Evangelischen Landeskirche in Baden e.V., hg. anläßlich der Mitgliederversammlung am 25. November 1981. Karlsruhe 1981
Zehn Jahre Diakonisches Werk Württemberg. Entwicklungen, Tendenzen, Veränderungen, Perspektiven, hg. von der Landesgeschäftsstelle des Diakonischen Werkes der Evangelischen Kirche in Württemberg e.V. Stuttgart 1981
Zwanzig Jahre Kirchenbau in der Evang. Landeskirche in Baden, hg. vom Evang. Oberkirchenrat. Karlsruhe 1968

4. Kapitel

Wilhelm Epting

Der Beitrag der evangelischen Landeskirchen zum Bildungswesen

Einleitung

Evangelische Kirche und Bildungswesen gehören untrennbar zusammen. Die Reformation führte nicht nur zu einer Erneuerung der Kirche, sondern leitete auch auf dem Gebiet des Bildungswesens eine neue Zeit ein. Hatte Martin Luther 1524 sein Sendschreiben »An die Ratsherren aller Städte deutschen Landes, daß sie christliche Schulen aufrichten und halten sollen« ausgehen lassen, so verfolgte sein Schüler Johannes Brenz in Württemberg das Ziel, alle Bevölkerungskreise in einen umfassenden Bildungsplan einzubeziehen. Noch heute wirkt seine »wegweisende Bildungspolitik« *Maurer/Ulshöfer*, o.J., S. 160) nach.
Ohne daß die evangelischen Kirchen noch unmittelbare administrative Verantwortung für das öffentliche Bildungswesen in Deutschland tragen – die Zeiten des landesherrlichen Kirchenregiments liegen weit zurück –, nehmen sie sich ihrem Selbstverständnis gemäß immer wieder auch der Probleme des Bildungswesens an im Bewußtsein, »daß die Verantwortung für den Menschen, den das Evangelium meint, unteilbar ist und daher für alle Lebenszusammenhänge gilt, auch dort, wo die Kirche im Bildungssystem institutionell nicht vertreten ist. Erziehung und Bildung sind grundlegende Lebenszusammenhänge, nicht nur unter dem Gesichtspunkt gesellschaftlicher Überlebensimperative, in ihnen und durch sie wird zugleich über die menschliche Qualität einer Gesellschaft entschieden«. *(Nipkow,* in: Die Evangelische Kirche und die Bildungsplanung 1972, S. 40).

Neubeginn nach 1945

Nach dem Zusammenbruch 1945 waren die Kirchen als einzige Institutionen bestehen geblieben, die die Zeit des Nationalsozialismus einigermaßen intakt überstanden hatten. Hitlers Gegnerschaft gegen sie, die Anfechtungen und Verfolgungen, denen Christen ausgesetzt waren, wie auch der Widerstand gegen das nationalsozialistische Regime, der von kirchlichen Kreisen ausging und mitgetragen wurde, stärkte die Stellung der Kirchen im Nachkriegsdeutschland. Das Vertrauen weiter Bevölkerungskreise wandte sich ihnen zu und erwartete auch ihre Mithilfe bei der Schaffung tragfähiger geistig-moralischer Fundamente für eine neue staatliche Gemeinschaft. Die evangelischen Kirchen haben sich hier in Pflicht nehmen lassen und stellvertretend für fehlende gewählte Sprecher des deutschen Volkes Erklärungen gegenüber den Siegermächten und den von den Besatzungsmächten eingesetzten staatlichen Organen abgegeben.

In Württemberg war es 1936 durch die Umstellung der herkömmlichen Bekenntnisschulen in Gemeinschaftsschulen, 1937 durch Eingriffe des Kultusministers in die Inhalte des Religionsunterrichts – »das Sittlichkeitsempfinden der germanischen Rasse« war per Erlaß (Amtsblatt des Württ. Kultministeriums 1937, S. 93) zum Auswahlprinzip für zu behandelnde Stoffe verfügt worden – und schließlich durch die Einführung eines nationalsozialistischen Weltanschauungsunterrichts zu einem Kampf um die Schule gekommen. Er führte dazu, daß in der Zeit des Zusammenbruchs zwischen Kultministerium und Kirchenleitung in Württemberg keinerlei Verbindung mehr bestand. Mit diesem Kampf um die Schule war der Grund gelegt für bildungspolitische Auseinandersetzungen, die das Werden des neuen Landes Baden-Württembergs bis 1967 belasteten.

Frage der Schulform der Volksschule in Baden-Württemberg

Ausgangssituation

Sogleich mit dem Neubeginn stand die Leitung der *Evangelischen Landeskirche in Württemberg* vor der folgenschweren Entscheidung, ob sie den unter großen Opfern aufgebauten kirchlichen Unterricht außerhalb der Schule neben einer dann rein weltlichen Schule weiterführen oder mit dem Religionsunterricht als ordentlichem Lehrfach wieder in die Schule zurückkehren solle. Zugleich stand die Frage der Schulform vor ihr, da ja erst 1936 die Bekenntnisschule mit fragwürdigen Mitteln durch den Nationalsozialismus beseitig worden war. Für die badischen Landesteile wie auch für die *Badische Landeskirche* war die Lage weniger problematisch. Dort konnte man nach 1945 die bewährte Tradition der badischen Simultanschule fortsetzen.

In dieser Situation forderte sowohl die alliierte Militärregierung wie auch der Landesdirektor für Kultus, Erziehung und Kunst, Carlo Schmid, die Kirche auf, sich am Aufbau des neuen Schulwesens zu beteiligen.

Landesbischof Wurm legte im Namen der Württembergischen Evangelischen Landeskirche schon am 2. August 1945 eine Äußerung der Kirchenleitung zu der Neuordnung des Schulwesens vor, die »nach ernsten Beratungen einstimmig beschlossen« worden war. Folgende Sätze, die *die wesentlichen bildungspolitischen Fragen* der nächsten Jahre ansprechen, seien aus dieser Äußerung zitiert:

»Die christliche Erziehung der Jugend ist grundsätzlich Aufgabe der Kirche und besonders des christlichen Elternhauses. Der Staat kann aber diese Erziehung wesentlich fördern oder erschweren. Wenn die verantwortlichen Männer des Staates den Ernst der Stunde und die Größe der vor uns stehenden Entscheidung erkennen, werden sie mit allen Kräften danach streben, den Segen einer bewußt christlichen Unterweisung, die sich nicht bloß im Religionsunterricht, sondern auch in den anderen Gesinnungsfächern auswirkt, dem Volksganzen zugänglich zu machen . . .

Weder der Staat noch die Kirche können sich der Tatsache verschließen, daß es in unserem Volk auch Kreise gibt, die eine christliche Unterweisung und Erziehung ihrer Kinder nicht wünschen. Es würde weder dem Wesen des evangelischen Glaubens noch den staatlichen Grundsätzen der Toleranz entsprechen, wenn diesen Volkskreisen und den so eingestellten Lehrern gegenüber ein gewisser Zwang ausgeübt würde. Sie sollten daher eine Schule bekommen, die vom Standpunkt eines ethischen Humanismus aus der Jugend das Wissen vermittelt und sie zum Leben erzieht. Eine das Christentum herabsetzende Polemik dürfte auch in diesen Schulen nicht geduldet werden. Im allgemeinen ist davon auszugehen, daß weitaus der größte Teil der Eltern eine bewußt christliche Erziehung der Kinder in der Schule wünscht und diekonfessionellen Ausprägungen des christlichen Glaubens berücksichtigt haben will . . . Die Unterweisung im christlichen Glauben geschieht in der Verantwortung der Kirche und wird in den Lehrplan der Schule eingebaut. Sie wird von den Lehrkräften, die ihren Auftrag von der Kirche erhalten (Pfarrern, Lehrern, Katecheten) erteilt . . . Die Aufsicht über sie wird von der Kirche ausgeübt. Eine Erneuerung des Schulwesens ist nur möglich, wenn in der Lehrerbildung entscheidende Reformen vorgenommen werden . . .« (LKA Stuttgart, D 1, 205).

Die Evangelische Landeskirche in Württemberg hatte sich also sehr früh wie die Landesdirektion für Kultus, Erziehung und Kunst für die *christliche Gemeinschaftsschule* entschieden, ohne damit eine grundsätzliche Entscheidung gegen jede Möglichkeit von Konfessionsschulen zu treffen. Auch in der folgenden Zeit sahen sich die evangelischen Kirchen nach den Erfahrungen mit dem nationalsozialistischen Staat ihrem Erziehungsauftrag gemäß in Erinnerung an die »Barmer Erklärung« von 1934 geradezu verpflichtet, zur *Neuordnung des Schulwesens*, zur Frage der *Schulform* und des *Elternsrechts* Stellung zu nehmen.

Stellvertretend für viele andere Äußerungen sei hier die gründliche, auch heute noch mit Gewinn zu lesende »Denkschrift über die Neuordnung des Erziehungswesens« erwähnt, die Landesbischof Wurm – damals Vorsitzender des Rates der Evangelischen Kirche in Deutschland – im Oktober 1947 mit Zustimmung der Landeskirchen von Baden, Hessen-Kassel, Hessen-Darmstadt und Württemberg der amerikanischen Militärregierung und den kirchlichen und staatlichen Behörden aller Besatzungszonen als Beitrag zur Erörterung der diesbezüglichen Fragen überreicht hat, »mit dem dringenden Anliegen, es möchte auch in stürmischer Zeit erhalten bleiben, was sich bewährt hat, und ohne Zögern in Angriff genommen werden, was die Sorge und die Zukunft des deutschen Volkes fordert« (LKA Stuttgart, D 1, 273).

In ihr votierten die evangelischen Landeskirchen für die Durchführung einer »inneren Reform an allen Schulen, vorläufig ohne wesentliche Änderung der bestehenden Organisationsform« (a. a. O.).

Verfassungsgebende Landesversammlung

Die Schulfrage spielte dann auch in der Verfassungsgeschichte des Landes Baden-Württemberg eine zentrale Rolle.[1] Die Umwandlung der in Südwürttemberg-Hohenzollern nach 1945 zunächst belassenen Gemeinschaftsschulen auf Anordnung der Landesdirektion vom 13. 9. 1946 in Bekenntnisschulen ließ es in der verfassungsgebenden Landesversammlung 1952 und 1953 nicht gelingen, eine für alle Landesteile einheitliche Lösung zu finden.

Die *Evangelischen Oberkirchenräte in Karlsruhe und Stuttgart* legten zwar für ihre Landeskirchen zu der Beratung der Verfassung des neuen Bundeslandes 1952 ein gemeinsames *Memorandum* vor, in dem noch einmal zwei Grundpositionen der evangelischen Kirchen formuliert wurden:

»Angesichts der weitgehenden Mischungen der Konfessionen in fast allen Wohngebieten des Landes halten wir aber aufs Ganze gesehen die christliche Gemeinschaftsschule für die empfehlenswerteste Lösung, da bei dieser Schulform leistungsfähige Schulkörper gebildet und allenthalben eine gleichberechtigte Teilnahme am Schulleben für alle Kinder christlicher Eltern ermöglicht wird«. Und: »Wir sind aber der Meinung, daß für Kinder, die nach dem Willen ihrer Erziehungsberechtigten keine christliche Schule besuchen sollen, auch eine säkulare Schulform ermöglicht werden sollte. Da es auch Lehrer gibt, die nicht Christen sind, können diese an solchen rein weltlichen Schulen unterrichten, und es müssen nicht fragwürdige Kompromisse gesucht werden, wenn es sich darum handelt, nichtchristliche Lehrer an christlichen Schulen anzustellen« (Lutherische Monatshefte 1967, S. 76 f.).

Jedoch vermochte die Verfassungsgebende Landesversammlung 1953 die Frage der Schulform nicht zu lösen. Als Kompromiß wurde im damaligen Artikel 15, (1) LV festgeschrieben: »Die Formen der Volksschule bleiben in den einzelnen Landesteilen nach den Grundsätzen und Bestimmungen erhalten, die am 9. Dezember 1951 gegolten haben«.

Erst 15 Jahre später konnte die große Koalition aus CDU und SPD, in deren Koalitionsverhandlungen die Schulfrage eine wichtige Rolle spielte, sich dahin einigen, daß die christliche Gemeinschaftsschule auch in Süd-württemberg-Hohenzollern die einzige staatliche Schulform sein solle. In der Erläuterung des Gesetzes zur Änderung der Verfassung des Landes Baden-Württemberg und zur Ausführung von Artikel 15 (2) der Verfassung heißt es:

»Nach Artikel 1 Nr. 2 des Gesetzes vom 8. Februar 1967 sind die öffentlichen Volksschulen im ganzen Land christliche Gemeinschaftschulen nach den Grundsätzen und Bestimmungen, die am 9. Dezember 1951 in Baden für die Simultanschule mit christlichem Charakter gegolten haben. Der christliche Charakter dieser Schulen wird also verstärkt durch Übernahme der Regelungen und Sicherungen, die im badischen Simultan-schulrecht für die christliche Gemeinschaftschule entwickelt und nach 1945 im Gebiet des früheren Landes Baden auf eine neue verfassungs-rechtliche Grundlage gestellt worden sind. Es ist nunmehr Aufgabe der Schulverwaltung, alles zu tun, damit diese Schulform entsprechend dem erklärten Willen des Landtags und der Landesregierung den Namen ›Christliche Gemeinschaftsschule‹ zu Recht trägt. Daß es dazu nur kommen kann, wenn Lehrer, Eltern und Kirchen vertrauensvoll zusammenar-beiten, liegt auf der Hand. Denn wer die Schulwirklichkeit kennt, weiß, daß der christliche Charakter einer Schule nicht nur von der Bekenntnis-zugehörigkeit der Schüler und Lehrer, sondern weit mehr noch von der geistigen Haltung der Lehrer und Eltern bestimmt und getragen wird« (Kultus und Unterricht 1967, S. 1260–1264).

Damit war allerdings die Neuordnung des Bildungswesens – soweit es in der Verfassung geregelt wird – noch nicht abgeschlossen. Zwei Jahre später, am 11. Februar 1969 wurde – diesmal mit der Zustimmung der evangelischen wie der katholischen Kirche – Artikel 19 LV mit der Entscheidung für die Schulform der christlichen Gemeinschaftsschule überlieferter badischer Prägung in Übereinstimmung gebracht. Als Teil des Kompromisses von 1953 garantierte es konfessionelle Ausbildungs-stätten neben Simultaneinrichtungen. Der neue Artikel 19 (1) legt fest, daß die *Ausbildung* die Lehrer zur Erziehung und zum Unterricht gemäß den für die christliche Gemeinschaftsschule badischer Prägung geltenden Grundsätzen befähigen muß, daß diese Ausbildung an staatlichen Ein-richtungen mit Ausnahme von Theologie und Religionspädagogik ge meinsam erfolgt – ohne damit die Schaffung nichtstaatlicher konfessionel-ler Ausbildungsstätten für Lehrer an Konfessionsschulen auszuschließen – und daß – so Artikel 19 (2) LV – Dozenten für Theologie und Religionspädagogik im Einvernehmen mit der zuständigen Kirchenlei-tung berufen werden.[2]

Verantwortung und Mitwirkung der Kirchen im Schul- und Bildungswesen Baden-Württembergs

Der Verfassungskompromiß von 1967 wie überhaupt die erst 1953 in Kraft getretene jüngste *Landesverfassung* der Bundesrepublik schloß sich in ihren wesentlichen Aussagen an die freiheitlichen Verfassungen des liberalen Südwestens an.[3] Dieser Tradition entsprach es auch, daß die Kirchen und anerkannten Religions- und Weltanschauungsgemeinschaften durch umfassendere und präzisere Bestimmungen, als sie das Grundgesetz und die Verfassungen der meisten anderen Bundesländer vorsehen, zur Wahrnehmung von Verantwortung und zur Mitwirkung im Bildungswesen aufgefordert sind. Daß ihre »Bedeutung für die Bewahrung und Festigung der religiösen und sittlichen Grundlagen des menschlichen Lebens« (Artikel 4, 1 LV) ausdrücklich anerkannt wird, ist dabei ebenso bemerkenswert wie die Nennung der Religionsgemeinschaften als in ihren Bereichen »verantwortliche Träger der Erziehung« neben Eltern, Staat, Gemeinden und Jugendbünden (Artikel 12, 2 LV).

Im folgenden läßt sich freilich lediglich summarisch die gegenwärtige Praxis des durch Grundgesetz, Landesverfassung und durch Gesetze sorgfältig geregelten Miteinanders von Staat und Kirche in Baden-Württemberg andeuten.

Direkte Mitverantwortung tragen die Kirchen für das ordentliche Lehrfach *Religionsunterricht* an den öffentlichen Schulen. Unbeschadet des allgemeinen Aufsichtsrechts des Staates wird er nach den Grundsätzen der Religionsgemeinschaften von deren Beauftragten erteilt und beaufsichtigt (Artikel 18 LV). Ihnen obliegt es auch, die *Lehrpläne* aufzustellen und die *Lernmittel* zu bestimmen (§ 97 SchG). Bei den *Prüfungen* der für die Erteilung des Religionsunterrichts zugelassenen Religionslehrer (§ 97 SchG), sind die Kirchen durch Beauftragte entsprechend den jeweils geltenden Studien- und Prüfungsordnungen beteiligt.

Mit der Fachhochschule für Sozialwesen, Religionspädagogik und Gemeindedienst Freiburg leistet die Badische Landeskirche einen direkten Beitrag zur *Ausbildung von Religionslehrern* wie die Württembergische Landeskirche mit ihrer kirchlichen Ausbildungsstätte für Diakonie und Religionspädagogik Karlshöhe in Ludwigsburg. Hinzu kommen zahlreiche weitere landeskirchliche und freie Ausbildungsstätten in evangelischer Trägerschaft in Baden-Württemberg, die auf Berufe im Vorschulbereich, in der Kranken- und Altenpflege sowie der Sozialarbeit im weiteren Sinne des Wortes vorbereiten.

Angesichts dieser vielfältigen Aufgaben im und für das Schul- und Bildungswesens ist eine enge *Zusammenarbeit der Kirchen* geboten. Anstehende Probleme werden bei turnusmäßigen, gemeinsamen Sitzungen der zuständigen Referenten der Kirchenleitungen besprochen; gemeinsames Vorgehen wird angestrebt. Besonders eng ist die Zusammenarbeit der beiden evangelischen Landeskirchen, deren Institute, das Religionspädagogische Institut Karlsruhe und das Pädagogisch-Theologische Zentrum Stuttgart-Birkach, im Rahmen der Vorgaben der Landessynoden ihre Programme aufeinander abstimmen und gemeinsame Veröffentlichungen herausgeben. Entschieden zur Zusammenarbeit beigetragen haben gemeinsame Kommissionen zur Erstellung von Lehrplänen, für die Zulassung von Lernmitteln sowie die Gemeinsame Religionspädagogische Kommission, die 1970 erstmals berufen wurde, um die evangelischen Kirchenleitungen in Fragen der Erziehung und des Unterrichts zu beraten.

Angesichts der zunehmenden zentralen Bildungsplanung in der Bundesrepublik Deutschland in den siebziger Jahren lag es in der Konsequenz des Schulwortes der EKD-Synode vom 30. April 1958 von »einem freien Dienst in einer freien Schule« sich auf der Ebene der Evangelischen Kirche in Deutschland intensiv mit den *Fragen der Bildungspolitik und Bildungsplanung* zu befassen und deren »Mitsorge und Mitverantwortung für Erziehung und Lebensweise des Menschen« (Ludwig Raiser) durch verschiedene Entschließungen und Verlautbarungen in der öffentlichen Diskussion der Bundesrepublik geltend zu machen.[4] Nur über ein Bundesland wie Baden-Württemberg gelang es dabei, Anregungen und Vorschläge evangelische Synodalgremien zur Bildungspolitik in die zentrale Planung der Länder auf Bundesebene einzubringen.

Der Zusammenarbeit der Kirchen miteinander entspricht die *Zusammenarbeit der Kirchen mit dem Land*, ihre Mitwirkung im Landesschulbeirat sowie ihr stetiger Kontakt mit dem Landeselternbeirat. Zu allen sie im Bereich der Kultus- und Wissenschaftsverwaltung betreffenden Fragen werden sie gehört.

Auf Referentenebene finden regelmäßige Besprechungen im Ministerium für Kultus und Sport sowie im Ministerium für Wissenschaft und Kunst statt. Fragen der Lehrerzuweisung, der Aufsicht, der Fortbildung und des Religionsunterrichts an Gymnasien und beruflichen Schulen werden von der Oberkirchenräten direkt mit den vier Oberschulämtern geregelt, während die *Schuldekane*, deren Dienstbereich einen oder mehrere Kirchenbezirke umfaßt, die Aufsicht über die kirchlichen und staatlichen Religionslehrer im Bereich der Grund-, Haupt-, Real- und Sonderschulen wahrnehmen, für die ordnungsgemäße Erteilung des Religionsunterrichts wie auch – in Zusammenarbeit mit den staatlichen Fachberatern – für die Fortbildung in diesen Bereichen sorgen und darüber hinaus Kontakt zu den Staatlichen Schulämtern, allen Schulleitungen, evangelischen Religionslehrern sowie den Eltern pflegen.

Einen *eigenständigen Beitrag zum Schulwesen* (Artikel 14 LV) leistet die Badische Landeskirche mit ihrer Internatsschule Schloß Gaienhofen, dem Zinzendorf-Gymnasium in Königsfeld, der Elisabeth-von-Thadden-Schule in Heidelberg und dem Johann-Sebastian-Bach-Gymnasium in Mannheim.

In Württemberg sind unter Federführung des Oberkirchenrats seit 1. Januar 1975 die landeskirchlichen Gymnasien in Mössingen, Michelbach und Sachsenheim im Evangelischen Schulwerk zusammengeschlossen. Die traditionsreichen evangelischen Seminare, heute konzentriert in Maulbronn und Blaubeuren, die Schulen der Evangelischen Schulstiftung Stuttgart sowie des Diakonischen Werks nehmen als Gäste am Konvent des Evangelischen Schulwerks teil. All diese Einrichtungen versuchen immer wieder ihren evangelischen Charakter für das Bildungswesen deutlich und fruchtbar zu machen, Bewährtes zu bewahren und neue Wege im Schulwesen zu beschreiten.

Schon immer gab es neben der schulischen auch eine außerschulische Bildungsarbeit der Kirchen. Neben Angeboten für Kinder und Jugendliche (Kindergarten, Kindergottesdienst, Jugendarbeit, Konfirmandenunterricht, Christenlehre u. a.) haben die evangelischen Kirchen sich schon immer bemüht, die Erwachsenen außerhalb der Gottesdienste in Bibelstunden, Gemeindeabenden, Kursen, Kreisen und Gruppen zu sammeln und anzusprechen. Große Anstrengungen des Bundes und der Länder, seit etwa 1970 die *Erwachsenenbildung* zu fördern und gesetzlich zu regeln, führten auch kirchlicherseits dazu, die Bildungsarbeit mit Erwachsenen neu zu ordnen.

Entsprechend dem »Gesetz zur Förderung der Weiterbildung und des Bibliothekswesens« vom 16. Dezember 1975, mit dem das Land Baden-Württemberg die Erwachsenenbildung »zum gleichberechtigten Teil des Bildungswesens« erklärte, wurden in den Kirchenbezirken Evangelische Bildungswerke und in den Landeskirchen Evangelische Arbeitsgemeinschaften für Erwachsenenbildung eingerichtet, in denen alle kirchlichen Werke und Dienste zusammengeschlossen sind und zusammenarbeiten. Diese breitgefächerte Bildungsarbeit der Kirchen an haupt- und nebenamtlichen Mitarbeitern, unter Männern und Frauen und an vielen besonderen Zielgruppen wird staatlicherseits als eigenständiger, gleichberechtigter Beitrag zur öffentlichen Erwachsenenbildung (Artikel 22 LV) in den Kommunen, Kreisen und auf Landesebene anerkannt.

Besonders hingewiesen sei jedoch noch auf die evangelischen Akademien Bad Boll und Bad Herrenalb, die sich seit 1945 um den Kontakt zu wichtigen Gruppen unserer Gesellschaft bemühen, vor allem aber um das Gespräch über aktuelle gesellschaftspolitische Fragestellungen im Raum der Kirche und im Licht des Evangeliums. Sie sind gern besuchte Orte der Begegnung zwischen Kirche und Öffentlichkeit.

Bei allen, damit nur grob angedeuteten Bemühungen geht es um den »Zusammenhang von Leben, Glauben und Lernen«. Unter diesem Titel wurden 1982 von der Kammer der EKD für Bildung und Erziehung »Empfehlungen zur Gemeindepädagogik«[5] verabschiedet, die sich schwerpunktmäßig mit der »Gemeinde als Lernort« befassen. Es geht darum, aufzuzeigen und zu verstehen, »wie sehr Glauben und Lernen, Gottes Wort und Erziehung, Gottesdienst und Bildung zusammengehören«. Die Evangelischen Landeskirchen werden sich auch künftig ihrer Mitsorge und Mitverantwortung für das Bildungswesen bewußtbleiben.

Anmerkungen

1 *Schmidt*, Walter: Die Landesverfassung – ihre Entwicklung seit 1953 in: Baden-Württemberg – eine politische Landeskunde, Stuttgart 1981², Seite 64 f.
2 a.a.O., Seite 69 f.
3 *Fenske*, Hans: Der liberale Südwesten. Freiheitliche und demokratische Traditionen in Baden-Württemberg, Stuttgart 1981
4 »Die Evangelische Kirche und die Bildungsplanung – eine Dokumentation«, Heidelberg 1972
»Evangelische Beiträge zur Bildungspolitik«, Gütersloh 1976
»Leben und Erziehen – wozu?« Eine Dokumentation über Entschließungen der Evangelischen Kirche in Deutschland vom 9. und 19. November 1978, Gütersloh 1979
5 Zusammenhang von Leben, Glauben und Lernen – Empfehlungen zur Gemeindepädagogik, Gütersloh 1982

Literaturhinweise

Basse, Ottokar: Der Schulkampf in Baden-Württemberg und Erkenntnisse aus dem Schulkampf in Baden-Württemberg, in: Lutherische Monatshefte 167, S. 75 ff. bzw. 124 ff.
Basse, Ottokar/*Fischer*, Karl/*Link*, Christoph: Religionsunterricht im Spannungsfeld Staat/Kirche, Stuttgart 1976
Erbacher, Hermann, Evangelische Landeskirche in Baden, in: Das Land Baden-Württemberg, Stuttgart 1974, S. 540 ff.
Erwachsenenbildung als Aufgabe der evang. Kirche – Grundsätze, Gütersloh 1983
Die Evangelische Kirche und die Bildungsplanung – eine Dokumentation, Heidelberg 1972
Evangelische Beiträge zur Bildungspolitik, Gütersloh 1976
Fenske, Hans, Der liberale Südwesten, freiheitliche und demokratische Traditionen in Baden-Württemberg, Stuttgart 1981
Feuchte, Paul, Staat und Verfassung, in: Das Land Baden-Württemberg, Bd. I, Stuttgart 1974, S. 264 ff.
Leben und Erziehen durch Glauben – Perspektiven bildungspolitischer Mitverantwortung der evangelischen Kirche, Gütersloh 1978
Leben und Erziehen – wozu? Eine Dokumentation über Entschließungen der Synode der Evangelischen Kirche in Deutschland vom 9. und 10. November 1978, Gütersloh 1979
Maurer, Hans-Martin/*Ulshöfer*, Kuno: Johannes Brenz und die Reformation in Württemberg, Stuttgart o.J.
Schmidt, Walter: Die Landesverfassung – ihre Entwicklung seit 1953, in: Baden-Württemberg – eine politische Landeskunde, Stuttgart 1981², Seite 64 f. und 69 f.
Winkeler, Rolf: Schulpolitik in Württemberg-Hohenzollern 1945–1952, Stuttgart 1977
Zusammenhang von Leben, Glauben und Lernen – Empfehlungen zur Gemeindepädagogik, Gütersloh 1982

VI. Teil

Herbert Schweizer

Die Religionsgemeinschaften im Verhältnis zu Staat, Parteien und Verbänden

1. *Kirche, Gesellschaft, Staat*

Vorblick

Hinter der dürren Begriffsaufreihung Kirche, Staat, Parteien, Verbände verbergen sich jahrhundertealte Kämpfe, tiefes Leid, Mißtrauen und folgenreiche Mißverständnisse, die Menschen erlitten und einander zugefügt haben. Noch heute wird die volle Religionsfreiheit vielen Menschen von politischen Institutionen in aller Welt vorenthalten. Aber religiöse Fundamentalisten jedweder Herkunft bekämpfen und unterdrücken auch politische Grundrechte, die niemand von uns heute missen möchte. Jedenfalls haben bis heute »beide Seiten« allen Grund, sich gegenseitig Vorwürfe zu machen. Hinter unserem Titel verbirgt sich also ein elementarer Kampf um die menschliche Freiheit und Gerechtigkeit, der hinter dem beim ersten Anblick eher Desinteresse erzeugenden Titel kaum vermutet werden dürfte.

Es ist höchst auffällig, daß sich das Gespräch im Katholizismus seit dem frühen 19. Jahrhundert auf das Verhältnis Staat/Kirche, im Protestantismus hingegen seit dem 20. Jahrhundert auf das Verhältnis Kirche/Gesellschaft konzentriert hat. Das ergibt sich gewiß nicht nur zufällig, sondern zeigt Perspektivenunterschiede und Unterschiede der historischen Konstellation. Offensichtlich ist auch das theologische (ekklesiologische) Selbstverständnis zutiefst historisch verwurzelt und von den sozialstrukturellen Rahmenbedingungen gefiltert. Wer geschichtliche Herkunft und sozialstrukturelle Aktualität näher bestimmen will, steht vor vielen theoretischen, quellenmäßigen und methodischen Schwierigkeiten, die hier nicht erörtert, aber auch nicht verschwiegen werden sollen. Man kann sich angesichts dessen nicht durch den pauschalen Verweis auf das »Doppelwesen« der Kirche oder eine nominalistische Definition als Organisation aus der Affäre ziehen. Vielmehr wäre es gerade Aufgabe sozialwissenschaftlicher Theorie, die Zuordnung der »weltlichen« und »spirituellen Sphäre« zu klären. Dies kann hier freilich nicht geleistet werden.

Problemhintergrund

Die beiden christlichen Großkirchen gelten in Baden-Württemberg zu Recht als absolut beherrschende Religionsgemeinschaften, obgleich es natürlich auch hier eine Vielzahl anderer religiöser Gruppen gibt. Gegenüber den 17 evangelischen Landeskirchen mit ca. 26 Millionen und den 22 katholischen Diözesen mit ca. 27 Millionen Mitgliedern, nicht zuletzt in ihrer Funktion als zweitgrößter Arbeitgeber der Bundesrepublik (600 000 Arbeitsplätze), mit ihren eindrucksvollen Organisationskernen (EKD, EKU; VELKD), den landeskirchlichen Oberkirchenräten und vielerlei Synoden einerseits und der deutschen Bischofskonferenz auf der einen und dem Zentralkomitee der deutschen Katholiken auf der anderen Seite, nimmt sich die gesellschaftliche Stellung der evangelischen Freikirchen, der altkatholischen Kirche, der griechisch-orthodoxen Kirche, der Sekten und der quantativ durchaus ins Gewicht fallenden moslemischen Religionsverbände (1,5 Millionen) bescheiden aus.

Die Größe allein bewirkt allerdings keinesfalls das gesellschaftlich-politische Gewicht der beiden Großkirchen. Was macht dann aber ihre soziale Realität aus? Sind es die eher leeren Bänke in einem normalen Sonntagsgottesdienst in einer beliebigen Großstadt des Landes oder die vor Kirchenbesuchern fast berstenden Kirchenhallen zu Weihnachten; das hartnäckige Festhalten an kirchlichen Tauf-, Heirats- und Sterberiten oder die Einstellung, sich die Pfarrer und Berufschristen höflich vom Leibe zu halten, nicht »übertrieben« christlich zu leben? Bemißt sich »Christlichkeit« nach dem Spendenaufkommen für »Brot für die Welt«, »Adveniat« oder »Misereor«? Verweist die Beobachtung, daß die kirchlichen Großveranstaltungen wie Kirchen- und Katholikentage, Papstaudienzen und Wallfahrten immer noch ein, neuerlich sehr jugendliches, Publikum, auch in den Massenmedien, finden, gar auf ein »religiöses Erwachen«? Entscheidet das Leben einer christlichen Gemeinde oder »der kirchliche Machtapparat« über die gesellschaftliche Bedeutung des Glaubens? Solche Fragen werden der Kirche selbst unbequem und »schief« erscheinen. Immerhin sollten sie darauf aufmerksam machen, daß auch die soziale Realität der Kirche heute nichts Homogenes mehr an sich hat. Sozialwissenschaftliche Forschungen ziehen überdies neuerdings in Zweifel, ob das alltägliche Leben Alteuropas jemals so »christlich« war, wie das immer wieder angenommen wird. Daß Baden-Württemberg seit 15 Jahrhunderten ein christliches Land sei, ist eine oft gehörte Behauptung, die wohl, sozialgeschichtlich gesehen, nur eine Seite des vielschichtigen gesellschaftlichen Lebenszusammenhanges streift.[1]

Über lange Jahre hinweg waren jedenfalls konfessionelle Schranken zwischen den Kirchen, aber auch zwischen Kirche und Staat, im südwestdeutschen Raum von überragender Bedeutung. Selbst nach 1945 gab es ganz verschiedene geschichtliche Ausgangsbedingungen für die beiden Konfessionen. Eine Annäherung ist jedoch seither deutlich spürbar.

Gleichlaufenden Entwicklungen entsprechen aber auch seither andersgerichtete Akzentuierungen, Auffasungen und Entscheidungen.

Vor allem die neuzeitliche Gesellschaftsentwicklung relativiert jedoch so gründlich konfessionelle Frontlinien, daß selbst noch vorhandene kirchenpolitische Nuancen ganz offensichtlich an Gewicht verlieren. Was die praktische Religiosität und die gesellschaftlichen Funktionen der Kirchen betrifft, so legt es nicht nur eine saloppe Redeweise, sondern auch soziologische Analyse längst nahe, von »der Kirche« zu sprechen. Nach einem zum Teil ziemlich feindseligen Verhältnis des Staates zur Kirche, vor allen Dingen gegenüber dem Katholizismus, haben die meisten Staaten längst beide Kirchen in grundsätzlichen wie in pragmatischen Einzelfragen ins Kalkül gezogen.

Schon die Herrschaftshäuser Badens und Württembergs im 19. Jahrhundert waren vergleichsweise liberal und tolerant, favorisierten jedoch eindeutig den Protestantismus. Eine gewisse konfessionelle »Versäulung« beider Territorialgesellschaften war unverkennbar. Baden war stärker konfessionell parzelliert als das schwäbische Territorium. Dennoch weist die Konfessionsstatistik in Baden ein eindeutiges Übergewicht der Katholiken gegenüber den Protestanten, etwa im Verhältnis 2:1, aus. Im alten Württemberg war es dagegen gerade umgekehrt. Bei der Neukonstituierung des Landes Baden-Württemberg war demgemäß das Verhältnis beider Konfessionen beinahe ausgeglichen. Mittlerweile besitzt die römisch-katholische Kirche etwas mehr Mitglieder (1980: 4,4 Millionen) als die evangelische Kirche (1980: 4,1 Millionen).

Für beide katholische Diözesen stellten die Säkularisierung von 1803 sowie die 20er Jahre des 19. Jahrhunderts, als die neue Zirkumskription und Verwaltungsorganisation grundgelegt wurden, sozusagen die Geburtsstunde dar. Beide hatten mit liberalen Strömungen in der Kirche und im weltlichen Bereich zu kämpfen. Aber nur in Baden gab es einen erbitterten, lang anhaltenden Kulturkampf, der dem in Preußen an Härte wohl kaum nachstand. Und für die evangelische Kirche stellte auch in Baden und Württemberg der Zusammenbruch der Monarchie, die auch kirchliche Obrigkeit war, und die Novemberrevolution 1918 die beherrschende Zäsur dar. Bei allen Unterschieden im einzelnen kann man sagen, daß sich die katholische Kirche früher, wenn auch gleichsam gezwungenermaßen, genötigt sah, ihr Verhältnis zum neuzeitlichen Staat zu regeln als die evangelische.

Auch in der Zeit der Weimarer Verfassung war das nicht anders. Lange erholten sich die Gläubigen der beiden evangelischen Landeskirchen nicht vom Schock des Zusammenbruchs des Staatskirchentums. Erst die Verfolgung durch den Nationalsozialismus, der beide Konfessionen in gleicher Weise traf, veranlaßte auch die evangelische Kirche nach 1945, kirchenpolitisch aktiver zu werden. Viele evangelische Landeskirchen schlossen Kirchenverträge, die nicht wie in der Weimarer Zeit nachträglich Parität schaffende »Kopien« der Konkordate auf katholischer Seite waren. Am berühmtesten und weitgehendsten ist wohl der Kirchenvertrag von Loccum. Die evangelischen Landeskirchen Baden-Württembergs drängten offensichtlich nicht auf einen so umfassenden Vertrag. Die katholischen Bistümer des Landes verteidigten das Reichskonkordat und das Konkordat mit dem Land Baden mit Zähnen und Klauen, setzten aber stärker auf eine parteipolitische, durch evangelische Christen abgestützte Einflußformation, die CDU. Hingegen spielten die traditionell katholischen Verbände nach dem zweiten Weltkrieg keine so große Rolle mehr bei der Interessenartikulation des Katholizismus.

Die neuzeitliche Gesellschaftsentwicklung und der Stellenwert der Kirche

Das Bedingungsgefüge des Staat-Kirche-Verhältnisses wird nicht nur, nicht einmal in erster Linie, durch einzelne politisch herausragende Akteure und ihre institutionell-rechtlichen Rahmenbedingungen bewegt und in bestimmende Bahnen geleitet, auch nicht nur durch »große Theologie« und Kirchenmänner von Rang. Entscheidend ist natürlich die religiöse Vitalität des Kirchenvolks und die religiöse Empfänglichkeit der Gesellschaft im ganzen. Beides sind seit langem keine festen Größen, die man gar auf einen Grundcharakter einzelner Volksstämme zurückführen könnte.
Deutlich schwankt die religiöse Mentalität der Bevölkerung, oft ganz ähnlich irritiert durch einschneidende Ereignisse wie die Einzelbiographie, gewinnt zu Zeiten apokalyptische, zu Zeiten fast zynische Züge und korreliert, ohne daß dies häufig durchschaut würde, immer noch überaus oft mit den Veränderungen der politischen Kultur und des gesellschaftlichen Klimas. Gleichwohl hinterläßt ein jahrhundertewährendes Wahrnehmungs- und Verhaltenstraining von unzähligen Generationen Spuren, die auch dann noch feststellbar sind, wenn sie rational gar nicht mehr »nützlich« erscheinen. So ist auch die heutige Staat-Kirche-Beziehung viel tiefer verwurzelt als man auf Anhieb glauben möchte. Zwar gab es seit der Konstantinischen Wende heftig umkämpfte Beziehungen zwischen geistlichen und weltlichen Würdenträgern und ihrem Gefolge und eine ihnen entsprechende Zwei-Schwerter-Lehre, aber es war für die Kirche, zum Teil bis ins 20. Jahrhundert, schwer vorstellbar, eine ganz eigene, vom politischen Gemeinwesen getrennte Institution zu sein. Daran änderte zunächst auch und gerade die Reformation nichts, die in vielem ja auch sonst noch durchaus herkömmliche Züge trägt. Viel bedeutungsvoller erwies sich die Tatsache, daß es die römisch-katholische Kirche nicht mehr vermochte, ihr ursprüngliches Zinsverbot gegen einen sich mächtig entwickelnden kapitalbestimmten Wirtschaftskreislauf zu behaupten. Hierin zeigte sich zum erstenmal durch eine strukturell komplette, wenngleich noch nicht industrielle, sondern allenfalls »protoindustrielle« Organisationsformen und Größenordnungen erreichende Institution, daß

die Kirche künftighin zur Res Publica hin nicht mehr deckungsgleich war, was in der politischen Realität selbst erst später, sehr klar dann im 18. Jahrhundert mit seinen Bestrebungen zum Staatskirchentum im Gefolge des neuzeitlichen Rationalismus, unzweideutig hervortrat.

Immer deutlicher trieb der neuzeitliche Modernisierungsprozeß institutionell unterscheidbarer Funktionskreise hervor, die nicht mehr zur Deckung zu bringen waren. Zunächst versuchte der neuzeitliche Staat, das gesellschaftliche Emanzipation begehrende Besitz- und Bildungsbürgertum ebenso im Griff zu behalten wie die Dynamik der kapitalistischen Marktwirtschaft. Die aber aus der mittelalterlichen Gemengelage stammende kirchlich-politische Ordnung, die sämtliche Sozialbeziehungen zu umfassen schien, wurde definitiv durch die Französische Revolution und die ihr folgende Neuordnung in Europa nach den Napoleonischen Kriegen in der Zeit der Restauration zerstört. Der moderne Staat versuchte nicht erst jetzt, nun aber klüger und zielstrebiger, sämtliche politisch relevanten Kompetenzen seines Territoriums im Sinne neuzeitlicher Souveränitätsvorstellungen zu reorganisieren. Er stieß dabei zwangsläufig mit der im Grunde vormodern gebliebenen Institution der Kirche zusammen, auch da, wo er durchaus von kirchentreuen Dynastien geführt wurde, während es in Deutschland zu einer überaus charakteristischen Zusammenarbeit des unemanzipierten Wirtschaftsbürgertums mit dem autokratischen oder semiparlamentarischen Staat, auch den konstitutionellen Monarchien Badens und Württembergs kam.

Diese politisch-sozialstrukturelle Grundkonstellation war die hinreichende Bedingung des Kulturkampfs, aber auch des unheilvollen »Bündnisses zwischen Thron und Altar« der evangelischen Kirche. Auf je ihre eigene Weise haben beide Kirchen diesen gesellschaftlichen Modernisierungsprozeß lange Zeit gründlich mißverstanden. Trotz aller äußerlichen Stabilität bleibt das Verhältnis Staat–Kirche problematisch, im tiefsten, weil die Institution Kirche, vielleicht sogar Religion überhaupt, im »Relativierungshexenkessel« (Berger) neuzeitlicher Gesellschaftsentwicklung äußerst anfechtbar geworden ist. Hautnah haben die Kirchen die zeitweilige Bedrohung durch das politische System gespürt. Allmählich erkennen sie wohl auch die Gefahr, die ihnen jenseits eines aggressiven Atheismus in der Gesellschaft lauert.

2. Das Kirche-Staat-Verhältnis

Die Entwicklung der Institutionen

Verglichen mit der Weimarer Zeit hat sich viel und wenig zugleich im Verhältnis von Staat und Kirche nach 1945 geändert. Im wesentlichen bilden die staatskirchenrechtlichen Bestimmungen der Weimarer Verfassung zusammen mit den heutigen Landesverfassungen und Folgegesetzen das Fundament der Beziehungen.

Dies ist eine allgemeine Entwicklung, die überall in der deutschen Gesellschaft anzutreffen ist. Die schon in der Verfassungsentwicklung der Weimarer Republik spürbare Ausdehnung des politischen Status der Kirche schlug sich auch in jenem wachsenden Gewicht nieder, das den Fragen der Gestaltung staatskirchenrechtlicher Verfassungsprobleme in der Verfassungsdiskussion nach 1945 zukam. An ihren Wunschkatalogen gemessen haben die Kirchen im Prozeß der Verfassungsentstehung nicht alle Ziele erreicht, waren aber doch überwiegend erfolgreich. Ausschlaggebend erschien den Kirchen selbst ihre bemerkenswerte Aufwertung als »Körperschaft des öffentlichen Rechts«. In der öffentlichen Vertretung gesellschaftlicher Interessen (Rundfunkräte, Verwaltungsräte, Begutachtung politischer Projekte) gelang ihnen ein unerwarteter Vorstoß. In der Auseinandersetzung um das Elternrecht, das heute im großen und ganzen konfessionsneutral verstanden wird, konnte sie sich nach einigen Kämpfen im wesentlichen behaupten. Die Regelung des kirchlichen Religionsunterrichtes war kein Streitpunkt in Baden-Württemberg; ebensowenig wie die großzügige Ausgestaltung der theologischen Fakultäten. Immer wieder springt die solide finanzielle Sicherung der Großkirchen durch die staatlich eingezogene Kirchensteuer sowie gesetzliche Staatsleistungen und Zuschüsse in die Augen.

Die deutschen Länderverfassungen weisen durchaus in Einzelheiten erhebliche Unterschiede auf. Sie bewegen sich aber doch auf einem engen Gestaltungskontinuum, das einmal stärker den Akzent auf Trennung vom Staat, dann wieder auf rechtlich abgesicherte Förderung der Kirche setzt. Es gibt Unterschiede der Verfassungsgestaltung bei der Frage der verbindlichen Schulform, der Garantie des Religionsunterrichts und der Staatsleistungen. Am weitesten gehen hier Bayern und Rheinland-Pfalz. Baden-Württemberg hat kaum schlechtere Verhältnisse geschaffen.

Auf die allgemeine Verfassungsentwicklung, die bei oberflächlichem Hinsehen seit langem stillzustehen scheint, haben natürlich die baden-württembergischen Großkirchen genauso wenig exklusiven Einfluß wie das Regierungssystem des Landes. Es ist aber unübersehbar: der verfassungsmäßig institutionelle Status der Kirchen wurde durch eine ganze Reihe von Gesetzen, Verordnungen und Verträgen so befestigt, daß es schwer vorstellbar erscheint, daß er noch jemals entscheidend erschüttert werden könnte.

Unbestreitbar verdanken die Kirchen ihren Erfolg bei der Verfassungsgebung der Gunst der »Stunde Null«. Die allgemeine, fast verehrungsvolle Anerkennung, welche der Kirche nach dem Zweiten Weltkrieg geschenkt wurde, ließ sich jedoch auch in Baden-Württemberg nicht durch die folgenden Jahrzehnte hindurch retten. Erfolg hatten die Kirchen aber auch, weil beide Konfessionen fest entschlossen waren, Lehren aus der unmittelbaren Vergangenheit zu ziehen, und klaren Zielvorstellungen über ihren kirchenpolitischen Kurs folgten. Großen gesellschaftlichen Widerstand erfahren die beiden Konfessionen heute kaum; eher ein leises Sich-Abkoppeln aus den christlichen Sinnhorizonten und eine tiefdringende Relativierung durch andere soziale Institutionen, vor allem durch die mächtige Wirtschaft und die staatliche Administration. Die Kirche muß nun ihren politischen und gesellschaftlichen Einfluß, ganz anders als unmittelbar nach dem Krieg, als die meisten anderen Institutionen kompromittiert waren, mit vielen gesellschaftlichen Gruppen teilen.

Gerade dies mag es nicht wenigen kirchlichen Führungskräften schwergemacht haben, in letzter Konsequenz einzusehen, daß eine Verfassung, zumal eine unter solchen Bedingungen zustande gekommene, notwendigerweise einen Kompromiß unterschiedlicher weltanschaulich-politischer Zielperspektiven darstellte. Zwar haben sich die Kirchen nach 1945 mit der Demokratie angefreundet, ein konsequent praktizierter Wertpluralismus blieb ihnen jedoch in der Praxis lange unheimlich.

Man kann auch in Baden-Württemberg den Eindruck gewinnen, daß der wirtschaftliche Erfolg als Legitimationsquelle weithin überschätzt wurde. Die Frage wurde zeitweise heftig diskutiert, ob nicht auch die Kirche ungewollt jenem Verdrängungsprozeß Vorschub geleistet hat, der die notwendige »Trauerarbeit« in der Bevölkerung nicht zum Tragen kommen ließ.[2]

Das Elend der Nachkriegszeit trieb die politischen Akteure zu einer Eile, die der gebotenen Grundsatzentscheidung, ob man einen »Neuanfang« oder einen »Wiederaufbau« anzielen solle, nicht ausreichend Raum gewährte. Übrigens verlief der Prozeß der Verfassungsgebung zum allergrößten Teil an der Bevölkerung vorbei. Sie registrierte ihn kaum, wurde selten informiert und zur Mitwirkung angeregt. Für weite Bevölkerungskreise stellte die Verfassung und schon gar die staatskirchenrechtlichen Artikel des Grundgesetzes und der Länderverfassungen auch kein wirkliches Anliegen dar. Streitfragen zwischen Kirche und Staat erhitzten selbst nach intensiver Mobilisierung der Kirchenleitungen nur regional und kurzzeitig die Gemüter der Menschen, deren Alltag, besonders im Schwäbischen, seit Jahrhunderten von der »kleinen Kultur« durchdrungen war. Das eigentliche Neue an der Verfassungsdiskussion und ihren Resultaten war in staatskirchenrechtlicher Hinsicht, daß gerade auch in den kurz nach Kriegsende entstandenen Vorläufern der Verfassung Baden-Württembergs nirgends auch nur die Spur einer Forderung nach radikaler Trennung von Kirche und Staat zu finden ist. Von niemandem wurden der Kirche die Grundfreiheiten wie die Religionsfreiheit, die Freiheit der Arbeit christlicher Gruppen, kirchlicher Selbstverwaltung streitig gemacht. Weitgehend konsensfähig waren auch fast überall die Gewährleistung kirchlich gebundenen Religionsunterrichts, der Erhalt der theologischen Fakultäten, das kirchliche Mitwirkungsrecht bei der Besetzung von theologischen und religionspädagogischen Lehrstühlen, die Garantie für das Kirchenvermögen, den Einzug der Kirchensteuern durch den Staat, den Verzicht auf die endgültige Ablösung der Staatsleistungen. Über einige dieser Rechtskomplexe entzündete sich aber später ein bis heute andauernder Disput. Ziel der Kirche war die volle »Gleichordnung« mit dem Staat, nicht nur eine günstige Ausstattung als Interessenverband; als Ziel fast aller Politiker Baden-Württembergs galt bei allen Unterschieden, einen kooperativen Zustand von Staat und Kirche herzustellen.

Der rechtlich-institutionelle Rahmen des Verhältnisses Kirche – Staat wird durch das Bonner Grundgesetz sowie die Länderverfassungen eingegrenzt. Da man sich im parlamentarischen Rat nicht auf eine Neukonzeption des Staatskirchenrechts einigen konnte, griff man einfach auf die einschlägigen Bestimmungen der Weimarer Verfassung (Artikel 136–141 d. W. V.) zurück, die ausdrücklich durch Artikel 140 GG Bestandteil der Verfassung der zweiten Republik wurden. Damit ist die individuelle und korporative Gewissens-, Glaubens- und Bekenntnisfreiheit negativ und positiv umrissen. Ausdrücklich wird betont, daß in der Bundesrepublik Deutschland eine Staatskirche, wie sie im 19. Jahrhundert in den meisten Ländern bestand, nicht zulässig ist. Nicht nur das theologische Selbstverständnis, sondern auch das Grundgesetz läßt mancherlei Modifikationen und Revisionen möglich erscheinen. Die konkrete Ausgestaltung des Trennungsgrundsatzes ist durch den kumulativen Effekt, den die verschiedenen Einzelbestimmungen in Verbindung mit Länderverfassungen und vielen Ländergesetzen erzeugen, jedoch sehr stark eingeschränkt. Die kirchliche Selbstbestimmung und ihr »Tendenzschutz« soll zwar »innerhalb der Schranken der für alle geltenden Gesetze« (Artikel 136 d. W. V.) bleiben, erwies sich aber im Konfliktfall als fast völlig immun.

Zeitlich früher erließen die Länder ihre Verfassungen. Sie haben damit auch dann eine Rechtsvorgabe zustande gebracht, selbst wenn diese durch das Grundgesetz aufgehoben wurde. Jedenfalls haben sie die Verfassungsdiskussion in Baden-Württemberg schon lange vor der Konstituierung des Landes nachhaltig bestimmt. Die drei südwestdeutschen Länderverfassungen Württemberg-Badens, Badens, Württemberg-Hohenzollerns, die alle in der Zeit zwischen 1946 und 1947 entstanden, lenken das Handeln des Staates in eine feste normative Bahn. Richtungsweisend war hierbei die von Carlo Schmid vorentworfene Verfassung von Württemberg-Baden, die das öffentliche Mandat der Kirche ausdrücklich hervorhob, zugleich jedoch auf dessen Grenzen verwies. In den materiellen Regelungen gleichen sich diese Verfassungen. Allerdings nähert sich die südwürttembergische der problematischen Konzeption eines »christlichen Staates« an.

Das Land Baden-Württemberg ging in einem schmerzlichen Prozeß, der vor allem im badischen Landesteil viele Narben hinterließ, aus den Ländern hervor, deren Verfassungen oben kurz gestreift wurden. Aufgrund der Vorgeschichte waren die meisten substantiellen Rechte der Kirchen unstrittig. Trotzdem ergaben sich bei der Verfassungsberatung überraschende Spannungen an der Frage, ob das Reichskonkordat von

1933 noch Geltung besäße, das die Konfessionsschule vorsah und auch auf einer konfessionellen Lehrerbildung beharrte. Nach langem Tauziehen konnte endlich ein Schulkompromiß gefunden werden. Im Jahre 1967 wurde dann endgültig die christliche Gemeinschaftsschule alter badischer Prägung für das ganze Land, also auch Württemberg-Hohenzollern, als einzige Schulform ausgewiesen.

Von der Öffentlichkeit fast unbemerkt haben einige Gesetze, Verordnungen und Kooperationsverträge, die die Landesregierungen mit den Kirchen im Bereich der Bildungs- und Entwicklungspolitik schlossen, die Grundtendenz des beiderseitigen Verhältnisses einerseits befestigt, andererseits mit neuen noch nicht abschließend zu beurteilenden neuartigen Akzenten versehen, die natürlich auch neuen Begründungsdruck schaffen. Für die Kirchen war wohl das Kirchensteuergesetz, zuletzt in der Fassung von 1978, von besonderem Gewicht. Es hat beachtenswerte Vereinheitlichungen in der Organisation gebracht. Die Finanzämter, die die Verwaltung der Kirchensteuern übernommen haben, werden die starke Verschiebung des Kirchensteuersystems von der Ortskirchensteuer auf die Landeskirchen- bzw. Diözesenkirchensteuer sicher begrüßen. Ob dies freilich unter partizipatorischen Aspekten nur Vorteile bringt, muß offenbleiben. Beim Stiftungsgesetz (1977) wurden die letzten Reste aus der Zeit der Staatskirchenhoheit getilgt und das kirchliche Selbstbestimmungsrecht über kirchliches Vermögen voll realisiert. Nach der institutionellen Umformung der konfessionellen Lehrerausbildung zu einer wissenschaftlichen Bildung an Pädagogischen Hochschulen, bei der den Kirchen durchaus gewisse Sicherungen gewährt wurden (Besetzung theologisch-religionspädagogischer Lehrstühle), erbrachte das Fachhochschulgesetz (heute: in der Fassung 1982) einen nicht zu unterschätzenden bildungspolitischen Einflußzugewinn der Kirche. Dasselbe ist von der Reform der gymnasialen Oberstufe, zumindest in der ersten Phase, zu sagen, bei der das Fach Religion versetzungserheblich wurde. Ferner ist das Denkmalschutzgesetz (1971) von Bedeutung, was an der aktuellen politischen Diskussion über die Renovation des Klosters St. Blasien abzulesen ist. »Die Rechtsordnung hat der Kirche in der Bundesrepublik von 1949 bis 1963 ein Maximum an Wirkungsmöglichkeiten geschaffen; ob dies für die Dauer auch ein Optimum war und ist, das bleibt die Frage, die nur die Zukunft beantworten kann.«[3]

Kirchen im Organisationszusammenhang

Die Organisationsstruktur der Kirche ist weitgehend durch die institutionellen Rahmenbedingungen vorgezeichnet, aber nicht determiniert. Durch Institutionen werden entscheidende Spielräume umrissen, in denen sich kontinuierliches, wiederholbares soziales Handeln entfalten kann. Im internationalen Vergleich läßt sich der Spielraum, den die Kirche institu-

tionell gewonnen hat, deutlich machen, indem man ihn vier idealtypi-
schen Grundmodellen zuordnet, die in einer gewissen Variationsbreite
überall im europäisch-amerikanischen Raum erkennbar sind:
- das System institutioneller Privilegierung einer Religion (Beispiel:
Church of England);
- das System strikt institutioneller Trennung (Frankreich, USA);
- das System institutioneller Trennung bei gleichzeitiger gesellschaftlicher Privilegierung (Bundesrepublik, Österreich);
- das atheistische Staatskirchentum mit Unterdrückung der Kirchen
(UdSSR).
In differenzierten Gesellschaften modernen Zuschnitts nehmen in aller
Regel innerhalb der institutionellen Bahnen Großgruppen mit zweckspe-
zifischen, formalisierten und grundsätzlich überlokalen Entscheidungs-
programmen und Ämterordnungen (Rollensystemen) die konkreten sozialen Beziehungen in die Hand. Jedenfalls in der katholischen Kirche,
aber tatsächlich zu einem erheblichen Maß auch in den evangelischen
Landeskirchen, bestimmen Organisationsstrukturen, die von beinahe ar-
chaischer Routine und Erfahrung geprägt sind, die Arbeitsweise des
kirchlichen Alltags.[4]
Die Organisation der katholischen Kirche ist stärker durch ihr theologisch begründetes hierarchisches Selbstverständnis geprägt als die evangelische. Schon lange beeindruckt die konsequente Entwicklung katholischer Jurisdiktion selbst viele Agnostiker. Zwar betonen beide Kirchen
das »Doppelwesen« der Kirche, ihre organisatorische und spirituelle
Seite. Für die katholische besitzt jedoch das »organisatorische Fleisch«
nicht nur funktionale Qualität. Der Hierarchie und ihren Amtsträgern
steht prinzipiell ein unterschiedlicher Auftrag zu als den Laien. Eine
Interpretation, die diesen Unterschied nicht repressiv, sondern im Sinne
der Theologie des Zweiten Vatikanums zu verstehen sucht, deutet diesen
Unterschied als Autonomie der Laien in Politik, Verwaltung, Wirtschaft,
also in der »Regelung der zeitlichen Dinge«. Für die evangelische Kirche
ist dieser Aspekt besonders wichtig und wird überaus stark theologisch
betont. Faktisch gibt es aber auch in der evangelischen Kirche ein
Übergewicht der ordinierten Amtsträger. Jedenfalls ist aber eine hierarchische Organisation, Organisation überhaupt, im reformatorischen Verständnis überhaupt kein zentraler theologischer Gegenstand. Sie ist
schlicht und einzig eine Notwendigkeit der heutigen irdischen Wirklichkeit, um die Gemeinschaft der Gläubigen realisieren zu können. Auch in
Baden-Württemberg drängt sich dabei der Eindruck auf, daß die Kirche
noch sehr stark territorial bezogen bleibt und nicht allzu viel Erfahrung
mit einer dynamischen »Organisationsentwicklung« aufweist. In der
theologischen Reflexion nach dem Zweiten Vatikanischen Konzil ist die
hierarchische Kirche zwar längst zum ebenso heilsbestimmten wie sündigen »Volk Gottes« entsakralisiert worden. In der Praxis aber wirkt noch
immer ein sakralisiertes Organisationsverständnis nach.

Von der theologischen Seite wie von einer gesellschaftstheoretischen Betrachtungsweise spricht allerdings manches dafür, Kirche nicht als Organisation im pluralen Konzert normaler Verbände aufgehen zu lassen. Es gibt aber auch ernsthafte Gegengründe, die keineswegs aus antikirchlichen Motiven, sondern eher aus einer idealen Denkungsart entspringen. Und es ist noch längst nicht ausgemacht, daß die Kirche trotz aller Privilegierung auf Dauer – wie etwa in den USA – gezwungen sein wird, sich als »bloße« Organisation Anerkennung zu verschaffen. Die Kirche muß dabei nicht mit solch harschen Attacken rechnen, wie sie vom neuzeitlichen Staat ausgegangen sind. Sie kann dennoch fast unversehens als ausschließlich »irdische« Organisation erscheinen, wenn sie sich zu distanzlos in »das freie Kräftespiel« gesellschaftlicher Interessen hineinziehen läßt, was erkennbar, gerade bei einem so harmonischen Verhältnis von Kirche und Staat wie in Baden-Württemberg, immer eine Gefahr bleibt, etwa in der Entwicklungspolitik, der Ausländer-, Medien- und Bildungspolitik. Daß sich die baden-württembergischen Großkirchen hier nicht verführen ließen, bleibt anzuerkennen. Besondere Würdigung als eine »Sternstunde« des Landtags verdient in diesem Zusammenhang die Landtagssitzung vom 21. 3. 1979, als E. Eppler (Fraktionschef der SPD) und E. Teufel (Fraktionschef der CDU) zusammen die fast ausschließlich auf Exportförderung bedachte Entwicklungspolitik der Landesregierung – zumindest dem Prinzip nach auf einen neuen Konsens verpflichteten: Entwicklungspolitik – vielleicht sogar als Paradigma aller Politik – sei künftig so anzulegen, daß sowohl die (selektiv klug qualifizierte) Wirtschaftskraft des Landes als auch die soziale Gerechtigkeit darunter keinen Schaden leide.

In Europa hat es darum bislang guten Sinn, basierend auf dem Prinzip der »balancierten Trennung« (Böckenförde), analog zum demokratischen Sozialstaat, eine gesellschaftspolitisch orientierte Kirche freizusetzen, die mit Nachdruck das Prinzip einer umfassenden Religionsfreiheit vertritt, ohne freilich die Gesellschaft im geringsten bevormunden zu dürfen. Ob dieser Balanceakt in der konkreten Wirklichkeit gelingt, ist eine offene Frage. Die Sicherung der Freiheit muß heute sowohl gegenüber dem Staat wie gegenüber gesellschaftlicher, hauptsächlich wirtschaftlich bestimmter Macht immer aufs neue erstritten werden. Dies wird der Kirche um so leichter gelingen, als sie darauf verzichtet, die faktisch weitgehend freiwillige Mitgliedschaft gegen innerkirchliche Kritik auszuspielen.

Immerhin sind den beiden Kirchen organisatorisch auch zentripetale Kräfte zugewachsen. Das zeigte sich schon ganz deutlich an den starken, freilich letztlich doch nicht erfolgreichen Bestrebungen, die innerprotestantischen Konfessionsunterschiede zu überwinden. Auch die organisatorische Stärkung, die in der EKD, EKU und VELKD möglich wurde, ist diesem Bestreben entsprungen. Offensichtlich gelang auch eine Verstärkung des synodalen Prinzips. Auch die Intensivierung ökumenischer Zusammenarbeit hat eine gewisse organisatorische Stütze in der »Arbeitsgemeinschaft christlicher Kirchen« (ACK) sowie dem »Ökumenischen Institut«, das H. Küng leitet, gefunden.

Ständige Verbindungen ergeben sich zwischen beiden Kirchen und der staatlichen Administration in beträchtlichem Umfang aus ihrer karitativ-diakonischen Arbeit mit den Bereichen Gesundheit und in dem weiten Feld des Sozialwesens. Dabei gibt es im einzelnen erhebliche Unterschiede zwischen den beiden Konfessionen und den beiden Landesteilen hinsichtlich der zentralen oder dezentralen Organisationsform, aber auch den Aufgabenschwerpunkten. Ganz allgemein kann man wohl sagen, daß der Bereich von Ehe und Familie und der privaten Konfessionsschule in der evangelischen Kirche nicht den hohen Stellenwert angenommen hat, den er seit jeher in der katholischen Kirche besitzt. Vielleicht läßt sich auch sagen, daß die evangelische Kirche, nicht zuletzt ihrer individualistischen Tradition wegen, eine etwas größere Sensibilität für Minderheiten besitzt. Ständige Kontakte bestehen auch zwischen kirchlichen Funktionsträgern und Beamten der Ministerialbürokratie. Ausschließlich rechtstechnische Probleme kennzeichnen schließlich die kontinuierliche Zusammenarbeit staatlicher Finanzverwaltung und den Kirchensteuerbehörden der Kirchen.

Das »Katholische Büro« in Bonn hat schon seit 1949 hinter den Kulissen und auf offener Szene erfolgreiche Interessenpolitik betrieben. Die evangelische Kirche zog kurz darauf mit einem ähnlichen Büro nach. 1974/75 haben die Kirchen Baden-Württembergs Vergleichbares geschaffen: die Institution des »Katholischen Büros Stuttgart«, das die beiden katholischen Diözesen des Landes vertritt, und den »Beauftragten der Evangelischen Landeskirchen in Baden-Württemberg bei Landtag und Landesregierung«, kurz das »Evangelische Büro« genannt. Beide arbeiten in enger Abstimmung zusammen. Andere Kanäle, die früher für solche Beziehungen gebraucht wurden, werden heute kaum noch benutzt. Diesen kleinen, aber sehr kenntnisreichen und zielgerichteten Organisationen, die bei aller Anbindung an die kirchlichen Zentralen ein großes Maß an Bewegungsfreiheit besitzen, ist es gelungen, viele Fäden zwischen Staat und Kirche auf sich hin zu zentrieren. Regelmäßig finden Treffen mit der Staatsregierung und anderen Ministerien statt. Beobachtend, kommentierend und anregend stehen sie auch mit allen im Landtag vertretenen Parteien in gutem Kontakt. Spezielle Initiativen der kirchlichen Zentralen und kirchlichen Verbände werden heute zu einem erheblichen Teil über die beiden Büros abgestimmt. Man kann darüber streiten, ob diese Mikroorganisationen angesichts der hohen verfassungsrechtlichen Sicherheit der Kirchen angemessen sind.

Die Beziehungen zwischen Staat und Kirche sind auch eine Frage der führenden Persönlichkeiten. Gestalten wie der frühere württembergische Landesbischof Wurm oder der Erzbischof Gröber haben ihre Organisation in entscheidende Weichenstellungen hineingeführt. Inzwischen ist der pastorale Akzent weiter nach vorne gerückt. Abgesehen von gelegent-

lichen Irritationen scheinen heute die Kirchenführer beider Kirchen bestrebt zu sein, mit allen politischen Kräften konstruktiv-kritisch zusam-
menzuarbeiten. Das politische Temperament, die kulturelle Orientierung, die konfessionelle Bindung, die persönliche Vertrautheit mit den
kirchlichen Eliten haben natürlich einen klimatischen Unterschied hinterlassen, der aber zweifellos kleiner geworden ist. Da die Interessenlage, die
Sichtweise, der Arbeitsstil kirchlicher Amtsträger und der Politiker zunächst fast naturwüchsig-symbiotisch waren, fehlte demgemäß am Anfang auch das Interesse an einer festeren Organisation. Nicht zufällig
haben daher das Katholische und Evangelische Büro zu jenem Zeitpunkt
ihre Arbeit angetreten, als eine Generation gesellschaftlicher Eliten abtrat.
In dieser gewandelten Situation haben die Kirchen folgerichtig ihre legiti-
men Einwirkungen auf den Landtag, die Parteien und Verbände und das
politische Vorfeld verstärkt.

Wo immer sie versuchen, gesellschaftlich erkennbar und faßbar zu werden, stehen gerade kirchliche Organisationen vor dem Problem, fremde
Interessen, »die Stimme der Stummen« unserer Gesellschaft tendenziell
höher zu veranschlagen als die eigenen, was in den letzten 35 Jahren nur
annähernd gelungen sein dürfte. Zudem kommt es wohl zukünftig dabei
immer stärker darauf an, globale Entscheidungsorientierungen und lokal-
dezentrales Engagement, professionelle und ehrenamtliche Aktivität zu
kombinieren.

Am Beispiel der Entwicklungshilfe läßt sich dieser neue Typ der Kooperation ansatzweise verdeutlichen. Aufgrund vertraglicher Vereinbarung
fördert das Land Baden-Württemberg kirchliche Entwicklungsmaßnah-
men in der Dritten Welt seit 1979 (1981 allein für die katholische Kirche
DM 875 000). Die Kirche organisiert ihre entwicklungspolitischen Maßnahmen eigenständig und bindet sich nicht an die engen, noch überwiegend exportorientierten Kriterien des Landes, dessen Entwicklungshilfe-
praxis durch die geänderte Entwicklungsstrategie der jetzigen deutschen
Bundesregierung Flankenschutz erhält. Die Kirchen verfolgen ein Konzept, das nicht nur Ad-hoc-Maßnahmen vorsieht, sondern auf einen
zukunftsorientierten Gesamtzusammenhang und gerade auch auf eine
gesellschaftspolitische »Umkehr« im eigenen Lande abhebt. Dabei wird
prinzipiell ein integrativer Ansatz, der mehrere Politikbereiche umfaßt,
zugrunde gelegt.[5] Diese neuartige konstruktiv-kritische Kooperations-
form mit dem Staat und gesellschaftlichen Gruppen, die gesellschaftspolitische Kompetenz besitzen, erhellt die Tatsache, daß ein pauschaler
politischer Einflußverlust der Kirche durch eine institutionelle »Herab-
stufung« als normaler Verband auch Chancen preisgibt.

Sicher bietet die institutionell-organisatorische Gestalt der heutigen Kirche für Kritik manchen Anlaß. Nicht jede Interpretation ihres verfassungsrechtlichen Status als »Körperschaft des öffentlichen Rechts« ist
überzeugend begründet und hat ihr Glaubwürdigkeit verschafft. Kritik
entzündet sich besonders auch immer wieder an der Kirchensteuer.[6] Von

den ca. 8 Milliarden DM, die bei beiden Kirchen in der Bundesrepublik die Haupteinnahmequelle darstellen, entfallen z. B. auf die Erzdiözese Freiburg allein 393 Millionen. Ähnliche Größenordnungen weisen die Haushalte der Diözese Rottenburg-Stuttgart und die der Evangelischen Landeskirchen auf. Kennzeichnend ist gegenwärtig, daß die restriktive Haushaltpolitik des Bundes und der Länder voll auf das Kirchensteuereinkommen durchschlägt. Die Kirche hat in ihrem Haushalt die Verschuldung bis an die Grenze des Tragbaren ausgeweitet. So bringt allein die Erzdiözese Freiburg 1982/83 44 Millionen DM für den Schuldendienst auf. Die Einnahmetendenz wird realistisch als ungünstig bezeichnet. Die Kirchensteuer ist unter den verschiedenen Einnahmequellen der Kirchen die einzige ins Gewicht fallende und durch Rechtsverpflichtung des Staates gesicherte finanzielle Ressource (ca. 87%).

Weder eine pauschale Umstellung des Einzugsverfahrens von den staatlichen Finanzämtern auf kirchliche Einzugsbehörden noch die vollständige Änderung des Finanzierungsmodus auf die Spende ist problemfrei und bietet nur Vorteile. Auch nicht die verstärkte Berücksichtigung des ehrenamtlichen Engagements. Eher dürfte eine wohldosierte Mischung aus dem jetzigen System und Alternativvorschlägen, welche die Freiwilligkeit der Zahlungen in den Vordergrund stellen und die Gesamtabhängigkeit der Kirche durch eine breite Streuung der Abhängigkeiten, verbunden mit einem erneuerten »Mut zur Armut«, weiterhelfen.

Kennzeichnend für die Gesamtsituation dürfte die Tatsache sein, daß sich mittlerweile, mehr still und graduell als sensationell und revolutionär, die Zahl der Themen und Politikbereiche steigert, die die Kirche zu mehr oder minder entschiedenem Dissens herausfordern.

Konflikte im Verhältnis von Kirche und Staat

Was eine institutionelle Rahmenbildung in der Praxis wert ist, entscheidet oft der Konfliktfall. Kirchen erwiesen sich in der Geschichte oft als sehr konfliktfähig. Nach 1945 war ihnen jedoch eher eine gewisse Konfliktscheu gegenüber nahestehenden gesellschaftlichen Gruppen anzumerken. Es gab eine einzige Ausnahme: der Kampf um die Geltung des Reichskonkordats und die Verfassung konvergiert im Grunde im sogenannten Schulstreit. Fast immer, wo es zum Konflikt zwischen Kirche und Staat in Baden-Württemberg kam, ging es um die Frage, welche Interpretation des Elternrechts die »richtige« und welche Schulform für das ganze Land verbindlich sein sollte. Der Kampf um die Konfessionsschule wurde insbesondere von der katholischen Kirche und der CDU ohne den rechten Blick für die realen Bedingungen der Schulwirklichkeit geführt und überlagerte lange Zeit die gesamte Landespolitik. Nach seiner endgültigen Lösung im Jahre 1966/67 durch die große Koalition (CDU/SPD) entspannte sich das Verhältnis dermaßen, daß fast von einer »freundschaftlichen Beziehung« gesprochen werden konnte.

Ähnlich dramatische Konflikte tauchten seither in der Landespolitik nicht mehr auf. Allerdings sprangen verschiedene politische Konflikte aus der Bundespolitik in die Landespolitik über, am stärksten wohl der um die Reform des § 218.[7] Einigen Staub haben auch die Reformen des gesamten Ehe- und Familienrechts, das Jugendhilferecht, das Krankenhausfinanzierungsgesetz, aber nicht weniger die Frage des »parteipolitischen Mißbrauchs« kirchlichen Einflusses, wie sie in verschiedenen Hirtenbriefen, Gruppenausschlüssen (z. B. Inkompatibilität von Kolping- und Juso-Mitgliedschaft), kirchlichen Stellungnahmen (z. B. Denkschrift der evangelischen Kirche) und Empfehlungen in unterschiedlicher Intensität eigentlich seit den Tagen der Weimarer Republik die politische Diskussion bestimmte. Eine Quelle ständigen Mißtrauens für die Kirche bildet die Neigung von Parteien, Kirche als »bloß« gleichrangigen gesellschaftlichen »Partner« von Parteien und Verbänden einzustufen. In wichtigen Gruppen des politischen Lebens keimt hingegen immer wieder der Verdacht auf, besonders die katholische Kirche spiele mit ihrer um den Staat als Bezugspunkt zentrierten Interpretation von »Partnerschaft« ein doppeltes Spiel, einerseits kassiere sie alle Vorteile eines freien Verbandes, andererseits entziehe sie sich dessen gesetzlichen Grenzen durch ihren Status als »Primärinstitution«, d. h. als staatsnahe »Körperschaft des öffentlichen Rechts«. Damit zusammenhängend brechen immer wieder sporadisch kleinere Gefechte um Privilegien und insbesondere die Form finanzieller Sicherung der Kirchen durch den Staat auf. Latent blieben aber weitgehend »Kleinkriege« und Gerichtsverfahren über die negative Religionsfreiheit (»Atheismus«, Konfessionslosigkeit von Lehrern, Tragen von pazifistischen Plaketten), das Schulgebet, des kirchlichen Arbeitsrechts und des Kampfes mit den Gewerkschaften, über Recht und Sinnhaftigkeit der Militär- und Anstaltsseelsorge, der Aufrechterhaltung des Treueids bzw. Diensteids für Bischöfe und Religionslehrer, der politischen Klausel (Einsetzung eines Bischofs), der Beteiligungsrechte der Kirchen an Gremien des Rundfunks u. a., der Funktion als Gutachter, der Stellung der freien Träger (Bundessozialhilfegesetz, Jugendwohlfahrtsgesetz). Im Grunde blieben natürlich im gesamten Staatskirchenrecht Anfechtungsgründe, die in der Regel latente Konflikte bildeten, aber grundsätzlich auch wieder einmal handfest manifest werden können.

Sowohl nach dem Modell strikter als auch »balancierter Trennung« bleiben schon allein deshalb Konflikte nicht auszuschließen, weil unterschiedliche, wenn nicht gar unverträgliche Sinn- und Wertsysteme in ein und derselben Gesellschaft an ein und denselben konkreten Menschen hohe Ansprüche stellen, die man in der alltäglichen Routine praktisch ein gutes Stück weit, aber eben nicht prinzipiell zur Deckung bringen kann. Deshalb ist der Begriff »Partnerschaft« zwischen Staat und Kirche nicht nur vage, sondern im Grunde unangemessen. Auch die Kennzeichnung als freundschaftlich-kooperativ trifft das weitgehend spannungsfreie, vielleicht optimale Verhältnis nicht adäquat. Die Kirche hat – wie der Staat – einen umfassenden Gestaltungsanspruch. Sie zielt jedoch auf »geistliche Zwecke«. Der demokratische Sozialstaat hingegen hat mehr als einer seiner Vorgänger das Prinzip der Freiheitsermöglichung bzw. Wiederherstellung als umfassendes Ziel, das die staatliche Souveränität, wie sie traditionell seit dem 19. Jahrhundert den Nationalstaat prägt, bei weitem überragt. Es gibt also eine zweifache strukturelle Konfliktanfälligkeit im Verhältnis Staat – Kirche, die ganz unabhängig von spezifischen Randbedingungen sich durchzusetzen vermag:

1. Die Überschneidung der Normen in der gesellschaftlichen Lebenspraxis (»res mixtae«)
2. Die »Unfähigkeit« sozialstaatlicher Demokratien und alteuropäisch geprägter Kirchen, sich auf ein spezifisches, funktionales Segment oder soziales System (soziales Medium) endgültig reduzieren zu lassen.

Der weltanschaulich neutrale Staat muß (negativ/positiv) eine transzendent/offenbarungsgläubige Motivbegründung für gesellschaftliches Engagement und politische Loyalität tolerieren und die Kirche den Staat als freiheitsverbürgendes Faktum anerkennen. Während sich nun der neuzeitliche Staat geschichtlich zum demokratischen Staat grundlegend gewandelt hat, bleibt diese Spannungseinheit für die Kirche ein zentraler Grundkonflikt, der aus der Anfangszeit des Christentums bis heute in unsere Zeit hineinragt: »Man muß Gott mehr als den Menschen (dem Kaiser) gehorchen« (Apg 5,28; 4,19; Mt 22,21). Dieser latente Grundkonflikt bestimmt kirchliche Existenz nicht nur in einer Diktatur, sondern auch in einer repräsentativen Demokratie.

In einigen Politikbereichen sind die Kirchen besonders sensibel und konfliktbereit. Das sind traditionell: Bildungspolitik (Konfessionsschule, Privatschulen), Ehe- und Familienrecht, Jugendwohlfahrtsrechte, Sozialgesetzgebung. Zu diesen traditionell von den Kirchen schwerpunktmäßig beackerten Politikfeldern, die immer konfliktanfällig waren, kommen in einem erstaunlichen Umfang neuerdings ungewohnte Konfliktstoffe wie die der Behandlung von Ausländern und Asylanten, der Kriegsdienstverweigerung, der Entwicklungspolitik, eines christlich verstandenen Pazifismus, der Friedenserziehung, der Umweltpolitik, der Medienpolitik, der Personalpolitik und nicht zuletzt Fragen der allgemeinen Wertfindung politischen Handelns (Grundwertediskussion).

Obwohl es unwahrscheinlich klingt, daß diese Konflikte das Verhältnis der Kirche zum baden-württembergischen Staat trüben könnten, gibt es durchaus Indizien dafür, daß die Kirchenleitungen und die demokratischen Organe des Landes sich künftig nicht mehr so souverän aus einem sich verschärfenden Konfliktzusammenhang heraushalten können, wie das bislang möglich war. Auch die Kirchenleitungen selbst entdecken heute wieder stärker ihre prophetisch-kritische Funktion.

In den evangelischen Landeskirchen fehlte es nie an prononciert gesellschaftskritischen Stimmen, aber auch nicht an manchmal etwas krampf-haft wirkenden Beschwichtigungsversuchen. Natürlich müssen die evan-gelischen Synoden und Landeskirchen mehr Rücksicht auf ihre verschie-denen Flügel und Gruppen als die heute zwar auch nicht mehr uniforme, aber vergleichsweise homogenere katholische Kirche nehmen. Inner-kirchliche Konflikte sind allerdings in beiden Kirchen vorhanden, neh-men gar zu. Sie tangieren aber nur selten wie im Fall Küng das Staats-Kirchen-Verhältnis.[8]

In innerkirchlichen wie politischen Konflikten macht es einen Unter-schied, ob man nur diskret seinen Dissens zu Protokoll gibt, ob man »nicht mehr mitmacht« oder ob man umsichtig Widerstandskoalitionen eingeht. Vor einigen Jahren konnte man erstmals in Baden-Württemberg eine neuartige, in beiden Kirchen antreffbare Koalition z. B. zwischen KAB, DGB und christlichen Pfarrern beobachten. Der Eindruck drängt sich jedoch auf, daß dies höchstens lokale Aktionsbündnisse werden können, weil die Kirchenleitungen größere Zurückhaltungen üben.

Immerhin ist es zwischen Kirche und Staat gelungen, in den letzten 35 Jahren
– die durch den Flüchtlingsstrom ausgelösten *demographischen Um-schichtungen* aufzufangen;
– den *Konflikt zwischen Einheimischen und Heimatvertriebenen* zu mil-dern;
– den *regionalen Konflikt* zu entschärfen, besonders den zwischen über-wiegend in Württemberg wohnenden Anhängern des »Südweststaats« und den in ihrer Mehrheit zunächst für den Erhalt des alten Baden eintretenden Badenern;
– den *konfessionellen Konflikt* zunächst durch Konfessionsproporz beob-achtende Personalpolitik und immer mehr durch den Verzicht auf konfes-sionsspezifische Postenjägerei und ökumenische Zusammenarbeit zu überwinden;
– *sozialstrukturelle Ungleichheiten und Konfliktpotentiale* nicht noch durch eigenes Handeln zu verstärken, sondern durch sozialethisch-sozial-politische Maßnahmen, etwa im Bereich des Familienlastenausgleichs, zu dämpfen.

Die Grundwertdebatte, die zeitweise in etwas luftiger Höhe die Grund-werte Freiheit, Gerechtigkeit, Solidarität und Frieden und die vorstaatli-chen Menschenrechte (Grundrechte) durchzukonjugieren schien, hat er-staunlicherweise die leicht zu beobachtende Tatsache übersehen, daß die Prioritäten auch in einem einheitlichen Wertsystem unterschiedlich ge-setzt werden. Es ist allzu vielen Politikern und Kirchenmännern offenbar verborgen geblieben, daß die Verfassung einen Kompromiß unterschiedli-cher Zielperspektiven und somit nichts anderes als einen institutionell gebändigten Zielkonflikt zum Ausdruck bringt, der nicht endgültig been-det werden kann. Jede Zielperspektive aber gewinnt ihre tiefe Motiva-tionskraft letztlich nicht durch abstrakte Selektionskriterien, sondern durch eine betroffen machende, ethikfähige Grunderfahrung. Noch ist nicht endgültig entschieden, ob die Mehrheit der Christen in Baden-Württemberg die Chance der Demokratie nicht nur als bequeme Hülse, sondern als unverzichtbare geschichtliche Lebenschance festhalten will.[9]

3. Kirche und Parteien

Die Parteien sind keineswegs die einzigen Gruppen, die heute praktisch politisch wirksam sind. Das politische System der Bundesrepublik Deutschland wird tatsächlich von einem viel größeren Spektrum gesellschaftlicher Aktivitäten angetrieben und gebremst. Heute zeigen sie sich beispielsweise an spektakulären Bürgerinitiativen und sozialen Bewegungen alternativen Lebens im Umkreis der Friedens- und Ökologiebewegung. Zum Kreis politisch Einflußreicher gehören sicher auch innere Machtzirkel großer Organisationen, aber auch zur Meinungsführerschaft entschlossene Kleingruppen jeder Art. Unsere Verfassung räumte jedoch den politischen Parteien, nicht zuletzt unter dem Trauma der Zerstörung der Weimarer Republik, auch im Verfassungsrecht einen herausgehobenen Rang ein, das sogenannte Parteienprivileg in Artikel 21 GG in Verbindung mit dem Parteiengesetz vom 24. 7. 1967, um politische Meinungsbildung, Kontrolle und Legitimation zu sichern. Interessenaggregation und -artikulation werden so demokratisch kanalisiert, diffuse Wünsche und Interessen politikfähig. Zu beachten bleibt auch ihre unverzichtbare Funktion für die politische Kultur, Partizipation und den inneren und äußeren Frieden unseres Teils der Republik. Da nach Weisung der Verfassung Parteien das gesamte politische Leben zu durchdringen haben, sind sie also nicht allein auf die Möglichkeit hin, eine Exekutive zu bilden, zu bewerten. Aus vielerlei Gründen kann der Staat heute auf sie nicht mehr verzichten.

Es ist allerdings die Frage, ob die Parteien ihre ihnen von der Verfassung zuerkannte Schlüsselstellung überhaupt wahrnehmen, ob sie nicht damit überfordert werden. Immer wieder entsteht der Eindruck, daß sie ein »Machtkartell« bilden und daß selbst »nichtetablierte Parteien« heute in beängstigend kurzer Zeit »etabliert« wirken. Zwar müssen die Landtage die Kontrollfunktion immer stärker ihren Kollegen im Bundestag überlassen, aber für manche Bereiche hat sich doch die Kontrolle der Landtagsopposition als unverzichtbar und effektiv erwiesen.

Die wachsende Stabilität der großen Parteien CDU, SPD, z. T. der FDP hat in Baden-Württemberg auch das Verhältnis Kirche – Staat nachhaltig geprägt, während neu auftauchende Parteien darin bislang keine nennenswerten Spuren hinterlassen haben. Diese vertraute Nähe hat die beteiligten Organisationen ein wenig mit in den Strudel der pauschalen Abwertung überkommener Institutionen gezogen. Weder Staat, noch staatstragende Parteien, noch die Kirchen waren von dem Gefühl wachsender

Antiquiertheit verschont und vermochten nicht die zunehmende Entsolidarisierung der Bevölkerung aufzuhalten, wie sie bei »studentischen Krawallen« in Heidelberg, bei Hausbesetzungen in Freiburg, Boykottveranstaltungen gegen das Kernkraftwerk Wyhl, das Projekt Boxberg, an der Reaktion auf Kostenverordnungen für Demonstrationen, bei der Praxis des Radikalenerlasses, des Asylrechts und sozialpolitischer Sparmaßnahmen zum Teil erstmals sichtbar geworden sind.

Das Parteiensystem beruht nicht nur auf aktuellen Interessen, eingespielten Gewohnheiten und Beziehungen, sondern ist vor allem in historisch verwurzelten Konfliktlinien begründet, die oft latent nachwirken. Das Staat-Kirche-Verhältnis, wie es heute praktiziert wird, hat seinen tiefsten historischen Grund in den Auswirkungen des Naziregimes. Die zweite prägende Erfahrung ist für die evangelische Kirche der Trennungsschock, der nach dem Zusammenbruch der Monarchie nach dem Ersten Weltkrieg den Protestantismus in Verwirrung stürzte. Für die katholische Kirche ist demgegenüber viel prägender der Kulturkampf des 19. Jahrhunderts gewesen, der von Preußen aus den Katholizismus zu einem geschlossenen Block zusammenschweißte und zu einer sich erst nach dem Zweiten Vatikanum öffnenden subkulturell getönten Sonderwelt werden ließ.

Der nationalsozialistische Terror hatte alle politischen Parteien, am stärksten die politische Linke, heimgesucht. Unter dieser Erfahrungsschicht lagen freilich Erinnerungen und tradierte politische Perspektiven, die Demokraten und Kirchenmänner beinahe um Welten trennten.

Die moderne Demokratie war zum großen Teil gegen die Kirche zustande gekommen. Auch die Katholiken, die in der Weimarer Zeit im Zentrum konstruktiv mitarbeiteten, taten dies ohne großen Enthusiasmus, ja waren vielfach im Herzen Monarchisten geblieben. Eher die Chance, eine jahrzehntelange gesellschaftliche Diskriminierung loszuwerden, als demokratische Überzeugung hatte die Mehrheit wohl zur Loyalität bewogen. Zwar spricht sehr viel dafür, daß die Katholiken als erste die zweite Republik für sich entdeckt haben, allein schon weil sie sich mit der patriarchalischen Gestalt Konrad Adenauers und seiner von ihm geführten Regierungen unmittelbar und mit den Jahren auch mit den demokratischen Institutionen affektiv identifizieren konnten. Nicht nur an den äußersten Rändern beider Kirchen trifft man indes noch heute gelegentlich auf eine Furcht vor »allzu viel Demokratie«.[10]

Vor welchen Problemen standen die damals maßgeblichen Politiker bei der Wiederbegründung der Parteien? Alle demokratischen Politiker der Vorkriegszeit hatten ein ähnliches Schicksal erlitten wie jene kirchlichen Kräfte, die Widerstand leisteten oder mindestens den Nationalsozialisten gefährlich erschienen. Es wäre aber ein großer Irrtum anzunehmen, daß alle mit gleichen Maßstäben beurteilt wurden.[11] Zweifelsohne hatten dabei jene konservativen und »gemäßigt« sozialreformerischen Kräfte in unserem Lande eine besonders günstige Ausgangsposition, die sich mit der einzigen Institution, eben der Kirche, die sich hatte erhalten können und dennoch nicht moralisch korrumpiert war, in enger Tuchfühlung fanden. Das war, wie alliierte Sprecher sagten, vor allem der »Bürgerblock«.

Neben vielen, die das Dritte Reich untadelig überstanden hatten, einer ganzen Reihe von Menschen, die sich mehr oder minder aktiv (zumindest partiell) dem Naziterror widersetzt hatten, gab es nicht wenige Mitläufer, die nun desillusioniert eine neue politische Heimat suchten. Die allermeisten fanden sie nach einer gewissen Zeit des Tastens in der neugegründeten CDU, andere in einer Parteiengruppe, die schließlich unter dem Namen FDP (DVP) uns allen heute bekannt ist. Diese Parteigruppierungen stimmten mit den Sozialdemokraten und Kommunisten darin überein, daß eine Neuauflage einer faschistischen Diktatur mit allen Mitteln zu verhindern sei. In der innen-, wirtschafts- und sozialpolitischen Konzeption gab es hingegen auch im »Bürgerblock« keinerlei Einheit.

Die demokratische Linke hatte es viel schwerer. Weite Bevölkerungskreise begegneten zwar kurz nach dem Krieg sozialistischem Gedankengut mit Sympathie, erwiesen sich aber von plumper Bolschewistenangst leicht mobilisierbar. Die Sozialisten galten wohl als zuverlässige Demokraten, besaßen in ihren wirtschaftspolitischen Vorstellungen aber vor allem nicht das Vertrauen der Amerikaner und konnten auch ihre personellen und organisatorischen Verluste in der Kürze der Zeit nicht ausgleichen. Die Sozialdemokraten lagen auch nicht einer Besatzungsmacht so in den Armen wie die deutschen Kommunisten, die nur oberflächliche Anstrengungen unternahmen, eine von der stalinistisch regierten sowjetischen Besatzungszone unabhängige Politik zu konzipieren. Die Haltung der KPD gegenüber der repräsentativen Demokratie blieb zwielichtig. Diese Tatsache verstanden Landespolitiker, vor allen Dingen jedoch Bundeskanzler Konrad Adenauer, aufs geschickteste auszunutzen; er lenkte eine weitverbreitete Antipathie in einen undifferenzierten Antikommunismus, den er bis auf seine parteipolitischen Hauptkontrahenten, die demokratischen Sozialisten, ausdehnte. Dies und die einsetzenden ersten wirtschaftlichen Erfolge bewirkten ein spürbares Abrücken von sozialistischen Ideen in der deutschen Gesellschaft. Der kalte Krieg, der bald zwischen den westlichen Alliierten und der Sowjetunion ausbrach, diskreditierte die Demokratiekonzeption der demokratischen Linken vollends.

Die CDU ist unter den heutigen Parteien die einzige Neugründung. Allerdings konzentrierte sie sich in ihrer Mehrheit auf einen bloßen »Wiederaufbau«, nicht auf einen »Neuanfang«.[12] Ohne Zweifel ist sie ideell, personell und organisatorisch als Innovation zu begreifen. In ihr fanden christlich-soziale, ordo-liberale und konservative Programmelemente zu einer äußerst flexibel handhabbaren pragmatischen Programmstruktur zusammen, die weniger in einem religiösen als in einem neokonservativen Strukturelement ihre Einigung fanden. Ihre neokonservative »Sinnorientierung« erlaubte es ihr jeweils verhältnismäßig leicht, das politisch zu exekutieren, was ohnehin zu geschehen hatte. Nicht zuletzt in Baden-Württemberg verstand sie es auch, die meisten Zielgruppen zu mobilisieren, von den schollengebundenen Bauern bis zu kleinbürgerlich gesinnten Arbeitern, von kulturprotestantischen Intellektuellen bis zu den Traditionalisten beider Konfessionen. Nicht erstaunlich ist es daher, daß diese Partei teils offen getragen, teils diskret von der Kirche unterstützt wurde. Dieser Partei sind wichtige Integrations- und Ordnungsleistungen zu verdanken, die auch die Kirchen stets dankbar anerkannt haben.

Während die evangelische Kirche wohlwollend, aber in Distanz die Neugründung der CDU verfolgte, ließ es die katholische Kirche in der Nachkriegszeit an direkter Unterstützung nie fehlen (Wahlhirtenbriefe, Presseverlautbarungen, Predigten, informelle Gespräche, Empfehlungen). In den ersten Jahren gab es allerdings eine Auseinandersetzung darüber, ob man nicht das alte Zentrum wiederbeleben solle. Besonders auffällig war die lebhafte Unterstützung, die die neugegründete CDU gegen den erbitterten Widerstand des späteren Generalvikars *Ernst Föhr* durch den Erzbischof von Freiburg, Conrad Gröber, erfuhr. Später förderten auch der Rottenburger Bischof Sproll, ursprünglich ein Anhänger der Zentrumspartei, die neugegründete Christenunion. Entscheidender Gesichtspunkt der katholischen Kirche war dabei die Chance, bei der Durchsetzung eigener Vorstellungen und Interessen eine komfortable Mehrheit zu gewinnen, der Kompromisse aufgrund von Koalitionsrücksichten erspart blieben. Daneben spielte auch der Wille eine gewisse Rolle, durch gemeinsame Erfahrungen erhärtete ökumenische Tendenzen zu fördern. Zwar war die CDU im Bereich des heutigen Landes Baden-Württemberg zunächst in ihrer Mitgliedschaft fast eine rein katholische Partei, ihre Wählerschaft hingegen wies im Laufe der Jahre durchaus stärker protestantische Akzente auf. Am Anfang spielten neben ordo-liberalen und konservativen Programmelementen auch »solidaristische« und christlich-sozialistische Momente, die sich streng aus der katholischen Soziallehre herleiteten, noch eine nicht unwesentliche Rolle. Bald aber traten sie stark zurück.

In einer völlig anderen Lage war die SPD. Sie versuchte in ihrem Programm und in ihrer Organisation wieder da anzuknüpfen, wo sie 1933 aufgehört hatte. Traditionell war Südwestdeutschland kein günstiger Nährboden für sozialdemokratische politische Arbeit. Eine über die politische Demokratie hinausgehende wirtschafts-, gesellschafts- und kulturpolitische demokratische Lebensform schien sich angesichts des Erfolges des »Wirtschaftswunders« zu erübrigen, ja gefährlich zu sein. Selbst als die SPD von den Plänen zur Verstaatlichung bzw. Vergesellschaftung der Produktionsmittel abrückte, die auch mehrere Jahre in weiten Kreisen der Sozialausschüsse der CDU (CDA) vertreten wurde, und für eine funktionsfähige gemischte Wirtschaftsordnung, allerdings mit einer weitgehenderen demokratischen Mit- und Selbstbestimmung für die Arbeitnehmer, eintrat und auch sonst in vielfältiger Weise die letzten Konsequenzen aus dem 60 Jahre zurückliegenden Revisionismustreit in ihrem

Godesberger Programm von 1959 gezogen hatte, blieb ihre Attraktivität auf Bevölkerung und Kirchen Baden-Württembergs begrenzt.

In der Sozialdemokratie Südwestdeutschlands hat nie eine kirchenfeindliche Stimmung wie in Preußen geherrscht. Im Gegenteil hatte die württembergische und vor allem die badische SPD lange Jahre mit dem katholischen Zentrum äußerst konstruktiv zusammengearbeitet. Schon in der Besatzungszeit gab es auch, etwa durch Carlo Schmid, Vorstöße, das Verhältnis zu entkrampfen. Die katholische Kirche und ihre kirchlichen Verbände blieben jedoch abweisend und erregten immer wieder den Zorn der Sozialdemokraten durch ihre direkten Wahlempfehlungen sowie relativ undifferenzierte Unterstellungen. Freilich haben auch Fehlurteile wie etwa die emotionsgeladenen Attacken des Parteivorsitzenden der Gesamtpartei, Kurt Schuhmacher, die winzigen Schritte gegenseitiger Annäherung wieder zunichte gemacht. Die Schulfrage, in der die SPD dieselbe Haltung wie die FDP einnahm, belastete dann noch zusätzlich das ohnehin gespannte Verhältnis. Auch bundespolitische Entscheidungen (Reformen des § 218 StGB, Jugendhilferecht, Scheidungsrecht etc.), die auf die Landespolitik durchschlugen, verschärften das Verhältnis der SPD zur katholischen Bevölkerung und zur Amtskirche. Dennoch hat sich gerade in Baden-Württemberg erwiesen, daß auch eine Annäherung zwischen katholischer Kirche und SPD heute eher als in der Vergangenheit möglich ist. Sachlich stehen sogar mittlerweile beide Kirchen der SPD in einer ganzen Reihe von Gebieten näher: Sozialpolitik, Entwicklungspolitik, Ausländerpolitik, Asylpolitik, Ökologie, Friedenspolitik, Waffenexporte, Südafrikapolitik, Datenschutz etc.

Ganz anders verhielt es sich mit der evangelischen Kirche. Selbst ein so vorsichtiger Mann wie der württembergische Landesbischof Wurm empfand es als dringendes Anliegen, mit führenden Sozialdemokraten und Gewerkschaftlern in näheren Kontakt zu treten, um den bisherigen »Zustand der völligen Fremdheit des christlichen und sozialistischen Lagers« zu überwinden.[13] Dieses Ansinnen Wurms war nicht vereinzelt im deutschen Protestantismus, sondern entsprang einer weit verbreiteten Ansicht. Die Kirchenleitungen wußten überdies, daß eine beträchtliche Zahl der Protestanten in der Weimarer Republik SPD gewählt hatte. Dazu kam die späte Einsicht, daß vor allem die SPD die Partei gewesen war, die Hitler (vielleicht nicht ausreichend genug) ernsthaften Widerstand entgegengesetzt und die Demokratie zäh verteidigt hatte. Die SPD wiederum war stark vom »Stuttgarter Schuldbekenntnis« der evangelischen Kirche beeindruckt. Günstige Bedingungen zur Annäherung zwischen SPD und evangelischer Kirche waren also gerade in Baden-Württemberg gegeben. In der evangelischen Akademie Bad Boll wurde ein erster Gesprächsfaden aufgenommen, der nie mehr abriß. Beide Seiten haben seit dieser Zeit die zuvor übliche wechselseitige Polemik konsequent unterlassen und sich ernsthaft um ein wechselseitiges Verstehen bemüht. Im Gegensatz zur katholischen Kirche hat die evangelische

Kirche das Godesberger Programm nicht mit einem latenten Vorbehalt, sondern durchweg freudig begrüßt, daß der christliche Glaube jetzt auch als gleichrangige Motivationsquelle neben klassisch-philosophischer Ethik oder Klassenanalyse anerkannt worden war. Nicht erst seit zwei profilierte evangelische Christen, E. Eppler und nach ihm U. Lang, die baden-württembergische SPD führten, gab es infolgedessen zwischen evangelischer Kirche und SPD eine offene, vertrauensvolle, aber gleichwohl selbstbewußt-kritische Zusammenarbeit.

Liberale Parteien besaßen in Baden wie in Württemberg ihre Stammländer. Die Geschichte des größten Teils des 19. Jahrhunderts ist ohne ihren Einfluß auf Herrscherhaus, Regierung und Landtage kaum zu verstehen. Dabei verdient festgehalten zu werden, daß sie wesentliche liberale Prinzipien, die heute auch die Kirche akzeptiert, nur gegen deren heftigen Widerstand ins politische Leben einzuführen vermochten. Nicht zuletzt deshalb gab es beim radikalen Flügel der Liberalen, der allerdings in Südwestdeutschland vergleichsweise schwach war, eine dezidiert antikirchliche, zumindest antiklerikale Einstellung. Schon in der Zeit der Reichsgründung waren die Liberalen allerdings um ihren möglichen vollen Einfluß dadurch gekommen, daß sie sich uneinig waren und sich auch gegeneinander ausspielen ließen. Die Kennzeichen hafteten ihnen auch wieder nach dem Zweiten Weltkrieg an, als häufig zwischen einem nationalliberalen, freisinnig-liberalen und sozialliberalen Flügel heftigste Grundsatzkämpfe ausgetragen oder nur mühsam vertagt wurden. Vor allem in der DP ergaben sich, wiederum besonders stark beim protestantischen Volksteil, unscharfe Abgrenzungen zur CDU. Programmatisch wurde es für die Liberalen tendenziell immer schwieriger, eigenes Profil zu bewahren, in dem Maße, in dem die anderen Parteien selbst liberale Programmpunkte vertraten. Schon in der Weimarer Zeit hatte es auf dem Gebiet der Kultur- und Rechtspolitik eine große Nähe zur SPD gegeben. Fast ebenso große Unterschiede wie zur sozialdemokratischen Gesellschaft- und Wirtschaftspolitik gab es jedoch zu den wirtschafts- und sozialpolitischen Zielen des katholischen Zentrums. Es war höchst unklar, wie sich das Verhältnis zur neugegründeten CDU entwickeln würde. Der tatsächliche wirtschaftspolitische Kurs der CDU schuf jedoch, unterbrochen von Phasen der Rückbesinnung auf die ursprünglichen Programmgrundlagen, von Jahr zu Jahr eine stärkere Nähe zum wirtschaftspolitischen Liberalismus und bekräftigte den Rechtsruck, der ohne Zweifel gegenüber dem früheren Zentrum festzustellen ist. Das Wählerpotential der Liberalen ging allerdings auch in Baden-Württemberg ständig zurück. Erreichten liberale Parteien ursprünglich über 25% der abgegebenen Stimmen in den beiden südwestdeutschen Ländern, so sank ihr Anteil auf durchschnittlich unter 10%. Immerhin gelang ihr bei vielen Besitzern von Klein- und Mittelbetrieben mit Tradition und bürgerlichem Lebensstil lange Zeit die Abgrenzung gegenüber der CDU. Sie attackierte häufig die Konfessionalisierung und Provinzialisierung, die konservative

Erstarrung der Landespolitik und bekämpfte die wachsende Zahl von Politikverflechtungen oder »einsamen Entschlüsse«. In Nordwürttemberg fand die FDP auch unter der ländlich-bäuerlichen Bevölkerung Anklang. Im Verlaufe der vergangenen 30 Jahre ging auch das Mißtrauen gegenüber katholischer Machtexpansion in der FDP (DVP) deutlich zurück, wurde selbst durch die Thesen der Judos und der Bundes-FDP zur endlich durchzuführenden konsequenten Trennung von Kirche und Staat kaum irritiert. Die Kirchen haben heute zur baden-württembergischen FDP, im Gegensatz zur Bundes-FDP, ein entspanntes Verhältnis. Allerdings scheint sich auch in den Kirchen, neben dem traditionell tiefsitzenden Vorbehalt gegenüber liberaler Kulturpolitik, das Bewußtsein zu mehren, daß im Sozialstaat der Bundesrepublik der Liberalismus an grundsätzliche Grenzen gestoßen ist.

Zu den »Splitterparteien« haben die beiden Großkirchen Baden-Württembergs schon allein wegen ihrer geringen Größe ein reserviertes Verhältnis. Die Kirchen verhalten sich meist so wie die Mehrheit der Bevölkerung, die auf Veränderungen ihres »Weltbildes« verängstigt reagiert. Eine beträchtliche innerkirchliche Toleranz, aber auch taktische Rücksichten auf ihre Kirchengremien, veranlassen meist die evangelische Kirche zu mehr Zurückhaltung. Die KPD und ihre spätere Nachfolgerin, die DKP, trifft auf grundsätzliche Ablehnung wegen ihres atheistischen oder wenigstens agnostisch-instrumentellen Religionsverständnisses, ihrer starken Anlehnung an die SED und ihres zwielichtigen verfassungspolitischen Verständnisses. Die immer noch bestehenden Beziehungen der evangelischen Kirche zu der Bruderkirche in der DDR spielen dabei nach wie vor eine gewisse Rolle. Die NPD wurde stets von beiden Kirchen als indiskutable Wahlmöglichkeit verworfen. Die evangelische Kirche hat darüber hinaus bei NPD-Mitgliedschaften von kirchlichen Funktionsträgern noch stärker als bei Kommunisten auf Ausscheiden aus dem Amte gedrängt.

Die Grünen schöpfen offenbar aus einem Reservoir von Menschen, das entweder bislang überhaupt nicht politisch dachte oder den »etablierten Parteien« nicht nur Entscheidungsschwäche und »falsche Politik«, sondern programmatische Selbstblockade und unüberbrückbare Basisdistanz vorwirft. Insbesondere beharren die Grünen auf der Meinung, daß existenzielle Grundprobleme wie die Erhaltung der Natur oder des Weltfriedens nicht mehr abstimmungsfähig seien, wie es das Strukturgesetz der repräsentativen Demokratie vorsieht. Deshalb und wegen ihrer unausgegorenen Programmstruktur verharren die Kirchen in einer gewissen Wartestellung. Soweit die Grünen jedoch erste Ansätze konstruktiver Problemlösungen in Einzelfragen anbieten, die nicht von vornherein und kontinuierlich kompromißunfähige Fundamentalopposition verheißen, werden sie zumindest von der evangelischen Kirche aufgeschlossen behandelt.

In der Vorgeschichte Baden-Württembergs war die politische Option der

Kirche, die damals ungemein hochgeschätzt wurde, von ausschlaggebendem Gewicht. Sie erhielt für die Parteien eine Bedeutung, die im nachhinein kaum noch verständlich sein mag, zumal die Kirchen heute mit wachsender gesellschaftlicher Irrelevanz zu kämpfen haben. Nicht nur wahltaktisch, sondern auch für die Verfassungsdiskussion waren die Kirchen zu einer strategischen Größe geworden, zumal sich beide Konfessionen in der Zeit des Dritten Reichs, ausgehend von ganz unterschiedlichen Traditionen und verfassungsrechtlichen Erfahrungen, außerordentlich nahegekommen waren.

Der Wiederaufbau war eher ein Wiederanknüpfen an eine unterbrochene Entwicklung denn ein politischer Umbruch. Er erfolgte aber in einem geistigen Vakuum, in dem einzig die katholische, mit Einschränkung die evangelische Kirche ein einigermaßen geschlossenes geistiges Grundwertekonzept als verfassungsfundierenden Minimalkonsens anzubieten hatten: die christliche Sozialethik, insbesondere in der Form der katholischen Soziallehre. Es ist freilich zu bedenken, daß sich mittlerweile die christliche Soziallehre in den letzten Jahrzehnten überaus deutlich verändert hat.[14] Beispielsweise hat sie schon vor 30 Jahren das in ihrer Tradition vorherrschende Konzept einer »berufsständischen Ordnung«, die vielfach von ihr selber romantisch mißverstanden, aber ursprünglich als Form der Gemeinwirtschaft noch im Ahlener Programm intendiert war, völlig preisgegeben. An dessen Stelle ist bekanntlich das Modell einer durch Mitbestimmung ergänzten »sozialen Marktwirtschaft« getreten. Unübersehbar ist auch die Tatsache, daß die katholische Soziallehre heute nicht die Funktion in der Programmentwicklung der CDU besitzt, wie sie es innerhalb des Zentrums ausgeübt hatte. Überhaupt gestaltet sich das Verhältnis von sozialethischen Prinzipien, praktischer Politik und organisatorischen Systemen politischen Lebens komplizierter. Einfache »Ableitungen« erscheinen ebenso unangemessen wie eine unverbindliche Wertediskussion. Christen sind nicht nur berechtigt, sondern verpflichtet, moralische Maßstäbe an Parteien anzulegen. Sie müssen sich aber ebenfalls freimütig Kritik gefallen lassen. Jede gesellschaftliche Kraft neigt dazu, sich zu verabsolutieren oder die Flucht in opportunistische Unverbindlichkeit anzutreten. Es ist nicht zu leugnen, daß ein Ringen um ein jeweiliges politisches Optimum ohne sterile Rechthaberei gelegentlich mühsam ist und auch hin und wieder der Ermutigung bedarf. Kirche und Parteien könnten allerdings in unserem demokratischen Sozialstaat gemeinsam sensibel werden für neue Problementwicklungen.

4. Das Zusammenspiel der Kirche mit den Verbänden

Jeder Verband, wie sich züchtig Interessengruppen in Deutschland nennen, konnte sich glücklich preisen, wenn es ihm bei seinem organisatorischen Neuaufbau nach 1945 gelang, sich sozusagen ein wenig an den hohen Nimbus, der die beiden Kirchen damals umgab, anzulehnen. Zwar war die alte Interessenstruktur, wie sie sich spätestens nach 1948 zeigte, im Grunde unverändert, aber die bis heute mächtigste Interessenformation, die Wirtschaft, war trotz der objektiv geringen Demontagen und hohen relativen Einsatzbereitschaft, die sie auch angesichts der Kriegszerstörungen behalten hatte, bei vielen Bürgern und vor allem den Besatzungsmächten keineswegs wohlgelitten. Dazu kam noch, daß führende Persönlichkeiten der deutschen Gesellschaft mindestens durch ihre Mitgliedschaft in nationalsozialistischen Organisationen mehr oder minder schwer belastet waren und sich bei der Kirche anheischig machten, ihre politische Unbedenklichkeit durch »Persilscheine« kirchlich bestätigen zu lassen.

Ganz gewiß ist die Kirche kein üblicher Interessenverband, der je voll im Geschäft der Vertretung eigener Interessen aufgehen dürfte. Wo sie sich nicht selbst verraten hat, war sie stets mehr als ein Serviceunternehmen für Bedürfnisse individueller Erbaulichkeit und Heilsversicherung. Sie war stets auch weltgestaltende Kraft aus dem Glauben. In mancherlei Hinsicht bleibt sie ein besonderes Gebilde, dessen Organisation freilich unbestreitbar irdisch ist. Ihre Begründung und ihre eigentliche Motivationsquelle ist aber ganz und gar nicht organisationsüblicher Art, transzendent, ein »Jenseits der Gesellschaft«. Weder deckt ein bisheriges Angebot kirchlichen Dienstes in der vorgegebenen Form einfach den »kirchlichen Auftrag« ab, noch ist es tragbar, bestehende politische oder organisatorisch-technische Möglichkeiten einfach als gottgewollt hochzustilisieren. Hier wie an vielen strategischen Bereichen wird eine Entscheidung für bestimmte Schwerpunkte vorläufigen Charakter behalten, stets kritisch zu überprüfen und zu revidieren sein. Damit wird sich zwangsläufig verändern, mit wem, wann, wie (intensiv) die Kirche organisatorisch zusammenarbeitet. Zu denken gibt aber, wie schwer sie sich in bestimmten Problembereichen, etwa in der heutigen Arbeitswelt, nach wie vor tut, und wo ihre beharrlichen Vorlieben sichtbar werden.[15] Ob die immer gegebene Differenz zwischen Ideal und Organisationswirklichkeit, zwischen der »Kirche des Heiligen« und der »Kirche der Sünder« optimal, »noch erträglich« oder schon »unerträglich« erscheint, ist keineswegs gleichgültig für den gesellschaftlichen Erfolg der kirchlichen Organisation.

Im Gesamtzusammenhang kirchlichen Handelns und seiner strukturellen Organisationsstützen ist auch der Stellenwert der einzelnen kirchlichen Organisationen zu ermessen. Die regelnden Formen, unter denen solche kirchlichen Verbände arbeiten, unterscheiden sich dabei erheblich innerhalb und besonders immer noch zwischen beiden Kirchen.

Das Verbandswesen des deutschen Katholizismus hatte zweifelsohne seinen Höhepunkt im 19. Jahrhundert, als die Katholiken einen diskriminierenden Minderheitsstatus im Deutschen Reich innehatten. Ohne viel vom demokratischen Pluralismus zu halten, der sich damals ohnehin nur in den Ansätzen des Frühkonstitualismus andeutete, nutzten sie entschlossen die sich abzeichnenden gesellschaftlichen Möglichkeiten freier Vereinigung und Interessendarstellung. Sie schufen den politischen Katholizismus mit der Zentrumspartei, die bis in die 50er Jahre unseres Jahrhunderts bestand und dessen Reste zum Großteil in der CDU aufgegangen sind, ohne hier programmbestimmend werden zu können. Der Sozialkatholizismus ergänzte und verbreitete den gesellschaftlichen Einfluß des Katholizismus, etwa durch den »Volksverein für das katholische Deutschland«, die christliche Gewerkschaft, das spätere Werkvolk (heute: KAB), den Kolpings-Verein etc. auf der Grundlage der katholischen Soziallehre, die damals mit ihrem Subsidiaritäts- und Solidaritätsprinzip eine »berufsständische Ordnung« erstrebte. Auch diese »ultramontan« gesonnenen, völlig linientreuen, stark subkulturell geprägten Verbände waren zwar amtskirchlich gebunden, aber doch keineswegs gleichgeschaltet. Ganz im Gegenteil ließ die starke Bindung an den »Heiligen Vater« eine recht selbstbewußte Allianz, zunächst gegenüber den episkopalistisch orientierten Bischöfen, (z. B. Bistumsverweser Wessenberg), später gegenüber einem Teil des Episkopats im sogenannten Gewerkschaftsstreit zu. Auch die Pfarrer konnten nicht so ohne weiteres die katholischen Verbände kommandieren, sonst liefen ihnen viele Gläubige einfach weg. Gerade im Südwesten Deutschlands hat eine tief verwurzelte ländlich-agrarische Lokalkultur dem katholischen Verbandswesen eine eigentümliche Färbung verliehen.

Schon der bekannte Individualismus der Protestanten verhinderte eine vergleichbare Milieubildung, wie sie im 19. Jahrhundert im »katholischen Deutschland« wohl einzigartig war. Andererseits trieb die Frontstellung gegenüber dem ultramontanen Katholizismus zu verstärkter Vereinsbildung. Schon seit einiger Zeit ist diese Motivation fast völlig verschwunden, die dem »preußisch-protestantischen« bzw. »römisch-katholischen« Weltbild potentiell totalitäre Züge infizierte und auch zahlreiche protestantische Vereine für längere Zeit bestimmte. Die von den Herrschenden in ihrem Sinne kanalisierte vielgestaltige Erweckungsbewegung initiierte ab dem Beginn des 19. Jahrhunderts Liebeswerke für Hilflose, Kranke, Gestrauchelte, zahlreiche diakonisch-karitative Werke, Waisenhäuser, Erziehungsheime, Rettungshäuser, Krankenhäuser etc., aber auch Traktatvereine, Bibelgesellschaften Missionsvereine, etablierte sich aber nicht in vergleichbarem Umfang wie das katholische Verbandswesen, das auch sozialpolitische Ansätze zeigte. Darauf hat im Protestantismus erst F. Naumann hingewiesen, dessen Sicht allerdings auch mit unklaren Zielvorstellungen wie einem »proletarisch-bürgerlichen Gesamtliberalismus« und einem Gutteil Nationalismus durchsetzt war. Greschat hebt mit Recht die paradoxe Situation hervor, daß die substantiellste Richtung des deutschen Protestantismus unpolitisch dachte, ja die politisch gesellschaftlichen Umbrüche nur als Verzerrung und Verfälschung göttlichen Willens darstellte.[16] Erlebte der Katholizismus im Kölner Kirchenstreit

316

1837 bzw. in Baden 1852 (»Trauerkonflikt«) seine entscheidende Weichenstellung, die auf das gesamte katholische Deutschland einwirkte, so
der Protestantismus (trotz seines staatlichen Schutzes) 1835 durch die im
Anschluß an Straußens »Leben Jesu« sich in Windeseile verbreitende
Religionskritik.

Während der Verbandskatholizismus nach 1945 seinen starken Zusammenhalt verlor, demonstrierte die evangelische Kirche schon längst einen
innerkirchlichen Pluralismus von hohen Graden, der sich auch in der
Vereinsstruktur abbildete. Die alten Organisationen blieben bei ihren
vertrauten Aufgaben. Ihnen standen lockere Gruppen gegenüber, die sich
aus persönlicher Betroffenheit besonders Randgruppen widmeten,
manchmal allerdings das politische Engagement derart in den Vordergrund stellten, daß für viele in- und außerhalb der Kirche ihre spirituelle
Verwurzelung nicht mehr recht sichtbar wurde. Insgesamt hielt jedoch
die evangelische Kirche Baden-Württembergs bislang noch stets zusammen, wenn sie extrem herausgefordert wurde. Sie hat Konflikte sehen und
ertragen gelernt, eine Erfahrung, die die katholischen Bistümer vielleicht
noch vor sich haben. Die intermediären Gruppen im protestantischen
Bereich haben schon seit Jahrzehnten deutlich gemacht, daß Organisationen auch im kirchlichen Bereich sowohl Formen der Regelung der
gesellschaftlichen Arbeit wie des Konfliktaustrags entwickeln können, die
nicht destruktiv sind.

Der Elan der kirchlichen Verbände und Vereine nahm in dem Maße ab,
als ihre frühere Funktion zu einem erheblichen Teil an die »christliche
Partei« überzugehen schien. Viel weniger als je zuvor sind sie heute
sozusagen das zweite Standbein der Kirche. Denkbar ist zwar auch eine
Restauration des kirchlichen Verbandswesens, wie ihn beispielsweise der
CGB mit Vehemenz vertritt. Außerdem sind auch aus der innerkirchlichen Dynamik eine Fülle neuer Aufgaben und Tätigkeiten entstanden.
Die Verbände haben zum Teil ihre neue Aufgabe begriffen, das bisher
Ungedachte zu bewältigen, Treffpunkte für Diskussionen von Gruppen
zu sein, die sonst nicht miteinander sprechen, sondern einander, vermutlich aus Angst, belauern und bekämpfen. Seit einiger Zeit hat die Kirche,
oft bangen Herzens, die Aufgabe entdeckt, auch in ihren Vereinen und
Verbänden Tabus in Frage zu stellen, begrenzte »gewagte« Solidarisierun-
gen mit Gruppen zu erproben, denen sie bislang fremd gegenüberstanden.[17]

Gegenläufige Prozesse sind denkbar. Einerseits zeichnet sich eine stärkere
Zurückhaltung und Konzentration aufs Spirituelle bei den kirchlichen
Verbänden ganz ähnlich wie bei der Kirche insgesamt ab. Gar nicht selten
sind diese Strömungen faktisch mit der Forderung einer stärkeren Trennung von kirchlichen und politischen Aufgaben durch ihre starke pastorale Akzentuierung vereinbar. Andererseits hat sich die gesellschaftspolitische Sensibilität kirchlicher Verbände zweifellos erhöht, ohne daß es
hinreichend gelungen wäre, die strikte Trennung der Kirche vom weltan-

schaulich neutralen Staat glaubwürdig zu verdeutlichen. Selbst so konservative Verbände, wie etwa der Kolpingsverband, haben sich nicht gänzlich davon freihalten können. Eine enorme, sogar gesellschafts- und staatskritische Horizonterweiterung ist beim Caritasverband der beiden Diözesen erkennbar. Am stärksten betonen diese Ausrichtungen wohl die Jugendverbände beider Kirchen.

Kirchliche Verbände begreifen vielfach freilich immer noch nicht, daß die Verfassung nicht auf einem einzigen Menschenbild aufruht, sondern einem regulierten Zielkonflikt verschiedener weltanschaulicher Zielperspektiven entspringt, die allerdings toleranz- und demokratiefähig geworden sind. Kirchliche Selbstbestimmung ist dabei stets mit den konsens- und konfliktfähigen Aufgaben kirchlicher Verbände abzustimmen. Während die evangelische Sozialethik dabei einen Minimalkonsens anzielt und Strittiges für zulässig hält, neigt die katholische Soziallehre zu einem Harmoniedenken und drängt auf eine ebenso notwendige wie problematische »Position der Fülle«.

Einige Verbände, etwa die kirchlichen Jugendverbände, Pax Christi, CAJ, die katholische Landjugend, die evangelische Arbeitnehmerschaft gehen nicht nur mit ihrer innerkonfessionellen »kritischen Loyalität« und ihrem Verständnis von verbandsmäßiger Unabhängigkeit ziemlich weit. Und von einigen neuartigen, selbstbewußt auftretenden Verbänden wie dem katholischen Familienbund sind selbständige Wege durchaus noch erwartbar. Dabei werden gelegentliche Kompetenzüberschreitungen und begrenzte Konflikte in Kauf genommen.

Langfristig dürfte auch hier eine Angleichung der Situation der Konfessionen trotz unterschiedlicher Ausgangsbedingungen eintreten: die Organisationszentralen können immer weniger erwarten, daß ihnen die »Basis« automatisch Gefolgschaft leistet, wenn sie nicht jeweils besondere Anstrengungen unternehmen. Motivation fürs Spirituelle kann man letztendlich nicht einmal durch Suggestion oder Manipulation, geschweige denn durch Zwang, auf Dauer aufrechterhalten. Fast selbstverständlich wird dabei eine höhere kommunikative Kompetenz und größere Glaubwürdigkeit als vor einigen Jahrzehnten üblich eingefordert, obwohl diese angesichts der Komplexität unserer Welt gar nicht leicht zu erwerben und zu bewahren ist.

Das Ausmaß sozialen Wandels kann man prägnant erst erkennen, wenn man sowohl gleichzeitige wie historische Vergleiche zieht. Vergleicht man etwa zwei Jugendverbände im katholischen Bereich, wie den Bund der Deutschen Katholischen Jugend (BDKJ) und die Deutsche Pfadfinderschaft St. Georg (DPSG), so fallen krasse Unterschiede auf. Noch bis in die 60er Jahre waren die Unterschiede im Grunde geringfügig. Zwischen dem BDKJ der Nachkriegszeit und dem heutigen Verband liegen indes Welten. Während er heute außerordentlich empfindlich für gesellschaftliche Krisen geworden ist, gibt sich die stark von Erwachsenen »eingerahmte« DPSG wohlerzogen. Zwar hat sich bei einigen Verbänden, z. B.

dem Kolpingverband, fast nichts an ihrer konventionellen Arbeitsweise und Einstellung geändert. Dies ist aber nicht mehr so pauschal von allen kirchlichen Verbänden Baden-Württembergs zu sagen, wie das Spotts noch Anfang der 70er Jahre empfunden haben mag. Nicht zuletzt deshalb mag sich M. Stüttler kürzlich in allem Freimut über die immer wieder unternommenen Versuche von seiten des kirchlichen Amtes in der Kirche beklagt haben, die Verbände zu vereinnahmen.[18]

Völlig unvorstellbar ist natürlich auch heute nicht ein Verhalten, wie es die von der marianischen Erneuerungsbewegung Schönstatt angeregte »katholische Erziehergemeinschaft in der Diözese Rottenburg« im Schulstreit mit der Landesregierung von Württemberg-Hohenzollern (1947) an den Tag legte.[19] Eine so enge Anlehnung an das bischöfliche Ordinariat ist heute freilich selbst von ähnlichen Verbänden kaum mehr zu erwarten. Selbst ein so traditionsverwurzelter Verband wie die KAB zeigt bei aller Loyalität gegenüber der Kirchenleitung eine wachsende Pluralisierung der Meinungen.

Evangelische Vereinigungen, die immer schon lockerer organisiert waren und starke personelle Fluktuation aufwiesen, kennen das Problem der Unabhängigkeit von der Kirchenleitung nicht in dem Maße, wie das in der katholischen Kirche fortwährend der Fall war. Das Problem der Balance zwischen Loyalität und kritischer Distanz kennen sie gleichwohl. Früh haben evangelische Verbände, etwa die evangelische Lehrergemeinschaft Württembergs, ihre Mitglieder zur Vertretung beruflicher Interessen freigegeben. Engagierte Protestanten in großer Zahl sind daher schon bald in den »nichtchristlichen« Parteien und Verbänden aktiv geworden, nehmen dort nicht selten führende Positionen ein. Dagegen haben praktizierende Katholiken zunächst nur selten, heute etwas häufiger, diesen Weg gewählt.

Mit nichtkonfessionellen Verbänden haben insbesondere der Caritasverband und das Diakonische Werk immer schon relativ reibungslos zusammengearbeitet. Bei aller Konkurrenz, die im einzelnen bestehen mag, sind Monopolisierungsanstrengungen, wie sie andernorts beobachtbar sind, in Baden-Württemberg nicht aufgetreten. Dies ist einigermaßen erstaunlich, weil hier gerade die Caritas und das Diakonische Werk seit ihrem Bestehen die schlagkräftigste Organisationskapazität konzentriert haben. Die beiden kirchlichen Wohlfahrtsverbände haben seit den ersten Nachkriegstagen bei der Abwicklung von Hilfsprojekten natürlich mit in- und ausländischen Organisationsstäben verhandeln müssen. Deutlich sichtbar haben auch die KAB und die EAN, teilweise sehr zum Ärger des CGB, der seit 1955 als Folge einer Abspaltung vom DGB besteht, auf gute Kommunikation mit der Einheitsgewerkschaft gedrängt. Die im Prinzip offene Haltung gegenüber DGB und CGB, wie sie die KAB zu praktizieren sucht, erweckt bei der Einheitsgewerkschaft allerdings immer noch den Eindruck unentschiedenen Lavierens, ruft andererseits immer wieder den Protest des CGB hervor. Mehr belastet noch der eigene arbeitsrechtliche »dritte Weg« der Kirche außerhalb der Tarifautonomie der Gewerkschaften und das Verbot gewerkschaftlicher Organisation in kirchlichen Einrichtungen die gegenseitigen Beziehungen, obwohl gemeinsame Aufgaben langsam erkannt werden.[20]

Auch die Amtskirche hat seit Jahren Kontakte mit den gesellschaftlichen Verbänden. Mit dem Bauernverband, den Verbänden der Heimatvertriebenen, den Spitzen der Organisation von Handel, Handwerk und Industrie, bestehen seit jeher recht gute Beziehungen. Mit einem gewissen grimmigen Unterton vermerkt O. v. Nell-Breuning gelegentlich, daß die Kirchenleitungen sofort in Ergriffenheit verfallen, wenn ein cleverer Topmanager der Wirtschaft auftauche, während offenbar die Gewerkschaften immer noch etwas abstoßend plebeisch empfunden und mit folgenlosen Plaudereien abgespeist würden. Offiziell spricht sich zwar die evangelische Kirche unumwunden für den DGB aus. Die Argumentation für ein eigenes kirchliches Arbeitsrecht verrät jedoch, daß auch im Bereich der evangelischen Amtskirche erhebliche Verständnisschwierigkeiten und Barrieren gegenüber der Funktion freier Gewerkschaften in einer pluralistischen Gesellschaft nach wie vor bestehen. Weiteren Konfliktstoff bilden die neuerliche Weigerung des Diakonischen Werkes, Ausländer in der Mitarbeitervertretung zuzulassen, das Lohnverzichtsprojekt sowie die Ankündigung, »über das Lohngefüge nachzudenken.«

Hier taucht immer wieder ein Grundproblem auf, das von Christen beider Konfessionen notorisch unterschätzt wird: wie kann sichergestellt werden, daß gerade ehrliche »Umkehr«, Bewußtseins- und Lebens-Wandel, wirklich in eine »Bekehrung der Strukturen« (E. Müller) einmünden.

Neuartige Probleme erzwingen neuartige Kontakte (Friedenspolitik, Ökologie, Ausländer, Entwicklungshilfe, Medienpolitik, Datenschutz, Tourismus, Freizeit und Sport, Straßenverkehr etc.). Neue Partner sind den Kirchen allerdings nicht nur durch neue Interessenkonstellationen erwachsen, sondern zum Teil auch nur dadurch, daß alte Berührungsängste abgebaut wurden, wie im Falle der Gewerkschaften. Dies alles erscheint auf den ersten Blick vielleicht zufällig. In Wirklichkeit versuchen aber die Kirchen anhand praktikabler Kriterien zu entscheiden, ob eine Fühlungnahme sinnvoll oder abträglich für sie sei. Eine strittige Frage innerhalb der kirchlichen Verbände, aber auch der Kirche insgesamt, bleibt dabei, ob diese Aufgabe von einer modernisierten – oder restaurierten – christlichen Sozialethik oder aber einer »politischen Theologie« geleistet werden kann.[21] Brücken zwischen beiden Ansätzen werden gebaut, ihre Belastbarkeit ist aber noch nicht erwiesen, nicht zuletzt, weil »die« christliche Soziallehre heute nicht mehr anzutreffen ist. Die Kriterien der Sozialethik sind, selbst als systematischer Verweisungszusammenhang (»Wertsystem«) notwendigerweise hochabstrakt. Damit erscheinen die unterschiedlichsten Interpretationen und Handlungsalternativen kompatibel. Zudem ist es soziologisch gesehen nicht mehr möglich, zwischen einer rein christlichen und einer unchristlichen Welt scharf zu scheiden.

Ein verhängnisvoller Denkfehler, der die funktional-institutionelle Differenzierung mit einer personell-gruppenspezifischen Segmentierung gleichsetzt, bringt im Effekt wachsende gesellschaftliche Anomie und Desorganisation hervor, statt angeblich »klare Verhältnisse«. Es bliebe nur die »Lösung«, durch autoritären Machtspruch eine Subkultur zu erzwingen, die sich dann allerdings kaum noch in der zwischen privatistischen Sonderwelten und anonymen Steuerungssystemen gespaltenen Gesellschaft als »Teilkultur« und nicht wieder als sektiererische Sonderwelt erfahren ließe. Selbst wenn gelegentlich manche Verbände, z.B. die kirchlichen Jugendverbände, aber auch zornige Frauenvereinigungen, die Geduld der Kirchenleitungen arg strapazieren, erwecken autoritäre Problemlösungen wenig Glaubwürdigkeit. Theologische Grundlegung und erbauliche Sprache oder eine Grundwertediskussion bewahren freilich auch nicht davor, daß auch in kirchlicher Praxis nicht legitimierte Machtaspekte auftreten können. Eher ist das Gegenteil der Fall. Nirgendwo liegen humane Geste und Schauspielerei, Wahrheit und Ideologie, wirklicher Altruismus und tückische Manipulation, Glaubensstärke und Dogmatismus so nahe beieinander, wie in religiöser Rede und kirchlicher Praxis. Das Wirken der Kirche könnte aber auch segensreich die inflationären Sonderwelten mit sanfter Hand aufreißen und auf das »Jenseits der Gesellschaft« ohne falsche Vertröstungen hinlenken.

Eine eigenartige »Grauzone« bilden die »Basisgruppen«, die sich teilweise aus Mitgliedern traditioneller oder neuer Verbände, zum Teil aus ungebundenen Mitgliedern rekrutieren. Sie bilden sich, in Analogie zu den unter anderen Bedingungen entstandenen Basisgemeinden der Dritten Welt, entweder aus Abspaltungen, spontanen Aktionen in Gemeinden oder überörtlichen Assoziationen, z.B. auch auf Kirchen- und Katholikentagen, und haben zum Teil nur kurzzeitige Existenz, teilweise sind sie aufgrund konkreter Ereignisse, wie der Amtsenthebung Prof. Küngs, entstanden; etwa das überwiegend katholische »Komitte Christenrechte in der Kirche«. Ihm entspricht das (evangelische) Komitte »Freiheit für Wort und Dienst«[22]. Die Basisgruppen haben mit vielen Subkulturen gemeinsam, daß es ihnen um humane Sensibilität, nicht um einen förmlichen »kirchlichen Auftrag« zu tun ist. Die Alternativbewegung, die den überkommenen Institutionen, z.B. Parteien, Erstarrung und Basisferne vorwirft, hat damit auch die kirchliche »Basis« erreicht. Kirche, Staat, Parteien und Verbände versuchen in der Regel die Tatsache zu überspielen, daß sie sich manchmal von ihnen irritiert fühlen. Gemeingut fast aller Basisgruppen ist die Auffassung, daß die Chancen des Zweiten Vatikanums oder der Resultate der Bekennenden Kirche vertan wurden, und die Entfremdung der Kirche von den Menschen erst zurückgehe, wenn sich die Spitze der Hierarchie in ihrem Umgang mit der »Basis« ändere, »menschengerechter«, beherzter, entschiedener und sanfter zugleich werde. Vielfach werden Nischen gesucht, Wartestellungen eingenommen, die den kirchlichen Machtapparat leer laufen lassen sollen. Allerdings ist dies eine zeitweilige Tendenz, die auch in kirchlich fest gebundenen Gruppen gar nicht selten zu finden ist. Dies ist weder eine spezifisch baden-württembergische, noch eine rein deutsche Angelegenheit. Sie breitet sich vielmehr in der ganzen »Christenheit« aus.

Anmerkungen

1 W. Müller, Christliches Land seit 15 Jahrhunderten, in: Erzbischöfliches Ordinariat Freiburg (Hg.), Das Erzbistum Freiburg 1827–1977, Freiburg 1977, 11–26; dagegen: Greifenhagen/Greifenhagen/Prätorius (Hg.), Handwörterbuch zur politischen Kultur der Bundesrepublik Deutschland, Opladen 1981, 218–224; 299–302; 428–434; H. Maier, Kirche und Demokratie, Freiburg 1979, 34–57; D. Martin, The Dilemma of Contemporary Religion, Oxford (Basil Blackwel) 1978; A. Borst, Findung und Spaltung der öffentlichen Persönlichkeit (6.–13. Jahrhundert), in: O. Marquard/K. Stierle (Hg.), Identität, München 1979, 620–641.

2 Eine späte Nachbetrachtung: W. Dirks, Wehrlos vor dem Faschismus – das Theoriedefizit des deutschen Katholizismus der Weimarer Zeit, in: FH 36 (1981), 39–48; E. Kellner (Hg.), Christliche Politik. Ein fehlgeschlagenes Experiment?, Wien 1976.

3 J. Listl, Das Staatskirchenrecht in der Bundesrepublik Deutschland von 1949 bis 1963, in: A. Rauscher (Hg.), Kirche und Staat in der Bundesrepublik Deutschland 1949 bis 1963, Paderborn 1979, 39; ähnlich: U. Scheuner, a. a. O., 121 f.; R. Smend, Staat und Kirche und das Bonner Grundgesetz, in: Zeitschrift für evangelisches Kirchenrecht 1 (1981), 11. Sehr viel kritischer: E. Mahrenholz, Die Kirchen in der Gesellschaft der Bundesrepublik, Hannover [2]1972; W. Weber, Die deutschen Konkordate und Kirchenverträge der Gegenwart. 2 Bde. Göttingen 1962/1971; E. Fischer, Staat – Gesellschaft – Kirche, in: Vorgänge 14 (1975), 35–50.

4 N. Luhmann, Die Organisierbarkeit von Religionen und Kirchen, in: J. Wössner (Hg.), Religion im Umbruch, Stuttgart 1972, 245–285; dagegen neuestens: ders., Die Funktion der Religion, Frankfurt 1982; vgl. auch: W. Lück, Gemeindeberatung: Organisationsentwicklung in der Kirche, in: Gruppendynamik 12/1982, 44; »Zentralismus erstickt Kirche.« K. Lehmann plädiert für kollegiale Leitung, in: Bad. Ztg. 13. 9. 83; W. Drühe, Das Evangelium geopfert? Die Kirche – ein riesiger Dienstleistungsbetrieb im Dilemma, in: Die Zeit 27. 2. 1981.

5 Vgl. ACK, Solidarität mit der Dritten Welt (7. 7. 1983).

6 Vgl. H. Marré, Die Kirchenfinanzierung in Kirche und Staat der Gegenwart, Essen 1982; Presse- und Informationsstelle des Erzbistums Freiburg (Hg.), Das Geld der Kirche. Das Erzbistum Freiburg und seine Finanzen. Haushaltsplan für das Jahr 1982/83, 3 ff. Ferner: Haushaltspläne der Diözesen Freiburg und Rottenburg sowie der beiden Landeskirchen.

7 In Südwürttemberg gab es nach 1976 Bestrebungen, durch Kreistagsbeschlüsse dieses Gesetz zu unterlaufen. Vgl. auch: H. N. Janowski, Zur kirchlichen Diskussion um den Paragraphen 218, in: M. Pilters/K. Walf (Hg.), Menschenrechte in der Kirche, Düsseldorf 1980, 58–69.

8 K. Walf, Vom Umgang mit Konflikten, in: a. a. O., 91–103; N. Greinacher/I. Jens (Hg.), Freiheitsrechte für Christen? Warum die Kirche ein Grundgesetz braucht, München 1980.

9 Vgl. etwa: Caritasdirektor H. Mohn, Stuttgart: »Erschreckende Zahlen«, eine Umfrage des Caritasverbandes der Diözese Rottenburg-Stuttgart zum »Jahr der Behinderten«, in: Imprimatur 14 (1981), 268.

10 U. v. Alemann, Demokratisierung, in: Greifenhagen/Greifenhagen/Prätorius (Hg.), a.a.O., 130−133; G. Kirsch, Demokratie − Entscheidungsmaschine oder moralische Anstalt, in: FH 34 (1979), 15−20; E. W. Böckenförde, Das Ethos der modernen Demokratie und die Kirche, in: Kirchlicher Auftrag und politische Entscheidung, Freiburg 1973, 9−29.

11 Vgl. E. Hennig, Nationalsozialismus, in: Greifenhagen/Greifenhagen/Prätorius, a.a.O., bes. 258f.; M. Greifenhagen/S. Greifenhagen, Ein schwieriges Vaterland, München 1979, 34−131; H. Grebing (Hg.), Lehrstücke in Solidarität. Briefe und Biographien deutscher Sozialisten 1945−1949, Stuttgart 1982.

12 Vgl. W. Dirks, War ich ein linker Spinner? Republikanische Texte von Weimar bis Bonn, München 1983; ders., Gesellschaftliches Engagement, in: K. Forster (Hg.), Katholizismus und Kirche, Würzburg 1965, 75−104.

13 P. Sauer, Demokratischer Neubeginn in Not und Elend, Ulm 1978, 445; »Maulschellen von der Kirche an die Politik.« EKD-Antwort auf den Brief des evangelischen Arbeitskreises der CDU, in: Vorwärts 30. 7. 1981.

14 Vgl. etwa: W. Kerber, Die Kirche und ihre Soziallehre, in: G. Gorschenek (Hg.), Katholiken und ihre Kirche, München/Wien 1976, 218−226; ders., Grundaussagen der katholischen Soziallehre der Wirtschaftsordnung, in: A. Rauscher (Hg.), Soziallehre der Kirche und katholische Verbände, Köln 1980, 11−35.

15 H. G. Michel, Kirche und Arbeitswelt auf der Suche nach einer verständnisvollen Partnerschaft, in: Mitteilungen. Landeskirche in Baden, Juni 1982, 11−14; G. Denzler, Katholische Kirche und Arbeiterschaft, in: FH 32 (1977), 24−34; S. Eckert, Kirche ohne Arbeiter? Analyse von Umfrageergebnissen zur Überprüfung der Hypothese der kirchenfernen Arbeiterschaft, Frankfurt/Bern/Las Vegas 1978; K. Schaedel, Kirche und Arbeitswelt, in: Lutherische Monatshefte 12/1982, 612f.

16 M. Greschat, Der deutsche Protestantismus in den Wandlungen des industriellen Zeitalters, in: G. Eckert-Institut (Hg.), Religion und Kirche im industriellen Zeitalter, Braunschweig 1977, 43ff.

17 Z. B.: Herder-Korrespondenz 37 (1983), 235.

18 »Zum Selbstverständnis der Verbände. Das Seelsorgeamt befaßte sich mit dem Papier des Zentralkomitees«, in: Konradsblatt 24. 4. 83.

19 Vgl. R. Winkeler, Schulpolitik in Württemberg-Hohenzollern 1945−1952. Eine Analyse der Auseinandersetzungen um die Schule zwischen Parteien, Verbänden und französischer Besatzungsmacht, Stuttgart 1971, 70ff.

20 Vgl. ÖTV, Informationen der Fachgruppe kirchlicher Mitarbeiter. Ausgabe 1982 und 1983; O. v. Nell-Breuning, Die Kirche als Arbeitgeber, in: M. Pilters/K. Walf, a.a.O., 58−69; A. Langner (Hg.), Katholizismus, Wirtschaftsordnung und Sozialpolitik, Paderborn 1980, 246f.

21 Vgl. E. W. Böckenförde, Staat − Gesellschaft − Kirche, in: F. Böckle u.a., Christlicher Glaube in moderner Gesellschaft. Teilband 15, Freiburg/Basel/ Wien 1982, 6−120; H. Büchele, Christsein im gesellschaftlichen System, Wien 1976; P. Eicher, Solidarischer Glaube. Schritte auf dem Weg der Freiheit, Düsseldorf 1975; W. Kroh, Kirche im gesellschaftlichen Widerspruch, München 1982.

22 Vgl. Rundbriefe des »Badischen Komitees ›Freiheit für Wort und Dienst in der Kirche‹« 1980−1983; Rundbrief 1−7 des »Komitees Christenrechte in der Kirche«.

Bauer, C.: Deutscher Katholizismus. Entwicklungslinien und Profile, Frankfurt 1964

Bausinger, H., Eschenburg, Th., u.a.: Baden-Württemberg. Eine politische Landeskunde, Stuttgart 2 1981

Beyme, K. v.: Das politische System der Bundesrepublik Deutschland. Eine Einführung, München 1979; ders., Interessengruppen in der Demokratie, München ³1971

Böckenförde, E. W.: Staat – Gesellschaft – Kirche, In: F. Böckle u.a. (Hg.), Christlicher Glaube in moderner Gesellschaft. Teilband 15, Freiburg/Basel/Wien 1982, 11–120

Bundesarbeitsgemeinschaft der Einrichtungen der freien Wohlfahrtspflege, Bonn 1981

Caritas-Mitteilungen 2/3/1982

Caritas-Verband für die Erzdiözese Freiburg (Hg.), 75 Jahre Caritas-Verband für die Erzdiözese Freiburg 1903–1978, Karlsruhe 1978

CDU Landesverband Baden-Württemberg, Kongreß, Mensch und Politik am 17./18. 2. 1978 in Stuttgart-Hohenheim

Denzler, G. (Hg.): Kirche und Staat auf Distanz, München 1977

Deufel, K.: Sozialstaat und christliche Diakonie, in: F. Böckle u.a., Christlicher Glaube in moderner Gesellschaft, Teilband 15, Freiburg/Basel/Wien 1982, 121–183

G. Eckert-Institut (Hg.): Religion und Kirchen im industriellen Zeitalter, Braunschweig 1977

Erzbischöfliches Ordinariat (Hg.): Das Erzbistum Freiburg 1827–1977, Freiburg 1977

Focke, F.: Sozialismus aus christlicher Verantwortung, Wuppertal 1978

Gabriel, K., und *Kaufmann, F. X.:* Zur Soziologie des Katholizismus, Mainz 1980

Gögler, M., und *Richter, G.* (Hg.): Das Land Württemberg-Hohenzollern 1945 bis 1952, Sigmaringen 1982

Gorschenek, G. (Hg.): Katholiken und ihre Kirche, München/Wien 1976

Hach, J.: Gesellschaft und Religion in der Bundesrepublik Deutschland, Heidelberg 1980

Hertel, T., und *Teiner, U.:* Im Prinzip schwarz. Der deutsche Katholizismus und die Politik, Hannover 1975

Hessler, H. W. (Hg.): Protestanten und ihre Kirche, München/Wien 1976

Ders. (Hg.): Kirche in der Gesellschaft, München/Wien 1978

Hollerbach, A.: Zur Entwicklung des Staatskirchenrechts in Baden-Württemberg in der unmittelbaren Nachkriegszeit, in: J. Listl/H. Schambeck (Hg.), Demokratie in Anfechtung und Bewährung. Festschrift für J. Broermann, Berlin 1982, 773–796

Kaufmann, F. X.: Kirche begreifen. Analysen und Thesen zur gesellschaftlichen Verfassung des Christentums, Freiburg 1979

Langner, A. (Hg.): Katholizismus im politischen System der Bundesrepublik Deutschland 1949–1963, Paderborn 1978

Ders.: Katholizismus, Wirtschaftsordnung und Sozialpolitik. 1945–1963, Paderborn 1980

Löwenthal, R., und *Schwarz, H. P.* (Hg.): Die Zweite Republik. 25 Jahre Bundesrepublik Deutschland – Eine Bilanz, Stuttgart 1974

Maier, H.: Kirche und Demokratie. Weg und Ziel einer spannungsreichen Partnerschaft, Freiburg 1979

Meyn, H.: Weithin im Ghetto: Die Presse der Verbände. Die Gewerkschaften und die Kirchen – Zwei Großgruppen mit publizistischen Sorgen, in: Aus Politik und Zeitgeschichte B. 45/82 (13. 11. 1982)

ÖTV, Informationen der Fachgruppe kirchlicher Mitarbeiter, Ausgabe 1982 und 1983

Raabe, F.: Vorwärts ins 19. Jahrhundert. Die FDP und ihre Kirchenthesen, Köln 1974

Rauscher, A. (Hg.): Kirche und Staat in der Bundesrepublik Deutschland 1949 bis 1963, Paderborn 1979

Ders.: Kirche und Katholizismus 1946–1949, Paderborn 1977

Ders.: Soziallehre der Kirche und katholische Verbände, Köln 1980

Ders. (Hg.): Kirche und Katholizismus 1945–1949, Paderborn 1977

Ders. (Hg.): Entwicklungslinien des deutschen Katholizismus, Paderborn 1973

Rath, P. (Hg.): Trennung von Kirche und Staat. Dokumente und Argumente, Reinbek 1974

Rothmund, R., und *Wiehn, E. R.* (Hg.): Die FDP in Baden-Württemberg und ihre Geschichte, Stuttgart 1979

Sauer, P.: Demokratischer Neubeginn in Not und Elend. Das Land Württemberg-Baden 1945–1972, Ulm 1978

Schadt, J., und *Schmierer, W.:* Die SPD in Baden-Württemberg und ihre Geschichte, Stuttgart 1979

Schewick, B. v.: Katholische Kirche und die Entstehung der Verfassung in Westdeutschland 1945–1950, Mainz 1980

Schwarzmaier, H. (Hg.): Kriegsende 1945 und demokratischer Neubeginn am Oberrhein, Karlsruhe 1980

Spotts, F.: Kirchen und Politik in Deutschland, Stuttgart 1976

Statistisches Landesamt (Hg.): 30 Jahre Baden-Württemberg im Spiegel der Statistik, Stuttgart 1982

Vorgänge. Zeitschrift für Gesellschaftspolitik 4/1975: Kirche, Staat und Demokratie

Weinacht, P. L. (Hg.): Die CDU in Baden-Württemberg und ihre Geschichte, Stuttgart 1978

Weinacht, P. L., und *Mayer, T.:* Ursprung und Entfaltung christlicher Demokratie in Südbaden. Freiburg i.Br./Sigmaringen 1982

Wickmann, J. (Hg.): Kirche in der Gesellschaft. Der katholische Beitrag, München/Wien 1978

Winkeler, R.: Schulpolitik in Württemberg – Hohenzollern 1945 – 1952, Eine Analyse der Auseinandersetzungen um die Schule zwischen Parteien, Verbänden und französicher Besatzungsmacht, Stuttgart 1971

VII. Teil

Die ökumenische Bewegung

1. Kapitel

Hans Mayr

Die Arbeitsgemeinschaft christlicher Kirchen in Baden-Württemberg

Die ökumenische Bewegung auf Weltebene

In unserem Jahrhundert versucht die ökumenische Bewegung, die Trennung der Christenheit in verschiedene Traditionsströme (11. Jh.: Ostkirche – Westkirche, 16. Jh.: Reformationskirchen – Römisch-katholische Kirche, weitere Unterteilungen) aus einer Spaltung wieder in eine Gliederung zurückzuverwandeln.

Die Missionsbewegung (seit der Weltmissionskonferenz in Edinburgh 1910), die Bewegung für »Praktisches Christentum« (seit Stockholm 1925) und die Bewegung für »Glaube und Kirchenverfassung« (seit Lausanne 1927) haben zur Gründung des Ökumenischen Rates (Amsterdam 1948) geführt, in dem seit seiner 3. Vollversammlung (Neu Delhi 1961) alle ostkirchlichen, orthodoxen, alt-katholischen, anglikanischen, reformierten und lutherischen Kirchen vertreten sind (über 300 Mitgliedskirchen mit etwa 400 Millionen Mitgliedern).

Die Römisch-katholische Kirche ist bisher nicht als Mitglied beigetreten; sie hat sich aber durch das Zweite Vatikanische Konzil (1962–1965) der ökumenischen Bewegung geöffnet und arbeitet an einigen Projekten des ÖRK vollberechtigt mit, so vor allem an den Erklärungen über »Taufe, Eucharistie und Amt« der Abteilung für Glaube und Kirchenverfassung (Lima 1982).

Die katholische Kirche steht auch in direkten Dialogen mit allen anderen Konfessionsfamilien, für unsere deutsche Situation sind die Gespräche mit dem Lutherischen Weltbund am wichtigsten (z. B. über das Herrenmahl).

Für die evangelischen Kirchen sind weltweite Verbindungen über die

Missionswerke, den Lutherischen oder Reformierten Weltbund, die ökumenische Diakonie (z. B. »Brot für die Welt«) und die Zusammenarbeit in Europa in der Konferenz Europäischer Kirchen, den Mitgliedskirchen der Leuenberger Konkordie oder der Konferenz der Kirchen am Rhein ökumenisch bedeutsam.

Alle die genannten Beziehungen bilden ein enges Netz, das Ziel der ökumenischen Bewegung ist, eine Einheit in versöhnter Verschiedenheit als konziliare Gemeinschaft zu erreichen.

Ökumenische Bemühungen auf regionaler und Ortsebene.

Zahlreich sind auch die zwischenkirchlichen Kontakte im Lande. Die evangelischen und katholischen Kirchenleitungen kooperieren auf allen Sachgebieten, nicht nur zwischen ihren Ökumenereferaten, wo die Zusammenarbeit naturgemäß besonders eng und fruchtbar ist. Gutes Einvernehmen besteht zwischen den Akademien, den Ausbildungsstätten, Diakonie und Caritas usw.

Auf Ortsebene besteht zwischen den Pfarrern meist ein gutes Verhältnis; Kirchengemeinden, Kirchengemeinderäte treffen sich regelmäßig; ökumenische Arbeitskreise, Kirchenchöre, Vortragsreihen gehören zum festen Bestand des Gemeindelebens. Ökumenische Gottesdienste sind im Regelfall Wortgottesdienste, mit Abendmahls- bzw. Eucharistiefeiern werden vielerorts Versuche gemacht. In Erwachsenenbildung, sozialem Engagement, bei Ereignissen des bürgerlichen und öffentlichen Lebens wirken die Kirchen zusammen.

Dem Gebet um die Einheit und dem spirituellen Austausch wird breiter Raum gegeben: In der Allianzgebetswoche im Januar treffen sich Christen aus evangelischen Landes- und Freikirchen, vor allem Frauen feiern den Weltgebetstag am ersten Freitag im März, an einem Abend im Advent wird zum gemeinsamen Hausgebet von allen Kirchen eingeladen, eine Gebetswoche für die Einheit, ebenfalls von allen Kirchen verantwortet, würde noch mehr Aufmerksamkeit verdienen.

Die Arbeitsgemeinschaft Christlicher Kirchen in Baden-Württemberg (ACK)

Neben den bisher genannten ökumenischen Beziehungen und Aktivitäten ist die ACK nur eine unter vielen. Ihr wird hier deshalb besonders Raum gewährt, weil sie das repräsentative und offizielle Instrument aller Kirchen unseres Bundeslandes ist. Von ihnen wird sie ideell, personell und finanziell getragen. Sie beansprucht selbstverständlich kein Monopol für Ökumene in Baden-Württemberg.

Die ACK hat elf Mitgliedskirchen. Von ihrer zahlenmäßigen Größe und öffentlichen Bedeutung her sind zunächst die vier »großen Kirchen«, die katholischen Diözesen und Evangelischen Landeskirchen, zu nennen: die Erzdiözese Freiburg, die Diözese Rottenburg-Stuttgart, die Evangelische Landeskirche in Baden, die Evangelische Landeskirche in Württemberg.

Für das theologische Gespräch und den spirituellen Austausch nicht weniger bedeutend sind aber die sieben sog. »kleinen Kirchen«, die Evangelischen Freikirchen, die Alt-Katholische und die Orthodoxe Kirche: Evangelisch-methodistische Kirche, die Heilsarmee, die Herrnhuter Brüdergemeine (Brüder-Unität), die Evangelisch-Lutherische Kirche in Baden, die Alt-Katholische Kirche, die Griechisch-Orthodoxe Kirche, die Serbisch-Orthodoxe Kirche.

Dazu kommen als »Beratende Mitglieder«: der Bund Evangelisch-Freikirchlicher Gemeinden (Baptisten), der Christliche Gemeinschaftsverband, die Selbständige Evangelisch-Lutherische Kirche.

Es ist bezeichnend für den Geist der ACK, daß nach ihrer Ordnung jede Mitgliedskirche, ob klein oder groß, eine Stimme hat. Die Vertreter der kleinen Kirchen sind in allen Gremien gleichberechtigt, ein Einspruch einer kleinen Kirche hat dasselbe Recht – auch wenn die »großen Kirchen« den (insgesamt bescheidenen) Haushalt der ACK praktisch allein bestreiten. Es wird nicht aus dem Blick verloren, daß die meisten der in unserem Lande zahlenmäßig nur gering vertretenen Kirchen im Weltmaßstab große Kirchen sind: Es gibt ebensoviele Methodisten und Baptisten und sehr viel mehr Orthodoxe als Lutheraner! Auch sind die »kleinen Kirchen« den Volkskirchen meist an Intensität des Gemeindelebens und der Identifikation der Gemeindeglieder mit ihrer Kirche überlegen.

Geschichte und Struktur der ACK

Die ACK wurde am 6. 7. 1973 in Freiburg i. Br. gegründet – nach zweijährigen Vorarbeiten einer Initiativgruppe, die wiederum auf Erfahrungen des Katholikentags 1964 und des Kirchentags 1969 in Stuttgart zurückgreifen konnte, auch auf bestehende Aktivitäten wie die »action 365«, Una-Sancta-Kreise, ökumenische Arbeitskreise, Pfarrertagungen und das »Ökumenische Komitee Baden-Württemberg« der evangelischen Landes- und Freikirchen, welches sich (seit 1950 bestehend) zugunsten der ACK selbst auflöste.

Die ACK gab sich folgende Struktur: Eine Delegiertenversammlung als beschlußfassendes Gremium tagt zweimal jährlich, sie befaßt sich u. a. mit den Arbeitsergebnissen der Kommissionen und wendet sich an die Mitgliedskirchen. Sie wählt auch für jeweils drei Jahre einen Vorstand, der aus drei Personen besteht: Diese kommen herkömmlicherweise aus einer katholischen, einer evangelischen und einer Freikirche.

An Kommissionen sind eingerichtet:
- Theologische Kommission (Theologische Grundsatzfragen, z. B. Einheit der Kirche, Taufe, Eucharistie, kirchliches Amt)
- Kommission »Ökumene am Ort« (Empfehlungen zur und Kontakt mit der Ökumene am Ort, Lernschritte für gelebte Ökumene)
- Diakonisch-pastorale Kommission (Sozialarbeit, Seelsorge)
- Arbeitsgruppe »Ausländische Arbeitnehmer« (Ausländerseelsorge, Erwachsenenbildung, rechtliche und politische Fragen)
- Kommission für Öffentlichkeitsarbeit (Publikationen, Pressearbeit, Medien)
- Kommission »Entwicklung und Frieden« (Gemeinsame Verantwortung der Kirchen für Entwicklungshilfe und Friedensarbeit)
Einmal jährlich treffen sich Delegierte, Kommissionsmitglieder, Vertreter lokaler Arbeitsgemeinschaften und interessierte Einzelne zu einer »Konsultationstagung«. Ihre Themen zeigen, welche aktuellen Fragen jeweils aufgegriffen werden und wie vielfältig das Spektrum ist:
1974: Gemeinsamkeit des Glaubens – Erfahrungen der charismatischen Bewegungen
1975: Neue Erkenntnisse und Wege in der Frage des kirchlichen Amtes
1976: Der Prozeß der Rezeption auf dem Weg zur kirchlichen Einheit
1977: Ökumene vor der Barriere »Angst«
1978: Kriterien für ethische Entscheidungsprozesse (Beispiel: Kernkraftwerke)
1979: Evangelisierung in einer säkularisierten Welt
1980: Kirche-sein zwischen Überentwicklung und Unterentwicklung
1981: Jugendliche und Erwachsene im ökumenischen Lernprozeß
1982: Auf dem Weg zueinander (Beispiel: Lima-Erklärungen)
1983: Das verschiedene Kirchenverständnis der Konfessionen
1984: Die Gemeinden der Zukunft und die Ehen der Christen

Ordnung und Ziele der ACK

Bei unterschiedlichem Selbstverständnis der verschiedenen Kirchen kann die ACK doch auf dem gemeinsamen Fundament der Bibel und des Apostolischen Glaubensbekenntnisses aufbauen. Allgemein wird bestätigt, daß durch die ACK zwischenkirchliches Vertrauen gewachsen ist und weiter wächst.
In ihrer Grundordnung heißt es: »Die in der Arbeitsgemeinschaft Christlicher Kirchen in Baden-Württemberg verbundenen Kirchen und kirchlichen Gemeinschaften wollen ihrer Gemeinsamkeit im Glauben an den einen Herrn Jesus Christus, der Haupt der Kirche und der Herr der Welt ist, in Zeugnis und Dienst gerecht werden – zur Ehre Gottes, des Vaters und des Sohnes und des Heiligen Geistes.«
In der Satzung werden die Aufgaben so umschrieben:

Sie bemüht sich um eine geistliche und theologische Grundlegung ökumenischer Zusammenarbeit.

Sie sorgt für authentische Information über ihre Mitglieder.

Sie ist bestrebt, ein Klima zwischenkirchlichen Vertrauens zu schaffen, ökumenisches Bewußtsein zu bilden und zu vertiefen und gemeinsame Verantwortung wahrzunehmen. Sie versucht, nach ihren Möglichkeiten zwischen Mitgliedern bestehende und aufkommende Schwierigkeiten abzubauen. Sie pflegt die für eine ökumenische Zusammenarbeit notwendigen Kontakte und führt die dazu erforderlichen Gespräche.

Sie entwickelt, fördert und koordiniert ökumenische Studien, Initiativen und Aktionen in ihrem Bereich.

Anläßlich des zehnjährigen Bestehens hat sich die ACK ein Motto gegeben, das auch für die kommenden Jahre ihre Motivation, ihre Spiritualität und ihr Engagement kurz umschreiben will: Voneinander lernen – Miteinander beten – Zueinander finden.

Literaturhinweise

Arbeitsgemeinschaft Christlicher Kirchen: Gottesdienst – Vielfalt in der Einheit. Stuttgart o. J.

(Weitere Broschüren, Faltblätter, Dokumentationen, Stellungnahmen, Vorlagen, Materialsammlungen usw. sind bei der Geschäftsstelle der ACK, Stafflenbergstraße 44, 7000 Stuttgart 1, zu erhalten)

Feiner, Johannes, und *Vischer*, Lukas (Hrsg.): Neues Glaubensbuch. Der gemeinsame christliche Glaube. Freiburg/Zürich 1973

Hasselhoff, Friedrich, und *Krüger*, Hanfried (Hrsg.): Ökumene in Schule und Gemeinde. Ein Arbeitsbuch. Stuttgart/Frankfurt, mehrere Auflagen

Heyer, Friedrich (Hrsg.): Konfessionskunde. Berlin 1977

Krüger, Hanfried u. a. (Hrsg.): Ökumene-Lexikon. Kirchen – Religionen – Bewegungen. Frankfurt 1983

2. Kapitel

Heinz Sproll

Der christlich-jüdische Dialog

In der Absicht, nach der Judenverfolgung und -vernichtung des Dritten Reichs einen Weg der Verständigung zwischen Religionen und Völkern zu suchen, wurde am 25. 10. 1950 die Gesellschaft für christlich-jüdische

Zusammenarbeit e. V. gegründet. Sie ist heute Mitglied beim Deutschen Koordinierungsrat als Dachorganisation der 54 örtlichen Gesellschaften für christlich-jüdische Zusammenarbeit in der Bundesrepublik Deutschland mit Sitz in Frankfurt/M. Der Koordinierungsrat selbst ist in der internationalen Dachorganisation »International Council of Christian and Jews« in Heppenheim organisiert.

Ausgegangen wird bei den vielfältigen Aktivitäten der Stuttgarter Gesellschaft nicht nur von den Wertorientierungen der Aufklärung, sondern auch von dem vielen Mitgliedern gemeinsamen Glauben an den Gott der Offenbarung. Die historisch gewachsenen Glaubensverständnisse und Organisationsstrukturen bei Christen und Juden sollen in ihrer Verschiedenheit keineswegs übertüncht, sondern wechselseitig toleriert werden. Somit versteht die Gesellschaft ihre Ziele als erzieherischen und politischen Auftrag im Dienste der Humanität und Solidarität mit all jenen religiösen, sozialen und politischen Kräften und Institutionen, die gegen Diskriminierung und Unterdrückung kämpfen. Seit ihrem Bestehen veranstaltet die Gesellschaft jedes Frühjahr die »Woche der Brüderlichkeit«, die am 6. 3. 1983 in Stuttgart unter dem Motto »Widerstehen zur rechten Zeit« stattfand. In einem Klima offener Gesprächsbereitschaft finden Vorträge, Diskussionen und Ausstellungen statt, um die wechselseitigen Informationsdefizite abzubauen.

Aber auch jenseits dieses Vereins wird seit einigen Jahren in vielen christlichen Gemeinden versucht, ein neues, von der ganzen Bibel her begründetes Verständnis des Christentums zu gewinnen, zu dem der Dialog mit Juden in und außerhalb Baden-Württembergs einen wichtigen Beitrag leistet. Von überlokaler Bedeutung ist der 1977 gegründete Denkendorfer Arbeitskreis »Wege zum Verständnis des Judentums«, in dem die Evangelische Landeskirche einen intensiven christlich-jüdischen Dialog auf der Basis zwischenmenschlicher Begegnungen und intensiver Studien pflegt. Dasselbe Ziel verfolgt auf katholischer Seite der »Freiburger Rundbrief«; er wird mit Unterstützung der Deutschen Bischofskonferenz und des Deutschen Caritasverbandes e. V. seit 1948 von einer Reihe namhafter Persönlichkeiten der christlich-jüdischen Begegnung herausgegeben, von denen Dr. Gertrud Luckner wegen ihrer Verdienste um verfolgte Juden und um das inter-religiöse Gespräch 1980 mit der Buber-Rosenzweig-Medaille ausgezeichnet wurde.

VIII. Teil

Die Verantwortung der Religionsgemeinschaften für die Dritte Welt

1. Kapitel

Franz Enz

Die katholischen Bistümer

Mit der Entdeckung der »Neuen«, der »Zweiten Welt« durch Kolumbus wurde die bisher »eine« Welt zur »Ersten«, zur »Alten« Welt. Heute wird viel von der »Dritten Welt« gesprochen; man versteht darunter die sog. »Entwicklungsländer«, deren Grundprobleme mit den Stichworten »Armut« und »Unwissenheit« getroffen sind. Die Menschen dort brauchen vielfältige Hilfen; die Stillung des Hungers hat umfassend zu erfolgen, d. h. auch in der Kleinwelt des Innern, wo der Mensch hungert nach Sinn, nach Liebe, nach Unendlichkeit (Ratzinger).

Das gewandelte Verständnis von Mission

Die kirchlichen Beziehungen zur »Dritten Welt« gehen auf den Missionsauftrag Jesu (Mt 28,19 f.) zurück. Die Geschichte dieses Verhältnisses ist zugleich die Geschichte eines sich wandelnden Verständnisses von Mission. Zwar haben die Missionare schon immer nicht nur den Glauben an Christus gebracht und Kirchen errichtet; sie haben zugleich auch Hospize, Krankenhäuser, Schulen und Universitäten gebaut und die Eingeborenen gelehrt, die Güter ihres Landes besser zu nutzen,[1] dennoch hat sich eine echte Gleichgewichtigkeit als Ausdruck der Sorge der Kirche um den »ganzen« Menschen erst im Laufe der Zeit herausgebildet. Auch die Bedürfnisse des menschlichen Alltags haben mit Mission zu tun. Denn die Mission ist immer Verkündigung des die ganze Wirklichkeit umfassenden Heiles in Jesus Christus. Es geht der Kirche nicht nur um das ewige Seelenheil, sondern gleichrangig um eine bessere Ordnung der irdischen Dinge.[2] Die verschiedenen Entwürfe einer »Theologie der Befreiung«

gehen von diesem ganzheitlichen Missionsverständnis aus und wollen gerade den unverzichtbaren Beitrag des Glaubens zur Lösung der sozialen Probleme sichtbar machen. Die missionarische Verantwortung betrifft jeden Christen, sie kann nicht auf spezielle »Missionsfreunde« oder auf Missionswerke delegiert werden.

Beziehungsebenen

Die Kontakte zwischen den Diözesen Freiburg und Rottenburg-Stuttgart einerseits und der »Dritten Welt« andererseits vollziehen sich auf fünf untereinander durchlässigen Ebenen.

1. Ebene: Hier handelt es sich um persönliche Beziehungen zu Missionaren, Missionsschwestern, kirchlichen Entwicklungshelfern und damit zu bestimmten Missionsstationen. So entwickeln sich missionarisches Bewußtsein und Kenntnis konkreter Bedürfnisse, die sich sehr oft in direkter Hilfe niederschlagen.

2. Ebene: Die missionarische Pfarrgemeinde. Sie übernimmt Patenschaften, beteiligt sich an größeren Aktionen für Missionsstationen und zeichnet auch für Einzelprojekte als verantwortlich. Es dürfte kaum eine Pfarrei geben, die hier keine positive – wenngleich unterschiedlich große – Bilanz aufweisen könnte. Von Pfarreien werden insbesondere Missionare und Missionsschwestern unterstützt, die aus der jeweiligen Pfarrei stammen und die bei Besuchen zu Hause durch entsprechende Veranstaltungen das Missionsbewußtsein wecken, wachhalten bzw. vertiefen.

3. Ebene: Hier geht es um die kirchlichen Gemeinschaften und Verbände, die vielfach ein hohes missionarisches Engagement entwickelt haben. Sie beteiligen sich entweder an Aktionen, die von ihrer Diözesanstelle veranstaltet werden, oder an Aktionen der Pfarrei, die nicht selten von ihnen initiiert werden. Exemplarisch genannt seien die seit 1980 veranstalteten *Hungermärsche* der Christl. Arbeiterjugend (CAJ), mitgetragen von den Mitgliedsverbänden des BDKJ (Bund d. Kath. Jugend) als praktische Solidarität mit der Dritten Welt; das Kolpingwerk, das Entwicklungshilfe als eine wesentliche Aufgabe ansieht, engagiert sich – vor allem durch die Kolpingjugend – an der »Aktion Schulgeld« für Indonesien, um armen Kindern den Schulbesuch zu ermöglichen; die Kath. Landjungendbewegung (KLJB) unterstützt das Brunnenbauprojekt Zambia: »*Wasser für Chipata*«, wobei besonders auf die Eigenbeteiligung vor Ort geachtet wird; die Kath. Junge Gemeinde (KJG) arbeitet an *Projekten für Nicaragua* mit. Informationsstände in den Städten, Dritte-Welt-Foren u. ä. begleiten die Projektarbeit und schaffen ein dafür günstiges Klima. Diese »Freiburger« Aktivitäten sind auch für die Diözese Rottenburg-Stuttgart repräsentativ.

4. Ebene: Einige der in den beiden Diözesen tätigen Ordensgemeinschaften haben nach dem Zweiten Weltkrieg zusätzlich besondere missionarische Aufgaben übernommen. Stellvertretend seien zwei genannt: Die *Barmherzigen Schwestern von Untermarchtal,* die in Tansania zwischenzeitlich drei Missionsstationen unterhalten und auch einheimische Schwestern ausbilden. Die *Franziskanerinnen vom Erlenbad* haben in Indien drei Missionsstationen errichtet und arbeiten dort auch schon mit indischen Schwestern. Es wurden Schulen, Krankenhäuser und Kindergärten erbaut, in denen unterschiedslos alle Hilfsbedürftigen betreut werden.

5. Ebene: Die Diözese. Nach dem Ausweis des Zweiten Vatikanischen Konzils hat der Bischof als Glied »des in der Nachfolge des Apostelkollegiums stehenden Episkopates nicht nur für eine bestimmte Diözese, sondern für das Heil der ganzen Welt die Weihe empfangen ... Daraus erwächst jene Gemeinschaft und Zusammenarbeit der Kirchen, die für die Fortführung des Werkes der Evangelisierung heute so notwendig ist.« In Erfüllung dieser Aufgabe gibt es in den beiden Diözesen entsprechende Missionsstellen. Die diözesane Missionsverantwortung wird auf mehreren Wegen wahrgenommen. Die Diözesen sorgen dafür, daß die »Mission« als zentrales Thema in allen kirchlichen Gremien, bes. aber in den Pfarreien »präsent« bleibt; sie haben auch die mediengerechte Publizierung sicherzustellen. Darüber hinaus engagieren sich die Diözesen auch in finanzieller Hinsicht. Es geht dabei um Haushaltsmittel der Diözesen, die als Verbandsumlage an den Verband der Diözesen Deutschlands gehen; davon entfallen 51,9 Prozent auf Hilfen für die Weltkirche und die Mission, was für Freiburg im Jahre 1982 einen Betrag von über 10 Mio DM ergab, während Rottenburg-Stuttgart dafür einen Betrag von über 9 Mio DM einbrachte. 1980 betrugen die Missionskollekten (Adveniat, Misereor und Weltmission) in der Erzdiözese Freiburg 17,8 Mio DM; seit Bestehen von »Misereor« (1959) und »Adveniat« (1961) wurden für die beiden bischöflichen Hilfswerke zusammen ca. 186 Mio DM gespendet. Seit 1963 besteht von seiten der Erzdiözese eine »Patenschaftsaktion Peru« für die Ausbildung von einheimischen Priestern, die bis 1982 insgesamt 6,5 Mio DM erbrachte. Die »Missio-Prim-Aktion« (Priester helfen Priestern) für den Unterhalt einheimischer Diözesanpriester in der Dritten Welt ergab von 1971 bis 1980 einen Spendenbetrag von 1,6 Mio DM. Das Erzbistum gewährt ferner für die Altersversorgung der aus der Erzdiözese stammenden Priester in Lateinamerika eine laufende Unterstützung von DM 300 pro Monat; die Zahlungen hierfür erreichen jährlich eine Summe von DM 36000. Zu diesen erheblichen Beiträgen kamen allein im Jahr 1980 aus Kollekten, Mitgliedsbeiträgen, Spenden, Taufgaben, Sternsinger-Aktion u. a. noch über 10 Mio DM hinzu. Die entsprechenden Zahlen für die Diözese Rottenburg-Stuttgart liegen in einem vergleichbaren Rahmen.

Die Schlußfolgerung aus dem keineswegs vollständigen (Zahlen-)Material ist berechtigt: die Katholiken der beiden Diözesen verstehen sich als »missionarische Christen«; sie leben, soweit sie zu ihrem Glauben stehen, im Einklang mit dem Wesen der Kirche.[3]

Anmerkungen

1 Papst Paul VI., Enzy. Populorum progressio, 1967, Nr. 12
2 a.a.O. Nr. 81
3 Würzburger Synode, Beschluß: Missionarischer Dienst an der Welt, 1975, vgl. 2.3.1

2. Kapitel

Gunther J. Hermann

Die evangelischen Landeskirchen

Missionsgesellschaften als Wegbereiter

Die persönlichen Beziehungen einzelner Christen aus dem Bereich der badischen und württembergischen Landeskirche zu den Menschen der Dritten Welt[1] reichen bis in die Anfänge des 19. Jahrhunderts zurück. Im Jahre 1815 wurde die *»Basler Mission«*[2] gegründet, ein privatrechtlich organisierter Verein zur weltweiten Verbreitung des christlichen Glaubens.

Die ersten Missionare gingen nach Ghana (1828), Indien (1834), Südchina und Hongkong (1848) und Kamerun (1886). Zwischen 1816 und 1965 wurden im Missionsseminar in Basel ca. 2500 Mitarbeiter für den Einsatz in Übersee vorbereitet bzw. ausgebildet. Im Jahre 1967 erreichte die Zahl der aktiven Mitarbeiter der Basler Mission mit 367 Missionaren einen Höhepunkt, inzwischen (1982) ist ihre Zahl auf 137 zurückgegangen.
Die *»Liebenzeller Mission«* (1899 als dt. Zweig der »China-Inland-Mission« gegr.) hat gegenwärtig 164 Mitarbeiter. Ihr Hauptarbeitsgebiet liegt im ostasiatischen Raum.

Aufnahme offizieller Beziehungen zur Dritten Welt

Zu »offiziellen«, d.h. kirchenamtlichen Beziehungen der badischen und württembergischen Landeskirche zur Dritten Welt und den dortigen Kirchen kam es erst Ende der 50er Jahre[3] dieses Jahrhunderts: 1958 Gründung der *»Kommission für Kirche und Mission in Württemberg«* und 1963 Gründung der *»Südwestdeutschen Arbeitsgemeinschaft für Weltmission«*. Als eine Folge der »Integration von Kirche und Mission« (1961) auf internationaler Ebene in Neu Delhi (Zusammenschluß des *»Ökumeni-schen Rates der Kirchen«* mit dem *»Internationalen Missionsrat«*), haben auch die evangelischen Kirchen in den 60er Jahren immer stärker und bewußter ihre Beziehungen zur Dritten Welt wahrgenommen. In den ev. Oberkirchenräten in Stuttgart und Karlsruhe wurde die Stelle eines Referenten für Mission und Ökumene geschaffen (Württemberg 1967, Baden 1973). Die Gründung des *»Evangelischen Missionswerks in Süd-westdeutschland« (EMS)* im Jahre 1972 als einer Gemeinschaft von sechs Kirchen und vier Missionsgesellschaften im südwestdeutschen Raum (Baden, Württemberg, Pfalz, Kurhessen-Nassau und Kurhessen-Waldeck – Basler Mission, Herrnhuter Missionshilfe, Syrisches Waisenhaus und Deutsche Ostasien-Mission) verlieh der neu gewachsenen theologischen Einsicht auch institutionellen Ausdruck, daß es weder Mission ohne Kirche noch Kirche ohne Mission geben kann.

Finanzielle Leistungen der Kirchen für die Dritte Welt

Die ev. Kirchen in Baden und Württemberg haben ihre Verantwortung für die Dritte Welt durch erhebliche finanzielle Zuschüsse aus Kirchen-steuermitteln für Sach- und Personalkosten der Missionsgesellschaften und zur Verwirklichung ihrer Entwicklungsprojekte in der Dritten Welt zum Ausdruck gebracht. In den letzten 12 Jahren (1970–1982) hat allein die Württ. Landeskirche mehr als 300 Mio DM für die Arbeit in der Dritten Welt bereitgestellt.

Beiträge für den Kirchlichen Entwicklungsdienst (KED)

	Baden	Württemberg
Landeskirchliche Haushaltsmittel für den KED	3%	5%
KED Mittel 1969–1983	81,9 Mio	191,1 Mio
KED Mittel im Jahre 1982	8,4 Mio	15,2 Mio

Diese Mittel dienen dazu, den kirchlichen Partnern in der Dritten Welt beim Bau von Schulen, Krankenhäusern, Gemeinschaftszentren, Genos-senschaftsgründungen, Erstellung von Lehrlingsausbildungsstätten, Druckereien, beim Bau von Brunnen und anderem mehr zu helfen.

Aktion »Brot für die Welt«

Die *»Ev. Kirche in Deutschland«* (EKD) und die ev. Freikirchen haben im Jahre 1959 ihre Verantwortung für das materielle Wohl der Menschen der Dritten Welt durch die Gründung der Aktion *»Brot für die Welt«* (Stuttgart) zum Ausdruck gebracht. Die ev. Christen Badens und Württembergs haben durch ihre Mitarbeit und ihre Spenden ganz erheblich zum Erfolg dieser alljährlichen Aktion beigetragen (Baden 1959–1981/82: 46,0 Mio; Württemberg 111,2 Mio DM). Allein die Aktion 1981/82 erbrachte ein Spendenaufkommen von insgesamt 16,5 Mio DM in Baden und Württemberg. Stand Hunger- und Katastrophenhilfe in den ersten Jahren nach 1959 im Vordergrund der Arbeit, so werden vom Verteilerausschuß heute bevorzugt längerfristige Programme unterstützt, die zu einer echten *»Hilfe zur Selbsthilfe«* in der Dritten Welt führen können. Statt also der Dritten Welt »nur« in karitativer Weise zu helfen und *»für«* sie etwas zu tun, geht es »Brot für die Welt« heute primär um die Aktivierung der eigenen Kräfte der Entwicklungsländer, der Nutzung der vorhandenen Ressourcen und der Entwicklung der Eigenverantwortung. Durch *»Brot für die Welt«* ist wie durch keine andere Aktion im Bereich der ev. Kirchen in Baden-Württemberg das Bewußtsein für unsere Verantwortung für die Situation der meisten Menschen in den Ländern der Dritten Welt gewachsen. Die Bereitschaft der Bevölkerung, durch kirchliche bzw. staatliche *Entwicklungshilfe den Menschen in der Dritten Welt* zu helfen, ist in den letzten Jahren kontinuierlich gestiegen (von 67% der Bevölkerung [1981] auf 74% [1983] laut Infa-Test-Umfrage 1983).

Öffentlichkeitsarbeit durch Multiplikatoren

An den »Rändern« der ev. Kirchen arbeiten seit vielen Jahren zahlreiche »Dritte-Welt-Gruppen«[4] (ca. 50), denen es einerseits um materielle Hilfe für die Menschen in den Entwicklungsländern geht (1982 gab es über *30 Dritte-Welt-Läden*), andererseits um *Bewußtseinsbildung* in der eigenen Bevölkerung. In Baden haben sich im Mai 1983 40 Dritte-Welt-Gruppen, Friedensinitiativen und ökologische Arbeitsgruppen zu einem »Ökumenischen Netzwerk« zusammengeschlossen.

Die Kirchenleitungen in Baden-Württemberg haben auf die Herausforderung durch die Dritte Welt dadurch reagiert, daß sie überregionale Gemeindedienste für Dritte-Welt-Fragen, Mission und Ökumene eingerichtet haben (1973 bzw. 1967). Von den gegenwärtig 30 Mitarbeitern kommen acht aus asiatischen und afrikanischen Partnerkirchen.[5]

Offene Fragen und weiterführende Überlegungen

Mission und Entwicklungshilfe: In den 70er Jahren wurden Mission und Entwicklungshilfe noch häufig als Alternativen verstanden. Diese Fragestellung kann inzwischen als überholt gelten. Missionsgeschichtliche Studien haben gezeigt, daß Missionare von Anfang an allen entwicklungsbezogenen Aufgaben einen breiten Raum in ihrer Arbeit eingeräumt haben. Eine ganzheitliche Entwicklungspolitik, die den religiösen, medizinischen, pädagogischen, aber auch wirtschaftlichen Fortschritt verfolgt, wird heute von allen Seiten unterstützt.

Entwicklungshilfe und/oder privatwirtschaftliche Investitionen: Staatliche und kirchliche Entwicklungshilfe muß sich allerdings fragen lassen, ob sie wirklich *»Hilfe zur Selbsthilfe«* ist, oder nicht doch neue Abhängigkeiten schafft, indem sie die Menschen der Dritten Welt zu einer *Empfänger-Mentalität* verführt. Ein *befristetes Aussetzen (»Moratorium«)* aller Beziehungen wird als möglicher Ausweg diskutiert.

Das privatwirtschaftliche Engagement der deutschen Industrie durch Exporte in die Dritte Welt bzw. Verlagerung von Produktionsstätten in sogenannte Billig-Lohn-Länder, trägt einerseits zu deren wirtschaftlicher Entwicklung bei, andererseits muß die Gefahr gesehen werden, daß dadurch deren Abhängigkeit vom Westen nur noch wächst. Von verschiedenen Seiten wird deshalb eine *wirtschaftliche »Abkoppelung«* der *Dritten Welt* vorgeschlagen.

Partnerschaft mit der Dritten Welt: Im kirchlichen Bereich wird seit etwa zehn Jahren die Idee der »Partnerschaft« zwischen dem Westen und der Dritten Welt stark diskutiert, um dadurch das historisch und wirtschaftlich bedingte Gefälle zwischen dem Norden und dem Süden zu überwinden. Es wird aber auch zunehmend erkannt, daß es eine echte Partnerschaft zwischen sehr ungleichen Partnern nicht geben kann und der Partnerschaftsbegriff von ideologischer Überhöhung bzw. Aushöhlung bewahrt werden muß.

Rückfragen an die eigene Gesellschaft: Die Verantwortung der ev. Kirchen für die Dritte Welt hat sich in den letzten Jahren immer stärker auf unsere eigene Gesellschaft verlagert und zu kritischen Rückfragen an unsere eigene Wirtschaftsordnung und unsere Handelsbeziehungen (terms of trade) zu den Ländern der Dritten Welt geführt. Die Sprecher der Kirchen und der Dritte-Welt-Gruppen finden sich immer häufiger in der Rolle eines *»Anwalts«* der Menschen und Länder der Dritten Welt wieder, die es gegenüber allen möglichen Angriffen, Unterstellungen und Schuldzuweisungen zu verteidigen gilt. Die seit 1972/73 zunehmende Fremdenfeindlichkeit in unserem Land, die sich vor allem gegen türkische Gastarbeiter richtet, aber auch die systematische Verschärfung der Asylgesetzgebung und deren Ausführungsbestimmungen (1979), zwang die Kirchen, aber auch viele Dritte-Welt-Gruppen, sich eindeutiger als zuvor für die Gastarbeiter, die Flüchtlinge und Asylbewerber in der Bundesrepublik verantwortlich einzusetzen und auf deren menschlichere Behandlung zu drängen.

Anmerkungen

1 Der Begriff »Dritte Welt« wird hier wertneutral gebraucht, um die sogenannten »Entwicklungsländer« in Asien, Afrika und Lateinamerika zu kennzeichnen. Bis in die 50er Jahre hinein sprach man dagegen von »Kolonialgebieten«.

2 Ein Großteil der in diesem Beitrag genannten Zahlen, Daten und Fakten wurden mir von den genannten Kirchen und Organisationen auf Anfrage direkt zur Verfügung gestellt.
Weitere geschichtliche, organisatorische und strukturelle Einzelheiten, die Mission betreffend, finden sich im »Lexikon für Weltmission« (Erlangen 1975), aber auch im umfangreichen »Handbuch für Kirchengemeinderäte« bzw. auch in der Broschüre: »Aufgaben 1983. Arbeitshilfe zum Gebrauch in den Gemeinden der ev. Landeskirche in Württemberg« – beide sind in jedem württembergischen ev. Pfarramt vorhanden.

3 Die Mitgliedschaft der beiden Kirchen im »Ökumenischen Rat der Kirchen« (Genf) seit 1948 wirkte sich zunächst nur in einer Intensivierung der Beziehungen zu den prot. Kirchen in Europa und Nordamerika aus, da es zum damaligen Zeitpunkt nur sehr wenige selbständige Kirchen in der Dritten Welt gab. Eine Änderung trat erst Ende der 50er Jahre ein.

4 Der DEAB ist ein »Dachverband Entwicklungspolitischer Aktionsgruppen in Baden-Württemberg«.

5 Stichwortartig soll noch auf die Arbeit der beiden ev. Akademien in Herrenalb und Bad Boll und das »Zentrum für entwicklungsbezogene Bildungsarbeit« (Stuttgart) hingewiesen werden.

IX. Teil

Anhang

Karte 1: Evangelische und katholische Territorien im Gebiet des heutigen Landes Baden-Württemberg (nach dem Stand von 1700) 341

Karte 2: Die konfessionelle Gliederung im Gebiet des heutigen Landes Baden-Württemberg um 1820 342

Karte 3: Die konfessionelle Gliederung in Baden-Württemberg 1961 343

Karte 4: Die jüdische Bevölkerung im Gebiet des heutigen Landes Baden-Württemberg um 1825 344

Karte 5: Die jüdische Bevölkerung im Gebiet des heutigen Landes Baden-Württemberg um 1925 345

Karte 6: Die Diözese Rottenburg-Stuttgart 346

Karte 7: Die Erzdiözese Freiburg 347

Karte 8: Die Evangelische Landeskirche in Württemberg 348

Karte 9: Die Evangelische Landeskirche in Baden 349

Tabelle 1: Die Religionszugehörigkeit der Bevölkerung in den Jahren 1900, 1925, 1950 und 1970 350

Tabelle 2: Die Religionszugehörigkeit der Bevölkerung in den Regierungsbezirken 1950 und 1970 351

Zeittafel für das 19./20. Jahrhundert 352

Systematische Auswahlbibliographie 356

Ortsregister 358

Namensregister (mit Angaben der Lebensdaten und des letzten Berufes) 363

Die Autoren und Herausgeber dieses Bandes 371

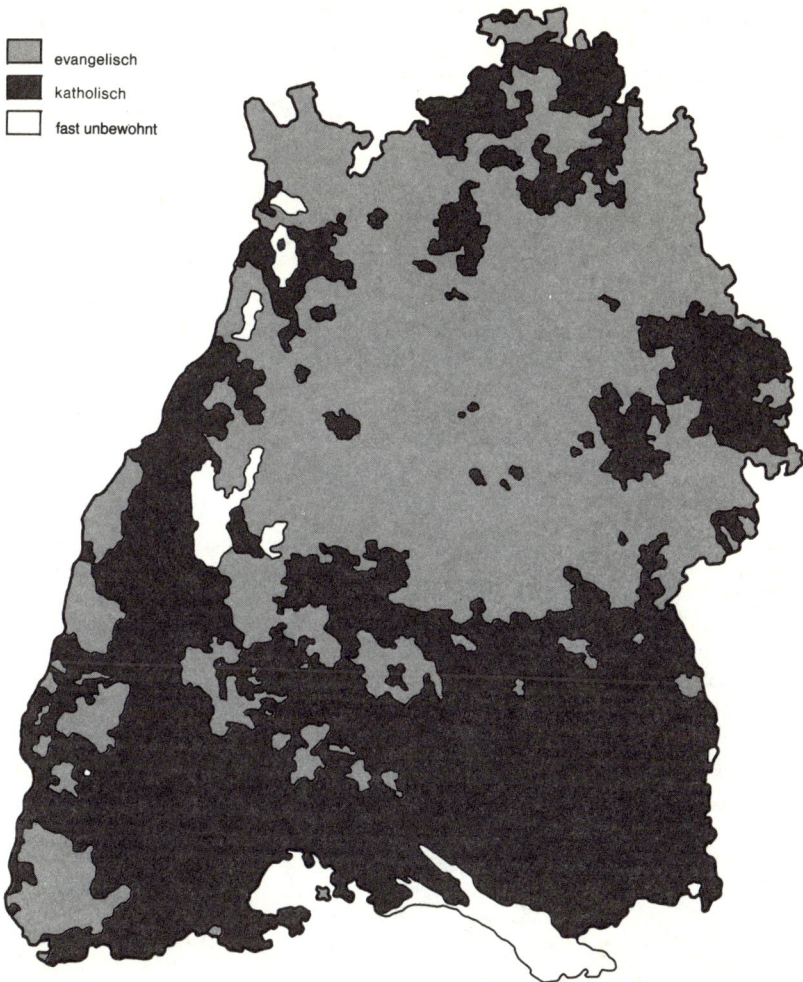

Karte 1: Evangelische und katholische Territorien im Gebiet des heutigen Landes Baden-Württemberg (nach dem Stand von circa 1700).
Die Karte weist vereinfacht die Trennung von mehrheitlich evangelischen bzw. römisch-katholischen Gebieten *nach* den mehrfachen Konfessionswechseln einzelner Regionen (Reformation und Rekatholisierung) im 16. und 17. Jahrhundert aus.

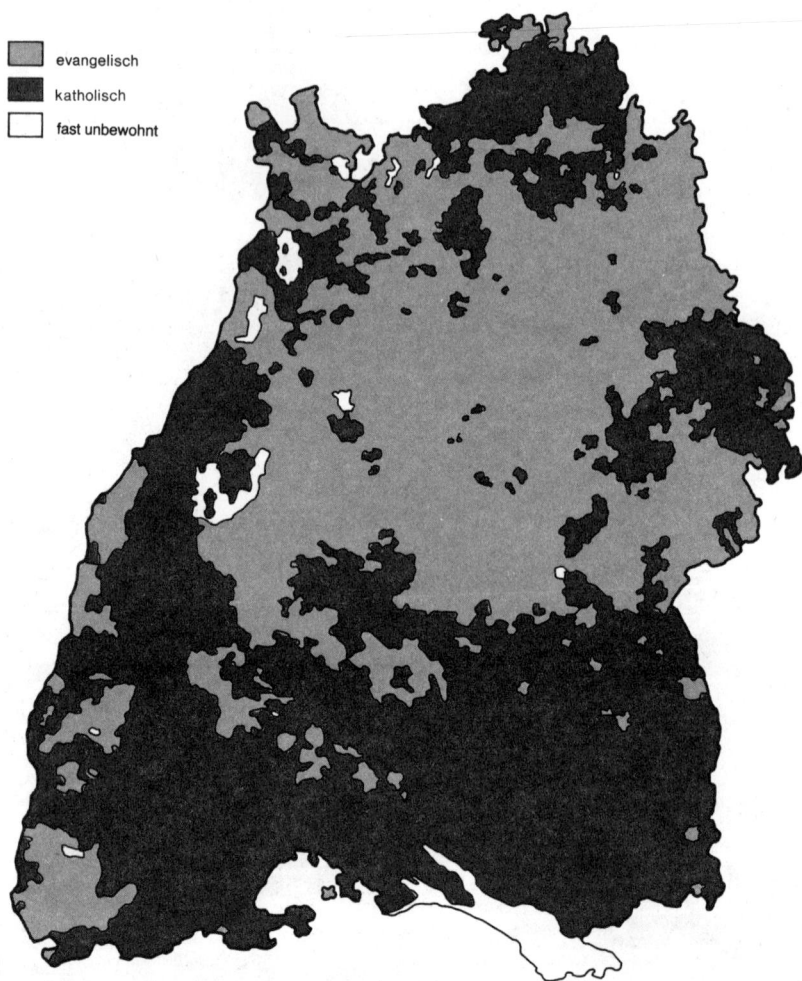

Karte 2: Die konfessionelle Gliederung im Gebiet des heutigen Landes Baden-Württemberg um 1820, dargestellt nach mehrheitlich evangelischen bzw. römisch-katholischen Gebieten.

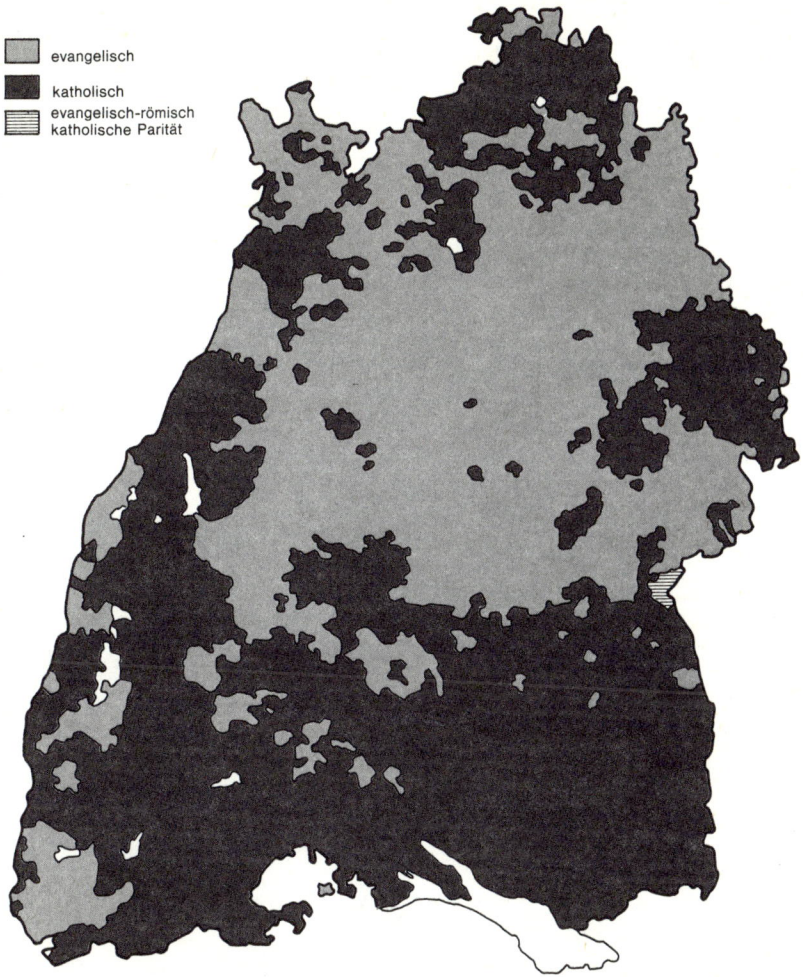

Karte 3: Die konfessionelle Gliederung in Baden-Württemberg 1961, dargestellt
nach mehrheitlich evangelischen bzw. römisch-katholischen Gebieten.

343

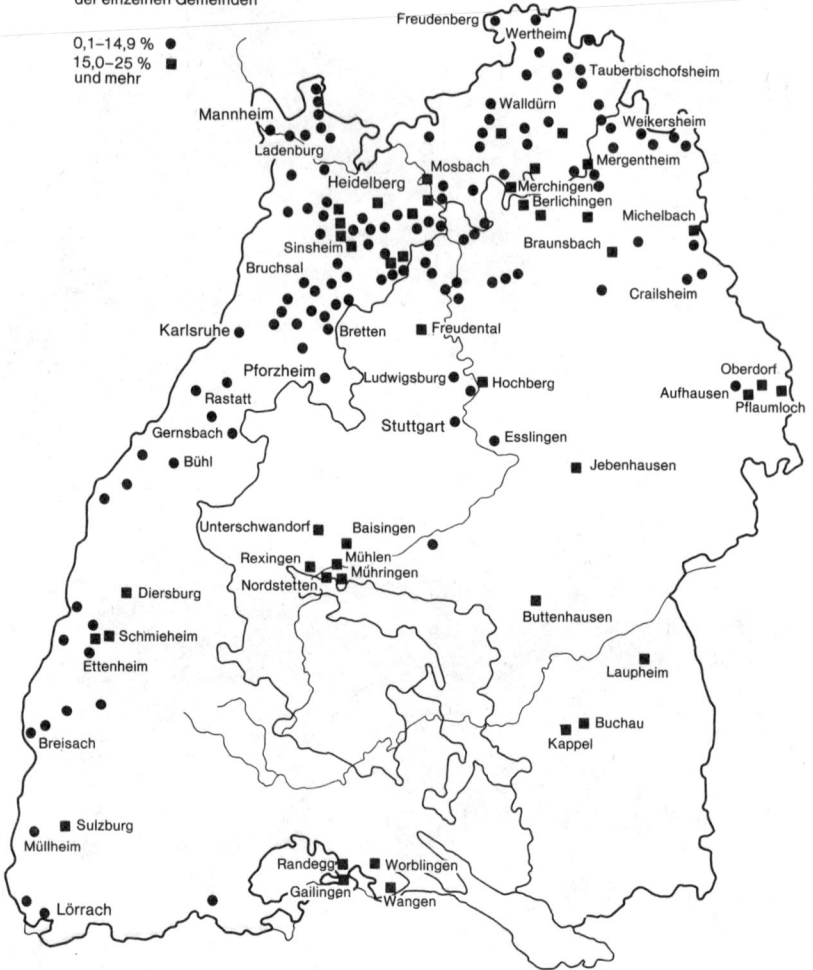

0,1–14,9 % ●
15,0–25 %   ■
und mehr

Freudenberg

Wertheim

Tauberbischofsheim

Walldürn

Mannheim

Weikersheim

Ladenburg

Mosbach

Mergentheim

Heidelberg

Merchingen

Berlichingen

Michelbach

Sinsheim

Braunsbach

Bruchsal

Crailsheim

Karlsruhe

Bretten

Freudental

Pforzheim

Oberdorf

Ludwigsburg

Hochberg

Aufhausen

Rastatt

Pflaumloch

Gernsbach

Stuttgart

Esslingen

Bühl

Jebenhausen

Unterschwandorf

Baisingen

Rexingen

Mühlen

Nordstetten

Mühringen

Diersburg

Buttenhausen

Schmieheim

Ettenheim

Laupheim

Breisach

Buchau

Kappel

Sulzburg

Müllheim

Randegg

Worblingen

Gailingen

Wangen

Lörrach

Karte 4: Die jüdische Bevölkerung im Gebiet des heutigen Landes Baden-Württemberg um 1825, dargestellt in ihrem prozentualen Anteil an der Gesamtbevölkerung der einzelnen Gemeinden.

Anteil an der Gesamtbevölkerung
der einzelnen Gemeinden

0,1–14,9 % ●
15,0–25 % ■
und mehr

Mannheim

Wertheim
Tauberbischofsheim

Mergentheim

Heidelberg   Mosbach
Sinsheim

Bruchsal   Heilbronn   Crailsheim

Karlsruhe   Bretten

Pforzheim
Ludwigsburg

Rastatt

Stuttgart

Baden-Baden   Göppingen
Bühl
Neufreistett

Offenburg   Rexingen Horb   Tübingen
                              Reutlingen   Ulm

                        Buttenhausen

Schmieheim

                                            Laupheim

Emmendingen   Rottweil

                            Buchau
Breisach Freiburg   Villingen

Sulzburg
Müllheim

                Gailingen
Lörrach   Konstanz

Karte 5: Die jüdische Bevölkerung im Gebiet des heutigen Landes Baden-Württemberg um 1925, dargestellt in ihrem prozentualen Anteil an der Gesamtbevölkerung der einzelnen Gemeinden.

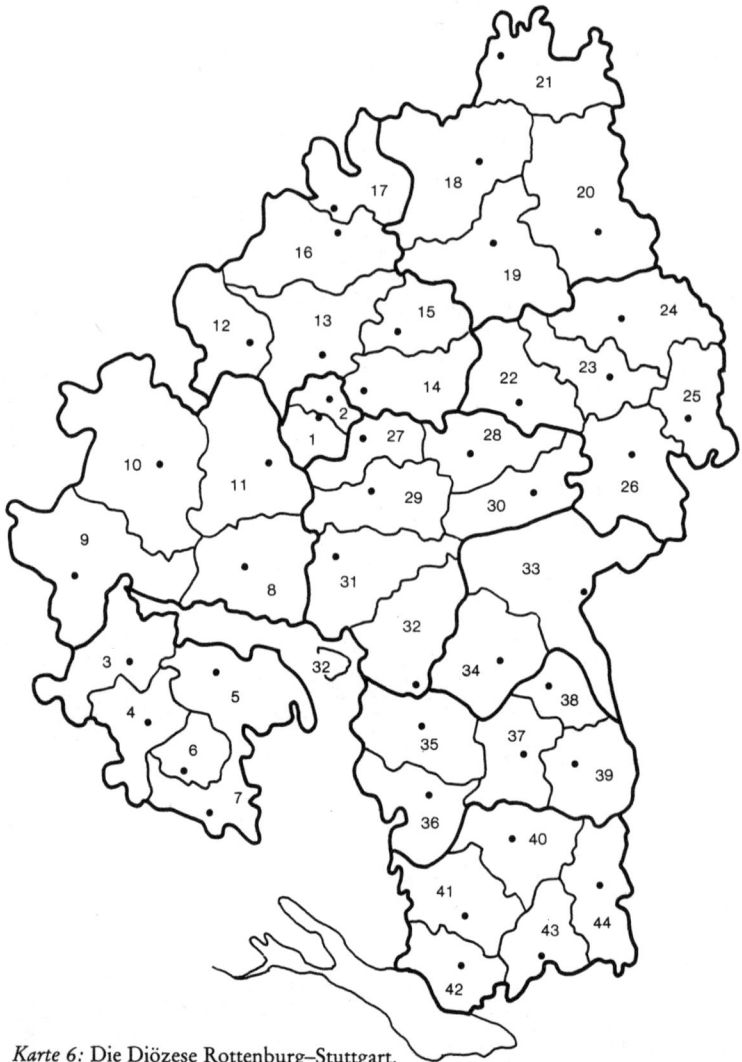

Karte 6: Die Diözese Rottenburg–Stuttgart.

Region I:
1 Stuttgart
2 Cannstatt

Region II:
3 Oberndorf
4 Rottweil
5 Balingen
6 Spaichingen
7 Tuttlingen

Region III:
8 Rottenburg
9 Freudenstadt
10 Calw
11 Böblingen

Region IV:
12 Vaihingen
13 Ludwigsburg
14 Waiblingen
15 Backnang
16 Heilbronn
17 Neckarsulm

Region V:
18 Künzelsau
19 Schwäb. Hall
20 Crailsheim
21 Mergentheim

Region VI:
22 Schwäb. Gmünd

23 Aalen
24 Ellwangen
25 Neresheim
26 Heidenheim

Region VII:
27 Esslingen
28 Göppingen
29 Nürtingen
30 Geislingen
31 Reutlingen
32 Zwiefalten

Region VIII:
33 Ulm
34 Ehingen

Region IX:
35 Riedlingen
36 Saulgau
37 Biberach
38 Laupheim
39 Ochsenhausen

Region X:
40 Waldsee
41 Ravensburg
42 Friedrichshafen
43 Wangen
44 Leutkirch

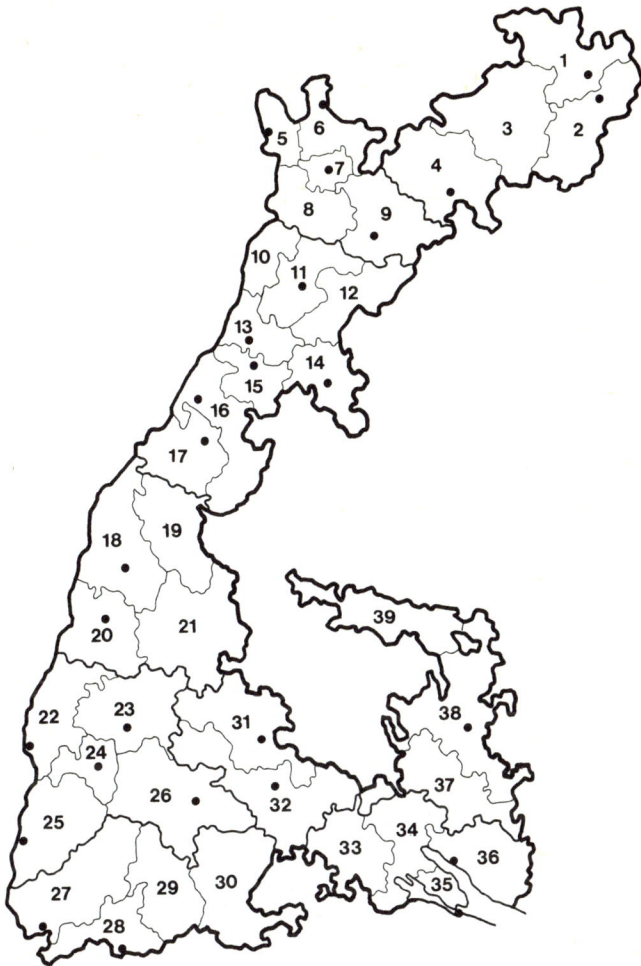

Karte 7: Die Erzdiözese Freiburg.

Region
Odenwald-Tauber:

1 Tauberbischofsheim
2 Lauda
3 Buchen
4 Mosbach

Region
Unterer Neckar:

5 Mannheim
6 Weinheim
7 Heidelberg
8 Wiesloch
9 Kraichgau

Region
Mittl. Oberrhein-
Pforzheim:

10 Philippsburg
11 Bruchsal
12 Bretten
13 Karlsruhe
14 Pforzheim
15 Ettlingen
16 Murgtal
17 Baden-Baden

Region Ortenau:

18 Offenburg
19 Acher-Renchtal

20 Lahr
21 Kinzigtal

Region Breisgau-
Hochschwarzwald:

22 Breisach-Endingen
23 Waldkirch
24 Freiburg
25 Neuenburg
26 Neustadt

Region Hochrhein:

27 Wiesental
28 Säckingen
29 Waldshut
30 Wutachtal

Region
Schwarzwald-Baar:

31 Villingen
32 Donaueschingen

Region Bodensee:

33 Westl. Hegau
34 Östl. Hegau
35 Konstanz
36 Linzgau

Region Hohen-
zollern-Messkirch:

37 Messkirch
38 Sigmaringen
39 Zollern

Karte 8: Die Evangelische Landeskirche in Württemberg.

Prälatur Stuttgart:
1 Dekanate Stuttgart, Degerloch, Bernhausen
2 Esslingen
3 Cannstatt
4 Zuffenhausen
5 Ludwigsburg
6 Ditzingen

Prälatur Heilbronn:
7 Mühlacker
8 Vaihingen/Enz
9 Brackenheim
10 Besigheim
11 Marbach
12 Backnang
13 Waiblingen
14 Schorndorf
15 Gaildorf
16 Heilbronn
17 Weinsberg
18 Schwäb. Hall
19 Crailsheim
20 Neuenstadt
21 Öhringen
22 Künzelsau
23 Blaufelden
24 Weikersheim

Prälatur Reutlingen:
25 Reutlingen
26 Neuenbürg
27 Leonberg
28 Calw
29 Böblingen
30 Herrenberg
31 Nagold
32 Freudenstadt
33 Tübingen
34 Sulz a. N.
35 Balingen
36 Tuttlingen

Prälatur Ulm:
37 Ulm
38 Heidenheim
39 Aalen
40 Schwäb. Gmünd
41 Göppingen
42 Geislingen
43 Kirchheim u. Teck
44 Nürtingen
45 Urach
46 Münsingen
47 Blaubeuren
48 Biberach
49 Ravensburg

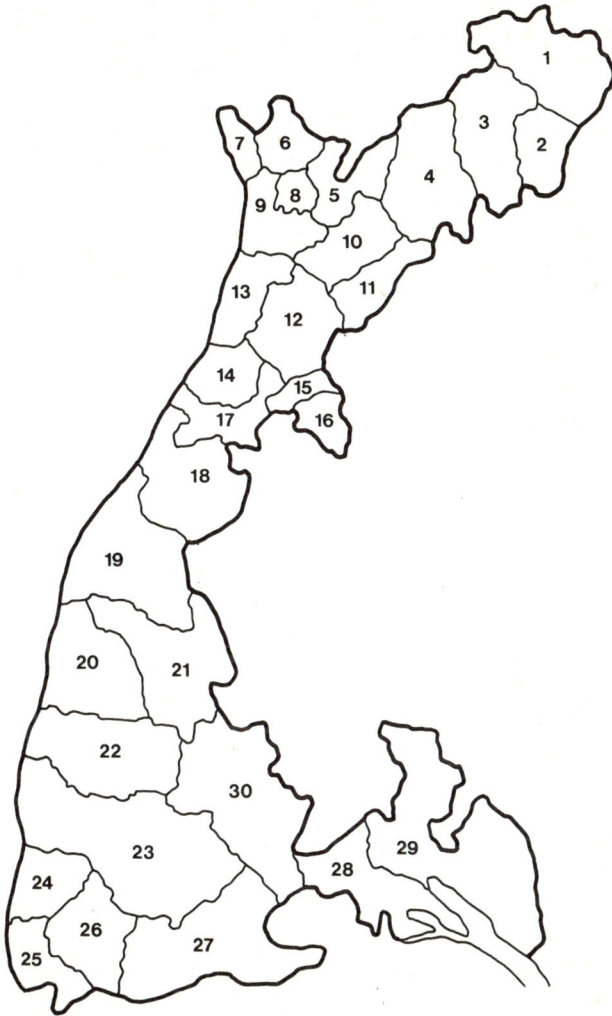

Karte 9: Die Evangelische Landeskirche in Baden.

Kirchenkreis Nordbaden	8 Heidelberg	14 Karlsruhe und Durlach	22 Emmendingen
	9 Oberheidelberg	15 Pforzheim-Land	23 Freiburg
1 Wertheim	10 Sinsheim	16 Pforzheim-Stadt	24 Müllheim
2 Boxberg	11 Eppingen-	17 Alb-Pfinz	25 Lörrach
3 Adelsheim	Bad Rappenau	18 Baden-Baden	26 Schopfheim
4 Mosbach	*Kirchenkreis*	19 Kehl	27 Hochrhein
5 Neckargemünd	*Mittelbaden*	20 Lahr	28 Konstanz
6 Ladenburg-			29 Überlingen-
Weinheim	12 Bretten	*Kirchenkreis*	Stockach
7 Mannheim	13 Karlsruhe-Land	*Südbaden*	30 Villingen
		21 Offenburg	

Tab.1: Die Bevölkerung nach der Religionszugehörigkeit in den Jahren 1900–1970

Religionsgemeinschaften und sonstige Gruppen	1900	v.H.	1925	v.H.	1950	v.H.	1970	v.H.
1. Evangelische Landeskirche	2202245	53,7	2621496	52,8	3132914	48,7	3899385	43,8
2. Evangelische Freikirchen	12105	0,3	24262	0,5	40775	0,7	173833	2,0
	2214350	54,0	2645758	53,3	3173689	49,4	4073218	45,8
3. Römisch-kath. Kirche	1836555	44,7	2215102	44,6	3030744	47,2	4219722	47,4
4. Andere christl. Kirchen oder Gemeinschaften	11411	0,3	32201	0,7	86938	1,3	174967	2,0
5. Jüdische Religionsgemeinschaft	38580	0,9	35226	0,7	1442	0,0	3041	0,0
6. Sonstige Religionsgemeinschaften und Gemeinschaften ohne Angabe	3308	0,1	36250	0,7	137412	2,1	424100	4,8
Gesamtbevölkerung Baden-Württemberg	4104204	100,0	4964537	100,0	6430225	100,0	8895048	100,0

Quelle: Statistische Monatshefte Baden-Württemberg, Heft März 1953, S. 82–83; Baden-Württemberg in Wort und Zahl, Oktober 1972, S. 307, mit rechnerischen Ergänzungen.

Tab. 2: Die Bevölkerung in den Regierungsbezirken nach der Religionszugehörigkeit 1950–1970 (in Klammer v.H.)

	Wohnbevölkerung insgesamt		Evangelische Landeskirche¹)		Evangelische Freikirchen		Röm.-kath. Kirche		Andere christl. Kirchen²)		Jüd. Relig.-gemeinsch.		Sonst.Relig.-gemeinsch.³)	
	1950	1970	1950	1970	1950	1970	1950	1970	1950	1970	1950	1970	1950	1970
Nord-württemberg	2435325 (100,0)	3495702 (100,0)	1541250 (63,3)	1871908 (53,5)	20323 (0,8)	72318 (2,1)	760005 (31,3)	1237286 (35,4)	46121 (1,9)	100499 (2,9)	682 (0,0)	1225 (0,0)	66894 (2,7)	212466 (6,1)
Nord-baden	1472523 (100,0)	1909814 (100,0)	691317 (47,0)	838451 (43,9)	9042 (0,6)	39575 (2,1)	718701 (48,8)	910422 (47,7)	15663 (1,1)	26827 (1,4)	471 (0,0)	1066 (0,0)	37329 (2,5)	93473 (4,9)
Süd-baden	1338629 (100,0)	1867888 (100,0)	369853 (27,7)	533951 (28,6)	4306 (0,3)	31191 (1,7)	935770 (69,9)	1224097 (65,5)	9410 (0,7)	19059 (1,0)	183 (0,0)	514 (0,0)	19107 (1,4)	59076 (3,2)
Südwürttemberg-Hohenzollern	1183748 (100,0)	1621644 (100,0)	530494 (44,8)	655075 (40,4)	7104 (0,6)	30749 (1,9)	616218 (52,1)	847917 (52,3)	15744 (1,3)	28582 (1,8)	106 (0,0)	236 (0,0)	14082 (1,2)	59085 (3,6)
Gesamt-bevölkerung	6430225 (100,0)	8895048 (100,0)	3132914 (48,7)	3899385 (43,8)	40775 (0,7)	173833 (2,0)	3030744 (47,2)	4219722 (47,4)	86938 (1,3)	174967 (2,0)	1442 (0,0)	3041 (0,0)	137412 (2,1)	424200 (4,8)

¹) incl. sonstige evangelische Kirchen.   ²) oder evangelische Kirchen.   ³) ohne Angabe.

Quellen: Statistische Monatshefte Baden-Württemberg, Heft März 1953, S. 82, und Baden-Württemberg in Wort und Zahl, Oktober 1972, S. 307, mit rechnerischen Ergänzungen.

Zeittafel für das 19./20. Jahrhundert

1803 Reichsdeputationshauptschluß: Baden und Württemberg erhalten geistliche Gebiete und Reichsstädte als Ersatz für verlorene linksrheinische Gebiete. Baden und Württemberg werden Kurfürstentümer

1803/06 Religionsedikte in Württemberg: Gleichberechtigung der großen christlichen Konfessionen

1805–1810 Die Anzahl der Juden in Württemberg wächst auf ungefähr 7000 an

1806 Baden wird Großherzogtum, Württemberg Königreich

1806 Aufhebung der ständischen Verfassung in Württemberg: Damit ist auch das Ausschließungsgesetz für die Juden aufgehoben

1806 Gründung von Königsfeld durch die Herrnhuter Brüdergemeine

1808 Entwurf einer »Ordnung für die Juden in den königlichen Staaten« wird vom württembergischen König abgelehnt

1809 Sog. Judenedikt in Baden: Gleichstellung der Religionsgemeinschaft. Gründung des Oberrates der Israeliten Badens

1812 Gründung der württembergischen Bibelanstalt

1818 Verfassung für das Großherzogtum Baden

1819 Verfassung für das Königreich Württemberg: Baden und Württemberg werden konstitutionelle Monarchien

1819 Sog. Hep-Hep-Sturm: Ausschreitungen gegen badische Juden in den Städten

1819 Gründung der freien Gemeinde Korntal

1821 Festlegung der neuen Bistumsgrenzen in Südwestdeutschland

1821 Union der lutherischen und reformierten Kirche in Baden: Unierte Kirchenverfassung

1823 Übertritt Henhöfers zur evangelischen Kirche: Erweckung in Mittelbaden

1823 Ludwig Hofacker, bekannter Vertreter der württembergischen Erweckungsbewegung, wird Vikar in Stuttgart. – Erweckung in Württemberg – In Württemberg entsteht eine große Zahl diakonischer Einrichtungen

1825 Zahl der Juden in Baden beträgt 17577

1827 Bildung des Erzbistums Freiburg

1828 Bildung des Bistums Rottenburg

1828 Judengesetz in Württemberg: Der Sonderstatus der Schutzjuden wird aufgehoben. Die Juden erhalten bedingte Staatsbürgerrechte

um 1830 Traktatgesellschaften und Verlage zur Verbreitung christlicher Literatur entstehen im Raum der südwestdeutschen Landeskirchen

1830–1837 Kölner Kirchenstreit

1831 Der Methodist und Laie Christoph Gottlob Müller beginnt in Winnenden zu predigen

1832–1835 Gründung von 21, meist städtischen jüdischen Gemeinden in Württemberg

1836 Volksschulgesetz in Württemberg: Die Verwaltung der Volksschule bleibt konfessionell getrennt

1837 Berufung der Theologen Staudenmaier und Hirscher an die Universität Freiburg

1840 Entstehung der ersten mennonitischen Gemeinde Südwestdeutschlands in Überlingen

1842 Gründung des Gustav-Adolf-Vereins in der badischen Landeskirche

1842–68 Hermann v. Vicari Erzbischof von Freiburg
1847/48 Entstehung der ersten baptistischen Gemeinde in Baden und Württemberg in Heilbronn
1849 Die Grundrechte der Paulskirche werden in Württemberg als Landrecht verkündet
1848 Gründung der Inneren Mission (1849 badischer Landesverein)
1850 Entstehung der Kirchlich-positiven Vereinigung in der badischen Landeskirche
1851 Einführung des Pfarrgemeinderats in der württembergischen Landeskirche
ab 1850 Gründung zahlreicher karitativer Einrichtungen im Bistum Rottenburg
1851 Erste Gemeinde der vom Staat unabhängigen »Evangelisch-Lutherischen Kirche in Baden« entsteht
1851 In Heidelberg entsteht erste badische Gemeinde der »Selbständigen Evangelisch-Lutherischen Kirche«
1851 Johann Conrad Link beginnt die Missionsarbeit der Evangelischen Gemeinschaft in Württemberg
1851 Ludwig Nippert beginnt in Heilbronn die Missionsarbeit der Bischöflichen Methodistenkirche
1851 Deutsche Bundesversammlung hebt die Grundrechte der Paulskirche auf (1852 in Württemberg sanktioniert)
1853/54 Badischer Kirchenstreit
1854 Einführung der Diözesansynode in der württembergischen Landeskirche
1855 Badische Generalsynode tritt für den »positiven Ausbau der Union« ein
1859 Gründung der Kirchlich-liberalen Vereinigung in der badischen Landeskirche
1860 Badisches Kirchengesetz: Ablösung des Staatskirchentums in seiner strengen Form durch das gemäßigte System der Staatskirchenhoheit
1861 Die badische Generalsynode liberalisiert die Kirchenverfassung nach dem Ende des Staatskirchentums
1861 Die Juden erhalten in Württemberg das aktive und passive Wahlrecht zur Ständeversammlung
1862 Durch ein Gesetz erhalten die badischen Juden die bürgerliche Gleichstellung
1862 Gesetz über die Regelung der Staatsgewalt zur Katholischen Kirche in Württemberg
1864 Die Juden erhalten in Württemberg die bürgerliche Rechtsgleichheit
1867 »Kulturexamensgesetz« in Baden
1867 Einrichtung der Landessynode in der württembergischen Landeskirche
1869 Gründung der Katholischen Volkspartei in Baden (badisches Zentrum)
1872 Dissidentengesetz im Königreich Württemberg in Kraft
1876 Einführung der obligatorischen Simultanschule in Baden
1877 Eröffnung des Predigerseminars der Evangelischen Gemeinschaft in Reutlingen
1883 Gründung des ersten katholischen Arbeitervereins der Diözese Rottenburg in Deilingen
1886 In Stuttgart beginnt die Arbeit der Heilsarmee in Deutschland
1887 Trennung von bürgerlicher und kirchlicher Gemeinde in Württemberg. – Einrichtung von Kirchengemeinderäten auf Ortsebene
1890 Gründung des »Volksvereins für das katholische Deutschland«
1895 Bildung der Israelitischen Landessynode als repräsentatives Organ der israelitischen Religionsgemeinschaft in Baden

1895 Gründung der württembergischen Zentrumspartei

1897 Vereinigung der Methodisten und Wesleyaner zur Bischöflichen Methodistenkirche

1897 Gründung der Landeskirchlichen Vereinigung in der badischen Landeskirche

1897 Gründung des Deutschen Caritas-Verbands (1903 Freiburger Diözesanverband der Caritas)

1909 Volksschulgesetz in Württemberg: Ende der geistlichen Schulaufsicht

1911 Einrichtung des Missionsinstituts in Freiburg

1912 Gesetz vom 8.7. und Kirchverfassung vom 16.9. gewähren der jüdischen Religionsgemeinschaft den Status einer Körperschaft des öffentlichen Rechts mit relativer Autonomie

1918 Zusammenbruch der Monarchie in Baden und Württemberg. – Ende des landesherrlichen Kirchenregiments: Der Landesherr ist von jetzt an nicht mehr Bischof der Landeskirche

1919 Die Weimarer Reichsverfassung garantiert den Kirchen im Reich und in den Ländern ein gewisses Maß von Autonomie.

1919 Parlamentarische Kirchenverfassung in der badischen Landeskirche

1920 Kirchenverfassungsgesetz der württembergischen Landeskirche (1924 in Kraft getreten)

1920 Herrnhuter Brüdergemeine übernimmt Kurhaus von Bad Boll

1921 Freiburger Diözesansynode zur Reform der Erzdiözese

1921 Gründung eines Diözesanbildungsausschusses zur Pflege der Volksbildung in Württemberg

1922 Gründung des badischen Volkskirchenbundes der evangelischen Sozialisten

1924 »Gesetz über die Kirchen« in Württemberg: Die öffentliche Rechtsstellung der Kirchen wird geregelt

1924 Die jüdische Religionsgemeinschaft erhält als Körperschaft des öffentlichen Rechts völlige Autonomie

1927–1949 Joannes Baptista Sproll Bischof von Rottenburg

1929 Theophil Wurm württembergischer Kirchenpräsident (von 1933–1948 Landesbischof)

1931 Erklärung der Bischöfe der oberrheinischen Kirchenprovinz: Warnung vor dem Nationalsozialismus

1932–1948 Conrad Gröber Erzbischof von Freiburg

1933 Konkordat zwischen der Kurie und dem Freistaat Baden, Kirchenvertrag zwischen der badischen Landeskirche und dem Freistaat Baden

1933 Abschluß des Reichskonkordats zwischen der Kurie und dem Deutschen Reich

1933 Erklärung der deutschen Bischöfe am 28. März: Rücknahme der Warnungen und Verbote

1933 1. April Judenboykott

1933 7. April Gesetz zur Wiederherstellung des Berufsbeamtentums: Alle Beamten nichtarischer Herkunft werden mit wenigen Ausnahmen in den Ruhestand versetzt

1933 Gründung des Katholischen Bibelwerks

1934 Eingliederung der badischen Landeskirche in die 1933 entstandene Reichskirche (kurze Zeit später: Wiederausgliederung)

1934 Die württembergische Landeskirche kann die Eingliederungsversuche des Reichsbischofs abwehren. – Die Amtsenthebung von Bischof Wurm muß rückgängig gemacht werden

1934 Erste Reichsbekenntnissynode in Barmen unter Beteiligung badischer und württembergischer Abgeordneter

1934—1937 »Bischofstage«: Der Rottenburger Bischof Sproll macht auf die Bedrohung der Kirche aufmerksam

1935 Nürnberger Gesetze: Die Juden werden zu Bürgern minderen Rechts. – Ehen zwischen Juden und »Ariern« werden verboten

1937 Päpstliche Enzyklika »Mit brennender Sorge«: Scharfer Angriff auf die NS-Kirchenpolitik

1938 Einrichtung einer staatlichen Finanzabteilung in der badischen Landeskirche

1938 Ausweisung von Bischof Sproll aus seiner Diözese (Rückkehr aus der Verbannung 1945)

1938 9./10. November »Reichskristallnacht«: Bei diesem Judenpogrom werden die meisten Synagogen in Baden und Württemberg zerstört. Zahlreiche Juden werden mißhandelt, verhaftet und in Konzentrationslager gebracht

1939 Auflösung der katholischen Jugendverbände

1939—1945 Zweiter Weltkrieg

1940 Landesbischof Wurm (Juli 1940), Erzbischof Gröber und Generalvikar Kottmann (Rottenburg), (August 1940) protestieren gegen das NS-Euthanasieprogramm

1940 Tausende badischer Juden werden nach Gurs (Südfrankreich) deportiert

1941 Gründung des »Bundes Evangelisch-Freikirchlicher Gemeinden«

1941 Ab 15. September müssen alle deutschen Juden den Judenstern tragen

1941/42 Die württembergischen Juden werden in mehreren Transporten in den Osten deportiert

1945 Treysaer Bischofskonferenz: Wahl des Rats der Evangelischen Kirche in Deutschland (EKD) mit Theophil Wurm als Vorsitzendem

1945 Stuttgarter Schuldbekenntnis, ausgesprochen vom Rat der EKD beim Besuch einer ökumenischen Delegation am 18./19. Oktober

1945 Gründung der Badischen Christlich-sozialen Volkspartei (seit 1947 CDU)

1946 Gründung der Evangelischen Akademie Bad Boll

1946—1964 Julius Bender badischer Landesbischof

1948 Gründung der Evangelischen Kirche in Deutschland (EKD)

1948—1962 Martin Haug württembergischer Landesbischof

1949—1964 Carl Joseph Leiprecht Bischof von Rottenburg

1949 Neugründung der Länder Württemberg-Baden, Württemberg-Hohenzollern und Baden

1951/52 Kirchensteuerreform in der Erzdiözese Freiburg

1952 Bildung des Südweststaats

1952 Gründung der Katholischen Akademie Stuttgart-Hohenheim

1956 Errichtung der Katholischen Akademie Freiburg

1958 Kirchenverfassung (Grundordnung) der badischen Landeskirche

1958—1977 Hermann Schäufele, Erzbischof von Freiburg

1962—1965 Zweites Vatikanisches Konzil in Rom

1968 Vereinigung der Evangelischen Gemeinschaft mit der Bischöflichen Methodistenkirche zur Evangelisch-methodistischen Kirche (EMK)

1970 St.-Eberhards-Kirche in Stuttgart wird zur Kathedrale erhoben. – Umwandlung des Bistumsnamens in »Rottenburg–Stuttgart«

1972 Erweiterte Grundordnung der badischen Landeskirche

Systematische Auswahlbibliographie

1. Allgemeine Literatur

Baeck, Leo: Das Wesen des Judentums. Wiesbaden ⁷o.J. (Nachdruck)

Hirsch, Leo: Jüdische Glaubenswelt. Basel ⁵1982

Huber, Ernst Rudolf, und *Huber*, Wolfgang: Staat und Kirche im 19. und 20. Jahrhundert. Dokumente zur Geschichte des deutschen Staatskirchenrechts, 3 Bde. Berlin 1973, 1976, 1983

Huber, Wolfgang: Kirche (Bibliothek Themen der Theologie. Ergänzungsband). Stuttgart 1979

Maier, Hans: Kirche und Demokratie: Weg und Ziel einer spannungsreichen Partnerschaft. Freiburg, Basel, Wien 1972

Mikat, Paul (Hg.): Kirche und Staat in der neueren Entwicklung. Darmstadt 1980

Peter, Hansjoachim: Zur geschichtlichen Grundlegung der Staatsleistung an die evangelische und katholische Kirche unter besonderer Berücksichtigung der baden-württembergischen Geschichte. Heidelberg (Jur. Diss.) 1971

Zweites Vatikanisches Konzil. Dogmatische Konstitution über die Kirche »Lumen gentium« in: Karl Rahner und Herbert Vorgrimler. Kleines Konzilkompendium. Freiburg 1966, S. 105−200

2. Literatur zur Landesgeschichte Baden-Württembergs

Bausinger, Hermann, *Eschenburg*, Theodor, u. a.: Baden-Württemberg. Eine politische Landeskunde. Stuttgart, Berlin, Köln, Mainz 1975

Haebler, Rolf Gustav: Badische Geschichte. Die alemannischen und pfälzisch-fränkischen Landschaften am Oberrhein in ihrer politischen, wirtschaftlichen und kulturellen Entwicklung. Karlsruhe 1951

Historischer Atlas von Baden-Württemberg, hg. von der Kommission für geschichtliche Landeskunde in Baden-Württemberg in Verbindung mit dem Landesvermessungsamt Baden-Württemberg. Stuttgart 1972ff.

Konstanzer, Eberhard: Die Entstehung des Landes Baden-Württemberg. Stuttgart usw. 1969

Miller, Max, und *Sauer*, Paul: Die Württembergische Geschichte. Von der Reichsgründung bis heute. Stuttgart 1971

Neue Forschungen zu Grundproblemen der badischen Geschichte im 19. und 20. Jahrhundert (= Oberrheinische Studien, Bd. 2). Karlsruhe 1973

Sauer, Paul: Demokratischer Neubeginn in Not und Elend. Das Land Baden-Württemberg von 1945 bis 1952. Ulm 1978

Sauer, Paul: Württemberg in der Zeit des Nationalsozialismus. Hg. von der Kommission für geschichtliche Landeskunde in Baden-Württemberg. Ulm 1975

Schadt, Jörg (Bearb.): Verfolgung und Widerstand unter dem Nationalsozialismus in Baden. Stuttgart 1976

Weller, Arnold: Sozialgeschichte Südwestdeutschlands. Stuttgart 1979

Weller, Karl, und *Weller*, Arnold: Württembergische Geschichte im südwestdeutschen Raum. Stuttgart, Aalen ⁷1972

3. Literatur zur Geschichte der Religionsgemeinschaften in Baden-Württemberg

3.1. Katholische Bistümer

Doetsch, Wilhelm Josef: Württembergs Katholiken unterm Hakenkreuz 1930–1935. Stuttgart 1969
Erzbischöfliches Ordinariat Freiburg (Hg.). Das Erzbistum Freiburg 1827–1977. Freiburg 1977
Hagen, August: Geschichte der Diözese Rottenburg, Bd. 1 bis 3. Stuttgart 1956–1960
Kopf, Paul, und *Seiler*, Alois: 150 Jahre Diözese Rottenburg. Ausgewählte Dokumente zur Ausstellung vom 15. bis 30. 4. 1978 in Ludwigsburg. Stuttgart 1978

3.2. Evangelische Landeskirchen

Erbacher, Hermann (Hg.): Vereinigte Evangelische Landeskirche in Baden 1821 bis 1971. Karlsruhe 1971
Schäfer, Gerhard: . . . zu erbauen und zu erhalten das rechte Heil der Kirche. Eine Geschichte der Evangelischen Landeskirche in Württemberg. Stuttgart 1984
Vierordt, Karl Friedrich: Geschichte der evangelischen Kirche in dem Großherzogtum Baden. Karlsruhe 1 (1847), 2 (1856)
Württembergische Kirchengeschichte. Hg. vom Calwer Verlagsverein. Stuttgart 1893

3.3. Evangelische Freikirchen

Lorenz, Friedhelm: Erbaut auf einem Grunde. Eine Kurzfassung der Geschichte der evangelisch-freikirchlichen Gemeinden in Baden-Württemberg. Stuttgart 1979
Motel, Hans-Beat (Hg.): Glieder an einem Leib. Freikirchen in Selbstdarstellungen. Konstanz 1975

3.4. Alt-Katholische Kirche und Orthodoxe Kirche

Kallis, Anastasios: Orthodoxie – was ist das? Mainz ²1981
Küry, Urs: Die Alt-Katholische Kirche – ihre Geschichte, ihre Lehre, ihr Anliegen. Stuttgart 1978

3.5. Jüdische Religionsgemeinschaft

Hundsnurscher, Franz, und *Taddey*, Gerhard: Die jüdischen Gemeinden in Baden. Stuttgart 1968
Sauer, Paul: Die jüdischen Gemeinden in Württemberg und Hohenzollern. Denkmale, Geschichte, Schicksale. Stuttgart 1966
Sauer, Paul: Die Schicksale der jüdischen Bürger Baden-Württembergs während der nationalsozialistischen Verfolgungszeit 1933 bis 1945. Stuttgart 1969

Ortsregister

Aalen 89, 103, 138, 142, 163, 172
Affaltrach (Gemeinde Obersulm,
  Landkreis Heilbronn) 190
Ahlen 314
Albstadt Ebingen 166
Alpirsbach 139
Altensteig (Württ.) 160
Altshausen 89
Amsterdam 326
Ansbach 137, 142
Aufhofen 107
Arnoldshain 133
Augsburg 90, 91, 138, 140, 142, 147, 159
Auschwitz, KZ und Vernichtungslager
  199, 202, 203, 204

Babylon 46
Backnang 160, 168
Baden-Baden 116, 126, 164, 169, 172,
  191, 196, 206, 208
Bad Boll 154, 156, 167, 277, 288, 311
Bad Buchau am Federsee 89, 111, 185,
  190, 198, 202
Bad Cannstatt, heute: Stuttgart-Bad
  Cannstatt 103, 113
Bad Godesberg 311, 312
Bad Herrenalb 277, 288
Bad Mergentheim 90, 101, 107
Bad Säckingen 172
Bahlingen 124
Baindt 101
Baisingen 185
Balingen 103
Barmen, s. a. Wuppertal 41, 42, 155,
  259, 283
Basel 52, 59, 137, 152, 331, 336
Bebenhausen 141, 146
Beilstein 160
Berlin 104, 112, 166, 203, 233
Beuggen 81
Beuron 74, 107
Biberach 89, 100, 101, 102, 138, 163,
  199, 217
Bietigheim (Württ.) 160
St. Blasien 81, 176, 298
Blaubeuren 141, 288
Blönried 107
Böblingen 172
Bonlanden 102, 160
Bonn 100, 172, 173, 297, 301
Bopfingen 138

Boxberg 308
Brackenheim 163
Braunschweig 142
Breisach 177, 191
Bremen 92
Breslau 104
Bretten 131, 164, 168, 177
Bruchsal 126, 177, 191, 199
Bühl 116, 177
Buttenhausen 185, 194

Calw 103, 146, 160, 181
Chipata (Zambia) 333
Compiègne 90
Cottbus 159
Crailsheim 151, 169
Creglingen 193

Dachau 81, 197
Darmstadt 283
Deggingen 107
Deilingen 104
Deizisau 160
Denkendorf 141, 148, 331
Dettensee (Stadt Horb a. Neckar,
  Landkreis Freudenstadt) 190
Dettighof 172
Dillingen 102
Dischingen 90
Donzdorf 102
Drancy, Sammellager 203
Durlach 117, 142, 176, 208

Eberbach 116
Ebingen 103
Echterdingen 160
Edinburgh 326
Ehingen 89, 100, 102
Elberfeld 169
Ellwangen 89, 90, 91, 92, 93, 99, 100,
  107, 111, 150
Emaus/Prag 106
Emmendingen 117, 174, 191
Endersbach 163
Ennabeuren 107
Enzweihingen 160, 167
Erdington/England 106
Ergenzingen 107
Erlenbach 75
Eschenau (Gemeinde Obersulm,
  Landkreis Heilbronn) 202

Esslingen 103, 116, 138, 146, 160, 167, 172, 185
Ettlingen 116, 176

Fellbach 112
Flehingen 116, 120
Frankfurt am Main 65, 66, 92, 126, 186, 331
Freiburg i. Br. 58, 59, 60, 61, 64 f., 72 f., 83, 86, 93, 112, 116, 126, 127, 163, 164, 166, 168 f., 172, 190, 191, 196, 199, 206, 226, 232 f., 261 f., 270 f., 275, 277, 286, 303, 308, 310, 328, 331, 333 f.
Freudenstadt 103, 160, 162, 165, 166
Freudental 181
Friedrichshafen 163
Friedrichstal 122
Fürth 159
Fulda 60, 79, 93

Gailingen Kreis Konstanz 179, 191
Geislingen 90
Gemmingen 116
Genf 118
Gengenbach 75, 117
Giengen an der Brenz 138
Gingen 89
Glasgow 118
Glogern 159
Göppingen 103
Gochsheim 181
Gorheim bei Sigmaringen 74
Graben 123
Grafeneck 199
Großbottwar 160
Geisingen/Neckar 160
Gernsbach 163
Göppingen 166
Güglingen 160
Gundelsheim 101
Gurs, Südfrankreich, Internierungslager 203

Hagenau 142
Haigerloch 190, 194, 201, 202
Halle/Saale 147, 159
Hamburg 163, 166
Hanau 208
Hannover 169
Hechingen 201
Heggbach bei Biberach 199
Hegne 75, 77
Heidelberg 61, 68, 73, 115 f., 122, 127, 136, 162 f., 166, 168, 169, 177, 190, 191, 199, 206, 279, 287, 308

Heidenheim/Br. 103, 167, 168
Heilbronn 89, 138, 146, 159, 160, 163, 167, 168, 190, 193, 196, 199, 202
Heiligenbronn bei Schramberg 102
Heiligkreuztal 89
Heimsheim 160
Hemsbach 163
Heppenheim 331
Herrenberg 146, 160
Herrlingen (Gemeinde Blaustein, Alb-Donau-Kreis) 202
Herrnhut 147, 167, 331
Herten 75
Hirsau 141
Hochberg (Gemeinde Remseck a. Neckar, Landkreis Ludwigsburg) 185, 190
Hochdorf 160
Hohenheim, heute: Stuttgart-Hohenheim 107, 113
Hohenberg 89
Honau 162
Horb 89, 168

Izbica bei Lublin/Polen 204
Ihringen 164
Isny 138
Ispringen bei Pforzheim 164

Jebenhausen 185
Jerusalem 46, 50

Kapfenburg 89
Karlsruhe 62, 65, 66, 73, 77, 83, 115, 121 f., 127, 129, 133, 160, 163 f., 168, 172, 177, 179, 180, 190 f., 194, 196, 199, 206, 279, 284, 331
Kassel 164, 283
Kehl 208
Kellenried 107
Kembach 164
Kenzingen 116
Killesberg (Stuttgart) 204
Kirchberg/Jagst 160
Kirchheim/Teck 160, 163, 181
Köln 64, 95, 96, 104, 111, 166, 316
Königsfeld 167, 209, 287
Komburg 89
Konstantinopel 141
Konstanz 59, 60 f., 63 f., 73 f., 90, 92, 116, 126, 163, 172, 179, 191, 206, 208
Korntal bei Stuttgart 123, 151, 211
Krumbach/Schwaben 112
Kuppenheim 196

Ladenburg 116, 172, 177
Lahr 164
Laupheim 185, 188, 196, 202
Lausanne 326
Lautlingen 108
Leuenberg/Schweiz 133, 327
Leutkirch 90, 102, 138
Liegnitz 159
Lima 326, 329
Limburg 60, 76, 93, 142
Linkenheim 169
Linz/Österreich 101
Lörrach 163, 164, 166, 169
London 166
Lublin-Majdanek, KZ und
    Vernichtungslager 203, 204
Ludwigsburg 101, 108, 145, 160, 196,
    197, 277, 286
Lübeck 92
Lunéville 89

Magdeburg 159
Mainz 59, 60, 61, 63, 66, 91, 98, 99,
    100, 109, 208, 233
Mannheim 62, 73, 120, 122, 127, 129,
    165, 169, 172, 179f., 190f., 194,
    196, 199, 206, 227, 287
Marbach (Kreis Ludwigsburg) 160,
    190
Margrethausen 89
Maria Laach 107
Massenbach 163
Maulbronn 139, 141, 142, 146,
    288
Meersburg 123
Mengen 89
Merchingen 177
Metzingen 111
Michelbach (Württ.) 288
Minden 95
Möckmühl 163, 168
Mömpelgard 89
Mönchengladbach 104
Mössingen 288
Mosbach 116, 120, 177, 196
Mühlhausen bei Pforzheim 123
Mühringen 185
Mülheim an der Ruhr 164
München 159
Mulfingen 102
Munderkingen 89
Murrhardt 149, 160

Nagold 160, 162
Nazareth 46
Neresheim 90, 106, 262, 267

Neuburg (Pfalz) 142
Neu-Delhi 326, 336
Neuendettelsau 163
Nexon (Lager) 203
Nœ (Lager) 203
Nördlingen 116, 144
Nordheim 160
Nordrach (Ortenaukreis) 199
Nordstetten 185, 194
Nürnberg 138, 142, 159, 195
Nürtingen 160
Nußloch 164
Oberdischingen 107
Oberdorf (Stadt Bopfingen) 185, 191,
    197, 202
Oberkirch 118
Obermarchtal 107
Oberstotzingen (Gemeinde
    Niederstotzingen, Landkreis
    Heidenheim) 202
Oberursel 169
Ochsenhausen 89
Offenburg 59, 64, 172, 179, 191
Oggelsbeuren 101, 102
Oldenburg 92
Oxford 160

Paris 91
Pflaumloch (Gemeinde Riesbürg,
    Ostalbkreis) 185, 190
Pforzheim 62, 117, 122, 127, 160,
    164f., 179, 191, 199, 206
Pfullingen 167
Plochingen 160
Prag 106
Preßburg 89, 90, 182
Prevorst 160

Raidwangen 160
Rastatt 59, 74, 116, 126, 179, 196, 217
Ravensburg 90, 102, 104, 105, 138,
    217
Récébédou (Lager) 203
Regensburg 63, 89, 100
Remchingen 16
Reute 102
Reutlingen 89, 138, 160, 163, 166, 168,
    181, 277
Rexingen (Stadt Horb a. Neckar) 190,
    191, 194
Riedlingen 89
Riga (Lager) 204
Rivesaltes (Lager) 203
Rom 67, 86, 90, 92, 93, 94, 95, 97, 98,
    99, 103, 104, 106 171f., 234
Rottenburg 60, 89, 92f., 97f., 100f.,

107f., 112f., 151, 232f., 241f.,
261f., 270f., 303, 310, 319, 328,
333f.
Rottenmünster 89
Rottweil 89, 107, 138
Rudersberg 160

Sachsenheim 288
Säckingen 116
Salem 61
Sasbach 271
Saulgau 89, 100, 107
Scheer 89
Schelklingen 89
Schleitheim 168
Schmieheim 177
Schönau 118, 122
Schönstatt 319
Schöntal 89
Schopfheim 81
Schorndorf 160
Schramberg 102
Schussenried 89
Schwäbisch Gmünd 89, 101, 107, 112,
138, 172, 197
Schwäbisch Hall 89, 102, 103, 116,
137f., 140, 147, 160, 196, 217
Schwenningen 163, 165
Shave-Zion, Israel 191
Sickingen 120
Siegen 159
Sießen 102, 262
Sigmaringen 74, 217
Sindelfingen 163
Singen 163, 169
Sinsheim 116, 168, 177
Söllingen bei Karlsruhe 164
Spaichingen 107, 151
Speyer 59, 60, 61, 90, 92, 139, 208
Spöck 123
Steinbuch bei Schwäbisch Hall 102
Steinen (Kr. Lörrach) 164
Stockholm 326
St. Peter/Schwarzwald 67, 74, 168, 271
Straßburg 59, 61, 102, 116, 117, 136,
139
Stuttgart 97, 100f., 114, 136, 142,
145f., 155, 159f., 172, 181, 185, 190,
192, 194, 196f., 201f., 227, 232f.,
266f., 270f., 279f., 284, 301, 303,
311, 328, 331, 333, 334, 336
Sulzburg 177

Taizé 21
Tauberbischofsheim 74
Tettnang 90

Theresienstadt (Lager) 204
Tiengen (Stadt Waldshut-Tiengen) 197
Tigerfeld (Gemeinde Pfronstetten,
Landkreis Reutlingen) 202
Titisee-Neustadt 169
Treblinka 202
Trient 140
Trier 104
Trossingen 163
Tübingen 92, 95, 99f., 106, 136, 139,
143, 146, 152, 154, 160, 167, 181
Tuttlingen 103, 163

Überlingen 168
Ulm 90, 101, 105, 107, 110, 111, 136f.,
155, 160, 162, 163, 167, 190, 196,
199
Untermarchtal 102
Urach 103

Vaihingen/Enz 160
Vichy 203
Villingen 59, 116

Waghäusel 176
Waiblingen 160
Waldeck 92
Waldhausen bei Schwäbisch Gmünd
111
Waldsee 89, 96
Waldshut 116, 163, 217
Waldstetten 112
Wangen 90, 107
Warnsdorf (Sudetenland) 172
Wannweil 160
Weil der Stadt 89, 116, 137, 138
Weilheim/Teck 160
Weimar 106, 154, 187, 188, 191, 192,
292, 294f., 297, 304, 307f., 311f.
Weingarten 89, 91, 107
Weinstadt 163
Weissach 160
Weissenau 89
Weissenstein (Landkreis Göppingen)
202
Welschneureut 122
Welzheim 111, 160, 197
Wertheim 177
Wiblingen 89
Wien 90, 92, 97, 159, 176, 182
Wiesensteig 89
Wilhelmsdorf 211
Wimpfen 116, 136, 138
Winnenden 159, 160
Wittenberg 137
Wössingen 168

Worms 59, 61, 90, 92
Würzburg 61, 65, 66, 90, 98
Wüstenrot 162
Wuppertal-Barmen, Elberfeld 13, 41,
   156, 169
Wurzach 102, 107

Wyhl (Baden) 308

Zähringen, heute: Freiburg-Zähringen 72
Ziegelbach 96
Zürich 119, 121
Zwiefalten 89

Namensregister

Adam, Karl (1876–1966), Professor der Theologie 110, 111
Adenauer, Konrad (1876–1967), Bundeskanzler 308 f.
Alber, Matthäus (1495–1570), ev. Pfarrer 138
Amann, Heinrich (gest. 1849), Kirchenrechtler 63
von Andlau, Heinrich (1802–1871), Politiker 64, 65
Andreä, Jakob (1528–1590), Professor der Theologie 142 f.
Andreä, Johann Valentin (1586–1654), ev. Prälat und Generalsuperintendent 143 f.
Auerbach, Berthold (1812–1882), Dichter 154
Augustinus (354–430), Bischof 25

Baeck, Leo (1873–1956), Rabbiner und Religionswissenschaftler 48
Bärtle, Josef (1892–1949), kath. Pfarrer 109
Barratt, John Cook (1832–1892), methodistischer Generalsuperintendent 159
Baumstark, Reinhold (1831–1900), Zentrumspolitiker 71
Baur, Ferdinand Christian (1792–1860), Professor der Theologie 152
Beck, Johann Tobias (1804–1878), Professor der Theologie 154
Bender, Julius (1893–1963), von 1945 bis 1963 badischer Landesbischof 131
Bengel, Johann Albrecht (1687–1752), ev. Prälat 148 f.
Ben Gurion, David (1886–1973), israel. Politiker 52
Bertram, Adolf (1859–1945), von 1914–1945 Erzbischof von Breslau, Kardinal 110
Bilfinger, Georg Bernhard (1693–1750), Geheimer Rat, Konsistorialpräsident, 147
Billicanus, Theobald (um 1490–1554), Professor der Rhetorik 116
von Bismarck, Otto (1815–1898), Reichskanzler 66, 71
Bissing, Zentrumspolitiker 71
Blank, Josef (geb. 1926), Professor der Theologie 23

Blarer, Ambrosius (1492–1564), ev. Pfarrer 116, 139
Blarer, Thomas (um 1496–1567), Jurist und Ratsherr 116
Blaurock, Georg (gest. 1529), Täufer 167
Bloch, Ernst (1885–1977), Professor der Philosophie 48
Blumhardt, Christoph (1842–1919), ev. Pfarrer 154
Blumhardt, Johann Christoph (1805–1880), ev. Pfarrer 154
Bohrer, Mordechai (1885–1938), Rabbiner 197
Boll, Bernhard (1756–1836), von 1827–1836 Erzbischof von Freiburg 61, 62, 63, 64
Bolz, Eugen (1881–1945), Staatspräsident 109
Booth (William (1829–1912), engl. Methodistenprediger, Mitbegründer der Heilsarmee 165
Bosch, Robert (1861–1942), Stuttgarter Industrieller 192
Brauer, Johann Nikolaus Friedrich (1754–1813), Kirchenratsdirektor 122
Brenz, Johannes (1499–1570), Prediger in Schwäbisch Hall, Landpropst in Stuttgart 29, 38, 39, 116 f., 136 f., 139, 143, 275, 281
Buber, Martin (1878–1965), Religionsphilosoph 54, 57, 331
Bucer, Martin (1491–1551), ev. Pfarrer 116, 136
Buck, Johann Gualbert (1870–1944), kath. Pfarrer 106
Büchner, Franz (geb. 1895), Professor der Medizin 81
Burg, Vitus (1768–1833), Weihbischof von Freiburg, ab 1830 Bischof von Mainz 61
Burger, Wilhelm (1880–1952), Weihbischof von Freiburg 79
Buß, Franz Josef (1803–1878), Professor für Staatswissenschaft, Völkerrecht und Kirchenrecht und Zentrumspolitiker 64, 65, 74

Cachs, Josef (1855–1943), Architekt 103

Chrysostomos, Johannes (335–407), Bischof 173
Christoph (1515–1568), von 1550–1568 Herzog von Württemberg 118, 140f., 143
Clemens von Sachsen, Wenzeslaus (1739–1812), von 1768–1812 Bischof von Augsburg 91
Consalvi, Ercole (1757–1824), Kardinalstaatssekretär 93

von Dalberg, Kurt Theodor (1744–1817), Bischof von Konstanz, Erzbischof von Mainz, von 1813–1817 Erzbischof von Regensburg 63, 91, 92
Dangelmaier, Alois (1869–1968), kath. Pfarrer 111
Dannecker, Anton (1816–1881), kath. Pfarrer 98
Delp, Alfred (1907–1945), SJ, kath. Theologe und Soziologe 81
Demeter, Ignaz Anton (1773–1842), von 1836–1842 Erzbischof von Freiburg 63, 64, 65
von Dohm, Christian Wilhelm (1751–1820), preußischer Gesandter 174
Drey, Johann Baptist (1777–1853), Professor der Theologie 93
von Droste zu Vischering Clemens August (1773–1845), von 1835–1845 Erzbischof von Köln 95
Dürr, Karl (1892–1976), ev. Pfarrer 130
Duttlinger, Johann Georg (1788–1841), Professor der Rechtswissenschaften 64

Eberhard II., der Greiner (1315–1392), von 1344–1392 Graf v. Württemberg 181
Eberhard V. (I.) im Bart (1445–1496), von 1450–1495 Graf, von 1495–1496 Herzog von Württemberg 181
Eberhard, Anton (1866–1927), kath. Pfarrer 107
Eberhard Ludwig (1676–1733), von 1693–1733 Herzog v. Württemberg 144
Eberle, Johannes (1851–1904), ev. Pfarrer 159
Eckard, Joseph (1865–1906), Diözesanpräses 104, 105
Eckert, Erwin (1893–1972), ev. Pfarrer, Bundestagsabgeordneter 129, 130
Egle, Josef (1818–1899), Architekt 103
Eichhorn, Carl (1810–1890), ev.

Pfarrer 163f.
von Eichthal, David (1776–1851), Fabrikant 178
Einstein, Albert (1879–1955), Physiker, Nobelpreisträger 190
Eisner, Kurt (1867–1919), Politiker 52
Ellstätter, Moritz (1827–1905), badischer Finanzminister 179
Engesser, Direktor der „Katholischen Kirchensektion" im badischen Innenministerium 62
Eppler, Erhard (geb. 1926), SPD-Politiker 300, 307
Erzberger, Matthias (1875–1921), Zentrumspolitiker und Reichsfinanzminister 76, 104, 105

Feuerstein, Otto (1876–1934), kath. Pfarrer 106
Fink, Ernst-Friedrich (1806–1863), ev. Pfarrer 124
Föhr, Ernst (1892–1976), Generalvikar, Zentrumspolitiker 78, 83, 85, 310
Fracht, Martin (1494–1556), ev. Pfarrer 136, 138
Franck, August Hermann (1663–1727) Professor der Theologie 147
Franck, Sebastian (1499–1542), Prediger, Buchdrucker und Schriftsteller 138
Francke, August Hermann (1663–1727), Professor der Theologie 147
Friedrich I., genannt Barbarossa (ca. 1120–1190), von 1152–1190 deutscher König, Kaiserkrönung 1155 181
Friedrich I. (1826–1907), von 1856–1907 Großherzog von Baden 67, 125, 178
Friedrich I. (1557–1608), von 1593–1608 Herzog v. Württemberg 144
Friedrich I. (1754–1816), von 1797–1803 Herzog (II.), von 1803–1806 Kurfürst, von 1806–1816 König (I.) 90, 91, 151, 182
Friedrich III. (1515–1576), von 1559–1576 Kurfürst von der Pfalz 117
Friedrich V. (1596–1632), von 1614–1623 Kurfürst von der Pfalz 118
Fritz, Carl (1872–1931), von 1920–1931 Erzbischof von Freiburg 77, 78
Fürst, Joseph (1870–1942), kath. Repetent 106
Funk, Philipp (1884–1937), Theologe 106

von Geissel, Johannes (1796–1864), von 1845–1864 Erzbischof von Köln 96

Georg, Friedrich (1573–1638), von 1595–1634 Markgraf von Baden-Durlach 118, 122

Getzeny, Heinrich (1894–1970), Landessekretär des Volksvereins für Württemberg 108

Gnädinger, Karl (geb. 1905), Weihbischof von Freiburg 1961–1980 86

Goebbels, Josef (1897–1945), Reichspropagandaminister 196

Görres, Joseph (1776–1848), Publizist 95

von Goethe, Johann Wolfgang (1749–1832), Dichter 174

Grafe, Hermann Heinrich (1818–1869), Kaufmann, Begründer der Freien evangelischen Gemeinde Elberfeld-Barmen 169

Gregor XVI. (1765–1846), von 1831–1846 Papst 95

Grebel, Konrad (ca. 1498–1526), Täufer 167

Gretter, Kaspar (1500–1557), ev. Pfarrer 138

Gröber, Adolf (1854–1919), Zentrumspolitiker 105

Gröber, Conrad (1872–1948), von 1932–1948 Erzbischof von Freiburg 78, 79, 80, 81, 82, 83, 84, 112, 301, 310

Großmann, Franz Xaver (1874–1959), kath. Dekan 112

Guggenheim, Leopold (1818–1884), Bürgermeister 179

Haas, Ludwig (1875–1930), Rechtsanwalt, Mitglied der bad. Revolutionsregierung 1918 180

von Haber, Salomon (1764–1831), Bankier 178

Hafenreffer, Matthias (1561–1619), Professor der Theologie 143

Hahn, Michael (1758–1819), Bauer und Theosoph 152

Hahn, Philipp Matthäus (1739–1790), ev. Pfarrer 149

Hansjakob, Heinrich (1837–1916), kath. Pfarrer und Volksschriftsteller 71

Haug, Martin (1895–1983), von 1948–1962 württembergischer Landesbischof 156

Hauß, Friedrich (1893–1977), ev. Dekan 132

Hayum, Simon (1867–1948), Rechtsanwalt 188

Hebel, Johann Peter (1760–1826), ev. Prälat 123

Hedinger, Johann Reinhard (1664–1704), Professor der Theologie 147

Heerbrand, Jakob (1521–1600), Professor der Theologie 143

Hefele, Carl Joseph (1809–1893), von 1869–1893 Bischof von Rottenburg 99, 101, 103, 105, 171

Hefele, Hermann (1885–1936), kath. Theologe 106

Hegel, Georg Friedrich (1770–1831), Professor der Philosophie 153

Heidland, Hans-Wolfgang (geb. 1912), von 1964–1980 badischer Landesbischof 133

Heilig, Josef, kath. Diakon 106

Helbing, Albert (1837–1914), ev. Prälat 127, 128

Henhöfer, Alois (1789–1862), ev. Pfarrer 123

Herr, Franz Joseph (1778–1837), Geistlicher Rat 71

Herschel, Grynspan (1911–1940) 196

Heydrich, Reinhard (1904–1942), Chef der Sicherheitspolizei und des Sicherheitsdienstes Reichsführer SS 202

Hiller, Philipp Friedrich (1699–1769), ev. Pfarrer 148

von Hindenburg, Paul (1847–1934), Reichspräsident 193

von Hirscher, Johann Baptist (1788–1865), Professor der Theologie 64, 100

Hitler, Adolf (1889–1945), 1933–1945 Reichskanzler und Führer 79, 109, 110, 180, 195, 201, 281, 311

Hitze, Franz (1851–1921), kath. Pfarrer, Zentrumspolitiker 105

Hochstetter, Johann Andreas (1637–1720), ev. Prälat und Generalsuperintendent 146 f.

Hofacker, Ludwig (1798–1828), ev. Pfarrer 152

von Hohenlohe, Franz Karl, Fürst (1745–1819), Weihbischof von Augsburg, Generalvikar von Ellwangen 91, 92

Holzmann, Philipp (1762–1817), badischer Staatsrat 175

von Hornstein, August Freiherr (1789–1855), ritterschaftlicher

Abgeordneter von Württemberg, Mitglied der 1. Kammer 95

Hottinger, Johann Heinrich (1620–1667), ev. Theologe 119

Hubertinus, Kaspar (1500–1553), ev. Pfarrer 142

Hubmaier, Balthasar (um 1485–1528), Täufer 116

Hug, Leonhard (1765–1846), Professor der Theologie, Altertumswissenschaftler 61

Hundeshagen, Carl Bernhard (1810–1872), Professor der Theologie 125

Hus, Jan (ca. 1369–1415), Universitätslehrer und Prediger 166

Irenicus, Franz (1495–1559) (oder 1565), ev. Pfarrer 116

Isenmann, Johannes (um 1495–1574), ev. Prälat 116

Jäger, Johann Wolfgang (1647–1720), Professor der Theologie 146

Jaumann, Ignaz (1778–1862), Domdekan 96, 97

Johann Wilhelm (1658–1716), von 1690–1716 Kurfürst von der Pfalz 120

Jolly, Julius (1823–1891), bad. Staatsminister 68, 69, 70

Joseph II. (1741–1790), von 1765–1790 deutscher Kaiser 174, 183

Jung-Stilling, Johann Heinrich (1740–1817), Arzt und Nationalökonom 121

Kaim, Emil (1871–1949), Domkapitular 108

Kaller, Maximilian (1880–1947), von 1930–1947 Bischof von Ermland 108

von Kapff, Sixt Karl (1805–1879), ev. Prälat 153

Karl II. (1529–1577), Markgraf von Baden-Baden, Regierungszeit 1553–1577 117

Karl (1823–1891), von 1864–1891 König von Württemberg 103, 153

Karl Alexander (1684–1737), von 1733–1737 Herzog von Württemberg 145, 147, 181

Karl Eugen (1728–1793), von 1744–1793 Herzog von Württemberg 145, 148, 150

Karl Friedrich (1728–1811), von 1746–1803 Markgraf, von 1803–1806 Kurfürst, von 1806–1811

Großherzog v. Baden 121, 122, 174

Karl III. Wilhelm (1679–1738), von 1709–1738 Markgraf von Baden-Durlach 122

Karl IV. (1316–1378), von 1346–1378 deutscher Kaiser 181

Karl V. (1500–1558), von 1519–1556 deutscher Kaiser 116

Karl Ludwig (1617–1680), von 1648–1680 Kurfürst von der Pfalz 119

Keilbach, Anton (1861–1954), kath. Theologe 105

von Keller, Johann Baptist (1774–1845), von 1828–1845 Bischof von Rottenburg 89, 90, 91, 93, 94, 95, 96

von Keppler, Paul Wilhelm (1852–1926), von 1898–1926 Bischof von Rottenburg 106, 107, 109

von Keßler, Emil (1813–1867), Fabrikat 178

von Ketteler, Wilhelm Emanuel (1811–1877), von 1850–1877 Bischof von Mainz 66, 67, 69, 99

Kirchner, Konrad (1856–1911), kath. Theologe 107

Klausener, Erich (1885–1934), Ministerialdirektor, Führer der Katholischen Aktion 80

Klopstock, Friedrich Gottlieb (1724–1803), Dichter 121

Knapp, Albert (1798–1864), ev. Pfarrer 153

Knecht, Friedrich Justus (1839–1921), von 1894–1921 Weihbischof von Freiburg 72, 74

Koch, Hugo (1869–1940), kath. Pfarrer 106

Koch, Wilhelm (1874–1955), Professor der Theologie 106

Köhler, Heinrich (1878–1949), bad. Staatspräsident 77

Komp, Ignaz (1828–1898), 1898 Erzbischof von Freiburg 72

Kopp, Fritz (1912–1970), ev. Pfarrer 133

Kopp, Georg (1837–1914), von 1887–1914 Bischof von Breslau 104

Korum, Michael Felix (1840–1921), von 1881–1921 Bischof von Trier 104

Kottmann, Max (1867–1948), Generalvikar des Bistums Rottenburg 112

Kraus, Franz Xaver (1840–1901), Professor der Theologie 71

Kreutz, Benedikt (1879–1949), Caritaspräsident 81

Kroner, Hermann (1870–1930),
Rabbiner 191
von Kübel, Lothar (1823–1881), von
1868–1881 Weihbischof und
Bistumsverweser des Erzbistums
Freiburg 69, 70
Kühlewein, Julius (1873–1948), von
1933–1946 bad. Landesbischof 130
Küng, Hans (geb. 1928), Professor der
Theologie 23, 301, 306, 321
Kuhn, Johann Evangelist (1806–1887),
Professor der Theologie 99
Kurz, Sebastian (1789–1868), Prediger
der Ev. Gemeinschaft 160
Kusch, Rudolf (1809–1890),
Rechtsanwalt 178
Kusch (1780–1844), Bankier 178

Lachmann, Johann (1491–1538), ev.
Pfarrer 138
Laemmle, Carl (1867–1938), Gründer
von Hollywood 190
Laib, Friedrich (geb. 1819), kath.
Pfarrer 101
Lamey, August (1816–1896), bad.
Innenminister 67, 178
Lamparter, Eckhard (1860–1945), ev.
Pfarrer 192
Landauer, Gustav (1870–1919),
Schriftsteller 52
Lang, Ulrich (geb. 1933), SPD-
Politiker 307
Langbehn, Julius (1851–1907),
Schriftsteller 106
Lavater, Kaspar (1741–1801), ev.
Pfarrer 121
Lehmann, Ernst (1861–1948), ev.
Pfarrer 129
Leiprecht, Carl Joseph (1903–1974),
von 1949–1974 Bischof von
Rottenburg 113, 114
Lender, Franz Xaver (1830–1913),
kath. Prälat, Zentrumspolitiker 71,
72
Leo XII. (1760–1829), Papst von
1823–1829 61, 90, 93
Leopold (1790–1852), von 1830–1852
Großherzog von Baden 66
Lefebvre, Maral (geb. 1905),
Erzbischof 21
Lindau, Jakob (1833–1898),
Kaufmann, Zentrumspolitiker 68,
71
Link, Johann Conrad (1822–1883),
Prediger der Ev. Gemeinschaft 160
Lipp, Joseph (1795–1869), von 1847–

1869 Bischof von Rottenburg 97,
98, 99, 100, 102
Löhr, Wilhelm (1808–1872), ev.
Pfarrer 163
Loisy, Alfred (1857–1940), kath.
Theologe 23, 31
Luckner, Gertrud (geb. 1900),
Mitarbeiterin der Caritas 81, 331
Ludwig VI. (1539–1583), von 1576–
1583 Kurfürst von der Pfalz 118
Ludwig XIV. (1638–1715), König von
Frankreich 146
Ludwig, Wilhelm, ev. Pfarrer 164
Luther, Martin (1483–1546),
Professor der Theologie 116, 118,
123, 124, 132, 136, 138, 159, 168,
279, 281
Luxemburg, Rosa (1870–1919),
sozialistische Politikerin und
Schriftstellerin 52
Lyth, John (1821–1886), meth.
Prediger 159

Maas, Heinrich (1826–1895),
Erzbischöflicher Kanzleidirektor 65
Mack, Joseph (1805–1885), Professor
der Theologie 95, 96, 99
Maier, Joseph (1797–1873), Rabbiner
185
Mantz, Felix (ca. 1500–1527),
führender Täufer 167
Marum, Ludwig (1882–1934),
Rechtsanwalt, SPD-Politiker 180
Marx, Karl (1818–1883), Schriftsteller
und Politiker 52
Mast, Joseph (1818–1893), Regens am
Rottenburger Priesterseminar 98,
99, 100
von Maucler, Paul Friedrich (1783–
1859), Kabinettsdirektor 97
Mayerhausen, Karl (1879–1935), kath.
Pfarrer 108, 109
Meir, Golda (1898–1978), israel.
Politikerin 52
Meissner, Wolfgang (geb. 1929),
geistlicher Leiter des Christlichen
Gemeinschaftsverbands 164
Melanchthon, Philipp (1497–1560),
Professor der Theologie 139
Mennel, Faustin (1824–1889), kath.
Pfarrer 102
Mercy, Franz Ludwig (gest. 1843),
kath. Pfarrer 64
Mergenthaler, Christian (1884–1980),
Württembergischer Ministerpräsi-
dent und Kultusminister 154

Metzger, Max (1887–1944), kath.
Pfarrer 81
Mittermaier, Karl (1787–1867),
Professor der Rechtswissenschaften,
liberaler Politiker 64
Möhler, Johann Adam (1796–1838),
Professor der Theologie 94
Mone, Franz (1796–1871),
Archivdirektor 65
Moser, Georg (geb. 1923), seit 1975
Bischof der Diözese Rottenburg
114
Moser, Johannes Jakob (1701–1785),
Professor der Rechtswissenschaften
148
Müller, Christoph Gottlob (1785–
1858), Metzger und methodistischer
Prediger 159
Müller, Ludwig (1883–1945), von
1933–1945 ev. Reichsbischof 155

Napoleon I. (1769–1821), Kaiser der
Franzosen 58, 90, 91, 159, 174, 176,
259
Nast, Gottlob (1802–1878), ev. Pfarrer
159
Nast, Wilhelm (1807–1899),
methodistischer Prediger 159
Naumann, Friedrich (1860–1919), ev.
Pfarrer, liberaler Politiker 316
Nikolai, Johannes (1818–1912),
Prediger der Ev. Gemeinschaft und
Arzt 160
Nippert, Ludwig (1825–1894),
methodistischer Prediger 159
Nörber, Thomas (1846–1920), von
1898–1920 Erzbischof von Freiburg
72, 74, 77

Ökolampad, Johannes (1482–1531),
ev. Pfarrer 137
Oetinger, Friedrich Christoph (1702–
1782), ev. Prälat 149
Oncken, Johann Gerhard (1800–1884),
Kaufmann, Gründer der
1. deutschen Baptistengemeinde 162
Oppenheimer, Joseph Süß (1692–
1738), Hoffinanzier 181
Orbin, Johann Baptist (1806–1886),
von 1882–1886 Erzbischof von
Freiburg 70, 72
Ortlieb, Eduard (1807–1861), kath.
Pfarrer 101
Otter, Jakob (1485–1547), ev. Pfarrer
116, 138
Ottheinrich (1502–1559), von 1556–

1559 Kurfürst von der Pfalz 117
von Ow-Wachendorf, Adolf (1818–
1873), württ. Gesandter am Wiener
Hof 97

von Papen, Franz (1879–1969,
Reichskanzler und Vizekanzler 79
Payer, Friedrich (1847–1931),
Vizekanzler 152
Pfeffer, Albert (1873–1937), kath.
Pfarrer 108
Philibert (1536–1569), Markgraf von
Baden-Baden, Reg.-Zeit 1556–1569
117
Philipp I. (1479–1533), Markgraf von
Baden-Baden, Rg. 1527–1533 116
Philipp (1504–1567), von 1518–1567
Landgraf von Hessen 139
Pintus, Walter (1880–1938), Arzt 197
Pius VII. (1742–1823), von 1800–1823
Papst 92
Pius VIII. (1761–1830), von 1829–
1830 Papst 95
Pius IX. (1792–1878), von 1846–1878
Papst 100
Pius X. (1835–1914), von 1903–1914
Papst 106, 107
Pius XI. (1857–1939), von 1922–1939
Papst 107
Pius XII. (1876–1958), von 1939–
1958 Papst 26, 77, 79
Präger, Moses Elias (1817–1861),
Rabbiner 179

Railton, George Scott,
Heilsarmeeoffizier 166
Raiser, Ludwig (1904–1980), Professor
der Rechtswissenschaften 287
vom Rath, Ernst (gest. 1938),
Legationsrat 196
Ratzinger, Joseph (geb. 1927),
Kurienkardinal 332
Rauch, Wendelin (1885–1954), von 1948
bis 1954 Erzbischof von Freiburg 84
Reuchlin, Johannes (1455–1522),
Humanist 181
von Reichlin-Meldegg, K. M.
Alexander (1801–1877), Professor
der Theologie 63
Reimarus, Hermann Samuel (1694–
1768), Philosoph und ev. Theologe
20
von Reiser, Wilhelm (1835–1898), von
1893–1898 Bischof von Rottenburg
105
von Reisach, Karl August Graf (1800

bis 1869), Kurienkardinal 98, 99
Riess, Florian (1823–1882), kath.
Repetent 101
Riesser, Hans (um 1490–1554),
Bürgermeister 138
Ritter, Gerhard (1888–1967),
Professor der Geschichte 130
Röhm, Ernst (1887–1934), Stabschef
der SA 80
Ronge, kath. Pfarrer 65
Roos, Johann Christian (1828–1896),
von 1886–1896 Erzbischof von
Freiburg 72, 76
Rothe, Richard (1799–1867), Professor
der Theologie 125, 126
Rosenzweig, Franz (1886–1929),
Religionsphilosoph 331
Rothschild, Julius (1880–1950),
Kaufmann 187
von Rotteck, Carl (1775–1840),
Historiker, liberaler Politiker 64
Ruckgaber, Emil (1828–1905),
Direktor des Wilhelmsstiftes 99
Rümelin, Gustav (1815–1888), württ.
Kultusminister 97, 98

Sam, Konrad (um 1480–1533), ev.
Pfarrer 138
Sartorius, Christoph Friedrich (1701–
1785), Professor der Theologie 150
Sattler, Balthasar (1522–1531), kath.
Pfarrer 138
Sattler, Michael (gest. 1527), Täufer
168
Schäufele, Hermann (1906–1977), von
1958–1977 Erzbischof von Freiburg
85, 86
von Schlayer, Johannes (1792–1860),
württembergischer Minister 97
Schlosser, Johann Georg (1681–1746),
Amtmann 121, 174
Schlund, Robert (geb. 1912),
Generalvikar von Freiburg 85
Schmid, Carlo (1896–1981), SPD-
Politiker 282, 297, 306
Schmidt, Eugen (1902–1956, kath.
Pfarrer 112
Schmitt, Josef (1874–1939), bad.
Staatspräsident 77, 78
Schnackenburg, Rudolf (geb. 1914),
Professor der Theologie 23
Schneider, Reinhold (1903–1958),
Schriftsteller 81
Schneider, Richard (geb. 1893), kath.
Pfarrer 81
Schnepf, Eberhard (1493–1558),

Professor der Theologie 116, 136,
139
Schober, Joseph (1866–1920), kath.
Prälat, Zentrumspolitiker 77
Schreiber, Heinrich (1793–1872),
Professor der Theologie 63
Schumacher, Kurt (1895–1952), SPD-
Politiker 311
Schwarz, Franz Joseph (1821–1885),
kath. Pfarrer 99, 101
von Schwenckfeld, Kaspar (1489–
1561), Laientheologe und Magister
138
Schweitzer, Albert (1875–1965),
Theologe, Arzt, Kulturphilosoph
und Musikwissenschaftler 23
Seiterich, Eugen (1903–1958), von
1954–1958 Erzbischof von Freiburg
84
Sieber, Eugen (1869–1934), kath.
Pfarrer 108
Simons, Menno (1496–1561), Täufer
168
Spener, Philipp Jakob (1635–1705), ev.
Pfarrer und Propst 146
Sproll, Joannes Baptista (1870–1949),
von 1927–1949 Bischof von
Rottenburg 108, 110, 112, 113, 310
Staudenmaier, Franz Anton (1800–
1856), Professor der Theologie 64,
65
Schenk zu Stauffenberg, Johann Franz
(1734–1813), Kapitularvikar von
Würzburg 91
von Steiner, Kilian (1833–1903),
württembergischer Industrieller 190
Stolz, Alban (1808–1883), kath.
Theologe, Volksschriftsteller 65
Storr, Christian Gottlob (1746–1805),
Professor der Theologie 150
Strauß, David Friedrich (1808–1874),
ev. Theologe und Schriftsteller 152
Strebel, Valentin (1801–1883), ev.
Pfarrer 159
Straubinger, Johannes (1893–1956),
Caritasdirektor 108
Strehle, Adolf (1819–1868), Hofkaplan
65
Streicher, Julius (1885–1946), NS-
Politiker 80
Sturm, Josef (1885–1958), kath.
Pfarrer 111
Sturm, Richard (1885–1959), kath.
Pfarrer 112
Swedenborg, Emanuel (1688–1772),
Naturforscher und Theosoph 154

Teufel, Erwin (geb. 1939), CDU-Politiker 300
Treiber, Wilhelm (1886−1971), kath. Pfarrer 112
Trotzki, Leo (1879−1940), sowj. Politiker 52
Trunk, Gustav (1871−1936), bad. Staatspräsident 77

Ullmann, Carl (1796−1865), ev. Prälat 125
Ulmer, Gerhard (1900−1949), Zeitungsverleger 197
Ulrich (1487−1550), von 1503−1550 Herzog von Württemberg 139
Ulrich IV. (gest. 1366), Graf von Württemberg, Reg.-Zeit 1344−1362 181

von Vicani, Hermann (1773−1868), von 1842−1868 Erzbischof von Freiburg 61, 63, 65, 66, 67
Vögtle, Anton (geb. 1910), Professor der Theologie 23
Vogt, Eduard (1804−1880), kath. Pfarrer 101

Wacker, Otto (1899−1940), NS-Kultusminister in Baden 80
Wacker, Theodor (1845−1921), Geistlicher Rat, Zentrumspolitiker 72
Wagner, Robert (1895−1946), NS-Gauleiter u. Reichsstatthalter von Baden 78
von Wangersheim, Karl August (1773−1850), württembergischer Kultusminister 92
Weil, Karl (1871−1935), Fabrikant 191
Weinbrenner, Friedrich (1766−1826), Oberbaudirektor 123
Weiß, Johannes (1863−1914), Professor der Theologie 23
Welcker, Karl Theodor (1790−1869), Professor der Rechtswissenschaften, liberaler Politiker 64
Werner, Gustav (1809−1887), ev. Theologe 154
von Wertheim, Georg, Graf 116
Werthmann, Lorenz (1858−1921), kath. Prälat, 1. Präsident des Deutschen Caritas-Verbandes 76, 240
Wesley, Charles (1707−1788), Methodist und Liederdichter 160
Wesley, John (1703−1791), methodistischer Prediger und Begründer des Methodismus 158−161, 167
von Wessenberg, Ignaz Heinrich Freiherr (1774−1860), 1802 Generalvikar, 1807 Bistumsverweser von Konstanz 61, 63, 64, 74, 75, 92, 172, 316
Wichern, Johann Hinrich (1808−1881), ev. Theologe, Oberkonsistorialrat 101
Wilhelm I. (1781−1864), von 1816−1864 König von Württemberg 91, 97, 151 f.
Wohleb, Leo (1888−1955), bad. Staatspräsident 83
Wolf, Erik (1902−1977), Professor der Rechtswissenschaften 130
Wollpert, Johann Georg (1823−1903), Prediger und Leiter der Ev. Gemeinschaft 160
Wurm, Theophil (1868−1953), von 1933−1948 württembergischer Landesbischof 155, 156, 282 f., 301, 311
von Zinzendorf, Nikolaus Ludwig Graf (1700−1760), Begründer der Herrnhuter Brudergemeine 147, 167
Zittel, Karl (1802−1871), ev. Pfarrer 124, 126
Zwingli, Ulrich (1484−1531), ev. Pfarrer 137, 138, 167

Die Autoren und Herausgeber dieses Bandes

Schalom Ben-Chorin ist freier Schriftsteller in Jerusalem

Dr. Gustav Adolf Benrath ist Professor der Kirchen- und Dogmengeschichte am Fachbereich Evangelische Theologie der Universität Mainz

Dr. Franz Enz ist Professor für Katholische Theologie und Religionspädagogik an der Pädagogischen Hochschule Freiburg

Wilhelm Epting ist Studiendirektor im Evangelischen Oberkirchenrat Stuttgart

Dr. Gunther J. Hermann ist Pfarrer und Mitarbeiter beim Dienst für Mission und Ökumene der Evangelischen Landeskirche in Württemberg in der Prälatur Stuttgart

Dr. Wolfgang Hug ist Professor für Geschichte und ihre Didaktik an der Pädagogischen Hochschule Freiburg

Dr. Sigisberg Kraft ist Dekan der Alt-Katholischen Kirche in Karlsruhe

Dr. Joachim Köhler ist Professor für Mittlere und Neuere Kirchengeschichte an der Universität Tübingen

Dr. Bernhard Maurer ist Professor für Evangelische Theologie und Religionspädagogik an der Pädagogischen Hochschule Freiburg

Dr. Hans Mayr ist evangelischer Pfarrer und gegenwärtig Geschäftsführer der Arbeitsgemeinschaft christlicher Kirchen in Baden-Württemberg

Dr. Gerhard Rau ist Professor für Praktische Theologie an der Theologischen Fakultät der Universität Heidelberg

Hans Jakob Reimers ist Pastor der Evangelisch-methodistischen Kirche in Neuenbürg

Dr. Paul Sauer ist Staatsarchivdirektor am Hauptstaatsarchiv Stuttgart

D. Dr. Gerhard Schäfer ist Kirchlicher Archivdirektor und Leiter des Landeskirchlichen Archivs der Evangelischen Landeskirche in Württemberg

Dr. Bruno Schmid ist Professor für Katholische Theologie und Religionspädagogik an der Pädagogischen Hochschule Weingarten

Dr. Karl Schmitt ist Wissenschaftlicher Assistent für Wissenschaftliche Politik an der Universität Freiburg

Dr. Herbert Schweizer ist Professor für Soziologie an der Pädagogischen Hochschule Heidelberg

Dr. Heinz Sproll ist Studienrat für Wissenschaftliche Politik und Wirtschaftslehre an der Pädagogischen Hochschule Ludwigsburg

Dr. Gerhard Stephan ist Professor für Evangelische Theologie und Religionspädagogik an der Pädagogischen Hochschule Ludwigsburg

Dr. Gerhard Taddey ist Oberstaatsarchivrat und leitet das Hohenloher Zentralarchiv Neuenstein

Dr. Jörg Thierfelder ist Professor für Evangelische Theologie und Religionspädagogik an der Pädagogischen Hochschule Heidelberg